燕京研究院

燕京學報

新三十期

主　　編：侯仁之

副主編：徐蘋芳　丁磐石

編　　委：（按姓氏筆畫排列）

*丁磐石　　王伊同　　*吳小如　　侯仁之

*夏自强　　*郭務本　　*徐蘋芳　　張瑋瑛

　張廣達　　*程毅中　　*經君健　　*劉文蘭

*蘇志中

（*常務編委）

編輯部主任：郭務本

編　　輯：江　麗　李月修

北京大學出版社

二〇一二年八月・北京

圖書在版編目(CIP)數據

燕京學報. 新30期/燕京研究院編. —北京:北京大學出版社,2012.8
ISBN 978-7-301-21080-2

Ⅰ.①燕… Ⅱ.①燕… Ⅲ.①漢學-中國-叢刊 Ⅳ.①K207.8-55

中國版本圖書館 CIP 數據核字(2012)第 187120 號

書　　　　名:	燕京學報　新三十期
著作責任者:	燕京研究院　編
責 任 編 輯:	王春茂　馬辛民
標 準 書 號:	ISBN 978-7-301-21080-2/K·0881
出 版 發 行:	北京大學出版社
地　　　　址:	北京市海淀區成府路 205 號　100871
網　　　　址:	http://www.pup.cn　電子郵箱:pkuwsz@yahoo.com.cn
電　　　　話:	郵購部 62752015　發行部 62750672　出版部 62754962
	編輯部 62758401
印 　刷　 者:	北京大學印刷廠
經 　銷　 者:	新華書店
	787 毫米×1092 毫米　16 開本　28.5 印張　430 千字
	2012 年 8 月第 1 版　2012 年 8 月第 1 次印刷
定　　　　價:	39.50 圓

未經許可,不得以任何方式複製或抄襲本書之部分或全部內容。
版權所有,侵權必究
舉報電話:010-62752024　電子郵箱:fd@pup.pku.edu.cn

本學報出版承美國哈佛燕京學社資助。

The publication of this Journal has been financially assisted by the Harvard-Yenching Institute.

目　錄

北齊樂陵王及王妃斛律氏墓誌與百年太子命案本末 …………… 辛德勇(1)

六朝"博學"風氣探源 ………………………………………………… 郭永吉(43)

元代多族士人的同僚關係
　　——以翰林院與奎章閣爲中心 ……………………………… 蕭啓慶(117)

臺灣早期海貿地位的興起與路徑依賴(path dependence) ………… 張彬村(137)

準噶爾之役與玄燁的盛世心態 ……………………………………… 姚念慈(155)

才女汪端(1793—1839)及其家人之生平考述 …………………… 盧志虹(275)

"中西"與"新舊"
　　——讀丁偉志《中國近代文化思潮》 ………………………… 雷　頤(343)

喜慶侯仁之先生百歲壽辰 …………………………………………… 夏自强(353)

紀念傑出的歷史地理學家譚其驤 …………………………………… 葛劍雄(373)

沉痛悼念雷潔瓊老師 ………………………………………………… 夏自强(391)

徐蘋芳與新《燕京學報》 …………………………………………… 丁磐石(403)

再談徐蘋芳與新《燕京學報》 ……………………………………… 丁磐石(415)

三談徐蘋芳與新《燕京學報》 ……………………………………… 丁磐石(425)

敬告作者、讀者 ……………………………………… 新燕京學報編委會(433)

《燕京學報》新一期至新三十期總目錄 ……………………………… (435)

Contents

Northern Qi King Leling's and His Spouse's Epitaphs
    and Prince Bainian's Death ·· Xin Deyong(1)

Six Dynasties Time Widespread Reading Atmosphere
    Reason Exploration ·· Yung-chi Kuo(43)

On Yuan Dynasty Multiethnic Literati's Fellowship in Office: a Discussinon
    Centering on the Circumstances at the Hanlin-Yuan Academy and
    Kuizhang-ge Academy ·· Xiao Qiqing(117)

The Early Rise of Taiwan in the International Trade of Maritime East Asia:
    A Path-Dependence Perspective ······························ Pin-tsun Chang(137)

The War that Qing Dynasty Against Zunghar and Kangxi
    Emperor' Mentality ·· Yao Nianci(155)

Scholar in the Chamber: A Study of Wang Duan
    (1793—1839) and Her Family ······ Lu Zhihong (Lo Chi-hong, Ina)(275)

"Chinese or Western" and "New or Old" ································ Lei Yi(343)

北齊樂陵王及王妃斛律氏墓誌與百年太子命案本末

辛德勇

一、命案緣起

所謂"百年太子",是指北齊肅宗孝昭皇帝高演冊立的太子高百年。高演給兒子起這個名字,顯然是期望他能夠安居皇位,長生久視,而這位太子非但享年不永,亦且慘遭虐殺。事緣乃父在位僅一年有餘,忽患暴病,復因坐騎受驚,墜地折斷肋骨,以至不治身亡,臨終前頒佈遺詔,竟另事更張,命傳位於九弟高湛,而百年太子即喪命于其叔父高湛亦即世祖武成皇帝之手。

《北史·樂陵王百年傳》記述相關史事云:

> 樂陵王百年,孝昭第二子也。孝昭初即位,在晉陽,群臣請建中宮及太子,帝謙未許。都下百僚又請,乃稱太后令,立為皇太子。帝臨崩,遺詔傳位於武成,並有手書,其末曰:"百年無罪,汝可以樂處置之,勿學前人。"大寧中,封樂陵王。
>
> 河清三年五月,白虹圍日再重,又橫貫而不達。赤星見,帝以盆水承星影而蓋之,一夜盆自破。欲以百年厭之。會博陵人賈德冑教百年書,百年嘗作數"敕"字,德冑封以奏。帝又發怒,使召百年。百年被召,自知不免,割帶玦,留與妃斛律氏,見帝于玄都苑涼風堂。使百年書"敕"字,驗與德冑所奏相似,遣左右亂捶擊之。又令人曳百年繞堂,且走且打,所過處血皆遍地。氣息將盡,曰:"乞命,願與阿叔作奴。"遂斬之,

棄諸池，池水盡赤，於後園親看埋之。

妃把玦哀號，不肯食，月餘亦死，玦猶在手，拳不可開。時年十四，其父光自擘之乃開。

後主時，改九院為二十七院，掘得小屍，緋袍金帶，一髻一解，一足有靴。諸内參竊言，百年太子也。或以為太原王紹德。①

《北史·齊本紀》係武成帝"殺樂陵王百年"一事於河清三年六月②，應是自五月出現白虹圍日的天象，到高湛涼風堂施暴，在這當中尚存有一段間隔。蓋虹光之圍日與貫日，絕不能同時出現③，赤星在天，也是在白虹疊出之後才顯現的星象，而從武成帝腹議"欲以百年厭之"，到賈德冑上書告密，再到百年太子被召進入禁苑，同樣需要經歷一定時間，故武成帝本紀和樂陵王傳的記載（案今本《北齊書》的《武成帝紀》和《樂陵王傳》係原書缺佚後截取《北史》替補，故文字一如《北史》，不具備獨立的史料價值），並沒有什麼矛盾，不過是一始一終兩個不同的時點而已。《通鑒》依從本紀記高百年喪命於河清三年六月④，應當是基於同樣的認識。

參合《北史》這兩處記載可知，百年太子被殺，時在河清三年六月，這本來是一清二楚的事情，歷代相承，亦絕無異說。孰知至民國初年，在今河北磁縣（北齊國都鄴城西北）所謂曹操"七十二疑塚"之東魏北齊古墓群內，忽有歹人盜發百年太子以及太子妃斛律氏墳塋，壙穴中各自出土志石一合，銘文所記兩人喪葬時間，卻與《北史》等傳世文獻大相徑庭。於是，有人以此為依據，對百年太子命案的發生時間提出了新的解釋。

百年太子墓誌題作《齊故樂陵王墓誌之銘》，文中記述其喪葬時日云：

以河清三年中薨以邸第。以歲次甲申三月己未朔二日庚申，安厝在於鄴城之西十有一里武城西北三里。刊石下泉，式旌餘美。⑤

太子妃墓誌題作《齊故樂陵王妃斛律氏墓誌銘》，相關文字曰：

河清二年八月十九日，薨於鄴縣永康里第，春秋十有五。歲次甲申三月己未朔二日庚申，祔葬于武城西北三里。⑥

北齊樂陵王墓誌拓片

"甲申"值河清三年，是則百年太子安葬于《北史》所記死亡時間前三個月，太子妃斛律氏的死亡時間，更較《北史》提早將近一年。羅振玉最早收藏這兩方志石，自然很容易注意到在高百年死亡時間這一問題上墓誌銘文與傳世文獻之間的重大歧異，一者云"《（樂陵王）傳》、《（武成帝）紀》所書，殆均非其實"[7]；再者曰："意百年或竟被殺於二年，宮闈事秘，次年外間始知之，此《（樂陵王妃斛律氏）志》稱二年者，或得其實也。"[8]後人述及此事，幾乎無不承用這一揣測[9]；個別學者稍顯審慎，亦以爲如同"墜入五里霧中"，迷離莫辨，需要"待日後新資料出現再作研究"[10]。

《齊故樂陵王妃斛律氏墓誌銘》敍述王妃出身爲"左丞相咸陽王之女，司空巨鹿郡公之女"[11]，而《北史·齊本紀》記載妃父斛律光出任司空一職，時爲河清元年秋七月，至三年三月庚辰，復詔命"以司空斛律光爲司徒"[12]。該月庚辰爲二十二日，也就是說，墓誌記載"三月己未朔二日庚申"安葬樂陵王和王妃的時候，斛律光確在司空任上，而且他在二十天後即卸去這一官銜，兩相參比，可謂密合無間，羅振玉的説法似乎很有道理。然而，這種推斷是否符合歷史實際，實際上還需要進一步驗證。

北齊樂陵王妃斛律氏墓誌拓片

北齊樂陵王墓誌蓋拓片

此樂陵王及王妃斛律氏墓誌所記載的內容,還有很多與《北史》、《北齊書》等史籍不符,繆荃孫在相互比對後指摘說:

> 案《齊書》皇建元年庚辰十一月,立世子百年爲太子,時年五歲。河清三年甲申六月,殺樂陵王,百年止九歲焉。死時自知不免,留玦與其妃斛律氏,妃把玦哀號不食,月餘亦卒。玦猶在手,拳不可開。時年十四,其父光自擘之乃開。是《紀》死在樂陵王之後,《志》言死于樂陵王

前一年，不合一也。

河清二年，樂陵王止八歲，妃死，《傳》言十四歲，《志》言十五歲。如二年十五，則三年年十六矣，不合二也。

王，《志》言葬在三月，《通鑒》言六月白虹貫日，殺百年以厭之，月亦不合，三也。

後主時掘地得小屍，内參竊言百年太子也。使當年葬於鄴城西北，刊石下泉，何人不知？不合四也。

近來作僞甚多，此即僞品。⑬

繆氏所說四點不合之處，其中最爲關鍵的疑點，是高百年卒葬時日上的歧異，另外三項出入，可以說都是由此衍生而來，而關於樂陵王死亡時間和安葬時間的記載如此相互衝突，實乃事出有因，容下文再做具體論述。惟此兩志俱文句典雅，語辭順暢，筆法端莊謹飭，信非碑帖賈豎所能臆造，且羅振玉明言出自"漳濱諸陵阜世傳爲曹瞞疑塚者"，同時共出土有"魏齊志十餘"，一併購入雪堂庋藏⑭，吾輩初不必對其真實性加以懷疑。

現在我們所面臨的問題，是如何處理石刻文字與傳世紙本文獻的一些重大歧異。援據碑刻文獻研治史事的金石之學，興起於北宋中期，而朱子指出，早在南北兩宋交替之際，便已出現了"近世論者，專以石本爲正"的情況⑮。逮至清代中期以後，隨着斯學之臻於全盛，這種過分偏恃新見金石文字的傾向，愈爲突出。

清末通人李慈銘，曾描述當時治學趨向云：

嘉慶以後之爲學者，知經之註疏不能遍觀也，於是講《爾雅》，講《說文》；知史之正雜不能遍觀也，於是講金石，講目錄；志已偷矣。道光以後，其風愈下。《爾雅》、《說文》不能讀而講宋版矣，金石、目錄不能考而講古器矣。

至於今日，則詆郭璞爲不學，許君爲蔑古。偶得一模糊之舊槧，亦未嘗讀也，瞥見一誤字，以爲足補經注矣。間購一缺折之贋器，亦未嘗辨也，隨摸一刻畫，以爲足傲漢儒矣。金石則歐、趙何所說，王、洪何所道，不暇詳也，但取黃小松《小蓬萊閣金石文字》數冊，而惡《金石萃編》之繁重,以爲無足觀矣。目錄則晁、陳何所受,焦、黃何所承不及問也,但取錢尊王《讀書敏求記》一書,而厭《四庫提要》之浩博,以爲不勝詰矣。若而人者,何足抗衡公卿,傲睨人物,遊談廢務,奔競取名,然已爲鐵中之錚錚,庸中之佼佼,不可痛乎?⑯

近人岑仲勉更進一步從學術方法角度概括此等風尚說,"大有碑誌所書,絕無可疑之概,則猶事班史者比《漢書》於麟經,中許迷者等《說文》於聖傳,時風所極,無怪其然"⑰。時下有些學人,在評騭古史辨學派的治學理念和研究方法的時候,常常會談到晚清今文經學的消極影響,殊不知清代後期金石之學的流弊,也會影響到晚近時期力持以金石證史的所謂羅、王之學。羅振玉和王國維本人讀書廣博深淳,固然冠絕一世,但在着意拓展利用新見材料的時候,間或亦不能免除這種偏頗。羅氏在解析樂陵王及王妃斛律氏墓誌時,似乎即存在過分信從出土石刻文字的問題。

北宋時期倡導石刻文獻研究的學人歐陽修,有感于銘文記事之"毀譽難信",爲自己利用碑誌史料,訂立了一項原則,即謂"余於碑誌,惟取其世次、官壽、鄉里爲正,至於功過善惡,未嘗爲據"⑱。羅振玉在分析北齊樂陵王以及王妃斛律氏墓誌時,首先認識到《誌》文所記兩人死因含混不足信據,並清醒地指出:"使《(樂陵王)傳》不詳載,後人讀此諱飾之文,鮮不謂樂陵得令終矣。"⑲似此尚能恪守歐公前規,學有淵源,洵非李慈銘、岑仲勉所指斥末流淺學可望項背,不過,歐陽修所說世次、官壽、鄉里一類內容,雖然可信度較高,但仍然會存在一定問題。關於這一點,岑仲勉早就舉述過許多例證⑳。樂陵王死因這一重大關節,既然都可以曲意諱飾,墓誌書寫的卒葬時間若是與實際情況有所出入,當然也不會使人驚奇。解決這一問題,還是需要深入分析百年太子失國喪身的具體原委,既不宜拘泥于此樂陵王夫婦墓誌之飾終辭語,也並不一定非要坐以靜待地底下再冒出來什麽"新資料"不可。

二、太子黜位

分析這一問題,首先應當確認高百年空居儲位而未能入繼大統的真實原因。北齊文宣帝高洋去世之後,年僅十六歲的太子高殷,依制繼登大位。但文宣帝母婁太后爲操控政柄，防止自己的權勢因位至"太皇太后"而被高殷生母李氏這一新的"皇太后"阻隔，本想採用兄終弟及的辦法，另立高洋六弟高演爲帝[21]，而高洋對高演的威勢亦早有忌憚，在太子殷舉行冠禮時，就對高演講過"奪時任汝，慎無殺也"這種無可奈何的話[22]，逮大漸之際，更"以常山、長廣二王位地親逼，深以後事爲念"[23]。高殷的帝位，顯然很不穩固。

高洋所説常山王即高演，長廣王是他們二人的同母弟高湛，當時這兩個人手中都握有重權。文宣帝天保末年，高演以錄尚書事身份，實際處理朝廷日常事務，以至文宣帝竟謂"但令汝在，我何爲不縱樂"？高殷即位之初，復"除太傅，錄尚書事"，更是朝政一皆決於其手，高演且"居於領軍府"，試圖控制宮掖禁軍[24]；高湛則以太尉領京畿大都督，掌握着京師鄴城周邊地區的兵權[25]。兩人權勢之盛，致使少主高殷無以自安，於是與楊愔等近臣謀劃，着手削減其權位，決定首先外遣高湛爲并州刺史（當時高殷仍居處鄴城，這也就意味着削除了高湛作爲"京畿大都督"的軍權），高演則在婁太后的支持下，聯合高湛，搶先下手，發動政變，廢黜高殷爲濟南王（史稱廢帝），自己登基做了皇帝，婁氏亦隨之恢復舊日權位，"還稱皇太后"[26]。

在這次行動中，高湛預設埋伏，聯絡勳貴，實際主持兵變，並在入宮後迅速"以京畿軍入守門閣"，發揮了極爲關鍵的作用[27]，而高湛之所以甘冒風險，充當這一急先鋒角色，除了解救自身的危難之外，同時還揣有更大的期望。《北史‧齊宗室諸王傳》有相關記事云：

> 初，孝昭之誅楊愔等，謂武成云："事成，以汝爲皇太弟。"及踐位，乃使武成在鄴主兵，立子百年爲皇太子，武成甚不平。[28]

文中孝昭是高演的諡號，武成則是高湛的諡號，從中可以看出，當初高演、高湛共同起事逼迫高殷退位的時候，兩人本來有一項交易，即得手之後先由高演稱帝，高湛則以皇太弟的身份暫居儲位。瞭解這一背景，我們也就很容易理解，前述《北史‧齊宗室諸王傳》謂"孝昭初即位，在晉陽，群臣請建中宮及太子，帝謙未許"，乃是有這一密約從中作梗；而《北史‧齊宗室諸王傳》復謂"都下百僚又請，乃稱太后令，立（百年）爲皇太子"，其"稱太后令"云云，不過是高演在棄置原訂協定之後復假借太后名義來壓制高湛而已。

北齊樂陵王妃斛律氏墓誌蓋拓片

高演壓制高湛的舉措,不止迅速冊立太子一端,很快又着手削減他的兵權。當初政變時高湛"以京畿軍入守門閤",由此控制了鄴城的宮禁防衞,加上他依然兼領京畿大都督一職㉙,京城內外的警衞,都在其一手掌控之中。高演即從這一最爲要害的地方下手,首先調整禁軍將領。

按照《北史》所記兩人卒年和享年來推算,高演僅年長於高湛兩歲,故所謂"皇太弟"者,本來對承續帝位並沒有多大實際意義,但這一名號標誌着高演允諾給予他一個可以稱之爲"准皇帝"的崇高權位(後來太平天國的"九千歲"東王楊秀清大概與之相近),現在不僅沒有如約兑現,還施展這樣明顯的約束舉措,自然會引起高湛的警覺和憤怒。因此,高湛不僅抗命不從,驚恐之下,甚至還籌劃再一次舉兵發動政變,《北史·上洛王思宗傳》記述其應對舉措曰:

> 先是,恒留濟南於鄴,除領軍庫狄伏連爲幽州刺史,以斛律豐樂爲領軍,以分武成之權。武成留伏連而不聽豐樂視事,乃與河南王孝瑜僞獵,謀於野,暗乃歸。

> 先是童謡云:"中興寺內白鳧翁,四方側聽聲雍雍,道人聞之夜打鐘。"時丞相府在北城中,即舊中興寺也;鳧翁謂雄雞,蓋指武成小字步

落稽也；道人，濟南王小名也；打鐘，言將被擊也。既而太史奏言："北城有天子氣。"昭帝以爲濟南應之，乃使平秦王歸彥之鄴，迎濟南赴并州。

武成先告元海，並問自安之計。元海曰："皇太后萬福，至尊孝性非常，殿下不須別慮。"武成曰："此豈我推誠之意邪？"元海乞還省一夜思之，武成即留元海後堂。元海達旦不眠，唯繞床徐步。夜漏未盡，武成遽出曰："神算如何？"答云："夜中得三策，恐不堪用耳。"因説梁孝王懼誅入關事，請乘數騎入晉陽，先見太后求哀，後見主上請去兵權，以死爲限，求不幹朝政，必保太山之安，此上策也。若不然，當具表云威權大盛，恐取謗衆口，請青、齊二州刺史，沈靖自居，必不招物議，此中策也。更問下策，曰："發言即恐族誅。"因逼之，答曰："濟南世嫡，主上假太后令而奪之，今集文武示以此敕，執豐樂、斬歸彥、尊濟南、號令天下，以順討逆，此萬世一時也。"武成大悅，狐疑竟未能用。乃使鄭道謙卜之，皆曰："不利舉事，靜則吉。"又召曹魏祖問之國事，對曰："當有大凶。"又時有林慮令姓潘，知占候，密謂武成曰："宮車當晏駕，殿下爲天下主。"武成拘之於内以候之。又令巫覡卜之，多云不須舉兵，自有大慶。武成乃奉詔，令數百騎送濟南于晉陽。

及孝昭崩，武成即位，除元海侍中、開府儀同三司、太子詹事。河清二年，元海爲和士開譖，被馬鞭六十，責云："爾在鄴城説我以弟反兄，幾許不義！以鄴城兵馬抗并州，幾許無智！不義無智，若爲可使？"出爲兖州刺史。[30]

上述記載説明幾點重要問題：第一，在旁觀者看來，高演並沒有殺害高湛的意圖；第二，婁太后也不會允許高演殺害高湛；第三，當時高湛在鄴城所能控制的兵力，還不足以顛覆高演的統治。不過，高演不敢輕易加害于高湛，反過來也證明高湛勢力強大，並不能像他對待廢爲濟南王的高殷那樣，生殺可以隨意處置。

如《北史·上洛王思宗傳》所記，高演、高湛兄弟二人，當時是分別據有陪都并州（治晉陽城）和京師鄴城，兩相對峙[31]，關係緊繃若此，猶如箭在弦上，鳴鏑相向似乎只是時間早晚的問題了。令人難以置信的是，高演在位僅僅一年有餘，真的就出現了曹、潘一輩巫覡所說宮車晏駕的事情。

高演患病，起初只是苦於內熱，情況並不十分嚴重，尚且"無缺聽覽"，後來病情也是漸趨危篤，所以仍能清醒安排後事，乃命頒佈遺詔云：

> 朕嬰此暴疾，奄忽無逮。今嗣子沖眇，未閑政術，社稷業重，理歸上德。右丞相、長廣王湛，研機測化，體道居宗，人雄之望，海內瞻仰，同胞共氣，家國所憑。可遣尚書左僕射、趙郡王叡喻旨，征王統茲大寶。㉜

爲防止極度警覺的高湛因疑慮有詐而發兵犯難，高演還特地預先囑託從小被高歡收養而與他們兄弟一同長大的高叡，在他去世後前往鄴城，傳達遺命，迎接高湛入主大位㉝。不知出於什麼原因，高叡並沒有親身前往，而是"先使黄門侍郎王松年馳至鄴，宣肅宗遺命"，高湛果然"猶疑其詐，使所親先詣殯所，發而視之"，待使者報告情況屬實之後，始"喜馳赴晉陽，使河南王孝瑜先入宮，改易禁衛"㉞。高湛繼位改元時頒佈的詔書，敘述其繼位原委曰："繼立之義，理屬儲兩。深顧沖弱，弘此遠圖。近捨周典，上循商制。爰命寡薄，入纂洪基。"㉟講述的情況，與所謂高演遺詔完全符合。

高演對待高湛的態度，陡然逆轉，竟然捨棄自己的兒子而禪位於政敵，從表面上看，似乎有些費解，甚至有可能讓人對這件事情的真實性產生懷疑，亦即揣測高湛的帝位，或許如同高演一樣，是以武力攘奪而來，如元人曾先之撰《十八史略》，便徑行書作高湛"廢演子百年而自立"㊱，今亦有人以爲"高湛的繼統在當時人看來，仍是一場政變，只是沒有流血而已"㊲，而按照這樣的思路，所謂"遺詔"也就應該是高湛篡位以後編造的謊言。

案今本《北齊書》之《武成帝紀》係剪取《北史·齊本紀》填補，而《北史》記述高湛之敗行劣迹，乃略無諱飾，作者李延壽評論武成帝功過得失，更直接了當地指斥他"愛狎庸豎，委以朝權，帷薄之間，淫僻過度，滅亡之兆，其在是乎"。並指出："河南、河間、樂陵等諸王，或以時嫌，或以猜忌，皆無罪而隕，非所謂知命任天體大道之義也。"㊳南北朝時期華夷列國，其萬乘之位無不有如傳驛，雄強者脅持攘取，或篡或弑，本來是很平常的事情，此即王船山所云"江東、河北視弑君父如獵麋鹿，篡國如掇蜩蟬，無有名此爲賊而驚心動魄者"㊴。假如高湛的帝位是從百年太子手中硬行奪得，何不直書其事？若謂年深日久，諸如李延壽輩在唐初已經無由獲知其中隱微曲折，則尚有北齊舊臣盧思道，在文宣帝天保年間即"以文章著名"入朝值中書省，至後主武平末年出任黃門侍郎，待詔文林館㊵，由於像這樣的政變，絕非徒恃一二心腹可得暗中成事，作爲當時的朝臣，他總會知悉高湛的行徑，而盧氏於亡國後所撰《北齊興亡論》，論列諸帝功過，雖然對武成帝的品行痛加貶斥，一無恕辭，乃至判之曰"少稟凶德，不孝不仁"，可是在述及其即位原委時，卻謂孝昭帝"降年不永，期歲而崩，大漸維幾，黜其元子，武成母弟之親，入主宗祐"㊶，亦即高演主動安排高湛來繼承帝位，足證《北史》等書所記自屬信史。

今檢此《齊故樂陵王墓誌之銘》，其述及百年太子退位與高湛入承大統一事，語曰：

> 始以常山王世子，起家散騎常侍。文劍橫要，清蟬曜首。赤墀俟而增映，翠帳佇以生光。及肅宗大漸，導揚末命，移寶圖於元子，奉神器于唐侯。㊷

文中"赤墀俟而增映"是以"赤墀"（亦即常語所云"丹墀"）代指皇宮，其赤墀俟登者當然是指太子。"寶圖"本來象徵天命攸歸，"元子"是用《詩·魯頌·閟宮》的典故，即周成王册封叔父周公旦之長子伯禽于魯："王曰叔父，建爾元子，俾侯于魯，大啓爾宇，爲周室輔。""唐侯"是指周成王弟叔虞，受封于唐。因此，"肅宗大漸，導揚末命，移寶圖於元子，奉神器于唐侯"云云，乃謂孝昭帝遺命將高百年的地位，由因應寶圖的太子降爲一方諸侯，猶如周公"元子"伯禽東封于魯，並指定由胞弟高湛（即所謂"唐侯"）繼承帝位，所說與舊史完全吻合。羅振玉嘗謂與《樂陵王百年傳》相較，百年太子墓誌中這段話"語頗隱約，蓋不敢昌言之也"㊸，實不知這位雪堂先生對上述志墓銘文究竟做何理解。

盧思道對依循禮制入繼大統的高湛，撻伐不遺餘力，可是對武力奪取權位的高演，不僅曲爲之開脫，還推崇有加，謂"齊自天保受終，迄于武平喪國，孝昭之外，竟無令主"㊹。高演能夠贏得臣民如此擁戴，自是基於其具有良善政治素養。在施政韜略方面，史稱高演其人"雄勇有謀"，復謂其待人處事"聰敏有度，深沉能斷，不可窺測"㊺。以這一行爲特徵爲背景，我們便很容易理解，他驟然放棄子嗣百年而禪位於高湛，應該是基於雙方實力對比而做出的一種明智選擇。

首先，太子百年還過於幼小。據《資治通鑑》記載，皇建元年始立太子時，高百年只有五歲㊻，高演去世時亦不過六歲幼童而已。趙萬里氏因"《齊書》、《北史》俱無此文"，對這一記載深表懷疑，以致放言詰問曰："未知涑水何據。"㊼先于趙氏，清人錢保塘亦嘗臆測高百年在河清三年遇害時"年十四"㊽，所以，對此還需要加以辨析。

今案《通鑑》本來就參據有諸多今已失傳的南北朝史料（例如唐人丘悅撰著的《三國典略》，以關中、鄴都、江南爲三國，記南北朝後期史事，《太平御覽》屢有徵引），高百年入居儲位的年齡僅見於此，絲毫不足爲怪。百年初爲太子時就傅受業，高演敕太子中庶子崔瞻曰："東宮弱小，未陶訓義，……勞卿朝夕相處，開發幼蒙。"㊾又高演遺詔所説"嗣子沖眇，未閑（嫻）政術"、高湛即位詔書所謂"深顧沖弱"以及樂陵王墓誌所云"小年不永"，這些文辭適可與之互證㊿。還有更爲重要的證據，即如前所述，百年太子本傳記云後主時嘗"掘得小屍，緋袍金帶，一髻一解，一足有靴。諸內參竊言，百年太子也"。這一"小屍"足以證實百年太子被害時確實還沒有成年㉛，司馬光的記述自屬實情。清人趙翼總結説，北朝元魏諸帝多幼年即位，如道武帝與孝明帝登基都年僅六歲，孝文帝更早至五歲㉜，而高百年只是入居東宮，更不必爲之詫異。就北齊本朝的情況而言，前此文宣帝在天保元年甫一即位，便立高殷爲太子，"時年六歲"；後來武成帝立高緯爲太子，同樣也是在六七歲的年齡㉝，與高百年的情況，更完全一致。只是孝昭帝遺詔所説政術尚未嫻熟，其實並不十分重要，關鍵是小小孩提，根本不是高湛的對手。當初高演和高湛能夠輕易廢除高殷，在很大程度上就是欺負他少小無力，高百年比高殷還要小十歲，自然更無以自立。

其次，在去世之前，因爲殺害廢帝高殷，高演惹惱了對朝政具有很大影響的母后婁氏。《北史·齊本紀》記云：

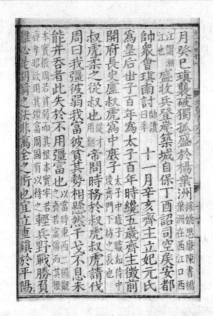

清嘉慶胡克家仿元刻本《資治通鑑》有關高百年即位年歲的記載

  初，帝與濟南約，不相害。及輿駕在晉陽，武成鎮鄴，望氣者云"鄴城有天子氣"。帝恐濟南復興，乃密行鴆毒。濟南不從，乃扼而殺之。後頗愧悔。初苦內熱，頻進湯散。時有尚書令史姓趙，于鄴見文宣從楊愔、燕子獻等西行，言相與復仇。帝在晉陽宮，與毛夫人亦見焉。遂漸危篤，備禳厭之事，或煮油四灑，或持炬燒逐。諸厲方出殿梁，山騎棟上，歌呼自若，了無懼容。時有天狗下，乃於其所講武以厭之，有兔驚馬，帝墜而絕肋。太后視疾，問濟南所在者三，帝不對。太后怒曰："殺去邪！不用吾言，死其宜矣。"臨終之際，唯扶服床枕，叩頭求哀。㊹

  假若高百年依制正常繼位，如同當年的高殷一樣，這本來就會影響婁太后操控權柄，高演又因妄自殺害高殷而令母后如此憤怒，在他病故之後，高湛若是舉兵逼宮，婁氏恐怕就更不會出力護佑百年太子了。

  值得注意的是，高演這次一病不起，與他殺害無辜的侄兒高殷以後內心深感愧疚具有直接關係，正因爲如此，便更爲擔心兒子百年在自己身後遭受同樣的命運。本文開篇引述的《北史·樂陵王百年傳》，謂高演在主動讓位的同時，給高湛寫有手書曰："百年無罪，汝可以樂處置之，勿學前人。"《北史·

齊本紀》摘錄此語，書作："宜將吾妻兒置一好處，勿學前人也。"㉟所説"前人"，其實正是指他本人對待高殷的不義行徑，而考慮到高演這一深切憂慮，就會更容易理解他主動禪讓帝位給高湛，正是想換取對方的寬容，以求保全高百年的性命。

三、禍從天降

高湛在這種情況下入主大位，無凶無險，百年太子既已廢黜爲王，並且年紀幼小，無能有所作爲，假若沒有特殊緣故，根本不必殺而去之。通檢《北齊書》、《北史》以及《資治通鑒》等相關史籍，在《齊故樂陵王妃斛律氏墓誌銘》所記王妃忌辰"河清二年八月十九日"之前，武成帝誅殺之親王重臣有三：一爲河清元年，平秦王高歸彦以謀反被誅㊱；二是同年爲報復其母孕有自己的女兒卻生而不舉，築殺太原王高紹德㊲；三係河清二年六月，河南王高孝瑜因觸犯權貴，遭人誣告挑撥而被酖殺㊳。以上三王被殺，都有特定的偶然性因素，至少在當時，還看不到高湛着意以殺戮來清除威脅的安排，更看不到任何足以促使高湛對廢太子百年萌生殺機的迹象。因此，羅振玉謂"百年或竟被殺於（河清）二年"的説法，恐怕未必能夠成立。

從當時的客觀形勢來看，高湛不僅沒有必要無緣無故地加害於已經廢黜爲樂陵王的高百年，而且還需要小心對待才是，這是因爲王妃斛律氏的家族累世大將，在北齊具有強大勢力。妃父斛律光（字明月）、叔父斛律羨（字豐樂）以及祖父斛律金等，不僅都是北齊軍中聲威顯赫的戰將，而且出將入相，在政治上也有相當高地位。正是因爲如此，皇室才頻頻與之聯姻，一門之內，先後出有一皇后、二太子妃，而公主滿門，舉家榮貴，史稱其"尊崇之盛，當時莫比"，以至斛律光在後主武平元年"以合門貴盛，深以爲憂，乃上書推讓，乞解所職"。《齊故樂陵王妃斛律氏墓誌銘》描述其家世云"惟國之棟，實朝之藪，世功世祿，可大可久，且功且王，拜前拜後"㊴，俱屬從實而書，非敷衍虛語也。

在樂陵王妃這位生父斛律光身上，能夠更爲具體地顯示出斛律氏家族對整個北齊朝廷都具有強勁支撐作用。由於斛律光愛護士卒，三軍將士樂於爲之效命，且指揮作戰出神入化，"戰術兵權，暗同韜略，臨敵制勝，變化無方"，周軍無法對付，於是將軍韋孝寬蓄意散佈謠言，使用反間計，挑動北齊後主在武平三年秋誅除斛律光並"盡滅其族"，周武帝聞之大喜，數年後很快吞併齊國，乃謂"此人若在，朕豈能至鄴？"[60]北齊亡國後，舊臣顔之推撰著《顔氏家訓》，亦云："斛律明月，齊朝折沖之臣，無罪被誅，將士解體，周人始有吞齊之志，關中至今譽之。此人用兵，豈止萬夫之望而已也！國之存亡，繫其生死。"[61]可證周武帝所説，乃是周、齊兩方通行的看法。

如前引《北史・上洛王思宗傳》所記，高演在即位之初，便"以斛律豐樂爲領軍，以分武成之權"，就是要借助斛律氏的勢力來抑制高湛，而高湛受禪之後，斛律羡不僅没有遭到貶抑，反而還加官進爵，備受倚重，同時"命納（斛律光）第二女爲太子妃"，正反映出斛律氏家族的支援，對高湛至關重要。其實，當初高演在限制高湛兵權的時候，之所以會選擇斛律羡做領軍，本是緣于皇建元年冬甫一册立百年爲太子，便"以（斛律）光世載醇謹，兼著勳王室，納其長女爲太子妃"[62]，已經將斛律氏家族與其父子兩代緊密結合爲一體，這當然更是要籠絡斛律氏來穩固盜劫而來的皇位，包括用以威懾虎視眈眈的高湛。

高湛登基後，雖然通過迎納斛律光次女爲太子妃，爲其長女失去後宫儲位而做了相應的補償，但若是再毫無緣由地殺掉樂陵王，令王妃失去家庭；特别是由前引《北史・樂陵王百年傳》所記百年死後王妃把玦哀號以至不食而死的情況可以看出，十四五歲的王妃和這位年幼於自己五六歲的小丈夫情感深摯，因而這樣的做法必然會招致斛律氏強烈不滿。試看後來武平三年正月後主斛律氏生女，後主高緯爲討斛律光歡心，竟然"詐稱生男，爲之大赦"[63]，便很容易理解，高湛父子行事，不能不顧慮斛律氏家族的心願。所以，"河清二年八月十九日"或是在此之前，高湛既不會妄殺樂陵王，更絶不可能單獨加害於斛律光這位長女。

那麽，後來究竟發生了什麽重大變故，會促使高湛非要干犯大忌來除掉這位年僅九歲的黜位太子哥呢？

首先，高湛的統治，開始面臨現實的挑戰。河清三年三月，"群盜田子禮等數十人"起事，劫迫彭城王高浟爲主。雖然高浟不從遇害，並没有給高湛造成什麼威脅，但所謂"群盜"絕非土匪草寇，田子禮等人顯然是想擁立彭城王自成一統，並進而取代高湛。高滌爲高歡五子，兄弟排行在高湛之前（高湛爲高歡第九子），遇難時三十二歲，正值壯年，而且"明練世物，果於決斷，事無大小，咸悉以情"，在高氏諸王當中頗負聲望，所以被害後"朝野痛惜"[64]。這一事件，很容易讓高湛聯想到當年自己面臨武成帝高演威逼時，高元海爲之謀劃的所謂"下策"，亦即擁戴濟南王高殷以號令天下，而這時高百年的地位，正與當年的高殷相當。高百年黜位爲王，在形式上是由武成帝高演一手安排，這也是高湛繼位的必備條件，但如前所述，高演禪位於高湛，本來就是在高湛強大勢力逼迫下不得已的選擇，個中原委，路人皆知，故元人劉友益乃徑謂"廢之者湛志也"[65]。因此，假若有人挾持樂陵王百年爲君主，其象徵性和號召力自然遠在彭城王高滌之上，局面恐怕不堪設想，高湛不能不心懷憂慮。

其次是在如此微妙的政治局勢下，如前引《北史·樂陵王百年傳》所記，兩個月後的河清三年五月，天空中恰好又出現了"白虹圍日再重"的凶象。按照東漢順帝時人郎顗的解釋，所謂白虹係"日傍氣色白而純者"[66]。曹魏如淳謂這種白虹屬於"兵象"，而"日爲君"[67]。在伺望雲氣的占候家眼中，這種昭示兵革的"妖氣"，本是"百殃之本，衆亂所基"[68]，而它所預兆的具體事項，則是"白虹所出，必有暴兵流血"[69]，更明確的說法，還有"白虹氣出，其年兵起"等[70]。大亂將作，已經足夠凶險，更爲嚴重的是，如古語所云，妖由人興，白虹還有"諸侯起兵"這一層象徵意義[71]。假如僅僅是白虹在天，或許還可以做出一些不同的解釋，但太陽既然是君王的標誌，而這次出現的白虹又是"圍日再重"，於是它所表徵的意義，就只剩有諸侯犯上作亂這一種可能。實際上，按照南北朝時期通行的說法，虹蜺不拘是白是紅，本身就都寓有"主臣謀君"的這一層涵義[72]。

凶險的天象，還不止於此，緊接着又有白虹"橫貫而不達"。結合上文"白虹圍日再重"的語句，這顯然是指白虹沖向太陽而未能伸入日中。所謂"白虹貫日"，是古代占候家常常提到的天象，《唐開元占經》中專門列有"白虹貫日"一節，闡釋其象徵意義：

马王堆帛书《天文气象杂占》中的白虹形象

　　《感精符》曰:"宰相之谋欲有國,則白虹貫日,毀滅息。"《摘亡辟》曰:"白虹貫日,四夷爲禍,主恐見伐。"《感精符》曰:"白虹貫日,天子將排。"《荆州占》曰:"白虹貫日,臣殺主。"《甘氏占》曰:"日旁有白虹沖日,在東方,東方反;在西方,西方反;在四方皆然。期不出五年,中有臣倍(背)其主者。白,大將死色;赤,大夫出,一日有反城。白虹貫日,近臣爲亂,諸侯有欲反者。"[73]

雖然有個別詞句,不太好懂,容有文字錯訛,其中"近臣爲亂,諸侯有欲反者"一項内容,尚別見於《宋書‧五行志》,文曰:"白虹貫日,近臣不亂,則諸侯有兵,破亡其地。……一説王者有兵圍之象。"[74]唐高宗麟德元年李鳳撰著的《天文要録》一書中也有類似的説法,謂:"白虹貫日,蒼黃暈五里〔原文旁批:重歟?〕近臣爲亂,天下有兵,國破亡。"[75]這與上文所論"白虹圍日",大致相當,按原樣重復一次,還不至於讓高湛過度驚慌,要命的是這種天象還是"臣殺主"的徵兆(郎顗謂"貫日中者,侵太陽也"[76],應即此説依循的理據),並且在占筮家眼中,較近的歷史上確實有過類似的應驗。如《宋書‧五行志》記述晉廢帝"太和六年三月辛未,白虹貫日,日暈五重,十一月,桓溫廢帝",又"晉安帝元興元年二月甲子,日暈,白虹貫日,明年,桓玄篡位"[77],等等。

　　事態升級,性命攸關,高湛不能不更爲恐懼。其實,在西漢初年有些占候書裏,還記述説"白虹出,邦君死之"[78]。君主奪命,又不僅限於橫貫日中。好在按照比較通行的説法，誅殺帝王的白虹，不僅要衝向紅日，即非貫日而出，亦同樣不能奏效。其中最爲著名的事例，就是荆軻刺秦王時，燕太子丹自相雲氣，見白虹貫日未徹而預知事不可成[29]。河清三年這一次，白虹也是"橫貫而不達"，大概多少可以緩解一點高湛的心理壓力，不至於當下就失去控制。

明藍格寫本《步玄經》中有關白虹的部分內容

這類有關白虹的象徵意義，在中國社會的某些特定層面裏，有着長期的傳承，在明寫本《步玄經》中，我們還可以看到很多同類記載。總的來說，書中以爲蜺虹均屬 "北斗之亂精，斗失度則生之物，若見無時，則生內亂，臣謀君，太子詘，后妃受殃，女子不一之兆也"。其具體寓意如：

> 白虹見，諸侯相攻，國有女亂。
>
> 畫霧、白虹，臣謀君。
>
> 白虹畫出，國易君。
>
> 白虹、赤虹如氣起者，所見之方兵起。
>
> 虹貫日或貫月，近臣爲亂。[30]

溯源及流，尤可見所謂 "白虹" 這一天象在古代占筮體系中當中佔有相當突出的地位。

孰知凶象並未就此終結，接下來，大概在進入六月前後，天上又出現了所謂"赤星"。這種"赤星"因所在位置的差異，往往會有不同的象徵意義。由於《北史》等書沒有具體記載它這次出現的方位，我們只能選錄一些相關的記述，來加以分析。李淳風《乙巳占》有記載云：

> 有赤星從東壁入西壁，臣殺其主。[81]

同樣是題作李淳風撰述的《觀象玩占》，另有類似記述曰：

> 赤星出玄，宮廟中兵起。……赤星出室，宮廟中有死傷。
> 白星出入天，廟中有兵；赤星出入，臣謀主。[82]
> 赤星入勾陳，有劫主者，若犯之，宮中有大變，臣爲逆，王者憂。[83]
> 赤星出司命，天子病困。[84]

具體情況雖然略有出入，卻都是危及宮室人主的凶險兆應。《晉書》記載苻堅時"有赤星見於西南，太史令魏延言於堅曰：'于占，西南國亡，明年必當平蜀漢。'堅大悅，命秦、梁密嚴戒備"[85]，正是當赤星照臨者必遭覆滅厄運的占驗實例。

俗語云"事不過三"。面對接二連三的凶兆，武成帝高湛不能再繼續聽天由命坐以待斃了。破解的辦法，先是"以盆水承星影而蓋之"。不料一夜之間，水盆無故自破，根本無法鎮住這顆妖星，於是便需要尋找其他手段來破除眼前的災難。

爲保全身家性命和高氏江山社稷，武成帝想到了殺人，"欲以百年厭之"。大致在此前後，從六月十三日到六月十七日，北齊境內主要地區連續五天降下大雨，"晝夜不息"，造成"山東大水，人多餓死"；晉陽城裏復"訛言有鬼兵，百姓競擊銅鐵以捍之"[86]。這些異常情況，自然會進一步加劇高湛的憂慮[87]。正好在這個時候，教授樂陵王寫字的賈德冑，又出面檢舉這位廢太子竟然熱衷於習練皇帝才會經常使用的"敕"字。這件事更容易讓高湛把高百年和白虹赤星等天象所昭示的爲逆謀主者聯繫起來，從而愈加堅定了用百年太子的性命來消災弭難的決心。值得注意的是，就在百年太子遇害的同一年內，高歡四子平陽王高淹薨于晉陽，有傳言說是被武成帝以毒酒

"酖終",無緣無故,事頗蹊蹺。史稱高淹"性沈謹,以寬厚稱",在孝昭帝朝身任太傅,並享受"給仗身羽林百人"的殊榮[88],是否因反對殘害百年而遇難,很值得吟味。

在今天一些人看來,像這樣因爲某種不祥天象就殘忍殺害一位無辜幼童,或許不太合乎情理,但在北齊當時,卻完全符合通行的觀念和做法。包括占筮星雲在內的各種陰陽數術,大多都起源於遠古時期,至秦始皇時僅朝廷所豢養之"候星氣者"即有三百人之多[89],而"漢自武帝頗好方術,天下懷協道藝之士,莫不負策抵掌,順風而屆焉"。特別是在西漢末年哀、平兩帝之際,伴隨着圖讖之學的興盛而更漸顯達,"後王莽矯用符命,及光武尤信讖言,士之赴趣時宜者,皆馳騁穿鑿,爭談之也"[90],從而全面介入社會生活各個領域。及東漢後期《太平經》出現,復有"五斗米道"和"太平道"相繼創建之後,諸色妖法巫術愈益風靡於世。迄至南北朝後期,登峰造極。隋文帝愈加篤信其說,及篡周建隋,"欲以符命曜於天下"[91],仍依從術士庾季才所選"天數"來確定最後的時日[92],並將王劭編著的《皇隋靈感志》三十卷"宣示天下"[93],故宋人眞德秀稱"隋文以術數取天下"[94]。不過,正因爲楊堅對此道深信不疑,也才在開皇十三年二月下令"私家不得隱藏緯候圖讖"[95],對民間利用圖讖採取嚴厲防範措施。稍後,"煬帝即位,乃發使四出,搜天下之書籍與讖緯相涉者,皆焚之,爲吏所糾者,至死。自是無復其學,秘府之內,亦多散亡"[96],而各種政治圖讖隨之明顯衰落。清人秦篤輝謂"秦皇焚經而人道闕,隋皇焚緯而天道荒"[97],很形象地概括了這一轉折性變化。至唐律明確規定"諸玄象器物、天文圖書、讖書、兵書、七曜曆、太一雷公式,私家不得有,違者徒二年〔私習天文者亦同〕"[98],宋元以後,復疊有厲禁,私自從事相關活動,已屬犯罪行爲,民間術士始轉入地下潛行,文人學士更多視之以爲荒誕不經的異端邪說,從而殊難設身處地理解古人行事。

雖然從歷史發展大勢來說,南北朝後期是陰陽數術之學流行於世的巔峰時期,但在不同區域之間,還有明顯差別。南朝由於崇尚玄談,重理輕數,斯學式微,以至劉宋明帝泰始六年立"儒、道、文、史、陰陽五部學,言陰陽者遂無其人"的地步[99]。(即使如此,陰陽術數在社會生活中仍相當盛行,觀梁沈約《宋書》之《天文》、《符瑞》、《五行》諸志可知。)在北方,由於燕、齊濱海地域自從戰國以來就是五花八門各色方術的淵藪[100]，水深土厚，北齊朝野上下較北周更爲崇信陰陽數術，許多人都修習這方面的知識。

當初與神武帝高歡共謀起兵的李元忠，即"粗覽史書及陰陽數術"[101]，其另一重臣段榮，更"少好曆術，專意星象"[102]。讀董仲舒《春秋繁露》和《後漢書·方術傳》可知，兩漢時期即頗有一些儒生兼通方技數術，而北齊時則有更多讀書的士人精嫻此道，尤爲反映出陰陽數術流行的普遍性。如以儒學神童著稱的徐子才，"五歲誦《孝經》，八年通《論語》"，同時亦"少解天文，兼圖讖之學"，"方數小學，經耳得心"[103]；祖珽"詞藻遒逸，少馳令譽，爲當世所推，起家秘書郎，對策高第，爲尚書儀曹郎中，典儀注"，然而于"文章之外，又善音律，解四夷語及陰陽占候"[104]；精通《易》、《詩》、《書》和《三禮》的權會，則"兼明風角，妙識玄象"，"每爲人占筮，小大必中"[105]；"博通經傳"的李公緒，實乃"尤善陰陽圖緯之學"[106]。再如著名文士顏之推，自言"亦嘗學六壬式"，且謂"凡陰陽之術，與天地俱生，其吉凶德刑，不可不信"[107]；李德林亦"十五誦五經及古今文集，日數千言，俄而該博墳典，陰陽緯候，無不通涉"（案乃父李敬族即"幼有令望，門好儒雅，伏膺文典，過目必記，陰陽數術，經緯群言，探索幽深，盡詣宗極"）[108]。至於《北史·藝術傳》記北齊專以方伎名家者，如由吾道榮之研習"符水禁咒、陰陽曆數、天文藥性"，信都芳之精於候氣觀雲，王春之"少精《易》占，明陰陽風角"，宋景業"爲陰陽緯候之學"，許遵之"明《易》善筮，兼曉天文、風角、占相、逆刺，其驗若神"，吳遵世之"著《易林雜占》百餘卷"，趙輔和之"明《易》善筮"，魏寧之"善推祿命"，張子信之"善《易》筮及風角之術"，等等，更是不勝枚舉[109]。

這些知曉各種法術的"超凡"人物，遇到適當的時機，大多都會將其長技運用于現實政治生活，不只把它看作是一種增廣異聞或炫示身手的奇招妙術，也不是僅僅自身行事"拘於禁忌"而已[110]。如李公緒嘗語人云："吾每觀齊之分野，福德不多，國家世祚，終於四七。"李氏本人在北齊"誓心不仕"，"潛居自待"[111]，或許就與他測知齊祚不永具有一定關係。當年顏之推由周奔齊，也是先"旦筮東行吉不"，獲吉卦始決計出發[112]。不過，這還只是普通人按照占筮的結果來安排自己的進退取捨，亦即所謂"明乎勸戒"，更爲重要的是將其施用於國家大政。因高歡以下北齊歷代君主，對此例皆遵信不疑，無不假鬼神而爲助，陰陽數術也就廣泛介入北齊朝政各個層面，如清人趙翼早就注意到高歡、高澄、高洋諸人信從所謂揣骨聽聲之法用以審人行事的情況[113]。時人劉晝在所撰《劉子》一書中特地列置"禍福"一章，謂"祆孽者，所以警王侯也"，"見不祥而修善，則祆反爲祥；見祥而不爲善，即祥還成祆矣"[114]，就是針對這種現實狀況而發出的議論。

具體而言，則高歡時即廣泛徵召各路術士，待爲"館客"[115]。《北史·齊本紀》謂後主時"濫得富貴者將以萬數"，在這當中，便包括有一種稱作"見鬼人"的術士[116]。文宣帝高洋聞陸法和有奇術，"虛心想見之，備三公鹵簿，于城南十二里供帳以待之"[117]，其耽溺之深，可見一斑[118]。此前當高澄遇盜去世之後，有"散騎常侍徐之才館客宋景業，先爲天文圖識學，……因（高）德正勸文宣行禪代事。……徐之才、宋景業等每言卜筮雜占陰陽緯候，必宜以五月應天命，德正亦敦勸不已"，這已經深深捲進改朝換代問題，而高洋奉之以爲"帝王師"[119]，並果然趕在五月之內，逼迫東魏孝靜帝元善見退位[120]。高洋受禪之後，"命散騎常侍宋景業協圖讖，造《天保曆》，景業奏：'依《握誠圖》及《元命包》，言齊受籙之期，當魏終之紀，得乘三十五以爲蔀，應六百七十六以爲章。'文宣大悅，乃施用之。"[121]武成帝高湛，對這些法術同樣深信不渝，河清四年，因祆異疊出，清人成瓘謂"其怪皆古所未聞，齊帝大怵"，又得"太史奏天文有變，其占當有易王"，高湛便下詔"傳位於皇太子，大赦，改元爲天統元年"，而太子高緯當時年僅十歲。後來武平七年底，在北周大兵壓境的危難局面下，只因"望氣者言，當有革易"，後主即"依天統故事，授位幼主（時年八歲）"，又一次因天象的災變而禪讓帝位給年紀幼小的太子[122]。

對於各種變異的徵兆，有些可以像高洋等人這樣，奉天承運，順應行事，而另有一些災難性的徵兆，則只能設法禳除。如斛律光弟斛律羨，在遭後主誅殺之前，"忽令其在州諸子自伏護以下五六人，鎖頸乘驢出城，合家皆泣送之至門，日晚而歸。吏民莫不驚異。行燕郡守馬嗣明，醫術之士，爲羨所欽愛，乃竊問之，答曰：'須有禳厭。'數日而有此變"[123]。又《北史·房豹傳》記述慕容紹宗相關行事曰：

《中華再造善本》影印宋刻本《劉子》中有關祆祥的記載

  王思政入據潁川，慕容紹宗出討，（房）豹為紹宗開府主簿兼行台郎中。紹宗自云有水厄，遂於戰艦中浴，並自投于水，冀以厭當之。豹白紹宗曰："夫命也在天，豈人理所能延保。公若實有水厄，非禳辟所能卻，若其實無，何禳之有？今三軍之事，在於明公，唯應達命任理，以保元吉。方乃乘船入水，云以防災，豈如岸上指麾，以保萬全也。"紹宗笑曰："不能免俗，為復爾耳。"未幾而紹宗遇溺，時論以為知微。[124]

其"不能免俗"云云，足見當時朝野上下，普遍通行這類厭勝的做法。

  遇有祆異危及王朝統治，兩漢時即常有策免三公以求燮理陰陽的做法[125]，而漢武帝巫蠱之禍時從太子宮中挖掘出來的桐木人偶，實際上就是以人厭勝的代用品。武帝末年因"望氣者言長安獄中有天子氣"，竟然"遣使者分條中都官獄繫者，輕重皆殺之"[126]北齊歷代君主，為此更不惜動用殺伐，如高洋即為此連年北伐蠕蠕：

  天保中，文宣自晉陽還鄴。愚僧禿師于路中大叫，呼文宣姓名云：

"阿那瓌終破你國。"時蠕蠕主阿那瓌在塞北強盛,帝尤忌之,所以每歲討擊。後亡齊者遂屬高阿那肱云。雖作"肱"字,世人皆稱爲"瓌"音,斯固"亡秦者胡",蓋懸定於窈冥也。[127]

昔秦始皇聞知燕人盧生"奏錄圖書,曰'亡秦者胡也'",隨即興師動衆,"使將軍蒙恬發兵三十萬人北擊胡,略取河南地",並令公子扶蘇與蒙恬統領三十萬軍隊,常年駐守關中北邊以備胡[128],最終卻亡國于少子胡亥之手,"斯固'亡秦者胡'"云云雖説純屬世人牽強附會,但在以武力剪除讖語威脅以求厭勝這一點上,二者確實如出一轍。

又如《北史·齊宗室諸王傳》記述上黨王高涣被殺經過云:

> 初,術士言亡高者黑衣,由是自神武後每出行不欲見桑門,爲黑衣故也。是時文宣幸晉陽,以所忌問左右曰:"何物最黑?"對曰:"莫過漆。"帝以涣第七,爲當之,乃使庫真都督破六韓伯昇之鄴征涣。涣至紫陌橋,殺伯昇以逃,憑河而度,土人執以送帝。鐵籠盛之,與永安王浚同置地牢下。歲餘,與浚同見殺,時年二十六。[129]

天保十年,高洋"大誅元氏,自昭成已下並無遺焉",殘忍至"男子無少長皆斬,所殺三千人,並投漳水",同樣只是因爲太史奏云"今年當除舊布新",於是"乃誅諸元以厭之"[130]。後來當北齊後主欲誅殺斛律光而尚且"猶預未決"之際,蓄意謀害斛律光的祖珽,又令人從星相角度挑動後主下手。《北史·斛律光傳》記述此事以及與斛律光遇害事相關兆應云:

> (祖珽)又令曹魏祖奏言上將星盛,不誅恐有災禍。先是,天狗西流,占曰秦地。案秦即咸陽也(案斛律光襲爵咸陽王)。自太廟及光宅並見血。先是三日,鼠常晝見光寢室,常投食與之,一朝三鼠俱死。又床下有二物如黑豬,從地出走,其穴膩滑,大蛇屢見。屋脊有聲,如彈丸落。又大門橫木自焚。搗衣石自移。

後主從而決計誘捕斛律光,並在戕害百年太子的涼風堂上將其處死[131]。

與高湛虐殺百年太子近乎雷同的厭勝行爲,是前文所述因望氣者云"鄴城有天子氣",孝昭帝高演"恐濟南復興,乃密行鴆毒",殺掉廢帝高殷。《北史·齊本紀》明確記載,促使高演啓動殺機的原因,就是要"以王當咎",亦即用以厭勝,以禳除所謂天子之氣[132]。清代乾隆年間人洪亮吉撰寫樂府詩評騭兩晉南北朝歷史事件,述及百年太子一案時嘗有句云:"濟南毅魄死不灰,九死上叫天關開。精誠入日日忽變,白氣夾日如長圍。涼風台前血一斗,百年來時繞階走。兒今何罪生王家,乞命作奴還俯首。……婁家血淚還纏綿,濟南悲罷悲百年。"[133]在這裏,洪氏把導致百年太子喪命的異常天象,描摹成廢帝高殷冤魂感應所致,對這件事的認識,不過是因果報應那一套市井常談,其實先行後效,毀滅天象因應者之血身以祛退不祥,才是這兩個人相繼喪命的內在關聯。

洪亮吉《擬兩晉南北史樂府詩》中的《百年冤》一詩

明瞭這樣的社會背景,我們也就很容易理解,爲禳除白虹赤星這一連串不祥天象,武成帝高湛"欲以百年厭之",原本是十分合理的做法;也正因爲當時包括王妃斛律氏家族在内的各色人等普遍信奉這些觀念,權勢鼎盛如斛律光者才能對高湛加害其婿以平常視之。前人論述《北史》編纂得失,早已注意到該書對各類"機祥"幾乎無所不載這一特點[134],或以爲"延壽好載符應,自是其蔽（弊）"⑬，"倘更去其機祥……，斯爲完史矣"⑬。其實史書貴在存真，四庫館臣稱《北史》"敍事詳密，首尾典瞻"⑬，方屬識得大體之言。如同唐人劉知幾謂"王劭《齊志》多記當時鄙言"而適足以"開後進之蒙蔽，廣來者之耳目"一樣⑬，若非《北史》等書從實記述（《北史》之北齊部分當然主要承自李百藥《北齊書》，但對比分析諸如《斛律金傳》等兩書共有的內容，還是可以看到，《北史》要比《北齊書》更爲注重記述有關"符應"的內容），我輩無從知悉當時崇信陰陽數術的情況，也就難以揭示百年太子致死的真相，即百年太子遇害的原因和時間，還是要以《北史》、《北齊書》和《資治通鑒》等傳世史籍的記載爲準，也就是應當將這件事定在武成帝河清三年六月，此樂陵王及王妃斛律氏墓誌所記，顯然是有意隱諱當時的真實情況。

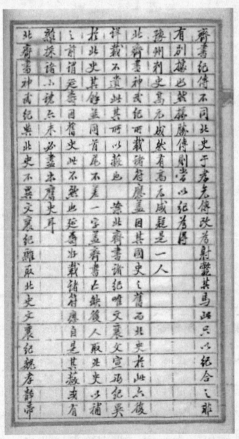

佚名《北史校勘記》有關《北史》符應的論述

四、志文釋疑

過去羅振玉在研究樂陵王以及王妃斛律氏墓誌時，一方面以爲樂陵王本傳"所載事實，較志爲詳，蓋志立於當時，諱而不敢言也"，但同時又堅信《齊故樂陵王妃斛律氏墓誌銘》的記載，以爲斛律氏與百年太子兩人俱殂殁於河清二年，只是樂陵王本傳既云武成帝親埋百年于玄都苑内，而且後主時在此葬地又"掘得小屍"，高百年遺體自然不得"以歲次甲申三月己未朔二日庚申安厝在於鄴城之西十有一里武城西北三里"，故羅氏推斷"武城西北爲妃墓，妃葬時假爲位以合葬，非其實也"[139]，也就是説高百年並沒有與斛律氏合葬於一處。

今案百年太子的遇害時間，既然已經確定在河清三年六月，《北史·樂陵王百年傳》復謂王妃斛律氏隨之不肯進食月餘而死，則《齊故樂陵王妃斛律氏墓誌銘》云斛律氏"河清二年八月十九日薨於鄴縣永康里第"，自非史實，高百年與斛律氏墓誌所記"歲次甲申（河清三年）三月己未朔二日庚申"這一葬日，亦同屬虛構（這兩方墓誌記述墓主安葬的年月時日，刻意僅用干支而回避書寫具體年次，對此似乎已經有所暗示[140]）。原其用意，不過不得不隱去百年太子被害一事的真實面目而已，而羅振玉的推斷則隨之失去依據，無法成立。惟"八月十九日"這一王妃忌日，若是移後一年至河清三年，倒是與高百年本傳記載的斛律氏死亡時間基本吻合，墓誌銘文的執筆者或許僅諱改其卒年而並沒有虛構死亡的日子。

因後主時始掘得高百年遺體，故重新安葬百年太子以及祔葬斛律氏的時間，自應遲至後主登基之後，而王妃斛律氏的靈柩此前應當另有權厝之處。像百年太子這樣因政治原因被迫害致死的人，當時無法依禮裝殮入土，若干年後再正式下葬，原本是很常見的事情，其在北齊時期的事例，如永安王高浚和上黨王高渙，都是在天保九年被文宣帝高洋虐殺，兩年後的乾明元年，廢帝高殷始命"收二王餘骨葬之"[141]。百年太子慘遭虐殺數年之後，終得與妃子斛律氏合祔於一地，情況正與此相同，毋須爲之詫異。

像高百年這樣被迫害致死的政治人物，在其本朝撰寫的墓誌當中，對其死亡原因有所回避，原本是歷代通行的做法，北齊也普遍如此。如後主武平元年入壙的《齊故濟南潛悼王妃李氏墓誌銘》，述及廢帝高殷離世，僅云"悼王即世，冤頸爲苦，哥（歌）黃鵠以告哀，詠柏舟而下泣"[142]，閉口不談高演加害一事，只是描述濟南王妃李氏忠貞於亡夫的情感而已。又如高陽王高湜，係因身爲庶出且惹惱婁太后，被婁氏藉故杖打而傷重斃命[143]，墓誌亦但云"薨於鄴都之第"[144]，同樣回避具體死因。然而，像樂陵王百年及王妃斛律氏墓誌這樣，在依例諱飾百年太子死因的同時，竟然還提早喪葬時間的奇特做法，卻極爲罕見。

究其原因，除了百年太子安葬于後主時期，從而對高演這一殘忍行徑尚需高度忌諱之外，很可能與高演當初殺害高百年的誘因一樣，即需要用這樣的做法來禳除不祥。蓋古人相信冤死的鬼魂，能夠返回陽世，施以剋殺病喪，報復加害之人。北齊不僅盛行傳統的陰陽數術，還普遍篤信佛教的因果報應之說，對此愈顯畏懼。《太平廣記》中收錄有兩卷隋以前歷朝的"冤報"故事，除個別事例外，幾乎全部錄自一部名爲《還冤記》的書籍。這部《還冤記》又題《北齊還冤記》，相傳出自北齊文臣顏之推之手[145]，其中"魏輝儁"、"真子融"等條目，就是北齊本朝發生的事情，而身爲御史的魏輝儁，在被張善、盧斐誣陷枉殺之前，"遺語令史曰：'我之情理，是君所見。今日之事，可復如之？當辦紙百番，筆二管，墨一錠，以隨吾屍。若有靈祇，必望報盧。令史哀悼，爲之殯殮，並備紙筆。"兩月之內，張、盧二人或嬰暴病，或遭鴆毒，果然相繼斃命，遭到"冤報"[146]。

百年太子正式下葬的時間，完全有可能是在高湛退居太上皇之位而尚未離世的天統初年，當時"軍國大事，咸以奏聞"，"名號雖殊，政猶己出"，實際上還是由高湛主持朝政[147]。如前引《北史·齊本紀》所示，乃兄高演即位未久便一病不起，與他殺害高殷後因愧生懼有直接關係，爲此"備禳厭之事"而未能奏效。《北史》當中另有同樣記載，云廢帝高殷被害之後，"孝昭不豫，見文宣爲祟。孝昭深惡之，厭勝術備設而無益也"[148]。在《還冤記》一書中，不僅作爲"冤報"的典型事例，列有此事，更清楚記述說，文宣帝從陰間跑出來在高演面前作祟，目的便是"就其索兒"；《還冤記》還同樣記述高演爲此"備爲厭禳，終不能遣而死"（前述北齊御史魏輝儁的冤報故事，《還冤記》

記述説加害丁彼之張善，病死前"惟云叩頭"，這與高演臨終時"唯扶服床枕，叩頭求哀"也就是匍匐臥榻磕頭請罪的惶恐情狀，極爲相似)[149]。前車之轍，後車之鑒。在陽世間無以禳解，不妨試行於陰曹地府。

睡虎地出土秦簡《日書》（甲）包括諸多禳除鬼祟的法術，所説作祟屬鬼的由來，即包括"鬼恒贏入人宫，是幼觴，死不葬"[150]，百年太子死後被高湛草草掩埋於涼風堂後園的情况，正與此幼觴不葬者相符，故後來正式安葬高百年於鄴城西北，很有可能原本就是出於躲避鬼祟的需要。樂陵王百年及王妃斛律氏墓誌上奇特的紀年形式，與其説是爲欺瞞世人，倒更像是術士爲高湛預設的厭勝手段，此即俗語所説糊弄鬼也。

雖然現在還不能確指這種法術的具體操作程式[151]，但在秦漢時期的告地策中，即已見有虛構的除罪"免辭"，以令死者在陰間獲得正常的庶民身份[152]。東漢中期以後，直到西晉時期，一直流行一種應歸屬於所謂"解除"的法術，即在墓穴内安放或朱書或墨書的陶瓶（亦别有書於鉛券等處者），來爲生人除殃去咎。如陝西鄠縣朱家堡曹氏墓中出土的東漢順帝陽嘉二年八月朱書陶瓶文曰："天帝使者謹爲曹伯魯之家移央（殃）去咎，遠之千里，咎□大桃，不得留，□□至，之鬼所，徐□□。生人得九，死人得五，生死異路，相去萬里。從今以長保孫子，壽如金石，終無凶。何以爲信？神藥（？）厭填，封黄神越章之印，如律令。"[153]另一民國時陝西出土的靈帝熹平元年陶瓶，現藏日本東京書道博物館，上面也朱書有"爲生人除殃，爲死人解適"這樣的文句，同時還寫有："生人上就陽，死人下歸陰；生人上高臺，死人深自藏。生死各異路，急如律令。"[154]特别值得注意的同類文物，是東京書道博物館收藏的另一件陶瓶，係民國時期出土于西安，所題時日爲桓帝永壽二年二月，其具體內容爲：

> 天帝使者告丘丞、墓伯、地下二千石：今成氏之家，死者字桃，推死日時，重復年命，與家中生人相拘。籍到，覆其年命，削重復之文，解拘伍之籍。死生異簿，千秋萬歲，不得復相求索，急如律令。[155]

文中"覆其年命，削重復之文，解拘伍之籍"這幾句話，應當是指天帝使者令陰間官吏爲死者更改生辰，以避免再"與家中生人相拘"，亦即借此來將死者家中與其年命相重的親人削除死籍，禳解不祥。

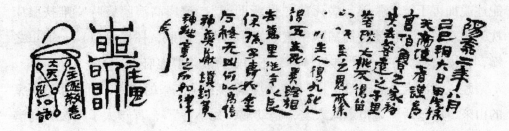

陝西鄠縣朱家堡曹氏墓出土東漢順帝陽嘉二年八月朱書陶瓶文字

如同同代人王充所云，東漢普遍盛行爲生人驅鬼，而"解除之法，衆多非一"[158]，還有很多類似的法術，現今已經無從一一獲知。不過，在南朝齊梁間人陶弘景撰著的《真誥》一書中，即載有與家人塚墓相關的禳除法術，乃謂"丘墳陰濕，三泉壅滯"，爲"風病之所生"，須依法禱誦所謂"北帝秘祝"，方能"不復夢塚墓及家死鬼也"，"於是鬼氣滅也，邪鬼散形也"。《真誥》且謂"能知墳墓之法，千禁萬忌，一切厭之，必反凶爲吉"[159]，而《宋書》所記昭皇太后路氏陵寢之事，則反映出在南北朝時期，自有擺佈亡人墳塋來爲當政者消弭危難的做法：

葬世祖陵東南，號曰修寧陵。先是，晉安王子勳未平，巫者謂宜開昭太后陵以爲厭勝。修復倉卒，不得如禮。上性忌，慮將來致災。泰始四年夏，詔有司曰："崇憲昭太后修寧陵地，大明之世，久所考卜。前歲遭諸蕃之難，禮從權宜。奉營倉卒，未暇營改。而塋隧之所，山原卑陋。頃年頹壞，日有滋甚，恆費修整，終無永固。且詳考地形，殊乖相勢。朕曩蒙慈遇，情禮兼常，思使終始之義，載彰幽顯。史官可就巖山左右，更宅吉地。明審龜筮，須選令辰，式遵舊典，以禮創制。今中宇雖寧，邊虜未息，營就之功，務在從簡。舉言尋悲，情如切割。"有司奏："北疆未緝，戎役是務，禮之詳略，各沿時宜。臣等參議，修寧陵玄宮補治毀壞，權施油殿，暫出梓宮，事畢即窆，於事爲允。"詔可。[159]

開陵厭勝，是解決眼前的難題；修陵禳解，則正是預防可能招致的兇險。

顏之推記北齊時喪葬習俗云："偏旁之書，死有歸殺。子孫逃竄，莫肯在家；書瓦書符，作諸厭勝；喪出之日，門前燃火，戶外列灰，祓送家鬼，章斷注連。"⑮亦即喪家子孫對正常故世的親人，尚且如此畏懼，需要"書瓦書符"，嚇阻作祟的鬼魂，這固然是在沿襲東漢以來的習俗。需要指出的是，上面引述的這些"解除"殃咎的辦法，其實都是出於佑護死者家人的目的，亦即針對作祟的"家鬼"或曰"家死鬼"，陶弘景《登真隱訣》謂"人家亟有父母、兄弟、夫婦亡，後還注復生人，值其身有刑害，便爲禍福，乃致死者，當請治之"⑯，而百年太子正"身有刑害"且與加害於彼之武成帝高湛乃至後主高緯俱屬嫡親族人。陶弘景復有語云："人家衰禍厄病，皆由塚訟，故令收塚中……百二十殃怪，中外強殀十二刑殺鬼。"⑯在這樣的社會風氣之下，在百年太子這樣特別的壙志當中，若是出現某種通過騰挪卒葬時間來驅災除難的做法，應該說也是很自然的事情。（爲討取吉祥，西周銅器銘文中就常常違背實際記日甲子，將日期鎸作丁亥、庚寅、乙亥等通行的吉日⑯；又兩漢魏晉時期鑄造銅器，以五月丙午作爲冶鑄家之吉日，往往會在銅器上鑄出"某年五月丙午"之類的字樣，大多也不會是實際鑄造的日子⑯。神尚可欺，鬼更敢瞞。）前文提到的"見鬼人"，在西漢時期就很活躍，名爲"視鬼"⑯。此等巫覡之所以能夠在後主時"濫得富貴"，便是緣於此等人具有"能使鬼"的"特異功能"⑯，這也反映出祛除鬼祟在北齊時確實是一件相當重大的事情。

至於繆荃孫所說王妃斛律氏去世時的年齡，史傳記爲十四，墓誌書作十五，像這樣一兩歲之間的差異，在不同的文獻記載當中或傳世史籍與出土碑誌之間本來是常有的事情；即使是在爲同一位墓主先後不同時期撰寫的墓誌之間，有時也會出現這種現象，如岑仲勉曾列舉唐人《田佺志》記墓主享年春秋五十有一，九年後所鎸《田佺與妻合祔志》則記作享年五十⑯。若是再考慮到斛律氏祔葬于百年太子墓地，本來就經歷有上述一番曲折，所記偶有疏忽，也在情理之中，對此似乎不必過分拘泥。又過去趙萬里對高百年五歲被立爲太子而復于九歲遇害這一年齡感到懷疑，大概是覺得斛律氏年長百年太子過多，不盡合乎情理。今案如前所述，北朝魏齊諸帝既多幼年即位，身居儲位時爲之納妃，年齡正應較多長於太子才是。如北魏獻文帝拓跋弘出生第二年就被立爲皇太子，十二歲即位⑯，而皇后李氏"年十八，以選入東宮"⑯，至少也要比獻文帝大六歲。因此，完全不必爲兩人的年齡差異而困惑。

明末刻黄嘉惠評閲本《顔氏家訓》有關喪家厭勝的記載

至此，我們可以再回過頭來，判别如何正確處理晚近以來新見零散碑刻與傳世基本史籍之間的關係這一原則性問題。昔趙萬里就晚清弊習，佞信墓誌等出土史料，嚴厲斥責繆荃孫"過信舊史，轉疑志文爲僞，可謂不辨菽麥"[⑩]。繆氏疑此北齊樂陵王及王妃墓誌爲僞石，誠有疏失，惟以余之固陋，竊以爲考據金石文字，只有秉持一以舊史特别是歷代正經正史爲依歸之準則，才能真正發揮顧炎武所説"增高五嶽，助廣百川"的作用[⑪]；也只有這樣，才能切實避免染神亂志，智昏菽麥，以致反表爲裏，顛裳爲衣[⑫]。

2011年1月8日記
2011年1月17日改定

注　釋

① 《北史》（北京，中華書局，1974）卷五二《齊宗室諸王傳》下《樂陵王百年》，頁1886～1887。案《太平御覽》（北京，中華書局，1960，影印宋本）卷三七五《人事部·血》引唐

丘悅《三國典略》（頁1731）記百年太子被害情節，與此基本相同："齊主於涼風堂，召孝昭第二子百年，遣左右亂捶擊之，又令曳以繞堂，所行之處，血皆遍地。"

② 《北史》卷八《齊本紀》下，頁284。

③ 案關於"白虹貫日"等各種"日暈"的科學解釋，請參看何丙郁《古籍中的怪異記載今解》，據作者文集《何丙郁中國科技史論集》（瀋陽，遼寧教育出版社，2001），頁155～159。

④ 宋司馬光《資治通鑒》（北京，中華書局，1956）卷一六九陳文帝天嘉五年，頁5241～5242。

⑤ 趙超《漢魏南北朝墓誌彙編》之《齊故樂陵王墓誌之銘》，頁420。案"武城"之"武"字原石闕損過甚，趙超錄文作方框空缺，這裏根據殘存字畫，並參考下文《齊故樂陵王妃斛律氏墓誌銘》記述的安葬地點，依從羅振玉《鄴下塚墓遺文》二編（約民國癸亥前後刻本）之《樂陵王墓誌》所迻錄志文填補。又案"安厝在於"之"於"字，趙超錄文奪落，亦據趙萬里《漢魏晉南北朝墓誌集釋》（北京，科學出版社，1956）所收拓片（圖版三一二之二）及羅振玉錄文補入。

⑥ 趙超《漢魏南北朝墓誌彙編》之《齊故樂陵王妃斛律氏墓誌銘》，頁419。

⑦ 羅振玉《雪堂類稿》（瀋陽，遼寧教育出版社，2003，《新世紀萬有文庫》本）丙之二《石文跋尾·蒿里遺文·墓誌》第193《樂陵王墓誌跋》，頁200。

⑧ 羅振玉《雪堂類稿》丙之二《石文跋尾·蒿里遺文·墓誌》第194《樂陵王妃斛律氏墓誌跋》，頁201。

⑨ 趙萬里《漢魏晉南北朝墓誌集釋》卷七"高百年墓誌並蓋"條，又同卷"高百年妃斛律氏墓誌並蓋"條，頁170。馬忠理《磁縣北朝墓群——東魏北齊陵墓兆域考》，刊《文物》1994年第11期，頁61～62。韓理洲《全北齊北周文補遺》（西安，三秦出版社，2008）之《墓誌》及《妻斛律氏墓誌》，頁86～89。牛潤珍《東魏北齊鄴京里坊制度考》，刊《晉陽學刊》2009年第6期，頁82。

⑩ 王怡辰《東魏北齊的統治集團》（臺北，文津出版社，2006）第四章第四節《高演在位與勳貴政治》，頁309～311。

⑪ 趙超《漢魏南北朝墓誌彙編》之《齊故樂陵王妃斛律氏墓誌銘》，頁419。

⑫ 《北史》卷八《齊本紀》下，頁282～284。

⑬ 繆荃孫《藝風堂文漫存》之《乙丁稿》（約清宣統年間刻本）卷五《齊樂陵王百年及妃斛律氏雙志跋》，頁14a。

⑭ 羅振玉《鄴下塚墓遺文》二編卷首羅氏自序，頁1a。

⑮ 宋朱熹《昌黎先生集考異》（上海，上海古籍出版社，2002，《朱子全書》本）卷一六《序送李願歸盤谷》，頁502～503。

⑯ 清李慈銘《越縵堂讀書記》(上海,上海書店出版社,2000)之《劄記》,頁1288。

⑰ 岑仲勉《金石論叢》(上海,上海古籍出版社,1981)之《貞石證史·總論碑誌之信值》,頁79。

⑱ 宋歐陽修《集古錄跋尾》(北京,中國書店,1986,《歐陽修全集》本)卷九"唐白敏中碑"條,頁1203。

⑲ 羅振玉《雪堂類稿》丙之二《石文跋尾·蒿里遺文·墓誌》第193《樂陵王墓誌跋》,頁200。

⑳ 岑仲勉《金石論叢》之《貞石證史·總論碑誌之信值》,頁80~81。

㉑ 《北史》卷七《齊本紀》中,頁266。案黃永年《論北齊的政治鬥爭》一文,對高洋死後婁太后與高演、高湛合謀發動政變以廢除高殷一事有詳細論證,本文所述相關史事即遵用此說。黃文原刊香港中文大學《中國文化研究所學報》新第6期(1997年),此據作者文集《文史探微》(北京,中華書局,2000),頁32~68。

㉒ 《隋書》卷二二《五行志》上,頁633。《北史》卷七《齊本紀》中,頁266。

㉓ 《北史》卷四一《楊愔傳》,頁1504。

㉔ 《北史》卷七《齊本紀》中,頁266~268。

㉕ 《北史》卷七《齊本紀》中,頁264,頁268。

㉖ 《北史》卷七《齊本紀》中,頁268~269;又卷四一《楊愔傳》,頁1504~1506。

㉗ 《北史》卷七《齊本紀》中,頁268;又卷四一《楊愔傳》,頁1505。

㉘ 《北史》卷五一《齊宗室諸王傳》上《上洛王思宗》,頁1852。

㉙ 《北史》卷八《齊本紀》下,頁281。

㉚ 《北史》卷五一《齊宗室諸王傳》上《上洛王思宗》,頁1852~1854。

㉛ 案關於并州晉陽城的陪都地位,請參見周一良《魏晉南北朝史劄記》(北京,中華書局,1985)之《北齊書劄記》"各立一省"條,頁406~408。

㉜ 《北史》卷七《齊本紀》中,頁271~273。

㉝ 《北齊書》(北京,中華書局,1972)卷一三《趙郡王琛附子叡傳》,頁170~172。

㉞ 宋司馬光《資治通鑒》卷一六八陳文帝天嘉二年十一月,頁5217。

㉟ 唐許敬宗《文館詞林》(北京,中華書局,2001)卷六六八北齊魏收《北齊武成帝即位改元大赦詔》,頁345。

㊱ 元曾先之《十八史略》(日本明治三年京都三書堂刻《立齋先生標題解注音釋十八史略》本)卷四"陳文皇帝"下,31b。

㊲ 王怡辰《東魏北齊的統治集團》第四章第四節《高演在位與勳貴政治》,頁309。

㊳ 《北史》卷八《齊本紀》下,頁302。

㊴ 清王夫之《讀通鑒論》（長沙，嶽麓書社，1996，《船山全書》本）卷一八《陳文帝》之“王晞不貪翼戴之賞仍行弑逆”條，頁676～677。

㊵ 《北齊書》卷四二《盧潛傳》，頁557，又卷四五《文苑傳》，頁603。《隋書》（北京，中華書局，1973）卷五七《盧思道傳》，頁1397～1398。

㊶ 宋李昉等《文苑英華》（北京，中華書局，1966，集配影印宋、明刻本）卷七五一隋盧思道《北齊興亡論》，頁3927～3930。

㊷ 趙超《漢魏南北朝墓誌彙編》之《齊故樂陵王墓誌之銘》，頁420。案“末命”趙氏錄文訛作“未命”，據趙萬里《漢魏晉南北朝墓誌集釋》所收拓片改正。

㊸ 羅振玉《雪堂類稿》丙之二《石文跋尾・蒿里遺文・墓誌》第193《樂陵王墓誌跋》，頁200。

㊹ 宋李昉等《文苑英華》卷七五一隋盧思道《後周興亡論》，頁3931。

㊺ 《北史》卷七《齊本紀》中，頁271～272。

㊻ 宋司馬光《資治通鑒》卷一六八陳文帝天嘉元年十一月，頁5209。

㊼ 趙萬里《漢魏晉南北朝墓誌集釋》卷七“高百年妃斛律氏墓誌並蓋”條，頁170。

㊽ 清錢保塘《歷代名人生卒錄》（民國海寧錢氏清風室排印本）卷二，頁45a。

㊾ 《北史》卷二四《崔逞傳附六世孫瞻傳》，頁875。

㊿ 趙超《漢魏南北朝墓誌彙編》之《齊故樂陵王墓誌之銘》，頁420。

(51) 案如前文所述，《北史》卷五二《齊宗室諸王傳》下《樂陵王百年》（頁1887）謂這一“小屍”被挖出來後，“或以爲太原王紹德”，但據《北史》卷五二《齊宗室諸王傳》下《太原王紹德》（頁1884）記載，高紹德在文宣帝高洋天保末年“爲開府儀同三司”，已經成年，死後不會成爲什麽“小屍”，應屬傳言有誤。

(52) 清趙翼《廿二史劄記》（北京，中華書局，1984，王樹民《廿二史劄記校證》本）卷一五“魏諸帝多幼年即位”條，頁316。

(53) 《北史》卷七《齊本紀》中，頁263；又卷八《齊本紀》下，頁282。

(54) 《北史》卷七《齊本紀》中，頁272～273。

(55) 《北史》卷七《齊本紀》中，頁273。

(56) 《北史》卷八《齊本紀》下，頁282～283；又卷五一《齊宗室諸王傳》上《平秦王歸彥》，頁1857～1858。

(57) 《北史》卷八《齊本紀》下，頁283；又卷一四《後妃傳》下《齊文宣皇后李氏》，頁521。

(58) 《北史》卷八《齊本紀》下，頁283；又卷五二《齊宗室諸王傳》下《河南王孝瑜》，頁1876。

(59) 趙超《漢魏南北朝墓誌彙編》之《齊故樂陵王妃斛律氏墓誌銘》，頁419。

㊿ 《北齊書》卷一七《斛律金傳》,頁219~230。宋官修《太平御覽》卷二八一《兵部‧撫士》下引唐丘悅《三國典略》,頁1308。案《北史》卷八〇《外戚傳》(頁2670)云"斛律光以地勢被戮",即謂斛律氏一家之所以會遭遇滅族之災,仍是緣於勢力過盛所致。

㉛ 北齊顏之推《顏氏家訓‧慕賢》,據王利器《顏氏家訓集解》(北京,中華書局,1993)卷二,頁138。

㉜ 《北齊書》卷一七《斛律金傳》,頁223~226。

㉝ 《北史》卷一四《后妃傳》下《齊後主皇后斛律氏》,頁523~524。

㉞ 《北史》卷五一《齊宗室諸王傳》上《彭城王㴋》,頁1861~1863。案"田子禮"一名原本書作"白子禮",但迻錄自《北史》的今本《北齊書》(頁135)以及司馬光《資治通鑑》(頁5240)俱書作"田子禮",究竟哪一種寫法正確,似已無從稽考。"三占從二",今姑且隨衆。

㉟ 清玄燁《御批資治通鑑綱目》(臺北,臺灣商務印書館,1986,影印文淵閣《四庫全書》本)卷三四錄元劉友益《通鑑綱目書法》,頁44a。

㊱ 《後漢書》(北京,中華書局,1965)卷三〇下《郎顗傳》,頁1064。

㊲ 《史記》(北京,中華書局,1959)卷八三《魯仲連鄒陽列傳》劉宋裴駰《集解》,頁2470。

㊳ 《晉書》(北京,中華書局,1974)卷一二《天文志》中,頁334。《隋書》卷二一《天文志》下,頁590。

㊴ 唐釋瞿曇悉達《唐開元占經》(北京,中國書店,1989,影印清官修《四庫全書》文淵閣寫本)卷九四《雲氣雜占》,頁687。

㊵ 唐李淳風《乙巳占》(上海,商務印書館,1936,《叢書集成》初編排印《夷門廣牘》本)卷九《吉凶氣象占》,頁160。

㊶ 題唐李淳風《觀象玩占》(上海,上海古籍出版社,2006,《續修四庫全書術數類叢書》影印清華大學圖書館藏明抄本)卷四一《虹蜺‧雜占》,頁532。

㊷ 《隋書》卷二〇《天文志》中,頁576。

㊸ 唐釋瞿曇悉達《唐開元占經》卷九八《蜺虹占‧白虹貫日》,頁712。

㊹ 《宋書》(北京,中華書局,1974)卷三四《五行志》五,頁1018。

㊺ 唐李鳳《天文要錄》(北京,國家圖書館出版社,2011,《稀見唐代天文史料三種》影印日本昭和時期寫本)卷四,頁67。

㊻ 《後漢書》卷三〇下《郎顗傳》,頁1064。

㊼ 《宋書》卷三四《五行志》五,頁1019。

㊽ 馬王堆漢墓出土帛書《天文氣象雜占》(上海,上海古籍出版社,2006,《續修四庫全書術

數類叢書》影印《中國天文史文集》本），頁16。
㊀ 《史記》卷八三《魯仲連鄒陽列傳》並劉宋裴駰《集解》，頁2470。
㊁ 佚名《步玄經》（寒齋藏明藍格寫本）卷上《蜺虹》（案此本無頁碼）。
㊂ 唐李淳風《乙巳占》卷七《客星干犯列宿占》，頁127。
㊃ 題唐李淳風《觀象玩占》卷一三《室宿・客星流星彗孛干犯占》，頁302。
㊄ 題唐李淳風《觀象玩占》卷二三《勾陳・雜干犯占》，頁387。
㊅ 題唐李淳風《觀象玩占》卷二三《文昌・雜干犯占》，頁396。
㊆ 《晉書》（北京，中華書局，1974）卷一一三《苻堅載記》，頁2895。
㊇ 《北史》卷八《齊本紀》下，頁284。《隋書》卷二二《五行志》上，頁626。
㊈ 案《漢書》（北京，中華書局，1962）卷二七上《五行志》上（頁1346）載"文帝後三年秋，大雨，晝夜不絕三十五日。藍田山水出，流九百餘家。漢水出，壞民室八千餘所，殺三百餘人。先是，趙人新垣平以望氣得幸，爲上立渭陽五帝廟，欲出周鼎，以夏四月郊見上帝。歲餘懼誅，謀爲逆，發覺，要（腰）斬，夷三族"。可見普降大雨釀成災害，也是一種人臣謀逆的徵兆。
⑧⑧ 《北史》卷五一《齊宗室諸王傳》上《平陽王淹》，頁1861。
⑧⑨ 《史記》卷六《秦始皇本紀》，頁258。
⑨⓪ 《後漢書》卷五九《張衡傳》，頁1912；又卷八二《方術傳》上，頁2705。
⑨① 《隋書》卷一七《律曆志》中，頁420。
⑨② 《隋書》卷七八《藝術傳・庾季才》，頁1766。
⑨③ 《隋書》卷六九《王劭傳》，頁1601～1608。
⑨④ 宋真德秀《大學衍義》（明崇禎刊陳仁錫評閱本）卷四二《齊家之要・定國本》之"廢奪之失宜鑒"條，頁22a。
⑨⑤ 《隋書》卷二《高祖紀》下，頁38。
⑨⑥ 《隋書》卷三二《經籍志》一，頁941。
⑨⑦ 清秦篤輝《平書》（上海，商務印書館，1937，《叢書集成》初編排印《湖北叢書》本）卷五《經學篇》上，頁125。
⑨⑧ 唐官修《律》（上海，上海古籍出版社，1979，影印宋刻本）卷三《職制律》，頁4b。
⑨⑨ 《南史》（北京，中華書局，1975）卷三《宋本紀》下，頁82。別詳呂思勉《呂思勉讀史劄記（增訂本）》（上海，上海古籍出版社，2005）丙帙第五一三條"江左陰陽術數之學式微"，頁962。
⑩⓪ 《史記》卷二八《封禪書》，頁1368～1369。
⑩① 《北齊書》卷二二《李元忠傳》，頁313。

⑩²《北齊書》卷一六《段榮傳》，頁207。
⑩³《北史》卷九〇《藝術傳》下《徐之才》，頁2970。趙超《漢魏南北朝墓誌彙編》之《齊故司徒公西陽王徐君志銘》，頁455~456。
⑩⁴《北史》卷四七《祖瑩傳附子珽》，頁1736，頁1739。
⑩⁵《北齊書》卷四四《儒林傳·權會》，頁592~593。
⑩⁶《北齊書》卷二九《李渾傳》，頁396。
⑩⁷北齊顏之推《顏氏家訓·雜藝》，據王利器《顏氏家訓集解》卷七，頁583。
⑩⁸《隋書》卷四二《李德林傳》，頁1193。羅新、葉煒《新出魏晉南北朝墓誌疏證》（北京，中華書局，2005）之一三二《李敬族墓誌》，頁374。
⑩⁹《北史》卷八九《藝術傳》上，頁2930~2941。《隋書》卷一六《律曆志》上，頁394。
⑩北齊劉晝《劉子》（北京，北京圖書館出版社，2004，《中華再造善本》影印宋刻本）卷一〇《九流》，頁8b。案此本作者原題作"梁通事舍人劉勰"，此從《四庫全書總目》以及余嘉錫《四庫提要辨證》而改署爲劉晝。
⑪《北齊書》卷二九《李渾傳》，頁396。
⑫《北齊書》卷四五《文苑傳·顏之推》，頁623。
⑬清趙翼《簷曝雜記》（日本文政戊子刻四卷本）卷二"揣骨史瞎子"條，頁12a。
⑭北齊劉晝《劉子》卷九《禍福》，頁2a~3b。
⑮《北史》卷八九《藝術傳》上，頁2932~2941。
⑯《北史》卷八《齊本紀》，頁300。參見黃永年《〈北史·恩倖傳〉記齊宦者倉頭胡人樂工事雜說》，原刊《燕京學報》新六期（1999年5月），此據作者文集《文史探微》，頁81~82。
⑰《北史》卷八九《藝術傳》上《陸法和》，頁2944。
⑱案宋人葉適《習學記言序目》（北京，中華書局，1977）卷三五《北齊書》（頁515）謂"高洋暴狂，以殺爲戲，而敬禮法和如此，蓋懼冥禍爾"。
⑲《北史》卷三一《高允傳附德正》；又卷八九《藝術傳》上《宋景業》，頁2934~2935（案"高德正"的名字《北史·藝術傳》書作"高德政"）。
⑳《北史》卷三一《高允傳附德正》，頁1137~1138。
㉑《隋書》卷一七《律曆志》中，頁417。
㉒《北史》卷八《齊本紀》下，頁286，頁298~299；又卷四七《祖瑩傳附子珽》，頁1739~1740。清成瓘《篛園日札》（臺北，世界書局，1984）卷七《讀群書隨筆》之"北齊河清四年刻石"條，頁417。
㉓《北齊書》卷一七《斛律金傳附子羨》，頁328。
㉔《北史》卷三九《房法壽傳附曾孫豹》，頁1415~1416。

㉕ 清趙翼《廿二史劄記》卷二"災異策免三公"條，頁47～48。

㉖ 《漢書》卷八《宣帝紀》，頁236。

㉗ 《北史》卷三九《恩倖傳·高阿那肱》，頁3051。

㉘ 《史記》卷六《秦始皇本紀》，頁252；又卷八七《李斯列傳》，頁2551。

㉙ 《北史》卷五一《齊宗室諸王傳》上《上黨王渙》，頁1864。

㉚ 《北史》卷七《齊本紀》中，頁256；又卷一九《獻文六王傳》，頁709。

㉛ 《北史》卷五四《斛律金傳附子光》，頁1970。案《隋書》卷二三《五行志》下（頁648）記有"自太廟及光宅並見血"事的象徵意義，可參看。

㉜ 《北史》卷七《齊本紀》中，頁366。

㉝ 清洪禮吉《擬兩晉南北史樂府詩》（清光緒丁丑秋授經堂重刊本）卷下《百年冤》，頁11。案"禮吉"爲洪亮吉早年用名。

㉞ 宋司馬光《司馬光集》（成都，四川大學出版社，2010）卷六二《與劉道原書》，頁1300～1301。

㉟ 佚名《北史校勘記》（寒齋藏約民國初年寫本，案此本未編排頁碼）。案近人陳乃乾《讀書識小錄》之"南史"條亦謂"李氏好述神怪，自是史家一病""此等瑣詭，偶一見之，以廣異聞，未爲不可，乃司出疊見，述之不已，殊屬可厭"，見《陳乃乾文集》（北京，國家圖書館出版社，2009），頁249。

㊱ 清淩揚藻《蠡勺編》（臺北，世界書局，1963）卷一一"南北史"條，頁186～187。

㊲ 清官修《四庫全書總目》（北京，中華書局，1965，影印清浙江刻本）卷四五《史部·正史類》"北史"條，頁409。

㊳ 唐劉知幾《史通》之《雜説》中"北齊諸史"條，據清浦起龍《史通通釋》（上海，上海古籍出版社，1978）卷一七，頁495～496。

㊴ 羅振玉《雪堂類稿》丙之二《石文跋尾·蒿里遺文·墓誌》第193《樂陵王墓誌跋》，頁200；又第194《樂陵王妃斛律氏墓誌跋》，頁201。

㊵ 案在北齊剛剛亡國的北周武帝建德六年二月，有齊國故民孟阿妃造像供佛，造像記題作"大齊武平七年歲次丁酉二月甲辰廿三日丙寅"，干支從實而"武平七年"這一年次卻屬亡國前一年，與之並不相符，清人洪頤煊《平津讀碑記》（清嘉慶道光間刻本）卷三《孟阿妃造像記》（頁12b～13a）以爲"齊正月已亡，其時民心未定，故歲次丁酉，仍以武平七年繫之，非誤也"，所說極是。此樂陵王百年及王妃墓誌記兩人葬年，徒書干支而不願清楚顯示曲意編造的年次，與孟婦造像題記的做法性質相似。別詳拙文《〈馬天祥造像記〉與北齊武平九年紀年》，待刊。

㊶ 《北齊書》卷四《文宣帝紀》，頁66。《北史》卷五一《齊宗室諸王傳》上《神武諸子》，

頁1860~1861，頁1863~1864。

⑭② 羅新、葉煒《新出魏晉南北朝墓誌疏證》之七八《高殷妻李勝難墓誌》，頁194~195。

⑭③ 《北史》卷五一《齊宗室諸王傳》上《高陽王湜》，頁1866~1867。

⑭④ 趙超《漢魏南北朝墓誌彙編》之高湜（湜）墓誌，頁409~411。

⑭⑤ 明陳第《世善堂藏書目》（北京，中華書局，1999，影印《知不足齋叢書》本）卷上，頁223。

⑭⑥ 宋李昉等《太平廣記》（北京，中華書局，1961）卷一一九《報應·冤報》之"魏輝儁"、"真子融"條引《還冤記》，頁838~839。

⑭⑦ 《北史》卷八《齊本紀》下，頁286，頁302。

⑭⑧ 《北史》卷七《齊本紀》中，頁266。

⑭⑨ 宋李昉等《太平廣記》卷一一九《報應·冤報》之"魏輝儁"條引《還冤記》，頁838~839；又卷一二〇《報應·冤報》之"北齊文宣帝"條引《還冤記》，頁846。

⑮⓪ 《雲夢睡虎地秦墓》編寫組《雲夢睡虎地秦墓》（北京，文物出版社，1981）圖版一三四。

⑮① 案墓誌將樂陵王百年與王妃斛律氏下葬時日記作甲申歲庚申日，年、日都在申位，就多少顯露出一些痕跡。隋蕭吉《五行大義》（北京，中華書局，1999，影印清乾隆嘉慶間刊初印《知不足齋叢書》本）卷二《論配支干》（頁315）以爲"支則寅、辰、午、申、戌、子爲陽"，而"干則甲、丙、戊、庚、壬爲陽"，甲申、庚申的選擇，很可能就是基於"陽"這一基本屬性。

⑮② 黃盛璋《雲夢龍崗六號秦墓木牘與告地策》，原刊《中國文物報》1996年7月14日，此據中國文物研究所、湖北省文物考古研究所合編《龍崗秦墓》（北京，中華書局，2001），頁152~155。

⑮③ 禚振西《陝西鄠縣的兩座漢墓》，刊《考古與文物》1980年第1期，頁44~48。

⑮④ 中村不折《禹域出土墨寶書法源流考》（北京，中華書局，2003，李德範漢譯本）卷上之"漢熹平元年甕"條，頁6~7。

⑮⑤ 中村不折《禹域出土墨寶書法源流考》卷上之"漢永壽二年二月甕"條，頁3~4。

⑮⑥ 漢王充《論衡》之《解除篇》，據劉盼遂《論衡集解》（北京，中華書局，1959）卷二五，頁504~506。

⑮⑦ 梁陶弘景《真誥·協昌期》第二，據吉川忠夫《真誥校注》（北京，中國社會科學出版社，2006，朱越利漢譯本）卷一〇，頁324~325，頁331。

⑮⑧ 《宋書》卷四一《後妃傳》，頁1288。

⑮⑨ 北齊顏之推《顏氏家訓·風操》，據王利器《顏氏家訓集解》卷二，頁98。

⑯⓪ 梁陶弘景《登隱真訣》（北京，文物出版社，1988，影印明正統《道藏》本）卷下《請

官》，頁623。
⑯ 梁陶弘景《登隱真訣》卷下《請官》，頁621。
⑯ 張聞玉《銅器曆日研究》（貴陽，貴州人民出版社，1999）第二章第9節《丁亥爲亥日例》，又本章第10節《庚寅爲寅日例》，以及篇末所附《西周金文"初吉"之研究》，頁36～42，頁161～171。
⑯ 宋王厚之《鍾鼎款識》（北京，中華書局，2005，《宋人著錄金文叢刊》初編影印清嘉慶阮元刻本）之"後漢元嘉刀"條，頁525。清桂馥《札樸》（北京，中華書局，1992）卷八"古鏡文"條，頁311。王國維《二牖軒隨錄》（北京，社會科學文獻出版社，2002，《王國維學術隨筆》本）卷二"鑄器之日"條，頁138。
⑯ 《漢書》卷四五《江充傳》，頁2178。
⑯ 《北史》卷九二《恩幸傳》，頁3055。
⑯ 岑仲勉《金石論叢》之《貞石證史·田佽及其妻祔誌》，頁84。
⑯ 《魏書》（北京，中華書局，1974）卷六《顯祖紀》，頁125。
⑯ 《魏書》卷一三《皇后傳》，頁331。
⑯ 趙萬里《漢魏晉南北朝墓誌集釋》卷七"高百年妃斛律氏墓誌並蓋"條，頁170。
⑰ 清顧炎武《金石文字記》（清康熙潘耒遂初堂原刻《亭林遺書》本）卷首顧氏自撰《金石文字記序》，頁1b。
⑰ 案與此羅振玉、趙萬里論述百年太子事最爲相似的例證，應屬武伯綸偏信《大唐故永泰公主墓誌銘》（1960年出土）的諱飾之詞，據以否定兩《唐書》所記永泰公主因攻擊武則天男寵張易之、張昌宗而被逼自殺這一事實。武氏說見《唐永泰公主墓誌銘》一文，收入作者文集《古城集》（西安，三秦出版社，1987），頁73～80。

　　辛德勇，1959年生，陝西師範大學博士，現任北京大學中國古代史研究中心教授。

Northern Qi King Leling's and His Spouse's Epitaphs and Prince Bainian's Death

Xin Deyong

Summary

Gao Bainian（高百年），known as Prince Bainian（百年太子），was the son of

Emperor Gao Yan (高演) in the Northern Qi period. When Emperor Gao Yan was dying, he succeeded his throne to his brother Gao Zhan (高湛). Prince Bainian was dismissed as King Leling (樂陵王) by his uncle Gao Zhan.

According to *History of the Northern Dynasties* (《北史》), Prince Bainian was murdered by Gao Zhan in June at the third year of Heqing (河清), which was widely regarded as a reliable record. During the early years of Republic of China, Gao Bainian's and his spouse Hulü's (斛律氏) epitaphs, which were inscribed on stone tablets within their tombs, was discovered in Hebei Province. In the epitaphs, however, the time of Prince Bainian's death is different from that in *History of the Northern Dynasties*. Scholars, such as Luo Zhenyu (羅振玉), began to reconsider Prince Bainian's death based on the two epitaphs.

The paper is attempting to analyze the homicide case from a broader point of view. When Emperor Gao Zhan was threatened by a number of unusual celestial phenomena, he believed that the only way to protect his throne as well as his life was to kill Prince Bainian. In Gao Zhan's time, it was accepted that magic arts of yinyang (陰陽) was a decisive force in one's life. The epitaphs disguised the truth to cover up for the Emperor. Given the social and cultural background in Northern Qi, the time of Prince Bainian's death should not conform to the epitaphs.

六朝"博學"風氣探源

郭永吉

前　言

　　前賢對於漢魏與六朝時期學風的相關探討，多著重於當時人所表現的狀態，即"已然"的層面，至於"何以然"，或說"所以然"的部分，概甚少著墨；這種學風的轉變，前賢的相關著述，多將主要原因歸諸兩漢時期大一統意識、以儒家思想為主的架構崩解，政治上動盪不安，導致士人處世態度上產生變化。途徑、探討項面雖有異，然所獲致的結果多由意識型態這一頂大帽子底下延伸而來，卻忽略了時代變遷的複雜性及真實層面。

　　有感於此，本文之主要目的，乃擬從另一個角度，以實際需求這一層面，即"所以然"的部分，來探索六朝時期博學風氣的形成原因。而此處所謂的博學，僅限於書籍閱讀等知識層面，至於其他各種技藝之學，於六朝時雖然也相當被看重，然因篇幅有限，故暫不論及。

　　會選擇此途徑，是基因於：當時士人不論於何種領域中的表現，或思想、或文學、或社會文化，莫不根植所學，即所讀的書籍。而會選擇讀哪些書籍，或說有哪些書籍可讀，又跟當時的現實生活環境、社會風氣息息相關。唯有探本清源後，對於他們日後在各個領域中的種種表現之研討，方不至落於形式層面、無實際根據之窘境。而前輩學者的相關論著，雖也有根基於實際情況，然於"博學"此一現象，則未見專題而深入的論述。故不揣淺漏，冀於前賢先見之餘，略有補綴。

壹、兩漢與六朝學風比較

兩漢時期，自漢武以降，因官方誘以利祿，故習經風氣盛行，同時也因彼此競爭激烈，造成治經方式改變，由章句之學逐漸取代漢初訓詁舉大義①。經過一段時間的累積，章句文字膨脹驚人，正如班固於《漢書》卷八八〈儒林列傳・贊〉中所揭示：

> 自武帝立五經博士，開弟子員，設科射策，勸以官祿，迄於元始，百有餘年，傳業者寖盛，支葉蕃滋，一經說至百餘萬言，大師衆至千餘人，蓋祿利之路使然。

學子治經時既身陷章句洪流當中，導致他們自「幼童而守一藝，白首而後能言」②，甚至是「學者罷老且不能究其一藝」③。再加上當時治經師法、家法嚴密，專經，甚至專某經中的某一家派乃當時常態④。學子有生之年連五經都未必能通讀，更何況於經書以外的書籍，自無暇多顧⑤。因此，在章句之學盛行的時候，博學並非易事，也不常見。

另外，就非學術本身的客觀條件而言，當時書籍流佈未廣，如《漢書》卷一百上〈叙傳〉載：

> （成帝）賜（班斿）以秘書之副。時書不布，自東平思王以叔父求太史公、諸子書，大將軍白不許。

諸侯王尚且如此，何況一般學子？唯經書因學校、利祿而較爲通行，此所以《漢書》卷八十〈宣元六王列傳・東平思王劉宇傳〉載大將軍王鳳爲成帝所擬的"不許之辭"曾說：

> 五經聖人所制，萬事靡不畢載。王審樂道，傅相皆儒者，旦夕講誦，足以正身虞意。夫小辯破義，小道不通，致遠恐泥，皆不足以留意。諸益於經術者，不愛於王。

可見除經書之外，其餘群書恐未能易得。東漢初期，景況猶然，《後漢書》卷四二〈光武十王列傳・東平憲王蒼傳〉載：

> 蒼少好經書，雅有智思……（建初七年）三月，大鴻臚奏遣諸王歸國，帝特留蒼，賜以秘書《列僊圖》、道術秘方⑥。

所賜書籍或許較爲難見，但《後漢書》卷七六〈循吏列傳·王景傳〉所載：

> 永平十二年，議修汴渠，乃引見景，問以理水形便。景陳其利害，應對敏給，帝善之。又以嘗修浚儀，功業有成，乃賜景《山海經》、《河渠書》、《禹貢圖》，及錢帛衣物。

以及《北堂書鈔》卷一百一〈藝文部七·賜書〉引《東觀漢記》說：

> 章帝賜黃香《淮南》、《孟子》各一通。

這些書則均非稀奇難得之書，却需待蒙恩而獲賜⑦，可見當時非經書相關的書籍確實尚未普遍流傳。班氏正因受此榮寵，"家有賜書"，故"好古之士，自遠方至。父黨楊子雲以下，莫不造門"，包括桓譚等人皆"欲借其書"。

職是之故，就算某些學者不受章句藩籬拘限，非僅專於某經某家之學⑧，而被標榜爲治學博通，然博通內容仍多不出經書及與經書相關之傳記等範疇。此自西京已然，如褚大、夏侯始昌、王吉、龔舍等人兼"通五經"；韋賢至少兼通《禮》、《尚書》、《詩》三經，周霸也兼習《易》、《尚書》、《詩》三經；至如谷永則泛言"博學經書"。東京此風猶然，上自帝王儲君，如光武帝"經學博覽"、明帝"通明經義，觀覽古今，儲君副主莫能專精博學若此者也"；或諸侯王，如北海王睦"博通書傳"、陳敬王羨"博涉經書"；下至士子學者更所多見，如趙典"博學經書"、桓譚"博學多通，徧習五經"、孔奇"博通經典"、梁松"博通經書"、鄭玄自稱"博稽六藝，粗覽傳記"、張霸"博覽五經"、寒朗"好經學，博通書傳"、姜肱"博通五經"、申屠蟠"隱居精學，博貫五經"、黃香"博學經典，究精道術"⑨。此所以《後漢書》卷六一〈周舉傳〉會載：

> 周舉……博學洽聞，為儒者所宗，故京師為之語曰："五經從橫周宣光"。

以"五經"作爲"博學洽聞"的實際指涉。

這些博學、博通之士，一般稱之爲"通儒"，如劉丕"師受經傳，博學群書，號爲通儒"；馬融"博通經籍"，"才高博洽，爲世通儒"；董鈞"博通古今"，"當世稱爲通儒"；杜林"博洽多聞，時稱通儒"⑩。"通儒"既指見聞學識博通之儒生，所學內容當然以儒家經傳爲主，偶或涉及一些其他書籍。因此《後漢書》卷七八〈宦者列傳·蔡倫傳〉才會記載：

> （元初）四年，帝以經傳之文多不正定，乃選通儒謁者劉珍及博士良史詣東觀，各讎校家法，令（蔡）倫監典其事。

命通儒之士來讎校各家經傳家法。又如《後漢書》卷三六〈賈逵傳〉載：

> 賈逵……父徽，從劉歆受《左氏春秋》，兼習《國語》、《周官》，又受《古文尚書》於塗惲，學《毛詩》於謝曼卿……逵悉傳父業，弱冠能誦《左氏傳》及五經本文，以大夏侯《尚書》教授，雖為古學，兼通五家《穀梁》之説……逵數為帝言《古文尚書》與經傳爾雅詁訓相應，詔令撰歐陽、大小夏侯《尚書》古文同異，逵集為三卷，帝善之。復令撰《齊》《魯》《韓詩》與毛氏異同，並作《周官解故》……所著經傳義詁及論難百餘萬言，又作詩、頌、誄、書、連珠、酒令凡九篇，學者宗之，後世稱為通儒。

《後漢書》卷七九下〈儒林列傳下·李育傳〉也載：

> 李育……少習《公羊春秋》，沈思專精，博覽書傳，知名太學……建初……四年，詔與諸儒論五經於白虎觀，育以公羊義難賈逵，往返皆有理證，最為通儒。

二人因博通諸經、博覽書傳而被稱爲通儒。可見：所謂通儒乃博通多經或就訓詁大義的途徑以理解經書，視野較爲廣闊，即西漢常見重師法的治經方式⑪。如卓茂，"元帝時學於長安，事博士江生，習《詩》、《禮》及曆算，究極師法，稱爲通儒"；劉寬，"少學《歐陽尚書》、《京氏易》，尤明《韓詩外傳》，星宮、風角、算歷，皆究極師法，稱爲通儒"⑫。而非專守鑽研於某經某家章句之學，故多能不受章句拘限，如桓譚，"徧習五經，皆詁訓大義，不爲章句"；班固，"博貫載籍，九流百家之言，無不窮究。所學無常師，不爲章句，舉大義而已"；王充，"好博覽而不守章句"；荀淑，"博學而不好章句"；韓融，"少能辯理而不爲章句學"；盧植，"少與鄭玄俱事馬融，能通古今學，好研精而不守章句"；梁鴻，"博覽無不通，而不爲章句"[13]。當然，除了經傳之外，多少也會涉及其他書籍，然此並無損於"通儒"之稱。

與"通儒"相對的乃"俗儒"，見於《後漢書》卷六二〈荀淑傳〉記載：

> 荀淑……少有高行，博學而不好章句，多為俗儒所非，而州里稱其知人。

以及《後漢書》卷二八上〈桓譚傳〉所載：

> 桓譚……博學多通，徧習五經，皆詁訓大義，不為章句……而憙非毀俗儒，由是多見排抵。

或稱"鄙儒"，徐幹《中論》卷上〈治學〉說：

> 凡學者大義為先，物名為後，大義舉而物名從之。然鄙儒之博學也，務於物名，詳於器械，矜於詁訓，摘其章句，而不能統其大義之所極，以獲先王之心。

可知：所謂"俗儒"、"鄙儒"指的是拘守一經或一家章句之學，無法廣泛閱讀其他家派或經書，所以又稱爲"守文之徒"。此自西漢中後期章句之學漸盛後，已然出現，《後漢書》卷六七〈黨錮列傳〉記載：

> 自武帝以後，崇尚儒學，懷經協術，所在霧會，至有石渠分爭之論，黨同伐異之說，守文之徒，盛於時矣。

也就是《後漢書》卷三五〈鄭玄傳·論〉所說：

> 自秦焚六經，聖文埃滅。漢興，諸儒頗修藝文；及東京，學者亦各名家。而守文之徒，滯固所稟，異端紛紜，互相詭激，遂令經有數家，家有數說，章句多者或乃百餘萬言，學徒勞而少功，後生疑而莫正。

因此，《後漢書》卷四九〈王充傳〉就載：

> 充好論說，始若詭異，終有理實。以為俗儒守文，多失其真。

直接以"俗儒守文"並稱。《後漢書》卷七九〈儒林列傳·何休傳〉又載：

> 休坐廢錮，乃作《春秋公羊解詁》，覃思不闚門，十有七年。又注訓《孝經》、《論語》、風角七分，皆經緯典謨，不與守文同說。

均可見通儒、俗儒治學態度上的差異⑭。

由上文所述，也可以發現：研讀書籍多限於經書相關範疇的學風，自東漢，尤其是中晚期，開始已逐漸有所轉變⑮，與"通儒"之士漸多正桴鼓相應。《三國志》卷三八〈秦宓傳〉就記載一則案例：

> 先是，李權從宓借《戰國策》，宓曰："《戰國》從橫，用之何為？"權曰："仲尼、嚴平，會聚群書，以成《春秋》、《指歸》之文，故海以合流為大，君子以博識為弘。"

在閱讀上強調的是"博識爲弘"，所以像上文所引杜林、王充、班固等人，均能"博通衆流百家之言"。或有質疑他們不是因家中藏書豐富，就是因游市肆而得閱所賣書，屬較特殊的狀況⑯。但像《後漢書》卷五二〈崔駰傳〉所載：

> 毅生駰，年十三能通《詩》、《易》、《春秋》，博學有偉才，盡通古今訓詁百家之言，善屬文。少游太學，與班固、傅毅同時齊名。

以及卷六四〈延篤傳〉所記：

> 延篤……從馬融受業，博通經傳及百家之言，能著文章，有名京師。

《三國志》卷四二〈郤正傳〉載其：

> 博覽墳籍，弱冠能屬文……尤耽意文章，自司馬、王、揚、班、傅、張、蔡之儔遺文篇賦，及當世美書善論，益部有者，則鑽鑿推求，略皆寓目。

也都強調博學內容旁及諸子百家，甚至文章篇賦等，不再限於經書及相關的傳記，可見這種風氣逐漸在形成中。所以像伏無忌，"亦傳家學，博物多識"，"永和元年，詔無忌與議郎黃景校定中書五經、諸子百家、藝術"；仲長統"少好學，博涉書記，贍於文辭"；蔡邕，"少博學，師事太傅胡廣。好辭章、數術、天文"；應劭，"博學多識"，"所撰述《風俗通》等，凡百餘篇，辭雖不典，世服其博聞"；曹丕，"博貫古今經傳諸子百家之書"；孟光，"博物識古，無書不覽"；周昕，"少游京師，師事太傅陳蕃，博覽群書，明於風角，善推災異"；陸績，"博學多識，星曆算數無不該覽"⑰。又如孔融，"性好學，博涉多該覽"⑱，所以《三國志》卷十二〈崔琰傳〉裴注引《魏氏春秋》記載一則傳聞：

> 袁紹之敗也，融與太祖書曰："武王伐紂，以妲己賜周公。"太祖以融學博，謂書傳所紀。後見，問之，對曰："以今度之，想其當然耳！"

因博學，故多能讀時人所少讀之書。

發展到整個六朝時期，學子所讀書籍範圍不再囿於兩漢舊習，已經相當龐雜。如南朝官方因國學未立，另立四館以代之，除儒學外，尚有史學、玄學、文學與之並立⑲，皆聚生徒以教。非官方系統，則更是學涉廣博，是以《晉書》等八書中常見以"博學"、"博聞"、"博物"作爲贊譽士人學養的一項重要指標，"博"的實際內容則已大大逸出與經書相關之範疇。也就是説，士人"博學"在兩漢時期與六朝階段指涉的範圍並不盡相同。正如顏之推於《顏氏家訓》卷三〈勉學〉中告誡其子所說：

> 學之興廢，隨世輕重。漢時賢俊，皆以一經弘聖人之道，上明天時，下該人事，用此致卿相者多矣。末俗已來不復爾，空守章句，但誦師言，施之世務，殆無一可。故士大夫子弟，皆以博涉爲貴，不肯專儒。梁朝皇孫以下，總卝之年，必先入學，觀其志尚；出身已後，便從文史，略無卒業者。冠冕爲此者，則有何胤、劉瓛、明山賓、周舍、朱异、周弘正、賀琛、賀革、蕭子政、劉縚等，兼通文史，不徒講説也；洛陽亦聞崔浩、張偉、劉芳，鄴下又見邢子才，此四儒者，雖好經術，亦以才博擅名。如此諸賢，故爲上品……光陰可惜，譬諸逝水。當博覽機要，以濟功業……夫學者貴能博聞也，郡國山川、官位姓族、衣服飲食、器皿制度，皆欲根尋，得其原本。

明白指出：不論南北，時人所學"皆以博涉爲貴"，而"博覽"的範圍"兼通文史"、地理、譜牒、日常衣食器物制度等，"不肯專儒"。這也就是《史通》卷十〈雜述〉所說："故學者欲博聞舊事，多識奇物，若不窺別錄，不討異書，專治周、孔之章句，直守遷、固之紀傳，亦何能自致於此乎？"

而且，縱使天才橫逸，仍須以博學爲根柢，方能取重士林，如《晋書》卷九十〈良吏列傳·潘京傳〉記載：

> 京仍舉秀才，到洛。尚書令樂廣，京州人也，共談累日，深嘆其才，謂京曰："君天才過人，恨不學耳。若學，必爲一代談宗。"京感其言，遂勤學不倦。

以及《世說新語》卷上〈文學〉13 條載：

> 諸葛宏年少不肯學問，始與王夷甫談，便已超詣。王嘆曰："卿天才卓出，若復小加研尋，一無所愧。"宏後看《莊》、《老》，更與王語，便足相抗衡。

卷上〈文學〉99 條也載：

> 殷仲文天才宏贍，而讀書不甚廣，傅［博］亮嘆曰："若使殷仲文讀書半袁豹，才不減班固。"[20]

王夷甫等三人之所以"嘆"，乃均以對方寡學爲憾[21]。至如《世說新語》卷中〈賞譽〉155 條所載：

> 王恭有清辭簡旨，能叙說，而讀書少，頗有重出。有人道孝伯常有新意，不覺爲煩。

因"讀書少"以致"頗有重出"，本應是其短處，故結果當是"煩"，但因其中有"新意"，方能化解其短，以達"不""煩"。可見一般而言，清談要避免"重出"的方式是讀書要廣，也就是博學。否則，就如《文心雕龍》卷八〈事類〉載：

> 魏武稱張子之文爲拙，［然］學問膚淺，所見不博，專拾掇崔、杜小文，所作不可悉難，難便不知所出，斯則寡聞之病也。

以及《世說新語》卷下〈排調〉48 條所說：

> 魏長齊雅有體量，而才學非所經。初宦當出，虞存嘲之曰："與卿約法三章：談者死，文筆者刑，商略抵罪。"魏怡然而笑，無忤於色。

不論爲文、口談，均以"博""學"爲基本條件，若"淺""學""寡聞"而致"病""拙"，將被他人所鄙"嘲"。又如《顏氏家訓》卷三〈勉學〉也載二則案例：

  《書》曰："好問則裕。"《禮》云："獨學而無友，則孤陋而寡聞。"蓋須切磋相起明也。見有閉門讀書，師心自是，稠人廣坐，謬誤差失者多矣。《穀梁傳》稱公子友與莒挐相搏，左右呼曰"孟勞"。孟勞者，魯之寶刀名，亦見《廣雅》。近在齊時，有姜仲岳謂："孟勞者，公子左右，姓孟名勞，多力之人，為國所寶。"與吾苦諍。時清河郡守邢峙，當世碩儒，助吾证之，赧然而伏。又《三輔決錄》云："靈帝殿柱題曰：'堂堂乎張，京兆田郎。'"蓋引《論語》，偶以四言，目京兆人田鳳也。有一才士，乃言："時張京兆及田郎二人皆堂堂耳。"聞吾此説，初大驚駭，其後尋媿悔焉。

都是因淺學寡聞而貽笑他人面前②。更有甚者，在一般社交場合中，恐無立足處。如《顏氏家訓》卷三〈勉學〉又載當時景況：

  多見士大夫……或因家世餘緒，得一階半級，便自為足，全忘修學。及有吉凶大事，議論得失，蒙然張口，如坐雲霧；公私宴集，談古賦詩，塞默低頭，欠伸而已。

實際案例如《北齊書》卷四三〈許惇傳〉所載：

  許惇……清識敏速，達於從政，任司徒主簿，以能判斷，見知時人，號為入鐵主簿……雖久處朝行，歷官清顯，與邢邵、魏收、陽休之、崔劼、徐之才之徒比肩同列。諸人或談説經史。或吟詠詩賦，更相嘲戲，欣笑滿堂。惇不解劇談，又無學術，或竟坐杜口，或隱几而睡，深為勝流所輕。

許惇雖然善於爲官，却因"不解劇談，又無學術"而"深爲勝流所輕"。因此，導致當時之人趨向博學文采的風氣，如裴子野《雕蟲論並序》就載：

  宋明帝聰博好文史，才思朗捷，省讀書奏，號七行俱下。每國有禎祥及行幸讌集，輒陳詩展義，且以命朝臣。其戎士武夫，則托請不暇，困於

> 課限，或買以應詔焉。於是天下向風，人自藻飾，雕蟲之藝，盛於時矣。
> 又論曰："……宋初迄於元嘉，多為經史；大明之代，實好斯文。高才逸韵，頗謝前哲。波流同尚，滋有篤焉。自足閭閻少年、貴游總角罔不擯落六藝，吟咏情性。學者以博依為急務，謂章句為專魯……"。㉓

論中所斥乃當時潮流所趨。凡此均可見六朝時期對博學的重視及需求，因而常見時人多方設法的努力向學以增廣見聞。除上文所舉三國時蜀漢郤正外，又如《晉書》卷七二〈葛洪傳〉記載：

> 洪少好學，家貧，躬自伐薪以貿紙筆，夜輒寫書誦習，遂以儒學知名……太安中，石冰作亂，吳興太守顧秘為義軍都督，與周玘等起兵討之。祕檄洪為將兵都尉，攻冰別率，破之，遷伏波將軍。冰平，洪不論功賞，徑至洛陽，欲搜求異書以廣其學。

蕭齊時劉峻"好學"，"自謂所見不博，更求異書，聞京師有者，必往祈借，清河崔慰祖謂之書淫"㉔；《梁書》卷三四〈張纘傳〉也曾載：

> 起家祕書郎，時年十七……纘好學，兄緬有書萬餘卷，晝夜披讀，殆不輟手。祕書郎有四員，宋、齊以來，為甲族起家之選，待次入補，其居職，例數十百日便遷任。纘固求不徙，欲遍觀閣內圖籍。嘗執四部書目曰："若讀此畢，乃可言優仕矣。"如此數載，方遷太子舍人。

為讀平時不易得見的內閣藏書，寧願放棄依照慣例的晉升，留任數載"方遷"，付出的代價不可謂小：北齊李鉉則"以鄉里寡文籍，來游京師，讀所未見書"㉕。

何以六朝時士人所學宗尚廣博，不以經書為滿足？其中原因複雜多方，本文針對此一課題，僅先就幾個較顯明的部分，如聘使、朝議；地方誌、譜牒；談玄、論難及博學釋疑；文學創作與史書撰著等，逐次進行論述。上述內容包含了政治領域上的外交與內政、社會文化層面的世族門第、思想學術領域以及文學著作等範疇，可謂攏括了當時較重要的幾個方面。希望藉此能對當時治學崇尚博通的風氣及其因由，有更進一步的瞭解。

貳、聘使與朝議

自東漢末年，王綱解紐，地方各自割據成獨立勢力，西晉雖曾一統，却僅如曇花一現，不過三十餘載。而後南北分裂，北方後又分東西。雖然在政治立場上，彼此相互敵對，征戰不休，但仍常有遣使往來聘問之需。如《三國志》卷四八〈孫皓傳〉裴注引《吳錄》説：

> （張）儼字子節，吳人也。弱冠知名，歷顯位，以博聞多識，拜大鴻臚，使於晉，皓謂儼曰：「今南北通好，以君爲有出境之才，故相屈行」。

《北齊書》卷三五〈陸卬傳〉載：

> 自梁、魏通和，歲有交聘。

徐陵〈爲陳武帝與周宰相書〉也説：

> 昔寶門之始，境外無交，雖遣行人，未申嘉好。今上天有命，光膺寶曆……宜修朝聘。今遣侍中、都官尚書周弘正銜使長安。[26]

這些使者除肩負政治使命之外，也常常作爲雙方學術文化素養較量的代言人[27]。如《三國志》卷五七〈虞翻傳〉裴注引《江表傳》記載：孫策初據江東，想起曾於北方「與中州士大夫會，語我東方人多才耳，但恨學問不博，語議之間，有所不及」。因此想請「博學洽聞」的虞翻出使許昌，「交見朝士，以折中國妄語兒」，「結兒輩舌」，洗雪因自身淺學而致使己方遭受輕視之恥。可見在外交場合上，言語交鋒乃常有之事，唯有博學多聞方能因應各種可能涉及的論題，如《酉陽雜俎》卷十二〈語資‧梁宴魏使〉所載：

> 梁宴魏使李騫、崔劼。樂作，梁舍人賀季曰：「音聲感人深也。」劼曰：「昔申喜聽歌愴然，知是其母，理實精妙然也。」梁主客王克曰：「聽音觀俗，轉是精者。」劼曰：「延陵昔聘上國，實有觀風之美。」季曰：「卿發此言，乃欲挑戰？」騫曰：「請執鞭弭，與君周旋。」季曰：「未敢三舍。」劼曰：「數奔之事，久已相謝。」季曰：「車亂旗靡，恐有所歸。」劼

曰：“平陰之役，先鳴已久。”克曰：“吾方欲館、谷而旌武功。”騫曰：“王夷師熸，將以誰屬？”遂共大笑而止。樂欲訖，有馬數十匹馳過，末有闇人。騫曰：“巷伯及同趣馬，詎非侵官？”季曰：“此乃貌似。”劼曰：“若值袁紹，恐不能免。”

雙方挑明言談以爭勝，彼此引用《淮南子》、《後漢書》以及多條《左傳》中的典故相互往來[20]，若學不及此，恐將辭窮而見譏。南北朝時，這類情形並不少見。如《北史》卷四三〈李諧傳〉：

> 天平末，魏欲與梁和好……於是以諧兼常侍、盧元明兼吏部郎、李業興兼通直常侍聘焉。梁武使朱异覘客，异言諧、元明之美。諧等見，及出，梁武目送之，謂左右曰：“朕今日遇勍敵，卿輩常言北間都無人物，此等何處來？”謂异曰：“過卿所談。”……既南北通好，務以俊乂相矜，銜命接客，必盡一時之選，無才地者不得與焉。梁使每入，鄴下為之傾動，貴勝子弟盛飾聚觀，禮贈優渥，館門成市。宴日，齊文襄使左右覘之，賓司一言制勝，文襄為之抃掌；魏使至梁，亦如梁使至魏，梁武親與談說，甚相愛重。

外交場合上的言論辭語，視同“勍敵”“相矜”，故雙方“必盡一時之選”的“俊乂”“與焉”，以相“制勝”，期能增國之光。如當時“鄴下言風流者，以諧及隴西李神儁、范陽盧元明、北海王元景、弘農楊遵彥、清河崔贍爲首。初通梁國，妙簡行人，神儁位已高，故諧等五人繼踵，而遵彥遇疾道還，竟不行”，可謂精鋭盡出矣！

而在外交場合中論爭涉及的層面甚廣，或論經史[21]，《梁書》卷二一〈王錫傳〉：

> 普通初，魏始連和，使劉善明來聘，敕使中書舍人朱异接之，預讌者皆歸化北人。善明負其才氣，酒酣謂异曰：“南國辯學如中書者幾人？”异對曰：“异所以得接賓宴者，乃分職是司。二國通和，所敦親好；若以才辯相尚，則不容見使。”善明乃曰：“王錫、張纘，北間所聞，云何可見？”异具啓，敕即使於南苑設宴，錫與張纘、朱异四人而已。善明造席，遍論經史，兼以嘲謔，錫、纘隨方酬對，無所稽疑，未嘗訪彼一事，

善明甚相嘆挹。佗日謂異曰："一日見二賢，實副所期，不有君子，安能爲國㉚！"

至於《魏書》卷八四〈儒林列傳·李業興傳〉所載：

> （業興）博涉百家，圖緯、風角、天文、占候無不詳練……（天平）四年，與兼散騎常侍李諧、兼吏部郎盧元明使蕭衍。衍散騎常侍朱异問業興曰："魏洛中委粟山是南郊邪？"業興曰："委粟是圓丘，非南郊。"异曰："北間郊、丘異所，是用鄭義。我此中用王義。"業興曰："然，洛京郊、丘之處專用鄭解。"异曰："若然，女子逆降傍親亦從鄭以不？"業興曰："此之一事，亦不專從。若卿此間用王義，除禫應用二十五月，何以王儉喪禮禫用二十七月也？"异遂不答。業興曰："我昨見明堂四柱方屋，都無五九之室，當是裴頠所制。明堂上圓下方，裴唯除室耳。此上不圓何也？"异曰："圓方之說，經典無文，何怪於方？"業興曰："圓方之言，出處甚明，卿自不見。卿錄梁主《孝經義》亦云上圓下方，卿言豈非自相矛盾！"异曰："若然，圓方竟出何經？"業興曰："出《孝經援神契》。"异曰："緯候之書，何用信也！"業興曰："卿若不信，《靈威仰》、《叶光紀》之類經典亦無出者，卿復信不？"异不答。

辯論内容雖是經學問題，但並非僅拘限經書所載，引证材料包括讖緯之學及漢魏經生的説法，甚至涉及雙方當時實際施行景況，若非博學廣聞，何以應對？而由兩事都是"异不答"，可知結果是南方處於下風。《魏書》卷五三〈李安世傳〉載：

> 蕭賾使劉纘朝貢，安世美容貌，善舉止，纘等自相謂曰："不有君子，其能國乎？"纘等呼安世爲典客，安世曰："三代不共禮，五帝各異樂，安足以亡秦之官，稱於上國。"纘曰："世異之號，凡有幾也？"安世曰："周謂掌客，秦改典客，漢名鴻臚，今曰主客。君等不欲影響文武，而殷勤亡秦。"纘又指方山曰："此山去燕然遠近？"安世曰："亦由石頭之於番禺耳。"

主要論述的是官制的演變，雙方言語交鋒，各有隱喻，互指爲化外蠻狄，北朝更藉此以諷刺南使，可謂爲國增光矣！

或賦詩文，《魏書》卷六二〈李彪傳〉記載：

> 加員外散騎常侍，使於蕭賾……彪將還，賾親謂曰："卿前使還日，賦阮詩云'但願長閒暇，後歲復來游'，果如今日。卿此還也，復有來理否？"彪答言："使臣請重賦阮詩曰'宴衍清都中，一去永矣哉'。"賾惘然曰："清都可爾，一去何事？觀卿此言，似成長闊，朕當以殊禮相送。"賾遂親至琅邪城，登山臨水，命群臣賦詩以送別，其見重如此。

除援引舊詩，更常見的是即席自作，如《北齊書》卷三五〈陸卬傳〉記載：

> 陸卬……博覽群書……自梁、魏通和，歲有交聘，卬每兼官燕接，在[帝]席賦詩，卬必先成，雖未能盡工，以敏速見美。

又《隋書》卷五七〈薛道衡傳〉也載：

> 薛道衡……兼散騎常侍，接對周、陳二使。武平初……陳使傅縡聘齊，以道衡兼主客郎接對之。縡贈詩五十韻，道衡和之，南北稱美。魏收曰："傅縡所謂以蚓投魚耳。"

或隱喻諸子雜學，《魏書》卷三六〈李順傳附族人李同軌傳〉載：

> 同軌……學綜諸經，多所治誦，兼讀釋氏……興和中，兼通直散騎常侍，使蕭衍。衍深耽釋學，遂集名僧於其愛敬、同泰二寺，講涅槃大品經，引同軌預席，衍兼遣其臣並共觀聽。同軌論難久之，道俗咸以為善。

《酉陽雜俎》卷三〈貝編·同泰寺〉也載：

> 魏李騫、崔劼至梁同泰寺，主客王克、舍人賀季及三僧迎門引接。至浮圖中，佛旁有執板筆者，僧謂騫曰："此是屍頭，專記人罪。"騫曰："便是僧之董狐。"復入二堂，佛前有銅鉢，中燃燈。劼曰："可謂'日月出矣，爝火不息。'"

崔劼之語典出《莊子·逍遙游》："日月出矣，而爝火不息，其於火也，不亦難乎！"意謂蕭梁王朝如螢燭末光，豈能與大魏日月之光爭輝㉝？《酉陽雜俎》卷十一〈廣知·陸緬〉又載：

> 梁主客陸緬謂魏使尉瑾曰："我至鄴，見雙闕極高，圖飾甚麗，此間石闕亦為不下。我家有荀勖尺，以銅為之，金字成銘，家世所寶此物。往昭明太子好集古器，遂將入內。此闕既成，用銅尺量之，其高六丈。"瑾曰："我京師象闕，固中天之華闕。此間地勢過下，理不得高。"魏肇師曰："荀勖之尺是積黍所為，用調鐘律，阮咸譏其聲有湫隘之韵，後得玉尺度之，過短。"

陸緬原本欲以其家曾收藏之寶物炫耀來使，並藉象徵國家之闕來顯示梁朝要比魏朝高。但反遭魏使引《世說新語‧術解》所載荀勖、阮咸之事予以反駁，並語含譏斥。更有甚者，魏肇師以西周玉尺對比荀勖銅尺，強調魏朝之正統性，也顯現出本朝較梁朝猶高一籌，實乃陸緬始料未及[32]。

或純粹機鋒才變，如《三國志》卷三八〈秦宓傳〉載：

> 吳遣使張溫來聘，百官皆往餞焉。眾人皆集而宓未往，亮累遣使促之，溫曰："彼何人也?"亮曰："益州學士也。"及至，溫問曰："君學乎?"宓曰："五尺童子皆學，何必小人!"溫復問曰："天有頭乎?"宓曰："有之。"溫曰："在何方也?"宓曰："在西方。《詩》曰：'乃眷西顧。'以此推之，頭在西方。"溫曰："天有耳乎?"宓曰："天處高而聽卑，《詩》云：'鶴鳴于九皋，聲聞于天。'若其無耳，何以聽之?"溫曰："天有足乎?"宓曰："有。《詩》云：'天步艱難，之子不猶。'若其無足，何以步之?"溫曰："天有姓乎?"宓曰："有。"溫曰："何姓?"宓曰："姓劉。"溫曰："何以知之?"答曰："天子姓劉，故以此知之。"溫曰："日生於東乎?"宓曰："雖生于東而沒于西。"答問如響，應聲而出，於是溫大敬服。

秦宓並於應對機變之中，借機強調蜀漢在當時的正統地位[33]。至如《晉書》卷八六〈張軌傳附曾孫天錫傳〉所載：

> （張天錫）遣從事中郎韓博、奮節將軍康妙奉表，並送盟文。博有口才，（桓）溫甚稱之。嘗大會，溫使司馬刁彝嘲之，彝謂博曰："君是韓盧後邪?"博曰："卿是韓盧後。"溫笑曰："刁以君姓韓，故相問焉。他自姓刁，那得韓盧後邪?"博曰："明公脫未之思，短尾者則為刁也。"一

坐推嘆焉。

則是藉由個人機辯與博學多聞，而化解對方有意的嘲弄，甚至能夠反將對方一軍[34]。《北史》卷三三〈李繪傳〉也載：

> 武定初，兼散騎常侍，為聘梁使主。梁武問高相今在何處？黑獺若為形容？高相作何經略？繪敷對明辯，梁武稱佳。與梁人氾言氏族，袁狎曰：「未若我本出自黃帝，姓在十四之限。」繪曰：「兄所出雖遠，當共車千秋分一字耳！」一坐皆笑。

李繪於談笑間化解袁狎以黃帝子孫自居的高傲態度。且氏族譜牒，亦六朝時士人必備涵養之一[35]，既言"氾言"，可見是博通廣知方能勝任。《陳書》卷二六〈徐陵傳〉載：

> 徐陵字孝穆……既長，博涉史籍，縱橫有口辯……太清二年，兼通直散騎常侍，使魏，魏人授館宴賓。是日甚熱，其主客魏收嘲陵曰："今日之熱，當由徐常侍來。"陵即答曰："昔王肅至此，為魏始制禮儀；今我來聘，使卿復知寒暑。"收大慙。

徐陵借對談中暗諷北方乃無禮儀、不知寒暑的蠻夷之邦。凡此，均為聘使應對時才學口舌之爭，佔上風者不僅得譽彼邦[36]，同時也為己方陣營爭光，甚至在國家定位上獲得優勢。然而，由上引諸例也可得知，機鋒論辯非徒依口才之利便能制勝，猶需以博學多聞為根基，方能令己方於彼我往來時，不至因寡學無知而語塞。否則，恐將難逃羞"慙"被"嘲""笑"的境地，空留餘恨。

兩國交使，於往來文書用辭上，更是錙銖必較，《魏書》卷一百四〈自序傳〉載：

> 自南北和好，書下紙每云："想彼境內寧靜，此率土安和。"蕭衍後使，其書乃去"彼"字，自稱猶著"此"，欲示無外之意。收定報書云："想境內清晏，今萬國安和。"南人復書，依以為體。

儘管只是一字之差，但因涉及國家地位，故絲毫馬虎不得。至於像《隋書》卷七六〈文學列傳·潘徽傳〉所載：

> 潘徽……少受《禮》於鄭灼，受《毛詩》於施公，受《書》於張冲，

講《莊》、《老》於張譏，並通大義。尤精三史，善屬文，能持論……選為客館令。隋遣魏澹聘於陳，陳人使徽接對之。澹將返命，為啟於陳主曰："敬奉弘慈，曲垂餞送。"徽以為"伏奉"為重，"敬奉"為輕，其啟而不奏。澹立議曰："《曲禮》注曰：'禮主於敬。'《詩》曰：'維桑與梓，必恭敬止。'《孝經》曰：'宗廟致敬。'又云：'不敬其親，謂之悖禮。'孔子敬天之怒，成湯聖敬日躋。宗廟極重，上天極高，父極尊，君極貴，四者咸同一敬，五經未有異文，不知以敬為輕，竟何所據？"徽難之曰："向所論敬字，本不全以為輕，但施用處殊，義成通別。禮主於敬，此是通言，猶如男子'冠而字之'，注云'成人敬其名也'。《春秋有冀缺》'夫妻亦云'相敬'。既於子則有敬名之義，在夫亦有敬妻之說，此可復並謂極重乎？至若'敬謝諸公'，固非尊地；'公子敬愛'，止施賓友。'敬問''敬報'，彌見雷同，'敬聽''敬酬'，何關貴隔！當知敬之為義，雖是不輕，但敬之於語，則有時混漫。今云'敬奉'，所以成疑。聊舉一隅，未為深據。"澹不能對，遂從而改焉。

更是為一字之爭，引述繁博，以証成己說，遂令對方"不能對"而屈"從"己意。

上述諸例[㉝]，多屬臨時而起，然而涉及層面相當廣泛，遍及經史諸子、禮制器物，或文學才華、三教義理，甚至連飲宴時的音樂，食物等，都可能是論辯題材。而且，於對答中常援引典故而未明言出處，如《魏書》卷六五〈李諧傳〉：

> 諧……博學有文辯……蕭衍求通和好，朝廷盛選行人，以諧兼散騎常侍，為聘使主。諧至石頭，蕭衍遣其主客郎范胥當接……胥問曰："今猶尚暖，北間當小寒於此？"諧答曰："地居陰陽之正，寒暑適時，不知多少。"胥曰："所訪鄴下，豈是測影之地？"諧答曰："皆是皇居帝里，相去不遠，可得統而言之。"胥曰："洛陽既稱盛美，何事遷鄴？"諧答曰："不常厥邑，於茲五邦，王者無外，所在關河，復何所怪？"胥曰："殷人否危，故遷相耿，貴朝何為而遷？"諧答："聖人藏往知來，相時而動，何必俟於隆替？"胥曰："金陵王氣，兆於先代；黃旗紫蓋，本出東南。

君臨萬邦，故宜在此。"諧答曰："帝王符命，豈得與中國比隆？紫蓋黃旗，終於入洛，無乃自害也？有口之說，乃是俳諧，亦何足道！"蕭衍親問諧曰："……"諧對曰："……"……衍曰："故宜輔弼幼主，永固基業，深不可言。"江南稱其才辯。

李諧所說："不常厥邑，於茲五邦"，典出《尚書·盤庚》、"王者無外"，數見於《春秋》、"藏往知來"，語出《周易·繫辭上》、"相時而動"，乃《春秋左傳·隱公十一》之語、"有口之說"，則引自《三國志·薛綜傳》所載孫吳薛綜答蜀使之辭；范胥舉"金陵王氣"、"黃旗紫蓋，本出東南"、"君臨萬邦"，則分見於《史記·高祖本紀》載秦始皇事、《三國志·孫皓傳》裴注引《江表傳》載司馬徽與劉虞論運命曆數事、《三國志·薛綜傳》載薛綜與蜀使張奉之語。二人皆博學之士，故范胥能以"殷人""遷相耿"以回應；李諧更是順勢借用范胥所舉《江表傳》之典，坐實孫皓"紫蓋黃旗，終於入洛"，喻北方終將再度一統天下。而以薛綜之言乃"俳諧"不經，不足爲據。可想而知，倘若有一方學問不廣，恐將茫然不知所云，徒瞠目結舌，無以應對。《周書》卷二二〈柳慶傳附子弘傳〉就載：

> 弘……博涉群書……陳遣王偃民來聘，高祖令弘勞之。偃民謂弘曰："來日，至於藍田，正逢滋水暴長，所齎國信，溺而從流。今所進者，假之從吏。請勒下流人，見爲追尋此物也。"弘曰："昔淳于之獻空籠，前史稱以爲美。足下假物而進，詎是陳君之命乎？"偃民憨不能對。高祖聞而嘉之，盡以偃民所進之物賜弘，仍令報聘。

陳使"憨"的原因可能有二，一乃說辭爲對方所識破，卻無機辯以回應；一則根本聽不懂柳弘所引"淳于之獻空籠"的典故乃出自《史記·滑稽列傳》所載齊王令淳于髡使楚之事，故不知何以應對。可見，以六朝時期士人於言談中喜掉書袋的風氣，寡學之人極可能受辱而無能還手，如上文所引孫策事。有時爲預知對方底細，會先派人探訪，《朝野僉載》卷四就載："陳朝嘗令人聘隋，不知其使機辨深淺，乃密令侯白變形貌，著故弊衣，爲賤人供承。"

然而，誠如上文所舉諸例，不管所論辯內容爲何，言談間常會導向國家地位、正統之爭，絕非僅是單純言語上的論爭、戲謔，故不可謂不重。如李諧於對談中以"居陰陽之正"、"皇居帝里","王者無外"自喻己方乃正統所在；以"紫蓋黃旗，終於入洛"，指涉對方實屬割據一方之霸，終將臣服於"中國"。也因此，才會有像《三國志》卷五七〈張溫傳〉記載孫權派遣張溫使蜀時，權謂溫曰：

> 卿不宜遠出，恐諸葛孔明不知吾所以與曹氏通意，故〔以〕屈卿行。若山越都除，便欲大搆於丕〔蜀〕。行人之義，受命不受辭也。

以及《魏書》卷四七〈盧昶傳〉所載：

> 昶……學涉經史，早有時譽。太和初，為太子中舍人，兼員外散騎常侍，使於蕭昭業。高祖詔昶曰："卿便至彼，勿存彼我。密邇江揚，不早當晚，會是朕物。卿等欲言，便無相疑難。"又敕副使王清石曰："卿莫以本是南人，言語致慮。若彼先有所知所識，欲見便見，須論即論。盧昶正是寬柔君子，無多文才，或主客命卿作詩，可率卿所知，莫以昶不作，便復罷也。凡使人之體，以和為貴，勿遞相矜夸，見於色貌，失將命之體。卿等各率所知，以相規誨。"

於出使前由帝王諄諄告誡[38]，有時甚至由皇帝親自對接來使，均顯示當時對於聘使往來慎重之程度。

既然使者或主客常需與對方言語交接，並互有爭勝[39]，而且外交場合中面臨的情況無可預見，使者需視機"隨宜變之"[40]。要能應付各種可能的狀況，併當場臨機變對。論爭時，一方面常需旁徵博引以顯才學，增強自身論述的依據，甚至令對方無力招架；另一方面要能聽懂對方言談中隱喻之典，是以膺任者自多為各陣營中的才學聞見廣博之士[41]。所以彼此雙方均會"盛選行人"或主客郎[42]，以求己方能在此種場合中占得上風。如《魏書》卷六五〈李諧傳〉載李諧聘梁：

> 蕭衍遣其主客郎范胥當接。諧問胥曰："主客在郎官幾時？"胥答曰："我本訓胄虎門，適復今任。"諧言："國子博士不應左轉為郎。"胥答曰："特為應接遠賓，故權兼耳。"

《北齊書》卷三九〈祖珽傳附弟孝隱傳〉也載：

>斑弟孝隱，亦有文學，早知名。詞章雖不逮兄，亦機警有辯，兼解音律。魏末為散騎常侍，迎梁使。時徐君房、庾信來聘，名譽甚高，魏朝聞而重之，接對者多取一時之秀，盧元景之徒並降階攝職，更遞司賓，孝隱少處其中，物議稱美。

均顯示：南北雙方的對接之臣都是經過刻意挑選以充任。之所以如此，乃因使者與他國對接時，不再是個人小我的身份，而是作為國家、君王的代表。因此，勝負就不僅關乎使者自身榮辱，更重要的是時常涉及國家顏面與地位。《三國志》卷五七〈張溫傳〉記載張溫獲禮於孫權時，將軍駱統表理之時就說：

>古人有言，欲知其君，觀其所使，見其下之明明，知其上之赫赫。溫若譽禮，能使彼嘆之，誠所以昭我臣之多良，明使之得其人，顯國美於異境，揚君命於他邦。

也就是說，使臣們的主要任務，於己方能"宣明至懷"，"善勗皇華，無替指意"；於彼則足以"對揚盛美"，"磨厲鋒鍔，思不辱命"[43]，以光國之美，並免貽笑他邦。而臨場表現靠的是自身才學與反應，即所謂"行人之義，受命不受辭也"。《南齊書》卷四七〈王融傳〉曾載：

>融少而神明警惠，博涉有文才……上以融才辯，十一年，使兼主客，接虜使房景高、宋弁。弁見融年少，問主客年幾？融曰："五十之年，久踰其半。"因問："在朝聞主客作〈曲水詩序〉。"景高又云："在北聞主客此制，勝於顏延年，實願一見。"融乃示之。後日，宋弁於瑤池堂謂融曰："昔觀相如〈封禪〉，以知漢武之德；今覽王生〈詩序〉，用見齊王之盛。"融曰："皇家盛明，豈直比蹤漢武；更慙鄙製，無以遠匹相如。"上以虜獻馬不稱，使融問曰："秦西冀北，實多駿驥。而魏主所獻良馬，乃駑駘之不若。求名檢事，殊為未孚。將旦旦信誓，有時而爽，駉駉之牧，不能復嗣？"宋弁曰："不容虛偽之名，當是不習土地。"融曰："周穆馬迹徧於天下，若騏驥之性，因地而遷，則造父之策，有時而躓。"弁曰："王主客何為懃懃於千里？"融曰："卿國既異其優劣，聊復相訪。若千里日至，聖上當駕鼓車。"弁曰："向意既須，必不能駕鼓車也。"融曰：

"買死馬之骨,亦[以]郭隗之故。"弁不能答。

王融不僅以文才令北使欽佩,於對談中舉《詩經·衛風·氓》:"信誓旦旦,不思其反"、《詩經·魯頌·駉》:"駉駉牡馬",以及《史記·燕召公世家》中燕昭王禮遇郭隗以招致群賢的典故,令對方啞口無言,"不能答",可謂占足上風。

因此,像北魏太武帝"太延中,以前後南使不稱,妙簡行人。游雅薦(高)推應選,詔兼散騎常侍使劉義隆,南人稱其才辯";蕭齊武帝"永明中,魏使至,有詔妙選朝士有詞辯者,接使於界首",遂以"博涉多通"的范岫"兼淮陰長史迎焉";梁武帝也因蕭摛"博觀經史","辭令可觀",當"東魏遣李諧、盧元明使於梁"時,"令兼中書侍郎"以接對之;又以傅岐"美容止,博涉能占對。大同中,與魏和親,其使歲中再至,常遣岐接對焉";隋文帝則以陸爽"博學,有口辯,陳人至境,常令迎勞"㊹。均可見對使者的挑選,博學乃相當重要的一個考量。

擔任聘使或主客若表現得宜,通常多能獲得贊譽或賞賜,如《三國志》卷四七〈吳主權傳〉裴注引《吳書》説:

> (陳)化字元耀……博覽群書……為郎中令,使魏。魏文帝因酒酣,嘲問曰:"吳、魏峙立,誰將平一海內者乎?"化對曰:"《易》稱帝出乎震,加聞先哲知命,舊説紫蓋黃旗,運在東南。"帝曰:"昔文王以西伯王天下,豈復在東乎?"化曰:"周之初基,太伯在東,是以文王能興於西。"帝笑,無以難,心奇其辭。使畢當還,禮送甚厚。權以化奉命光國,拜犍為太守,置官屬。頃之,遷太常,兼尚書令。

又如上文所引北周柳弘因與陳使王偃民言語對接時,占了上風,"高祖聞而嘉之,盡以偃民所進之物賜弘"。《南齊書》卷五三〈良吏列傳·裴昭明傳〉記載:

> 裴昭明……宋太中大夫松之孫也。父駰,南中郎參軍。昭明少傳儒史之業……永明三年,使虜,世祖謂之曰:"以卿有將命之才,使還,當以一郡相賞。"還為始安內史。

得賞之前提當然是要能不辱使命。《陳書》卷三四〈文學列傳·陸琰傳〉也載：

> 世祖聽覽餘暇，頗留心史籍，以琰博學，善占誦，引置左右……兼通直散騎常侍，副琅邪王厚聘齊，及至鄴下而厚病卒，琰自為使主。時年二十餘，風神韶亮，占對閑敏，齊士大夫甚傾心焉。還為雲麾新安王主簿，遷安成王長史，寧遠府記室參軍。

不僅深得對方君臣贊譽，且仕途蒙光[65]。有的甚至得以獲賜爵位，如《三國志》卷八〈公孫度傳附孫淵傳〉裴注引《魏名臣奏》載中領軍夏侯獻表稱：

> 公孫淵昔年敢違王命，廢絕計貢者，實挾兩端……奉車都尉酈弘，武皇帝時始奉使命，開通道路。文皇帝即位，欲通使命，遣弘……身奉使命，公孫康遂稱臣妾。以弘奉使稱意，賜爵關內侯。弘……少好學問，博通書記，多所關涉，口論速捷，辯而不俗，附依典誥，若出胸臆。

《魏書》卷六五〈邢巒傳附叔祖祐傳〉也記載：

> 巒叔祖祐，字宗祐，少有學尚，知名於時……使於劉彧。以將命之勤，除建威將軍、平原太守，賜爵城平男。

反之，若出使時有辱國體，則可能遭受處分。如上文所舉三國時孫吳使者張溫至蜀，與蜀臣秦宓的一番對話，顯然是蜀國占了上風。張溫非但不能扭轉頹勢，竟還"大敬服"對方。《三國志》卷五七〈張溫傳〉又載：

> 溫至蜀，詣闕拜章曰："昔高宗以諒闇昌殷祚於再興，成王以幼沖隆周德於太平，功冒溥天，聲貫罔極。今陛下以聰明之姿，等契往古，總百揆於良佐，參列精之炳燿，遐邇望風，莫不欣賴。吳國勤任旅力，清澄江滸，願與有道平一宇內，委心協規，有如河水，軍事興［凶］煩，使役乏少，是以忍鄙倍之羞，使下臣溫通致情好。陛下敦崇禮義，未便恥忽。臣自（入）遠境，及即近郊，頻蒙勞來，恩詔輒加，以榮自懼，悚怛若驚，謹奉所齎函書一封。"

以殷高宗中興之事推崇對方，而以下國自處。故返國後，孫權"陰銜溫稱美蜀政"，相當不滿，遂藉事將其罷黜，其中一條罪名就是："殷禮者，本占候召,而溫先後乞將到蜀,扇揚異國,爲之譚論";又如北魏派遣盧度世"使劉駿,遣其侍中柳元景與度世對接,度世應對失衷。還,被禁劾,經年乃釋"⁴⁶。

使者或主客既如此重要而受重視,所選又多爲一時之秀的才學之士,故獲選者多被視爲榮耀。如孫吳張儼獲遣使於晉時說:"皇皇者華,蒙其榮耀,無古人延譽之美";北魏邢祐及祐子產、邢巒及巒弟子亢皆曾出使南方,"仍世將命,時人美之";祖孝隱,"魏末爲散騎常侍,迎梁使。時徐君房、庾信來聘,名譽甚高,魏朝聞而重之,接對者多取一時之秀,盧元景之徒並降階攝職,更遞司賓,孝隱少處其中,物議稱美";北魏李渾"與弟繪、緯俱爲聘梁使主,(子)湛又爲使副,是以趙郡人士目爲四使之門","時人稱之"⁴⁷。不論個人感受或世人觀感,對於得任聘使均予以高度的評價。

奉使、接對而光國者,有些遂得數度銜命往來,仿若今日專業外交官,如上文所舉陸印、傅岐、陸爽三人,"每""常"代表本國"迎勞""接對"來使;又如東吳趙咨"頻載使北,魏人敬異"、北魏李彪"前後六度銜命"、李係"前後接對凡十八人"、李庶"常攝賓司,接對梁客"、岑善方爲蕭詧"充使詣闕,應對閑敏,深爲太祖所嘉。自此往來,凡數十反"⁴⁸。

除外交場合中看重博學多聞的素養,在內政上也不例外。如廟堂朝議上常見有關政事、禮制的參與、論辯或表章陳述,若能博覽廣通,於論述時多所徵引以爲佐証,自能壓服群僚,使自己的意見得蒙見採。東漢初梁松便因"博通經書,明習故事",故"與諸儒修明堂、辟雍、郊祀、封禪禮儀,常與論議,寵倖莫比";三國時東吳孫桓,"博學強記,能論議應對,權常稱爲宗室顏淵"⁴⁹。《晉書》卷三五〈裴頠傳〉記載:

> 頠……博學稽古……通博多聞……表疏十餘上,博引古今成敗以為言,覽之者莫不寒心。

《晉書》卷九十〈良吏列傳・杜軫傳〉也載:

> 杜軫……師事譙周,博涉經書……博聞廣涉,奏議駁論多見施用。

《魏書》卷五五〈劉芳傳〉說:

> 先是,高祖於代都詔中書監高閭、太常少卿陸琇並公孫崇等十餘人修

理金石及八音之器。後崇為太樂令,乃上請尚書僕射高肇更共營理。世宗詔芳共主之,芳表以禮樂事大,不容輒決,自非博延公卿,廣集儒彥,討論得失,研窮是非,則無以垂之萬葉,為不朽之式。被報聽許,數旬之間,頻煩三議。於時,朝士頗以崇專綜既久,不應乖謬,各默然無發論者。芳乃探引經誥,搜括舊文,共相難質,皆有明據,以為盈縮有差,不合典式。崇雖示相酬答,而不會問意,卒無以自通。尚書述奏,仍詔委芳別更考制,於是學者彌歸宗焉。

因劉芳"篤志墳典"、"博聞強記",故能"探引經誥,搜括舊文","皆有明據",使得對方"雖"勉強"酬答",却"不會問意,卒無以自通"。封偉伯也因"博學有才思,弱冠除太學博士,每朝廷大議,偉伯皆預焉"[50]。《北齊書》卷三六〈邢邵傳〉也說:

> 邵……博覽墳籍,無不通曉,晚年尤以五經章句為意,窮其指要。吉凶禮儀,公私諮稟,質疑去惑,為世指南。每公卿會議,事關典故,邵援筆立成,証引該洽,帝命朝章,取定俄頃。詞致宏遠,獨步當時,與濟陰溫子昇為文士之冠,世論謂之溫、邢。

至如《陳書》卷二七〈姚察傳〉記載:

> 父上開府僧坦[垣],知名梁武代,二宮禮遇優厚,每得供賜,皆回給察兄弟,為遊學之資。察並用聚蓄圖書,由是聞見日博……遷尚書祠部侍郎,此曹職司郊廟,昔魏王肅奏祀天地,設宮縣之樂,八佾之舞,爾後因循不革。梁武帝以為事人禮縟,事神禮簡,古無宮縣之文。陳初承用,莫有損益。高宗欲設備樂,付有司立議,以梁武帝為非。時碩學名儒朝端在位者,咸希上旨,並即注同。察乃博引經籍,獨違眾議,據梁樂為是,當時驚駭,莫不懾服,僕射徐陵因改同察議。

甚至"獨違眾議"而忤"上旨",然因博學而得"博引經籍"以據理力爭,遂使"在位"之"碩學名儒""莫不""驚駭"而"懾服"。猶如《隋書》卷五八〈明克讓傳〉載:

> 明克讓……少好儒雅,善談論,博涉書史,所覽將萬卷。三禮禮論,

尤所研精，龜策曆象，咸得其妙……高祖受禪，拜太子內舍人，轉率更令……於時東宮盛徵天下才學之士，至於博物洽聞，皆出其下。詔與太常牛弘等修禮議樂，當朝典故多所裁正。

凡此，均可見：博學廣識，有助於朝堂論議上的爭難，也能因此而獲聲名讚揚。

叁、地方誌與譜牒

自東漢中葉已降，世家大族已然成形，地方意識也隨之抬頭[51]。因此，我們常可見到史書記載當時士人於某些場合的談論中，多會標榜各自鄉里以相陵高，而所言不外"物華天寶，人杰地靈"之屬。《世說新語》卷上〈言語〉24條說：

王武子、孫子荊各言其土地人物之美。

卷上〈言語〉72條也載：

王中郎令伏玄度、習鑿齒論青、楚人物。

雖各自有所論述，然根據劉孝標注稱："滔與相往反，鑿齒無以對也。"可知"言""論""往反"之間有所爭勝，並非單純的陳述而已。如《晉書》卷五二〈華譚傳〉記載：

華譚……父諝，吳黃門郎……及長，好學不倦，爽慧有口辯，為鄰里所重。時九州秀孝策無逮譚者，譚素以才學為東土所推。同郡劉頌時為廷尉，見之歎息曰："不悟鄉里乃有如此才也！"博士王濟於眾中嘲之曰："五府初開，群公辟命，採英奇於仄陋，拔賢儁於岩穴。君吳楚之人，亡國之餘，有何秀異而應斯舉？"譚答曰："秀異固產於方外，不出於中域也。是以明珠文貝，生於江鬱之濱；夜光之璞，出乎荊藍之下。故以人求之，文王生於東夷，大禹生於西羌，子弗聞乎？昔武王克商，遷殷頑民於洛邑，諸君得非其苗裔乎？"……濟甚禮之。

則是因政治因素而引發地域論爭，華譚因"博學多通"，故能扭轉政治上"亡國之餘"的劣勢，使對方由"嘲"而變爲"甚禮之"。時代稍前的虞翻、朱育分別回答前後山陰太守王朗、濮陽興之問，引証更是廣博弘富。虞、朱二人對於鄉里情形的描述，除了略及物產豐盛外，主要是針對地方士女人物的闡論，包括有德、謙讓、處士、孝子；文武官宦、忠義、名士、學者、文士、世外高士；孝女、節婦等各個層面，且縱貫古今。也唯有"博古"廣"識"之人，方能於此種場合中侃侃而論，不致使鄉里之賢"不著"於世[52]。相應於此，當時除了常見描述方域都會的賦作之外[53]，最能呈現這種現象者，莫過於地方誌與譜牒的盛行[54]，就如《史通》卷五〈採撰〉說：

> 夫郡國之記，譜牒之書，務欲矜其州里，誇其氏族。

東漢中葉已降，遂出現許多類似後代地方誌的著作。《隋書》卷三三〈經籍志二·史部·地理類〉記載：

> 班固因之作〈地理志〉，其州國郡縣山川夷險時俗之異、經星之分、風氣所生、區域之廣、户口之數，各有攸叙，與古《禹貢》、《周官》所記相埒……晋世，挚虞依《禹貢》、《周官》，作《畿服經》，其州郡及縣分野封略事業，國邑山陵水泉，鄉亭城道里土田，民物風俗，先賢舊好，靡不具悉，凡一百七十卷，今亡。而學者因其經歷，並有記載，然不能成一家之體。齊時，陸澄聚一百六十家之説，依其前後遠近，編而為部，謂之《地理書》；任昉又增陸澄之書八十四家，謂之《地記》；陳時，顧野王抄撰衆家之言，作《輿地志》；隋大業中，普詔天下諸郡，條其風俗物產地圖，上於尚書。故隋代有《諸郡物產土俗記》一百五十一卷，《區宇圖志》一百二十九卷，《諸州圖經集》一百卷，其餘記注甚衆。

卷三三〈經籍志二·史部·雜傳類〉也載：

> 後漢光武，始詔南陽撰作風俗，故沛、三輔有耆舊節士之序，魯、廬江有名德先賢之贊。郡國之書，由是而作。

習見者如《會稽典錄》、《汝南先賢傳》、《荊州記》等，最著名的莫過於《華陽國志》[55]。這些地理書、郡國書，因所記內容廣泛且龐雜，包括人物、風俗、產物、道里範圍、山水名勝、户口多寡，甚至星野相應等，"靡不具悉"，對於當地的人事物記載"詳審"而"該博","足以明此一方"⑤⑥。故一方面作者必須是博學廣聞之人方能爲之,如《三國志》卷四二〈李譔傳〉:

> 時又有漢中陳術,字申伯,亦博學多聞,著……《益部耆舊傳》及《志》。

《晉書》卷五一〈束晳傳〉:

> 晳博學多聞……才學博通,所著《三魏人士傳》。

《陳書》卷三十〈顧野王傳〉:

> 野王幼好學,七歲,讀五經,略知大旨。九歲能屬文……年十二,隨父之建安,撰《建安地記》二篇。長而遍觀經史,精記嘿識,天文地理、蓍龜占候、蟲篆奇字,無所不通。

北魏劉芳"博聞強記",亦撰有"《徐州人地錄》四十卷";北齊陽休之"好學不倦,博綜經史","撰《幽州人物誌》";北周薛寘"撰《西京記》三卷,引據該洽,世稱其博聞焉"⑤⑦。當時這類著作可謂"厥類衆夥,諒非一族"⑤⑧。而根據《顏氏家訓》卷三〈勉學〉載:

> 吾嘗從齊主幸并州,自井陘關入上艾縣,東數十里,有獵閭村。後百官受馬糧在晉陽東百餘里亢仇城側。並不識二所本是何地,博求古今,皆未能曉。及檢《字林》、《韻集》,乃知獵閭是舊䜲餘聚,亢仇舊是䭫飳亭,悉屬上艾。時太原王劭欲撰鄉邑記注,因此二名聞之,大喜。

可知:寡學淺識之人,必無法勝任。另一方面,書成之後,可提供爲他人博學廣聞的內容,所謂"通人君子,必博採廣覽,以酌其要"⑤⑨。"觀之者擅其博聞,學之者騁其多識"⑥⓪,於論述時作爲取材的依據。如任昉曾問劉杳:"酒有千日醉,當是虛言"。劉杳就根據魏楊元鳳所撰《置郡事》中曾記載"桂陽程鄉有千里酒,飲之至家而醉"爲例以答之,令"昉大驚"⑥①。

又,當時禮俗,士人相互往來,視犯家諱爲大忌,《顏氏家訓》卷二〈風操〉就說:"今人避諱,更急於古"。因此像《晉書》卷三八〈文六王列傳‧齊王攸傳〉記載:

> 攸以禮自拘，鮮有過事……加以至性過人，有觸其諱者，輒泫然流涕。雖武帝亦敬憚之，每引之同處，必擇言而後發。

所以在各種場合的談論中，一般而言會盡量避免冒犯他人家諱，《北齊書》卷六〈孝昭紀〉就記載北齊孝昭帝：

> 聰敏過人，所與游處，一知其家諱，終身未嘗誤犯。

《南齊書》卷三三〈王僧虔傳〉也載：

> 王僧虔，琅邪臨沂人也。祖珣，晉司徒。伯父太保弘，宋元嘉世為宰輔，賓客疑所諱，弘曰："身家諱與蘇子高同。"

賓客怕有所冒犯，故"疑"；而王弘所答則因其博學廣聞，故能舉蘇子高為例以免除自道家諱之困境。相反的，若賓客寡聞陋學，不知蘇子高何人也，仍有可能誤犯他人家諱而遭譏。如果家諱遭犯，輕則如上文所舉齊王司馬攸"泫然流涕"⑫，或"顛沛而走"⑬，以示不敢聞。《南史》卷十九〈謝靈運傳附曾孫超宗傳〉就載：

> 鳳子超宗……選補新安王子鸞國常侍，王母殷淑儀卒，超宗作誄奏之，帝大嗟賞，謂謝莊曰："超宗殊有鳳毛，靈運復出。"時右衛將軍劉道隆在御坐，出候超宗曰："聞君有異物，可見乎？"超宗曰："懸磬之室，復有異物邪？"道隆武人無識，正觸其父名，曰："旦侍宴，至尊說君有鳳毛。"超宗徒跣還內。道隆謂檢覓鳳毛，至暗待不得，乃去。

強勢者則可能立即反擊，以捍衛個人及家族之尊嚴⑭，如《世說新語》卷下〈排調〉2條曾載：

> 晉文帝與二陳共車，過喚鍾會同載，即駛車委去。比出，已遠。既至，因嘲之曰："與人期行，何以遲遲？望卿遙遙不至。"會答曰："矯然懿實，何必同群？"帝復問會："皋繇何如人？"答曰："上不及堯、舜，下不逮周、孔，亦一時之懿士。"

可見即使是上司府主，猶不能隱忍⑮，各以對方父名相往來較量。又如《南史》卷二二〈王慈傳〉說：

> 謝鳳子超宗嘗候僧虔，仍往東齋詣慈，慈正學書，未即放筆。超宗曰："卿書何如虔公？"慈曰："慈書比大人，如雞之比鳳。"超宗狼狽而退。

即使謝超宗可能不是有意犯王慈家諱，但仍遭其應聲而對，使自己落得不堪的下場。甚至小兒亦能與人往來，如《世說新語》卷下〈排調〉33 條：

> 庾園客詣孫監，值行，見齊莊在外，尚幼，而有神意。庾試之曰："孫安國何在？"即答曰："庾稚恭家。"庾大笑曰："諸孫大盛，有兒如此！"又答曰："未若諸庾之翼翼。"還，語人曰："我故勝，得重喚奴父名。"

足見此風氣在當時應是相當普遍。這種將對方父、祖名諱，巧妙編織於措辭中而不顯痕迹，尚不至於撕破臉[⑯]。有些則是公然挑釁，有意羞辱對方，如《世說新語》卷中〈方正〉18 條所載：

> 盧志於衆坐問陸士衡："陸遜、陸抗是君何物？"答曰："如卿於盧毓、盧珽。"士龍失色，既出户，謂兄曰："何至如此？彼容不相知也！"士衡正色曰："我父祖名播海内，寧有不知，鬼子敢爾！"

《北史》卷九十〈藝術列傳下·徐之才傳〉也載：

> 雄子之才……聰辯强識，有兼人之敏……李諧於廣坐因稱其父名曰："卿嗜熊白生不？"之才曰："平平耳。"又曰："卿此言於理平不？"諧遽出避之，道逢其甥高德正。德正曰："舅顔色何不悦？"諧告之故，德正徑造坐席，連索熊白。之才謂坐者曰："個人諱底？"衆莫之應。之才曰："生不爲人所知，死不爲人所諱，此何足問。"

可知：不論是爲了禮儀不犯人家諱，或是遭人故意犯己家諱而需反擊時，都需對譜牒之學相當嫻熟，方能與之往來。尤其在官場之中，以和爲貴，若能熟諳此學，與人對接上較不易得罪他人。像王弘，因好譜籍之書，故能"日對千客，不犯一人之諱"[⑰]；徐勉，"既閑尺牘，兼善辭令，雖文案填積，坐客充滿，應對如流，手不停筆。又該綜百氏，皆爲避諱"[⑱]；甚至像蕭齊竟陵王子良使"世傳譜學"的賈淵爲其"撰《見客譜》"[⑲]，以備不時之需。

另外，六朝時期，世家寒族涇渭分明，所謂"世重高門，人輕寒族，競以姓望所出，邑里相矜"⁷⁰。爲甄別士庶，故於譜牒之學甚爲看重⁷¹，《史通》卷三〈書志〉就説："逮乎晚葉，譜學尤煩。用之於官，可以品藻士庶；施之於國，可以甄別華夷"，故"譜牒之作，盛於中古"。《三國志》卷十一〈管寧傳〉裴注引《傅子》也説：

  寧以衰亂之時，世多妄變氏族者，違聖人之制，非禮命姓之意，故著《氏姓論》以原本世系。⁷²

官方系統因涉及任官條件與賦役征發，故對譜牒更是要緊⁷³。《通典》卷三〈食貨典‧食貨三‧鄉黨‧梁〉曾載：

  梁武帝時……尚書令沈約上言曰："晉咸和初，蘇峻作亂，版籍焚燒。此後起咸和三年以至乎宋，並皆詳實……而尚書上省庫籍，唯有宋元嘉中以來……晉代舊籍，並在下省左人曹，謂之晉籍……此籍精詳，實宜保惜，位高官卑，皆可依按。宋元嘉二十七年，始以七條征發。既立此科，苟有迴避，姦偽互起，歲月滋廣，以至於齊……而簿籍於此大壞矣。凡粗有衣食者，莫不互相因依，競行姦貨，落除卑注，更書新籍，通官榮爵，隨意高下。以新換故，不過用一萬許錢，昨日卑微，今日仕伍……臣謂宋齊二代，士庶不分，雜役減闕，職由於此……不識冑胤，非謂衣冠，凡諸此流，罕知其祖……質諸文籍，姦事立露……臣又以為，巧偽既多，並稱人士，百役不及，高卧私門，致命公私闕乏，是事不舉。宜選史傳學士諳究流品者，為左人郎、左人尚書，專共校勘。所作卑姓雜譜，以晉籍及宋永初景平籍在下省者，對共讎校。若譜注通籍有卑雜，則條其巧謬，下在所科罰。"帝以是留意譜籍，詔御史中丞王僧孺改定百家譜。

此條記載可與《南史》卷五九〈王僧孺傳〉相互參看：

  知撰譜事……詔僧孺改定百家譜。始晉太元中，員外散騎侍郎平陽賈弼篤好簿狀，乃廣集眾家，大搜群族，所撰十八州一百一十六郡，合七百一十二卷。凡諸大品，略無遺闕，藏在祕閣，副在左户。及弼子太宰參軍匪之、匪之子長水校尉深世傳其業。太保王弘、領軍將軍劉湛並好其書……齊衛將軍王儉復加去取，得繁省之衷。僧孺之撰，通范陽張等九族以代雁門解等九姓。其東南諸族別爲一部，不在百家之數焉。

可見官方爲厘清士庶，以使任官能名實相符，賦役征發確實執行，不因姦僞冒替而令國家利益遭受侵損[74]，對譜牒相當看重。《新唐書》卷一百九十九〈儒學列傳中·柳冲傳〉就載唐時柳芳曾論：

> 魏氏立九品，置中正，尊世冑，卑寒士，權歸右姓已。其州大中正、主簿，郡中正、功曹，皆取著姓士族爲之，以定門冑，品藻人物。晋、宋因之，始尚姓已。然其別貴賤，分士庶，不可易也。於時有司選舉，必稽譜籍，而考其真僞。故官有世冑，譜有世官，賈氏、王氏譜學出焉。

北"魏太和時，詔諸郡中正，各列本土姓族次第爲舉選格，名曰方司格"[75]。均可見譜牒版錄對任官、賦役征發的重要性。

又，六朝仕宦既重門第，因此任選曹者亦以熟悉譜牒之學爲基本要求。如劉湛好讀東晋時賈弼所撰的衆家族譜牒之書，後"爲選曹，始撰百家以助銓序"[76]。

《宋書》卷七一〈王僧綽傳〉則載：

> 王僧綽……元嘉二十六年，徙尚書吏部郎，參掌大選。究識流品，諳悉人物，拔才舉能，咸得其分。

蕭梁時徐勉也因"該綜百氏"，故"居選官，彝倫有序"；陳高宗在位時，孔奐任吏部尚書，亦以"鑒識人物，詳練百氏，凡所甄拔，衣冠縉紳，莫不悦伏"[77]。

又如《陳書》卷三十〈陸瓊傳〉載：

> 後主即位……遷吏部尚書，著作如故。瓊詳練譜牒，雅鑒人倫。先是，吏部尚書宗元饒卒，右僕射袁憲舉瓊，高宗未之用也。至是居之，號爲稱職，後主甚委任焉。

卷二七〈姚察傳〉也載：

> 遷吏部尚書，領著作並如故。察既博極墳素，尤善人物，至於姓氏所起，枝葉所分，官職姻娶，興衰高下，舉而論之，無所遺失。且澄鑒之

職，時人久以梓匠相許，及遷選部，雅允朝望。

《北齊書》卷四二〈陽休之傳〉載：

> 尋除吏部尚書……休之多識故事，諳悉氏族，凡所選用，莫不才地俱允。

反之，若不諳此學，恐難勝任，《南齊書》卷四二〈王晏傳〉就載：

> 上（齊孝武帝）欲以高宗代晏領選，手敕問之。晏啓曰："鸞清幹有餘，然不諳百氏，恐不可居此職。"

《梁書》卷二一〈江蒨傳〉也載：

> 初，王泰出閣，高祖謂（徐）勉云："江蒨資歷，應居選部。"勉對曰："蒨有眼患，又不悉人物。"高祖乃止。

另外，當時相當看重史書寫作[⑱]，而史書於個人傳記多需陳述其家世背景、傳承，故於譜系更是不得不熟諳，《世說新語》卷中〈賞譽〉139 條就曾載：

> 謝胡兒作著作郎，嘗作〈王堪傳〉，不諳堪是何似人，咨謝公。謝公答曰："世冑亦被遇，堪，烈之子，阮千里姨兄弟，潘安仁中外。安仁詩所謂'子親伊姑，我父唯舅。'是許允壻。"

《北齊書》卷三七〈魏收傳〉也載：

> 尚書陸操嘗謂（楊）愔曰："魏收《魏書》可謂博物宏才，有大功於魏室。"愔謂收曰："此謂不刊之書，傳之萬古。但恨論及諸家枝葉親姻，過為繁碎，與舊史體例不同耳。"收曰："往因中原喪亂，人士譜牒，遺逸略盡，是以具書其支流。望公觀過知仁，以免尤責。"

故《史通》卷十二〈古今正史〉就說：魏收"大徵百家譜狀，斟酌以成《魏書》"。

不論是社會文化或政治利益，譜牒既是如此重要，且又與士人息息相關，甚至在日常生活中也時常運用。因此，六朝時期一般士人對此應亦多曾寓目，如《金樓子》卷二〈戒子〉所說：

>凡讀書必以五經為本……五經之外，宜以正史為先。譜牒所以明貴賤、明是非，尤宜留意。或復中表親疏，或復通塞昇降，百世衣冠，不可不悉。

蕭梁元帝也自稱："吾年十三誦《百家譜》"，"略上口"⑦；《隋書》卷七八〈藝術列傳·盧太翼傳〉也曾載：

>（煬）帝常從容言及天下氏族，謂太翼曰："卿姓章仇，四岳之胄，與盧同源。"於是賜姓為盧氏。

可見隋煬帝應也對譜牒之學相當熟稔，方能"從容言"之。今雖限於相關材料過少，無法詳究實際景況，然此風氣之盛行，導致士人所習需博及此一領域，作為社交場合中的必備教養，則是不容見疑⑧。而譜牒一般來說或由各家族所存，或見收於官方藏書。但因六朝時期戰亂頻仍，官方藏書屢遭兵火災厄，流散亡失，靡有孑遺⑧，譜牒之書，自難獲免。民間雖多有收藏，但一方面散在各處，不易得見；另一方面，同樣因遭逢兵亂，佚損嚴重，如前文所引魏收之言。《隋書》卷三三〈經籍志二·史部·譜系類〉也曾記述：

>而漢又有《帝王年譜》，後漢有《鄧氏官譜》。晉世，摯虞作《族姓昭穆記》十卷，齊、梁之間，其書轉廣。後魏遷洛……其中國士人，則第其門閥，有四海大姓，郡姓、州姓、縣姓。及周太祖入關，諸姓子孫有功者，並令為其宗長，仍撰譜錄，紀其所承……其《鄧氏官譜》及《族姓昭穆記》，晉亂已亡，自餘亦多遺失。

但也因其重要，故雖然殘佚散落或紛見於各種記載之中，仍時見學者花費精力在這方面。如《晉書》卷五一〈摯虞傳〉就載：

>虞少事皇甫謐，才學通博，著述不倦……虞以漢末喪亂，譜傳多亡失，雖其子孫不能言其先祖，撰《族姓昭穆》十卷，上疏進之，以為足以備物致用，廣多聞之益。以定品違法，為司徒所劾，詔原之。

而"博學多通"、多所著述的杜預，也曾"參考眾家譜第，謂之釋例"⑧。南北朝時此風未替，《魏書》卷三九〈李寶傳附李神儁傳〉記載：

>神儁風韻秀舉，博學多聞，朝廷舊章及人倫氏族，多所諳記。

卷五七〈高諒傳〉：

> 諒字修賢，少好學，多識強記……造親表譜録四十許卷，自五世已下，內外曲盡，覽者服其博記。

甚至像邢臧，"博學有藻思"，"撰古來文章，並敘作者氏族，號曰文譜"⑧。
《北齊書》卷二十〈宋顯傳附從祖弟繪〉則説：

> 顯從祖弟繪，少勤學，多所博覽，好撰述……撰……《姓系譜録》五十篇。以諸家年歷不同，多有紕繆，乃刊正異同，撰年譜録，未成，河清五年並遭水漂失。

卷四四〈儒林列傳・刁柔傳〉又説：

> 柔少好學，綜習經史，尤留心禮儀。性強記，至於氏族內外，多所諳悉。

《梁書》卷二六〈傅昭傳〉：

> 以書記為樂，雖老不衰。博極古今，尤善人物，魏晉以來，官宦簿伐，姻通內外，舉而論之，無所遺失。

卷三三〈王僧孺傳〉：

> 僧孺好墳籍，聚書至萬餘卷，率多異本，與沈約、任昉家書相埒。少篤志精力，於書無所不覩……集十八州譜七百一十卷，百家譜集十五卷，東南譜集抄十卷。

《陳書》卷二七〈姚察傳〉也載：

> 察既博極墳素，尤善人物。至於姓氏所起，枝葉所分，官職姻娶，興衰高下，舉而論之，無所遺失。

世傳其學者，或因緣而有機會得階聖眷，《南齊書》卷五二〈文學列傳・賈淵傳〉就載：

> 世傳譜學，孝武世，青州人發古塚，銘云："青州世子，東海女郎"。帝問學士鮑照、徐爰、蘇寶生，並不能悉。淵對曰："此是司馬越女，嫁

> 苟睎兒。"檢訪果然，由是見遇，敕淵注《郭子》。

凡此，均可見譜牒之學於六朝時因其實際需求而盛行之景況[84]，而欲熟諳此學，論述各家譜系，甚至纂錄成書，唯有博學多覽之士，方克爲之。

肆、談玄、論難與博學釋疑

六朝時期談玄、論難風氣盛行，彼此交鋒過程，常需引喻宏富，証成己說，以期折服對手。談玄如《晉書》卷三五〈裴頠傳〉：

> 頠……博學稽古，自少知名。御史中丞周弼見而嘆曰："頠若武庫，五兵縱橫，一時之傑也。"……頠通博多聞……樂廣嘗與頠清言，欲以理服之，而頠辭論豐博，廣笑而不言。時人謂頠為言談之林藪。

裴頠與樂廣清談之所以能不落下風，乃因本身"通博多聞"，以致"辭論豐博"，跳脫"理"論的拘限。又如《世說新語》卷上〈言語〉23條：

> 諸名士共至洛水戲。還，樂令問王夷甫曰："今日戲樂乎？"王曰："裴僕射善談名理，混混有雅致；張茂先論《史》、《漢》，靡靡可聽；我與王安豐說延陵、子房，亦超超玄著。"

而這種清談論難常帶有遊戲競藝的性質[85]，宛同戰陣交鋒，《世說新語》卷上〈言語〉79條就載：

> 謝胡兒語庾道季："諸人莫當就卿談，可堅城壘。"庾曰："若文度來，我以偏師待之；康伯來，濟河焚舟。"

《隋書》卷七五〈儒林列傳·辛彥之傳〉也曾載：

> 辛彥之……博涉經史……吳興沈重名為碩學，高祖嘗令彥之與重論議。重不能抗，於是避席而謝曰："辛君所謂金城湯池，無可攻之勢。"高祖大悅。

所以裴楷胸中所學被譽爲"五兵縱橫"的"武庫"。若學養不足，將如上文所舉《顏氏家訓·勉學》及北齊許惇的案例，"或竟坐杜口"，或"欠伸而已"，

"深爲勝流所輕"。《世說新語》卷上〈文學〉22 條就曾載:

> 殷中軍爲庾公長史,下都,王丞相爲之集。桓公、王長史,王藍田、謝鎮西並在,丞相自起解帳帶麈尾,語殷曰:"身今日當與君共談析理。"既共清言,遂達三更。丞相與殷共相往反,其餘諸賢,略無所關。既彼我相盡,丞相乃嘆曰:"向來語,乃竟未知理源所歸,至於辭喻不相負。正始之音,正當爾耳!"明旦,桓宣武語人曰:"昨夜聽殷、王清言甚佳,仁祖亦不寂寞,我亦時復造心。顧看兩王掾,輒翣如生母狗馨。"

就算未能親自下場較藝,至少也要能"時復造心",方"不寂寞",而能融入類似的名流社交場合中。若如《南齊書》卷四一〈周顒傳〉所載:

> (周)顒音辭辯麗,出言不窮。宮商朱紫,發口成句,汎涉百家……每賓友會同,顒虛席晤語,辭韻如流,聽者忘倦。兼善《老》、《易》,與張融相遇,輒以玄言相滯,彌日不解。

則是博學能言,得以與名流"相遇"往來而不落下風。甚至獨領風騷,如徐摛,"幼而好學,及長,遍覽經史",於"百家雜說"及"釋教"亦相當嫻熟。所以當"櫟簡文在東宮"時,"嘗置宴集玄儒之士,先命道學互相質難,次令中庶子徐摛馳騁大義,間以劇談。摛辭辯縱橫,難以答抗,諸人懾氣,皆失次序"。均可見:若能博學多聞,必然有助於參與此種談論活動。否則,直如豬豚爾,唯"懾氣"而語"失次序",或茫然不知所云,難免遭人譏笑。《後漢書》卷四九〈王充傳〉章懷注引袁山松《後漢書》曾載一案例:

> 充所作《論衡》,中土未有傳者,蔡邕入吳始得之,恒秘玩以為談助。其後王朗為會稽太守,又得其書,及還許下,時人稱其才進。或曰:"不見異人,當得異書。"問之,果以《論衡》之益,由是遂見傳焉。"

能見人所未見之書,"以爲談助",而得蒙"才進"之譽。

在其他場合裏,論難辯議也是常見,《梁書》卷四十〈劉之遴傳〉就載:

> 之遴篤學明審,博覽群籍。時劉顯、韋稜並強記,之遴每與討論,咸不能過也。

卷三七〈謝舉傳〉也載:

> 舉少博涉多通，尤長玄理及釋氏義。為晉陵郡時，常與義僧遞講經論，徵士何胤自虎丘山赴之，其盛如此。先是，北渡人盧廣有儒術，為國子博士，於學發講，僕射徐勉以下畢至。舉造坐，屢折廣，辭理通邁，廣深嘆服，仍以所執麈尾薦之，以況重席焉。⑰

北魏裴宣"通辯博物"，"高祖曾集沙門講佛經，因命宣論難，甚有理詣，高祖稱善"。《周書》卷四五〈儒林列傳・沈重傳〉則說：

> 沈重……博覽群書，尤明《詩》、《禮》及《左氏春秋》……天和中，復於紫極殿講三教義，朝士、儒生、桑門、道士至者二千餘人。重辭義優洽，樞機明辯，凡所解釋，咸為諸儒所推……重學業該博，為當世儒宗。至於陰陽圖緯，道經釋典，靡不畢綜。

以上諸例均顯示：要能於論難時不落下地，博學是不可或缺的基本要素。

正因當時不論是談玄或論難，都需博學多聞方能與他人往來而不屈，故而《南齊書》卷三三〈王僧虔傳〉載王僧虔於〈戒子書〉中告誡其子時才會殷殷叮嚀：

> 知汝恨吾不許汝學，欲自悔厲。或以闔棺自欺，或更擇美業，且得有慨，亦慰窮生。但亟聞斯唱，未覩其實。請從先師聽言觀行，冀此不復虛身。吾未信汝，非徒然也。往年有意於史，取《三國志》聚置床頭。百日許，復徙業就玄，自當小差於史，猶未近仿佛。曼倩有云："談何容易。"見諸玄，志為之逸，腸為之抽，專一書，轉誦數十家注，自少至老，手不釋卷，尚未敢輕言。汝開《老子》卷頭五尺許，未知輔嗣何所道，平叔何所說；馬、鄭何所異，《指例》何所明。而便盛於麈尾，自呼談士，此最險事。設令袁令命汝言《易》，謝中書挑汝言《莊》，張吳興叩汝言《老》，端可復言未嘗看邪？談故如射，前人得破，後人應解，不解即輸賭矣。且論注百氏，荊州入衷，又才性四本，聲無哀樂，皆言家口實。如客至之有設也，汝皆未經拂耳瞥目，豈有庖廚不修，而欲延大賓者哉？就如張衡思侔造化，郭象言類懸河，不自勞苦，何由至此？汝曾未窺其題目，未辨其指歸，六十四卦，未知何名；《莊子》眾篇，何者內外；八袠所載，凡有幾家；四本之稱，以何為長。而終日欺人，人亦不受汝欺

也。

真所謂："不學"，"無以言"[88]。而所學不應拘限於某個領域或範圍，因爲與他人談論時豈可定限？是則，非廣博學問無以與人論談也。所以像東晉時車胤"博學多通"，能"辯識義理"而"善於賞會"，遂"知名於世"，以致"當時每有盛坐而胤不在"時，皆云："無車公不樂。"因此當"謝安游集之日，輒開筵待之"[89]。

受此博學多聞的風氣影響，導致時人在某些場合中甚至直接較量競勝，所據全憑個人聞見記憶，無絲毫取巧處。或於古書中考校事物典故，謂之隸事，如《南史》卷四九〈王諶傳〉記載：

> 諶從叔摛，以博學見知。尚書令王儉嘗集才學之士總校虛實，類物隸之，謂之隸事，自此始也。儉嘗使賓客隸事，多者賞之，事皆窮，唯廬江何憲爲勝，乃賞以五花簟，白團扇。坐簟執扇，客氣甚自得。摛後至，儉以所隸示之，曰："卿能奪之乎？"摛操筆便成，文章既奧，辭亦華美，舉坐擊賞。摛乃命左右抽憲簟，手自掣取扇，登車而去。儉笑曰："所謂大力者負之而趨。"竟陵王子良校試諸學士，唯摛問無不對。

《南齊書》卷三九〈陸澄傳〉也記載類似情事：

> （王）儉自以博聞多識，讀書過澄。澄曰："僕年少來無事，唯以讀書爲業。且年已倍令君，令君少便軫掌王務，雖復一覽便諳，然見卷軸未必多僕。"儉集學士何憲等盛自商略，澄待儉語畢，然後談所遺漏數百千條，皆儉所未覩，儉乃嘆服。儉在尚書省，出巾箱机案雜服飾，令學士隸事，事多者與之，人人各得一兩物。澄後來，更出諸人所不知事復各數條，並奪物將去。[90]

陸澄所以能勝出，乃因所"見卷軸""多"，且"皆儉所未覩"，故能知"人所不知事"，此真謂"博聞多識"也。或策問經、史中之記載，如《南史》卷四九〈劉峻傳〉所載：

> （梁）武帝每集文士策經史事……曾策錦被事，咸言已罄。帝試呼問峻……忽請紙筆，疏十餘事，坐客皆驚，帝不覺失色。

《梁書》卷四十〈劉顯傳〉載:

> 顯好學,博涉多通,任昉嘗得一篇缺簡書,文字零落,歷示諸人,莫能識者。顯云是《古文尚書》所刪逸篇,昉檢《周書》,果如其說,昉因大相賞異……尚書令沈約……於坐策顯經史十事,顯對其九。約曰:"老夫昏忘,不可受策。雖然,聊試數事,不可至十也。"顯問其五,約對其二。陸倕聞之嘆曰:"劉郎可謂差人,雖吾家平原詣張壯武,王粲謁伯喈,必無此對。"其為名流推賞如此。

《南史》卷五六〈張綰傳〉也記載:

> 綰……少與兄纘齊名。湘東王繹嘗策之百事,綰對闕其六,號為百六公。

《隋書》卷六九〈王劭傳〉又載:

> 王劭……少沈嘿,好讀書……待詔文林館。時祖孝徵、魏收、陽休之等嘗論古事,有所遺忘,討閱不能得,因呼劭問之。劭具論所出,取書驗之,一無舛誤。自是,大為時人所許,稱其博物。

因博學而制勝者,能"爲名流推賞""稱""許",甚至使他人"驚"異"失色"而"嘆服",由此揚名於士林[91]。然要能熟稔經史所載,非經廣博閱讀無以致之。故史載:陸雲公,"九歲讀《漢書》,略能記憶。從祖倕、沛國劉顯質問十事,雲公對無所失,顯嘆異之";虞荔,"年九歲,隨從伯闡候太常陸倕,倕問五經凡有十事,荔隨問輒應,無有遺失,倕甚異之"。"及長,美風儀,博覽墳籍";韋載,"少聰惠,篤志好學。年十二,隨叔父稜見沛國劉顯,顯問《漢書》十事,載隨問應答,曾無疑滯。及長,博涉文史"[92]。均可覘知:受此風氣影響,以致自幼便好學,博聞強記。並借由父執輩的策問,若蒙贊譽,更可於年少便得著聲名。

由上述可知:在這種文人雅集中的隸事、策經史,若學問不廣,常會落處下風。反之,則是能借此揚名[93]。

或者,當遇到某些奇特事物、記載,一般人無所知時,博學、博物而廣識之人,往往能借此顯其才識。《後漢書》卷三六〈賈逵傳〉就載漢明帝時:

> 有神雀集宮殿官府，冠羽有五采色。帝異之，以問臨邑侯劉復，復不能對，薦逵博物多識。帝乃召見逵問之。對曰："昔武王終父之業，鸑鷟在岐；宣帝威懷戎狄，神雀仍集，此胡降之徵也。"帝敕蘭臺給筆札，使作〈神雀頌〉，拜為郎，與班固並校祕書，應對左右。

賈逵因博物而得"拜爲郎"，"應對左右"。又如《酉陽雜俎》卷十一〈廣知〉450 條：

> 胡綜博物，孫權時掘得銅匣，長二尺七寸，以琉璃為蓋。又一白玉如意，所執處皆刻龍、虎及蟬形，莫能識其由。使人問綜，綜曰："昔秦皇以金陵有天子氣，平諸山阜，處處輒埋寶物以當王氣，此蓋是乎？"

胡綜所言雖可能有諛頌之意，但因博物而能答人所未知，則不容置疑。正如孔融上書薦謝該時所說："若乃巨骨出吳，隼集陳庭，黃能入寢，亥有二首，非夫洽聞者，莫識其端也"。後世其風未替，《晉書》卷五一〈束皙傳〉就載：

> 皙博學多聞……時有人於嵩高山下得竹簡一枚，上兩行科斗書，傳以相示，莫有知者。司空張華以問皙，皙曰："此漢明帝顯節陵中策文也。"檢驗果然，時人伏其博識……武帝嘗問摯虞三日曲水之義，虞對曰："漢章帝時，平原徐肇以三月初生三女，至三日俱亡，邨人以為怪，乃招携之水濱洗祓，遂因水以汎觴，其義起此。"帝曰："必如所談，便非好事？"皙進曰："虞小生，不足以知，臣請言之。昔周公成洛邑，因流水以汎酒，故逸《詩》云：'羽觴隨波。'又秦昭王以三日置酒河曲，見金人奉水心之劍曰：'令君制有西夏，乃霸諸侯。'因此立為曲水。二漢相緣，皆為盛集。"帝大悅，賜皙金五十斤。

束皙以博聞多識能解晉武帝之惑而獲賞，甚至因此譏斥摯虞寡學薄知，較勁之心顯露無遺。北朝亦見類似案例，《魏書》卷一百四〈自序〉載：

> 帝宴百僚，問何故名人日，皆莫能知。收對曰："晉議郎董勛《答問》稱俗云：正月一日為雞，二日為狗，三日為猪，四日為羊，五日為牛，六日為馬，七日為人。"時邢邵亦在側，甚忌焉。

均可見：博聞多識確實能使自身在某些場合中得以展現才學而不受辱。至於像

《梁書》卷五十〈文學列傳下·劉杳傳〉記載：

> 杳少好學，博綜群書，沈約、任昉以下，每有遺忘，皆訪問焉。嘗於約坐……約又云："何承天纂文奇博，其書載張仲師及長頸王事，此何出？"杳曰："仲師長尺二寸，唯出《論衡》。長頸是毗騫王，朱建安《扶南以南記》云：'古來至今不死'。"約即取二書尋檢，一如杳言……又在任昉坐，有人餉昉稌酒而作桄字。昉問杳："此字是不？"杳對曰："葛洪《字苑》作木旁厷。"昉又曰："酒有千日醉，當是虛言。"杳云："桂陽程鄉有千里酒，飲之至家而醉，亦其例也。"昉大驚曰："吾自當遺忘，實不憶此。"杳云："出楊元鳳所撰《置郡事》，元鳳是魏代人，此書仍載其賦，云三重五品，商溪㨾里。"時即檢楊記，言皆不差。王僧孺被敕撰譜，訪杳血脈所因。杳云："桓譚《新論》云：'太史〈三代世表〉，旁行邪上，並效周譜。'以此而推，當起周代。"僧孺嘆曰："可謂得所未聞。"周舍又問杳："尚書官著紫荷橐，相傳云'挈囊'，竟何所出？"杳答曰："〈張安世傳〉曰：'持橐簪筆，事孝武皇帝數十年'。韋昭、張晏注並云：'橐，囊也。近臣簪筆，以待顧問'。"范岫撰《字書音訓》，又訪杳焉。其博識強記，皆此類也……詹事徐勉舉杳及顧協等五人入華林撰《徧略》。

劉杳隨口所引遍及子書、地方誌、史書、字書，正因所學廣博，故能知人"所未聞"，"遺忘""不憶"之事，後更以此而得獲選入撰類書《華林徧略》。又如《魏書》卷五七〈高佑傳〉記載：

> 佑博涉書史，好文字雜說……高宗末，兗州東郡吏獲一異獸，獻之京師，時人咸無識者。詔以問佑，佑曰："此是三吳所出，厥名鮫鯉，餘域率無。今我獲之，吳楚之地，其有歸國者乎？"又有人於零丘得玉印一以獻，詔以示佑，佑曰："印上有籀書二字，文曰'宋壽'。壽者，命也，我獲其命，亦是歸我之徵。"顯祖初，劉義隆子義陽王昶來奔，薛安都等以五州降附，時謂佑言有驗。

甚至以博物識奇而作預言得驗。而蕭齊時王摛，"亦史學博聞"，"永明中，天忽黃色照地，衆莫能解。摛云是榮光，世祖大悅，用爲永陽郡"[⑥]。以及《周書》卷二三〈蘇綽傳〉也曾載：

> 屬太祖與公卿往昆明池觀漁，行至城西漢故倉地，顧問左右，莫有知者。或曰："蘇綽博物多通，請問之。"太祖乃召綽，具以狀對。太祖大悅，因問天地造化之始，歷代興亡之迹。綽既有口辯，應對如流。太祖益喜，乃與綽並馬徐行至池，竟不設網罟而還。遂留綽至夜，問以治道，太祖卧而聽之。綽於是指陳帝王之道，兼述申、韓之要。太祖乃起，整衣危坐，不覺膝之前席，語遂達曙不厭。詰朝，謂周惠達曰："蘇綽真奇士也，吾方任之以政。"即拜大行臺左丞，參典機密，自是寵遇日隆。

更是因博物多通，因緣得解人主之惑而受青睞，仕途日隆。或如《梁書》卷三十〈裴子野傳〉所載：

> 是時西北徼外有白題及滑國，遣使由岷山道入貢。此二國歷代弗賓，莫知所出。子野曰："漢潁陰侯斬胡白題將一人，服虔注云：'白題，胡名也。'又漢定遠侯擊虜，八滑從之，此其後乎？"時人服其博識。敕仍使撰方國使圖，廣述懷來之盛，自要服至於海表，凡二十國。

以博識見賞而受敕撰圖書。

但根據《晋書》卷四九〈阮裕傳〉所載：

> 裕雖不博學，論難甚精。嘗問謝萬云："未見四本論，君試為言之。"萬叙說既畢，裕以傳誤為長，於是構辭數百言，精義入微，聞者皆嗟味之。裕嘗以人不須廣學，正應以禮讓為先，故終日靜默，無所修綜，而物自宗焉。

似乎談玄論難與博學無關。但由史書稱"雖"，可知此乃視阮裕爲特例，則就一般而言，談玄、論難要精，博學是必要的。《世說新語》卷上〈文學〉39條劉《注》引《中興書》就說：

> （謝）朗博涉有逸才，善言玄理。

《隋書》卷七五〈儒林列傳·劉焯傳〉也載：

> 劉焯……與左僕射楊素，吏部尚書牛弘、國子祭酒蘇威、國子祭酒元

善、博士蕭該、何妥、太學博士房暉遠、崔崇德、晋王文學崔賾等於國子共論古今滯義，前賢所不通者。每昇座，論難鋒起，皆不能屈，楊素等莫不服其精博。

因此，自東漢晚期以降，常見史書上贊譽某人"善談論"、"善言玄理"時，其前提乃"博學"、"博聞"、"博涉"等。如東漢郭太"博通墳籍，善談論"；三國時鍾會"博學，精練名理，以夜續晝，由是獲聲譽"；西晉時羊祜"博學""善談論"、邵續"博覽經史，善談理義"；外族亦然，如姚襄"好學博通，雅善談論"、姚泓"博學善談論"；南朝時，范汪"博學多通，善談名理"、孫盛"博學，善言名理"、梁簡文帝"博綜儒書，善言玄理"、梁貞惠世子方諸"博學，明《老》、《易》，善談玄"、何點"博通群書，善談論"、張孝秀"博涉群書，專精釋典，善談論"、沈君公"博學有才辯，善談論"、周確"博涉經史，篤好玄言"；北朝情形無異，如閻慶胤"博識洽聞，善於談論"、張僧晧"歷涉群書，工於談說"、李琰之"善談，經史百家無所不覽"、長孫兕"彊記博聞"、"尤善談論"、盧光"博覽群書"、"好玄言"；至隋猶然，如長孫熾"頗涉群書"、"善於談論"、明克讓"善談論，博涉書史，所覽將萬卷"⑰。都強調善談是以"博識""無所不覽"爲根基。

伍、文學與史傳著作

六朝文人於寫作時，一大特色乃文字技巧與典故的使用，並借此以展現才華。要能於行文中貼切的引用典故，廣博的閱讀勢必不可少。《文心雕龍》卷七〈麗辭〉說：

> 故麗辭之體，凡有四對：言對為易，事對為難……凡偶辭胸臆，言對所以為易也；微［徵］人之學，事對所以為難也。

鍾嶸於《詩品·序》中表示：

> 夫屬辭比事，乃為通談。若乃經國文符，應資博古；撰德駁奏，宜窮往烈。至乎吟詠情性，亦何貴於用事？……顏延、謝莊，尤為繁密，於時化之。故大明、泰始中，文章殆同書鈔。任昉、王元長等，詞不貴奇，競

須新事。爾來作者，浸以成俗。遂乃句無虛語，語無虛字，拘攣補衲，蠹文已甚。

認爲依文章用途不同，應有相應不同的作法，若文章用以抒發情性，則不需"用事"。"用事"即用典，也就是後文所說的"故實"、"出經史"。而要能頻"繁"用典，唯有廣博的"學問"，方能達到。如任昉，"雅善屬文"，"博學，於書無所不見，家雖貧，聚書至萬餘卷，率多異本"，故能"動輒用事"⑱。且不管鍾嶸個人態度如何，由此可見當時一般撰文是常用典的，故曰"通談"、"化之""成俗"。所以《文心雕龍》卷十〈才略〉才會說："然自卿、淵已前，多俊才而不課學；雄、向以後，頗引書以助文。"時人創作所用典故不必然皆出自經書，而是來自各類著作⑲，所謂"歷觀文囿，泛覽辭林"⑳。《抱朴子》卷三十〈鈞世〉也指出：

> 《尚書》者，政事之集也，然未若近代之優文詔策書奏之清富贍麗也；《毛詩》者，華彩之辭也，然不及〈上林〉、〈羽獵〉、〈二京〉、〈三都〉之汪濊博富也……古書雖多，未必盡美，要當以為學者之山淵，使屬筆者得采伐漁獵其中。然而譬如東甌之木、長洲之林，梓豫雖多，而未可謂之為大廈之壯觀、華屋之弘麗也……古者事事醇素，今則莫不雕飾，時移事改，理自然也。至於屬錦麗而且堅，未可謂之簡於蓑衣；輜軿妍而又牢，未可謂之不及椎車也。

創作時，需先大量閱讀各種書籍文章㉑，所謂以"古書"爲"山淵"，從中"采伐漁獵"，如此方能使作品達到"富贍"、"汪濊博富"。正如劉熙載《藝概》卷三〈賦概〉所言："賦兼才學"，"學，如揚雄謂：'能讀賦千首，則善爲之。'"㉒否則，就如《文心雕龍》卷八〈事類〉所載：

> 故魏武稱張子之文為拙，〔然〕學問膚淺，所見不博，專拾掇崔、杜小文，所作不可悉難，難便不知所出。斯則寡聞之病也。

如果只知抄襲他人之作而本身不博學，是禁不起檢驗的。正如《顏氏家訓》卷三〈勉學〉所說：

> 談說制文，援引古昔，必須眼學，勿信耳受。江南閭里閒，士大夫或

不學問，羞為鄙朴，道聽涂説，強事飾辭……尋問莫知原由，施安時復失所。莊生有乘時鵲起之説，故謝朓詩曰："鵲起登吳臺。"吾有一親表，作〈七夕詩〉云："今夜吳臺鵲，亦共往填河"；《羅浮山記》云："望平地樹如薺。"故戴暠詩云："長安樹如薺。"又鄴下有一人〈咏樹詩〉云："遥望長安薺。"……皆耳學之過也。

所以當左思"欲賦三都"時，"自以所見不博，求爲秘書郎"，以便得入秘閣觀覽藏書[103]。相對的，要能看的懂他人作品，也需博學[104]，衛權爲左思賦作〈略解序〉時就説：

> 中書著作郎安平張載，中書郎濟南劉逵，並以經學洽博，才章美茂，咸皆悦玩，為之訓詁。其山川土域、草木鳥獸、奇怪珍異，僉皆研精所由，紛散其義矣！[105]

《文心雕龍》卷八〈練字〉引曹植也説：

> 揚、馬之作，趣幽旨深，讀者非師傳不能析其辭，非博學不能綜其理。

更有甚者，若所讀之書，他人少見，則在爲文寫作用典上，更能獨出鰲頭，顯名文壇。如《梁書》卷三三〈王僧孺傳〉載：

> 僧孺好墳籍，聚書至萬餘卷，率多異本，與沈約、任昉家書相埒。少篤志精力，於書無所不覩。其文麗逸，多用新事，人所未見者，世重其富。

同卷〈王筠傳〉：

> 尚書令沈約，當世辭宗，每見筠文，咨嗟吟咏，以為不逮也……筠又嘗為詩呈約，即報書云："覽所示詩，實為麗則，聲和被紙，光影盈字。夔、牙接響，顧有餘慚；孔翠群翔，豈不多愧。古情拙目，每佇新奇，爛然總至，權輿已盡……"

《陳書》卷二七〈姚察傳〉記其：

> 終日恬静，唯以書記為樂，於墳籍無所不覩。每有制述，多用新奇，

> 人所未見，咸重富博。

都是因爲所讀書籍廣博，能讀人所少讀之書，故能使用他人未見的新奇典故，而獲得世人贊賞。這與上文所述談玄論難時，若能見人所罕見之書，藉以爲談助，易因此而顯才識，如蔡邕、陸澄等，正桴鼓相應。

然而誠如南齊蕭子顯、鍾嶸所批評，爲文若徒"緝事比類"，隸事用典，甚至"句無虛語，語無虛字"，"全借古語，用申今情"，則將令讀者"唯覩事例"，致使"文章殆同書鈔"，形同綴"補"之百"納"被一般，"頓失清采"。如此一來，行文時反有所"拘制"，且"習玩爲理，事久則瀆，在乎文章，彌患凡舊。若無新變，不能代雄"[106]，實非真正第一流的高明作家。充其量，不過是一般平凡的作家。如《詩品·序》中又說：

> 但自然英旨，罕值其人。詞已失高，則宜加事義。雖謝天才，且表學問，亦一理乎！

可是"文人相輕，自古而然"[107]，才學之士相當然爾必不肯作"第二人"[108]。若想擺脫這種困境，則需在文字技巧上予以變化，不能只襲用古書既有的成辭，而是在遣辭用字上要能推陳出新，展現新奇的風貌。如史稱鮑照"文辭贍逸"[109]，贍，富足也；逸，不凡，非流俗舊有者。這也就是劉勰所稱之能"自鑄偉辭"[110]。然而所謂的創新，並非憑空瞎造，仍需根基於渾厚的古典傳統之沃壤，自其中汲取養分，自然能綻放出美麗的新花朵，所謂"學窮優洽，辭歸繁富"[111]，彼此之間乃密切相關。正如《文心雕龍》卷六〈風骨〉所説：

> 若夫鎔鑄經典之範，翔集子史之術。洞曉情變，曲昭文體。然後能孚甲新意，雕畫奇辭。

強調"新意""奇辭"需由"經典""子史"中"鎔鑄"而來。此非彥和一家之語，乃自東漢末葉以降至南北朝之實況，如仲長統，"少好學，博涉書記，贍於文辭"；張華，"學業優博，辭藻溫麗，朗贍多通"；摯虞、束皙，"並詳覽載籍，多識舊章，奏議可觀，文詞雅贍，可謂博聞之士也"；沈璞，"好學不倦，善屬文"，"下筆成章，良謂逸才贍藻"；蕭洽，"好學博涉，亦善屬文"，故爲文"辭亦贍麗"；杜之偉，"遍觀文史及儀禮故事"，"爲文不尚浮華，而温雅博贍"；北魏孝文帝，"史傳百家，無不該涉"，"才藻富贍，好爲文章"；裴伯茂，"學涉群書，文藻富贍"；柳弘，"博涉群書，辭彩雅贍"；魏淡，"專精好學，博涉經史，善屬文，詞採贍逸"；杜正玄，"博涉多通"，爲文"辭理華贍"[112]。試想：若爲文僅是由故紙堆中引用成辭，如何能當得起富、贍、雅、麗、逸之稱？可是全由自鑄，不假於故典，則又難免於"詭異"之譏，所謂"采濫辭詭"[113]。因此，曹丕於〈典論·論文〉中才會揭示：建安七子之所以能文，乃因其人並"於學無所遺"，故能"於辭無所假"[114]。

由上文所述，可知：六朝時文（爲文）、學（學問）不可分，創作時不論是援引典故、内容文意或遣辭用字，均需有堅實而廣博的學問作後盾，才能寫出好作品。如《後漢書》卷五二〈崔駰傳〉：

> 年十三能通《詩》、《易》、《春秋》，博學有偉才，盡通古今訓詁百家之言，善屬文。

爾後此風賡續未替，《晉書》卷八二〈習鑿齒傳〉稱：

> 習鑿齒……博學洽聞，以文筆著稱。

何劭、傅玄並"博學，善屬文"、袁豹"博學，善文辭"[115]。其中姣姣者如《宋書》卷六七〈謝靈運傳〉所載：

> 靈運少好學，博覽群書，文章之美，江左莫逮。

以致像傅亮"博涉經史，尤善文詞"、袁淑"博涉多通，好屬文，辭採遒艷，縱橫有才辯"、范曄"少好學，博涉經史，善爲文章"。甚至如齊高帝蕭道成亦"博涉經史，善屬文"。史書又稱梁武帝"博學多通"，"下筆成章，千賦百詩，直疏便就，皆文質彬彬，超邁今古"；昭明太子，王筠〈哀冊文〉贊其："括囊流略，包舉藝文；遍該緗素，殫極丘墳。"故"每游宴祖道，賦詩至十數韻。或命作劇韻賦之，皆屬思便成，無所點易"；顔之推，"博覽群書，無不該洽，詞情典麗"[116]。《陳書》卷三三〈儒林列傳·沈不害傳〉載：

> 不害治經術，善屬文，雖博綜墳典，而家無卷軸。每制文，操筆立成，曾無尋檢。

北魏李騫，"博涉經史，文藻富盛"；高閭，"博綜經史，文才儁偉，下筆成

章"。周明帝,"幼而好學,博覽群書,善屬文,辭彩溫麗"[117]。而《北齊書》卷三六〈邢邵傳〉也載:

> 邢邵……博覽墳籍,無不通曉,晚年尤以五經章句爲意,窮其指要……詞致宏遠,獨步當時,與濟陰溫子昇爲文士之冠,世論謂之溫、邢。

《隋書》卷四二〈李德林傳〉則説:

> 德林幼聰敏,年數歲,誦左思蜀都賦,十餘日便度。高隆之見而嗟嘆,遍告朝士……年十五,誦五經及古今文集,日數千言。俄而該博墳典,陰陽緯候無不通涉。善屬文,辭核而理暢。

在在顯示:史書上常於盛夸某人"善屬文"、"辭彩雅贍"之前,多強調其人"博學",視後者爲前者重要涵養之一[118]。

更有甚者,因本身博學多才,故能跨越藩籬,兼綜在當時被視爲不同領域的言談與文學創作[119]。如嵇康,"博覽無不該通","善談理,又能屬文";溫嶠,"博學能屬文","美於談論";葛洪,"博聞深洽,江左絕倫。著述篇章富於班、馬,又精辯玄賾,析理入微";戴逵,"少博學,好談論,善屬文";梁簡文帝,"篇章辭賦,操筆立成","辭采甚美",又"博綜儒書,善言玄理";梁元帝,"博總群書,下筆成章;出言爲論,才辯敏速,冠絕一時";北魏清河王懌,"博涉經史,兼綜群言,有文才,善談理";李文博,"本爲經學,後讀史書,於諸子及論尤所該洽。性長議論,亦善屬文";王頍,"遍通五經","好讀諸子,偏記異書,當代稱爲博物","解綴文,善談論";顧越,"偏該經藝,深明《毛詩》,傍通異義。特善《莊》、《老》,尤長論難,兼工綴文"[120]。

六朝時期,除了文學創作,史書也是當時相當被看重的一個寫作領域[121],故甚爲盛行。有關當時史傳撰著的相關情形,前輩學者研究已多,成果亦豐碩[122],故此處僅針對與本文相關的撰著者學識涵養部分進行論述,餘不贅言。

史書著作被看重,至晚於東漢已然,班固〈典引·序〉就曾説:"司馬遷著書,成一家之言,揚名後世。"[123]而《後漢書》卷六十下〈蔡邕傳〉也載:

> 及卓被誅,邕在司徒王允坐,殊不意言之而嘆,有動於色。允勃然叱

> 之……"即收付廷尉治罪。邕陳辭謝，乞黥首刖足，繼成漢史。士大夫多矜救之，不能得。太尉馬日磾馳往謂允曰："伯喈曠世逸才，多識漢事，當續成後史，為一代大典……"允曰："昔武帝不殺司馬遷，使作謗書，流於後世……"日磾退而告人曰："王公其不長世乎？善人，國之紀也；制作，國之典也。滅紀廢典，其能久乎！"邕遂死獄中……北海鄭玄聞而嘆曰："漢世之事，誰與正之！"

由蔡邕不惜以身受肉刑來換取殘餘生命，如太史公之例，以成著史之願。以及馬日磾營救的主要理由、鄭玄感嘆的原因，都集中在著史一事上，馬日磾甚至對王允作出其命不久長的推論，均可見時人對著作史書的重視程度。此種看法至魏晉猶然，《陸雲集》卷八〈與兄平原書〉第十書就說：

> 誨欲定《吳書》，雲昔嘗已商之兄，此真不朽事。恐不與〔與不〕十分好書同是出千載事，兄作必自與昔人相去。

第二十三書也說：

> 《吳書》是大業，既可垂不朽，且非兄述，此一國事遂亦失。

著史乃"不朽事"，更可令人"垂不朽"之名。"不朽"乃身處戰亂頻仍、政治社會動盪不安之世的六朝士人所企慕的境界，也是作為生命追尋的一個目標。然"德不可以企及，立功立言可庶幾也"[124]。而立功之機亦非人人易得，遇或不遇，需視客觀外在情勢與掌權者之意而定。《晉書》卷五四〈陸機傳〉載陸機〈豪士賦·序〉就說：

> 夫立德之基有常，而建功之路不一。何則？修心以為量者存乎我，因物以成務者係乎彼。存乎我者，隆殺止乎其域；係乎彼者，豐約惟所遭遇……是故苟時啓於天，理盡於人，庸夫可以濟聖賢之功，斗筲可以定烈士之業……蓋得之於時世也。歷觀今古，徵一時之功而居伊周之位者有矣。

故無"斬將搴旗"[125]之力的文人之士退而求其次，轉以立言求不朽[126]。就如《文選》卷四二〈書中〉所錄曹植〈與楊德祖書〉中所說：

> 吾雖德薄，位為蕃侯，猶庶幾戮力上國，流惠下民，建永世之業，留

金石之功。豈徒以翰墨爲勳績，辭賦爲君子哉！若吾志未果，吾道不行。則將採庶官之實錄，辯時俗之得失。定仁義之衷，成一家之言。

明白指出：立言有等級之分。經書唯聖人可作，故以史書、子書等可"成一家之言"者爲首選[127]，文學作品乃等而下之[128]。所以像《晉書》卷八二〈王隱傳〉載：

> 建興中，過江，丞相軍諮祭酒涿郡祖納雅相知重。納好博弈，每諫止之。納曰："聊用忘憂耳。"隱曰："蓋古人遭時，則以功達其道；不遇，則以言達其才，故否泰不窮也……應仲遠作《風俗通》，崔子真作《政論》，蔡伯喈作《勸學篇》，史游作《急就章》，猶行於世，便爲沒而不朽。當其同時，人豈少哉？而了無聞，皆由無所述作也。故君子疾沒世而無聞，《易》稱：'自強不息'，況國史明乎得失之迹，何必博弈而後忘憂哉！"

所舉可使作者"沒而不朽"的乃以子、史爲主，不及文學作品。故《宋書》卷六九〈范曄傳〉載范曄〈獄中與諸甥侄書〉曾說：

> 爲性不尋注書，心氣惡……口機又不調利，以此無談功……文章轉進，但才少思難……殆無全稱者，常恥作文士……性別宮商，識清濁，斯自然也……吾思乃無定方……但多公家之言，少於事外遠致，以此爲恨，亦由無意於文名故也。本未關史書，政恒覺其不可解耳。既造《後漢》，轉得統緒，詳觀古今著述及評論，殆少可意者。班氏最有高名，既任情無例，不可甲乙辨。後贊於理近無所得，唯志可推耳。博贍不可及之，整理未必愧也。吾雜傳論，皆有精意深旨……至於循吏以下及六夷諸序論，筆勢縱放，實天下之奇作……嘗共比方班氏所作，非但不愧之而已……又欲因事就卷內發論，以正一代得失，意復未果。贊自是吾文之杰思……此書行，故應有賞音者……自古體大而思精，未有此也。恐世人不能盡之，多貴古賤今，所以稱情狂言耳。吾於音樂，聽功不及自揮，但所精非雅聲，爲可恨……吾書雖小小有意，筆勢不快，餘竟不成就，每愧此名。

對自己的衆多才學、技藝中，唯著史書最爲自得而無"愧""恨"。因此，自東漢至六朝時期，各類史傳之作，可謂蓬勃發展[129]。根據《隋書》卷三三〈經籍志二·史部〉的記載：正史部分，從司馬氏父子之著《史記》、班氏父子之著《漢書》，"自是世有著述，皆擬班、馬"，"作者尤廣，一代之史，至數十家"；雜史類，則自東漢末葉開始，由"博達之士""各記聞見"，"是後群才景慕，作者甚衆"；雜傳類，所記內容龐雜，包括專載人物的列士、列女、高士等傳記，或涉及神仙鬼怪的列仙、列異等傳，也有針對各地方風俗、人物的郡國之書，各"因其事類，相繼而作者甚衆"，遂使其"名目轉廣"。因此，《隋書》卷三三〈經籍志二·史部·序〉總結說：

> 夫史官者，必求博聞强識，疏通知遠之士，使居其位……是故前言往行，無不識也；天文地理，無不察也；人事之紀，無不達也……自史官廢絕久矣，漢氏頗循其舊，班、馬因之。魏、晉已來，其道逾替……於是尸素之儔，盱衡延閣之上；立言之士，揮翰蓬茨之下。一代之記，至數十家，傳說不同，聞見舛駁。

根據以上記載可知：史傳之書所記內容相當龐雜廣泛，天文、地理、古代典故傳聞、歷來人事風俗等，無一不及[130]。則若欲著作各類史傳，薄學寡聞者豈能勝任？太史公作《史記》，即以"厥協六經異傳，整齊百家雜語"[131]爲原則，故班彪稱其書"務欲以多聞廣載爲功"，"采獲古今，貫穿經傳，至廣博也"[132]；《漢書》之作，始於班彪"採前史遺事，傍貫異聞，作後傳數十篇"[133]。其子班固"博貫載籍，九流百家之言無不窮究"，"以彪所續前史未詳，乃潛精研思，欲就其業"[134]遂得繼成父志。二史以下，莫不如此，正如《史通》卷五〈採撰〉說：

> 子曰："吾猶及史之闕文。"是知史文有闕……自非博雅君子，何以補其遺逸者哉？……自古探穴藏山之士，懷鉛握槧之客，何嘗不徵求異說，采擿群言，然後能成一家，傳諸不朽。觀夫丘明受經立傳，廣包諸國，蓋當時有周《志》、晉《乘》、鄭《書》，楚《杌》等篇，遂乃聚而編之，混成一錄。向使專憑魯策，獨詢孔氏，何以能殫見洽聞，若斯之博也？馬遷《史記》，採《世本》、《國語》、《戰國策》、《楚漢春秋》；至班固《漢書》……自太初已後，又雜引劉氏《新序》、《說苑》、《七略》之

辭……擅名千載。但中世作者，其流日煩，雖國有冊書，殺青不暇，而百家諸子，私存撰錄，寸有所長，實廣聞見。[135]

所以在卷十〈辨職〉中稱作史需具備三個條件，"高才博學"即爲其中之一[136]。又如蔡邕"少博學"，曾以"郎中校書東觀"[137]；陸機也曾"出補著作"，而得"游乎祕閣"[138]。並因任職之便，利用官方藏書而廣其博覽，欲以助竟其功，而成"一代大典"之"不朽事"。《晉書》卷四四〈華嶠傳〉載：

> 以嶠博聞多識……有良史之志，轉祕書監……初，嶠以《漢紀》煩穢，慨然有改作之意。會為臺郎，典官制事，由是得徧觀祕籍，遂就其緒。

以及《宋書》卷六四〈裴松之傳〉記載：

> 松之……博覽墳籍……上使注陳壽《三國志》，松之鳩集傳記，增廣異聞，既成奏上。上善之，曰："此為不朽矣。"[139]

或如王韶之，"好史籍，博涉多聞"，"少有志尚，當世詔命表奏，輒自書寫，太元、隆安時事，小大悉撰錄之"，"因此私撰《晉安帝陽秋》"[140]。加上《南齊書》卷五二〈文學列傳·崔慰祖傳〉所載：

> 好學，聚書至萬卷……慰祖著《海岱志》，起太公迄西晉人物，為四十卷，半未成。臨卒，與從弟緯書云："常欲更注遷、固二史，採史、漢所漏二百餘事，在廚簏，可檢寫之，以存大意……"

均表明：或因公之便，得利用官方藏書[141]；或個人尋求搜集群書[142]，而能博學廣覽，乃爲著史書不可或缺的要素之一[143]。

而能著史者，大者可"擅名千載"，謀求"不朽"之功；小者則可獲揚聲名，延譽於當世。如《南史》卷三三〈徐廣傳附郗紹傳〉就載：

> 時有高平郗紹亦作《晉中興書》，數以示何法盛。法盛有意圖之，謂紹曰："卿名位貴達，不復俟此延譽。我寒士，無聞於時，如袁宏、干寶之徒，賴有著述，流聲於後，宜以為惠。"紹不與。至書成，在齋內廚中，法盛詣紹，紹不在，直入竊書。紹還失之，無復兼本，於是遂行何書。

又如梁武帝時，吳均"將著史以自名，欲撰《齊書》，求借《齊起居註》及《群臣行狀》，武帝不許，遂私撰《齊春秋》奏之"[64]。而《史通》卷五〈補注〉所說：

> 次有好事之子，思廣異聞，而才短力微，不能自達，庶憑驥尾，千里絕群，遂乃掇衆史之異辭，補前書之所闕。若裴松之《三國志》，陸澄、劉昭兩《漢書》，劉肜《晉書》，劉孝標《世說》之類是也。

以及卷十一〈史官建置〉也說：

> 近代趨競之士，尤喜居於史職，至於措辭下筆者，十無一二焉。既而書成繕寫，則署名同獻；爵賞既行，則攘袂爭受。遂使是非無準，真偽相雜。生則厚誣當時，死則致惑來代。而書之譜傳，借為美談；載之碑碣，增其壯觀。

雖是貶譏之語，却也由此可見當時風潮，士子實多願為之。

結　論

由上文論述可知，六朝時期博學風氣與兩漢有所不同，士子博學內容從以經學為主的藩籬中逐步跨出、擴展，包括諸子百家、各種論著，無所不讀。而造成這種風氣盛行的原因，除了各種論著與時俱增的必然現象，以及經學沒落導致學風轉變之外，本文試着從政治、社會文化、學術思想與文學著作等各方面進行探索。瞭解到因時代的變遷，導致與士人生活相關的各個領域也都產生了變化。

以使者的情形為例，兩漢大一統時，除外夷，並無如春秋戰國時的境外之交，如《漢書》卷六四下〈終軍傳〉記載：

> 元鼎中，博士徐偃使行風俗，偃矯制使膠東、魯國鼓鑄鹽鐵，還奏事，徙為太常丞。御史大夫張湯劾偃矯制，大害法，至死。偃以為："《春秋》之義，大夫出疆，有可以安社稷，存萬民，顓之可也。"湯以致其法，不能詘其義。有詔下軍問狀，軍詰偃曰："古者諸侯國異俗分，百

里不通，時有聘會之事，安危之勢，呼吸成變，故有不受辭造命顓己之宜。今天下爲一，萬里同風，故《春秋》：'王者無外'。偃巡封域之中，稱以出疆何也？……"偃窮詘，服罪當死。軍奏："偃矯制顓行，非奉使體，請下御史徵偃即罪。"奏可。

然而，當時中央政府也常派遣使者到地方進行各種任務，因使命多端，幾乎無所不包，對膺任者的要求也就各不相同[145]。若說就其學識上而言，頂多也就是需通經書。《史記》卷一二一〈儒林列傳〉記載：

> （呂）步舒至長史，持節使決淮南獄，於諸侯，擅專斷不報，以《春秋》之義正之，天子皆以爲是。

由徐偃矯制與終軍之詰問，到呂步舒決淮南獄，依據的都是經書，更確切來說，都是《春秋》。六朝時情況明顯不同，南北分立或三國鼎足，境外之交乃無可避免。而如上文所述，外交場合中各種狀況都可能發生，聘使徒憑經書已不足以應變。當時既無境外之交，則這兩件事也都是屬於朝政範圍，由此可以來看當時朝議論政。兩漢時經書具有無比崇高的地位，尤其是《春秋》，因託名孔子爲漢制法，故漢儒曾說："孔子立新王之道"，"以《春秋》當新王"，因爲"《春秋》應天，作新王之事"。"然則《春秋》，漢之經，孔子制作，垂遺於漢。"也就是東漢初郅惲所說："孔爲赤制"[146]。是則，《春秋》可謂如同漢朝昭代憲法。因此，一般論政時，常見援引各經經義以爲支持[147]。六朝時朝臣論政，除經義本身外，則還需兼及漢晉經生大儒的各種説法，甚至實際執行的情況，這已遠遠超出經書本身所載。至於與世家大族相關地方志、譜牒；以及談玄、爲文用典、史書著作等，也都是到六朝時才興盛、成熟，都有別於兩漢時期。是則，爲了因應當下現實的情況，促使六朝時學子們治學必須兼綜廣博，不能再拘限於經書中，唯有拓展學問視野與範圍，方能不被時代潮流所淘汰。

換言之，當時之所以興起士人學問尚博的風氣，有很大的原因是基於現實層面的實際需求所致。

治學要能廣博，首先需面對的是書籍的來源問題[148]。誠如本文一開始所論述，從兩漢開始，書籍流傳並不廣泛，這種情形一直延續到六朝時期。一方面當然是因為當時未有印刷術，所有書籍都需依靠手抄，不利於普遍流傳；另一方面則是當時戰亂頻仍，不論是官方或私人藏書都易受損害，這對書籍的保存與流佈無異是雪上加霜。以官方藏書來看，隋朝牛弘就曾詳加論述，自秦始皇焚書起，歷經王莽敗亡、京師遭兵禍、東漢末董卓亂漢、西晉永嘉之亂，直到蕭梁元帝江陵破滅，共遭逢五次大厄。北朝官方藏書則是一直處於窘澀的情況[149]。至於民間圖書，受損的風險當更大於官方[150]。雖然，史書屢見記載某人私人藏書甚富，但就整體而言，畢竟仍屬於少數。所以像前文所舉蕭梁張纘，不僅是世家子弟，且是皇親貴戚，猶須藉任官之便方能廣覽博學。另外，當時紙張價錢應不斐[151]，連帶使得書籍價格可能也相當昂貴，所以想要廣泛閱讀書籍的經濟代價，恐非一般家庭所能負荷得了。是則，我們可以說：六朝時期，書籍流傳仍未普遍。

因各種書籍不易取得，縱使學子有志於學，尤其是貧寒之士，恐因外在客觀環境所限，難以遂願。然而，根據上文舉列的記載，卻又常見家世貧寒之人，也能博學。欲解釋這種矛盾的景況，或許正如同俗諺所言："萬般皆下品，唯有讀書高"。從兩漢開始，便常見貧賤之士藉由學問以為翻身之機，即班固所說的："蓋祿利之路然也"[152]。所以西漢夏侯勝常常告誡其學生說："士病不明經術，經術苟明，其取青紫如俛拾地芥耳。學經不明，不如歸耕。"[153]《漢書》卷七三〈韋賢傳〉也記載：

> 賢……少子玄成，復以明經歷位至丞相。故鄒魯諺曰："遺子黃金滿籯，不如一經。"

《後漢書》卷三七〈桓榮傳〉則載：

> 桓榮……少學長安，習歐陽《尚書》，事博士九江朱普。貧窶無資，常客傭以自給，精力不倦……（建武）二十八年……以榮為（太子）少傅，賜以輜車、乘馬。榮大會諸生，陳其車馬、印綬，曰："今日所蒙，稽古之力也，可不勉哉！"

六朝時這種風氣並未改變，顏之推就曾對此予以詳細論述。《顏氏家訓》卷三〈勉學〉說：

> 有學藝者，觸地而安。自荒亂已來，諸見俘虜。雖百世小人，知讀《論語》、《孝經》者，尚為人師；雖千載冠冕，不曉書記者，莫不耕田養馬。以此觀之，安可不自勉耶？若能常保數百卷書，千載終不為小人也。夫明六經之指，涉百家之書，縱不能增益德行，敦厲風俗，猶為一藝，得以自資。父兄不可常依，鄉國不可常保，一旦流離，無人庇廕，當自求諸身耳。諺曰："積財千萬，不如薄伎在身。"伎之易習而可貴者，無過讀書也。世人不問愚智，皆欲識人之多，見事之廣，而不肯讀書，是猶求飽而嬾營饌，欲暖而惰裁衣也。夫讀書之人，自羲、農已來，宇宙之下，凡識幾人，凡見幾事，生民之成敗好惡，固不足論，天地所不能藏，鬼神所不能隱也。

只是時代不同，對於學問的要求自然會隨之變化，兩漢時期以經學爲重，六朝則非博學廣聞不行。而出身貧賤的才學之士，若得緣此爲進階之途，棄庶入士，豈能不黽勉以爲之[158]？

若以世家大族而言，爲維繫家族利益，使家族能綿延流長，自不能背離於社會風氣之外。因此也需博學以撐持門面，得令家風、家業不墜。

凡此，皆可見：因當時社會上有此風氣與需求，故不論是家世貴富或寒貧之家，多希望藉此以達所願。博學也的確是時人遂願的絕佳途徑。

注　釋

① 請參郭永吉，〈兩漢經學師法家法考〉，《中國古代文明研究與學術史》（保定：河北大學出版社，2006），頁474—477。

② 王先謙，《漢書補注》（臺北：藝文印書館，1955；以下簡稱《漢書》），卷三十〈藝文志·六藝略〉，頁887。

③ 《漢書》，卷三六〈劉歆傳〉，頁978。

④ 黃暉，《論衡校釋》（北京：中華書局，1995），卷十二〈謝短〉，頁577："夫儒生不覽古今，所知不過守信經文，滑習章句，解剝互錯，分明乖異"；卷十三〈效力〉，頁580—581"諸生能傳百萬言，不能覽古今，守信師法，雖辭說多，終不爲博。殷、周以前，頗載六經，儒生所能說也；秦、漢之事，儒生不見，力劣不能覽也。周監二代，漢監周、秦，周、秦以來，儒生不知，漢欲觀覽，儒生無力。使儒生博觀覽，則爲文儒。文儒者，力多於儒生。"有關師法、家法的實際指涉，請參郭永吉，〈兩漢經學師法家法考〉，頁445—481。

⑤ 《論衡校釋》，卷十三〈別通〉，頁592—593：「或以説一經爲是，何須博覽？夫孔子之門，講習五經，五經皆習，庶幾之才也。顏淵曰：'博我以文。'才智高者，能爲博矣。顏淵之曰'博'者，豈徒一經哉？不能博五經，又不能博事，守信一學，不好廣觀，無溫故知新之明，而有守愚不覽之闇，其謂一經是者，其宜也。開户内日之光，日光不能照幽；鑿窗啓牖，以助户明也。夫一經之説，猶日明也；助以傳書，猶窗牖也。百家之言，令人曉明，非徒窗牖之開，日光之照也。」卷十三〈超奇〉，頁607也載：「故夫能説一經者爲儒生，博覽古今者爲通人，采掇傳書以上書奏記者爲文人，能精思著文聯結篇章者爲鴻儒」。「然鴻儒，世之金玉也，奇而又奇矣」。可見當時風氣不以博覽爲要。

⑥ 此處標點斷句有兩種可能，一種是以《列僊圖》、道術祕方即所賜之秘書；另一種則是所賜書包括秘書、《列僊圖》、道術秘方三種。今姑從前者。

⑦ 魏晉南北朝時仍可見人臣獲帝王賜書，如虞世南，《北堂書鈔》，董治安主編，《唐代四大類書》（北京：清華大學出版社，2003），卷一百一〈藝文部七·賜書〉，頁427分別引《續晉陽秋》：「太元三年，詔賜會稽王秘閣書八千卷」、《義熙起居註》：「何無忌見秘閣中書勝俗，悉求賜副，詔與一千卷」、王隱《晉書》：「皇甫謐表從武帝借書，上送一車與之」、《蔡琰別傳》：「琰謂曹操曰：'亡父賜書四千卷'」。但以上均是大規模賜書，且由何無忌的案例可知：乃因秘閣圖書版本較外界的好，才求賜書。與正文所舉王景、黃香之例不同。

⑧ 西漢武、宣以前，章句之學未盛，故學者治經尚無此患；元、成已降至東漢，章句之學籠罩學界，學子多僅能專於某經某家之學。但仍有些學者不隨時流，鄙棄章句，請參郭永吉，〈兩漢經學師法家法考〉，頁470—477。

⑨ 以上引文分見《漢書》，卷五八〈兒寬傳〉，頁1220，卷七五〈夏侯始昌傳〉，頁1395，卷七二〈王吉傳〉，頁1366、同卷〈龔舍傳〉，頁1372；卷七三〈韋賢傳〉，頁1378；卷八八〈儒林列傳〉，頁1546、1548、1550；卷八五〈谷永傳〉，頁1492。王先謙，《後漢書集解》（臺北：藝文印書館，1955；以下簡稱《後漢書》），卷二四〈馬援傳〉，頁310、卷三七〈桓榮傳〉，頁451；卷十四〈宗室四王三侯列傳·北海靖王興傳〉，頁209、卷五十〈孝明八王列傳·陳敬王羨傳〉，頁598；卷二七〈趙典傳〉，頁347，卷二八上〈桓譚傳〉，頁351，卷三一〈孔奮傳附弟奇傳〉，頁396、卷三四〈梁統傳附子松傳〉，頁420、卷三五〈鄭玄傳〉，頁434、卷三六〈張霸傳〉，頁447、卷四一〈寒朗傳〉，頁507、卷五三〈姜肱傳〉，頁625、同卷〈申屠蟠傳〉，頁626、卷八十上〈文苑列傳上·黃香傳〉，頁932。又如《後漢書·儒林列傳》所載任安、尹敏、景鸞、召馴、李育、何休、潁容、謝該、許慎、蔡玄等，亦皆博學數經。以上僅爲例舉，史書所載，遠多於此，恕不備數。雖然有些例外的情形，如《漢書》，卷六三〈武五子列傳·燕剌王旦傳〉，頁1262：「博學經書、雜傳，好星曆、數術」《後漢書》，卷十九〈耿弇傳附弟子秉傳〉，頁268：「博通書記，能説司馬兵

法"、卷三六〈范升傳〉,頁441:"九歲通《論語》、《孝經》。及長,習《梁丘易》、《老子》",所讀書籍,有超出經書記傳以外的。只是相較而言,博學雜書既非當時學風主流,能為之者亦僅少數人。換言之,整體而言,兩漢經學鼎盛時期,學子普遍以修讀經書為主。而且,上舉諸人,也都以經傳為主,另外涉及術數、兵法、老子等書,或有特別的因素。

⑩ 以上引文分見《後漢書》,卷七六〈循吏列傳·劉寵傳〉,頁885,章懷注引《續漢書》;卷六十上〈馬融傳〉,頁694—700;卷七九下〈儒林列傳·董鈞傳〉,頁920;卷二七〈杜林傳〉,頁344。

⑪ 兩漢經學中師法與家法的一項差異在於治經途徑,師法乃以訓詁舉大義為主,家法則專於章句之學。有關這一部分,請參郭永吉,〈兩漢經學師法家法考〉,頁465—480。

⑫ 以上引文分見《後漢書》,卷二五〈卓茂傳〉,頁323;同卷〈劉寬傳〉,頁328,章懷注引謝承《後漢書》。

⑬ 以上引文分見《後漢書》,卷二八上〈桓譚傳〉,頁351;卷四十上〈班固傳〉,頁479;卷四九〈王充傳〉,頁585;卷六二〈荀淑傳〉,頁730;同卷〈韓韶傳附子融傳〉,頁735;卷六四〈盧植傳〉,頁754;卷八三〈逸民列傳·梁鴻傳〉,頁987。

⑭ 兩漢時"通儒"、"俗儒"除了指治學態度與見聞範圍外,另有不同的意涵。《後漢書》,卷二七〈杜林傳〉,頁344章懷注引《風俗通》說:"儒者,區也。言其區別古今,居則翫聖哲之詞,動則行典籍之道,稽先王之制,立當時之事,此通儒也;若能納而不能出,能言而不能行,講誦而已,無能往來,此俗儒也。"應劭此乃就儒生能將所學發揮的功效程度立論,與本文所著重的層面不同。

⑮ 至於《漢書》,卷六二〈司馬遷傳·贊〉,頁1258所稱:"劉向、揚雄博極群書",乃因二人均曾校書禁中,故能博覽衆書,正如《論衡校釋》,卷二七〈定賢〉,頁1115所說:"若典官文書,若太史公及劉子政之徒,有主領書記之職,則有博覽通達之名矣。"

⑯ 相關記載請見《後漢書》,卷二七〈杜林傳〉,頁344、卷四十〈班固傳〉,頁479,卷四九〈王充傳〉,頁585。

⑰ 《後漢書》,卷二六〈伏湛傳附玄孫無忌傳〉,頁332;卷四九〈仲長統傳〉,頁589;卷六十下〈蔡邕傳〉,頁703;盧弼,《三國志集解》(臺北:藝文印書館,1955;以下簡稱《三國志》),卷二一〈王粲傳附應瑒傳〉,裴注引華嶠《後漢書》,頁535;卷二〈文帝本紀〉,頁86;卷四二〈孟光傳〉,頁862;卷五一〈吳宗室列傳·孫靜傳〉,頁1000,裴注引《會稽典錄》;卷五七〈陸續傳〉,頁1088。

⑱ 《後漢書》,卷七十〈孔融傳〉,頁809。

⑲ 李延壽,《南史》(北京:中華書局,2003),卷二二〈王儉傳〉,頁595:"宋時國學頹廢,未暇修復,宋明帝泰始六年,置總明觀以集學士,或謂之東觀,置東觀祭酒一人,總明訪舉

郎二人。儒、玄、文、史四科，科置學士十人，其餘令史以下各有差"；蕭子顯，《南齊書》（北京：中華書局，2003），卷五四〈高逸列傳‧杜京產傳〉，頁942："永明十年，稚珪及光祿大夫陸澄、祠部尚書虞悰、太子右率沈約、司徒右長史張融表薦京產曰：'竊見吳郡杜京產，潔靜爲心，謙虛成性，通和發於天挺，敏達表於自然。學遍玄、儒，博通史、子，流連文藝，沈吟道奧'"。

⑳ 吳士鑒、劉承幹，《晉書斠注》（臺北：藝文印書館，1955；以下簡稱《晉書》），卷九九〈殷仲文傳〉，頁1707載此乃謝靈運所言。

㉑ 六朝時期士人重博學或天才，學者有不同的看法，請參張蓓蓓，〈魏晉學風窺豹〉，氏著《中古學術論略》（臺北：大安出版社，1991），頁94—104、朱曉海，〈魏晉時期文學自覺說的省思〉，《淡江大學中文學報》第九期（2003年12月），頁33—40。

㉒ 類似案例，顏之推多有舉例，請見王利器，《顏氏家訓集解》（北京：中華書局，1996），卷三〈勉學〉，頁207。

㉓ 文見杜佑，《通典》（杭州：浙江古籍出版社，2000），卷十六〈選舉四‧雜議論上‧梁〉，頁91。

㉔ 姚思廉，《梁書》（北京：中華書局，2003），卷五十〈文學列傳下‧劉峻傳〉，頁701。

㉕ 李百藥，《北齊書》（北京：中華書局，2003），卷四四〈儒林列傳‧李鉉傳〉，頁585。

㉖ 吳兆宜，《徐孝穆集箋》（臺北：世界書局，1968），卷三〈書〉，頁20a。以陳、周通使情況爲例，自陳武帝永定元年（557）至陳宣帝太建十一年（579）23年間，雙方幾乎年年通聘。請參朱曉海，〈論庾信〈擬詠懷〉二十七首〉，《臺灣學術新視野：中國文學之部（一）》（臺北：五南圖書出版公司，2007年），頁161—163。

㉗ 如張鷟，《朝野僉載》（北京：中華書局，2005），卷六，頁140載："梁庾信從南朝初至北方，文士多輕之。信將〈枯樹賦〉以示之，於後無敢言者。時溫子昇作〈韓陵山寺碑〉，信讀而寫其本。南人問信曰：'北方文士何如？'信曰：'唯有韓陵山一片石堪共語，薛道衡、盧思道少解把筆，自餘驢鳴犬吠，聒耳而已。'"所載雖未必盡屬實，然於雙方通使時相互較量的情形當可信。有關南北朝時通使的情形，趙翼，《廿二史劄記》（臺北：世界書局，1997），卷十四〈魏齊周隋書並北史‧南北朝通好以使命爲重條〉，頁182—185亦論及，煩請自行參看。

㉘ 詳細情形請參《酉陽雜俎》，卷十二〈語資‧梁宴魏使〉，頁164—168，許逸民注評。

㉙ 除了公開場合的往來論爭，也有私下請教的，如姚思廉，《陳書》（北京：中華書局，2003），卷二七〈姚察傳〉，頁348—349："太建初，補宣明殿學士，除散騎侍郎、左通直。尋兼通直散騎常侍，報聘于周。江左耆舊先在關右者，咸相傾慕。沛國劉臻竊於公館訪《漢書》疑事十餘條，並爲剖析，皆有經據。臻謂所親曰：'名下定無虛士。'"

㉚ "不有君子,安能爲國",典出《左傳·文公十二年》傳文。

㉛ 請參許逸民注評,《酉陽雜俎》(北京:學苑出版社,2001),卷三〈貝編·同泰寺〉,頁53。類似例証,又可見卷七〈酒食·劉孝儀〉,在宴飲場合中,藉由食物而引用《左傳》、《公羊傳》、《孟子》、《呂氏春秋》及鄭玄注解經傳等相關記載,相互較量,爲各自陣營的地位一爭長短,詳見許氏注評,頁102—105。

㉜ 相關情形,請參《酉陽雜俎》,卷十一〈廣知·陸緬〉,頁151—152,許逸民注評。

㉝ 《三國志》,卷五三〈薛綜傳〉,頁1033則載:"薛綜……守謁者僕射。西使張奉於權前列尚書闞澤姓名以嘲澤,澤不能答。綜下行酒,因勸酒曰:'蜀者何也?有犬爲獨,無犬爲蜀,横目苟身,虫入其腹。'奉曰:'不當復列君吳邪?'綜應聲曰:'無口爲天,有口爲吳,君臨萬邦,天子之都。'於是衆坐喜笑,而奉無以對。其樞機敏捷,皆此類也"。亦屬此類。

㉞ 韓盧,狗之名,典出繆文遠,《戰國策新校注》(成都:巴蜀書社,1992),卷十〈齊三·齊欲伐魏淳于髡謂齊王章〉,頁378。若韓博不知此典,將不知何以回應,桓溫欲嘲之心便得遂願。又如《南史》,卷四九〈庾杲之傳〉,頁1210記載:"杲之嘗兼主客郎對魏使,使問杲之曰:'百姓那得家家題門帖賣宅?'答曰:'朝廷既欲掃盪京洛,克復神州,所以家家賣宅耳。'魏使縮鼻而不答。"也是在言語間反將對方一軍,使己方不落下風。

㉟ 有關這一部分,請詳下節。

㊱ 《晉書》,卷八六〈張軌傳附曾孫天錫傳〉,頁1483記載:張天錫"遣從事中郎韓博、奮節將軍康妙奉表,并送盟文。博有口才,溫甚稱之。嘗大會,(桓)溫使司馬刁彝嘲之,彝謂博曰:'君是韓盧後邪?'博曰:'卿是韓盧後。'溫笑曰:'刁以君姓韓,故相問焉。他自姓刁,那得韓盧後邪!'博曰:'明公脫未之思,短尾者則爲刁也。'一坐推嘆焉。"也是以個人機辯化解對方的嘲弄,甚至能夠反將對方一軍。

㊲ 除了以上所舉,另有以其他才藝相較,如魏收,《魏書》(北京:中華書局,2003),卷九一〈術藝列傳·范寧兒傳〉,頁1972記載:"高祖時,有范寧兒者善圍棋,曾與李彪使蕭賾,賾令江南上品王抗與寧兒,制勝而還";《北齊書》,卷四一〈綦連猛傳〉,頁540也載:"梁使來聘,云有武藝,求訪北人,欲與相角。世宗遣猛就館接之,雙帶兩鞬,左右馳射。兼共試力挽強,梁人引弓兩張,力皆三石,猛遂并取四張,叠而挽之,過度,梁人嗟服之。"

㊳ 《魏書》,卷六八〈高聰傳〉,頁1520,也記載高祖於太和十七年,遣高聰"使於蕭昭業",於途中追詔叮嚀之。

㊴ 如《三國志》,卷四八〈孫皓傳〉,裴注引《吳錄》,頁967載:"(張)儼……使於晉……既至,車騎將軍賈充、尚書令裴秀、侍中荀勗等欲傲以所不知而不能屈"。

㊵ 《魏書》,卷六八〈高聰傳〉,頁1520。

㊶ 當然,聘問使者的挑選,博學才高並非唯一條件,尚有許多其他考量,如李延壽,《北史》

（北京：中華書局，2003），卷四三〈邢邵傳〉，頁1591—1592記載：北魏邢邵雖"博覽墳籍，無不通曉"，"于時與梁和，妙簡聘使，邵與魏收及從子子明被徵入朝。當時文人，皆邵之下，但以不持威儀，名高難副，朝廷不令出境。南人曾問賓司：'邢子才故應是北間第一才士，何爲不入聘使？'答云：'子才文辭實無所愧，但官位已高，恐非復行限。'南人曰：'鄧伯猷，護軍猶得將命，國子祭酒何爲不可？'邵既不行，復請還故郡。"即以"不持威儀"而未受任。但從南人的質疑中也可見一般而言，聘使人選當以才學廣博之士爲優先考量。

㊷ 《魏書》，卷六五〈李諧傳〉，頁1460。

㊸ 以上引文分見《三國志》，卷四八〈孫皓傳〉，頁966，《魏書》，卷六八〈高聰傳〉，頁1520、卷六五〈李諧傳〉，頁1460、《三國志》，卷四八〈孫皓傳〉，頁967裴注引《吳錄》。又如《三國志》，卷六〈劉表傳〉，頁250，裴注引《零陵先賢傳》："（劉）先字始宗，博學彊記，尤好黃老言，明習漢家典故。爲劉表別駕，奉章詣許，見太祖。時賓客並會，太祖問先：'劉牧如何郊天也？'先對曰：'劉牧托漢室肺腑，處牧伯之位，而遭王道未平，群凶塞路，抱玉帛而無所聘頻，修章表而不獲達御，是以郊天祀地，昭告赤誠。'太祖曰：'群凶爲誰？'先曰：'舉目皆是。'太祖曰：'今孤有熊羆之士，步騎十萬，奉辭伐罪，誰敢不服？'先曰：'漢道陵遲，群生憔悴，既無忠義之士，翼戴天子，綏寧海內，使萬邦歸德，而阻兵安忍，曰莫己若，既蚩尤，智伯復見于今也。'太祖嘿然。"可謂"不辱命"矣。

㊹ 以上引文分見《魏書》，卷四八〈高推傳〉，頁1091；《梁書》，卷二六〈范岫傳〉，頁391—392；令狐德棻，《周書》（北京：中華書局，2003），卷四二〈蕭撝傳〉，頁751；《梁書》，卷四二〈傅岐傳〉，頁602；魏徵等，《隋書》（北京：中華書局，2003），卷五八〈陸爽傳〉，頁1420。

㊺ 類似案例又可見《三國志》，卷四七〈吳主權傳〉，頁933，裴注引《吳書》曰："（趙）咨……博聞多識，應對辯捷，權爲吳王，擢中大夫，使魏，魏文帝善之……咨頻載使北，魏人敬異。權聞而嘉之，拜騎都尉"、頁934裴注引《吳書》曰："（沈）珩……少總經藝，尤善《春秋》內、外傳。權以珩有智謀，能專對，乃使至魏……以奉使有稱，封永安鄉侯，官至少府"、卷六五〈王蕃傳〉，頁1166："王蕃……博覽多聞，兼通術藝……遣使至蜀，蜀人稱焉，還爲夏口監軍。"

㊻ 《魏書》，卷四七〈盧玄傳〉，頁1046。

㊼ 分見《三國志》，卷四八〈孫皓傳〉，裴注引《吳錄》，頁967；《魏書》，卷六五〈邢巒傳附叔祖祐傳〉，頁1449；《北齊書》，卷三九〈祖珽傳附弟孝隱傳〉，頁521；卷二九〈李渾傳〉，頁394、《魏書》，卷四九〈李靈傳附李系傳〉，頁1100。至於《晉書》，卷六七〈溫嶠傳〉，頁1196所載："是時天下凋弊，國用不足，詔公卿以下詣都坐論時政之所先，嶠因奏

軍國要務……其六曰使命愈遠，益宜得才，宣揚王化，延譽四方。人情不樂，遂取卑品之人，虧辱國命，生長患害。故宜重其選，不可減二千石見居二品者。”似乎與上説牴牾。此或因東晉初建，北方五胡紛亂，爭戰不休，故出使北方一則途中不靖，二則雙方敵對立場鮮明尖鋭，恐有不測，朝臣遂不樂爲使。

㊽ 以上引文分見《三國志》，卷四七〈吴主權傳〉，裴注引《吴書》，頁934、《魏書》，卷六二〈李彪傳〉，頁1390、卷四九〈李靈傳附李系傳〉，頁1100、《北史》，卷四三〈李崇傳附李庶傳〉，頁1605、《周書》，卷四八〈蕭詧傳附岑善方傳〉，頁872。

㊾ 《後漢書》，卷三四〈梁統傳附子松傳〉，頁420；《三國志》，卷五一〈吴宗室列傳·孫桓傳〉，頁1008裴注引《吴書》。

㊿ 《魏書》，卷三二〈封懿傳附族人偉伯傳〉，頁766。

(51) 請參朱曉海，〈自東漢中葉以降某些冷門賦作論彼時審美觀的異動〉，氏著《漢賦史略新證》（西安：陝西人民出版社，2004），頁444、〈〈兩都〉、〈二京〉義疏補〉，《漢賦史略新證》，頁343—347。又，前輩學者已經指出：士族之出現，自西漢末葉已然，東漢政權之建立，即得力於士族之結合效命。然士大夫之群體自覺與個體自覺日臻成熟，以及士族逐漸出現地域化的情形，則自東漢中葉始漸盛。此即本文所謂之地方意識。相關論述，詳參余英時，〈東漢政權之建立與士族大姓之關係〉，氏著《中國知識階層史論》（臺北：聯經出版事業公司，1993），頁109—184、〈漢晉之際士之新自覺與新思潮〉，《中國知識階層史論》，頁206、211、220—222，295。

(52) 其相關論述文長不録，詳細情形，請參《三國志》，卷五七〈虞翻傳〉，裴注引《會稽典録》，頁1084。所敘人物，虞翻所舉有二十三人、朱育則又補充了十四人。

(53) 根據朱曉海，〈自東漢中葉已降某些冷門賦作論彼時審美觀的異動〉，頁444所舉魏晉時期有：徐幹〈齊都賦〉、劉楨〈魯都賦〉、劉邵〈趙都賦〉、韋昭〈雲陽賦〉、文立〈蜀都賦〉、左思〈三都賦〉。

(54) 地方志與譜牒原應屬下文論述的史書著作，如《隋書》，卷三三〈經籍志二·史部·地理類〉，頁987所説：“其書蓋亦總爲史官之職”。但爲便於本文立論，故移於此處述之。

(55) 如浦起龍，《史通通釋》（臺北：里仁書局，1980；以下簡稱《史通》），卷十〈雜述〉，頁274所載：“汝、潁奇士，江、漢英靈，人物所生，載光郡國。故鄉人學者，編而記之，若圈稱《陳留耆舊》、周斐《汝南先賢》，陳壽《益部耆舊》，虞預《會稽典録》，此之謂郡書者也。”這方面的著作多已散佚，今日已難見其全貌，近人有輯本，見劉緯毅，《漢唐方誌輯佚》（北京：北京圖書館出版社，1997）。

(56) 《史通》，卷十〈雜述〉，頁274—275。

(57) 以上引文分見《魏書》，卷五五〈劉芳傳〉，頁1220、1227；《北齊書》，卷四二〈陽休之傳〉，頁563—564；《周書》，卷三八〈薛寘傳〉，頁685。

(58) 《史通》，卷三〈書志〉，頁74。

(59) 《隋書》，卷三三〈經籍志二·史部·雜史類〉，頁962。

(60) 《史通》，卷三〈書志〉，頁73。

(61) 《梁書》，卷五十〈文學列傳下·劉杳傳〉，頁715。

(62) 又如《南史》，卷四九〈劉訏傳〉，頁1227：“訏幼稱純孝，數歲父母繼卒……自傷早孤，人有誤觸其諱者，未嘗不感結流涕。”

(63) 《顏氏家訓集解》，卷二〈風操〉，頁61。

(64) 《北齊書》，卷二四〈杜弼傳〉，頁347：“相府法曹辛子炎諮事，云需取署。子炎讀‘署’爲‘樹’，高祖大怒，曰：‘小人都不知避人家諱！’杖之於前。”

(65) 類似例子又可見余嘉錫，《世説新語箋疏》（臺北：華正書局，1989），卷下〈排調〉，3條，頁780—781：“鍾毓爲黄門郎，有機警，在景王坐燕飲。時陳群子玄伯、武周子元夏同在坐，共嘲毓。景王曰：‘皋繇何如人？’對曰：‘古之懿士。’顧謂玄伯、元夏曰：‘君子周而不比，群而不黨。’”

(66) 《世説新語箋疏》，卷上〈言語〉，84條，頁140—141：“孫綽賦〈遂初〉，築室畎川，自言見止足之分。齋前種一株松，恒自手壅治之。高世遠時亦鄰居，語孫曰：‘松樹子非不楚楚可憐，但永無棟梁用耳！’孫曰：‘楓柳雖合抱，亦何所施？’”根據余嘉錫箋疏，可知亦爲犯家諱而以牙還牙的例子。

(67) 《南史》，卷五九〈王僧孺傳〉，頁1461。

(68) 《梁書》，卷二五〈徐勉傳〉，頁378。

(69) 《南齊書》，卷五二〈文學列傳·賈淵傳〉，頁906—907。

(70) 《史通》，卷五〈邑里〉，頁144—145。相關論述，可參趙翼，《陔餘叢考》（石家莊：河北人民出版社，2003），卷十七〈六朝重氏族〉，頁302—305。

(71) 趙翼，《陔餘叢考》，卷十七〈譜學〉，頁306—307略有論及，請參看。

(72) 實際景況，請參吕思勉，《兩晉南北朝史》（上海：上海古籍出版社，2005），第十七章〈晉南北朝社會組織〉，頁826—827。

(73) 魏晉南北朝時，世族享有任官及賦税，徭役上的特權，如《南齊書》，卷三四〈虞玩之傳〉，頁608—609載：蕭齊初高帝欲“檢定簿籍”，以實賦役之徵，虞玩之上表時就稱：“又有改註籍狀，詐入仕流，昔爲人役者，今反役人”；《梁書》，卷一〈武帝本紀上〉，頁22—23，載蕭齊末蕭衍上表也説：“且夫譜牒訛誤，詐僞多緒，人物雅俗，莫肯留心。是以冒襲良家，即成冠族；妄修邊幅，便爲雅士。負俗深累，遽遭寵擢；墓木已拱，方被徽榮。故前代選官，皆立選簿，應在貫魚，自有銓次。胄籍升降，行能臧否，或素定懷抱，或得之餘論。”

《通典》,卷一六〈選舉四‧雜議論上‧後魏〉,頁91記載北魏孝明帝時,清河王懌以官人失序,上表曰:"孝文帝制出身之人,本以門品高下有恒。若準資蔭,自公卿令僕之子,甲乙丙丁之族,上則散騎秘著,下逮御史長兼,皆條例昭然,文無虧沒。自此或身非三事之子,解褐公府正佐;地非甲乙之類,而得上宰行僚。自茲以降,亦多乖舛……此雖官人之失,相循已久,然推其彌漫,抑亦有由。何者?信一人之明,當九流之廣,必令該鑒氏族,辨照人倫,才識有限,固難審悉。所以州置中正之官,清定門胄,品藻高卑,四海畫一。"相關案例及論述,請參呂思勉,《兩晉南北朝史》,第十七章〈晉南北朝社會組織〉,頁837,第十八章〈晉南北朝社會等級〉,頁865、第二二章〈晉南北朝政治制度〉,頁1149;王仲犖,《魏晉南北朝史》(上海:上海人民出版社,1994),第二章〈封建關係的加強〉,頁143—156;周一良,〈魏晉南北朝史學發展的特點〉,氏著《魏晉南北朝史論集》(北京:北京大學出版社,2000),頁398—400。

⑭ 如《南齊書》,卷五二〈文學列傳‧賈淵傳〉,頁907就記載:"建武初,淵遷長水校尉。荒傖人王泰寶買襲琅邪譜,尚書令王晏以啓高宗,淵坐被收,當極法。子棲長謝罪,稽顙流血,朝廷哀之,免淵罪。"可見官方對於譜牒相當看重,故若有偽冒者,罪至極刑。

⑮ 歐陽修、宋祁,《新唐書》(北京:中華書局,2003),卷一百九十九〈儒學列傳中‧柳沖傳〉,頁5680。

⑯ 《南史》,卷五九〈王僧孺傳〉,頁1461。

⑰ 分見《梁書》,卷二五〈徐勉傳〉,頁378;《陳書》,卷二一〈孔奐傳〉,頁286。

⑱ 有關六朝時期史書著作的情形,請詳本文第五小節。

⑲ 蕭繹,《金樓子》(臺北:世界書局,1990),卷六〈自序〉,頁301。

⑳ 如《世説新語箋疏》,卷中〈賞譽〉152條,頁495:"張天錫世雄涼州,以力弱詣京師,雖遠方殊類,亦邊人之桀也。聞皇京多才,欽羨彌至。猶在渚住,司馬著作往詣之,言容鄙陋,無可觀聽。天錫心甚悔來,以遏外可以自固。王彌有儁才,美譽當時,聞而造焉。既至,天錫見其風神清令,言話如流,陳説古今,無不貫悉。又譜人物氏族,中(來)〔表〕皆有證據,天錫訝服。"

㉑ 有關漢魏六朝官方藏書的大概情形,請見《隋書》,卷三二〈經籍志‧序言〉,頁905—908。

㉒ 《晉書》,卷三四〈杜預傳〉,頁717、722。

㉓ 《魏書》,卷八五〈文苑列傳‧邢臧傳〉,頁1871—1872。

㉔ 有關六朝時期譜牒著作的數量以及相關情形,請參周一良,〈魏晉南北朝史學發展的特點〉,頁395—400;吳強華,《家譜》(重慶:重慶出版社,2006),頁19—25亦有論及,然僅作概括性述説,未能舉證詳論,煩請自行參看。

㉕ 朱曉海,〈魏晉時期文學自覺説的省思〉,頁28—29。

㊏ 以上記載，分見《梁書》，卷三十〈徐摛傳〉，頁446—447、《陳書》，卷三三〈儒林列傳·戚袞傳〉，頁440。

㊐ 所謂"重席"，典出東漢光武帝時戴憑之事，詳見注㊙。又如《梁書》，卷三十〈裴子野傳〉，頁443："子野與沛國劉顯，南陽劉之遴、陳郡殷芸、陳留阮孝緒、吳郡顧協、京兆韋稜，皆博極群書，深相賞好，顯尤推重之。時吳平侯蕭勱，范陽張纘，每討論墳籍，咸折中於子野焉。"

㊑ 程樹德，《論語集釋》（北京：中華書局，1997），卷三三〈季氏〉，頁1168。

㊒ 《晉書》，卷八三〈車胤傳〉，頁1434。

㊓ 這種學問上的競賽遊戲，自東漢時已見，唯彼時以經書為事，見《後漢書》，卷七九上〈儒林列傳·戴憑傳〉，頁911記載：光武帝時，"正旦朝賀，百僚畢會，帝令群臣能說經者更相難詰，義有不通，輒奪其席以益通者，憑遂重坐五十餘席。"

㊔ 《梁書》，卷十三〈沈約傳〉，頁242記載："約嘗侍讌，值豫州獻栗，徑寸半。帝奇之，問曰：'栗事多少？'與約各疏所憶，少帝三事。出謂人曰：'此公護前，不讓即羞死。'"亦可見競爭之意。

㊕ 以上引文分見《梁書》，卷五十〈文學列傳下·陸雲公傳〉，頁724、《陳書》，卷十九〈虞荔傳〉，頁256，卷十八〈韋載傳〉，頁249。

㊖ 如《南齊書》，卷五二〈文學列傳·崔慰祖傳〉，頁901："國子祭酒沈約、吏部郎謝朓嘗於吏部省中賓友俱集，各問慰祖地理中所不悉十餘事。慰祖口吃，無華辭，而酬據精悉，一座稱服之。朓嘆曰：'假使班、馬復生，無以過此。'"

㊗ 《後漢書》，卷七九下〈儒林列傳·謝該傳〉，頁923。這種因博物多識而獲見賞的情形，從春秋時已見其例。孔穎達，《春秋左傳正義》（北京：北京大學出版社，1999），卷四一〈昭公元年〉傳文，頁1158—1164："晉侯有疾，鄭伯使公孫僑如晉聘，且問疾。叔向問焉，曰：'寡君之疾病，卜人曰實沈、臺駘為祟。史莫之知，敢問此何神也？'子產曰：'昔高辛氏有二子，伯曰閼伯，季曰實沈……實沈，參神也。昔金天氏有裔子曰昧，為玄冥師。生允格、臺駘，臺駘能業其官……則臺駘，汾神也。抑此二者，不及君身……'叔向曰：'善哉！肸未之聞也……'晉侯聞子產之言，曰：'博物君子也。'重賄之。"又如孔子雖不語怪力亂神，但他本身在當時就以博學多識、能知奇物怪事而聞名。如瀧川龜太郎，《史記會注考證》（臺北：洪氏出版社，1986），卷四七〈孔子世家〉，頁747曾載魯季桓子穿井得土缶，中若羊，問仲尼，孔子答曰："木石之怪夔、罔閬，水之怪龍、罔象，土之怪墳羊"；吳伐越，得骨節專車，吳使使問仲尼。孔子回答此乃大禹時所戮之防風氏，並解釋防風氏的相關訊息。頁752又載孔子回答陳湣公問肅慎之矢事。西漢則以東方朔最為人知，請參謝明勳，〈六朝志怪小說之"博識人物"試論〉，氏著《六朝小說本事考索》（臺北：里仁書局，

2003)，頁6—10。

(95) 又如《後漢書·志》，卷四〈禮儀志上·高禖〉，頁1127，章懷注曰："晉元康中，高禖壇上石破，詔問出何經典，朝士莫知。博士束皙答曰：'漢武帝晚得太子，始爲立高禖之祠。高禖者，人之先也，故立石爲主，祀以太牢。'"

(96) 《南齊書》，卷三九〈陸澄傳附王摛傳〉，頁686。

(97) 以上引文分見《後漢書》，卷六八〈郭太傳〉，頁797；《三國志》，卷二八〈鍾會傳〉，頁673；《晉書》，卷三四〈羊祜傳〉，頁709、卷六三〈邵續傳〉，頁1142；卷一百十六〈載記·姚襄傳〉，頁1916、卷一百十九〈載記·姚泓傳〉，頁1940；卷七五〈范汪傳〉，頁1312、卷八二〈孫盛傳〉，頁1416、《梁書》，卷四〈簡文帝本紀〉，頁109、卷四四〈世祖二子列傳·貞惠世子方諸傳〉，頁620、卷五一〈處士列傳·何點傳〉，頁732，同卷〈張孝秀傳〉，頁752，《陳書》，卷七〈皇后列傳·後主沈皇后傳〉，頁131，卷二四〈周確傳〉，頁311；《魏書》，卷七一〈裴叔業傳附閻慶胤傳〉，頁1580、卷七六〈張烈傳附弟僧皓傳〉，頁1687、卷八二〈李琰之傳〉，頁1798、《周書》，卷二六〈長孫紹遠傳附兄子兕傳〉，頁431、卷四五〈儒林列傳·盧光傳〉，頁807；《隋書》，卷五一〈長孫覽傳附從子熾傳〉，頁1328、卷五八〈明克讓傳〉，頁1415。

(98) 以上引文分見《梁書》，卷十四〈任昉傳〉，頁253。《南史》，卷五九〈任昉傳〉，頁1455、古直箋，《詩品》（上海：上海古籍出版社，2007），卷中〈梁太常任昉〉，頁50。

(99) 六朝時期文人爲文用典的實際情況，唐曉萍，〈論建安散文使事用典的藝術表現〉，胡世厚、蕭永慶、衛紹生主編，《建安文學新論》（鄭州：中州古籍出版社，1992），頁221—222，曾針對建安時期的作品，做過統計；陳傳萬，《魏晉南北朝圖書業與文學》（合肥：合肥工業大學出版社，2008），頁141—163，對南朝文學作品用典情形，對前人的相關研究作了整理，也有詳細論述。根據文中所述，當時常見某些作品用典的比率超過80%，幾可謂句句出典。而用典的來源，則大大超出經書範圍，還包括了《楚辭》、諸子、史傳，志怪小說與漢魏以降的文學作品等。並請參看。爲免贅累，本文不再詳細舉例說明。

(100) 李善注，《文選》（臺北：藝文印書館，1989），〈序〉，頁1。

(101) 所讀書籍包括小學之書，《魏書》，卷九一〈術藝列傳·江式傳〉，頁1963就載："（曹）魏初博士清河張揖著《埤倉》，《廣雅》、《古今字詁》，究諸埤廣，綴拾遺漏，增長事類，抑亦於文爲益者"；《隋書》，卷七六〈文學列傳·潘徽傳〉，頁1744—1745也載潘徽〈韻纂序〉說："……小學之家，尤多舛雜……未有李登《聲類》、吕静《韻集》……而全無引據，過傷淺局，詩賦所須，卒難爲用。遂躬紆睿旨……總會舊轍，創立新意……即隨注釋。詳之詁訓，证以經史，備包騷雅，博牽子集。"均可見小學之書對當時文學創作相當重要，所以《文心雕龍注》，卷八〈練字〉，頁14b才會說："小學……鴻筆之徒，莫不洞曉"。因爲作文

⑩ 用字欲有別於人，便需對文字相當精熟，方能有所講求。故遠自兩漢博學善爲文者，如司馬相如、揚雄、班固、蔡邕等並撰有字書，請參《隋書》、卷三二〈經籍志一‧經部‧小學類〉，頁942。

⑩ 揚雄之語見於歐陽詢，《藝文類聚》（上海：上海古籍出版社，1999），卷五六〈雜文部二‧賦〉，頁1013引錄桓譚《新論》。

⑩ 《晉書》，卷九二〈文苑列傳‧左思傳〉，頁1553。

⑩ 《世說新語箋疏》，卷下〈排調〉44條，頁811："郗司空拜北府，王黃門詣郗門拜，云：'應變將略，非其所長。'驟咏之不已。郗倉謂嘉賓曰：'公今日拜，子猷言語殊不遜，深不可容。'嘉賓曰：'此是陳壽作諸葛評，人以汝家比武侯，復何所言？'"雖是言談，然於閱讀作品，亦如是也。

⑩ 《晉書》，卷九二〈文苑列傳‧左思傳〉，頁1553。原文作"衛瓘"，"瓘"當是"權"之誤，《斠注》已辨之。

⑩ 《南齊書》，卷五二〈文學列傳‧史臣曰〉，頁908。

⑩ 《文選》，卷五二〈論二〉所錄曹丕〈典論‧論文〉，頁733。

⑩ 《晉書》，卷五四〈陸機傳附從父兄喜傳〉，頁1013，卷七五〈王湛傳附曾孫坦之傳〉，頁1301。意謂次等、第二流。

⑩ 沈約，《宋書》（北京：中華書局，2003），卷五一〈宗室列傳‧臨川烈武王道規傳附子義慶傳〉，頁1477。

⑩ 《文心雕龍注》，卷一〈辨騷〉，頁29b。

⑪ 《梁書》，卷八〈昭明太子統傳〉，頁170所錄王筠〈昭明太子哀册文〉。

⑫ 《後漢書》，卷四九〈仲長統傳〉，頁589；《晉書》，卷三六〈張華傳〉，頁751；卷五十一〈摯虞束皙傳‧史臣曰〉，頁981；《宋書》，卷一百〈自序傳〉，頁2461；《梁書》，卷四一〈蕭介傳附從父兄洽傳〉，頁589；《陳書》，卷三四〈文學列傳‧杜之偉傳〉，頁454—455；《魏書》，卷七下〈高祖孝文帝本紀〉，頁187；卷八五〈文苑列傳‧裴伯茂傳〉，頁1872；《周書》，卷二二〈柳慶傳附子弘傳〉，頁373；《隋書》，卷五八〈魏澹傳〉，頁1416；卷七六〈文學列傳‧杜正玄傳〉，頁1747。

⑬ 分見《文心雕龍注》，卷一〈辨騷〉，頁29b、卷七〈情采〉，頁1b。而卷六〈定勢〉，頁24b—25a對此則有詳細論述："自近代辭人，率好詭巧……厭黷舊式，故穿鑿取新，察其訛意，似難而實無他術也，反正而已。故文反正爲乏，辭反正爲奇。效奇之法，必顛倒文句，上字而抑下，中辭而出外，回互不常，則新色耳……然密會者以意新得巧，苟異者以失體成怪。舊練之才，則執正以馭奇；新學之銳，則逐奇而失正。勢流不反，則文體遂弊。秉茲情術，可無思耶！"

⑭ 有關這一部分，可參張可禮，《建安文學論稿》（濟南：山東教育出版社，1986），〈建安作家的修養〉，頁218—222。

⑮ 《晉書》，卷三三〈何劭傳〉，頁700、卷四七〈傅玄傳〉，頁905、卷八三〈袁瓌傳附族孫豹傳〉，頁1431。

⑯ 《宋書》，卷四三〈傅亮傳〉，頁1336、卷七十〈袁淑傳〉，頁1385、卷六九〈范曄傳〉，頁1819。《南齊書》，卷二〈高帝本紀下〉，頁38。《梁書》，卷一〈武帝本紀上〉，頁2、96；卷八〈昭明太子統傳〉，頁167、170、166；《北齊書》，卷四五〈文苑列傳・顏之推傳〉，頁617。南朝部分又如沈約、梁邵陵王蕭綸，周興嗣，劉慧斐、虞荔、蕭引，陳新蔡王叔齊、陸瓊、岑之敬等人，史書也都明載他們因博學、博涉經史而善能屬文，分見史書各人本傳。

⑰ 分見《魏書》，卷三六〈李順傳附曾孫騫傳〉，頁836；卷五四〈高閭傳〉，頁1196。《周書》，卷四〈明帝本紀〉，頁60。北朝至隋部分又如北魏彭城王勰、邢臧，溫子昇、陸印、陽休之、李廣、唐永、蘇亮，柳虯、王褒、盧誕、甄玄成、蕭欣、沈君游、魏澹、李文博、孫萬壽、杜正藏，常得志、劉善經等，分見史書各人本傳。

⑱ 有關這一部分，尚可參朱曉海，〈魏晉時期文學自覺說的省思〉，頁33—40、蕭艾〈六朝駢文論稿〉，湘潭大學文學與新聞學院古代文學教研室編，《薪火集—湘潭大學中國古代文學論文集》（北京：中國社會科學出版社，2006），頁129、張可禮〈建安文學的影響〉，《建安文學論稿》，頁252、陳傳萬，《魏晋南北朝圖書業與文學》，頁149。

⑲ 六朝時期，言談、文學寫作乃屬不同領域，這由《世說新語箋疏》，卷上〈文學〉70條，頁253所載："樂令善於清言，而不長於手筆。將讓河南尹，請潘岳爲表。潘云：'可作耳，要當得君意。'樂爲述己所以爲讓，標位二百許語。潘直取錯綜，便成名筆。時人咸云：'若樂不假潘之文，潘不取樂之旨，則無以成斯矣。'"已可清楚看出。因此，蕭子顯於《南齊書》，卷五二〈文學列傳・史臣曰〉，頁908—909，特別提出："輪扁斲輪，言之未盡，文人談士，罕或兼工。非唯識有不周，道實相妨。談家所習，理勝其辭。就此求文，終然鬱奪，故兼之者鮮矣"。如果硬要將言談與文學創作合而爲一，就會形成《文心雕龍注》，卷九〈時序〉，頁24a中劉勰所說的景況："自中朝貴玄，江左稱盛，因談餘氣，流成文體。是以世極迍邅，而辭意夷泰，詩必柱下之旨歸，賦乃漆園之義疏"。此種現象，《詩品・序》，頁1稱之爲："建安風力盡矣"；《世說新語箋疏》，卷上〈文學〉85條，頁262，注引《續晉陽秋》則說是："《詩》，《騷》之體盡矣"。因此，蕭統編著《文選》時，刻意將言辭一類排除於選錄範圍之外，有關這一部份，請參朱曉海，〈讀《文選・序》〉，徐中玉，郭豫適主編，《古代文學理論研究》第二一輯（上海：華東師範大學出版社，2003），頁119—120。至於以玄言入詩的景況，請參朱曉海，〈魏晉遊仙、咏史、玄言詩探源〉，趙敏俐，佐藤利行主編，《中國中古文學研究》（北京：學苑出版社，2005），頁290—296。

⑳ 《晉書》，卷四九〈嵇康傳〉，頁 938—942；卷六七〈溫嶠傳〉，頁 1193；卷七二〈葛洪傳〉，頁 1270；卷九四〈隱逸列傳·戴逵傳〉，頁 1605；《梁書》，卷四〈簡文帝本紀〉，頁 109；卷五〈元帝本紀〉，頁 135；《魏書》，卷二二〈孝文五王列傳·清河王懌傳〉，頁 591；《隋書》，卷五八〈李文博傳〉，頁 1432；卷七六〈文學列傳·王頍傳〉，頁 1732；《南史》，卷七一〈儒林列傳·顧越傳〉，頁 1753。

㉑ 六朝時期，除史書外，志怪小說的著作也是蓬勃發展。但以當時的觀念而言，志怪小說乃屬史傳範疇，如《隋書》，卷三三〈經籍志二·史部·雜傳類〉，頁 982 所稱："魏文帝又作《列異》，以序鬼物奇怪之事……因其事類，相繼而作者甚衆，名目轉廣，而又雜以虛誕怪妄之說。推其本源，蓋亦史官之末事也。"從各種方面來看，也的確可發現兩者的關係相當密切。如作者方面，史傳與志怪小說的作者有很高的重疊度；就記叙內容方面，彼此常相互引用；就寫作材料來源而言，都包括古書記載與當代實際訪查。當然，兩者之間還是有其差異存在。這些部分，近代學者都已有相當深入的探索，並取得很高的研究成果。而且限於本文探討的主題，故不再針對志怪小說進行論述。相關研究請參逯耀東，〈志異小說與魏晉史學〉，氏著《魏晉史學的思想與社會基礎》（臺北：東大圖書股份有限公司，2000），頁 221—252；王國良，《六朝志怪小說考論》（臺北：文史哲出版社，1988），所收〈六朝志怪小說簡論〉，頁 5—9、〈列異傳研究〉，頁 54—58、頁 65—66、〈搜神後記研究〉，頁 118—130、〈幽明錄初探〉，頁 168—171、〈續齊諧記研究〉，頁 177—182、188—190。

㉒ 請參周一良，〈魏晉南北朝史學發展的特點〉，頁 384—402；逯耀東，〈《隋書·經籍志·史部》及其〈雜傳類〉分析〉，《魏晉史學的思想與社會基礎》，頁 71—100；高敏，〈試論魏晉南北朝時期史學的興盛及其特徵和原因〉，氏著《魏晉南北朝史發微》（北京：中華書局，2005），頁 374—388；陳傳萬，《魏晉南北朝圖書業與文學》，頁 129—130。其中並皆針對《隋書·經籍志》中所載有關史傳撰錄情形進行分析探索。

㉓ 《文選》，卷四八〈符命〉，頁 695。

㉔ 《晉書》，卷三四〈杜預傳〉，頁 717，杜預語。此處所謂"德"乃指聖人之德，如《晉書》，卷六六〈劉弘傳〉，頁 1179 所說："太上立德，其次立功"，非指一般立身處世之道德行為。

㉕ 《漢書》，卷四三〈叔孫通傳〉，頁 1031，叔孫通與其弟子語；卷六二〈司馬遷傳〉，頁 1254，所錄司馬遷〈報任少卿書〉，史公亦作斯語以自比。

㉖ 有關立德、立功、立言在魏晉時的位階層次，請參朱曉海，〈魏晉時期文學自覺說的省思〉，頁 14—18。

㉗ 此種風氣至唐代猶然，如劉餗，《隋唐嘉話》（北京：中華書局，2005），卷中，頁 28 所載："薛中書元超謂所親曰：'吾不才，富貴過分。然平生有三恨：始不以進士擢第，不得娶五

姓女，不得修國史。'"

⑱ 如《文選》，卷五二〈論二〉，頁734所收曹丕〈典論・論文〉中，歷述孔融等七子之文學才華，最後却說："融等已逝，唯幹著論，成一家言"。參對卷四二〈書中〉，頁603所錄曹丕另一篇作品〈與吳質書〉中又說：徐幹"著《中論》二十餘篇，成一家之言，辭義典雅，足傳於後，此子爲不朽矣！"可知文學作品無法與子書相提並論，故其餘六子文學成就未必下於徐幹，却不獲許爲不朽。當然，魏晋以後，可能有不同的主張出現，但對能著作史書、子書的評價應都不低。詳參朱曉海，〈魏晋時期文學自覺說的省思〉，頁15—20。至於史書、子書於時人觀念中的地位，何者較高？根據《隋書》，卷三二〈經籍志一・經部・序言〉，頁906，記載晋武帝時秘書監荀勖整理國家藏書，並編成目錄《中經新簿》，分四部，內容依序爲經、子、史、集。而《文選》，卷四六〈序下〉載任彥昇〈王文憲集序〉，頁666，善注引臧榮緒《晋書》說：東晋時"李充……爲著作郎，於時典籍混亂，刪除頗重，以類相從，分爲四部，甚有條貫，秘閣以爲永制。五經爲甲部，史記爲乙部，諸子爲丙部，詩賦爲丁部"，雖仍分四部，但次序有所更動，子、史互易。由此或可看出史部著作越來越受重視，甚至凌駕於子書之上。

⑲ 此由《隋書・經籍志》所錄的史部著作即可窺見，學者亦多曾針對隋志所載進行統計及論述，請參注122所舉。事實上，《隋書》所錄恐遠比實際數目要少得多，如"雜傳類"於魏晋時期錄有別傳六種，但根據前輩學者的統計，其數量實不下二百種，其餘各種史書傳記，應當也有不少是《隋書》未錄的。相關論述請參逯耀東，〈《隋書・經籍志・史部》及其〈雜傳類〉分析〉，頁96—98、〈魏晋別傳的時代性格〉，氏著《魏晋史學的思想與社會基礎》，頁104—105。

⑳ 逯耀東，〈魏晋史學的雙層發展〉，氏著《魏晋史學及其他》（臺北：東大圖書公司，1998），頁19—20，對於此種情形亦有論及，請參看。

㉑ 《史記》，卷一百三十〈太史公自序〉，頁138。

㉒ 《後漢書》，卷四十上〈班彪傳〉，頁478。

㉓ 《後漢書》，卷四十上〈班彪傳〉，頁477。

㉔ 《後漢書》，卷四十上〈班彪傳附子固傳〉，頁480。

㉕ 《史通》，卷七〈鑒識〉，頁204又說："史傳爲文，淵浩廣博，學者苟不能探賾索隱，致遠鉤深，烏足以辯其利害，明其善惡。"

㉖ 當然，除了博學之外，尚須有其他的要求，方能著史。《晋書》，卷八二〈王隱傳〉，頁1413就載王隱認爲史書"非凡才所能立"，所以曾勸祖納運用其廣博見聞以著史，以達"不朽"，然納喟然嘆曰："非不悅子之道，力不足也"。故史書常見稱某人"有史才"，根據《史通》，卷九〈覈才〉，頁249所載："夫史才之難，其難甚矣。晋令云：'國史之任，委之著作，每

著作郎初至，必撰名臣傳一人。'斯蓋察其所由，苟非其才，則不可叨居史任。"劉知幾認爲乃是任職之考試。

⑬⑦ 《後漢書》，卷六十下〈蔡邕傳〉，頁703、706。

⑬⑧ 《文選》，卷六十〈弔〉所收陸機〈弔魏武帝文・序〉，頁849。

⑬⑨ 根據《史通》，卷十二〈正史〉，頁349，浦起龍考釋統計，"裴松之注所引漢、晉間群書，凡百有餘種"，並有例舉，煩請參看。

⑭⑩ 《宋書》，卷六十〈王準之傳〉，頁1625。

⑭① 陳傳萬，《魏晉南北朝圖書業與文學》，頁13—29，曾針對魏晉南北朝時任職掌管官方圖書的秘書監者，以及利用官藏圖書纂修史書的情形，進行論述，其中不乏史書傳記著作者。

⑭② 《史通》，卷十二〈古今正史〉，頁355載：梁武帝時，"奉朝請吳均亦表請撰《齊史》，乞給《起居註》並群臣行狀。有詔：'齊氏故事，布在流俗，聞見既多，可自搜訪也。'"均遂撰《齊春秋》三十篇。"則是因無法獲得官方藏書而需自行搜訪。

⑭③ 除正文所舉之外，史書曾載以博學而著史傳者，如：三國西晉時的韋昭、華嶠、薛瑩、謝承、王沈、荀顗、阮籍、荀綽、傅玄、皇甫謐、束晳、王接、陳壽、司馬彪；南朝時的葛洪、王隱、虞預、孫盛、干寶、謝沈、習鑿齒、徐廣、袁山松、王韶之、謝靈運、范曄、何承天、王珪之、沈約、江淹、任昉、裴子野、蕭子顯、周興嗣、姚察、陸瓊、陸從典、顧野王、許亨；北朝亦然，如鄧淵、崔浩、房景先、高允、李彪、崔光、崔鴻、平恒、宋世景、宋繪、魏收、陽休之、柳虯、薛真；隋則有李德林、杜臺卿、辛德源、許善心，王孝籍、魏澹。以上分見史書各人本傳。

⑭④ 《南史》，卷七二〈文學列傳・吳均傳〉，頁1781。

⑭⑤ 有關兩漢使者的相關情形，請參廖伯源，《使者與官制演變：秦漢皇帝使者考論》（臺北：文津出版社，2006）。

⑭⑥ 因上引文分見蘇輿，《春秋繁露義証》（北京：中華書局，1996），卷一〈玉杯〉，頁28；卷七〈三代改制質文〉，頁198、187；《論衡校釋》，卷十二〈程材篇〉，頁542—543；《後漢書》，卷二九〈郅惲傳〉，頁372。

⑭⑦ 有關這一部分，請參郭永吉，〈先秦至西漢博士論考〉，《清華中文學報》第二期（2008年12月），頁107—108。

⑭⑧ 有關六朝時期書籍來源以及相關問題，如因書籍不易取得，故有抄書、編纂類書的風氣等。牽涉頗廣，限於篇幅，故於此無法詳論，謹俟日後另撰一文以闡述之。

⑭⑨ 詳見《隋書》，卷四九〈牛弘傳〉，頁1298—1299。

⑮⑩ 如楊明照，《抱朴子外篇校箋》（北京：中華書局，1996），卷五十〈自叙〉，頁648—653記載：葛洪祖、父並"學無不涉"，"方冊所載，罔不窮覽"。但因"累遭兵火"，致使"先人

典籍蕩盡"。

⑮ 如《後漢書》，卷八四〈列女傳·董祀妻〉，頁999記載：曹操諭令蔡文姬誦憶其父蔡邕先前的藏書，文姬必須向曹操"乞給紙筆"方能寫之；《晉書》，卷八二〈王隱傳〉，頁1414記載：王隱欲著《晉書》，然因"貧無資用，書遂不就"，需依靠征西將軍庾亮"供其紙筆，書乃得成"；《南史》，卷四三〈齊高帝諸子列傳下·武陵昭王曄傳〉，頁1081記載："高帝雖爲方伯，而居處甚貧，諸子學書無紙筆，曄常以指畫空中及畫掌學字，遂工篆法"；同卷〈江夏王鋒傳〉，頁1088也載："匿於張氏舍……性方整，好學書，張家無紙札，乃倚井欄爲書，書滿則洗之，已復更書，如此者累月。又晨興不肯拂窗塵，而先畫塵上，學爲書字"；卷七六〈隱逸列傳下·徐伯珍傳〉，頁1889則載：徐伯珍"祖，父並郡掾史，伯珍少孤貧，學書無紙，常以竹箭、箬葉、甘蕉及地上學書"；《抱朴子外篇校箋》，卷五十〈自叙〉，頁653：葛洪家貧，"飢寒困瘁"，家中無書可讀，"乃負笈徒步行借"，"伐薪賣之，以給紙筆。晝營園田，夜以柴火寫書。坐此之故，不得早涉藝文，常乏紙。每所寫反覆有字，人少能讀也"。均可見六朝時期，紙非易得。所以像《顏氏家訓集解》，卷三〈勉學〉，頁199會載：臧逢世"年二十餘，欲讀班固《漢書》，苦假借不久，乃就姊夫劉緩乞丐客刺書翰紙末，手寫一本。"也就是連完整的紙都沒有，只能利用零碎紙張來鈔寫《漢書》。

⑯ 《漢書》，卷八八〈儒林列傳·贊曰〉，頁1555。

⑰ 《漢書》，卷七五〈夏侯勝傳〉，頁1397。

⑱ 如《顏氏家訓集解》，卷三〈勉學〉，頁198—199記載二則案例：梁世彭城劉綺，"交州刺史勃之孫，早孤家貧，燈燭難辦，常買荻尺寸折之，然明夜讀"，終"以才華"而蒙孝元帝賞遇；義陽朱詹，"好學，家貧無資，累日不爨，乃時吞紙以實腹。寒無氈被，抱犬而臥。犬亦饑虛，起行盜食，呼之不至，哀聲動鄰，猶不廢業，卒成學士"。

郭永吉，臺灣中央大學中文系助理教授

Six Dynasties time widespread reading atmosphere reason exploration

Yung-chi Kuo

Assistant Professor of Chinese Department at National Central University

Summary

The Six Dynasties time scholar does scholarly research emphasizes vastly, concerns this kind of learned atmosphere to form the reason, this article carries on the exploration from four aspects. First is the political aspect, hires by the diplomacy to cause to discuss the politics with the deliberation hall to take the discussion key; Next is the social culture aspect, by the local chronicle which, the genealogy is closely linked with the powerful family study carry on the elaboration; Third, Academic thought aspect, mainly aims at is discussed that unreliable, discusses, learned but may answer the strange question; Finally, the article writes, exploration literary production and history book work. These parts basically have contained, at that time the scholar lived each main stratification plane, takes advantage of this by the time can obtain the reason which the Six Dynasties time learned atmosphere is in vogue. Moreover, because of Han Dynasties, especially Eastern Han Dynasty, also presents the learned phenomenon, therefore aims at Han Dynasties and the Six Dynasties time study atmosphere similarities and differences first carries on the comparison.

Keywords: Six Dynasties, Learned, Study atmosphere

元代多族士人的同僚關係
——以翰林院與奎章閣爲中心

蕭啓慶

一、各機構之族群多元性

　　元朝政府是一個多族群的官僚組織。雖然"族群等級制"造成各族群菁英權力分配與入仕機會的不均，却未阻止漢人、南人的入仕。元朝中期共有品官22，490人，其中30.1%爲蒙古、色目人，69.9%爲漢人、南人，可見官僚組成的族群多元性。①

　　官員的族群成份因機構層級高低與性質差異而有所不同。一方面，機構層級愈高，蒙古、色目人愈多。另一方面，有些機構功能特殊，遂成爲蒙古、色目人的堡壘，如怯薛（Kesig）、徽政院、大宗正府、樞密院、宣政院，太禧宗禋院等，或主管宮廷事務，或經管軍政、軍令，或掌理藏傳佛教及土蕃事務，或管理皇家寺院，漢族士人很難插足其間。但是，此外的機構皆是各族兼用而不限於蒙古與色目。而主管文史、教育及圖書典藏的機構中，漢族官員則占多數。翰林國史院、集賢院、國子學、②秘書監、奎章閣與宣文閣等皆是如此。據日本學者山本隆義統計，翰林國史院中，漢人、南人官員約占52%，蒙古、色目占31%，而族屬不明者則有16%。③秘書監官員之名錄仍存，據初步統計，各族官員之比率與翰林國史院相似。④

　　蒙元前期，由於語言與文化的差異，各族同僚不僅不易建立友誼，溝通亦甚爲困難。有如馬祖常所說，同一機構中的各族官員"連位坐署，閴然語言，氣俗不相通"，⑤唯有倚靠翻譯人員的協助，始能討論公事，以致元廷在各級機構中遍設職司口譯與筆譯的通事與譯史。⑥但是，此種情形在中期以後發生甚大的改變。在蒙古、色目官員漢語、漢文化水準提高以後，各族官員間隔閡大爲減少。以致元季各官署所設通事大多裁撤。就文化層次而言，各機構——尤其是文化、教育機構——任用之官員，多經漢文化熏陶，與漢族官員具有共同的文化修養，交流交融甚少障礙。

兹以仁宗、英宗、泰定時代之翰林院、文宗與順帝初年的奎章閣學士院爲例，説明各機構同僚間之交往。

二、翰林兼國史院

翰林國史院職司草擬詔令、編修國史、備供顧問及講授經筵。⑦設官自翰林學士承旨至編修凡九級，總計37人。⑧其設官原寓有尊賢養老之意，固有不少不識之無的蒙古、色目顯宦因酬庸而置身翰苑，但多數官員皆爲各族士人，對文學翰墨具有共同興趣。

自仁宗皇慶（1312—1313在位）至泰定帝（1324—1327在位）期間先後供職翰苑的蒙古、色目士人先後有貫雲石、散散、李屺、阿魯威、馬祖常、護都沓（答）兒等，與漢族同僚交往皆頗密切。至於在此期間亦曾任職翰苑的忽都魯朵兒迷失及趙世延留在下文論及奎章閣時再説，以免重覆。

貫雲石（（1286—1324，原名小雲石海涯），畏兀兒人，爲平宋大將阿里海涯之孫。於皇慶二年（1313）二月入翰林院，而於延祐元年（1314）三月退隱南下，前後不過一年。⑨初入翰苑時，不過廿七八歲，故有"小翰林"之稱。但因他出身畏兀兒世家，曾以萬户高位讓於其弟，又曾任仁宗潛邸説書，故逕任從二品的翰林侍讀學士，地位崇高。而且由於他是翰林前長官姚燧之弟子，對詩歌、散曲、書法皆有甚高造詣，據説"一時館閣之士，素聞公名，爲之争先快睹"，甚受歡迎。⑩

雲石與院中負有盛名的文苑前輩劉敏中、程鉅夫、趙孟頫、李孟、袁桷、張養浩、元明善、陳儼等相處甚得，備受重視。劉敏中（1243—1318），字端甫，濟南章丘人，仕至翰林學士承旨（從一品）。程鉅夫（1249—1318），原名文海，後以字行，號雪樓，建昌新城人。世祖朝即爲出身南人的顯宦，仁宗時任翰林學士承旨（從一品）。趙孟頫（1254—1322），字子昂，湖州人，爲元代最傑出的全能士人，仁宗時任翰林學士承旨。李孟（1255—1321），字道復，號秋谷，漢中人，爲仁宗之老師，擁立武宗、仁宗，有定策之功，拜中書平章兼翰林承旨。袁桷（1266—1327），字伯長，出身四明官宦書香世家，大德間獲薦入翰苑，自檢閱而至侍講學士（從二品），前後廿餘年。張養浩（1270—1329），字希孟，號雲莊，濟南歷城人，仁宗時歷任翰林待制、直學士（從三品）。元明善（1263—1332），字復初，大名清河人，亦爲仁宗潛邸舊臣，仁宗即位後累遷翰林待制、直學士、侍讀學士（從二品）。陳儼，號北山，魯人，仕至翰林學士（正二品）。小雲石海涯任職翰苑期間，曾與程鉅夫、元明善等參與科舉制度恢復的研議。程鉅夫又曾爲雲石題其詩文："妙年所詣已如此，況他日所觀哉！"⑪對雲石期許甚高。袁桷有〈寄貫酸齋侍讀〉詩與雲石唱和。⑫而雲石亦曾爲陳儼寫過一組五首題扇詩。⑬

雲石與翰苑同僚友誼的最佳見證爲其〈翰林寄友〉五言長詩。⑭此詩寫於其退隱江南之後，却對翰苑諸友仍然懷念不已。此詩前二聯爲："興來何所依，唯杖歸而已。夢遊白玉堂，神物撼青史"，末二聯則爲："諸公襄盛時，參會總知己。濃頭一杯外，相思各萬里"。其間各聯所涉有李孟、程鉅夫、陳儼、趙孟頫、元明善、張養潔、劉敏中等人。⑮李孟是仁宗之師，而雲石在詩中亦稱他"我師秋谷叟，秦楚可豈笙"，甚爲尊敬。對當時業已退休之程鉅夫則説"珍重白雪樓，涕唾若行水"，乃希望鉅夫（字雪樓）長壽。陳儼亦已歸隱，雲石之詩句爲"北山已東山，高卧呼不起"。對於勝國王孫，多才多藝的趙孟頫，雲石以"諸孫趙子昂，揮遍長安紙"來形容，對於年高德劭的另一承旨劉敏中的寄語則爲"中庵四海名，羸老久無齒"，而對元明善、張養浩的評述則分別爲"復初執高節，鬆鬢修清美"與"希孟文氣瀒，道義淪於髓"。此詩酬贈之同僚，皆爲當時名望最重之漢族士大夫。在詩中雲石除了表達對他們的崇敬外，亦不失僚友調侃之趣。總之，貫雲石出身色目將門，廿餘歲入翰苑，却因其本身多才多藝，而與漢族名公雅士建立敦厚之友誼。他之辭職歸隱，不是由於他與翰苑同僚相處不洽，而是由於"宦情素薄"，策杖歸去。

散散，畏兀兒人，忽必烈太子真金東宮近臣、宣政院使潔實彌爾（1253—1315）之子。⑯泰定年間任翰林侍讀學士（正二品），與大儒吳澄（1248—1333）及虞集（1272—1348）共事，時吳澄任翰林學士，虞集則爲直學士

（從三品）。泰定三年（1326）吳澄辭歸臨川，散散曾郊餞送別。明年，澄作〈回散散學士書〉，中說："學士質美而學不倦，僕雖衰耗，亦賴以自勵焉。諸書雖間有鄙見，未見學徒抄出，俟有錄本，續當寄呈。"[17]可見散散爲一士人，在其致吳澄信中曾索求近著。吳澄爲散散之父撰述神道碑，即是由於同僚之誼。散散與虞集共事時曾邀宴後者，當時並有歌伎順時秀吟唱散曲〈折桂令〉助興，頗爲風雅。[18]至正四年（1344），散散奉使宣撫江西、福建，此時虞集已隱居家鄉，仍爲他撰寫〈右丞北庭散公宣撫江閩序〉，[19]亦是由於翰苑舊誼。

李屺出身西夏將門，屺，蒙文名徹（薛）徹干，字伯瞻，號熙怡。[20]李屺爲李世安（1253—1331，蒙文名散亢歹）子，世安官至江西行省平章，"務學友士，誦習經史，希古聖賢"。其弟世雄（蒙文名囊家真）大德年間已供職翰苑，以致李屺漢學造詣更高。[21]屺於泰定間任翰林直學士，並講讀經筵，與大儒吳澄共事。[22]吳澄退隱後曾撰〈與李伯瞻學士書〉，推薦其同鄉士人吳尚。[23]澄又有〈跋李伯瞻字〉一文，稱"伯瞻博儒術，精國語，又工晉人書法，世胄之良也"，[24]可見李屺通儒學、蒙古文、善書。此外，尤善散曲，今仍有其散曲小令八闋存世。[25]故爲吳澄所重。吳澄曾爲李屺之祖父〈家傳〉撰〈後序〉，即是基於兩人共事之誼。[26]

阿魯威爲元代最負盛譽的散曲家，字叔重，號東泉。據孫楷第考證，曾任延平路、泉州路達魯花赤，泰定間爲翰林侍講學士，天曆元年（1328）任同知經筵事，同年掛冠，退居杭州，[27]曾參與《資治通鑑》與《世祖聖訓》之譯述。其散曲存世者仍多達十九闋。[28]明朱權《太和正音譜》卷上〈古今群英樂府格勢〉論列元曲家，稱"阿魯威之詞如鶴唳青霄"，甚爲推崇。[29]而明初名儒徐一夔則稱阿魯威爲"元室文獻之寄"。[30]

阿魯威在翰苑與直學士虞集、編修（正八品）王沂（約1290—1345後或1358前）頗多往來。今虞集諸集中有寄酬阿魯威詩三首，皆作於阿魯威退隱江南後。〈寄阿魯威學士〉中之"問詢東泉老，江南又五年"，[31]〈奉別阿魯威東泉學士游甌越〉中之"憶惜同經幄，春明下玉除"等句可看出二人之友情。[32]另一首〈寄魯學士〉七律，[33]此一"魯學士"雖未明言爲阿魯威，但詩中有"泉南五馬傳燈後，天上群龍進講餘"之句，蓋指阿魯威由泉州內調爲翰林侍講的經歷。而且時人稱阿魯威爲魯東泉，故稱其爲"魯學士"頗爲合理。

王沂，字師魯，貫汴梁路（今河南開封），延祐二年（1315）首科進士。㉞其《伊濱集》中〈醉鄉詩爲阿嚕威學士賦〉七古中有"不獨文章高一世，由來道誼重千鈞"之句係稱贊阿魯威之文章、道義，"惟以壺觴留好客，却抛軒冕樂閑身"之句則是羨贊其退隱生活，㉟可見阿魯威退隱江南後，其翰苑漢族諸友仍與他魚雁互通，不時唱和。

汪古族人馬祖常（1279—1338），字伯庸，出身世家，却以科舉出仕，爲王沂同科進士，任翰林應奉文字一年有餘。英宗至治二年（1322）起至泰定四年（1327）又歷任翰林待制、直學士約五年，故其在翰苑前後長達六年餘。在此期間與漢族同僚袁桷、王士熙、貢奎、文矩等唱和極密：

袁桷，蘇天爵所撰〈墓誌銘〉稱桷"公爲文辭，奧雅奇嚴，日與虞公集，馬公祖常、王公士熙作爲古文論議，迭相師友，間爲歌詩唱酬，遂以文章名海內"。㊲祖常登第前三年北訪大都，即與袁桷結識，㊳袁桷年長祖常十三歲，又是他翰苑上官，故他對袁桷甚爲崇敬，桷對這位科舉首科异族探花，也很器重。二人文字往來甚多，祖常《石田集》中，存有和袁桷唱酬詩十一首，又曾上疏薦舉袁桷。㊴而袁桷文集中與祖常唱和的詩歌更多達47首。又曾應祖常之請爲其父馬潤作神道碑，文中特別指出"桷辱爲文字，知且深，特來請銘"。㊵又曾爲祖常所居石田山房作辭。㊶

王士熙，字繼學，東平人，世祖朝翰苑名臣王構（1245—1310）之子。歷任翰林待制，中書參政、南臺御史中丞等職，長於樂府歌行。㊷祖常《石田集》中，以與他的唱酬爲最夥，多達十六首。而士熙詩集失傳。而《元詩選》所輯〈江亭集〉中也收錄與祖常唱酬詩三首。㊸可見二人交往甚密。

貢奎（1269—1329），字仲章，號雲林，舒城人。曾四入翰苑，延祐、至治間兩爲翰林待制，與馬祖常共事當在此時，奎後昇集賢直學士。著有《雲林集》，今存。㊹貢奎卒後，祖常爲其撰神道碑，雖係奉敕，但碑中有"師謙（奎子）知臣於其父宿有好也"之句，㊺反映二人頗有私誼。祖常集中有〈貢待制文修撰王都司同賦牡丹分得色字〉、〈貢仲章待制寵和次韻〉及〈送貢仲章學士〉三詩，㊻前二首係同在翰苑時的唱酬，後者則爲在貢奎轉任集賢時受命往祠三鎮時之送別之作。而貢奎集中亦有〈讀馬伯庸學士止酒詩〉、〈和馬伯庸學士送史正翁赴嘉興幕官〉及〈送馬伯庸學士赴上都〉三詩，㊼前兩者爲日常唱酬之作，後者則係爲祖常扈從元帝赴上都避暑的送別詩，故有"人間六月沸炎波，上國清凉樂事多"之句。

文矩，字子方，長沙人。延祐間任翰林修撰，與祖常共事。至治初受命招諭安南國。吴澄所撰墓誌稱頌文矩："文章歌詩，雖疏宕尚氣，有陳事風賦之志焉，惜其未傳而遽止也"。[48]他與祖常共事翰苑的時間不長。但《石田集》中有詩二首與文矩有關。[49]而《元詩選》中文矩〈子方集〉所録其詩不過七首，但亦有〈送馬伯庸御史奉使關隴〉一首，[50]雖係作於祖常轉任御史之後，但二人係結緣於共事翰苑時。

護都沓（答）兒，蒙古託託里氏，延祐二年（1315）首科狀元。[51]五年任翰林待制，與院中同僚趙孟頫、劉賡（1248—1328）等奉敕題跋王羲之〈快雪時晴帖〉，原跋真迹仍存，現藏臺北故宫博物院。[52]趙孟頫、劉賡皆爲護都沓兒之科舉座師，時皆任翰林學士承旨。護都沓兒跋中既贊美羲之墨迹"當爲天下法書第一"，又歌頌元仁宗之"博古尚文"。

皇慶至泰定間，貫雲石、散散、李屺、阿魯威、馬祖常、護都沓（答）兒等蒙古、色目官員曾在翰林國史院供職。以上借他們六人與漢族同僚間在工作上的合作、詩文唱酬及爲對方先人撰寫墓誌，證明翰苑中各族士人的交流與交融。

三、奎章閣學士院

奎章閣學士院是由文宗（1328—1332在位）所創建的一個獨特文化機構。文宗建立此院的動機主要有二：第一，此院可説是他個人興趣的投射。文宗能詩、能書、又能畫，而且對品鑒古文物有濃郁的興趣，因而在元朝諸帝中最爲風雅，有人將他比擬爲宋徽宗（1101—1135在位）與金章宗（1189—1205在位）。第二，由於他以弑兄而奪取大位，創建此院是爲塑造合法繼承者及崇尚文治的中原帝王形象，提高自己在漢族人民中的地位與威信。[53]

奎章閣創建於天曆二年（1329），[54]而於順帝至元元年（1335）改置爲宣文閣，前後十一年。其全盛時期是文宗在位的五年。至順三年（1332）文宗逝世，奎章閣失去主要支撐，開始衰落。當初文宗設置奎章閣的功能在於聚集文人學士，鑒賞書畫，編刊典籍、教育貴族子弟，並備皇帝諮詢。先後供職於此一機構之官員共有113人，可說是當時各族士人薈萃之地。

奎章閣蒙古、色目官員具有漢學造詣，而與漢族同僚交往見於記錄者有大學士（正二品）忽都魯朵兒迷失、趙世延、阿榮，承旨學士（從二品）巙巙，參書（從五品）雅琥，典籤（從六品）泰不華、斡玉倫徒、授經郎（從七品）畢申達，照磨（無品級）甘立等人，下文將考述他們與漢族同僚的關係。至於大學士達識帖木兒、沙剌班、侍書學士（從二品）鐵木兒塔識、朵爾直班，典籤全普庵撒裏等人皆通漢學，而侍書學士（從二品）撒迪、承制學士朵來則可能不通漢學，但皆缺乏與漢族同僚交往的記載，只能割愛。至於燕鐵木兒、伯顏皆是以權臣的身份兼領大學士，位高權重，並不與其他閣臣平等交往，本文亦予舍棄。㊺

大學士忽都魯朵兒迷失（或作忽都魯篤迷失、忽都魯篤爾彌實），高昌畏兀兒氏。父愛全，受知憲宗，莊聖太后尤禮遇之。㊻忽都魯朵兒迷失歷任翰林學士承旨、奎章閣大學士。曾選譯《資治通鑑》、《大學衍義節文》爲蒙文。泰定帝開經筵，忽都魯與漢儒開講《帝範》、《資治通監》等書，可見他兼通懞漢二文。虞集於仁宗時任翰林待制，爲其僚屬。曾有〈寄忽承旨〉五律，二人已有情誼。㊼虞集入奎章，又位於其下，曾撰〈奎章閣大學士忽公畫像讚〉，有句云"蒼然松柏之堅貞，縝乎圭璋之粹美；慈焉在物之春風，淡若秋淵之止水"，稱贊其恬淡。㊽

大學士趙世延（1260—1336），汪古人，字子敬，號迂軒。出身將門。自世祖朝入仕，歷任要職。因翊戴有功，深受文宗崇敬，天曆二年拜奎章閣大學士、中書平章。《元史》本傳對其治術、道德、文學皆有很高的評價："世延列事九朝，敭歷省臺五十餘年，負經濟之資，將之以忠義，守之以清介，飾之以文學。凡軍國利病，生民休戚，知無不言，而於儒者名教，尤拳拳焉。爲文章波瀾浩濶，一根於理。"㊾

在閣中，世延與虞集相交既久且深。虞集亦深得文宗寵信，雲龍契合，可說是奎章閣主要規劃者。㊿趙、虞二人共同主持或參與閣中甚多活動，如天曆二年（1329）開始編纂《經世大典》，㊱即由世延爲纂修，虞集副之。㊲同年閣中入藏南唐趙幹〈江行初雪圖卷〉，二人參與同仁聯銜呈進。㊳今虞集別集中有關世延之詩文多達四篇。其中三篇〈寄趙子敬平章〉爲一懷寄七律。[64]〈趙平章加封官制〉[65]及〈趙平章畫像讚〉,[66]都作於至順元年。文宗因感謝世延的翊戴之功,即加封其官職,又命繪其像,而敕虞集撰制與贊。另一篇〈魯國趙公哀詞二首〉則作於至順五年(1336?)世延卒後。第一首着重世延之成就:"西北聲名世節旄,簪紳特起擅時髦。百年憂患神明相,世務頻煩志慮勞……"。第二首着重二人之交誼:"早歲江東接令儀,中朝晚得近論思。……每翻翰墨神交遠,惆悵西川(按:世延卒於其故鄉成都)鼓吹悲",[67]總之,世延是虞集甚爲尊敬的政壇前輩、閣中上司,二人又有很深的翰墨因緣。

世延與閣中侍書學士許有壬(1287－1364)的關係尤爲密切。[68]延祐二年(1315)世延以中書參政任首科科舉廷試讀卷官,有壬爲其大力拔擢之門生。[69]後有壬喪偶,世延妻以其女趙鸞(1308－1341)。[70]至治元年(1320)世延受權相鐵木迭兒(?－1322)之陷害入獄,有壬便曾上疏請予平反。[71]故兩人亦爲政治上之盟友。世延於天曆元年(1328)退隱金陵後,其寓所後圃之瓜一蒂生五瓜,時人視爲禎祥之兆,有壬曾撰《瑞瓜頌》爲賀,並言"有壬以諸生擢科,公實座主,行非鮑宣,過辱桓公之知,既厚且親",[72]可見二人間具有多重密切關係。

大學士阿榮(1292－1333),[73]字存初,出身怯烈氏世家,由宿衛入仕。早年從至治元年狀元宋本(1281－1334)及江夏詩人吳元德學。[74]《元史·阿榮傳》說他:"閒居以文翰自娛","日與韋布之士游,所至山水佳處,鳴琴賦詩,日夕忘返"。[75]入閣前即與虞集有唱和之誼,虞集有〈次韻阿榮存初參議秋夜見寄〉五律,中云:"深期謝安石,揮塵散風埃",對阿榮期許甚高。[76]天曆初,阿榮爲奎章閣大學士並參議中書事。二人在閣中,共事機會頗多,虞集對阿榮仍有頗高評價,〈送鄉貢進士孔元用序〉稱贊阿榮說:"存初國家世臣,妙於文學,在上左右,華年方殷,斯文屬望。集老且衰,亦何補耶?"[77]二人年齡相差達廿餘歲,但同好詩文,可謂忘年之交。阿榮又曾薦其師吳元德入閣爲僚屬。[78]

巎巎(1295－1345),字子山,康里氏,爲世祖、成宗時代儒相不忽木(1255－1300)之子,其本人亦爲顯官與書法大家,在書法方面,與趙孟頫爲師生關係。巙巙於至順元年（1331）始以禮部尚書兼群玉內司，成爲奎章閣之屬官，順帝即位後，更歷任奎章閣承制學士及大學士，與奎章閣關係既久且深。[79]在同僚中，與虞集頗多交往。虞集有〈記子山尚書〉及〈題康裏子山尚書凝香亭六韻〉二首與他唱和，[80]大約皆作於其入閣後。第二首詩中，有句"群玉府中香滿袖"之句，"群玉府"乃指群玉內司而言。虞集又有〈題跋子山學士所藏永興公（虞世南）墨迹〉及〈題李重山所藏巙子山墨迹〉二首。前者係應巙巙之請而題。[81]而在後者之中則稱："子山平章書法妙天下"。[82]巙巙固然是書法名家，而虞集也是"真、行、草、篆皆有法度，古隸爲當代第一"，[83]可見虞、巙二人於公誼之外，在詩文、書藝方面亦能惺惺相惜。

泰不華（1305—1352），字兼善，蒙古伯牙吾氏。生長於台州（今浙江臨海），至治元年（1321）科舉右榜第一，而且是才藝最爲全面的蒙古士人。奎章閣創建之初，不華即任典簽，至順二年（1331）外放南臺御史，前後不過二年。他在閣中交往較密的一爲虞集，一爲柯九思。虞集是泰不華文壇前輩，亦爲其在奎章閣之上官。《顧北集》中〈春日宣則門書事簡虞邵庵〉即係奉贈虞集之詩，末聯爲："從臣盡獻河東賦，獨有相如得賜金"，係以虞集比爲西漢司馬相如，乃是文壇領袖。虞集歸隱江西後，不華仍作〈贈堅上人重往江西謁虞閣老〉七律，再度表示對虞集之"詞賦"極爲傾倒。[84]而虞集亦有〈送達溥化兼善赴南臺御史詩序〉，[85]係作於不華於至順二年（1331）由奎章閣轉任南臺御史時，同僚爲其賦詩送行而請虞集作序，虞集在序中勉以作爲臺諫之臣應以大而且急之事進言，帶有長輩勗勉之意。[86]虞氏又有〈題達兼善御史所藏墨竹〉可能係在不華赴任南臺御史時所作題畫詩，此畫應爲奎章同僚名畫家柯九思所繪，因第一句爲"丹邱越人不到蜀"，丹邱爲柯九思之號。後二聯爲："江南御史龍頭客，暫別那能不相憶。知君深識篆籀文，故作寒泉溜崖石"，[87]贊譽不華出身狀元並深識古文字，又表示別後將會懷念。可見虞氏對這位青年士人頗爲器重。

柯九思（1290—1343），字敬仲，台州仙遊人，是知名畫家，畫竹爲大家，亦富收藏，精於監賞書畫和古器物。他結識文宗於建康潛邸。奎章閣建立後，九思先後任參書及監書博士（正五品）。頗受寵信。[88]他與不華既爲同僚，亦爲同鄉，交情顯然匪淺。九思除去爲不華作畫外，其《丹邱集》中有〈送達兼善赴南臺御史〉、〈送趙季文之湖州參軍與達兼善秘書同賦〉二詩,⁸⁹前詩係爲不華送行。後詩中之趙季文即趙渙,曾任知州,⁹⁰當爲不華與九思之共同友人。後來九思棄官南返後,又曾爲不華題顧瑛名園玉山草堂一景之漁莊所作篆書賦七絶一首,首二句爲:"閒居正憶龍頭客,喜見秦人小篆文"。⁹¹又平江名士鄭元祐有〈題達監司所藏柯博士《秋山圖》〉,⁹²可見九思贈予不華之繪畫不止一幅。除泰不華外,九思與嶸嶸亦有往來。至順元年(1330),嶸嶸曾與畏兀兒氏畫家邊魯至九思之文玉堂中觀賞〈晋人楷書曹娥碑〉。⁹³

參書雅琥,初名雅古,文宗賜以今名,字正卿,⁹⁴也里可溫(即基督教徒)人,泰定元年進士,⁹⁵《元詩選》録其詩四十首,⁹⁶亦善書。至順元年由秘書監著作佐郎轉任奎章閣參書,⁹⁷明年遭劾罷,⁹⁸外放静江路同知。故在閣中時間不長,但參加閣中同僚集體品鑒書畫活動而見於記載者頗多,如晋王羲之〈曹娥碑〉,⁹⁹南唐趙幹〈江行初雪圖卷〉、¹⁰⁰李成〈寒林采芝圖〉,¹⁰¹雅琥皆有品題。又如審定重裝董源〈夏景山口待渡圖〉,由柯九思題跋,雅琥與虞集、李泂各題詩一首。¹⁰²其詩、書與虞集、柯九思等漢族名家並列,不遑多讓。雅琥外放時,馬祖常撰〈送雅琥參書之官静江詩序〉。祖常此時任御史中丞,不在奎章閣中,但在此序中,祖常指出:館閣僚友皆曾"忻然爲文,以美其行而勸其無久於外,以致其去處之情,而請餘爲之序"。¹⁰³雅琥後來曾撰〈擬古寄京師諸知己二首〉,其第二首有句云:

> 東皇司造命,廣庭延群英。
> 中有三五君,生平想儀刑。
> ……
> 種種履憂患,誰能念伶仃。
> 願假刀圭妙,白日羽翰生。
> 微渺得攀附,柑將還帝京。¹⁰⁴

此詩寄贈的對像,自然包括奎章同僚在内。由詩中内容看來,雅琥流寓在外,對京中諸友甚爲欽羨,深切希望早日返還帝京。

斡玉倫徒(都),唐兀氏,字克莊,號海樵子。西夏儒相斡道冲(？—1183)之裔。肄業國子學,爲虞集弟子,以《禮記》登進士第。¹⁰⁵歷奎章閣典籤，後至元六年（1340）轉任南臺經歷。[106]善詩、書。陶宗儀《書史會要》稱其"文章、事業復出人表，書迹亦佳"。[107]在奎章閣中與虞集關係最密。虞集撰〈西夏相斡公畫像讚〉稱斡玉倫徒"嘗以禮經登進士，從予成均，於閣下又爲僚焉"。[108]故二人既爲師生，又爲僚屬關係。虞集又曾爲斡玉倫徒撰〈海樵說〉、[109]〈周易玩辭序〉、〈鄭氏毛詩序〉[110]等文及〈寄斡克莊僉憲〉詩。[111]虞集退隱歸江西後，至正元年（1341）斡玉倫徒任福建閩海道廉訪副使，取虞氏門人李本等所編之《道園學古錄》五十卷刊行於福建。[112]虞集曾賦〈閩憲斡克莊以故舊托文公五世孫仲明（按：名昕）遠征敝文……〉、〈送朱仲明歸建安並簡貳憲斡克莊〉二詩爲謝。[113]

畢申達（亦作必申達而、必申達兒），號樵隱，唐兀人。歷任藝林庫提點與奎章閣授經郎，爲六七品之下僚。[114]虞集及揭傒斯都有與他唱酬的詩文。揭傒斯〈送藝林庫提點畢申達棄官歸養詩序〉稱：畢申達辭官歸濟南養親，當時閣中同仁皆賦詩送行，承制學士李洞命其時亦任授經郎的揭傒斯爲之序。序中說："藝林庫提點樵隱君兼才德之長，懷忠孝之實。昔者天子既奪其養而真之藝林矣，君不以笈庫爲卑而怠其事。又命攝授經而列於奎章矣，君不以師道爲尊而貪其榮。一旦棄官歸養，如野鶴之遇飄風，瞬息而不可留也，雖賁育之勇不能過焉"，[115]對畢申達能屈能伸而毅然棄卻功名而就養父母的美德甚爲贊賞。虞集所撰爲〈題張希孟中丞送畢申達卷後〉末云："欲寫濟南名士傳，泉聲山影晚蕭蕭"，[116]乃指畢申達之歸養濟南。張希孟乃指張養浩，山東歷城人，雖爲前輩高官，卻不在奎章閣中，應係以濟南同鄉長輩身份送行，而虞集則係以養浩官場後輩及畢申達閣中上司題此詩卷。[117]

甘立（？—1343），[118]其族屬、里貫記載頗有歧異，或稱其爲河西人，[119]或稱其爲陳留人，[120]或稱其爲大梁人，[121]實際上爲族屬河西，亦即唐兀，陳留、大梁皆指開封，爲其寄籍。他能詩善書，楊維楨《西湖竹枝集》說他："少年得時譽縉紳先生，闢爲奎章閣史，至丞相府掾卒。平日學文，自負爲臺閣體。然理不勝才，惟詩善鏈飾，脫去凡近。"[122]《書史會要》則說他："才具秀拔，亦善書札"。[123]至順間任閣中照磨，地位不高。在閣同僚中他與柯九思唱酬最密。甘立今存有〈晚出西掖同柯博士賦〉、[124]〈題柯博士墨竹〉、[125]〈春日有懷柯博士〉[126]及〈有懷玉文堂〉（原注：有懷敬仲、伯生）四詩。[127]第一首爲二人退值同出宮掖時的唱和詩。第二首爲題畫詩，墨竹爲九思繪，此詩係咏畫中情景。三、四兩首皆寄懷之作，當作於九思離職南歸之後，因第三首中有"闔閭城外亂鶯啼，笠澤春深水滿陂"之句，皆寫平江（今蘇州）情景，蓋九思南歸後初居平江。另甘立曾與閣中同僚虞集等多人集體至柯氏玉文堂觀賞晋王羲之書〈曹娥碑〉，由虞集題款。[129] 虞集有〈答甘允從寄海東白紵〉七律，有句云："海國練衣雪色明，寄將千里寄高情"，[129] 甘以物相贈，而虞則答詩以謝惠物的盛情。

一個機構中的同僚不免有合作，亦有衝突。同族者如此，异族者亦是如此。過去學者論及奎章閣者往往强調虞集、柯九思受到"世家子"的嫉妒與陷害而不安於位。[130] 虞集之遭忌見於《元史·虞集傳》及《元史·文宗紀》。《虞集傳》説："時世家子孫以才名者衆，患其（虞集）知遇日隆，每思有以間之。既不效，則相與摘集文辭，指爲譏訕"，《傳》中並指出嫉忌虞集之"世家子"有阿榮、嶤嶤及趙世安。柯九思之受抨擊則見於《元史·文宗記》所記至順二年（1331）八月事。據説當時御史臺臣攻擊他"性非純良，行極矯譎，挾其末技，趨赴權門，請罷黜之"。[131]

事實上，虞、柯兩案不盡相同，柯九思挾書畫品監之"末技"，布衣入仕，深受恩寵而驟列五品，所受嫉視之大，不在話下。虞集之地位及名望與柯九思大不相同，不應受到類似之攻擊，尤其不應受到阿榮與嶤嶤之嫉視，原因如下：第一，自名望言之，虞集爲七朝元老，儒林祭酒，深受各族士人所崇敬，阿榮、嶤嶤與虞集年齡相去二、三十歲，不屬於相互競爭的夥群。第二，就政治地位言之，虞集在奎章閣中不過是侍書學士，而阿榮則爲大學士，位在集之上，而嶤嶤最初在閣中之地位較虞集不過略低而已。第三，就性格而言，虞集固然剛正不阿，却也是老成持重。阿榮、嶤嶤雖爲世家子弟，却是正派士人。嶤嶤爲一近乎迂闊的儒者，"制行峻潔"，"遇事英發，掀髯論辯，法家拂士不能過之"，"雅愛儒士甚於飢渴"。[132] 阿榮多才多藝，却是精於術數，澹薄知命。[133] 二人皆不是嫉賢妒能之輩。第四，就友誼而言，如前所説，虞集與二人唱和頗密而且相互勗勉有加，全無衝突之迹象。

文宗時代奎章閣的問題不在於内部各族士人之間，而在於整個政治大環境。當時燕鐵木兒與伯顏以扶立大功，成爲二大權臣，不僅掌握朝政，而且力圖控制文宗，文宗以奎章閣爲避風港，經常流連閣中，賞畫觀字，以消永晝。奎章閣中諸人所受攻擊可能係由燕、伯二人所發動。[138]當時受到攻擊者不限於漢族文人。參書也裏可温氏雅琥便遭御吏彈劾。[139]至順元年（1330），虞集因感"入侍燕間，無益時政，且娼嫉者多"而提出辭呈，這一辭呈即是與忽都魯都兒迷失、撒迪聯合提出的，[140]文宗雖加挽留，却明白告訴其職責爲"以祖宗明訓，古昔治亂得失，日陳於前，卿等其悉所學，以輔朕志。若軍國機務，自有省、院、臺任之，非卿等責也，其勿復辭"。奎章閣在創立之初在職權方面便多模棱，文宗、權臣與閣臣之體認可能不盡相同。文宗與閣臣最初皆以奎章閣可在權臣控制之下的中書省之外成爲另一權力中心，但在權臣圍堵下，文宗不得不承認奎章閣不過是有關歷史先例之諮詢機構而已，無關政策。奎章閣之影響僅局限於閣内，與政府關係不大。至順二年（1332）二月燕鐵木兒兼領奎章閣大學士，奎章閣實際上已然變質。同年八月文宗死後，奎章閣之歷史更進入另外一頁。奎章閣的紛争主要是外來的，閣中各族文人之間的鬥争——世家子孫對抗漢族士人——一説疑點頗多。在此一機構之内，各族士人實際上是以合作而不是以鬥争爲關係之主調。

奎章閣存在的時間不長，首尾不過六年，却是各族士人薈萃之地。這些士人以風雅天子文宗爲中心，共同品鑑文物、編纂典籍、唱酬詩文。本文係以忽都魯朵兒迷失、趙世延、阿榮、嶮嶮、雅琥、泰不華、斡玉倫徒、畢申達、甘立等九人爲主軸證明閣中各族士人的關係。過去有的學者主張：閣中的世家子弟排斥漢族士人，迫使後者紛紛請辭。筆者則認爲：這種説法證據不足，閣中各族士人基於對藝文的共同愛好而聲氣相投，合作無間。

四、小結

元朝政府是一個多族群組成的官僚組織，各部門官員有蒙古、色目，也有漢人、南人。主管文史、教育及圖書典藏的機構中，漢族官員占多數。翰林國史院、奎章閣學士院便是明顯的兩例。在此二院中，雖然蒙古、色目官員較少，但多具有較高的漢學造詣，往往可與漢族同僚相頡頏。蒙古、色目官員與漢族同僚具有共同的文化素養、價值與品味，故能密與交流和交融，構成多族士人圈的一個重要環節。

注　釋

① 不著撰人《大元聖政國朝典章》（臺北：故宮博物院，1976）卷7，頁27上。
② 王建軍《元代國子監研究》（澳門：澳亞週刊出版公司，2003）一書對國子監（含國子學）列有〈元代國子監人物一覽表〉研究甚詳，惜未對國子學官員的族群組成作出研析。
③ 山本隆義〈元代於翰林學士院〉，《東方學》第11期（1955），頁19—28。張帆認爲山本氏對蒙古色目翰苑人員的估計太高，因與蒙古翰林院人員相混，見張帆〈元代翰林國史院與漢族儒士〉，《北京大學學報》1988年第5期，頁75—83。可惜兩者皆未列出其資料，無法覆按。
④ 王士點、商企翁《秘書監志》（高榮盛點校，杭州：浙江古籍出版社，1992），卷10，11，頁191—231，〈題名〉。
⑤ 馬祖常《石田先生文集》〔李叔毅、傅瑛點校，鄭州：中州古籍出版社，1991〕卷13，頁244—245上，〈霸州長宮忽速剌沙遺愛碑〉。
⑥ 蕭啓慶〈元代的通事和譯史：多元民族國家中的溝通人物〉，收入蕭氏《元朝史新論》（臺北：允晨文化公司，1999），頁323—384。
⑦ 關於翰林國史院，參看山本隆義、張帆前引文；道上峰史〈元朝翰林國史院考〉，收入明代史研究會編《明代史研究會創立三十五年紀念論集》（東京：汲古書院，2003），頁451—456；薩兆潙〈元翰林國史院述要〉，《北京行政學院學報》1999年第1期，頁66—70；劉宏英、吳小婷〈元代翰林國史院中的詩文考論〉，《河北北方學院學報》第25卷第5期（2009年10月），頁3—6；楊亮〈文化傳統的繼承與發展——以元代翰林國史院士人的生活方式爲中心〉，《船山學刊》2010年第1期，頁149—151。
⑧ 宋濂等《元史》（北京：中華書局，1976）卷87，頁2189—90，〈百官志〉。
⑨ 關於貫雲石，參看楊鐮《貫雲石評傳》，烏魯木齊：新疆人民出版社，1983。
⑩ 歐陽玄《圭齋文集》（四部叢刊）卷9，頁19下—23上，〈貫公神道碑〉；楊鐮《貫雲石評傳》，頁58—73。
⑪ 程鉅夫《程雪樓文集》（陶氏涉園影刊洪武本）卷25，頁7上，〈跋酸齋詩文〉。
⑫ 袁桷《清容居士集》（四部備要）卷10，頁11上。
⑬ 顧嗣立《元詩選》（北京：中華書局，1987）二集上冊，頁270，〈酸齋集·題陳北山扇五首〉。
⑭ 解縉、姚廣孝編《永樂大典》（北京：中華書局，1986）卷14，383，頁13下，〈貫酸齋詩翰林寄友〉；參看楊鐮《貫雲石評傳》，頁113—114。

⑮ 其中尚有字文郁、公諒之二人，不可考。

⑯ 《吳文正公集》卷32，頁14下—18上，〈齊國文正公神道碑〉。

⑰ 同上，卷8，頁9上。

⑱ 陶宗儀《南村輟耕錄》（北京：中華書局，1959）卷4，頁52。

⑲ 虞集《道園類稿》（元人文集珍本叢刊）卷21，頁33上。

⑳ 張沛之〈元代唐兀李氏家族探研〉，收入張氏《元代色目人家族及其文化傾向研究》，頁141—193。

㉑ 《吳文正公集》卷85，頁7下，〈平章政事李公墓誌銘〉。

㉒ 虞集《道園學古錄》（四部叢刊）卷11，頁10下—11下，〈書趙學士簡經筵奏議後〉；孫楷第《元曲家考略》（上海：上海古籍出版社，1981）頁94—98。

㉓ 《吳文正公集》卷8，頁4上。

㉔ 同上，卷31，頁2下。

㉕ 隋樹森《全元散曲》（北京：中華書局，1964），頁1290—1291。

㉖ 《吳文正公集》卷24，頁1上，〈李武愍公家傳後序〉。

㉗ 孫楷第《元曲家考略》，頁8—9，46—47。〈元代蒙古人之漢學〉，頁161，166—68。

㉘ 隋樹森《全元散曲》，頁682—687。

㉙ 朱權《太和正音譜》（北京：中國戲劇出版社，1959），頁19。

㉚ 徐一夔《始豐稿》（叢書集成續編）卷12，頁7上，〈國子助教李君墓誌銘〉。

㉛ 《道園學古錄》卷2，頁10下—11上。

㉜ 虞集《道園遺稿》（四庫全書）卷2，頁30下。

㉝ 《道園學古錄》卷29，頁14下。

㉞ 王沂生卒年係根據王樓占梅〈《伊濱集》中的王徵士詩〉，《史學匯刊》（1983）第12期，頁57—76。

㉟ 《伊濱集》卷10，頁11上。又貢奎有〈送魯威元帥〉及〈寄廣東阿魯威元帥〉詩二首（《雲林集》卷2，頁19下，卷3，頁18下），似與"阿魯威元帥"頗多唱和，但後一首中有"伏波投老爲將軍，勒功銅柱何足云"之句，將他比擬爲東漢伏波將軍馬援，應爲一將領，與翰林學士之阿魯威應非同一人。

㊱ 關於馬祖常與同僚間的關係，參看張沛之〈馬祖常之社會網絡〉，收入張氏《元代色目人家族及其文化傾向研究》（天津：天津古籍出版社，2009），頁274—293。

㊲ 蘇天爵《滋溪文稿》，陳高華、孟繁清點校，北京：中華書局，1997，卷9，頁133—137，〈袁文清公墓誌銘〉。

㊳ 《清容居士集》卷26，頁7上—8下，〈漳州路同知朝列大夫馬公神道碑〉。

㊴ 《石田先生文集》卷7，頁154，〈舉翰林待制袁桷等〉。現存疏文似不全，因內文並無薦舉袁桷文句。

㊵ 《清容居士集》卷26，頁7上—8下，〈漳州路同知朝列大夫馬公神道碑〉。

㊶ 《清容居士集》卷2，頁7上，〈石田山房辭〉。

㊷ 門巋〈元曲家王繼學仕履考〉，收入門氏《元曲管窺》天津：人民出版社，1993，頁318—323。

㊸ 《元詩選》二集上537—557。

㊹ 四庫全書本。

㊺ 《石田先生文集》卷11，頁208—212，〈敕集賢學士貢文靖公神道碑銘〉。

㊻ 《石田先生文集》卷1，頁6，卷6，頁57，頁64，〈送貢仲章學士〉。

㊼ 貢奎《雲林集》（四庫全書）卷2，頁19上，卷4，頁15上，卷5，頁6下。

㊽ 吳澄《吳文正公集》（元人文集珍本叢刊）卷42下，頁6—12下。

㊾ 《石田先生文集》卷2，頁27，〈過文著作家〉，頁28，〈送文著作往鄂州諭南使〉。

㊿ 《元詩選》二集上，頁336—339。

㉛ 蕭啓慶〈元代蒙古人的漢學〉，收入蕭氏《蒙元史新研》臺北：允晨文化公司，1994，頁194—196。

㉜ 臺北故宮博物院編纂《故宮法書》第1輯　臺北：故宮博物院，1962，頁5。

㉝ 關於奎章閣，參看姜一涵《元代奎章閣及奎章人物》，臺北：聯經出版公司，1981；傅申《元代皇室書畫收藏史略》，臺北：故宮博物院，1981；陳韻如〈蒙元皇室的書畫藝術風尚與收藏〉，收入石守謙、葛婉章主編《大汗的世紀：蒙元時代的多元文化與藝術》（臺北：故宮博物院，2001），頁266—285；邱江寧〈奎章閣文人與元代文壇〉，《文學評論》2009年第1期，頁31—41。

㉞ 關於文宗的漢學造詣，參看神田喜一郎〈元の文宗の風流について〉，《羽田博士頌壽紀念東洋史論叢》（京都：東洋史研究，1950），頁453—468；吉川幸次郎〈元代諸帝の文學〉，收入《吉川幸次郎全書》（東京：? 1969）第15卷，頁232—303。

㉟ 關於奎章閣人員名錄，見姜一涵《元代奎章閣及奎章人物》，頁69，表一B。

㊱ 《至正集》卷61.，35下—37上，〈普顏公神道碑〉。

㊲ 《道園類稿》卷5，頁8下—9上。

㊳ 同上，卷15，頁20上。

㊴ 《元史》卷180，頁4163—4167，〈趙世延傳〉。

㊵ John Langlois, Jr., "Yü Chi and His Mongol Sovereign: The Scholar as Apologist," *Journal of Asian Studies*, vol. 38 (1978), 99—116.

(61) 關於《經世大典》，參看蘇振申《元政書〈經世大典〉之研究》，臺北：中國文化大學出版社，1984。

(62) 蘇天爵《國朝文類》臺北：世界書局，1979，卷40，頁1上—3下，〈經世大典序録〉。

(63) 吴昇《大觀録》（續修四庫全書）卷12，頁8上—8下；故宫博物院編纂委員會編《故宫書畫録·增訂本》臺北：故宫博物院，1965，第2册，卷4，頁17。

(64) 《道園學古録》卷3，頁12下。

(65) 〈道園類稿〉卷12，頁10上—10下。

(66) 〈道園學古録〉卷21，頁8上。

(67) 〈道園類稿〉卷8，頁26上。

(68) 《元史》卷180，頁4163—4167，〈趙世延傳〉。

(69) 《至正集》卷72，頁58—59上，〈跋首科貼黄〉。

(70) 陳旅《安雅堂集》（元人文集珍本匯刊）卷11，頁15上—17下。

(71) 《至正集》卷76，頁1上—2上，〈辯平章趙世延〉。

(72) 同上，卷68，頁1上。

(73) 阿榮之生卒年，據許正弘之考證，見許氏〈元阿榮生卒年小考〉（待刊）。

(74) 吴元德詩，見顧嗣立、席世臣編《元詩選癸集》吴申揚點校，北京：中華書局，2001，丙，頁266—267。

(75) 《元史》卷143，頁3420—3421；蕭啓慶〈元代蒙古人的漢學〉，頁144—145。

(76) 《道園類稿》卷5，頁1下。

(77) 《道園學古録》卷34，頁7上。

(78) 《滋溪文稿》卷29，頁495，〈書吴元德詩稿後〉。

(79) 關於巎巎，見盧慧紋《元代書畫家康裏巎巎研究》，臺北：臺灣大學藝術史研究所碩士論文，1996。

(80) 《道園學古録》卷2，頁8下，卷3，頁21下。

(81) 《道園類稿》卷33，頁23上—23下。

(82) 同上，卷35，頁33下—34上。

(83) 陶宗儀《書史會要》，上海：上海書店，1984，卷7，頁3上。

(84) 羅振玉編《元八家法書》，上海，1918年；現收入《羅雪堂先生全集》臺北：新文豐出版公司，1970，第5編13册，頁5293—5294。

(85) 《道園學古録》卷6，頁17上。

(86) 《道園學古録》卷6，頁12下，〈送達溥化兼善赴南臺御史序〉。

(87) 《道園類稿》（元人文集珍本叢刊），卷4，頁5上。

(88) 關於柯九思，參看宗典〈（柯九思年譜〉，頁193，附載於宗典編《柯九思史料》，上海：人民美術出版社，1963，頁181—207；陳高華《元代畫家史料匯編》，杭州：杭州出版社，2004），頁322—357；姜一涵《奎章閣與奎章人物》，頁26—33，158—174，217—244。

(89) 柯九思《丹邱集》，臺北：學生書局，1971，頁66，121。

(90) 《元詩選癸集》已上，頁803。

(91) 《丹邱集》，頁52，〈題達兼善書漁莊篆文〉。

(92) 顧瑛《草堂雅集》（四庫全書）卷4，頁54上。

(93) 遼寧省博物館編《遼寧省博物館》，頁117，題作〈曹娥誄辭卷〉。此碑有北京文物出版社1961年影本《晋人書度街曹娥碑》。

(94) 《秘書監志》卷10，頁196，〈題名〉。

(95) 蕭啓慶《元代進士輯考》，〈泰定元年科〉。此書稿將由歷史語言研究所出版，頁數未定。陳垣《元西域人華化考》卷4，頁61下—63下。楊鐮《元西域詩人群體研究》，頁337—341。

(96) 《元詩選》二集，頁558—567。

(97) 同上。乾隆敕編《三希堂法帖》，北京：中國書店，1991，頁97—99，〈曹娥碑〉。

(98) 《元史》卷35，頁779，〈文宗紀〉。

(99) 遼寧省博物館編《遼寧省博物館》，頁117，〈曹娥誄辭卷〉。

(100) 《大觀録》卷12，頁8上—8下；臺北故宮博物院編纂委員會編《故宮書畫録・增訂本》（臺北：故宮博物院，1965）第2册，卷4，頁17；石守謙、葛婉章編《大汗的世紀》，頁28—29、289。

(101) 龐元濟《虚齋名畫録》（中國書畫全書）卷7，頁472。

(102) 《石渠寶笈》卷25，頁3下；宗典《柯九思史料》，頁103。

(103) 《石田先生文集》卷9，頁186，〈送雅琥參書之官静江詩序〉。

(104) 《元詩選》二集，頁558。

(105) 《道園學古録》卷4，頁21上，〈西夏相斡公畫像讚〉。《元代進士輯考》，〈科次不詳進士〉。

(106) 張鉉《至正金陵新志》（宋元地方誌叢書）卷6，頁41下，〈官守志〉。

(107) 《書史會要》卷7，頁18下。陳垣《元西域人華化考》卷4，頁54下，卷5，頁79下。

(108) 《道園學古録》卷4，頁21上，〈西夏相斡公畫像讚〉。

(109) 《道園學古録》卷39，頁1上。

(110) 《道園學古録》，卷31，頁8上—9下。

(111) 虞集《道園遺稿》（四庫全書）卷5，頁5下。

⑫ 《道園學古錄》，李本跋。

⑬ 《道園學古錄》，卷31，頁1上—3上。

⑭ 參看姜一涵《奎章閣與奎章人物》，頁148—149。

⑮ 揭傒斯《揭傒斯全集》李夢生標校，上海：上海古籍出版社，1985，卷4，頁309，〈送藝林庫提點必申達棄官歸養序〉。

⑯ 《道園學古錄》卷3，頁21上。

⑰ 清陳衍《元詩紀事》錄有無名氏〈訪樵隱不遇訪〉詩，後引《蘭谿遺事》云：至正七年（1347），由蘭谿至浦江，道過元常觀，錄此詩於壁，並記本末，末署"書此壁者，濟南必申達而樵隱，唐吾氏也"。蘭谿，浦江皆婺州（金華）屬縣。不知此一記載是否出於偽託，抑必申達於退隱後曾至浙中？不可考，因畢申達史料不多，附載於此。見陳衍《元詩紀事》李夢生校點，上海：上海古籍出版社．1985），頁886。

⑱ 參考姜一涵《奎章閣與奎章人物》，122—123。

⑲ 《書史會要》卷7，頁17下。

⑳ 孫元理《元音》（四庫全書）卷9，頁25上。

㉑ 楊維楨《西湖竹枝集》，頁7上。

㉒ 《西湖竹枝集》，頁7上。

㉓ 《書史會要》卷7，頁17下。

㉔ 《元詩選》二集下册，頁897，〈允從集〉。

㉕ 《元詩選》二集下册，頁899，〈允從集〉。

㉖ 《元詩選》二集下册，頁900，〈允從集〉。

㉗ 《元詩選》二集下册，頁898，〈允從集〉。

㉘ 《石渠寶笈》卷13，頁13下，〈晉王羲之書《曹娥碑》〉。

㉙ 《道園學古錄》卷29，頁14下。

㉚ 姜一涵《奎章閣與奎章人物》，頁20，31；盧慧紋《元代書畫家康里巙巙研究》，頁30—32。

㉛ 《元史》卷35，頁791。

㉜ 卷143，頁3420—3421，〈阿榮傳〉。

㉝ 〈元代蒙古人之漢學〉，頁144—45。

㉞ Hsiao Ch'i-ch'ing, "Mid-Yuan Politics," in H. Franke and D. Twitchett (eds.), *Cambridge History of China*, Vol. 6 (Cambridge, England: Cambridge University Press, 1994), pp. 490-560.

㉟ 《元史》卷35，頁779，〈文宗紀〉。

⑬　《元史》卷181，頁4178，〈虞集傳〉。

蕭啓慶，1937年生。畢業於臺灣大學歷史研究所，哈佛大學博士。歷任明尼蘇達、新加坡、臺北清華等大學教授，中研院院士。

On Yuan Dynasty Multiethnic Literati's Fellowship in Office: a Discussinon Centering on the Circumstances at the Hanlin-Yuan Academy and Kuizhang-ge Academy

Xiao Qiqing

Summary

The Yuan Dynasty government is a multiethnic bureaucratic apparatus. The "hierarchy among the nationalities" created inequality in the division of power and the opportunity of entering bureaucratic circles for the literati-cream of different nationalities; and the diversity of governmental organs in rank and nature caused the disparity of ethnic composition among these organs. But at the apparatuses in charge of literature and history, education and book collection, most of the officials came from the Han Nationality. The present paper discusses multiethnic literati's fellowship in office by taking the circumstances at the mid Yuan Hardin-yuan Academy（翰林院）and Kuizhang-ge Academy（奎章閣學士院）as examples. The officials from the Mongols and other minorities established close relations with their colleagues from the Han Nationality and even came into amalgamation with the latter for they all shared the same cultural attainments, axiological viewpoints and ideological interests.

臺灣早期海貿地位的興起與路徑依賴（path dependence）

張彬村

摘　要

　　臺灣的海貿地位最早興起於1560年代，這個變局與明太祖的海洋政策之間，存有路徑依賴的因果關係。中外的市場需求對閩南的海貿發展不斷地產生磁吸作用。受限於明太祖的海洋政策，閩南海商以正式或非正式的經濟運作方式，讓當地的海貿穩定發展下去。當他們被迫只能在海外地區與外人交易時，16世紀後期的臺灣剛好是一個適當的選擇，結果造成臺灣海貿地位的興起。

　　在18世紀末西歐發生工業革命之前，印度與中國是世界最大的兩個經濟體，也是亞洲最先進的兩個經濟體。長期以來，亞洲的物質文化交流，都由相對落後的周邊地區圍遶著這兩個經濟體來進行，在印度洋的海洋世界如此，在東亞的海洋世界也是如此。就東亞的海洋世界而言，14世紀後期琉球王國崛起以後，從日本到南洋的環西太平洋島弧帶幾乎都與當時的明朝政府建立不同強度的經貿聯繫。唯一的例外是位於該島弧帶中點的臺灣島，與中國大陸的距離最近（150公里），經貿聯繫的建立却最晚，這實在是一個耐人尋味的歷史矛盾。

　　我在這裏想討論兩個問題，或許可以幫忙解開上述的矛盾。這兩個問題是：臺灣何時開始崛起於東亞的海貿世界？爲甚麼？

1. 臺灣海貿地位的興起

我們今天習慣用"臺灣"來指稱這個三萬六千平方公里的島嶼，但是這個名稱的來源，至今仍不清楚，甚至甚麼時候它開始流行起來，也不太確定。在十六七世紀之交民間漸漸使用臺員、大員、大灣等地名來指稱今天臺南安平一帶的海濱地區，可能後來轉變爲臺灣，最後大家習慣用臺灣來做爲整個島嶼的代名。① 轉變的時間大概不會早於 1620 年代，而確定在 1630 年代初期已經完成。在福建巡撫鄒維璉（？—1635）1633 年的一個奏摺中，我們首次看到官方正式使用"臺灣"這個地理名詞；此後明朝官僚持續而一致地使用它來代表整個島嶼，其他的稱謂逐漸消失不見。② 這個約定俗成的用語變化過程仍有待進一步的考究。

"臺灣"稱謂的流行並不是臺灣海貿地位興起的時候。1624 年荷蘭東印度公司在大員建立東亞海域的第一個由公司直接掌控的貿易基地，當時臺灣已經是國際海商猬集的地方。東印度公司想直接到中國通商，被明朝政府拒絕。它在澎湖盤據兩年，跟明朝官僚耐心地周旋，最後決定移鎮大員。這個選擇並不是偶然的倉促的權宜之計，而是經過仔細盤算的結果。臺灣已經是海商匯聚的場所，東印度公司可以在那裏貿易，犯不著在澎湖繼續跟明朝官方衝突消耗。③

那麼，臺灣的海貿地位究竟什麼時候開始興起？依我看來，文獻記錄所給予的明確指標是萬曆三年（1575），當年福建巡撫劉堯誨（1522—1585）在海澄港頒佈實施船引制度，正式把雞籠（1875 年改名爲基隆）和淡水列爲海商的貿易地點。1572 年漳州知府羅青霄向當時的巡撫殷從儉（？—1573）建議對海貿船隻與"番貨"抽稅，殷從儉大概委託掌管海港貿易的"督餉館"主官，海防同知沈植，去設計規劃稅制，該稅制應該就是 1575 年所頒行者的藍本。④ 根據該稅制的規定，任何要到海外貿易的船隻必須到管理港務的"督餉館"申請船引，每張三兩白銀，但是到雞籠與淡水的船引每張只要一兩。雞籠、淡水正式成爲官方許可的海貿地點，標誌著臺灣已經崛起於東亞的海貿世界。

但是官方的許可往往是既成事實的追認，而不是造成。明廷在1567年初批準分割漳州府龍溪與漳浦兩縣的一部分設立海澄縣，長久以來的走私中心"月港"改名爲海澄港，縣治就設在那裏。當年該港口跟著開放私人海貿，除了日本以外，海舶可以到海外的其他地區貿易。⑤啓動設縣申請的是兩個在北京的福建籍聽選官李英與陳鑾，他們在1564年向朝廷遞上陳請書，裏面提到海外貿易的稅收都歸於"捕盜牙家"等私人的口袋，官方應該拿回這份稅收。⑥1561—1564年這3年之間，月港處於土豪宰制的無政府狀態，所謂的"二十四將之亂"，貿易的稅收大概是他們，以及跟他們暗中合作的地方治安人員，共同瓜分掉。⑦等到土豪被官方鏟除，李英陳鑾才接著陳請設縣。可以看出在1560年代初期，雖然朝廷還沒有開放私人貿易，當時的月港官方却已經默許。等到1567年海澄設縣開港，私人海貿合法化，官方還是沒有一套針對海貿的固定稅收制度。一直要到1572年沈植才規劃出管理海貿的條例和抽稅的制度，而根據該稅制我們看到鷄籠淡水被列爲海貿地點。陳宗仁指出鷄籠淡水是民間使用的地名，在1560年代初期開始看到文獻的記載，而這些文獻是根據1550年代收集的資訊編撰的。⑧在它們的地名確定出現之前，鷄籠、淡水應早已作爲航海人的地標和汲取飲水的地方。除了漁民與海盜，中國與琉球王國的使節團經常在往返的航海中經過北臺灣沿岸，他們的船隻偶而會停靠淡水一帶汲水，也偶而會看到鷄籠山來調整航向，只是沿岸的汲水地點和航行地標很多，鷄籠淡水並不是特別顯眼的目標，因此沒有留下紀錄。這樣看來，鷄籠淡水大概在1550年代開始才有比較頻繁的船隻到訪或經過，因而被賦予特定的名稱，只是當時正值倭寇之亂的高峰期，能有多少貿易在這裏進行，不無疑問。因此1575年閩撫劉堯誨頒行海貿稅制，規定海舶到鷄籠淡水的船引稅額，固然是臺灣海貿地位興起的明確指標，但是實際上在1560年代初期，臺灣已經在東亞海域的貿易舞臺嶄露頭角。

16世紀後半期鷄籠與淡水一直是臺灣最重要的海貿港口，但是到了世紀之交，情況有了變化。雖然有明一代最重要的海貿著作，張燮（1574—1640）的《東西洋考》，在1617年出版時，鷄籠與淡水仍然明列爲臺灣僅有的貿易地點，實際上當時它們已經逐漸衰退，海商轉而匯聚到西南臺灣的大員（也叫做北港）。

1575年規定海舶到雞籠淡水貿易的每張船引課稅一兩白銀，到其他海外地區的船引課稅三兩。1589年引稅倍增，分別課征二兩和六兩。到雞籠淡水貿易的海舶引稅只是往南洋貿易者的三分之一，應該是基於該地貿易量較小的考量。與華人在雞籠淡水交易主要對手是日本人，琉球人或臺灣土著的需求能力非常有限。而日本市場，相對於南洋，當然要小得多。福建的官僚制定海貿稅則，必須根據海商的實際需要，而海商在雞籠、淡水只能跟日本人做比較大量的買賣，這一點也應該是福建官僚所熟知。海舶不準去日本，却可以到雞籠、淡水貿易，這是當時福建官僚務實彈性的作法。1592年日本侵略朝鮮，與明朝援軍發生激戰，明廷下令加強海禁，包括海澄的外貿。但是在福建海商的陳請與巡撫許孚遠（1535—1604）的力爭之下，海澄終於維持原狀，開放給私人海貿。[9]不只如此，販洋海舶的數量，也從1589年開始設限的110艘，增加到1597新設定的137艘，其中到雞籠、淡水的船數由5艘增爲10艘。[10]顯然在1590年代，雞籠淡水的海貿事業依然興盛。

1593年豐臣秀吉（1537—1598）要求臺灣的高砂國嚮日本朝貢，1615年德川幕府（1603—1867）明列高砂國爲日本朱印船的海外貿易國之一，如果這兩個高砂國指的是臺灣的同一個土著聚落，而且是在雞籠、淡水一帶，那麼日本商人可能在這段期間還是繼續在北臺灣與華人貿易。[11]但是1616年日本商船因爲飄風而避難福州外海的小島，在東湧山（今東引島）與明朝水軍衝突，發生有名的東涌事件。在該事件中，日本方面透露他們到臺灣西南地區的北港經營貿易，已經是慣例。[12]早在1593年許孚遠在回應朝廷要求加強海禁的命令時，就提到福建沿海許多人到北港捕魚，其中有不少是假冒的，實際上是到該地去做買賣。看來在臺灣發展出來的中日貿易到了1590年代，有一部分已經轉移到西南沿海的港口。1602年浯嶼把總沈有容（1557—1627）率領明朝水軍剿滅巢居在臺灣西南沿海的海盜，發現其中有6艘倭船，應該就是來臺灣與中國走私商人貿易的日本商船。[13]荷蘭東印度公司初到大員，就向來自各國的貿易船徵稅，因爲遭到日本人的抗拒而發生1628年的荷蘭商館長官被劫持的"濱田彌兵衛"事件。日方指出日本商船已經在該地貿易很多年，從來都不必繳稅。[14]這些記錄也許可以說明，1590年代到1610年代，北臺灣與西南臺灣同時是國際海商的交易場所，但是重心似乎已逐漸向後者傾斜。等到1624年荷蘭東印度公司挾帶著它的雄厚的資源在大員經營貿易以後，以該地為中心的臺灣海貿時代從此確立起來。

2. 路徑依賴（path dependence）

美國的分析哲學家 Willard Van Quine 說過："我們祖先所流傳下來的知識是一種淡灰色的知識，黑色的成分是事實，白色的成分是習俗。"[15]歷史文獻所記錄的事件，經過適當的過濾，可以呈現出事實真相。但是事實真相只是個別分開的點，點與點之間的聯繫，我們看到的往往是一片空白。我們的歷史知識也是淡灰色的，時空的規模愈大，灰色愈淡。歷史研究所以引人入勝，一個重要的原因大概是這個填不盡的空白吧？我在這裏想利用"路徑依賴"的看法作為工具，來嘗試填補的工作。

路徑依賴理論源於物理和數學界所發展出來的混沌（chaos）理論，旨在強調自然現象的微量變化，經過某種機制的放大，足以造成巨量變化的後果。[16]1980 年代路徑依賴理論開始受到經濟學界的注意和廣泛運用。它是繼發展經濟學和制度經濟學之後，被提出來作為探索經濟歷史動態發展的有效工具，奠定該理論的經濟分析基礎的是 Paul David 與 Brian Arthur。[17]

路徑依賴理論的基本看法是，凡事皆因果，因此歷史很重要。當今的任何一件事，都有它的前因，也將會有未來的後果，但是事件之間的因果關係不是決定性的或絕對的，而是不確定的或隨機可變的。如果事件 A 所啟動的事情發展過程具有下面兩個特性，它就很可能醞釀出另一事件 B，而事件 AB 之間就可以表現出因果關係。這兩個特性是：非遍歷性（non-ergodic），以及隨機漸近性（stochastic asymptotic）。事件 A 發生以後，如果它啟動的過程並不是普遍均勻地散佈在固定的時空中，它就有非遍歷性的效應；如果某一個過程會隱約有一個（或幾個）可辨識的走向，趨近於某一個（或幾個）特定的終點，它就有隨機漸近性的效應。當我們觀察到這兩個特性，我們就可以說事件 B 對事件 A 而言，具有路徑依賴的因果關係。反之，如果沒有這兩個特性，事件 B 對事件 A 而言，就具有路徑獨立（path independence）的非因果關係。具有非遍歷性與隨機漸近性的過程會讓事情的發展落入一個陷阱區，不斷地對局部（或全部）穩定均衡的事情發展產生磁吸的作用，因而表現出歷史的"鎖定（lock-in）"現象。[18]

路徑依賴理論被應用在技術、制度、和習俗（convention）等方面的經濟探索，得到相當不錯的成效。但是因為某些嚴格的條件設定，例如遞增的報酬（increasing return）或擴大的外部性（expanding externalities），局限了它的應用範圍。有些學者，如 Kenneth Arrow，強調只要事件之間的事情發展過程具有不可逆性（irreversibility），也就可以充分建立路徑依賴的關係，這一點對於歷史的研究特別有意義。[19]

1567 年明朝開放私人海外貿易，1575 年福建官方正式把鷄籠與淡水列為貿易的地點，等於宣示臺灣在東亞海域貿易地位的興起。幾十年後在臺灣的海貿重心逐漸由鷄籠淡水南移到大員（安平），荷蘭東印度公司和鄭氏政權的持續經營更加鞏固了臺灣的國際海貿地位。從日本到南洋的西太平洋島弧帶，長期以來的唯一的貿易聯繫缺口，這時候終於被填補完整了。

臺灣在 16 世紀後半葉開始崛起於東亞海貿世界，為甚麼？我認為這個現象與明太祖制定的海洋政策，[20] 兩者之間具有路徑依賴的因果關係。

明太祖朱元璋（1328—1398）所製定的海洋政策包含兩個成分：海禁與朝貢貿易。海禁是指禁止中國與海外之間的民間交往，華人的船隻不準私自出洋，外人的船隻不準私自來華。海禁政策極端嚴格的時候，華人在中國沿海的捕撈與采集活動也被禁止。朝貢貿易是指海外藩屬國以派遣使節團向明朝皇帝進貢禮物的名義，中外雙方所進行的物資交易。另外明朝在洪武（1368—1398）和永樂（1403—1424）兩朝曾多次派遣使節團到海外招徠朝貢，以及海外藩屬國新國君登基時，明廷派遣册封使去該國代表皇帝執行册封典禮，這些中國船隻在海外所從事的物資交易，也算是朝貢貿易的領域。[21]

海禁和朝貢貿易是 1368 年朱元璋建立明王朝時馬上頒行的基本國策，一直到 1644 年明朝結束，名義上都被奉行不悖。本來在明代以前中國歷朝也都推行過海禁和朝貢貿易，朱元璋的海洋政策，就這一點而言，並不是甚麼創新。但明朝的海洋政策的確實是個創新。在明朝以前，歷代政權為了對付緊急狀況，偶而會短暫地頒佈海禁令，危機過去後跟著就取消，海禁是偶發的、短暫的。明朝的海禁令在整個將近三個世紀的漫長時期都維持有效，海禁是固定的、長期持續的。在朝貢貿易方面，明朝以前歷代政權都利用這個貿易來確立中國皇帝與外邦領主之間的君臣關係，也就是以中國為宗主國，環繞中國四周的是藩屬國，這樣的國際秩序。朝貢典禮進行時雙方的禮物交換，中國皇帝都會本著"厚往薄來"的原則，給予優渥的"頒賜"；而朝貢團可以酌量在中國作些買賣，中國政府都會給予免稅或減稅的優待。朝貢貿易既然是為了朝貢而順便做的買賣，其數量是極有限的；中國與外邦之間的物資交換，絕大部分是透過民間的私人貿易管道，華人可以販洋，外人也可以來華居住和買賣。民間的貿易管道在宋元時代尤其敞開，中國的海貿在這兩個朝代看到空前的繁榮。相形之下，明朝的朝貢貿易是中外資源交換的唯一管道，它是政府獨佔中外貿易的機制，民間貿易的管道完全被封閉。顯然朱元璋所設計的海洋政策是一種絕對的統制經濟（command economy），與他立國時的其他政策帶有極濃厚的統制精神是一致的。就中國歷代的海洋政策對民間貿易采取開放與彈性的做法而言，明朝的海洋政策無疑地是一個嶄新的逆轉，顯得緊縮而僵固。

　　明太祖設計的朝貢貿易制度在洪武朝謹慎地小規模地推行，過程並不十分順利；大規模的落實該制度是在永樂朝以及宣德朝（1426—1433），著名的鄭和（1371—1433）航海活動（1405—1433），就是發生在這個時期。等到宣德朝結束，年僅七歲的英宗皇帝（1427—1464）繼位，決策完全落在三個剛好都姓楊的拘謹保守的大學士手中，所謂的"三楊輔政"。鄭和類型的航海活動停止下來，朝貢貿易的規模逐步被縮減。儘管此後明代歷朝都聲稱要謹守祖宗成法之一的朝貢貿易制度，但是實際運作都是根據節省開支的原則，縮小這個官方的交易管道。洪武、永樂兩朝把經濟利益讓給外夷，藉以換取他們稱臣朝貢的政治利益，這個外交原則從宣德朝結束以後不再被認真執行；朝貢貿易也跟著漸漸有名無實，隨著時間走向衰頹。儘管琉球王國對明朝的朝貢貿易在整個15世紀看到比較長期的繁榮，整個明朝的朝貢貿易逐漸走向衰頹，畢竟是無可挽回的趨勢。

　　相較於洪武、永樂朝的積極招來朝貢的作法，明朝後來的朝貢制度顯得十分保守退縮：不只是不再遣使海外招來新的朝貢國，而且拒絕主動前來的使節團。只要洪武永樂兩朝沒有來朝貢過，因此沒有被禮部登入朝貢行列的國家，都被禁止前來朝貢。16世紀以後葡萄牙、西班牙、荷蘭等新興的西歐海權國家想加入朝貢行列到中國貿易，明廷都以《會典》沒有記載爲由把它們拒絕掉。

　　前面提過，明朝始終奉行海禁的政策。因爲嘉靖朝（1522—1566）後期的倭寇問題，萬曆朝（1573—1619）日本的侵略朝鮮問題，以及天啓（1621—1627）、崇禎（1628—1644）兩朝的海寇問題，包括荷蘭人的侵擾，明朝官僚對於海禁政策的論辯甚多。他們的爭議不在海禁這個基本國策，而在執行的程度，也就是"寬海禁"與"嚴海禁"的差異。有些人使用"開海"與"禁海"來論辯，其實内容還是海禁執行的寬嚴之别。明朝從來沒有開放過海禁，1567年開放海澄港，是寬海禁的結果。雖然在整個明朝，這樣做已經是唯一的破例，但是海澄港只提供給華人的船隻進出，外國船隻和人員不能使用。而且爲了貫徹對日本的禁運，政府利用季風的方向，規定貿易船隻出港不能超過農曆三月，回港不能超過農曆六月的期限。②可以説，明政權始終奉行明太祖的海洋政策，但是隨著時間的推移，官僚們在執行上因時制宜，該政策跟著日趨形式化。朝貢貿易日漸萎縮，海禁日漸寬鬆，由政府獨佔的海外貿易，到後來回歸給私人經營，海澄港的開放正式宣告這個轉變的完成。

　　所得增加，有效需求會跟著增加。需求的所得彈性愈大的商品，其需求量增加的幅度也愈大。且不去考慮海外的經濟狀況。明代在洪武永樂兩朝以後，大體政局穩定，經濟慢慢成長，國民總所得逐漸增加，商品經濟跟著發展起來，嘉靖朝以下更是蓬勃。海貿商品的需求一般上比其他消費品具有更大的所得彈性，因此明代經濟成長的趨勢必然帶動海外商品的需求增加，而且增加的速率高於一般消費品。這就是説，隨著時間的推移，明代中國必須進口越來越多的外國商品，來滿足擴大的需求。矛盾的是，明朝政府旨在獨佔中外貿易的朝貢貿易制，其貿易量却隨著時間的推移而減少，完全滿足不了市場需求。正式經濟（formal economy）部門的不足，當然要仰賴非正式經濟（informal economy）部門來補充，在明代這個非正式經濟部門就是走私貿易。很顯然，走私的成長與朝貢貿易的成長成反比，當朝貢貿易名存實亡時，走私幾乎就會囊括整個海外貿易。走私貿易是海禁政策下的必然產物，因爲在該政策下，民間要參與海貿，除了走私之外，别無選擇。但是有一個前提：政策沒有被執行，或執行得很寬鬆。在嘉靖朝以前，我們看到朝貢貿易與走私貿易之間的明顯消長,但是很少看到地方政府取締走私的紀錄。只要不影響治安,地方政府對待走私是睜一眼閉一眼;地方官僚事實上也是走私貿易的利益集團之一,他們對免稅的民間走私貿易收取看門費。這種自由放任的走私貿易在嘉靖朝起了變化。1523年寧波的市舶司發生兩個日本朝貢團因互爭利益而導致廝殺的事件,朝廷開始關切走私的問題,下令整頓浙江福建廣東沿海的治安。1530年代海盜侵擾地方的事件大幅增加,官僚多以"倭寇"來稱呼。當時參與中國沿海走私活動的日本海商可能有大量的增加,一方面是日本國內的爭戰亂局趨於劇烈,另一方面是日本對中國的白銀輸出顯著增加,投入走私貿易的人力物力比以前更加豐沛。[23]明廷整頓海防治安的結果是走私的風險成本提高,走私的獲利空間跟著被壓縮。獲利空間變小,而貿易規模擴大,私商之間的競爭日趨激烈,私商集團的內部矛盾也日趨尖銳。海上的武裝商人為了增加獲利或甚至彌補損失,搶劫也就成為一個選擇。搶劫的增加引起海禁執行的強化,而強化海禁又帶來更多的搶劫,這樣的惡性循環導致武裝走私者與政府官兵的衝突規模日益擴大,爆發了1540年代到1560年代將近二十年的最劇烈的倭寇之亂。兩個突出的搶劫事件引發政府與私商的全面對決。嘉靖二十六(1547)年夏天的一個夜晚浙江餘姚的謝遷(1450—1531)家族受到倭寇的攻擊,宅第被焚燬,財物被搶劫,九個人被殺害。謝遷的子孫吞沒日本私商委托的資本,因而受到攻擊。謝遷是1474年科舉的狀元,在朝廷歷任要職,官至內閣大學士,四朝元老,深受嘉靖皇帝的尊敬。[24]餘姚謝氏受到洗劫的消息給朝廷帶來極大的震撼,嘉靖皇帝馬上特別派遣曾在江西治亂有名的朱紈(1494—1550)擔任浙江巡撫,兼理福建海防。朱紈確實執行取締走私打擊倭寇的任務,最有名的成果是摧毀浙江舟山群島的雙嶼港(1548)和福建詔安的走馬溪(1549),前者是當時最大的走私中心,後者是與福建月港齊名的走私中心。在這兩個走私中心,朱紈捕獲許多國際私商,包括日本人、葡萄牙人、暹邏人和彭亨人(Pahang),還有一些黑人。朱紈被控濫殺俘虜而遭到彈劾奪官,1550年自殺於監獄中。[25]朱紈的努力告一段落,倭寇的問題跟著變本加厲。嘉靖三十一(1552)年5月28日一群倭寇攻佔浙江黃巖縣治,在那裏洗劫七天才遁走海上。沿海縣治首度被攻陷的消息在朝廷引起更大的震撼,官方與私商的對決從此全面展開。1552—1557年衝突大多發生在浙江沿海和長江口附近,1557—

1564年則集中在福建沿海與閩粵交界的海濱。激烈的戰鬥持續到1564年初才以官方的慘勝收場。[20]長年的戰亂讓福建的地方官紳體認到調整行政管轄的必要，設置海澄縣是其中的一個例子。長年期的戰亂也讓朝廷與地方官紳認真檢討海洋政策，終於達成寬弛海禁的共識，在1567年開放了海澄港，讓民間能夠合法地興販海外各地，只有日本仍在嚴禁之列。

在帝制中國的歷史上，明朝所看到的海上走私規模是無與倫比的，所遇到的海盜侵擾規模，也是無與倫比的，這種現象完全是明代獨特的海洋政策所造成的結果。

大概到宣德朝結束以前，明朝政府還能有效地執行明太祖的海洋政策。宣德朝以後，朝貢貿易的規模逐漸縮小，海貿逐漸流入走私的非正式管道。在整個15世紀，琉球透過泉州（1472年以前）或福州（1472年以後）對中國經營的進出口貿易，貢獻了整個朝貢貿易的絕大部分。借著扮演中國、日本和南洋之間的轉口角色，當時的琉球王國出現該國史上最繁榮的海貿經濟。然而中琉之間的朝貢貿易，只能供應中外海貿市場的一小部分需求，大部分還是要靠走私來滿足。16世紀，尤其是嘉靖朝以後，中琉的朝貢貿易也迅速衰頹，給走私取代了。當明朝政府決定關閉走私管道時，武裝衝突勢所難免。嘉靖朝發生倭寇之亂並不令人意外，令人意外的是它的規模和長期持續。當時的朝野官僚都沒有預料到走私貿易的規模是如此龐大，私商的武力抗拒是如此頑強。

走私貿易完全是自由放任的市場競爭經濟。在自由放任的環境下，競爭者往往會互相利益勾結，造成市場壟斷、寡占或甚至獨佔的局面，Adam Smith（1723—1790）早就指出這個市場經濟的內在矛盾。[22]明代的海貿走私競爭，在1550年代演變成以王直（？—1559）集團為主的幾股勢力，以及在1620年代演變成以鄭芝龍（1604—1661）集團為主的幾股勢力，共同寡占海貿的利益。1632年鄭芝龍進一步消滅所有的競爭者，奠定了鄭氏家族獨佔海貿利益半個世紀的局面。晚明的海寇與嘉靖朝的倭寇似乎都是依據同一個邏輯在演變，不同的是幾乎快要完成獨佔勢力的王直在投靠政府之後，政府毀約將他殺掉，讓走私集團陷入群龍無首的局面，東南沿海的倭寇之亂更加沸騰。相形之下，完成獨佔勢力的鄭芝龍被招安之後，加入政府官僚的行列，沿海的治安從此穩定下來。[23]

我們已經強調過，臺灣海貿地位的興起與明太祖的海洋政策之間，存有路徑依賴的關係。海禁政策頒行於整個明朝統轄的中國沿海地區，試圖把民間海貿的管道完全關閉掉。海禁雖然是整個沿海地區一體適用，但是個別地區所受到的經濟衝擊程度，並不一致，因此個別地區所發生的海貿經濟變化的過程，也不一致。海貿愈發達的地區，衝擊愈大；海貿不發達的地區，衝擊很小；而沒有海貿的地區，幾乎就沒有衝擊。衝擊愈大的地區，發展出蓬勃的走私活動的可能性愈大，而當地的治安問題也就愈嚴重。宋元時代開放鼓勵私人海外貿易，浙閩廣是海貿的發達地區，而寧波（宋代的明州，元代的慶元）、泉州和廣州是海貿的主要集中點，泉州在明王朝建立之前的三個世紀更是中國，甚至是世界最大的貿易港市。明太祖的海禁政策對以泉州爲中心的閩南海貿經濟發展足以造成最大的妨礙，不言可喻，而既有的許多海貿資源會由明化暗，轉入非正式部門的地下經濟活動，也是自明的道理。

明太祖指定寧波、泉州和廣州作爲朝貢貿易的地點，分另在這三個港口設立市舶提舉司來管理經營。日本的朝貢船從寧波出入，琉球船進出泉州，南洋各國的朝貢船則進出廣州。1472年福建的市舶提舉司遷移到福州，琉球船此後也改到該地進出。官方貿易的經營當然要仰賴民間的專業，因此在明朝初期正式的海貿經濟部門總算還給該三地區宋元以來的民間海貿經濟留下一綫生機。理論上廣州的朝貢貿易量應該最大，泉州最小。有趣的是，明朝的朝貢貿易的運作結果却讓琉球的貿易量最大，而閩南的海商除了壟斷大部分的琉球的朝貢貿易之外，也參與經營寧波與廣州的朝貢貿易。宋元泉州海貿鼎盛的餘緒，繼續反映在明朝的朝貢貿易。

宣德朝結束以後，朝貢貿易逐漸走下坡，中國的海貿資源理應跟著萎縮，特別是閩南地區。事實剛好相反。官方的貿易管道縮小，民間的走私管道敞開，走私成長的經濟效應遠超過朝貢貿易萎縮的影響。嘉靖倭亂的規模就是私貿力量的見証。明朝的官僚在長期的抗倭戰爭中認識到武裝私商與海盜的一體兩面性，逐漸找到根本的解決之道：讓民間海貿合法化。民間海貿化暗爲明，走私活動的困擾就會減少或消失；而海貿的稅收可以幫忙減輕地方政府投入海防治安的財政負擔。1551年爲了防倭在月港設立的治安機構"靖海館"，1563年改名爲"海防館"，原駐在漳州府城的海防同知被調派來管理；在海澄開港

以後該館又取新名爲"督餉館"。顧名思義，它現在的主要功能就是監督海貿稅收來補助海防的軍餉。㉙

嘉靖倭亂結束之後，中國沿海的國際走私活動跟著告一個段落，剩下來的是純粹的海寇問題，持續到萬曆初年才完全解決。㉚走私仍然時有所聞，但因爲民間海貿已經合法化，而且海防治安的力量也已經强化，走私的風險成本提高，遠高於合法的私人貿易，海貿自然集中到海澄來。海禁依然是國策，而且經過倭亂之後，明朝政府現在能更有效率地切實執行。日本人再也不能跟華人合作在東南沿海從事走私活動，他們轉而與華人在海外地區交易。華人可以去海外貿易，但是不準去日本。兩國海商找到了折衷的解決之道，選定在北臺灣的鷄籠與淡水交易。海澄一開放，負責管理海貿事務的官員在製作管理辦法時，自然會徵詢閩南海商有關海外各地的情資。閩南海商把鷄籠、淡水跟其他許多南洋港口的名單放在一起，提供給福建政府當局去參考斟酌。政府官僚必然知道當時海商到鷄籠淡水只能跟日本人做實質的交易，但是他們務實地給予認可。只要交易地點遠離他們負責管轄的地方，以及遠離朝廷最忌諱的日本，政府官僚就不去干涉。臺灣的海貿地位就這樣浮現在東亞的海洋世界，以後鷄籠淡水的衰退與接下來的大員或北港的興盛，讓這個地位更加屹立不搖。

明太祖的海洋政策造成中國東南沿海空前旺盛的海貿走私運動，華人與國際海商的合作推動走私的發展，最後嚴重威脅沿海的地方秩序。嘉靖朝的倭寇之亂事實上甚至威脅到明政權的生存，當代人把"北虜南倭"並舉，可以看出走私運動所衍生出來的巨大破壞力量。明太祖的海洋政策蓄意要防止中外人民的"勾結"，不讓華人與外人之間有私下的接觸，但是結果看到的是中外人民爲了打破政府的壟斷而發展出緊密的合作，共同牟取海貿走私的利潤。明朝政府最後與私商妥協，開放民間海貿。明朝政府還是遵守祖宗成法，不讓華人與外人在中國沿海發生民間的接觸，但是允許華人到海外地區，與外人交易。歷史的巧合使得鷄籠與淡水成爲官方允許的一個接觸點，雖然在走私發展的過程中我們看不出這個海貿變遷的明確走向。我們看到的走向是，歷經戰亂的劫灰，沿海的走私貿易逐漸被推到海外去進行，最後變成合法的海貿。政府得到稅收，又遠離麻煩。

3. 結論

　　位於西太平洋島弧帶中點的臺灣島，距離中國大陸最近，但是加入東亞海貿世界的時間却最晚。大概在16世紀中葉以後，臺灣的海貿地位才開始興起。

　　臺灣海貿地位的興起，與明太祖制定的海洋政策之間，存有路徑依賴的因果關係。明太祖頒行海禁與朝貢貿易的海洋政策，完全封閉民間海貿的管道，海貿完全由政府控制和獨佔。整個明代各朝政府都奉行這個海洋政策，不同的是在執行上的因時制宜，而表現出或寬或嚴的差別。

　　明朝的海洋政策一體適用於中國的整個沿海地區，但是它對海貿經濟發展程度不同的地區造成不同的經濟衝擊。宋元以來開放的海洋政策給某些地區帶來繁榮的海貿經濟，這些地區所受到的衝擊比較大。閩南的泉州是宋元時代中國最大的貿易港，閩南地區所受到的衝擊也最大。

　　民間缺乏正式的海貿管道，他們轉而進入非正式的管道，也就是走私貿易。閩南地區的海貿資源最豐沛，海貿走私的規模也最巨大。只要政府不去認真執行海禁，走私貿易可以順利運行，執法者與私貿利益集團可以分沾海貿的利潤。嘉靖朝以前大概是這個樣子；但是進入嘉靖朝以後，利益集團的內部矛盾漸漸破壞沿海的治安，政府開始認真取締走私，執行海禁。1540年代到1560年代的倭寇之亂，本質上是武裝海商與明朝官兵之間的對決所造成的。

　　明朝政府平定倭寇之亂後，開放海澄港，允許華人民間的商船進出貿易。在規範民間海外貿易地點時，雞籠與淡水正式被官方列名，臺灣從此登上東亞海貿世界的舞臺。

　　相較於其他沿海地區，明太祖的海洋政策對閩南的海貿經濟影響最大，但也因此閩南地區發展海貿走私的可能性也最大，這就連帶影響到後來明朝官僚對於開放港口的選擇。海澄港被選定之後，由於官方禁止對日貿易，閩南海商可以到日本以外的海外地區與日本人貿易，事實上呂宋與琉球已經提供這種方便。但是閩南海商還是就近選擇到臺灣來，這大概是中日海商都已經累積足夠的走私經驗，雙方達成共識所做的最適選擇吧？閩南海商與日本人的交易地點當然不限於臺灣，但是一旦他們的船隻匯聚過來，臺灣自然逐漸變成東亞國際海貿的焦點。

　　有心栽花花不發，無心插柳柳成蔭。我們可以這樣説：臺灣早期海貿地位的興起，是明太祖頒行海洋政策的意想不到的一個後果。如果他繼承宋元時代的海洋政策，開放沿海港市給華人和外人自由貿易，我們不難看到各國商船繼續蜂涌進出中國的沿海地區，以及華人商船繼續航向日本南洋等海貿經濟發達的地方，其結果是：臺灣繼續被忽略掉。

注　釋

① 伊能嘉矩，《臺灣文化志》（東京：刀江書院，1928），上卷，頁72—90。中村孝志，"臺灣史概要"，《民族學研究季刊》，18：1—2（1954），頁113—122。

② 例如1635年户部主事何楷和1638年工科給事中傅元初的奏摺，都使用"臺灣"來稱呼。《明清史料》（臺北：歷史語言研究所，1975），癸編，第一册，頁11。孫承澤，《春明夢餘錄》（香港：龍門書店，1965），卷42，頁28下—30下與33下—37上。《明實錄》（臺北：歷史語言研究所，1966），〈崇禎實錄〉，崇禎11年1月戊寅，卷11，頁1下。

③ 曹永和，《臺灣早期歷史研究》（臺北：聯經出版事業公司，1979），頁28—30。

④ 張燮，《東西洋考》（北京：中華書局，1981），頁132。《漳州府志》（1573）（臺北：學生書局，1965），卷5，頁25下—26下。陳宗仁對於海澄設縣開港訂税的歷史作了詳細的討論，參看他的論文〈晚明月港開禁的叙事與事實〉，收入湯熙勇編，《中國海洋發展史論文集》第十輯（臺北：人文社會科學研究中心，2008），頁101—142。陳宗仁對於海澄港開放於1567年的說法有所質疑，在没有進一步的史料可供確証之前，我仍然從俗，採用該年開港的説法。

⑤ 《明實錄》，〈世宗實錄〉，嘉靖四十五年12月甲午，卷566，頁2下。《漳州府志》（1573），卷30，頁1上—2上，60下—61下。

⑥ 《海澄縣誌》（1633）（北京：書目文獻出版社，1992），卷1，頁3上—5上。早在1548年明廷積極整頓沿海治安的時候，地方官僚就開始提議建縣，1557年再度提議，但是朝廷都沒有接受。參看《漳州府志》（1573），卷30，頁1下。

⑦ 《漳州府志》（1573），卷30，頁1上與63上。林仁川，《明末清初私人海上貿易》（上海：華東師範大學出版社，1987），頁102—105。

⑧ 陳宗仁，《鷄籠山與淡水洋》（臺北：聯經出版事業公司，2005），頁63—70。該書是有關鷄籠與淡水早期歷史的權威著作，我在這裏的論述只做點補充。

⑨ 許孚遠，《敬和堂集》（1694，日本斐紙本，原本影印），卷6，頁19下—30上。

⑩ 《明實錄》，〈神宗實錄〉，萬曆二十五年11月庚戌，卷316，頁4下。

⑪ 以心崇傳,《異國日記》(東京:美術社,1989),頁160與174。16世紀末與17世紀初不少華人仍然違禁去日本貿易,參看:增田勝機,《薩摩について明國人》(鹿兒島:高木書房,1999),頁7—36。

⑫ 《明實錄》,〈神宗實錄〉,萬曆四十五年8月癸巳、丙申,卷560,頁1上—5上。董應舉,《崇相集選錄》,臺灣文獻叢刊237(臺北:臺灣銀行,1967),頁47—50與121。岩生成一,《朱印船貿易史の研究》(東京:吉川弘文館,1971),頁159—161。

⑬ 沈有容,《閩海贈言》,臺灣文獻叢刊56(臺北:臺灣銀行,1959),頁24—32。

⑭ 程紹剛譯註,《荷蘭人在福爾摩沙(De VOC en Formosa)1624—1662》(臺北:聯經出版事業公司,2000),頁86—87。曹永和(1979),頁32與52。岩生成一(1971),頁201。

⑮ (W. V. Quine, "The lore of our fathers … is a pale grey lore, black with fact and white with convention," at the end of "Carnap and Logical Truth," in P. A. Schilpp, ed., *The Philosophy of Rudolf Carnap* (LaSalle, Illinois: Open Court, 1963), pp. 385—406, cited from David K. Lewis, *Conventton: A Philosophical Study* (Oxford: Basil Blackwell Ltd., 1986 (first print 1969)), p. 2, footnote 3.

⑯ 混沌理論的機制與意義,簡單摘要可以參看William J. Baumol and Jess Benhabib, "Chaos: Significance, Mechanism, and Economic Applications," *Journal of Economic Perspective*, 3: 1 (Winter 1989), pp. 77-105.

⑰ Paul David, "Clio and the Economics of QWERTY," *American Economic Review*, 75: 2 (1985), pp. 332-337; "Why are Instituteions the 'Carriers of History'?: Path Dependence and the Evolution of Conventions, Organizations and Institutions," Structural Change and Economic Dynamics, 5: 2 (1994), pp. 205-220. W. Brian Arthur, "Competing Technologies, Increasing Returns, and Lock-in by Historical Small Events," The Economic Journal 99 (March 1989), pp. 116—131; "Positive Feedbacks in the Economy," *Scientific American* (February 1990), pp. 92-99.

⑱ Paul David, "Path Dependence, Its Critics, and the Quest for 'Historical Economics', "in Pierre Garrouste and Stavros Ioannides, eds., *Evolution and Path Dependence in Economics Ideas* (Cheltenham, UK and Northampton, MA, USA: Edward Elgar, 2001), pp. 15-40.

⑲ Kenneth J. Arrow, "Path Dependence and Competitive Equilibrium," in Timothy W. Guinnane, William A. Sundstrom, and Warren Whatley, eds. *History Matters* (Stanford: Stanford University Press, 2004), pp. 23-35.

⑳ 明太祖製定海洋政策的原委,參看曹永和,〈試論明太祖的海洋交通政策〉,《中國海洋發展史論文集》第一輯(臺北:三民主義研究所,1984),頁41—70。

㉑ 關於明代的朝貢貿易與海禁,可參看:小葉田淳,《中世南島通交貿易史の研究》(東京:

刀江書院，1968）；李慶新，《明代海外貿易制度》（北京：社會科學文獻出版社，2007）。

㉒ 許孚遠（1594），卷9，頁10上=下。

㉓ 小葉田淳，《金銀貿易史の研究》（東京：法政大學出版局，1976），頁118與201。

㉔ L. Carrington Goodrich and Chaoying Fang, eds., *Dictionary of Ming Biography 1368-1644* (New York: Columbia University Press, 1976), pp. 550-554.

㉕ L. Carrington and Chaoying Fang (1976), pp. 372-375. 山崎宏，〈巡撫朱紈の見た海〉，《東洋史研究》，62：1（2005），頁1—38。

㉖ 關於明朝，尤其是嘉靖朝的倭寇問題，參看：張彬村，〈十六世紀舟山群島的走私貿易〉，收入《中國海洋發展史論文集》第一輯，頁71—95。陳文石，〈明嘉靖年間浙福沿海寇亂與走私貿易的關係〉，《歷史語言研究所集刊》，36：1（1965），頁375—418。林仁川（1987），頁40—130。田中健夫，《倭寇》（東京：教育社，1982）。So Kwan-wai, *Japanese Piracy in Ming China during the Sixteenth Century* (East Lansing: Michigan University Press, 1975).

㉗ Adam Smith 說商人聚在一起總是會串連勾結，違背公衆利益。參看 *The Wealth of Nations* (Chicago: The University of Chicago press, 1976), BK. I CH. X., PT. II., p. 144. 十九世紀末以來到現在發展出來的競爭法（competition law）或反托拉斯法（anti-trust law），目的就是要防止市場壟斷，保障市場的公平競爭。

㉘ 林仁川（1987），頁85—130。John E. Wills, Jr., "Maritime China from Wang Chih to Shih Lang: Themes in Peripheral History," in Jonathan D. Spence and John E. Wills, eds., *From Ming to Ch'ing* (New Haven: Yale University Press, 1979), pp. 201-238.

㉙ 《漳州府志》（1573），卷30，頁1下。張燮，《東西洋考》，頁132與147。

㉚ 林仁川（1987），頁105—111。陳春聲，〈16世紀閩粵交界地域海上活動人群的特質〉，《海洋史研究》第一輯（2010），頁129—152。

張彬村，1950年生，臺灣"中研院"人文社會科學研究所研究員。

The Early Rise of Taiwan in the International Trade of Maritime East Asia: A Path-Dependence Perspective

Pin-tsun Chang

Summary

Taiwan began to emerge in the international trade of maritime East Asia in the

1560s. This is a path-dependent outcome of the restrictive maritime policy designed by Zhu Yuan-zhang, the first emperor of Ming Dynasty. Domestic and foreign market demand was persistently magnetic to the development of maritime trade in Minnan (Southern Fujian). Banned by the Ming policy in private undertaking, the maritime traders of Minnan carried on with their business by operating in the formal economy of tribute trade, as well as in the informal economy of smuggling. When they were legally allowed to trade privately with foreigners, they were nonetheless forced to have their job done only in overseas countries. Taiwan happened to be an optimal rendezvous for Minnanese and other international traders to meet and exchange commodities after the mid-sixteenth century. As a result there appeared on the island vigorous international trade which was set to last thereafter.

準噶爾之役與玄燁的盛世心態

姚念慈

康熙五十四年清聖祖玄燁興師準噶爾，其真實意圖并不在此卻在青海，具體說，即在控制青海里塘胡必爾汗。其時準噶爾面臨俄羅斯、哈薩克、布魯特諸國侵擾，無暇另闢戰場，與清廷作戰。玄燁不採取控馭嘉峪關內綫直至西寧這一更爲實際的策略，而以兩路大軍遠征西北，企圖一舉兩得，既威脅準噶爾，同時震懾青海，說詳本文前篇①。玄燁之所以如此，實在其虛矯心態與僥倖心理。本文所要檢討的正是這一點。

康熙朝準部之役最顯著的特點，即清廷與準噶爾雙方皆在巨大空間内驅遣兵馬，卻始終未曾進行過一次真正激戰。西北清軍僅有兩次"進剿"：一爲五十六年秋"三路襲擊"，時準噶爾已派大軍偷襲西藏，故於東境堅壁清野，清軍進抵烏魯木齊城郊數日，實則無功而返；其二，五十九年爲配合大軍入藏，清軍再度進抵烏魯木齊而回，同樣有征無戰，而據有闢展、吐魯番。此後準軍欲收復吐魯番而不能，清軍亦無力再作深入，戰爭陷入停滯。其間五十六年十一月準軍攻陷拉薩，出乎玄燁算度之外。五十七年之後，玄燁纔開始擺出決戰姿態，重新增派兵力，由此戰爭性質與規模均發生變化，西藏成爲玄燁用兵之重。五十九年九月，準軍於清軍抵藏之前撤離，清軍"一矢不發，平定西藏"②，西藏遂再度易手。八年間雙方有如博弈，調動頻繁，形勢翻覆，卻不見殘子累累。策妄阿喇布坦避實就虛，出奇制勝，固可收效于一時；玄燁始則虛張聲勢以圖僥倖，繼而猶豫遲緩，終因持久而能有所獲。適見主導戰爭進程與結果的，并不完全取決于雙方決策者之優劣，更在于兩國實力差距。

準部之役至玄燁辭世仍未完結。康熙六十一年十一月清世宗胤禛繼位，即命清軍統帥胤禎回京，旋與準噶爾議和。雍正三年議阿爾泰疆界，並從吐魯番撤軍③，仍退守哈密。準噶爾最後失敗，尚在三十年之後。然玄燁在世時，清軍已取得對青海、西藏的初步控制，且爲乾隆朝徹底吞併準噶爾奠定基礎。中國西部疆域格局大變實由此發端，於清朝乃至中亞歷史影響甚鉅④。後世于玄燁廟謨聖算稱頌不已，亦以此。

準部之役歷史意義如何，是一個價值判斷問題，見仁見智，無法強求統一。歷史研究是從事件的表象背後探索導嚮其進程的真實原因，爲價值判斷提供更多和更爲可信的史實基礎。而推進歷史進程的動因，即包括統治者的主觀思想與心理。

本文承前篇而來，旨在探究玄燁何以興啟準部之役，具體任務是：一、考察玄燁的用兵方略、西北兩路清軍的態勢、兵員數量及軍餉輓輸，以見玄燁倉猝弄兵；二、分析玄燁汲汲於盛世的心態及其由以產生的國內環境，以見此役並非勢所必然；三、探討形成玄燁凡事獨斷的政治體制及康熙後期君臣之間的疏離，以見玄燁主觀意志與抉擇無所阻礙。至于隱然而又切實存在的滿漢矛盾，亦略兼及。

一、西北清軍的合擊態勢與剿撫兼施

康熙五十四年，清兩路大軍分出巴里坤、科布多，屯兵於準噶爾東境，但旋發生輓輸困難，故而對準噶爾不斷誘降，冀得城下之盟，並乞援于俄羅斯，凡此皆可證明玄燁興起準部之役並無充分準備。

（一）西北兩路大軍合剿與噶斯口疏於駐防

玄燁用兵方略，大致沿襲當年征剿噶爾丹之故套而略加變化，即一面施壓於準噶爾，同時阻斷其與青海、蒙古的聯繫。所不同者，噶爾丹以烏蘭布通重創之餘，殘部僅數千人，且準部本土已落入策妄阿喇布坦之手，進退失據，終至敗亡。三十五年玄燁親征，中路、西路兵力皆不下二萬人，玄燁西行不過至克魯倫河及寧夏。而準部之役，清廷以兩路大軍遠出西北形成合擊之勢，予準噶爾壓力固大，而本身所面臨的困難無疑也更加嚴峻。清軍南路（史籍中多稱西路）出嘉峪關外一千四百餘里抵哈密以窺吐魯番，另由哈密逾天山科舍圖嶺二百里至巴里坤以窺烏魯木齊；北路更遙懸於阿爾泰山東麓之科布多。哈密、巴里坤距策妄阿喇布坦巢穴伊犁尚有三、四千里之遙，而科布多越阿爾泰山至伊犁亦有二千餘里⑤，皆山川險阻，軍行不易。總之清軍勞師遠征，兵力不多於當年，而輓輸之難，則不啻倍蓰。

五十四年四月初，甘肅提督師懿德聞知哈密伯克告急，即命肅州總兵路振聲率兵一千先赴哈密。四月中旬，朝廷議發西安滿洲兵三千、總督標兵二千，甘肅提督標兵亦酌量派出，三處兵馬俱于文到三日內啟行。此爲南路，初擬兵力約八千人，統帥即西安將軍席柱，以吏部尚書富寧安籌度糧餉。又以歸化城右衛駐防滿洲兵三千、并內蒙古察哈爾等地兵一千、鄂爾多斯兵二千、厄魯特額駙阿寶兵五百、歸化城土默特兩旗兵一千，共七千餘人，形成北路軍，統帥爲右衛將軍費揚古，以散秩大臣祁里德籌度糧餉。此外，西寧、四川松潘諸路"各令整備"。隨有所謂"籌度三路進勦事宜"，即于兩路大軍之外，"再若由噶斯路進兵一萬，赴伊里河源，抵彼巢穴；由哈密、吐魯番進兵一萬；由喀爾喀進兵一萬，前至博克達額倫哈必爾漢地方；如此三路進勦，料必成功。"以上方案均擬定於五十四年四月⑥。

而在實際進程中，清廷僅止配備兩路大軍，其戰略意圖如下：

北路又稱阿爾泰一路，擬由喀爾喀、歸化城爲基地，經翁金河、推河，越杭愛山進抵阿爾泰山東麓科布多。科布多以東至杭愛山西麓，原屬準噶爾游牧之所。噶爾丹敗亡後，雖置爲喀爾喀、準噶爾之間閑地，然清軍於此建城設哨，阻止準噶爾渡越阿爾泰山梁。故此一地帶成爲準噶爾與清廷邊界爭端之關鍵⑦。杭愛山南要鎮烏里雅蘇臺、察罕叟爾則爲清軍駐防及儲糧之所。北路大軍旨在封鎖準噶爾從阿爾泰山與天山北路東進侵犯喀爾喀⑧。除上述歸化城右衛滿洲兵及內外蒙古兵之外，後又配備東北黑龍江滿兵、打牲索倫、打虎兒各部共二千人。至徵調喀爾喀蒙古各部兵員，初擬一萬人，喀爾喀王公以"我等喀爾喀兵止一萬，須合內地之兵，方可深入"。請與清廷合兵共四萬人，兩路大軍并進，喀爾喀兵於七月起行。清軍前綫大臣祁里德以祇須一萬五千即可。商議中，玄燁已放棄當年進兵，"於明歲進兵時再行添發可也"。以喀爾喀仍自成一路，不必與南路合勦⑨。揆諸形勢，由科布多越阿爾泰山北麓西進伊犁，艱險重重；若與南路并抵烏魯木齊，亦有二千七百餘里之遙⑩；皆不可取。故清軍北路祇可作呼應防禦之勢。

南路又稱巴爾坤一路，爲清軍精銳所在。其中西安駐防滿洲兵，玄燁詡爲"屢經對敵之兵，且人人懷報效之志，不論何地，制勝有餘。"[11]除上述肅州總兵、西安駐防滿兵、川陝總督標兵、甘肅提督標兵之外，後又增派涼州、固原、寧夏綠旗兵各二千，配成足額一萬二千名[12]。五十五年初曾減至八千，擬明年補充至一萬三千名[13]。南路一綫不僅爲準噶爾進入嘉峪關之大路，亦爲天山經由青海入藏的主要和便捷之路[14]。控制此路，即可防止策妄阿喇布坦與青海蒙古、西藏連成一氣。清軍進討雖或不足，固守則綽綽有餘。清軍於五十四年八月十八日進據巴爾坤[15]。五十九年獲得吐魯番之前，哈密、巴爾坤即清軍最前沿，以窺伺天山南北要道。

由于兩路兵員時有變化，北路徵調喀爾喀蒙古各部兵力又難以保證，故清軍兵員總數難以確估。五十七年，玄燁於準軍佔領西藏之後大舉增兵，據議政大臣議覆："查將軍傅爾丹處見有兵二萬三千四百名"，"合計富寧安處所領之兵及今撥往之兵，共一萬七千二百有餘名。"[16]則南北兩路共四萬人。然傅爾丹掌管喀爾喀與科布多屯田及轉輸軍糧，此二萬三千似含屯丁及隨役。六十一年二月，前綫大臣共議進剿事宜，協理將軍阿喇納議由阿勒泰、巴里坤、吐魯番三路各派一萬五千人[17]，則南路擬爲三萬人，南北兩路合計四萬五千人。此僅擬議之中，非實際兵額。當年五月富寧安疏奏："見今（南路）巴爾庫爾（巴里坤）、吐魯番、科舍圖、俄龍吉四處所有滿洲、蒙古、綠旗官兵共二萬一千一百名，計算隨役，共三萬三千四百九十名。自阿勒泰（北路）遣往官兵一萬二千名，計算隨役約二萬五千名。"[18]此爲更準確資料。是知不算隨役，南北各路大軍合計三萬三千人，殆爲五十七年之後玄燁大舉增兵後其極至。要之，清廷兩路大軍前綫兵力約三萬餘人，加上噶斯口一路些微守軍，總計西北前綫總兵力不超過四萬人。五十七年以前當少於此數。

至于當初商議噶斯口一路以大軍一萬直抵伊犂，則純屬紙上談兵。五十六年十月玄燁聞知準軍入藏，即判斷其經由青海。顯然，其前提必以準軍沿天山南路東行，繞開南路清軍及肅州、西寧一綫的重兵佈防，突破清軍防禦薄弱的青海西北要隘噶斯口。這一行軍綫路歷史上確有先例。松巴堪布《青海史》述明末顧什汗征伐西藏之前，即由南疆塔里木盆地東行進入青海柴達木[19]。果爾，則必經噶斯口。由此南下，可經青海西南木魯烏蘇直入西藏。噶斯口戰略地位既如此重要，清軍何以始終疏於防守？此于玄燁戰略思考甚有關係，學者似未留意。

五十四年四月至六月間，清廷議南路軍抽調滿、漢兵各一千，派董大成率領前往噶斯口駐防[20]。董抵達之後，奏稱"臣於六月二十二日領兵從肅州出嘉峪關，自嘉峪關至噶斯口三千餘里。行至常馬爾河，因山水暴發，所有運米牲口及兵丁所乘馬匹多致傷損倒斃。今於八月十二日抵噶斯口。"經巡視又奏："臣至噶斯口巡查，并無來往人跡。噶斯地方三面雪山，中有一綫水草，皆系蘆葦。其大路在得布特里地方，西南走藏東，南走青海西寧大通河，半月即到永固城，西北走柴旦木、吐魯番等處，乃策妄阿喇布坦出入咽喉要路。"然八月底，玄燁已于前疏批示："自邊上至噶斯口一千七百里，曾經阿南達奏過。今董大成何以又稱三千餘里？噶斯口路徑甚窄，策妄阿拉布坦斷不由彼行走。今正寒冷之時，著董大成將噶斯口迤內放火燒荒，領兵回肅州。"[21]可知清軍派至青海西北噶斯口，非由西寧取途青海西向，乃從肅州出嘉峪關由西偏南而行，路途迂遠。阿南達云一千七百里，董云三千餘里，恐皆非確數[22]。噶斯爲準噶爾東走青海之要隘，然地形險惡，供給不便，軍隊難以駐紮。後玄燁承認："所遣噶斯路兵，亦因糧不到撤回。"[23]加之駐防噶斯口之兵需由肅州抽調，僅分兵二千，玄燁已覺"由哈密進發之兵稍覺單弱。"[24]出於這些考慮，玄燁決定撤銷噶斯口的駐防，令兵丁返回肅州。不久玄燁又生疑慮，"撤回噶斯口駐紮之兵，倘策妄阿喇布坦聞知，發兵從噶斯路來襲我兵之後，亦未可定"，次年初令人前往偵探[25]，卻并未撥兵駐守。

五十四五年之際，玄燁得知青海左右翼台吉內訌，急令護軍統領晏布率西安滿洲兵一千入西寧，以西寧總兵官王以謙三千標兵預備，同時增派四川松潘駐軍，防止右翼察罕丹津强行送里塘胡必爾汗入藏。然噶斯在青海西北，西寧在青海東北口內，隸屬甘肅，兩地相隔懸遠；松潘更在四川，可見玄燁增兵西寧、松潘，無助于加强噶斯口防禦。五十五年閏三月，里塘胡必爾汗安頓於西寧甫畢，晏布即被派往哈密一路接替將軍席柱。對噶斯口防禦具有實際意義的，僅留西安滿洲兵五百駐守[26]，同時以羈留於清朝的土爾扈特貝子阿喇布珠爾率所部五百人於噶斯通往柴達木之地察罕齊老圖地方駐防[27]。其意在防止準噶爾由噶斯東進西寧劫持胡必爾汗，而非如前議由噶斯出兵形成三路合剿準噶爾本土。

稍後，前往青海辦理胡必爾汗事務侍衛阿齊圖疏言："臣於六月初六日到察罕烏蘇地方，據台吉達賴等言，察罕烏蘇地方水草既好，地亦寬闊，宜於駐兵。若策妄阿喇布坦使人到青海，必由此路。若往西藏，必由察罕托灰之路。此兩路設兵防守，則噶斯口以內更無可行之路。再自噶斯口過打布孫瀚海，有地名噶順，可進色而騰地方，此處亦當設兵防守。臣遣人往視噶斯口，果無可駐兵之處。今將兵分爲四營駐紮察罕烏蘇，令護軍參領欽第由等領兵駐紮噶順設汛防守。"㉘噶斯地形險要，然無駐兵之所，與前董大成所奏相合。阿齊圖由青海達賴台吉處得知，察罕烏蘇乃策妄入青海必經之地，察罕托灰一地則爲策妄入藏必經之地，皆當設兵防守。故知察罕烏蘇、察罕托灰皆在噶斯口內。若準軍入噶斯口，可道分兩途，東向爲察罕烏蘇，南向爲察罕托灰。至原擬噶斯口駐軍，阿齊圖建議改駐噶順。又，噶斯以東，"柴達木之北伊遜察罕齊老圖地方，乃直達安西沙州之路，爲巴里坤軍營之後戶，關係最爲緊要。"㉙前述僅以土爾扈特阿喇布珠爾率本部五百人駐守，實過于單薄。故不論從防禦準軍入藏，或保護清軍南路後方，噶斯一路皆非守不可之地。玄燁若真加重視其戰略地位，至少應考慮阿齊圖疏奏，於此數處加強設防，然僅報聞而已。

當年十月，策妄阿喇布坦以小股軍隊偷襲青海清軍馬匹，旋爲清軍驅逐㉚。此事又引起玄燁不安，考慮增強噶斯駐防："策妄阿喇布坦甚爲詭詐，諳練征戰，知我軍在巴里坤、阿勒泰等一帶防守嚴密，探知噶斯一帶我軍力單，欲由噶斯大舉來犯青海，以克西邊，亦未可知，我不可不預爲防備。是以朕意派西安滿洲兵、總督督標營兵二千名，著署理西安將軍事務總督額倫特帶往西寧預備，著（四川）提督康泰火速乘驛回其汛地備兵。如此，策妄喇布坦果由噶斯路大舉來犯青海，以克西邊，則我西寧預備兵與青海左翼台吉等會合，提督康泰率四川兵與貝勒察幹丹津右翼台吉等會合，兩路協守，策妄喇布坦能大舉來犯耶？"㉛此次重新布防噶斯口，不再如前從肅州抽調兵丁，而改由西寧派往。然噶斯口與西寧相隔數千里，僅西寧至察罕烏蘇單程即需四十日，一旦有警，赴援何及？五十六年初，清廷決定再增西安滿洲兵二千，西寧標兵一千，合原駐守一千共四千，"分爲兩班，更換行走。換班時令兵丁各帶口糧，以省輓運之費。"將一年春、冬二季更番改爲"一年一調"，實則駐守仍二千人。且僅駐扎察罕烏蘇一地，而放棄對入藏要害察罕托灰的防守㉜。另據五十七年二月西寧總兵官王以謙疏言："往噶斯換班兵丁，在鎮標所屬内派往，實屬不敷。"㉝三月，侍衛色楞、總督額倫特及策旺諾爾布俱在西寧，分別奏請率兵入藏，議政大臣議覆，即顧慮到噶斯路阿齊圖率兵丁一千入藏，所剩兵丁僅一千，而"噶順、古木二處地方無兵駐扎。"擔心策妄"偵知我兵欲取西藏，或從噶斯一路潛有兵來。"㉞以上皆可證清軍於青海西北噶斯防守甚疏。

五十六年玄燁聞知準噶爾軍偷襲西藏，之所以認定經由青海，即因確有準軍通過噶斯南折察罕托灰入藏的可能。問題是，玄燁既知噶斯口為準噶爾入藏必經之地，何以又疏忽若此？以客觀而言，噶斯口一帶險要荒僻，距離西寧遙遠，供給困難；青海西北其他地方亦難以駐軍㉟，無法構成縱深防綫。玄燁後來一語道破："噶斯等處實為難行"㊱，恰又說明此前玄燁始終抱有僥幸，不相信準軍真敢由噶斯入藏。五十七年以前，不僅噶斯口未加重視，即西寧、四川亦無重兵。清廷于青海設置驛站，在胤禎出征之後的五十八年㊲。正因如此，玄燁一旦聞知準軍進藏，又堅持準軍必經由噶斯先入青海。這種矛盾心理，反映玄燁已隱約意識到自己失策，且覺察出戰綫過於廣闊，清軍兵力不敷。五十七年之前，玄燁一直未曾動用京師八旗禁旅以及其他地區的駐防八旗和綠營兵，前綫清軍捉襟見肘顯而易見。五十五年準噶爾由沙拉襲青海，掠台吉羅卜藏、丹濟卜等牧畜，復謀盜噶斯口官軍駝馬。玄燁以"準噶爾偵噶斯口兵勢稍弱，前來侵擾，青海不可不嚴備之。著西安兵會青海左翼，四川督標兵會青海右翼，協力防禦。"㊳簡言之，依賴青海右翼台吉配合清軍防禦噶斯口以内，而噶斯以外至嘉峪關、哈密，則依賴青海左翼台吉，以阻止準噶爾侵入青海㊴。

但僥幸心理又始終支配著玄燁，使其過分相信西北清軍的威懾作用并低估策妄阿喇布坦的反擊。玄燁的如意算盤是，清軍耀兵於準部東境，策妄當無暇分兵噶斯一路；即或冒險進入青海，遭青海蒙古和西寧、松潘清軍夾攻，亦難站穩腳跟；而準軍一旦在青海或西藏陷入苦戰，清軍即可掌握西北方面的戰爭主動權，甚至長驅直入。故準軍潛入青海的隱憂，看來玄燁似儘量驅除于意識之外，是以並未轉為實際部署。

正是玄燁一廂情願，纔使清軍陷入窘境：兩路大軍懸於準噶爾東境，深入進剿，則苦兵力裝備不足；若僅爲防禦計，則又何必勞師遠征？大軍既遠出西北，則防禦噶斯一路，又只得寄託於幷不放心的青海台吉。清軍戰綫漫長，輓輸困難，準噶爾則以逸待勞，雙方實已主客易勢。且準噶爾"每一部落有千五百户，約三萬人。自和朔特、圖爾古特、輝特、杜爾伯特台吉屬人外，策妄阿拉布坦十四部落之人"。[40]僅準噶爾一部即四五十萬人，兵力不下四萬[41]。欲剿滅準噶爾，談何容易！此皆玄燁所悉知。其所以不惜空糜糧餉，耀兵邊境，乃以準噶爾受到俄羅斯、哈薩克等國壓力，斷不能與清軍相抗；相持之下，或生內亂，清軍則取亂侮亡，至少可以迫使其訂立城下之盟。無論如何，在玄燁看來此役都將有贏無輸。

（二）誘降準噶爾失敗與玄燁色厲內荏

戰事初起，玄燁視之甚易。五十四年三月，準軍侵擾哈密旋即撤去。四月中旬，玄燁聞駐守哈密游擊潘至善以二百兵丁擊敗準軍二千，即敕令喀爾喀澤卜尊丹巴勸諭準噶爾投降，"速遣使至皇帝前跪請伏罪"[42]。隨又得知肅州總兵路振聲所率前鋒距哈密尚百餘里，"策妄阿喇布坦兵聞信，已於（四月）初七日遁去。"[43]僅些許小勝，後來玄燁屢加宣揚，意在表明準軍不堪一擊。

五月，前方俘虜供詞更加强玄燁自信。準部俘虜滿濟供稱："其（策妄）徵賦俱無定規，凡有所需，一切向屬下斂取，人皆疲敝。自和朔特、圖爾古特、輝特、杜爾伯特台吉屬人外，策妄阿拉布坦十四部落之人無不怨之。去年雪深三尺餘，其所居伊里等地方牲畜盡斃。其子往攻安箭地方之布魯特，被殺者五百人，回時又多染疾而死。再我圖爾古特一萬餘人俱愁苦度日，各有戀土之心，常思乘變奔回本地，或來歸天朝。"[44]滿濟乃土爾扈特阿玉奇汗之子三濟扎布屬人。三濟扎布與父有隙，攜萬人投準噶爾，策妄阿喇布坦將其驅逐，而扣留其屬人。滿濟供詞真偽如何，自當審慎再三。

可惜玄燁僥倖之心太重，親自審問後，竟信以爲真，認爲準噶爾既遭困境，一旦清軍相臨，勢必內訌加劇，向清廷乞降。于是躊躇滿志，當即準備一份招降敕書，幷示之於議政大臣，聲稱："今觀滿濟所言，策妄阿喇布坦情勢，與朕所預料者相合。乘彼人馬疲弱之時，應兩路興兵扼要駐紮，遣使往諭。""今問其言，朕胸有成竹。"[45]敕書虛矯狂妄，不啻最後通牒。摘錄如下：

> 今爾無故領兵二千侵我哈密，爲我兵二百人所敗而遁。今我兵已四路雲集，斷難中止。
>
> 從前爾雖狂妄啟奏，朕爲天下主，無不寬容。況爾曾奏云"令我等喀爾喀、厄魯特、青海之衆皆復舊業，以安人衆。"爾今可令和朔特、圖爾古特、輝特之人俱回原處，與伊兄弟完聚；其在我處之輝特，朕亦令回原處完聚，于阿拉克山居住。拉藏汗之子爾可速送還拉藏。爾只領準噶爾之衆，僻在額爾齊斯居住則已。再，前給爾準噶爾之衆，本我所應有之人，彼等亦不願屬爾處。爾之人心離異，各爲身計，不但衆人皆知，即爾亦自知之。爾果欲起兵，此等人朕皆當收養，誰不欲享太平，乃肯爲爾冒死耶？
>
> 爾常自以爲強，可親身前來會盟定議。……今何無端食言，侵我哈密？若不來會盟，斷無了期。兵興之際，受傷生齒必多。爾若畏懼不來，則爾向稱"欲安人衆"之言，皆爲虛僞。朕必親征，或令王大臣等領兵直抵爾巢穴，必不容爾信口支吾也。[46]

宣戰理由，仍不過哈密一事。玄燁則漫天要價，欲令策妄阿喇布坦放棄厄魯特各部盟主，僅爲一部之長，且收拾厄魯特人偏居於阿爾泰山以內額爾齊斯河一帶，此外蒙古各部均當臣屬於清廷。前來會盟云者，與清廷訂立城下之盟也。至於厄魯特蒙古各部的傳統聯繫與游牧疆域，以及準噶爾謀求統一蒙古各部的訴求[47]，對玄燁及其后繼者而言，則意味滿蒙聯盟解體，根本無考慮之餘地。策妄阿喇布坦必須服從清廷的要求，否則即被置於不願天下安寧的境地，此即玄燁的準則。玄燁自恃國富兵強，故肆言無忌，處處挑釁恐嚇："我兵已四路雲集，斷難中止"，"斷無了期"，"朕必親征，或令王大臣等領兵直抵爾巢穴"。

而又可留意者，玄燁既將此敕諭遍示群臣，則意在表明抓住哈密一事出兵準噶爾的果斷英明，策妄阿喇布坦既不足滅，清廷進兵的決心自然不會動搖。這樣一來，玄燁就將自己推到一個無能轉環的境地，一旦準噶爾不肯投降，玄燁即無法收手，必須將戰爭進行到底。

而更不可忽視的是，五月下旬玄燁派圖理琛通告俄羅斯邊境頭目，"令其加意防守邊界，如有策妄阿拉布坦之人投向爾處，即宜收留。"⑱圖理琛六月間再次派往俄羅斯邊境，《異域錄》下卷詳載其事："四月初旬，懇請隨駕避暑效力，前往熱河。值征剿逆寇策旺拉布坦有事之際，兵部臣具疏題請調補兵部員外郎，辦理軍務。又特旨差往俄羅斯國界二次焉。夏六月，因大兵四路進剿逆寇，令余曉諭俄羅斯國，特旨遣往。"圖理琛至楚庫柏興地方，致書于俄西伯利亞總督加加林，其辭如下：

> 余回都奏聞至聖大皇帝，謂爾國與厄魯特人迥異，秉心誠實，係禮義之邦。我至聖大皇帝深爲嘉悅。
>
> 剿滅噶爾丹之後，其準噶爾部落人民，應屬我國。大皇帝明知不納，聽其在彼，以遂其生計。雖洞悉策旺拉布坦勢力凋敝，窮迫已極，我大皇帝不忍征伐，豢育至今。
>
> 其策旺拉布坦賦性奸偽，背恩寡信，率土之國，無不知者，蓋其天性使然，終莫能悛。即今言之，爾國之塔喇斯科及托穆斯科邊陲地方居住之巴爾巴忒并塔塔拉人等，歸附爾國已久，彼猶勒取貢物；其已歸附爾國之貨通人等，彼復屢次遣使索取；又邀奪爾國貿易之人，羈留數月。（中略）至於鹽場屯兵，狂悖妄舉諸事，其不道無知，昭然可見矣。
>
> 近者策旺拉布坦不自量力，不度其丑類罹灰爐之禍，乃敢潛遣賊衆，侵我邊隅回子所居之哈密地方。伊所遣二千厄魯特人，爲我國人百漢兵、數名回子擊敗，三四次鼠竄。我國封疆大吏將此事奏聞，我大皇帝特旨酌調邊兵，并派喀爾喀兵，現今聲罪致討。如策旺拉布坦部下有流竄逃亡者，令爾邊境之人即行收納，我國并不討取。（略）其收納策旺拉布坦逃亡之事，當深爲留意。

此非外國使臣的報告或推測，而是清廷官員的自供，故尤其值得注意。

若說三年前圖理琛土爾扈特之行意圖尚有模糊之處，而準部之役發動之後圖理琛再次前往俄方邊境，則將玄燁的目的暴露無遺。其一，玄燁當時信心十足，以爲準噶爾即將在清軍進逼下迅速瓦解，故提醒俄方收納準噶爾逃人。衆所悉知，根據此前中俄尼布楚條約，雙方不得接納彼此逃人。此際玄燁允許俄方收留準噶爾逃亡，則不僅取悅俄方，更暴露其并未將準噶爾視爲内屬，實以外夷待之。其二，對於準噶爾與俄羅斯邊界屬民、商人之爭端，玄燁則完全站在俄方立場。所謂"鹽場屯兵"一事，當指準噶爾人于齋桑泊或亞梅什湖一帶佈防，以抵禦俄羅斯入侵，玄燁則指責爲"狂悖妄舉"。爲爭取"禮義之邦"俄羅斯對準噶爾施壓，可謂不擇手段。據茲拉特金《準噶爾汗國史》，直至康熙五十九年，清軍已將準軍驅逐出西藏，準備進攻準噶爾本土時，玄燁仍未放棄尋求俄羅斯方面的支持[49]。

玄燁既大張聲勢，以爲勝券在握，即應積極推進，方能予準部以更大壓力。然而事實卻非如此。五十四年六月初，前方統帥席柱、富寧安擬於七月出哈密進剿吐魯番時，玄燁卻以"九月方取吐魯番，距伊地方太近"，決定"不如仍照原議，明年前進爲當"[50]。旋諭示議政大臣"今年未便進兵"[51]。此距敕令準噶爾投降僅過兩月。迨九月得知策妄阿喇布坦準備西征哈薩克，不來哈密，玄燁又出大言："今大兵見於巴爾庫爾一路、阿勒泰一路整備，正欲策妄阿喇布坦前來。"[52]卻仍未乘機進攻。

更令人奇怪的是，玄燁派遣使臣赴準噶爾時的態度。五十五年三月，上年派往敕諭策妄歸降的使臣回到北京，同來的尚有策妄阿喇布坦派往喀爾喀哲卜尊丹巴處的使臣。《實錄》載玄燁親詢其事：

> 朕詢問策妄阿喇布坦情形，皆已悉知。策妄阿喇布坦乃巨猾奸詭之人，甚屬無恥，以朕之"使臣非系使臣，旨意非系諭旨，是部文"等語。[53]

《滿文硃批奏摺》所記玄燁之言更詳：

> 據策妄喇布坦奏，懇遣使一賢能大員等語。伊并未認錯。伊不遣使臣，若我等遣大員，甚屬不合。克什圖、保柱出使策妄喇布坦處所已經數次，倘授伊等大銜遣往，即係大員矣。（略）書諭旨時，令克什圖、保柱等面看繕寫。伊等若言此不可，朕隨改之，再明示諸大臣。[54]

策妄以清廷所遣非使臣，敕諭系部文，顯然以清廷非正式談判而拒絕接待，清廷使臣多次碰壁而回。玄燁有失體面，又不甘心依對方之意改派更高級別官員，僅對克什圖授之以大銜重新前往。所云"伊并未認錯"，即策妄阿喇布坦不肯以侵擾哈密爲非，則仍堅持哈密爲其舊屬；準噶爾"不遣使臣"，與清廷使臣往來"已經數次",恰成鮮明對比。凡此皆反映策妄阿喇布坦態度強硬,要求雙方以平等姿態對話,於清廷恫嚇招降無動於衷㊺。

按玄燁原先的架式,本該即刻大舉進勦,以示天威,豈料玄燁前倨而後恭,竟完全遵從策妄阿喇布坦的要求。改寫諭旨時,令出使二臣"面看繕寫,伊等若言此不可,朕隨改之。"可見玄燁惟恐觸怒策妄阿喇布坦,不肯接納使臣開讀諭旨,自己無法下臺,故一改昔日驕狂,不惜屈尊聽從使臣之言,儘量使諭旨寫得得體。議政大臣遵旨議覆:

> 策妄阿喇布坦係巨猾奸詭之人,今仍遣使前往頒示諭旨,伊若怙惡不悛,則現今阿爾泰、巴爾庫爾兩路大兵俱已齊備,應於明年草發時進勦。
>
> 再,策妄阿喇布坦現行文與澤卜尊丹巴胡土克圖,應令澤卜尊丹巴胡土克圖給與回文,仍差楚楊託音帶去。策妄阿喇布坦向喀爾喀台吉扎穆巴拉極力修好,又唆調喀爾喀等,應令喀爾喀汗王等給與回文,仍差楚楊託音帶去。
>
> 現今兩路軍前糧米甚屬充裕,應行文都統圖思海、尚書富寧安等,從容運送。
>
> 得旨:依議。著護軍統領晏布前往代將軍席柱。㊻

當年無法進兵,一為巴爾坤一路清軍本身出現問題,需更易統帥;一為喀爾喀蒙古受到策妄蠱惑,態度曖昧不明。總之西北清軍兩路合勦一時難以兌現,故而早早決定推遲至下年。此即玄燁何以在使臣屢遭策妄拒絕之後,乃不惜降低姿態遣使至準噶爾的真實原因。

然而克什圖再次蒙羞而返。策妄阿喇布坦"拒納使臣科西圖(即克什圖)、保柱等人,詈罵遣回。""并搶取衣物,俾我使臣徒步赤身而歸。此乃前所未有。"㊼

策妄阿喇布坦拒絕清廷招降,使玄燁難堪至極,但又進退維谷:就此罷手,則當初豪言猶在眾耳;而冒然深入,一旦失利,玄燁權威即將受到質疑,故又不敢輕易涉險。戰事不到一年,玄燁即云"今澤旺阿喇布坦力亦不弱"㊽,"策妄阿喇布坦甚為詭詐,諳練征戰"㊾。玄燁苦惱的是,不知策妄阿喇布坦意圖何在，究竟於何處用兵。五十五年準軍偷襲青海一帶軍營馬匹，頓令玄燁風聲鶴唳。不過，玄燁表面仍充滿誇誕掩飾之辭："澤旺阿喇蒲坦如此小丑，何用朕親征？"準噶爾"乃極小之國"⁶⁰。"策妄阿喇布坦無知蠢動，侵擾我哈密，應發大兵即行殄滅，但朕好生爲念，不忍驟加剿除。"⁶¹實則清軍年年推遲進剿，空糜糧餉，皆玄燁倉猝興兵所致。

（三）西北清軍輓輸供給與五十六年"三路進剿"

清廷之所以不能動用更多的兵力深入進剿準噶爾，確有多種因素困擾著玄燁，而轉輸之難首當其衝，這又反映玄燁舉事輕率。

玄燁有親征噶爾丹前車之鑒，戰爭伊始便重視輓運糧餉："今欲用兵，兵非不敷，但慮路遠，運餉殊難。誠能輓輸無誤，令全軍得至策妄阿喇布坦之地，朕心始慰。"⁶²要想對清軍輓輸之難有更爲清晰的瞭解，先當確認前綫清軍的糧食需要。據五十四年六月議覆南路軍，除官員口糧另行配備之外，兵丁隨役"總計二萬人，按每人每月給發口糧二斗計算，每月需糧四千石。"⁶³而前引六十年富寧安疏言，"南路官兵及隨役，共三萬三千四百九十名，每月需糧六千六百九十餘石。自阿勒泰遣往官兵一萬二千名，計算隨役約二萬五千名，每月需糧五千石。"依此，包括士兵與夫役，平均每人每月消費糧0.2石，每年2.4石。此時兩路大軍士兵并夫役共約六萬人，合計一年共需糧十四萬餘石。即使以最低估計的南路運費每石三十兩通算⁶⁴，一年即需四百三十萬餘兩。康熙朝準部之役前後八年，僅西北兩路糧食運輸費用一項，總計當超過三千萬兩。

清軍糧餉輓輸工程鉅大，分爲內綫與外綫兩部分。先述內綫。

南路由西北重鎮肅州出嘉峪關至哈密、巴里坤，輓輸綫路迺沿河西走廊故道。除用馬騾、駱駝運送之外，又從山西、陝西徵調小車三千輛，每輛用夫三名，共計九千人；從嘉峪關至哈密設置十二站，每站二百五十輛，連續遞運⁶⁵。從哈密至巴里坤共設六站臺，由兩處兵丁用駱駝遞送⁶⁶。肅州至巴里坤共一千六百五十餘里⁶⁷。以日程計，五十四年富寧安曾率頭隊兵丁從肅州至巴爾坤，將近二十天⁶⁸，輓輸當更費時日。清廷最初擬南路軍糧使用甘州儲存和就地採買，并莊浪、西寧、鞏昌三地舊儲粟米尚有四萬石，先以三萬石運往甘州，無需鄰省協運，足供大軍支用[69]，再經沿途驛遞大路可直抵哈密。然依上引富寧安所奏，一萬二千人每月需米五千石，則一年需六萬石。即使甘肅各地儲糧不虛，四萬石亦僅供南路軍支撐大半年，之後即需採買轉輸[70]。戰爭頭兩年，南路軍發生糧草軍馬不濟，主要原因在準備不足。經玄燁大力整飭，運輸狀況似頗有好轉。五十六年玄燁駁斥劉蔭樞："渠云雪深三四尺，米糧難運，水草缺乏。今糧亦運到，馬匹亦肥。"[71]五十八年富寧安疏奏："自哈密至巴里坤，今已成通衢。"[72]看來南路外綫輓輸渠道甚是通暢，問題在於內綫供應能否源源不絕。

北路運輸之難，較南路尤有過之。揆諸史籍，乃由歸化城附近糧儲基地湖灘河朔爲起點，度越漠北向西北，經翁金河至推河共七十臺站[73]；然後再向西，經烏里雅蘇臺、察罕叟爾抵科布多。五十四年六月，曾擬兩年內從湖灘河朔運送二萬四千石於前綫駐兵之處：本年在直隸、山西採買一萬二千石，於七月運至湖灘河朔；明年再從山東、河南採買一萬二千石，於明春送至湖灘河朔。所需騾馬三萬隻，亦分別於四省同時採買[74]。隨後玄燁又恐屆冬騾馬不耐嚴寒，供給不繼："現今運米一事，朕甚爲躊躇。近日直隸、河南巡撫奏稱，牲口已如數起解；又稱因雨水過多，恐泥濘不能即到等語。看來今歲雨水實大。此項牲口到湖灘河朔定疲瘦不堪。且前去路遠，必值冱寒之時，迨回時更屬歲暮嚴寒，人與牲口不慣受冷，必致傷損。所遣大臣雖欲竭力圖效，亦無可奈何。滿洲、索倫、蒙古兵糧若能節用支持到明年五月，則今歲預備齊畢，來春青草一發，運米前往，于計爲得也。"於是又議增買駱駝三千隻，保證冬運。現有官駝僅一千隻，所缺二千隻令在口外蒙古地區採買。隨後駱駝數量大增，令于內蒙古蒿齊忒、蘇尼特等旗各買四千隻，至冬又令喀爾喀左翼車臣汗協濟六千隻[75]。三萬隻馬騾和萬餘匹駱駝，運夫及護送兵丁亦當不止十萬人。如此龐大的運輸隊伍往來於數千里草原戈壁，可謂空前奇觀。五十六年十月，負責阿爾泰一路的兵部左侍郎李先復回京復命："臣等向未至口外，初以爲難。今二年運米往返六次，處處悉得水草，始知其易。"玄燁甚是得意，曰："口外路徑，未經者輒謂其難。伊等運米兩年，便知其易。明年若再運米，益不啻輕車熟路矣。"[76]兩年內往返六次，則北路運輸似通行無阻[77]。五十五年初，玄燁云：“喀爾喀一路都統穆賽（接替費揚古）所統之兵，俱係滿洲、蒙古熟練之人，并無糧餉不足等事。”⑱

五十八年十月，督理軍餉侍郎敦禪疏言：“臣於康熙五十六年八月中，收都統圖思海等先後運到米三萬五百石。已散給官兵一萬七千二百五十餘石，存米一萬三千二百四十餘石，足支八月。”⑲都統圖思海掌管喀爾喀一路輓輸⑳，此僅指北路而言。此時奏報五十六年運至米石，則兩年內未有繼運可知。五十六年八月得米，至此已兩年又兩月，而止散給官兵一萬七千餘石，是知此前發兵必隨軍帶有口糧㉑。云所餘一萬三千餘石足支八月，則每月爲一千六百五十餘石。仍以每人每月消費0.2石計，所供給的軍隊人數當爲八千人。待北路軍增至二萬三千人，若運輸規模不變，則三分之二的軍士不能依賴轉輸供給。北路軍多由蒙古各部組成，必以牲畜或屯田所獲青稞爲補充。

塞外漠北大規模運輸，必賴國內轉輸爲保證。湖灘河朔作爲北方糧儲基地，形成於征剿噶爾丹時期。此前清廷爲安輯內蒙古，多儲糧歸化城。康熙二十七年，噶爾丹東侵，喀爾喀部衆遷徙清朝汛界，玄燁即命以“所運歸化城米糧均散賑濟”。㉒隨後喀爾喀潰敗南逃，清廷“口上積糧，特爲衆蒙古計”。乃以喜峰口、張家口、古北口、獨石口、張家口、殺虎口儲糧施賑㉓。同時，清廷準備迎擊噶爾丹，又從五口加緊修築驛道，設置驛站，分別通往“邊外蒙古地方”，即科爾沁、烏朱穆秦、蒿齊忒、歸化城、鄂爾多斯諸部，而糧草集中貯存歸化城㉔。湖灘河朔地處歸化城西南百餘里，有河道與黃河相連㉕，地理位置和條件更爲優越。三十一年，玄燁爲解決寧夏運米西安的困難，發現此道㉖，故湖灘河朔迅速發展成供給北方的糧儲基地㉗。後來征剿噶爾丹，玄燁中路大軍糧草供應不絕即賴此。于成龍供給費揚古西路軍，亦從湖灘河朔起運㉘。或擔心出征行糧殆盡，玄燁曰：“如糧盡，則取湖灘河朔之米，何慮之有？”㉙足見湖灘河朔貯積充實。五十四年準部之役前一月，內蒙及喀爾喀蒙古等十四旗受災，喀爾喀五旗即由“湖灘河朔存倉米石散給。”㉚湖灘河朔儲糧，當由大同及上述長城五口轉輸㉛，而其夫車、駝隻供給，則由大同㉜。準部之役興啟，北路大軍供給即全賴湖灘河朔。

南路內綫，甘肅所屬西寧、蘭州、臨洮、鞏昌、莊浪皆儲糧之地㉝。輓輸綫路有兩途：北面爲山西大同至寧夏保德州、花馬池及甘肅肅州、涼州、西寧、莊浪、蘭州驛道，此綫路亦始於平定噶爾丹之役⁹⁴；但主要運輸綫路起點在西安，由河西走廊運至甘肅。陝西糧產不豐，米糧運輸則依賴河南，其次爲湖廣襄陽。如何將內省之米運往西安積貯，自來備受玄燁關注。

玄燁以多路輓輸接濟陝西的設想，始於康熙三十年賑濟陝西大旱。其中從歸化城、湖灘河朔水運至陝，不免道遠勞苦，至三十二年即予放棄⁹⁵。同時，玄燁又"命江南、湖廣三十萬餘石米送至潼關、蒲州等地預備，故陝西之民斷然無妨"。⁹⁶起先試圖從河南溯黃河而上，并由漢水上游襄陽以水陸轉輸。兩條路綫均困難異常，而"黃河上自三門而下，建瓴之勢如同奔馬"，逆水輓運尤艱險。督辦各臣竭盡全力，卻得不償失。此舉曾引起朝廷議論，玄燁亦承認："此無益之事，朕早已知之。"⁹⁷

四十二年玄燁西行至陝，謂地方督撫："秦省爲天下要地，時廑朕懷。曩者連歲荒旱，所司未經奏報。朕訪聞得實，即多方籌畫，運米拯救，一由襄陽運至商州，一命河臣由黃河運至潼關，一由湖灘河朔運至渭河，一由甘肅運至西安，分行賑濟。"⁹⁸迨由河南回鑾，重申"河南居各省之中，水路四達，最爲要緊之地，應于此地儲積米穀。倘山、陝等省間或歉薄，即可將此積貯米穀，修造船隻，由黃河輓運。"其積貯之米，則擬截留豫省漕糧。"豫省每年解京漕糧二十萬石有奇，若將豫省三年漕糧截留備用，則陝西等省雖值歉收之年，將此米穀運至彼處賑濟，殊屬有益。"⁹⁹次年，命豫、山、陝三省撫臣及四川總督分別考察汴河、汾河、渭河及三門峽砥柱¹⁰⁰，其中關鍵又在由豫至陝黃河段逆流而上。玄燁對此曾空發奇想¹⁰¹。然經各省督撫會勘合疏，以爲"溜急灘多，行舟艱難"，仍請陸運豫省漕糧¹⁰²，玄燁得意之筆祇能束之高閣。五十九年七月，再次命漕督施世綸前往勘察河南至陝西河道輓運，并協同川陝總督鄂海辦理糧餉¹⁰³。此時正值西藏平定，大軍雲集西北，下一步即欲進剿準噶爾。故玄燁不惜代價，堅持增添黃河水道轉輸豫省漕糧¹⁰⁴，但仍無成效。次年五月，戶部等衙門議覆：奉差陝西賑濟漕運總督施世綸疏言，以原先河南所運米十萬石所剩無幾，擬再由河南、湖廣各運十萬石至陝¹⁰⁵。可知陝西之米，主要仍由陸運。

中國北方均非產糧大省，河南漕糧長期採買他省¹⁰⁶，列入漕糧七省名不副實。漕糧爲京師命脈，每年四百萬石，非特恩不予蠲免。各省徵收地丁錢糧，首先保證漕糧足額[109]。漕運條例森嚴，犯者無赦[110]。時人議論："糧運之費，每年治理河工，修造船隻，雇募水手縴夫，一切官役俸工，論者謂約糧一石當費銀六兩餘而後達倉。凡官祿兵糧皆取於此。"[110]康熙三十年大學士議奏："臣等會同戶部確查米數，現今倉內儲米七百八十萬石有奇，足供三年給放。"[111]據此，則京師八旗官民每年所需不過二百六、七十萬石，僅漕糧四百萬石，可剩餘一百三、四十萬石之多。北方諸省受災民眾往往就食京師[111]，八旗兵丁亦多以份糧放賣[112]，原因即漕糧定額超過京師實際需求，可知漕運亦在為經略北方。準部之役一年之後，玄燁謂大學士曰："閱今歲督撫等奏摺，陝西、山西、河南、山東等省二麥豐收，乃京師麥價未見甚減。京師所賴者，山東、河南之麥。此兩省俱通水路，不知一年販來幾何？"[113]每年漕糧已多有餘存，而猶需山東、河南之麥，京師實為北方糧食轉運樞紐。準部之役一經發動，清廷國家機器便開始加速運轉起來。

眾所習知，康熙中期經營東北，驛站由吉林烏喇一直延伸至數千里之外墨爾根、黑龍江城，又從寧古塔北向拓展至白都訥、齊齊哈爾[114]，築城駐軍，運輸不絕。康熙末年廣東、福建災荒，朝廷有能力在南方大規模越省運米賑濟。終康熙一朝，京通倉米始終充足，并無後顧之憂。儘管西北戈壁沙漠，路途遙遠，然康熙朝準部之役，三、四萬清軍畢竟支撐八年。有鑒于此，玄燁若能未雨綢繆，周密實施，輓輸雖難，非不能至。而如前述，清軍起初供給困難，主要原因是興師倉猝。

戰事之初玄燁雖云"運餉殊難"，但虛矯的心態又使其低估這場戰爭的困難。玄燁誇口："今若三路進兵，或即行進剿；或前逼近彼處，遣使招降。度今所用錢糧，最多不過三、四百萬可以足用。著戶部動支正帑運送。"并先將鹽課銀四五十萬兩解送陝甘[115]。據前文估算，所謂三四百萬兩可以足用，殆僅當一年輓運之費。這一數字並不像國外學者估計的那樣嚴重，僅較山西省一年地丁錢糧略多，約相當於康熙朝一年賦稅總額十分之一，而當時戶部庫銀亦超出此十倍有餘。玄燁以為區區三四百萬即可敷衍，其意必以清軍馬到成功，何曾預料戰事將遷延不決。

五十四年年底，戰事興起方半年，玄燁即憂心忡忡謂大臣曰："用兵之際，運糧果係要緊。馬斃則糧誤，糧誤則人必至於死。近解巴爾庫爾處之一千二百匹馬，死者八百有餘，以致誤事。所遣噶斯路兵，亦因糧不到撤回。此即明證也。今澤旺阿喇布坦力亦不弱，不可不及。"⑯當年終於未能進軍，實因糧餉難繼⑰。次年初玄燁坦言："去年駐防哈密二百名兵戰敗策妄阿喇布坦時，衆大臣俱欲進兵，如果彼時即行進兵，路途遙遠，米糧焉能接濟？現在駐紮，食用米糧尚不能接續，若彼時即行進剿，不知作何景況矣。"⑱足見清軍雖勉力開赴前綫，但無力繼續深入，只能耀兵境上。至於下一步如何，玄燁尚無算度。

僅過一年，清軍糧餉不足、軍馬短缺、器械朽壞種種弊端暴露無遺。五十五年南路統帥席柱撤職，即因"米糧不能接濟"。玄燁起初認爲"米糧不能運至，皆由水草不足之故"。而今年不能進兵，乃因席柱未能通盤籌畫，無將領之才，且所率軍士"尚未熟練"⑲。監軍侍衛滿泰奏報："將軍席柱缺少兵丁盔甲器械，倒斃馬匹一萬四千有餘。"⑳席柱革職回京受審。陝西巡撫鄂海揭露："巴爾庫爾留駐兵丁帳房、衣帽等物俱已破壞。"㉑經審理皆實。"所率滿洲、綠旗全軍內，無甲冑者八千餘人。查看兵丁之馬匹，共缺少一萬四千四百六十匹。"加上"屯田牲畜、田器、籽粒不能備辦，管轄官兵之員不行加意遴選"，席柱擬處絞㉒。玄燁將責任全部推到席柱身上，云其"任都統時，放官及放披甲、撥什庫，混索賄賂。此處朕并不知。及爲西安將軍，受賄貪濫不堪"。由是感歎"今舊人俱盡"，"昔年所用武大臣邇來俱盡"。痛斥前綫將領"不諳事體，瑣屑侵扣，不能約束兵丁，兵丁全無畏懼，法度大爲廢弛"；或有"不顧品行，聲名不堪"㉓。然席柱薦升至都統，一直在京，玄燁焉得謂不知？玄燁命其爲西安將軍，許爲"才技優長，爲人耿直"㉔，今責其貪濫無人不知，則豈有知人之明？玄燁情急失言，無非掩飾自己倉猝興兵，以致軍需不濟之實。

犧牲席柱一替罪羊，并不能改變軍隊現狀。不僅前綫，西安駐防滿洲兵情況也同樣堪憂。總督額倫特奏報："查得西安原有駐防額定馬甲兵共計七千人，每馬甲兵配備馬各三匹，甲冑一應軍械皆齊備。今奴才抵達之後，查得除出征之三千三百披甲外，留守之三千七百披甲，共計欠馬五千一百六十八匹，甚至甲冑、軍械等項亦不齊全。"㉕此時玄燁總算清醒過來，爲鼓舞前方士氣，一面補充馬匹糧草，一面免除綠營兵丁出征所借款項，使南路軍能"秋毫無犯"㉖。同時又將進兵推至兩年之後。"朕綜理軍務年久，經歷甚多，且曾親統大兵安定邊塞。衆議欲於明歲進兵，又慮路遠，糧米難運，其見不可謂非。但大兵進剿，策妄阿喇布坦勢不能當，必致逃避。明年著暫停進兵，加意耕種，將糧餉馬匹預備整齊，後年再行進兵。"[122]玄燁雖不承認自己舉措輕率失當，實則煩燥不安。《起居註》五十五年十月十二日，玄燁云："朕勞心政治，從前微有怔忡，久已痊癒。今年朕於口外水土好處調養，朕躬較往年甚屬康健，在外并無他恙。近日又微覺發動。"其焦慮之由，即在前方供給不足。"兩路軍兵駐紮邊塞二三年矣，勞苦殊甚，衣服亦將損敝，朕深加軫念。"[123]

大舉勞師進入第三年，沒有一場勝利是說不過去的。所以，哪怕僅僅取得一場表面上的勝利，對於玄燁都將是極大安慰。

自玄燁興師大舉以來，策妄阿喇布坦一直未與清軍正面交鋒。據《實錄》、《方略》，準軍祇有兩次小股部隊偷襲。其一爲五十四年五月，準軍派兵至哈密城北。應哈密佐領色珀爾之請，清軍前方總兵移駐於此，此後便長期不見動靜[129]。其二是五十五年十月間在青海噶斯口一帶清軍馬場偷盜馬匹，旋爲駐守清軍擊退，遁走時執青海台吉羅卜藏丹濟布而去[130]。隨後青海方面又"無事無息"[131]。顯然，準軍這兩次騷擾都帶有試探虛實的性質。次年，策妄阿喇布坦避開清軍正面防綫，派策零敦多布率軍由西部翻越雪山入藏，或與這些試探有關。但總的來說，策妄確實給玄燁造成一種純粹被動防禦的印象，似乎被哈薩克和俄羅斯弄得應接不暇。而玄燁從多方面得到的情報似乎又進一步證實了自己的推測。五十五年，玄燁由祁里德奏報得知，俄羅斯西伯利亞方面和土爾扈特部正在對準噶爾施加壓力[132]，也將加強玄燁急需一場勝利爲滿足的僥倖心理。五十六年七月所謂三路進剿背景就是如此。

籌畫中玄燁仍猶豫再三，頗費周折。五十五年商議進剿，祁里德曾擬"(南路)巴爾庫爾之兵若前進，必易得吐魯番，乘勢即可攻取朱爾土斯地方。(北路)相應選兵一萬六千，分爲兩路，一由布拉罕河，一由額倫哈必爾漢前進"。[133]年底，玄燁遣侍衛郎泰往諭富寧安："明歲暫停進兵之故，朕親加籌度，復命議政大臣等詳議，已降旨與兩路出征大臣矣。遣兵襲擊之處，爾等與富寧安彼處大臣及公傅爾丹并厄魯特、喀爾喀王貝勒貝子公等會同詳議具奏。"富寧安奏報，自肅州至巴爾坤，沿途運輸無誤，"運至哈密之米堆積甚多，運至營內積米亦甚多。"巴爾坤一帶滿洲、綠營馬匹"膘皆肥壯，牧場甚好"[134]，進軍無虞。此前祁里德亦奏請，"巴爾庫爾之兵若前進，必易得吐魯番"，不必待至後年，"必由明年進兵，始爲有益。"這些奏請著實誘人，故玄燁又諭議政大臣："祁里德奏請明年必宜進兵，意見亦是。在祁里德必有確見之處，或一應糧餉馬匹俱已齊備，有易於成功之機會，亦未可定。"遣使臣先後赴祁里德處及富寧安處商議："倘明年進兵之處稍有遲疑，即照朕從前諭旨，將襲擊之處詳議具奏。"[133]

至五十六年三月，玄燁終於堅持原意，不作進剿，只派大軍前往襲擊。原因即在兵力不敷，與前方統帥要求相去甚遠。北路祁里德奏請一萬六千人，但基本兵力仍爲滿洲兵三千人[134]；其餘需動員蒙古各部配合，卻並無保證。《滿文硃批》云此際"阿勒泰路有三四萬兵"[135]，顯係誇大之詞。南路富寧安先奏請進派八千五百人分路進剿吐魯番、烏魯木齊。襲擊之後，富寧安再次請求征剿，將兵力增加二千至一萬五千人[136]。可知五十六年往襲時，南路兵員爲一萬三千人，與五十七年大舉增兵後的二萬一千相差不少。

玄燁究竟作何考慮？《滿文硃批》所載上諭原件較之《實錄》所載更說明問題：

> 兹我等所議之兵爲最輕裝進征而預備者。若以武力攻取吐魯番，或使降順，則吐魯番即如哈密爲我屬地矣。若業已攻克而不能常保之，可乎？僅以此兵力似乎薄弱。凡事不可沒有預見。策妄喇布坦若大力來援吐魯番，或吐魯番人等復變，彼時不能守，棄之而回，則關係大矣。此事軍前之臣若詳細籌畫仍猶豫不定，則仍照原議征後返回爲好。至兵征之事，須相機而行。面對征剿大軍，若策妄喇布坦兵營自亂，紛紛潰散，頻頻來降，攻取甚易，又豈可奏請候旨？身爲將軍，凡事宜果斷而行，不可優柔寡斷。[137]

在玄燁看來，能得吐魯番固好，卻又擔心策妄阿喇布坦舉國迎戰，則清軍勢將難敵，必得而復失；同時又心存僥倖，冀望策妄阿喇布坦之軍"紛紛潰散，頻頻來降"。籌備大半年，玄燁依然患得患失，並無定見：清軍進剿不無困難[138]，富寧安所奏情形未必可信，故不敢孤注一擲；而停止進剿，頓兵於關外兩年之久，又顯得無所作爲，將何以服衆？於是將此難題拋到將領身上，聽任富寧安等所請，越過吐魯番而進抵烏魯木齊⁽¹⁴¹⁾。而富寧安、傅爾丹之主動請纓，當然是因對準部設防情況比玄燁瞭解得更清楚，清軍并無風險，也懂得玄燁需要一場保全面子的勝利。玄燁仍不放心，指示前方將帥，進逼"烏魯木齊及厄爾齊斯河、烏圖等處，應擊則擊，應取則取。有不便襲擊之處，仍將兵整隊而回。"⁽¹⁴²⁾

出乎玄燁意外，此時策妄阿喇布坦正實施偷襲西藏，故收縮東境防綫，堅壁清野。清軍"六月二十六日由巴爾庫爾進發"，"七月初三日至烏蘭烏蘇地方"，拿獲哨兵數人⁽¹⁴³⁾。"於七月初十日至烏魯木齊，擒獲回人探問準噶爾消息。即于十一日率師前進至通郭巴什，分兵搜其山林，擒獲回衆男女一百六十九人，所獲駝馬牛羊無算。其烏魯木齊、塞音塔拉、毛塔拉等處田畝悉踩躪之。於十二日整兵而歸。"⁽¹⁴⁴⁾清軍前行僅半月，除俘獲幾名哨探和百餘名百姓之外，幾乎毫無所得，此即清軍三路"進剿"的全部戰果，也是戰爭第三年初次深入到烏魯木齊⁽¹⁴⁵⁾。然而玄燁卻欣喜欲狂。

《起居註》七月二十日壬申，玄燁在熱河，馬齊奏曰："觀將軍富寧安所奏，襲擊之兵一進，即敗澤旺阿拉蒲坦哨兵，擒其二人。不出皇上睿算之中。今伊等必共相驚恐，此後捷音自應相繼而至矣。"玄燁又顯得成竹在胸，曰："澤旺阿拉蒲坦之人，皆烏合之衆，其心不一。我大兵一到，即或降或散。朕經理軍務已久，老年每事謹慎，所以用襲擊之兵。"《實錄》前一日辛未，初聞富寧安疏報獲策妄哨兵二人，玄燁批旨：

> 朕年日增，血氣漸衰，故此事（按：謂大軍進剿準噶爾之事）遲疑至今。如當朕少壯時，早已成功矣。然朕以老年之人，籌畫調遣無不符合者。此即軍機之吉兆也。初兆既吉，終無不吉矣。此疏著示皇子及衆大臣。

兩書所記實爲一事。《實錄》所錄批旨，起居註官不得見，非敷衍失實。這場襲擊對於玄燁有如一針強心劑，此前的憂慮猶豫一掃而光，腦中又湧現平定三藩、噶爾丹的種種神話⁽¹⁴⁶⁾。此後玄燁久久沉醉於此，謂議政大臣，西北"三路襲擊軍兵俱遵朕指示，成功整旅而還"。臣下逢迎道："自逆賊策妄阿喇布坦起釁以來，一應軍務，皆系皇上睿慮周詳，預行指授。賊不能當我軍銳氣，驚駭逃竄。今三路襲擊兵俱獲成功旋師。"[147] 九月下旬，玄燁仍向滿洲閣臣馬齊、松柱吹噓："朕料理軍務年久，屢次親統大軍。滿洲兵只用二千，蒙古兵只用五千，朕親統時，任意所向，綽然可以成功。""今扎薩克蒙古等，雖不給與糧餉于伊等，該管王、台吉等皆實心效力。"[148]

策妄於清軍面前故意示弱，以隱瞞另派大軍偷襲西藏的意圖，可謂善於用兵。奇怪的是玄燁，前方大軍三路掩襲，僅獲探哨數人，其實無功而返，何至得意忘形至此，認定策妄部衆即成鳥散之勢？所謂"當其少壯之時早已成功"，意謂此時年老持重，籌畫調遣更爲周密，成功雖屬來遲，但確信其必至。所云"吉兆"，乃不啻夢囈；而汲汲以示之衆皇子，則其篤信不疑又可知。玄燁用兵兩年有餘，未見任何實效，以年老之人，久處疑慮之中，期冀過切，驟有所得，自不免幻想時現。

玄燁處於此種心理驅使之下，即很難對不利的情報進行冷靜思考，發現其中隱藏的危機。西北清軍所謂進剿大捷之時，西藏方面拉藏汗已于達木被準軍擊潰，困守於大小招、布達拉幾個孤立據點，坐以待斃。拉藏緊急向清廷呼請救援，玄燁即或覺察事情不妙，仍拒絕相信準軍偷襲西藏成功，甚至懷疑拉藏與策妄阿喇布坦相勾結，詳參本文前篇。玄燁這種錯誤判斷，即與此時陶醉於西北大捷有關。然而此後不久，西藏徹底落入準軍之手終無可疑，而西北兩路清軍又不能有所進展，玄燁實處於開戰以來最爲狼狽之境地。絕望之餘，乃於五十七年十月派道士李慶安赴富寧安軍中，作法助陣，并賦予其摺奏，與策妄阿喇布坦交涉及進京禀奏之權[149]。李慶安摺奏前往策妄之處，玄燁硃批："若往策旺拉布坦前，必定成功！"並特加圈紅[150]。吾人祇知玄燁平日祈佛求道，豈料其於疆場兵戎之事，亦借重方外之士如此。

準噶爾佔領西藏於玄燁心理產生何種衝擊，是我們必須關注的。五十七年初，西北前綫統帥請按原部署奏兩路進剿，遭到玄燁嚴厲訓斥：

> （西藏）雖其虛實未可懸定，而傳聞拉藏有陣亡之信。若策妄阿喇布坦果帶妻子前往西藏而去，我國兩路大軍即至伊里地方，恐屬徒然。[151]

此語最能道出玄燁內心驚恐絕望。以前玄燁心中擔憂與僥倖并存，且時時以幻想來驅除憂慮，一旦得知西藏失陷，兩三年來西北大軍徒勞無功，必至羞憤難當，欲哭無淚。當初他惟恐兩路大軍稍有閃失，於既定方針絕不變通。至此纔發現策妄根本無意與清軍相抗，卻轉襲西藏成功，清廷兩路大軍如同廢棋，徒糜糧餉。西藏一失，迫使玄燁不得不暫停兩路大軍進剿，重新搜羅大軍，將重點轉向西藏。他屢次自吹用兵如神，聲稱策妄阿喇布坦小丑不足滅的豪言，以及坐收漁人之利的幻想，終成天下後世笑柄。

二、盛世心態與玄燁內心的滿漢糾葛

毫無疑問，戰爭進行到此，失敗的一方是玄燁。美國學者濮德培強調準噶爾地理遙遠，戈壁荒漠，清軍糧餉運輸不易，誠爲睿見卓識[58]。然細檢史籍，西北清軍最初供給困難，主要是因準備不足；而真正發生糧餉不繼，則在康熙六十年以後[59]。但我們必須考慮到，五十七至五十九年玄燁用兵重點並不在西北，而在西藏。即使如此，準噶爾亦未對西北清軍作任何反擊。儘管康熙末年清朝國內社會經濟現狀不如人意，但整體國力畢竟遠勝於準噶爾，且在戰爭中逐步形成大規模長途轉運能力。所謂輓輸困難，並非不可克服。所以，我們有理由推測，如果戰爭開始之前玄燁能慎重其事，準備充分，一旦興師即全力以赴，積極尋覓戰機，西北清軍未必無所作爲；或一開始就如後來那樣，在增兵西北的同時，派大軍從青海、四川、雲南三方面威脅西藏：無論是哪種情況，策妄阿喇布坦都難以出奇制勝，分兵入藏。迨西藏爲準軍佔領，清軍已在西北白白消耗兩三年。玄燁雖於五十九年派大軍進藏，驅逐準軍，然已歷時年久，海內虛耗，清廷後繼無力，很難再深入征剿準噶爾本部。

我以爲，問題的關鍵恰在於玄燁興師之初的意在耀兵，同時又心存僥倖，不肯傾全國之力以爭西北一隅，由是造成日後的難局。因此，我們很難同意濮德培似是而非的判斷，認爲清軍是由于在西北無功，故而轉圖西藏；而且，玄燁五十四年之後的身體精神狀態，也並非如他所描述的那樣不濟，以至衰弱昏聵到不能處理政事[60]。顯然，問題的提法應是，玄燁既久蓄剿滅準噶爾之心，清廷在人力物力上俱佔優勢，何以會輕啟戰端，打一場毫無準備的戰爭？或者說，玄燁究竟受何種心理驅使，使他弄兵於準噶爾邊境？

（一）玄燁的盛世心態與正統之爭

胤禛《大義覺迷錄》盛推乃父"在位六十二年，仁厚恭儉，勤政愛民，文德武功，超越三代，歷數綿長，亙古未有"。此爲子述父聖，不無溢美之嫌。竊以玄燁謹慎謙避，出言或不至此。而檢《康熙起居註》五十三年六月初六日，玄燁於熱河行宮與滿洲大臣論及有清代明曰：

> "朕自幼讀書，聽政已久，治國之道，莫要於寬舒。今天下承平無事，故凡已至七十、八十之人，每以年老爲恨。"揆敘奏曰："今生聖世者，皆有福之人也。"松柱奏曰："先前官員等，年至五六十，率欲致仕，今逢盛時，即至七十餘歲尚不忍辭官也。"[159]

以生於當世爲有福，則玄燁之於萬民恩德何以復加，斯世非盛世而何？玄燁雖多次表示反感臣下諛頌之詞，然此表明，滿洲君臣實則皆以清朝開創空前盛世而得意非常。此爲準部之役前一年。迨戰事第三年，玄燁又于《面諭》高倡"自古得天下之正莫如我朝。"[160]則興兵征討，亦爲盛世之標志。胤禛所云"文德武功，超越三代"，實承玄燁自評。

《起居註》五十四年二月二十二日，玄燁於巡視畿輔途中面諭直隸巡撫趙弘燮：

> 朕每年春間行幸水澱，近見民生雖不能家給人足，比之往時，亦謂粗可。但村莊之中誦讀尚少，況移風易俗，莫過於讀書，非此無可上進。朕思畿輔之地乃王化所先，宜當窮鄉僻壤皆立義學，覓人教書，亦勉勵孝弟，可望成人矣。爾即遍示村莊，皆知朕崇文好學之深意。

與上年玄燁君臣對話合讀，可以推斷，玄燁已擺脫廢黜皇太子以來的心理危機。不出兩月，即有準部之役。也就是説，這場戰爭發起於玄燁太平興致正濃之際。

當初玄燁討伐噶爾丹，秣馬厲兵，廣造輿論，衆目彰彰；而準部之役之前竟毫無踪跡可尋，難免令人覺得突兀。但我并不認爲玄燁一直於暗中積極策劃，史籍上連篇累牘的致天下承平皆爲掩飾之辭。第一，如前所述，根據玄燁爭正統概念，對外征伐與承平盛世二者非但并行不悖，且相得益彰，否則即不足以稱"自古莫如"。而且在玄燁看來，準部之役意圖既在青海，則對準噶爾只需示以兵威，即可令其束手，因此無庸全力以赴，也無礙于天下承平。至少其初衷如此。第二，自四十七年廢皇太子以來，玄燁背負著鉅大精神壓力，爲爭取清王朝的合法性，消除漢人對滿洲統治的質疑，必須而且也確實在爲國內臻於承平而汲汲孜孜，因此無暇籌劃一場真正意義上的戰爭。正是這兩點，決定了準部之役的性質與形式。

清廷公然倡言"得天下最正"，始自康熙五十年戴名世案[157]，即四十七年初廢皇太子之後而五十一年再廢之前。玄燁與胤礽的衝突，表面看來是父子之間長期失和，彼此猜疑積累所致，而更深層的原因，則需追溯到玄燁堅持滿洲家法與漢族士大夫傳統的較量。玄燁將皇太子視爲一注籌碼，從而引起父子雙方嚴重心理失衡，導致最終不可收拾。而胤礽被廢的影響，也遠不止於諸皇子的明爭暗鬥，更重要還在於引起玄燁統治信心的動搖，懷疑大清是否仍爲上天眷祐，國祚是否能久長[158]。此爲玄燁不願觸及的隱痛，儲位懸而不決，以及突如其來的準部之役，皆與玄燁此種心境有關。

五十二年，玄燁就臣下疏奏立儲批旨云："必能以朕心爲心者，方可立之"[159]，顯然指未來嗣君當如玄燁一樣，能體現大清得天下自古最正。但在此之前，卻必須先創造出一個超越三代的規模和氛圍，方能證明天命仍在大清，其國祚綿長無可置疑。而太子既廢，這一任務就祇能由玄燁本人承擔，頗似漢武之謂昭帝"吾受其勞，君享其成"。

尤可注意的是，初廢胤礽前夕，沉寂二十餘年的明崇禎"朱三太子"重新現身。至此清已入關六十餘年，明朝宗室雖屢經撲滅[160]，居然餘孑猶存。民間抗清勢力蠢蠢欲動，仍以其相號召，故使明朝亡靈始終在玄燁心中糾纏[161]。而康熙朝立儲三十年之後，國君繼嗣之間卻猜疑日深，當初玄燁希冀"垂之永久"來培養的皇太子胤礽，竟不得善終。玄燁乃至預見目睹諸皇子互相殘殺，自己含笑而歿。故其驚恐之餘，不惜背信棄義，將"朱三太子"一門慘加屠戮，必令朱明血統斷絕，以阻遏天命。至戴名世《南山集》，不過論史法，以明清嬗代之際南明三藩統緒當存。玄燁神經過敏，藉此大興文字獄，實行嚴厲思想封禁[162]，無疑出自內心極度緊張和擔憂，深感清廷統治并不穩定，合法性仍爲漢人質疑。此平定三藩以來所未有，故玄燁不能不全力應付。

若就外部形勢而論，康熙三十年喀爾喀并入版圖，三十六年殲滅噶爾丹，青海蒙古台吉朝覲，已令玄燁極爲滿足[163]。外部糾紛一旦解除，玄燁便轉向國內修養生息。四十四年拉藏汗攻占拉薩引起西藏政局更變，玄燁支持拉藏捕殺第巴，又指使其拘送六世達賴，派赫壽前往安置新六世達賴坐牀，皆反映其欲染指西藏。然此後拉藏拒絕清廷插手，與策妄阿喇佈坦聯姻通使，玄燁雖悻悻然，無奈一時不能大動干戈，唯先穩住青海，將來再作遠圖。四十七年，里塘胡必爾汗一經現身，西藏方面反應迅速，派使團前往調查，而清廷雖亦有所關注，然遲至五十三年方著手干預，當與玄燁注意力集中於國內有關。質言之，自康熙四十六七年以來，玄燁承受的壓力主要是來自國內漢人方面，而并非來自準噶爾的威脅。玄燁雖密切關注西藏、準噶爾形勢，但毋庸置疑，其當務之急則是致力於國內粉飾太平，營造盛世，以本朝成就證明大清得天下自古最正。康熙末年玄燁的一切舉措，皆以此爲宗旨。

就此意義說，玄燁借哈密一事發動準部之役，則又似營造盛世的必然之舉。在玄燁看來，準噶爾積極插手西藏，成爲西藏不安的策源地，這一判斷并不錯。玄燁若能持有正常心態和準確估計，則完全不必在西北勞師多年，僅固守西寧、青海一綫即可。可惜玄燁虛矯之心過重，倉猝興師，卻希望一箭雙雕，既施壓於準噶爾，又兼顧青海。若有機會滅掉或招降準噶爾，則不啻再次超越三代。而另一方面，準部之役必須服從玄燁的政治宗旨，維持承平盛世的外表，所以這又是一場輸不起的戰爭；由是又導致玄燁的更大錯誤，既已調發大軍，卻不肯全力爭勝。清軍進退戰守，皆由玄燁居京遙度，惟恐有失，根本原因即在於此。玄燁此種心理趨向及其矛盾根源，必須結合清廷政治形勢纔能充分把握。

（二）"家給人足"與"移風易俗"

上引玄燁論趙弘燮"移風易俗"、"家給人足"，殆非泛泛而論。當月初，糾纏多年的江寧巡撫張伯行與總督噶禮互參案呈奏，玄燁曰："張伯行向曾奏稱：'臣無以圖報，惟期風移俗易，家給人足。'乃撫吳幾載，風俗未見移易；民食維艱，所云'家給人足'者何在？朕自幼好學，聽政年久，從未敢以誇誕之詞輕出於口。"[164]可見二語專爲漢人理學名臣而發。

實則此前玄燁多次説過："民爲邦本，必使家給人足"；"總期藏富於民，使家給人足，則禮讓益敦，庶幾將臻雍穆之治"；"庶臻於家給人足之風"[165]。可見爲玄燁之口頭禪。三征噶爾丹之後，玄燁似又覺得此一境界難以企及，未必敢作此想[166]。但隨著形勢變化，家給人足變成玄燁爲大清爭正統的口號，不但樂於群臣如此頌揚，其本人亦以爲庶幾近之。五十二年玄燁六旬大慶，趙弘燮恭維道："我皇上久道化成，業已年無不登，家給人足。"[167]玄燁帖然受之。次年大學士九卿遵旨議時政："皇上至聖至明，臨馭天下，每事皆符合天心，故致時和年豐，家給人足。"[168]又可知此語爲玄燁專利，且富有政治含義。玄燁自詡不務虛誕，"雖未能家給人足，比之往時，亦謂粗可"，乃故作謙詞，更見其內心自負。何況盛世人丁繁衍，勢不能周遍充裕，玄燁已屢屢言之在先[169]。其令趙弘燮於窮鄉僻壤皆興義學，自信人心醇厚必由此務實之道，方可望移風易俗，致天下於極盛。要之，康熙朝之能臻于承平盛世，皆玄燁一手所致，此其莫大政治資本，絕不能由漢人分享。

　　玄燁致力於承平盛世最爲人稱道者，莫過自康熙五十年起三年內蠲免天下一週，凡錢糧三千二百餘萬兩[170]；五十一年又將人丁稅勒爲定額，此後"滋生人丁，永不加賦"，玄燁自詡"亦一盛事也"[171]。凡此皆爲空前之舉，"天恩浩蕩，真從古所未有"[172]。康熙朝大量蠲免錢糧，始於平定噶爾丹後致力於國內修養生息。至四十年，"各省錢糧前曾以次蠲免過二年"，即指歷年累積而言。隨後三年內，又分別蠲免江蘇、浙江及雲、貴、川、桂四省應徵錢糧。四十四年"戶部查自康熙元年以來所免錢糧數目共九千萬有奇"，玄燁曰："凡蠲除額賦，專爲小民樂業遂生，一歲以內足不踐長吏之庭，耳不聞追呼之擾，庶幾修養日久，馴致家給戶足，而民咸得所也。"[173]家給人足，正是玄燁臻於盛世的目標。

　　一舉而普蠲全國，發生在兩廢太子之際，於窺測玄燁心理，其過程頗可注意且甚有意思。四十六年江浙大旱，玄燁原擬將當年新徵錢糧酌量預留賑濟，并蠲免江蘇四十三年以前未完漕項[174]。迨四十七年十月初廢太子不久，玄燁即令江浙兩省次年地丁錢糧八百餘萬全部蠲免[175]。李煦摺奏云："奉上諭：蠲四十八年江南、山東、河南被災州縣應免錢糧外，又四十九年江南、山東、河南被災州縣地丁錢糧通行蠲免。百姓伏讀聖諭，歡欣鼓舞，俱稱連歲恩蠲，自古未有。"⑩必須注意的是，地方百姓對朝廷恩惠反映如何，自來爲玄燁極度關注。四十二年三月爲玄燁五旬慶典，故其特地匆匆結束南巡，趕回京城頒布恩詔。談到南巡諸省所見，自云：

> 耆老人民俱中心愛戴，雖童稚亦咸歡心瞻仰。是知民心皆一，用是益深軫念。

四十四年南巡途經山東，謂巡撫趙世顯曰：

> （沿途）夾岸黄童白叟，歡呼載道，感恩叩謝者，日有數十萬。

至江寧，謂總督阿山、巡撫宋犖曰：

> 編氓皆朕赤子，休息培養已數十年，雖至愚亦所深悉。所以扶老攜幼，日計數萬，隨舟擁道，歡聲洋溢者，皆由中而發，非假飾也。⑰

可見玄燁觀察何其用心細緻！贏得國内漢人由衷愛戴，正是玄燁的追求。⑰這些表述或經潤飾，但必出自玄燁本意無疑。

祇有充分瞭解玄燁的這層心理，纔能懂得他何以對蠲免格外重視。四十八年李煦反映江南百姓稱誦"自古未有"，恰與清廷此時的政治目標，即力爭大清"自古最正"相合，可以説正中玄燁下懷，不能不對其心理發生影響。於是玄燁又以"現在户部庫銀存貯五千餘萬兩。時當承平，無軍旅之費，又無土木工程，朕每年經費極其節省，此存庫銀兩并無别用"，欲將四十九年錢糧配備地方，並蠲免次年天下錢糧⑰。其諭户部："前後蠲除之數，據户部奏稱，共計已逾萬萬，朕一無所顧惜。百姓足，君孰與不足？朝廷恩澤，不施及于百姓，將安施乎？"祇因部臣擔憂庫存不足、用度調撥不便，方改爲三年輪蠲一週⑱。僅過三年，輪蠲天下甫畢，玄燁又因福建、廣東青黄不接欲行蠲免。户部尚書張鵬翮奏曰："頃蒙皇上特加殊恩，已令運米賑濟矣。且連年蠲免甚多，現今動用至康熙四十九年錢糧矣。"玄燁則答覆："即動用至五十年錢糧有何妨。今米雖運去，但足糊口，不能辦錢糧也。朕心惟以百姓爲重。蠲免之事不可遲延。"⑱此時上距二廢皇太子已經一年，玄燁亟亟贏得民心何等迫切。

必須指出，清初常年賦税收入，僅地丁錢糧一項即高達三千萬兩，幾與明末賦税常額與三餉加派總和相垺⑱。玄燁之能實行大量蠲免，根本原因即在於高額賦税遠遠超出地方百姓的承受能力，故而普遍積逋累累。所謂蠲免，實則是將竭澤而漁亦無法徵得的虧欠轉化爲朝廷恩惠，百姓乃"虛受蠲免恩"。玄燁于理智清明之時，未嘗慮不及此。二十八年南巡至山東，諭巡撫錢珏："第思百姓足，則國家充裕。若期比户豐盈，必以蠲租減賦，除其雜派爲先。"三十八年南巡，諭户部："額賦浩繁，民生拮据，歷年逋賦計算日增。江蘇、安徽所屬舊欠帶徵錢糧已及百萬。念小民方供新税，復急舊逋，物力維艱，勢難兼辦。""歷年正供錢糧，因輸納維艱，致多逋負。"[183]但身爲滿洲統治者，玄燁必須掩飾事實並歪曲歷史："朕屢經蠲免錢糧，何以仍然如此？想由明末傷殘，本朝休養六十餘年，元氣尚未盡復。或有司不善撫循之過歟？"[184]或歸咎小民不知節儉。玄燁曾不無焦慮："各省朕雖不時蠲免錢糧，屢加恩恤，而小民生計終屬艱難。"[185]李光地亦曾感嘆："朝廷一免江南銀米即二百萬，自古無如此之多者，只是天地間却不見有寬裕潤澤之氣。""國家免錢糧動數百萬，而民不感。"但仍秉承玄燁腔調，將原因歸結爲"總是無好官"，"想是官不好"[186]。殊不知康熙朝基本特徵之一，即在於決不真正實行減輕賦額，而寧願以不斷蠲免逋欠來宣揚"愛養黎元"的"古今第一仁政"[187]，用以造成大清得國最正的明證。與之相應，便是各地大量積欠和新舊兼徵，百姓永無喘息之日。稍稍檢閱史料，即知三年蠲免全國一週之後，地方上仍很快出現積欠[188]，故蠲免實際效果與政治意義截然有異，而史家竟多津津樂道有如不疲者。

在玄燁的大量言論中，似清廷得以蠲免錢糧，國帑充盈，全來自其節儉。"若非撙節于平時，安能常行蠲賑之事耶！"[189]"如人謂朕奢費，則户部内何現有銀四千萬兩有奇乎？"[190]"本朝自入關以來，外廷軍國之費與明代略相仿佛。至宫中服用，則以各宫計之，尚不及當時妃嬪一宫之數。三十六年之間，尚不及當時一年之數。"[191]玄燁信口開河，處處醜化明朝，無非要證實有清代明的合理性。另如："明朝費用甚奢，興作亦廣，一日之費可抵今一年之用。"[192]"朕每歲供御所需，概從儉約，各項奏銷浮冒，亦漸次清理。外無師旅餉饋之煩，内無工役興作之費。因以歷年節損之儲蓄，爲頻歲涣解之恩膏。朕之蠲免屢行而無國計不足之慮，亦持此經劃之有素也。"[193]玄燁謂大學士曰："朕御極以來，酌量撙節，不敢濫費，從古無如朕之節用者。"臣下亦趁機逢迎："不但如此節用爲從古未有，皇上愛民，蠲免天下錢糧，亦古所未有。"[194]然據《滿文硃批》，五十七年，清廷內務府屬在京二十七處各種工匠五千八百餘名，所屬勞力二十四萬餘，另雇用工匠近六千人，勞力五萬餘。"康熙四十二年、四十三年，廣儲司、營造司每年雇傭建造之各種工匠不逾四萬。設管理工匠處以來，每年雇傭各種工匠額逾五萬在案。"而未算及勞力[19]。明隆慶、萬曆時匠役萬餘人，還瞠乎其後矣！數十萬工匠勞力日夜營作不休，京師活脫一鉅大作坊，然玄燁竟敢誇耀節儉！《永憲錄》卷二上，雍正元年八月戊申"禁直省建慶祝聖壽道場"條上諭："聖祖仁皇帝御極六十餘年，四海之內無不食德飲和，淪肌浹髓。臣工黎庶無以致其感激愛戴之誠，故每于萬壽聖節，京師暨直省各建道場，將來必爲成例。從事奢靡，稽遲公事，更恐科派屬員，貽累地方，以有用之財，供無益之費，非朕以勤儉勵有位之心也。其宣佈中外，盡行停止。"擾民如是，以至胤禎繼位之初即不得不改其父道。康熙五十二年玄燁六旬大慶尤爲隆重，見諸《實錄》及各種私家記載，玄燁卻云："朕自六十年來，正旦之外，未嘗受慶。"[19]其節儉可信乎？節儉与蠲免，皆玄燁吹噓超越歷代的兩面招牌。反顧明萬曆初蠲免隆慶以來積欠，十餘年全國總額不過區區一百餘萬兩，與康熙朝相較，真小巫以見大巫[19]。

但平心而論，大行蠲免至少反映出玄燁爲贏得民心，不願社會矛盾過於尖銳化。玄燁一旦察覺到大清統治存在危機，便立即將爭取民心與力證清朝統治的最高合法性聯繫起來并發揮到極致，則說明穩固國內統治乃玄燁之首務。而與本文直接有關者，即證明康熙五十年之後，玄燁并未爲興師準噶爾而積極籌備。故前述準部之役伊始，玄燁纔會以爲僅憑西北些微積貯加上區區數百萬銀兩，即能蕆事。

不惟蠲免錢糧，從玄燁大規模在南方分貯漕糧來看，亦可證明玄燁當時考慮的重點在國內而非邊疆。五十二年玄燁大沛洪恩，仿上年賑濟福建之例，命截留漕糧賑濟廣東[19]。次年七月，又因河南採買漕糧米價騰貴，經部議"豫省康熙五十三年分漕糧暫行停買，令其於康熙五十四、五、六等年分買補運"[19]。陝西之米主要由河南輓輸，將豫省漕糧緩徵，亦足證玄燁無意於西邊大舉。當年年底，玄燁更"思賑濟災歉，以速爲貴。今漕輓通行，大倉充裕，江浙地方年來頗有歉收州縣，應酌量截留漕米分貯各處。江寧原留五萬石，今再截留十萬石；蘇州原留八萬石，今再截留二萬石；安慶截留十萬石；杭州原留十萬石,今再截留十萬石。皆于本年起兑内就近截留,令地方官加謹收貯"。⑳此時距發動準部之役不到半年。玄燁若果真準備起釁西北,當不至大量儲糧於東南。

更説明問題的是,準部之役開始以後,亦未打斷玄燁營造盛世的興致。五十二年,甘肅巡撫樂拜因地方受災請將甘肅衛所應徵之米一體蠲免,玄燁斥其"但爲己之名聲,於兵餉緊要之處并不計及也。"次年,玄燁確知災情後,即行賑濟,并將受災州縣衛所錢糧予以蠲免⑳。五十四年六月,玄燁與閣臣討論如何繼續賑濟甘肅,特諭九卿曰:

> 賑濟饑民之事,較之征剿策妄阿喇布坦更爲緊要⑳。

其中當然包含在邊徼穩定人心的意圖。但更引起我們興趣的是,玄燁并不願以這次出兵破壞承平之世的景象。這在玄燁于師懿德奏摺的硃批中看得甚爲明白:

> 近日用兵之事,無甚關係。救民之饑,最爲緊要。故特使大臣同督撫議賑去了,爾等亦該留心⑳。

年底,御史嚴開昶奏請以河南所貯漕糧二三十萬石運往甘肅備荒。玄燁的答復是:"河南固然有米,陝西之米亦多,若將彼處之米運去,則兵民不勝食矣。河南之米存貯,別有用處。陝西米多,爾不知耳。"⑳玄燁視征伐無礙承平,可謂溢于言表。

玄燁對於臣下揣度是否因戰爭影響蠲免,甚是敏感。五十五年十月,江南總督赫壽因五十一年曾奉有"免徵比年所欠錢糧"之旨,至此并未免除,仍分年帶徵。赫壽摺奏以"江南賦重,錢糧之多,本年錢糧尚且拖欠,而業已奉命豁免之錢糧,不但民力所不能完結,且民意亦以爲業已豁免,顧不完結,實則兼徵",故請依照陝西已行例蠲免江南舊欠。玄燁"批令繕本具奏"。迨赫壽題奏至京,卻爲户部所格,以至次年三月未見施行,實因玄燁懷疑赫壽奏請恩蠲乃受江南籍漢人趙申喬請託⑳,以取悦地方。而赫壽疏中"且以西邊正用兵餉之時,故舊欠未準蠲免,照依部議分年帶徵"一語,令玄燁尤爲反感:"朕御極以來,蠲免天下錢糧數千萬兩,豈有惜此些微錢糧之理!"⑳表明戰爭決不影響蠲免。所以,當年年底玄燁得知準軍侵入西藏、前綫形勢明顯惡化,以至不得不向漢官曝白之際，仍以"近者民力雖已稍紓，然分年帶徵銀兩，若不格外優寬，則小民一歲之獲，分納二年之賦，其盈餘贍養室家，斷難充足。每念及此，軫惻良深，宜更加殊恩，通行蠲免。"宣稱將東南和西北八省地丁屯衛銀二百餘萬全部蠲免，並將安徽、江蘇漕項免徵一半[208]。玄燁信誓旦旦，必欲堅持賑濟蠲免，原因即惟恐漢人因準部之役而懷疑大清政權的穩定和承平盛世。五十八年，玄燁已經著手調集大軍進藏，仍行截留部分漕糧貯積東南以備賑[209]。六十年夏，"直隸、山東、河南、山西、陝西麥已無收，民多饑饉"，其中陝西尤甚。玄燁不禁嘆息："屢令大學士九卿議奏，茫無頭緒。似此尚忍而不言，將來不知作何底止也。"至此，承平盛世已難於繼續粉飾，清軍亦無能深入進剿準噶爾，然玄燁仍賑濟五省當務之急[210]。次年又因江蘇巡撫吳存理題請，免上年旱災地丁銀七十五萬兩有奇[211]。綜上可見，玄燁始終不肯忽視清廷賴以立足的"漢地中國"。

高額賦稅使玄燁得以營造一個虛有其表的盛世，但同時又斲傷清廷賴以樹立的基礎。各種潛在社會矛盾日益加深，玄燁不能高枕無憂，相反，其內心充滿危機感，遠非如蠲免、賑濟所表現的那樣輕鬆。

所謂"移風易俗"，即指轉移世道人心，對此玄燁曾有明確論說。準部之役前夕以數事宣諭群臣：其一，"今內而各部院大臣，外而督撫提鎮，漸耽逸豫，事務稍涉疏略。"其二，"朕見近來頌聖之語殊多，表策內亦以此等語鋪張湊數，悉應停止。"其三，"朕每見近今人所注書，細探其旨，大約皆私意為人。"表面看來，似就細事泛泛而論，然其結語卻驚人："所諭數者，俱於世道人心大有關係。"而總其要旨，即在"天下承平久矣。自昔太平日久，必生事端"；"制治於未亂，保邦於未危，朕之素志也。"[212]此前，康熙五十年玄燁聖誕卻尊號，曰："朕今春秋漸高，血氣漸衰，而朝乾夕惕，實與日加增。正當恪慎保終，孜孜為萬姓圖治安之時也。"[213]隨又屢屢公開於五十一、二年的殿試策："大業戒於鮮終，遠慮謹於防微。""今國家承平日久，文恬武嬉。""古帝王所以深根固本，防微杜漸，是朕之所夙夜而不敢康也。"[214]是知非玄燁之論"世道人心"皆有其內涵，絕非一時心血來潮。

內外臣工"逸豫疏略"，最直接的意思當指臣工在太平盛世的外表下，忽視社會潛藏的危機。滿漢矛盾始終是清前期歷史的主綫，也是我們理解玄燁最重要的背景。自三藩之亂以來，玄燁即時時警惕漢人叛亂再起。此爲玄燁一以貫之的思想，至死不渝。康熙四十年代，已進入玄燁所謂"承平之世"[215]，滿漢關係亦似平穩。玄燁仍説："國家承平之日，武備不可一日少弛。""今天下太平，海内無事。然兵可百年不用，而不可一日無備。"[216]承平不忘武備，居安思危，仍屬一種盛世思維，并不意味玄燁真正意識到出現危機。

依玄燁看來，朝廷恩惠屢加，百姓應無不滿之理由。其所以時有動亂，惟因地方督撫不恤百姓。三十六年，玄燁得悉山西民變爲前任巡撫溫保、甘度剝民所致，云："今蒲州民變，逃入山中。若輩如能素勤撫恤，百姓豈遂抗匿至此？巡撫倭倫往彼招撫，倘不順從，欲將溫保、甘度拏赴彼處正法，然後用兵。今思其服官污濁，剝削小民，殊爲可恨。此等貪官不加誅僇，衆不知警。"[217]四十五年，商州、興安一帶"賊夥作亂"，玄燁曰："但當此之時，豈有人願爲賊乎？皆督撫平時不加實惠，是以民不聊生，以至於此。即此，可以知督撫之所爲矣。""此兩州民田俱被水沒，朕已有旨，永免錢糧。如即奏免錢糧或行賑濟，何至如此？"[218]五十年，福建泉州百姓聚集數千，搶奪食物，奔入山中。據玄燁上諭引各處揭帖内稱："皇上以我等合省老幼如同赤子恩養，屢次蠲免錢糧，又截漕由海運而至，欲令賑濟乏食之民。合省老幼子女無不感激歡躍。但地方官負皇上之恩，不曾施及百姓。故我等窮民窘於衣食，不得已而爲此。"玄燁因此懷疑上年所運十五萬石米地方官未行賑濟，故不准提督藍理所奏："伊等原非賊盜，因年歲歉收乏食，不得已行之耳。若即出官兵征剿，未免又生一事。朕意遣部院大臣侍衛往行招安，即可平服。如此則人民不傷，亦不致有害地方。"[219]凡此皆玄燁維護承平的思維模式，不可謂盡出自虛偽。

然而，四十六年出現"一念和尚"與"朱三太子"案，則明顯令玄燁坐臥不安。"朕南方回來，即聞江南盜案頗多。地方文武所管何事？""聞朕回宫後，江南省頻報匪警等語。現在盜案亦多，九卿各臣聞知與否？盜案如此之多，皆地方文武平時不能嚴行查拿之所致。彼等所掌何事？"[220]次年初廢皇太子，玄燁爲清朝命運擔憂，臨深履薄之心驟增。故其一面大沛德政，鼓吹天下樂享太平；同時嚴密關注地方民情動向，弭亂於未萌。

玄燁不僅擔心朱明陰魂復活，而且警惕明末起義再現。實則二者往往合流，故流民在他眼中至爲危險。五十年刑部奉旨"獄囚甚多，俱著速行完結",以山西流民陳四等婦人子女發回原籍安插。玄燁大爲不滿,批旨:"部議甚謬!"陳四自供因康熙四十四、五兩年災荒,於四十六年流寓陝西,後又流移河南、湖廣、貴州。但有揭發陳四一夥"自稱爲王,設軍師、元帥,携帶兵器。"故玄燁判定陳四所謂因饑荒流移,"此等言語,顯係欺誑。自朕巡陝西等省以來,每年俱系大有,督撫等每年題報豐稔之疏見在,陳四等何曾遭遇饑饉?若果係流移饑民,自應徒步荷擔,沿途乞食。至有良田之處,即應棲止,耕種養贍妻子。爲何又乘騾馬,手執器械,繞行各省?似此百十成群,越界遠行,該督撫並不奏聞,是何心也?且如許人衆漂流數載,每日口糧若干、喂馬草料若干,俱從何處得來?尚謂之流民可乎?前偽朱三太子,人知之者甚多,曾有巨室迎接至家,供其酒食,延之讀書,朕無不知也。"並諭大學士等曰:"竊盜、強盜皆系不良之徒,不可姑息。乃地方官不肯緝拿,督撫提鎮文移往來,不過沿襲故套,州縣有司概行不究。更有鄉紳大户,始而畏賊,相爲容隱;久之便作窩家。盜賊横行,皆由於此。直隸、山東向年盜案甚多,今日地方官協力躧緝,漸漸稀少。北方盜賊流往南方,因而江南、浙江所在多有。若地方官實心辦事,何難消弭。即如往年朱三一案,初不過一二人,州縣不能緝獲,致成大盜。今年福建山寇至於抗拒官兵。此皆地方官畏葸之故,須嚴行申飭。"竟將陳四立斬,餘犯及妻子發往黑龍江披甲爲奴[22]。玄燁否認陝西等省災荒,斷然排斥陳四確係流民,似仍遵循承平之世的思維模式,而將流民與朱三太子相聯繫,以奸宄之徒與反清勢力相與煽惑,則是玄燁心理趨于緊張,政治氣氛由寬轉嚴的體現。次年,川陝總督殷泰疏參地方官員縱容流民,玄燁批旨曰:"朕前諭各省督撫查拿越省游行者,另有深意。若不防微杜漸,嚴行禁止,令其任意行走,結成黨類,漸至人多勢盛,即行劫掠,有害地方,或致難圖。凡多費錢糧,豢養兵丁者,特欲剪除惡亂之輩耳。明代李自成即其驗也,不豫爲之計,可乎?"[22]爲杜絶地方亂萌,各地督撫必須嚴加訪查,及時奏報。"朕歷觀前史,凡事皆壞於隱匿。明代盜賊情形,俱隱匿不報,追賊已及門,尚然不知也。豈知旱澇之災、民生疾苦,乃自古所有之事,奏聞何傷?若果督撫凡事皆俱實奏聞,預爲防備,雖有事亦復何害?"[23]

自"朱三太子"案發,三藩平定以來一直允許民間使用的火器、鳥槍,此時則被斷然禁止[24],足見玄燁頓感形勢嚴重。這種心理變化,從他處理各地案情的態度以及對前途的預感中亦有反映。五十二年河南宜陽縣民亢斑聚衆械鬥一事，玄燁硃批："近來如此案者各省頗有，地方不可有惡棍如此行事，當從重嚴查纔是"，"必須根除纔是"，"此賊不盡拿獲，斷乎不可！"乃至以豐收之年，即白蓮教易于聚衆爲亂之時㉕。興啟準部之役以後，玄燁內外兼顧，更需慎防饑民爲亂。謂閣臣曰："百姓刁風漸不可長。近聞陝西有方耕種，而即挾制州縣官報荒者。今歲錢糧俱已恩免，而此輩姦惡之民又思明歲幸免，其無厭之心，如何可遂？總之，此風斷不可長也。蓋聚饑寒之人於一處，勢必至於爭奪。明時闖賊亦以散糧而起，此不可不慎也。"㉖後屢屢教諭群臣："凡事不可小視，往往因小而至大。現今海防爲要。（略）凡事不可不深思遠慮。目今正北方用兵之時，海賊聞風妄動，亦未可知。""天下事未有不由小而至大。小者猶不可忽，大者益宜留心。即如海防，乃今日之要務。國家承平日久，務須安不忘危。""若有變動，或在中國。"㉗以上諭旨皆有實指，與從前泛泛而論"居安思危"，味道大不相同。總之，自康熙四十六年起，玄燁表面經營承平盛世，炫耀仁德武功，同時又深感山林海隅處處不安，危機四伏。玄燁處於此種心理之下，似無可能暗中周密籌畫一場征伐準噶爾的戰爭。

當然，說玄燁未曾積極籌劃戰爭，絕不意味他會放棄征討；關注國內形勢動向，致力於承平盛世，也并不妨礙去進行一場有贏無輸的戰爭；恰恰相反，如果無需任何風險，玄燁倒寧願努力尋找戰機，以炫耀盛世武功。正因潛藏著這種心理，所以任何偶然因素都有可能使玄燁訴諸對外征伐。

歷史的表象總會有相似之處。玄燁親征噶爾丹，乃以噶爾丹意欲吞并喀爾喀并危及清朝蒙古結盟，非將其徹底剿滅不可；而興啟準部之役，亦可說是因玄燁擔心策妄阿喇布坦插手青海胡必爾罕，最終操縱西藏。爲剿滅噶爾丹，玄燁不惜違背諾言，實行"誘殲"；而出兵準噶爾，玄燁藉口只不過是準噶爾侵擾哈密，即欲將其根除。可見玄燁一貫善于把握和創造機會。從爭奪全蒙古及西藏來看，清廷與準噶爾的衝突既難以避免，則尋覓戰機，主動出擊，似爲一種積極心態。然而就玄燁的多疑心理與內怯人格而言，則又反映其不能與"威脅"共存，一旦覺得強敵相臨或對手在側，即成其爲應激源，焦慮不安。準噶爾侵擾哈密，不論是擔心胡必爾罕被劫，使清廷控制青海、西藏的遠景目標落空，抑或討厭準噶爾由此擾邊不斷，而驚破其承平盛世的好夢，玄燁都無法容忍，必然會作出某種應對。然與噶爾丹不同的是，五十四年哈密事件很快證明不過是一場虛驚，至多只能估計爲準噶爾的一次試探。而以玄燁對準噶爾處境的瞭解，他完全明白準噶爾不可能對內地形成威脅。清軍只要固守嘉峪關內至青海西寧一綫，上述擔心皆可消除。如前所言，玄燁之所以計不出此，實則欲乘準噶爾多面受敵之困，耀兵其邊境，不僅得以護衛青海，甚至有可能逼降準噶爾。果爾，則將爲康熙朝超越三代的"自古未有"添加鉅大的砝碼，更有本錢向漢人證明，唯有滿洲統治纔能創造這莫大榮耀。苟明乎此，則何以玄燁正在國內亟亟營造承平之際，一旦得知準軍侵擾哈密並爲少量清軍所敗，便立即興啟準部之役，也就不是甚麼難解之謎。

（三）對外征伐與漢人的夢魘

康熙三十六年，玄燁第三次親征前夕，御史周士皇疏諫"御駕不必載臨沙漠"，玄燁批旨云："窮兵黷武，好大喜功，朕所深戒。伊所奏雖不當，朕亦不罪之也。"[29]起程後，玄燁於皇太子胤礽奏摺竟批云："朕若如明武宗，則斷不歸朝也！"[30]此時玄燁分明游刃有餘，而仍危悚若是！此種心理，即顯露其內心存有與之立異的漢人陰影。

國外學者強調清朝與歷代漢族政權的差異性，而以清等同于遼、金、元，即滿族由北方邊境入主中原，具有所謂"內亞背景"，故以征服擴張爲其立國之道。在某種程度上而言，這與國內傳統史學觀念頗相吻合，準確體察到清王朝的本質特徵。玄燁《論息兵安民》一文雖聲稱："自昔平定三逆之後，培植元氣，欲措斯民於衽席，未嘗輕言兵事。"[31]然而瘡痍未復，山西、京師相繼地震，東南連年大水[32]，皆不妨礙玄燁毅然三征噶爾丹。但清與遼、金、元畢竟不同，滿洲以不到二十萬人奄有中國，舉族移居內地，其社會性質不可能停留在入關前的階段，而勢必發生迅速轉變，與中原經濟相依存。儘管清廷統治者竭力阻止滿漢融合，滿洲也遠未融入中國，但這種客觀趨勢無法逆轉，并且不能不影響統治者的主觀意識。

深入檢討康熙一朝的政治史，即可明顯看到玄燁經營北方時，背負著來自"他者"漢人方面的壓力。玄燁謂李光地曰："汝輩漢人，說予向征噶爾丹時，不必如此窮黷，身蹈不測之下，太平當休養生息。此都是不知事務語。本朝以四十八家爲藩籬。噶爾丹自恃強勝，煽動四十八家。若四十八家爲所煽誘并吞，我兵出則彼去，我兵歸則彼來。噶爾丹邊釁一動，兵罷於奔命，民窮於轉餉，欲休養生息，得乎？所以予不憚親征，去此大害，今後庶可言'休養生息'四字。"㉒其《論息兵安民》云："議者咸曰：'蠻夷荒服，治以不治，古惟有驅逐之而已，防守之而已；遠勞師旅，未必遂能滅除也。'予思我朝規模，與往代異。我朝蒙古四十九部列居塞下，久奉臣貢。若任其蹂躪而不加庇覆，不特失外藩之心，將恐事成養癰，滋蔓邊境，不若早爲圖之。"所謂"本朝規模與往代異"，依其語境，即指將蒙古包舉于中原王朝之內，實則以承繼和超越中原王朝相標榜。故玄燁屢稱剿滅噶爾丹是爲生靈免遭塗炭㉓。其所以然者，即深知清朝立國基礎實已不同於關外。

剿滅噶爾丹之後，玄燁撰《論兵》一文云："頃者滅噶爾丹之道有三：國家當隆盛之際，宇內熙恬，外藩傾服，獨一噶爾丹妄逞兇頑，豈非自取覆亡，是我之得天時也；朔幕地雖遼闊，川原險要，可以何地進兵，何地犄角，瞭然指掌，是我之得地利也；師行雷動之頃，甲仗頒自禁中，糧餉出之公府，未嘗輕勞民力，而禁旅養之有素，踴躍思奮，是我之得人和也。"㉔所謂師行之資出之公府，自是虛詞，但玄燁坦言無諱，清廷之所以能戰勝噶爾丹，根本原因在于清朝已非關外一隅，而是立足於中原的國力豐厚的大國。唯有依賴國內充裕穩定，纔有可能取得對外征服的勝利，這是玄燁通過征剿噶爾丹獲得的切實認識。玄燁於親征途中，謂滿洲大學士伊桑阿曰："初，噶爾丹并吞吐魯番、葉爾欽、薩馬爾漢、哈薩克等千餘部落，本朝并不之問。當厄魯特與喀爾喀戰時，本朝若助厄魯特，今如何能破噶爾丹乎？噶爾丹既克喀爾喀，直侵內地，朕始領兵剿滅。"㉕其後詔示天下："朕初未嘗有歧視中外，輕事兵戎，遠伐異域之事。其逆謀不測，實有逼處近塞，窺伺內地之漸。朕思此寇包藏禍心，倘不即行撲滅，則異日必緣邊設防，重滋民困，何如及時聲討，立靖根誅。"㉖至少就玄燁所言來看，并非以窮兵黷武、不憚征服爲職志。與噶爾丹之戰，是因其所行已危及清朝邊疆。喀爾喀并入清廷，固屬因利乘便，亦出自鞏固疆域的考慮。一旦解除威脅，玄燁對準噶爾即暫無遠圖。

必須承認，客觀上雖因喀爾喀的併入而導致清廷與西藏、準噶爾之爭加劇，但這並不能改變玄燁的立足於"漢地中國"這一基本事實。與契丹、女真、蒙古不同，滿洲自其先世即接受明朝職封，對中原有著緊密的向心力。蒙古帝國以草原爲中心四出征伐，而清廷經營西北，則明顯承襲中原王朝征伐四夷的模式，雖其間仍有某種"華夷之別"。隨著時間的推移，立足中國的客觀現實終究會轉化爲滿洲統治者的認識。是以當準部之役陷入難局而面臨漢人質疑時，玄燁不得不解釋説：

> 今日出兵，惟以安寧百姓，保護地方。[28]

> 柔遠能邇之道，漢人全不理會。本朝不設邊防，賴有蒙古部落爲之屏藩耳。[29]

而在驅準入藏之後，玄燁內心焦慮得以緩解，於乾清宫千叟宴以"憂勤誠敬"之旨遍諭滿漢群臣，就發起準部之役的初衷予以剖白：

> 如西賊（準噶爾）騷擾邊外諸番，議者咸謂祇宜守邊。夫我兵不能救援諸番，則邊外部落勢必爲賊所并。此時而議守邊，庸有濟乎？

且意味深長地宣稱：

> 朕今所治之天下即明代之天下，所居之宫殿即明代之宫殿。[29]

玄燁文過飾非，一目了然。然其特地向漢官表示清承明統，既非窮兵黷武，亦非往昔邊夷本色，適見其心中正爲準部之役辯護，顯然是希望得到漢族士夫的認同。所以，玄燁以征伐策妄阿喇布坦乃爲天下承平，自有其意義，不可盡以虛言而漠視之。在某種程度上甚至可以説，正因玄燁爲致力國內"盛世"所累，纔不得不弄兵于數千里之外，結果進退維谷。

對外征伐需要財政支持，如何在進行戰爭的同時，又能不虧損朝廷，仍能手握經營盛世的資本，這是準部之役開始時玄燁面臨的選擇，也是與征勦噶爾丹之時的相異之處。

康熙朝實行大規模蠲免、賑濟之類的德政來營造盛世，爲大清爭正統，并能堅持準部之役達八年之久，高額賦稅是其根本原因，但不是問題的全部。玄燁所以能夠將對外征伐與承平盛世緊緊地維繫在一起，還在于剝奪地方財政存留，將賦稅收入高度集中于朝廷。不止于此，清廷更通過捐納等各種手段儘量將戰爭負擔轉嫁地方，以維持朝廷財政不虧。對此缺乏基本認識，則無從捕捉住康熙朝的政治奧秘,窺透盛世光環背後的眞實圖景。

按玄燁本人的檢討,康熙後期各地虧空之由約有三端:軍旅、巡幸,而以裁減地方存留爲最。四十八年諭大學士等:

> 朕聽政日久,歷事甚多,於各州縣虧空根原知之最悉。從前各省錢糧,除地丁正項外,雜項錢糧不解京者尚多。自三逆變亂以後,軍需浩繁,遂將一切存留項款盡數解部。其留地方者,惟俸工等項必不可省之經費。又經節次裁減,爲數甚少。此外則一絲一粒無不陸續解送京師,雖有尾欠,部中亦必令起解。州縣有司無纖毫餘剩可以動支,因而有挪移正項之事。此乃虧空之大根原也。㉔

玄燁雖道出實情,然問題並不起自三藩之亂。

清廷財政分配基本特徵,是儘量剝奪地方存留,將全部賦入最大限度歸集中央,這是滿洲以武力得天下所決定的。清初大規模武裝對抗結束之後,清廷仍維持龐大軍隊,軍費開支成爲財政最大負擔。從更深層原因而言,這又折射出清初立國的基點正在於民族征服和民族壓迫。

康熙六年,御史蕭震疏言:"國用不敷之故,皆由於養兵。以歲費言之,雜項居其二,兵餉居其八;以兵餉言之,駐防之禁兵、番兵居其二,綠營兵又居其八。"㉔兵費以綠營居多,特清初漢人隱諱之辭。折庫納云"今天下錢糧大半耗於綠旗"㉔,自是滿人的偏見。順治十四年魏裔介疏諫:"旗下戍兵減其二三,省數千里往來之勞,節數百萬供應之費。"㉔全部八旗駐防經費之大,約可推知。而康熙朝駐防規模又非順治朝可比。據《廣陽雜記》卷二,各省八旗駐防及綠營官兵俸餉高達一千三百餘萬兩,禁旅八旗又五百餘萬兩。而明崇禎三年"皮骨俱盡之時",全國賦稅總額一千四百餘萬兩㉔,遠遜於康熙朝常年軍費支出。玄燁所謂"外廷軍國之費與明代略相仿佛",純屬一派胡言。軍費如此之大,加之朝廷需爲各種大興作而聚集庫帑,地方存留實已所剩無幾。前注引《實錄》順治十一年六月癸未戶部疏,各省地方存留爲八百三十七萬餘兩。所謂存留項款,主要爲驛站、河伕、漕銀,實則爲地方支出的朝廷事務;而各地兵餉總屬戶部,不在其中。自康熙三年起,直省一應地丁錢糧,"除每年正月扣撥兵餉外,其餘通解戶部,每省各造簡明賦役冊,送部查核。"㉔康熙元年，清廷規定各地賦稅錢糧首先保證起運京師户部[24]。在經濟殘破之際，這幾乎徹底剝奪了地方存留的可能。

康熙七年，對地方存留又有裁減。蔣良騏《東華錄》卷九，七月，户部等衙門題請復存留錢糧以杜苛派以安民生。尚書郝惟訥、侍郎艾元徵、嚴正矩遵旨陳奏："康熙七年酌省存留一案，在議者以度支勿給，一裁減而所得實多。殊不知我朝定鼎以來，屢經裁汰，見在所存之數萬難再減。且地方費用不足，勢必仍派諸民，貪污之輩藉口橫加，民財愈盡矣。"刑部尚書朱之弼題："生民疾苦大事，莫過於康熙七年酌省存留錢糧一案。夫存留錢糧原留爲地方之用，裁一分則少一分。地方官事不容已，不得不又派之民間。乞敕部察核康熙七年以前存留數目，仍令存留，則百姓可免重派之累。"御史連國輔指出，所裁地方經費，"無一項非必需之費。一旦悉爲裁減，不知既無錢糧動支，又無別項設處，勢必科派民財，以充費用。嗟此三空四盡之餘，何堪此額外誅求乎？"尋户部議奏："臣等查直隸各省原額存留銀共一〇六九三〇八五兩零，除驛站、河夫、漕銀四一四〇一三三兩零，實原額存留銀六五二九五二兩零。向因兵餉不敷，通共裁過銀三一六五三四六兩零，尚存銀三三八七六六〇兩零，又於康熙七年裁銀一七四四三六九兩零，止實在存留銀一六四三二三七兩零。各省除荒之數俱在此內。臣等會議：其康熙七年所裁各款，自九年爲始復其存留。"得旨依議。此段重要史料《實錄》未載。從户部最後議覆可知，康熙初年各地"實原額存留銀"僅655萬餘兩，較之順治十一年的837萬已減少近180萬。而至康熙七年之前，地方存留更減至338萬，七年又裁去一半以上。經群臣力爭，清廷擬於九年恢復七年數額。然而次年，米斯翰擢户部滿洲尚書，以"是時各省歲賦聽布政使存留司庫，蠹弊相仍，疏請通飭各直省，俸餉諸經費所餘悉解部。由是鉤稽出納，權盡屬户部"。三藩之亂前夕，米斯翰稱朝廷財政足支十年，支持玄燁三藩并撤，或以此[26]。據《實錄》順治十三年九月辛未，所裁地方經費，包括操賞花紅銀、預備供給過往各官柴炭銀、巡歷地方造冊紙張銀、衙門桃符門神銀、孤貧口糧柴薪布匹銀、朝覲造冊送冊路費銀、生員廩膳銀、考校科舉修造棚場工食花紅銀、鄉飲酒禮銀、修渡船銀、修理察院公館銀、進表路費銀、渡船水手工食銀、巡檢司弓兵工食銀。康熙七年裁減地方經費，於上列之外，又有修理城垣倉庫、製造軍器火藥、教官馬匹草料、鋪兵塘馬工食、孤貧獄囚口糧、由單造冊并看守監倉及鋪兵工食等項。而各地丈量田畝，"凡供應、造冊、繪圖等，俱出之里民。大縣約費千金"，"天下金錢百萬"，"凡催徵錢糧及衙門各項之費，皆令甲長承辦"㊽。

康熙十二年三藩之亂爆發，清廷又將大量軍事供給轉嫁地方㊾。魏源《聖武記》曰："及康熙初，三藩叛逆，雲貴川湖閩粵陝浙江西各省變動，天下財賦復去三分之一。開捐例三載，僅入二百萬，則其時海內之歉嗇可知。今見於《方略》者，若裁節冗費，改折漕貢，量增鹽課、雜稅，稽查隱漏田賦，核減軍需報銷，亦皆所裨無幾。而其時領兵將帥，藉夫馬、舟船、芻茭爲名，需索苛派，甚至鞏金置產，隔省購妾，無一不達上聽，則其供億之浩繁又可知。由今以思，竟不知當日廟堂如何經營，內外如何協濟？"㊿魏源頌聖，乃故作疑惑。除憑藉暴力對百姓敲骨吸髓，清廷豈別有生財之道！陸隴其疏論地方存留宜酌復："自兵興之際，將存留款項盡行裁減，由是州縣掣肘，私派公行，不可救止，百弊皆起於此也。康熙二十年漸次奉復，然尚有應復而未復者。"其中列舉未復款項仍有衙役書辦工食費、"衙門心紅紙張、修宅傢伙"費用、州縣供應上官過往費等等。他提醒當局："寬一分在州縣，則寬一分在窮民。上之搜求於州縣無餘地，則州縣之搜求於窮民亦無餘地。"㊿《廣陽雜記》載康熙中期，"各省存留俸餉、驛站、修河、顏料、漕項"共七百四十餘萬，與用於地方事務的存留，完全不相干㊿。工部尚書王鴻緒則明確將此歸入戶部在地方的開支㊿。張玉書論私派之源："今民窮財盡，多因有司私派。蓋每年正供賦額各有抵消，遇有別項費用，部臣輒請敕該督撫酌量設法，不得動用正項錢糧。百姓除正供糧稅外別無餘物可以設法，名爲設法，實則加派而已。"㊿《廣陽雜記》卷三引茹鳳儀論明清兩代得失，更爲深刻：

> 有明時，州縣之吏俸薪而外，雜項公費，不一而足。其大者若城池、橋樑、倉庫之修葺，皆有經費。故稅賦之外，雜役不派之民，而官亦不困。獨催科無術，強有力者坐而免焉，而貧弱重困，催科撫字，胥失之矣。今（清）監有明之失，無不完之糧，最爲得之。獨是一切經費盡行裁革，有司無點金之術，以供諸役而給上官之求也，勢不得不取之里下。於是雜役之派，有倍于賦稅者矣。上之人于何知之？官民之困，未知所止也。

儘管朝廷明令地方官員考核"以無加派火耗等事爲第一條"㉕，實則各地財政無着，惟有加派民間。玄燁甚至坦言以此作地方軍費補充㉖。康熙朝加派火耗屢禁不止，乃至"數倍于正額者"㉗，根源在此。正因賦稅高度集中朝廷，户部每歲存剩銀達七百餘萬兩，大半用于八旗，而仍有結餘㉘。四十一年，玄燁稱"今户部庫帑有四千五百万兩"。四十八年，又云"现在户部庫银存贮五千万餘两"㉙。康熙後期，户部庫存一直維持在四千萬兩以上㉚。

問題是，玄燁雖承認"從前恐内帑不足，故將外省钱粮尽收入户部。以今观之，未为尽善。"也曾考慮充實地方存留："若各省庫中酌留帑銀，似于地方有濟。"其出發點是，"倘在外各省一旦倉猝需用，反從京師解出，得無有緩不及事之慮？"故"欲將四十九年應徵錢糧預配各省用度。"㉛然五十六年謂馬齊等曰："現今庫銀積聚甚多。從前各省俱有存留錢糧，有此項錢糧公事費用，于地方大有裨益。不知何年入于應解錢糧項下解交矣。今每省地方存留錢糧數目若干，著查明具奏。"㉜兩相對讀，即知此前不過口頭空談，實則一仍其舊。至五十六年，西綫戰事已經兩年，且無結束的跡象，所謂補充增加地方存留祇能是一紙空文。而地方存留無幾，各地普遍財政虧空勢所難免，因之相伴的吏治腐敗，就成爲康熙朝盛世揮之不去的濃重陰影。官員薪俸微薄，不敷日常支出，玄燁卻令内外官員以捐俸分擔地方政務，甚至公然責成地方官員以薪俸抵民欠㉝。捐納懸爲令甲，蔚然成風，如同市廛。軍馬、軍糧，地方工項，即湖灘河朔所積軍需，無不依賴捐納。其範圍之廣，規模之大，令人瞠目㉞，亦可謂"盛世"之一奇。

準部之役初起，議籌軍需是否開捐納，玄燁似頗躊躇。五十四年五月，直撫趙弘燮奉上諭："兵糧之事，甚屬緊要。今大人所議著三省民人捐助馬匹。（按：三省謂直隸、山東、河南，民人謂漢民。）現在户部庫内所存錢糧不下數千萬兩，即用正項錢糧運米就近。若令各省捐助，地方遼遠，未免遲滯。著動户部正項錢糧運米。"㉟兩江總督赫壽"情願捐銀一萬兩"，協助朝廷採買兵丁馬畜。玄燁以"各省督撫并未具奏，爾奏不合"，且"户部之銀甚爲充盈，此一萬兩銀，并無關係。"㊱各省捐納雖可減輕朝廷負擔，卻無以解玄燁興兵的燃眉之急。

據《起居註》，至遲六月間玄燁已決定二者并行："現今軍需，各省俱行捐助。俟彼捐助辦理，則誤事未可知也。軍需所需錢糧不多，俱著動正項錢糧，事既不誤，且有益處。此外地方各官再行捐助，更有濟矣。"㉕即先支付户部庫帑，隨輔之以捐納。於是地方督撫聞風而動，競相效尤㉖。即前綫軍隊官兵鞍轡、軍械等項，亦借用官員、士兵俸銀墊付，後由玄燁內庫捐出抵補㉗。據趙弘燮所奏，直隸地方各項開銷，包括"購買軍需馬騾解送盤費折價等項種種，難以枚舉。據守巡兩道會詳，量捐俸工銀兩，以公濟公。此例自前任撫臣相沿至今，推之別省，諒亦皆然"。㉘但各省地方存留本近乎無，官員俸銀無幾，故只得動用藩庫銀兩，請用各官將來俸銀填補藩庫，實則以空補空。

五十五年初，戰爭進行大半年，捐納已在各地推行。户部尚書張鵬翮奏言：九卿會議以"現今軍務緊要"，請開捐納，"于軍務甚有益，於銓法亦無礙"。玄燁雖承認"現今正屬動用錢糧之時"㉙，卻偏偏對九卿所議不以爲然："軍務所需幾何？況軍需極數不過七八十萬，一省錢糧尚用之不盡。今所需錢糧不多，何用捐納？"㉚此時兩路大軍軍需困難已經開始暴露，去年進剿推遲至今年。然而提出公開捐納，玄燁卻忸怩作態，不欲大張聲勢，竭力淡化征伐準噶爾一事。其意欲向漢官表明：這場戰爭不會影響國計民生，當今仍屬承平之世；西北大軍儘管面臨困難，然耀兵邊境，維持著對準噶爾的攻勢，不成問題。實際上捐納一旦推行，便雷厲風行，無所底止。上引五十六年初趙弘燮摺已經承認，地方官員捐俸助軍已難以爲繼，"再四思維，計無所出"。玄燁明知如此，次年仍"將（直隸）各官捐銀內動銀十萬兩，今即陸續買馬分給八旗"。而趙弘燮又自認捐馬五百匹，經玄燁硃筆刪減一半㉛。其間玄燁令各省督撫乃至翰林學道捐修工程，尤開惡劣之先例㉜。惟蘇州織造兼理河務李煦已捐瓜州河工銀二十四萬兩；欲再以織造庫銀先墊捐十五萬兩，玄燁以爲斷然行不得㉝，以其屬私房錢耳。據雍正初年湖廣總督楊宗仁疏言："湖廣州縣以上俸工報捐，已經十有餘年，總無分厘給發，責成官役枵腹辦事，焉能禁其不需索閭閻？"㉞康熙六十年，入藏軍隊經由雲南撤回，巡撫楊名時云："滇中此番滿兵回來，及再入藏與江浙兵回，計除去開銷項外，其應捐之項不下八九萬兩，而供應藏兵及坐臺官兵等方未有艾。目下俸工已捐至（康熙）七十二、三年！"㉟此與明末何異？可見保持朝廷庫帑充盈，最大限度地以地方財政承擔戰爭需用，自始至終是玄燁的既定方針。

隨著戰爭曠日持久，各地虧空終于呈現無遺。五十八年初，玄燁諭大學士九卿："京城通州倉內貯米甚多，各省漕糧亦無虧欠"，但"各省錢糧虧空甚多"。次年，諭戶部："直隸各省錢糧虧空甚多。"六十年，諭大學士："至於各省積貯穀石，雖俱報稱數千百萬，實在存倉者無幾。"㉒《永憲錄》卷一，康熙六十一年十月丁巳，上諭大學士馬齊："今天下錢糧，各省皆有虧空，而陝西爲甚。其所以致此者，皆有根源，諸人未嘗一言及之。蓋自用兵以來，大軍經過之地，領兵之人，督撫皆助其鞍馬衣服，州縣等官食物供應，不無煩費。倉猝應付，不能不動用官銀。及兵回之日，又各給兵丁馬匹銀兩，即如川、陝回京之兵，中途所得，過於正項。又，各官捐助軍需，動以萬計。此費皆從何來乎？至於捐納一項，多有并未交銀而空取實收者。此皆爾等之所知也。州縣安得不虧空乎？凡此虧空，寬其時日，尚可酌量完補。是以用兵之地，歷年奏銷，每緩其期。前平三藩所用軍需，至四十年始清。"另據四十二年川陝總督華顯奏報，三十五年用兵費用，至今"從未銷算"㉗。《起居註》四十五年七月初九日，戶部爲奏銷直隸所屬地方三十六年支給官兵錢糧事。玄燁曰："如所議行。此三十六年事也，何以遲之至今始奏？"據此，征剿噶爾丹之軍費，亦拖欠十年未清。較之征剿噶爾丹，準部之役所費之鉅，實不可同日而語。至康熙六十一年，前綫軍糧輓輸終于不得不借助捐納㉘。戰爭雖因地方捐納得以維持，而最終令地方財政陷入絕境、盛世光環破滅的，亦是準部之役。

以當時所謂承平盛世，是否適宜興啟準部之役，自始即有不協之音。玄燁所云"議者咸謂祇宜守邊"，主要當指漢人，其中就包括貴州巡撫劉蔭樞。《永憲錄》卷二下，雍正元年十一月"前貴州巡撫劉蔭樞"條下："阻諫西征詔，則內閣學士長壽忤旨廷杖死，蔭樞其繼者。"長壽爲滿洲，其事無徵。劉蔭樞於康熙四十七年巡撫貴州，此前歷任皆有賢聲，爲朝廷知聞㉙。下就劉蔭樞一事稍作引徵，以見玄燁心中對立漢官之陰影。

劉蔭樞摺諫西征在五十四年十月七日，時玄燁興師不到半年，摘錄如下：

> 竊謂澤旺阿喇蒲坦，小丑也，侵犯哈密，小警也，不過邊將之事，略加備禦而已。皇上大振兵威，四路合圍。臣愚不知兵計，竊揣聖心，當此四海孝順、萬方攸同之世，尚有一夫不逞，抗我聲教。（我國）財富兵強，一舉而殲滅之，摧枯拉朽耳。（令其）畏威懷德，一勞永逸，廟算深

微,超越千古。臣嘗觀之天道矣。今歲直隸、河南大水;陝西平、慶一帶,數年無收;西、鳳今歲五六月無雨,秋禾未獲全種。除大兵而外,運送安塘、捐納人等,無慮千萬,食從何辦?草從何出?臣閱邸抄,見上諭令運送馬騾暫回內地餵養,仰見皇上聖明,動合機(宜),從容慎重之意。今內外文武臣工,請纓效用、助濟軍需者有人,皆助皇上之雄風;無一人一言勸皇上弘覆載之量,平氣息怒者。臣愚以爲威已振矣,勢已張矣,彈丸小丑,自知震懼,(似宜)從容化誨,使其歸向。深入之兵,量留若干名於要地。餘撤歸糧草便宜之處,分屯四五處所,駐扎應援,以省餽送之勢。俟明歲四月以後,水草茂盛,再商進止,亦息力養銳之一道也。惟皇上俯察可否,密而勿發,乾斷施行。[②]

可知此摺上于玄燁決定今年停止進剿,並於前綫實行屯墾之後。依劉蔭樞所見,國內形勢實不宜用兵。其以陝西困苦爲言,與前引玄燁上諭"陝西米多","兵民不勝食"云云,截然迥異。然次年玄燁"聞山西、陝西今歲收成較往年甚豐。但西邊現有軍務,行兵坐臺,沿邊一帶地方錢糧及舊欠錢糧應予蠲免。"[㉓]則劉蔭樞所言陝西災荒并非子虛。

陝西地瘠民貧,然賦稅甚重,據《廣陽雜記》卷二,地丁錢糧竟達一百六十三萬兩。三十六年玄燁親征噶爾丹時,"頃由大同歷山西、陝西邊境,以至寧夏,觀山、陝民生甚是艱難。""山、陝地瘠,地方官略加剝削,情即顯露。"[㉔]四十二年西行至陝,得知"連歲荒旱,所司未經奏報",故將四十二年以前逋欠悉行蠲免,并預蠲四十四年額徵錢糧[㉕]。陝西因常年駐扎大軍,即承平之時,"西安府省城駐防官兵家口約有數萬,本色糧草俱于西安、鳳翔所屬州縣徵取,百姓苦於解送。"加上督撫提鎮標兵,"西安省會旗、標官兵,一歲所需本色糧米三十萬石有奇。"[㉖]若以全省計,糧餉支出更昂。即草料一項,"數年軍用草料價銀二百萬餘兩"[㉗]。故陝西"每年庫徵各項錢糧共一百三十四萬餘兩,因此以爲八旗、各營、鎮、標之綠營兵錢糧撥給。"本省不足,賴他省捐助。"四川、陝西每年所需錢糧甚多,由各省捐送者,一年仍有百萬餘兩。""每年由山西、河南二省捐解銀二十萬兩。"[㉘]

而玄燁以爲陝西積穀甚多,亦非憑空懸擬,而另有緣由。自四十三年以來,總督華顯在陝甘積穀,於額徵銀一錢之外,另加徵米三合。至四十六年,繼任總督博霽稱："徵收至今已有四年。陝西、甘肅屬兩地所貯三合米，皆不少於十萬石。"建議納入正賦，"徵錢糧時，將此三合米不另徵收，每徵正項錢糧一斗，兼收捐助米三合。每收銀一兩，兼收銀三釐，以此三釐購三合米，則易得之。而將此捐米列入正項內，則可免所遣之人追徵勒索等情弊。"得到玄燁批準㉘。次年陝西豐收，玄燁指示巡撫鄂海："西地殊屬緊要，近幾年糧麥屢獲豐收，朕甚喜悅，預備將來之事，爾等總督、巡撫不可不時常留心。"鄂海回奏陝西大小州縣皆由積米，共計七十萬石。此外所徵三合米一項，每年增米五萬餘石。"照此增備，則嗣後各州縣地方米石漸增，倉儲將致充足。"㉙此即玄燁認定陝西積米頗豐之由。迨至康熙末年年羹堯接任川陝總督，發現實情迥異。"每遇歉收，小民艱窘，以致重煩聖慮，非特兵馬之折糧折料動費帑金，而饑民之議賑議蠲何止百萬。從前原有每銀一錢另收銀三厘，每糧一斗另收糧三合，以爲備荒之用，聖上立法可垂久遠。無如向隨正項徵收，不肖有司虧空正項尚且不顧，何有於三厘三合？"㉚此項加派盡入官吏私囊，多年來陝西錢糧奏銷全是一筆糊塗賬㉛。康熙末年，陝西"州縣火耗，有每兩加至二三錢者，有每兩加至四五錢者。"㉜各省虧空以"陝西尤甚"，主要原因即常年駐扎重兵。準部之役以來，陝西又成爲西征基地，承受各種徵派及輓輸之勞。五十六年以前，康熙朝還能勉強維持一個虛有其表的承平盛世，玄燁也依然沉醉於虛幻的夢境。戰事進行兩年有餘，玄燁仍誇誕"朕於各省錢糧，均勻蠲免，無不周遍。今年各處豐收，亦無可免。"㉝如此即無可能平心靜氣對待劉蔭樞諫言。

劉蔭樞云"萬方攸同之世"，玄燁乃不容"一夫不逞"，欲"一舉而殲滅"，"超越萬古"，可謂洞悉玄燁之心。祇可惜他全不理解準部之役的意義。玄燁暫停進剿，劉蔭樞則乘機建議就此停止大舉，與玄燁南轅北轍。劉蔭樞惟恐時機稍縱即逝，故草疏之際甚爲匆忙，憨愚急切之情，以至不及復檢當即拜發。陸奎勳《劉公蔭樞墓誌銘》："密疏阻諫，復條陳六事。"趙元祚《秉燭子（蔭樞自號）傳》亦云密疏之後，"復密條奏六事"。并略引其端："重內地弗勤遠略，謹喜怒而慎用人，核名實以重國本。"㉞既爲復奏，當就玄燁內外舉措詳加敷陳。蔭樞前摺中所陳陝西災荒，軍輸難繼，玄燁未必不知；至"俟明歲四月以後，水草茂盛，再商進止，亦息力養銳之一道也"，又與玄燁本意暗合。然條陳六事引出"國本"一義，玄燁遂無能隱忍。

五十五年三月，玄燁下發劉蔭樞《請緩北征》一疏令漢九卿大臣議覆，云"劉蔭樞所奏，謂朕必親自統兵征剿，此誤聽小報訛傳妄奏。"而上引劉蔭樞摺中未見有親征之語，且密摺從無下發群臣公議之理[29]，是知下發漢官議覆者，即"條陳六事"一疏。依《秉燭子傳》，蔭樞條奏："草既就，客曰：'願公少緩密奏，而拜告老疏。'公忠形於色，曰'老臣且告退矣，它日死，不能言。'於是朝拜密摺，隨拜告老疏。"又知蔭樞條陳六事爲其最後進言，勢難顧及其餘，且與密折先後急切草就，未加斟酌。故九卿覆議："其所奏之語，亦失奏對之體，甚屬不合。"[297]條陳六事由戰事連及儲位未建，似則謂玄燁內外舉措皆失其宜，玄燁豈能平情待之！玄燁以"劉蔭樞聽信訛傳邸抄，妄行具奏"；又以"現今在此漢大臣內，或意朕親往，有繕疏者，亦未可知。爲此明告爾等"。[298]一年之後，玄燁仍悻悻言其"聽傳聞之言，即勸朕息怒休兵。用兵之事如此妄奏，可乎？伊不過用此空言作文章而已。無知之徒，即由此互相傳佈。"[299]是知玄燁所惡劉蔭樞者，以其妄奏沽名，以致互相傳播，引起在京大臣起而效尤。由劉蔭樞泛及漢大臣以及國內輿論，足見玄燁心中所負漢士大夫之巨大壓力。劉蔭樞八十老翁被發配西北巴里坤軍營效力，玄燁必借此以儆其餘。

豈知此老遠赴巴里坤前綫之後，竟不悛改。《實錄》載劉蔭樞五十五年九月疏言："臣遵旨親赴巴爾庫爾軍前，閱視滿漢官兵共立二十三營，周圍二百餘里，軍勢雄壯，首尾相應。但巴爾庫爾地方居雪山之後，聞入冬大雪動深數尺。倘道路壅阻，糧何以運？草皆覆壓，馬駝何以牧放？臣不勝憂懼，謹密奏聞。"如果說上年摺中所言"除大兵而外，運送安塘、捐納人等，無慮千萬，食從何辦？草從何出"云云，尚是閱讀邸報所作揣測之辭，而此番所云憂士馬糧草難以爲繼，則是在前綫軍營耳聞目擊，如實陳奏。"侃侃洋洋，凡數千言"[300]，希冀玄燁能有所悟。不料玄燁卻因此大發議論：

> 軍機事務，關係重大，一言可以鼓勵士氣，一言可以退縮人心。本朝自太祖高皇帝、太宗文皇帝、世祖章皇帝，迄今百有餘年，所向成功，事事上應天心，以正討逆。巡撫劉蔭樞乃讀書之人，年已八十，非屬無知。初以朕爲不能忍怒，及至軍前，無可奏對，又稱"嗣後雪至三四尺，糧

何以運，駝馬何食。"於此愈知其無能矣。外藩蒙古共有百餘扎薩克，人無一分糧餉，馬無一束草幹，自古及今，極寒之地何以各安生業？觀其一經雪後，驚惶失措，忘其身爲巡撫管轄文武之責。如敵稍強，必至效曹申吉、羅森、方光琛輩所爲也。朕三統大兵，曾當嚴寒盛暑，久行沙漠不毛乏水之地，於軍機事務以至調養駝馬，無不熟悉。然後知古人論兵不得其道，多無成功，每至敗事，深爲太息。劉蔭樞今奏稱巴爾庫爾地方雪深三四尺，或係伊親見，或係何人告伊之處，并未聲明。仍著劉蔭樞前去。雪深三四尺，果屬親見，著據實奏聞；倘聽信他人妄誕恐嚇之語，亦著據實奏聞。"[901]

　　五十五年南路大軍窘況，前文已詳。當年七月命席柱回京待罪，九月定爲絞立決，較劉蔭樞之疏，僅早四日。夏秋正當草實馬肥，尚且大批馬匹倒斃，倘冬季來臨又將如何？劉蔭樞不惜再次犯顏直陳，可謂出自至誠。且僅過一月有餘，玄燁即承認，"衆議欲於明歲進兵，又慮路遠，糧米難運，其見不可謂非。"決定"明年著暫停進兵，加意耕種，將糧餉馬匹預備整齊，後年再行進兵。"[902]由此可見劉蔭樞疏奏屬實。對此，玄燁當讚賞其勤憂國事、直陳實情，方合常理。不料玄燁大動肝火。所謂"一言可以鼓勵士氣，一言可以退縮人心"，由《論語》"一言興邦"，"一言喪邦"而來。是以玄燁認定劉蔭樞動搖人心，一言喪師，即絕無容忍之可能。而謂其一經雪後即驚慌失措，進而推論其若遇強敵，必效三藩叛亂時曹申吉之流無恥迎降，甘爲助虐，則直將劉蔭樞以逆賊視之。此時玄燁向滿臣一泄其忿，乃其真實心理，最爲難得。至"太息古人用兵不得其道"，儼然已凌駕歷代君主之上，更不必將劉蔭樞放入眼中。其"仍著劉蔭樞前去"者，此時劉蔭樞閱視已畢返回甘州待命，故玄燁再懲之也。

　　於是劉蔭樞只得承認："臣妄奏軍前雪深。奉旨令臣親往閱視，但臣年老患病，不能親往，謹在甘州候旨。"玄燁雖予以寬免，卻重加羞辱，謂其"不遵旨往閱，仍託病求回原籍。若伊意欲乞休，久當奏請。乃未奉旨之前顧戀官職，不請休致，及至軍前，稍經寒雪，即舉動失措，違旨退縮，奏請回籍，理應從重治罪。但伊年老，居官以來操守尚清，覽伊奏摺，情辭甚屬可憫，諭旨到時，著即回貴州辦事，從寬免其議處"。然據《實錄》卷二七二，次年五月初七日庚申，玄燁諭大學士等曰："前令劉蔭樞往軍前遍視營壘再行具奏，伊奏云墜馬傷臂及足，病勢危篤，斷難前往。今伊復任，又奏臂傷、足傷并胃弱舊症，頓然全愈，飲食如常。情僞顯然矣。"《起居註》不載此事，當日玄燁在熱河，是知爲滿洲君臣間之私房話，以此敎馬齊等如何識別漢人虛僞。《起居註》五十五年十二月十一日，玄燁謂馬齊曰："今年劉蔭樞奏稱'巴爾庫爾地方八月十四日便下雪，厚至四五尺，如此寒冷，如何行走？'看劉蔭樞如此驚惶具奏，皆未習寒冷之故也。"則玄燁私下已承認劉蔭樞親至前綫軍營，此前爲強誣之甚明。

玄燁于劉蔭樞不肯寬免，實以其在巴爾坤蠱惑人心，非但綠營將領師懿德效尤，即接替席柱的南路軍滿洲統帥晏布亦爲其所惑。據《秉燭子傳》，劉蔭樞回黔"視事甫半載，有旨休致來京。公即拜疏行。已而下刑部，部議以阻擾軍務擬絞，援師懿德例，發西邊屯田，俟大軍凱旋另行治罪。有旨著發往傅爾丹處種地，時公年已八十一矣。"傅爾丹種地處，即喀爾喀北路大軍屯田處，較巴爾坤更爲遙遠，則玄燁終未將劉蔭樞放過。又知《起居註》五十六年十一月二十四日上諭所云將"師懿德等留京"，隱諱之辭耳。所謂"我朝驛遞最善，驛遞神速"與種種自誇，皆強掩佈署失當而已。然得悉準軍攻入西藏，玄燁此時已氣短心怯，深感戰事勝負尚在未知之天。"以作證據"云者，特爲自己將來預留餘地耳。豈知此老生命異常頑強，流放喀爾喀四年，居然無恙。六十一年正月玄燁於暢春園設千叟宴，特召其回京，以年齒最高居人瑞首席。玄燁已自知愧悔耶？抑或以爲西藏已定，欲令劉蔭樞折服耶？

劉蔭樞前後疏諫，誠不自量力，不過其中所折射的玄燁心理，仍有意義。玄燁既欲以準噶爾之役爲盛世增輝，則其姿態實乃居中國以伐四夷，這纔可能有漢人劉蔭樞的疏諫。然而玄燁骨子裏卻又欲以此向漢人證明滿洲統治的合理性，在某種意義上說，這場戰爭又成爲玄燁與漢人的較量。關于興兵是否得宜的爭論，客觀上即帶有滿漢之爭的色彩。質疑準部之役，即意味質疑玄燁的決策，反而會刺激玄燁。僅此而論，玄燁即無可能採納劉蔭樞之諫，而勢必堅持到底，與漢人一較輸贏。玄燁征伐噶爾丹、策妄阿喇布坦，根本毋需徵詢漢人；而玄燁事後的解釋，卻又總是淡化問題的滿洲特性。這說明玄燁興兵前的決斷過程，必竭力排斥頭腦中時時與之立異的漢人陰影；惟待成功之後，深信自己立于不敗之地，可以居高臨下，纔肯與漢人直面相質。

康熙四十七年、五十一年兩次廢黜皇太子引起玄燁的危機感，使其形成爲大清爭正統的心理驅響。這種危機感不僅關乎玄燁本人，而且必然會調動整個統治集團起而訴諸清廷的成就，爲最高統治者恢復自信[⑩]，因此也歆動著玄燁的征伐之心。但這一階段，玄燁的思想顯然聚焦在國內，不大可能興師境外。而自五十二年起，致力國內承平似已取得某種成效，玄燁的精神震蕩也逐漸平復[⑩]，心理上的"成就需要"即重新萌發。在這種情況下，就極有可能促使玄燁努力尋覓對外征伐的時機。而滿漢對立的深層意識存在，又迫使玄燁雖欲爭取成功，但必須謹慎從事。至于單純採取防禦準軍偷襲青海這一更爲實際的戰略，不僅需固守嘉峪關至西寧一綫，且需開闢青海西北荒僻之區，設軍布防，方爲萬全之策。如此則甚費力而難見功，與玄燁此時心態全然不符。苟明乎此，五十四年玄燁突然興啟準部之役，而後清軍卻又長期耀兵于西北，並不積極進取，或許可以得到進一步的解釋。

但決策者畢竟是玄燁。欲進而明乎玄燁何以能一手發起準部之役，則必須從康熙朝政治體制及君臣關係上進行探究。

三、專制皇權與玄燁晚年的心境

康熙五十七年八月，大學士蕭永藻請休致，曰："奴才乃一孤身，并無子嗣。惟奴才今年七十五歲，血氣漸衰，精神漸弱，其原心慌之病仍有復發，氣并不順。一旦犯病，即頭暈眼花，心神恍惚，故總忘事。倘若執筆，手又發顫，不能寫字。內閣乃一機要處，責任甚重。伏乞聖主對奴才年邁病體不可差使之處，明鑒指教。"玄燁硃批云：

朕之苦與爾之苦雖相同，爾之事較輕。[⑩]

蕭永藻漢軍佐領出身，玄燁前引爲"爾我同心"數人之列。此又謂與之同病相憐，且較之更甚，一代天子乃自憐若是！玄燁自謂不得歇肩，勉力支撐，上年《面諭》實已真切道出：

> 若帝王仔肩甚重，無可旁諉，豈臣下所可比擬？臣下可仕則仕，可止則止，年老致政而歸，抱子弄孫，猶得優游自適。爲君者勤劬一生，了無休息。
>
> 每覽老臣奏疏乞休，未嘗不爲流涕。爾等有退休之時，朕何地可休息耶？但得數旬之怡養，保全考終之死生，朕之欣喜，豈可言罄！

五十六、七年間，正值準軍占領西藏，準部之役陷入難局。玄燁仿徨失據，內心憂慮寧訴諸筆端，或以密摺硃批，或以長篇《面諭》，則其孤立無助可知。

玄燁雖不堪承受天子寶座，然仍緊握權柄，至死不悔。《面諭》云："天下大權，當統於一。"五十八年諭群臣："無論巨細，事不敢忽，天性然也。"然又云："勉强支持，心勞力竭。爾諸臣曾無一人爲朕黽勉抒誠者。或有不肖之徒，見朕精神血氣漸不如前，因以爲奸，亦未可定。此諸臣俱應留心也。"⑩玄燁堅持萬機獨斷，加之疑心甚重，處處防微杜漸，以至人人自危，終成名副其實的孤家寡人。究其根源，雖專制體制使然，亦其本人心理人格有以致之。

（一）《康熙起居註》所見滿漢閣臣之別

《養吉齋叢錄》卷四："章疏票擬，主之內閣；軍國重事，主之議政處。"趙翼云："康熙中雖有南書房擬旨之例，而機事仍屬內閣。"⑪滿洲以武力立國，特重軍事固其本色。然定鼎中原以來，權力結構已明顯變化：皇權擺脫對八旗王貝勒依賴，日趨鼎盛；議政會議則僅在軍旅征伐、蒙古事務等備襄贊，供諮議。順康兩朝，除特例外，天子多不親預議政，議政大臣亦多不面奏，題奏則視其內容由相應部院轉呈，或由滿大學士面奏，皆明見於《起居註》。

明清兩代內閣最重要差別，即明代中後期皇帝已不干預內閣事務，閣臣享有獨立票擬權。至于票擬能否成爲決策，另當別論。而清順、康兩朝則不然，閣臣票擬必當皇帝面前，或奉旨票擬，當即下部發科。其效率之高，自遠勝于明，然閣臣權力卻因此低落⑫。清初皇權壓倒議政會議，內閣成爲政本所出，滿洲大學士例兼議政，地位親要，已非議政大臣可比⑬。又以玄燁長日御門聽政，召見內閣、部院大臣聽理章奏，故清初內閣頗受學者重視。然其中滿漢之別，卻轉被忽略，故於判斷清初政權的民族性質以及決策途徑，往往未切肯綮。

御門聽政者，爲玄燁御乾清門或其他處所"聽部院各衙門官員面奏政事"之簡稱。若當日玄燁唯與大學士、學士商討折本，則記閣臣某某"捧折本面奏請旨"，或簡稱"以折本請旨"。部院章奏屬日常庶務，則當即處理；"內有關係用人行政刑名錢糧要務，必折出。""其一切折出票籤應加酌定者，皆係國家切要政務，得失所繫。"故閣臣協同玄燁處理折本，較之御門聽政更爲重要。玄燁在京聽政，先由部院各衙門官員面奏政事，待部院官員退出，再與閣臣處理折本，而捧本之勞則滿洲學士。玄燁巡幸在外，則僅以閣臣數員或一員隨行。部院各衙門本章俱交內閣，每日，或間一日，或每三日、五日一次，由內閣彙送行在聽理。玄燁與閣臣處理折本，無部院大臣在側，玄燁既無所謂"聽"，而閣臣但承玄燁之訓。凡此，《起居註》皆不書"聽政"。自十八年九月二十二日，起居註官得以記錄折本討論，由是政令決策、人事任命等程序，皆得略窺一二，《起居註》價值之勝于《實錄》者以此。

本文所關注者，特在玄燁巡幸塞外時扈從閣臣之民族構成。以中華書局本《康熙起居註》與臺灣故宮博物院所藏《清代康熙朝起居註冊》及《實錄》相參讀，是知玄燁六次南巡，均以滿漢閣臣隨行；而北方口外和熱河之行，扈從閣臣幾純爲滿洲、漢軍。自四十八年起，玄燁每年在外二百餘天，《起居註》所記僅五十年漢大學士張玉書于熱河捧本凡兩日，此外絕無漢人參預其事。此迺康熙朝滿漢閣臣最顯著之差異，亦其獨有之政治特徵。

玄燁並不如其所說"每日御朝聽政"，或接見閣臣，正如其日講。康熙十六年，全年御乾清門聽政凡235天；此外，在南苑33天，巡狩邊外30天，赴鞏華城七次13天，不聽政僅81天；加上各類慶典、祭祀，確如年末起居註官贊云，"銳意圖治，宵旰勵精，一歲之中，昧爽始朝，無有虛日。"然二十六年，玄燁以"部院事務稍簡，嗣後著間一日面奏"，故全年聽政減至169天。至四十五年，聽政僅55天，而在京外與閣臣討論折本者，凡173天。五十三年，聽政之日唯26天，巡幸在外竟長達217天。

玄燁在京，起居註官于每日末署名；在外巡幸，扈從記註官則並書于回京之日。由是我們得以判斷玄燁聽政或討論折本之日滿漢大臣之構成。限于篇幅，僅以實行起居註官記錄折本討論之次年，即康熙十九年爲例，列表說明。

康熙十九年玄燁在京聽政時間地點表

月份	日　期		乾清門	瀛　臺	總天數
正月	6、12、13、15—22、26—30		16		16
二月	1—7、17、18、20—24、27—29		17		17
三月	2—7、10—17、19—26、28—30		25		25
四月	2—13、18—24、26—29		23		23
五月	1、2、4—21、26、28、29		23		23
六月	1—30			30	30
七月	2—14、16—24、26—29			26	26
八月	15	1、3、5—8、10、12—14、16—24、26—30	1	24	25
閏八月	26—29	1—11、	4	11	15
九月	1—24、26、28—30		28		28
十月	2、4、10—16、19—24、26、27		17		17
十一月	2—6		5		5
十二月	6—15、24		11		11
總計			170	91	261

　　據上表，是年玄燁在京聽政共 261 天，以乾清門爲主，間或在瀛臺。其中自正月至五月，以及閏八月二十六日以後，皆聽政乾清門，凡 170 天；自六月初一至閏八月十一日，除八月十五日常朝御乾清門，其餘 91 天皆在瀛臺。乾清門聽政 170 天之內，二月 21 日，三月 12、15、20、24 日，四月 12、22、五月 5、6、14、18 日，六月 13 日，七月 11、19、26 日，八月 26、27、30 日，閏八月 7 日，九月 8、26、29、30 日，十月 14、21 日，十二月 7、9 日，凡 27日，或因講書，或因它事，僅聽取部院官員面奏，其餘 143 天皆于聽政之後與閣臣討論折本。凡聽政之日，記注官多爲兩員，一滿一漢，或增置一名，要必滿漢兼備。瀛臺聽政亦然㉒。如二月初四日，玄燁於聽政、討論折本後，又召見滿漢大學士明珠、李霨，當日記注官爲滿洲朱馬泰、漢人董訥。四月初一日，玄燁先召見滿漢閣臣議事，復又召滿漢閣臣與六部都察院堂官議事，當日記注官爲庫勒納、沈荃，亦滿漢各一人。

　　值得注意的是上表所未列之日。正月 22—25 日，玄燁在鞏華城、神頭山行宮，隨行閣臣爲大學士索額圖、明珠，學士佛倫，記注官則爲牛鈕；二月10—16日，玄燁在南苑東宮，與索額圖、明珠，學士佛倫、希福商討折本，扈從閣臣皆滿洲，扈從記注官庫勒納、牛鈕亦皆滿洲。再如閏八月12—24日，玄燁在南苑，扈從閣臣明珠、噶爾圖，扈從記注官，乃至日講官亦全爲滿洲。十月5—9日，在南苑，扈從閣臣明珠、噶爾圖，記注官庫勒納。十二月16—22日，玄燁在南苑調養，扈從大學士明珠、學士希福，記注官庫勒納。

綜上可見，玄燁若同時接見滿漢臣工，記注官亦必滿漢兼備。若僅與滿洲（含漢軍）閣臣討論折本，則記注官必爲滿洲。由是我們可以進而大膽地逆嚮推斷：若知某日記注官是滿洲、漢人，或滿漢兼備，則大致可確定當日接見臣工相應爲滿洲、漢人或滿漢同列；即《起居註》當日不記事，亦可借助記注官身份，推知玄燁當時是與滿漢官員相處，抑或僅有滿員扈從。

有些情況需作說明，本年二月初九日，玄燁先"召滿大學士等至懋勤殿面商折本"，"辰時，上幸南苑，駐蹕東宮。"當日唯召見滿臣，而記注官則爲庫勒納、牛鈕、常書、董訥。董訥以漢人何得參與記注？檢得《起居註》十六日，明載是行扈從記注官爲庫勒納、牛鈕。可知初九日董訥列入記注官者，非謂其參預滿洲閣臣折本討論記錄，祇因玄燁當日由京出發，其行止應載入《起居註》，故四名記注官中，常書、董訥一滿一漢，乃指玄燁在京之日記注官。凡玄燁離京或回京之日，該日記注官例有漢人。如當年閏八月十一日，玄燁於辰時率皇太子幸南苑，諭部院衙門本章俱交內閣每日彙送南苑。"本日起居註官格爾古德、張玉書，扈從起居註官庫勒納、牛鈕、常書。"前者一滿一漢，後者皆爲滿人，即遵此例。學者稍加留心，即不致誤會[02]。

玄燁在京聽政及商討折本，大體同時接見滿漢臣工，亦有不盡然者。如上舉二月初九日即僅召見滿洲大學士。又，十一月初八日至十二月初五日，玄燁宮內養病，記注官爲一滿一漢。然《起居註》十二月初五日又明載："是日以前，各部院衙門本章，每日俱交內閣彙進。有緊要折本，仍召滿大學士等入，商榷批發。"則玄燁曾于宮內召見滿閣臣。又如二十二年正月二十七日，二月十一日、十二日，玄燁御乾清宮，捧旨者大學士勒德洪、明珠，學士阿蘭泰，均爲滿洲；而記注官則一滿一漢。二十八年九月十一日、十二日、十七日，御乾清宮，捧本者爲大學士伊桑阿、阿蘭泰，學士凱音布、拜禮、朱都納、邁圖、郭世隆、西安、博濟、王國昌。郭、王爲漢軍，載《八旗通志初集》卷117《八旗閣臣大臣年表下》，餘皆滿洲；然記注官滿漢幷列。十一月至十二月，玄燁在乾清宮，連續二十一天祇召見滿洲部院大臣，或隨後與滿洲閣臣討論折本，而記注官仍滿漢兼備㊷。但以前例推測，此時玄燁與閣臣在宮內商討折本，漢記注官並不在側；否則，玄燁出巡由滿洲閣臣扈從之時，記注官即不必僅爲滿洲。以上之所以記注官署名滿漢幷列，仍因玄燁尚在宮中，或不止召見閣臣一事，意在表明其爲滿漢共主。惟滿洲閣臣入乾清宮捧本，與滿漢閣臣共同捧本于乾清門外、或于乾清門側便殿召見，纔真正顯示滿漢閣臣內外之別。

上所舉十九年玄燁在南苑，扈從皆滿員，然非謂南苑爲滿洲禁地。如十二年七月初九日至二十四日，玄燁諭曰："朕或出郊外，或幸南苑，常不輟講，故翰林官員每次隨從。"當時扈從講官爲傅達禮、孫在豐、張英，一滿二漢，扈從記注官爲喇沙里、孫在豐、張英，亦一滿二漢㊸。而十三年十月奉太皇太后幸南苑，十四年六月、八月幸南苑，十六年二月十二日至十八日南苑閱兵，扈從則全爲滿員。是知若不召漢人日講，則不必令漢人同行。如上所舉，十九年閏八月南苑之行，即扈從講官亦惟滿員。玄燁在外，扈從官員如何，視玄燁政治需要而定。如二十年初祭奠仁孝、孝昭兩皇后兼巡視畿甸，自二月十四日至三月十二日在外凡二十八天。其間三月初八日，于孝陵移兩皇后梓宮，曾記載"諸王、滿漢大臣齊集"，則是行有漢官同行。然玄燁處理折本之日，所見捧本閣臣爲大學士明珠，學士額庫里、庫勒納，扈從記注官庫勒納、阿哈達，皆滿洲。是知漢官扈從僅爲禮儀需要㊹，而不意味漢閣臣參預討論折本。其他如巡幸畿甸、謁陵、五臺山，皆類此。如二十二年九月十一日至十月初九日，玄燁奉孝莊太后幸五臺山，扈從大臣皆爲滿洲，而扈從記注官爲牛鈕、張玉書、常書。又如二十七年十月十二日至十八日，玄燁奉孝莊太后尊諡寶冊至暫安奉殿，是行扈從記注官爲庫勒納、李光地、尹泰、蔡昇元。張玉書、李光地、蔡昇元等漢人隨行，或以玄燁吟咏之需，或資風俗之詢，或禮儀之商酌，非必謂參與商討折本記錄。玄燁六次南巡，因關係觀察南方風俗民情、收攬人心，故不專以滿臣扈從。

暢春園起初唯召見滿洲閣臣，二十六年六月因皇太子讀書于此，曾召見漢人㉘。於宮内、瀛臺而言，暢春園即京外之熱河。後因每年長期避暑口外，故暢春園又不避漢人，成爲玄燁召見滿漢臣工之所㉗。湯泉行宮類似，初唯滿人扈從，後亦於湯泉召見漢人㉘。可見玄燁在外則輕內，與在乾清宫之重内而輕外，皆於判斷康熙朝滿漢格局及滿洲統治集團的"内亞背景"，頗具啓示。凡此，非細察《起居註》不得其解。

二十二年之後，玄燁每年口外避暑，扈從閣臣以及記注官皆滿洲，此與本文關係甚大。除康熙十年東巡不論，《康熙起居註》最早記載玄燁口外之行爲十一年正月二十四日至三月二十九日奉孝莊太后赴湯泉，其中二月十八日至二十一日回京籍田，在外凡六十一天。所見扈從人員爲康親王傑書、安親王岳樂及諸王貝勒，內大臣常舒等四人，大學士巴泰，兵部尚書明珠，户部侍郎班第，内務府總管噶祿等，扈從起居註官傅達禮、莽色，清一色滿人㉙。玄燁長時間在外，政事不能中輟，故需閣臣與部院大臣隨行。其後離京避暑，或口外、熱河之行，皆如此㉚。扈從閣臣則皆滿洲，間或參以漢軍。如二十二年四月二十一日至五月初一日，玄燁在玉泉山處理折本，命學士薩海扈從，更番赴玉泉山啓奏之閣臣爲大學士勒德洪，學士阿蘭泰、席柱、王守才；大學士明珠，學士佛倫、喇巴克、金汝祥，扈從記注官爲滿人牛鈕、常書。王、金二人爲漢軍，並見《八旗通志‧閣臣大臣年表》㉛。二十三年五月至八月玄燁赴口外，"出巡之時，各部院衙門及督撫奏章，令其三日一送。奏章到時，必親加詳閱，遲至更深。内有關係用人、行政、刑名、錢糧要務，必折出，著扈從内院諸大臣請旨商酌。復奏之時，諸臣各盡言其意，然後皇上始行獨斷。或内閣大臣于本内一時未悉原委，啓奏容有錯誤，皇上必逐一明晰其理，諸臣未有不悅服者。"㉜唯玄燁口外避暑，僅帶滿閣臣商討折本，此《起居註》未便明言者。

按《起居註》所載玄燁各年熱河避暑，中華書局本四十五年九月二十四日記載扈從記注官揆敘、阿爾法、塞爾圖、查昇、陳壯履、錢名世、勵廷儀、張廷玉，後五人爲漢人。而臺灣《康熙朝起居註冊》四十、四十一兩年口外巡幸，所見扈從閣臣與記註官均滿臣㉝。然至四十二年，扈從熱河之閣臣大學士馬齊、席哈納，學士常壽、趙世芳，雖盡爲滿官，然扈從起居註官揆敘、滿保、查昇、陳壯履、海保㉞，漢人查、陳即在列。因《起居註冊》四十三、四年闕如，四十五年扈從記注官出現漢人是否爲四十二年之新例，尚難斷言。其後又缺四十六至四十九年，無以知漢人記註官扈從熱河延續至何年。然合讀中華本與臺灣本《起居註冊》，自五十年起，扈從熱河起居註官又純爲滿洲。故四十年間出現漢起居註官扈從熱河，一時無能確解。

內翰林官員扈從，以康熙二十年侍直南書房高士奇扈從東巡爲濫觴㊺。《查慎行年譜》康熙四十一年，"奉旨：'查慎行、汪灝著同查昇每日進南書房辦事。'先是，內廷皆詞臣輪班入直，專命之榮，蓋自此始。"從此入直內廷成爲南書房專職。次年熱河行宮新成㊻，玄燁命"南書房翰林七人俱著隨行"。其中查昇、陳壯履、勵廷儀、錢名世四人即列名《起居註》四十五年扈從記注官。此後查慎行年年扈從口外，以"烟波釣徒查翰林"爲佳話㊼。張廷玉自四十四年起，亦以"侍直南書房"，後每年例行扈從㊽。據汪灝所撰《隨鑾紀恩》，四十二年翰林官員扈從至熱河，主要爲校書，間或奉特旨觀看圍獵，並未侍從記載商討折本㊾。是知玄燁在熱河，於政事、圍獵外，尚需編纂典籍，吟咏詩歌。按玄燁《佩文齋詠物詩選序》，《起居註》四十五年熱河之行五名漢人扈從記注官，以及汪灝、查慎行等人，皆在《詠物詩選》編纂者之列㊿。《序》作于該年六月，玄燁正在熱河，查昇等五人作爲記註官扈從，其職責或在于此。然此與記載扈從閣臣商討折本不可相提并論。是行凡一百二十二天，"各部院奏章由內閣三日一次驛遞行在聽理"，所見閣臣大學士馬齊，學士陞兵部侍郎恩丕，學士黑壽、舒蘭，刑部侍郎常綬，郎中索爾敏，而並不見有漢人。故查昇等五名漢人雖列爲扈從記注官，但是否參預記錄閣臣討論折本，仍大有疑問。再以《起居註》所載五十一至五十六年四年間熱河之行證之，所見扈從閣臣并記注官一律皆爲滿員，或有漢軍，而絕無漢人。故《起居註冊》四十二、四十五年扈從記注官出現滿漢夾雜，或玄燁承平盛世興味正濃，破例賞賜扈從漢人詞臣以扈從記注官之名，亦未可知，似不足以推翻玄燁熱河之行專與滿洲閣臣討論折本的成例。學者可以覆檢。

按張玉書《扈從賜游記》，其四十七年扈從熱河，身份爲大學士。《起居註冊》無當年記載，無從知曉張玉書是否參預捧本。然《游記》所載爲五月至六月間之事，亦不過游覽、聽樂、賜食而已。然玄燁九月方從熱河回京，看來張玉書亦祇被以恩寵，邀遊一時。《游記》載赴熱河之前四月初四日，"上御暢春園內澹寧居，大學士伊某等以折本請旨。"是知張玉書在場，且慎重記載其事。若其在熱河期間亦曾參預捧本，似無不記之理。且張玉書自三十七年任大學士，至此已十有一年，却云"臣初與扈從"，則此前從未扈從可知。由此可以推斷，《起居註》四十至四十二、四十五年所記熱河期間僅滿洲閣臣以折本請旨，洵屬實情，非有意遺漏漢閣臣。

然世間事總有例外。四十二、四十五年出現漢人起居註官扈從熱河，却不見漢閣臣于熱河捧本；據臺灣《起居註冊》，五十年扈從熱河起居註官皆滿洲，而扈從閣臣却又有漢大學士張玉書。張玉書參與捧本爲五月初五日及十三日，凡兩見；其同僚則爲大學士溫達、户部侍郎兼管學士事噶敏圖、學士滿保，皆滿洲。十七日，張玉書病危，玄燁欲送其回京，不料次日子夜即病逝。旋傳諭："照漢禮衣殮，發往京師。"大學士溫達等繕摺代張玉書恭謝天恩，云"大學士張玉書在京患病，再三懇請隨皇上至邊外涼爽之地，調養病症，冀幸痊愈，不意至此病勢日增。"則張玉書以漢閣臣扈從熱河實爲特例，或以其再三懇請爲玄燁效力至死，或玄燁開恩允其順便調養，不意此行竟成送終之典。惟諭旨中"照漢禮衣殮"一語頗怪。張玉書漢人，自當以漢禮，何須諭旨特爲點出？豈張玉書感激此行得如滿閣臣扈從，竟欲以滿洲自效？不可解。按《清史列傳·張玉書傳》，四十九年即以病乞休，揆之情理，當不致如駑馬戀棧，於臨終前亟亟懇請隨滿閣臣赴熱河，是與《起居註冊》所云不協。《起居註》此後所載五十一至五十六年熱河之行無闕，絕不再見有漢閣臣扈從。

據《張廷玉年譜》，五十五年十二月授內閣學士兼禮部侍郎。朝廷公卿例不入直南書房，張廷玉以漢閣學則不當扈從熱河。然《年譜》記次年"五月，扈從出口避暑。七月，召游避暑山莊。"張廷玉既以閣學扈從口外，則身份非詞臣可比，似應參預捧本。而檢《起居註》，五十六年玄燁赴熱河在四月十七日辛丑至十月二十日庚子，凡一百八十天。所見扈從閣臣爲大學士馬齊，侍郎兼學士查弼納，學士渣克旦、勒什布、常鼐，扈從記注官徐元夢、阿克敦、阿爾塞，并無張廷玉。是知張廷玉五月赴熱河，七月又奉召游覽避暑山莊，皆出特恩。然《年譜》却云五十七年"五月，聖駕出口避暑，廷玉例應扈從，因學士有批發紅本之責，奉旨留京，在內閣辦事。"而五十八、五十九兩年，又衹書"聖駕出口避暑，奉旨留京批本。"六十年遷刑部左侍郎兼閣學，六十、六十一兩年書"聖駕出口避暑，以部務留京"。皆無"例應扈從"一語⁵⁴¹。學士若不參預捧本，僅批紅；不過謄錄票擬，一文書而已，故葉鳳毛《內閣小職》云"職票紅無他事"。張廷玉五十六年被殊恩以學士扈從游覽，次年被冷落在京批紅，所云"例應扈從"，迺自掩其失落之情，不可爲訓。《起居註冊》載五十二年湯右曾以侍郎隨行熱河，然不過令觀玄燁書大字而已⁵⁴²。五十四年，大學士李光地請假回籍，"臣蒙恩允回鄉，趨（熱河）行在謝恩陛辭，蒙皇上欽賜寓館，每日賜食兩次，又賜見六次"，"又命（扈從）諸王及大臣賡和成篇"⁵⁴³。上引《張廷玉年譜》五十六年七月，與張廷玉同時尚有大學士李光地、學士蔣廷錫，乘輿馬"游避暑山莊，凡山莊內高峻曠遠之勝景，無不周覽。"凡此，皆玄燁籠絡漢人，寵之以"異數"耳。

玄燁在熱河，在京官員無特許，不得隨意赴行在啓奏，亦可證玄燁在熱河時，無漢人參預政事。

《碑傳集》卷二十，勞之辨《自序》：

> 現行例，上遠出，言官不得擅達封事。本年（康熙四十七年戊子）五月，上出口避暑，特諭內閣，言官本章，著出口啟奏。余於六月初五日出都，次日出古北口，初九日到熱河宮門外。以有密奏告傳事大人傻子，大人白中官轉奏。旋奉旨："取本來看。"之辨將本交傳事大人轉交中官。良久，中官捧本出，傳旨云："本已閱過，即發行在內閣翻清。勞之辨賜他茶飯喫，再賜他所網鮮魚并小菜等物帶回去。"之辨既飽御廚，復賚食品，鴻慈異數，深懼無以仰酬，向宮門行三跪九叩禮，謝恩而歸。本月十四日，奉旨："原本發還。"隨赴在京內閣祇領訖。

勞自云三十一年任督捕衙門，因啓奏逃人姓名舛錯，奉旨嚴察，因能以"滿話啓奏，故得僥幸邀恩"。四十七年爲左副都御史，年初曾面奏於暢春園澹寧居。然六月奉命赴熱河啓奏，居然未允進入宮門。領賜茶飯，即令其感戴莫名，以爲格外之恩，可見熱河門禁何等森嚴。同書卷五五，蔣家駒《高都諫遹昌傳》："九門提督陶和氣恃權不法，戊子七月，公赴熱河行在，特疏參之。"亦四十七年之特許，不得引爲通例。何以知之？五十四年五月，户部尚書趙申喬爲鑄錢事急，竟赴熱河，玄燁爲此大爲惱火。滿洲大學士松柱代爲轉圉,"今鑄錢之銅全無,伊情急方來請旨。"玄燁斥之曰:"伊情急即可向朕奏乎?"幷認定趙申喬"欲專權用事"。同年九月,監察御史任奕彌爲左都御史劉謙家人毆打,赴熱河訴告,爲奏事太監雙全斥回。熱河行宮既爲滿洲君臣在外處理政事所在,滿人尚不得輕至,對漢人而言,更無異"密勿之地"。

覈檢《起居註》、《實錄》,康熙後期,玄燁不祗避暑赴熱河,即冬季亦往。下表以五十年至五十三年爲例説明。

康熙五十至五十三年玄燁居留地點天數簡表

年份	夏季	熱河	冬季	熱河	京外	暢春園	宮內
五十	4.22—9.22	150	11.16—12.19	33	202	131	約30
五十一	4.24—9.30	155	11.25—12.25	31	214	131	約20
五十二	5.10—9.22（含閏5月）	159	11.13—12.19	36	216	140	約10
五十三	4.20—9.28	156	11.18—12.21	34	217	129	約20

據上表,康熙五十至五十三年,玄燁每年兩次赴熱河,天數在180—200日之間。加上其他巡幸,在外時間更多。即使在京,亦主要居暢春園,在宮內不足一月。其後,五十四年至五十八年,皆每年兩赴熱河。五十九、六十、六十一年三年冬季未往,然在外亦分別達194、238、209天。玄燁在熱河,與之相伴者皆滿洲大臣。因無漢人在側,故論及漢人無需忌諱,倒是成爲研究玄燁真實思想的絕好史料。然在京漢官難睹天顏,玄燁如何決策,如何行事,惟遙度懸想而已。

康熙朝後期漢閣臣被如此冷落,乃制度使然。而制度之所以如此,當然由于玄燁心存畛域。李光地對此有深刻體會:"如今做官人,都説漢人無權,閣部事漢人何曾有一點權!"李光地雖爲玄燁所重,卻洞悉玄燁之心。"予在皇上前,一語不及仇怨。皇上固問之,亦淺淡説一二句。不是要見度量也,是恐觸引出皇上長出忌諱報復之心來。"其所以畏懼玄燁"報復之心",乃深知玄燁憎惡漢人"輕看滿洲"。玄燁心中滿漢岐見如此之深,漢閣臣焉能有所作爲。陶蔚嘗客張玉書所,有《夜坐偶題與諸同學書》一首,云:"列炬分編丙夜中,紛紛占畢競雕蟲。不知何與絲綸事,逐字平章屬相公。"自注:"時纂

《佩文韻府》諸書，各有分職，雖首輔亦晝夜不遑。"⁽⁵⁴⁷⁾乃宰輔與詞臣何殊！詞臣於禁中校對謄寫文字，表面榮寵，實則玄燁直以僕役視之⁽⁵⁴⁸⁾，時人竟以宰輔相擬，情何以堪！五十四年，大學士王掞摺奏："臣備位綸扉，忝參機務，兼直南書房，所掌皆皇上經天緯地不朽盛業。而臣精力獨衰，才識最短，且兩地行走，實難兼辦。"請"照故大學士熊賜履故事，解臣閣務，使臣得專心典籍。"⁽⁵⁴⁹⁾漢人閣臣爲玄燁崇儒佑文妝點門面，全然被排斥於機要之外，更不得預聞軍機，欲其獻替可否，則無異痴人説夢。我們可以斬截地説，五十四年玄燁興啟準部之役雖在赴熱河之前，但絕無可能咨詢漢閣臣。

滿洲閣臣扈從捧本請旨，似應親信無間，然稽諸《起居註》，玄燁在熱河與閣臣討論摺本之日甚稀，有旨或由奏事官、太監傳諭，臣下難得覲承顏色。五十三年六月，玄燁在熱河與滿洲閣臣論及明朝之弊，曰："今宮中使令，無太監不可，故使之耳。朕豈肯以權假此輩致傷臣工乎？權亦只一人主之，安可旁落？蓋時會不同。今爾等六人與朕總係一體，有啟奏事即可啟奏，何懼太監之有？"松柱奏曰："臣等幸逢盛世，得以面奏，于太監并無所求，無所懼也。"⁽⁵⁵⁰⁾玄燁自云視滿閣臣爲一體，然滿臣竟受寵若驚，以面奏爲盛世，可見滿洲君臣之間亦甚爲隔絕。按照馬國賢的記載，熱河行宮的"外宮"，"對內閣所有人開放，用來辦理公事。但是內宮里，則由太監看守，哪怕皇子和皇侄們也不讓進。"⁽⁵⁵¹⁾惟騎射圍獵、會見宴飲蒙古王公等盛大排場，群臣得以瞻仰玄燁風采，其餘時間玄燁都被一層神秘幕紗所掩蓋。《起居註》紀事常付諸闕如，原因或在于此。

滿洲君臣有主僕之分，隨意驅遣，不足爲奇。自推行密摺以來，玄燁得心應手，專制獨斷大爲加強。其謂大學士松柱："爾等但觀折本而已，其餘事件實不遐覽。"⁽⁵⁵²⁾康熙五十一年，密摺制度推行至三品以上官員⁽⁵⁵³⁾，玄燁通過密摺直接指示臣下，閣臣無從知曉，權力益發轉輕。然玄燁對內閣并不放心。四十六年，玄燁謂馬齊曰："聞內閣諸臣常將部院題奏本章駁回刪改，近爲內閣侍讀題補盛京員缺事，屢次駁回。果有不當，則有票擬之例在。題奏本章擅自駁回刪改，殊爲可駭。俟進京時察奏。"⁽⁵⁵⁴⁾閣臣稍自行其是，即遭玄燁嚴斥。五十三年，大學士松柱以一叩閽事議交尚書富寧安或趙申喬審理。玄燁大爲不滿，曰："富寧安有何奇處？亦一平等人耳。"特聲明："權在人主，八旗、十五省凡事俱俟人主裁奪，富寧安能當之乎？如此則必至於專權，專權則人附之。一有權，則人輒變異矣。"玄燁出巡，留京閣務由親信滿大學士掌管，其要務不必令漢閣臣預聞，徑奏玄燁。不僅如此，即滿洲閣臣，玄燁亦不放心。機密奏摺，則撤開內閣，直達於留京掌事諸皇子。四十六年，甘肅巡撫齊世武以雨水情形題奏內閣，玄燁硃批斥責："將爾奏摺應送與掌事阿哥等。因為送交內閣，看情形啓封後再貼封。此摺內所報係雨水平常事，故如此爾。若有別事，則甚不妥。朕若不在宮，務必交與阿哥等。此亦爾之糊塗之處。"實則不欲閣臣稍有事權。方苞批評時政云："內閣票擬，從未有摘發部議之非，而奏請改議者"，人主則"時有盡屏廷議，而獨斷其行止"。可謂一針見血。

然而玄燁對此卻甚是得意。《康熙起居註》四十五年三月初八日，諭滿漢閣臣：

> 漢朝災異見，即誅一宰相，此甚謬矣。夫宰相者，佐君理事之人，倘有失誤，君臣共之，可竟諉之宰相乎？或有為君者，凡事俱付託宰相，此乃其君之過，不得獨咎宰相也。

此玄燁自詡不諉過臣下之言，意在示恩，自有所謙避。然其論凡事付託宰相，過在其君，則直啓弘曆之名言："為宰相者居然以天下之治亂為己任，目無其君，此尤大不可。"弘曆蔑視臣工，肆行專制，實承其祖訓。

《實錄》卷二四三，康熙四十九年八月庚辰，諭大學士等：

> 朕自即位以來，辦理軍務甚多。……用兵之道，朕知之甚明。部院諸事，朕尚與諸臣商酌之，惟軍旅之事，皆出自一心籌畫。

卷二五五，康熙五十二年六月乙未，諭大學士等：

> 朕臨馭年久，凡事有應商酌之處，朕必與大臣等商酌而行。惟軍機、河工事，朕即批示。恐與不知之人商酌，反致有誤也。

準部之役一年之後，《起居註》五十五年九月初二日，

> 玄燁謂大學士馬齊曰："朕用計將噶爾丹誘來剿滅之後，馬齊在於會議處云'我等但遵依皇上指示而行，豈得妄議軍機之事。'"馬齊奏曰："臣竊驚異，誠有是言。"

以上皆玄燁自道，時間在準部之役前後。河工之事未必如此，然而軍機從不假手于人，則屬實情。據此，準部之役當爲玄燁一手發起，絕無可疑。當初玄燁自信滿滿，何嘗料到終將獨自品嚐自己釀成的苦酒。

（二）君臣疏離與玄燁的心理

從廢黜皇太子開始，玄燁因皇太子及諸皇子結黨，宗室內骨肉相殘，從而與滿漢大臣產生一種深刻的疏離。這對于玄燁心理及判斷力影響甚鉅。前引五十四年準部之役前夕，玄燁關乎"世道人心"的上諭所云內外大臣"漸耽逸豫，事務疏略"，本是皇權專制加強，滿漢相制的結果，其來已久。但玄燁卻歸咎臣下，從而造成君臣關係極度緊張，自己也更加孤立。

五十年、五十五年兩次祈雨事件，分別發生在二廢太子前一年與興啟準部之役後一年，頗有助於窺視玄燁的心理及其與滿漢朝臣的關係。

《實錄》卷二四六，康熙五十年四月丁丑，諭大學士等："去歲冬雪應時，入春以來，雨澤沾足，無風。朕即向衆諭云'交夏必旱，秋月轉恐雨水過多。'今觀天時果旱，雲氣方起，即繼以風。自古人事有失，必干天和，或政事未盡合宜，或用人未能允當。大小官員，有暗結黨援，以及殘忍之人尚居職位，囹圄之中或有無辜，凡若此等不能保其必無。爾內閣會同九卿科道一一詳問具奏。"上月初一，玄燁剛剛以御極五十年接受尊號，且普蠲天下錢糧，致力粉飾承平。此時大談天人感應，由旱災連及政治人事，迺因其心中擔憂滿洲結黨[⑲]，感事而發。滿洲朋黨起于諸皇子，而根由又在玄燁猜疑皇太子。玄燁捕風捉影，搞得群臣無所適從[⑳]。

三日後庚辰，大學士九卿科道等覆奏，其詞頗可玩味："臣等恭繹聖諭，不勝悚惶。皇上行政無闕，用人悉當，天下臣民罔不共知。至於臣子結党，乃王法所不宥，一有敗露，即祈立正刑章。殘忍之人，存心險刻，讒毀媢嫉，設有其人，亦即祈嚴加處分。今天時稍旱，皆臣等奉職無狀，致幹天和，并祈即賜罷斥。至刑獄之中，蒙聖恩寬釋，見在重犯僅二百人；其有疾病者，又命法司盡心料理，哀矜無所不至。聖心好生，行見上格天心，膏雨立沛。伏望紓釋天懷，毋過焦勞，以慰臣民之望。"群臣何嘗看不透玄燁，對這套把戲早習以爲常。表面引咎自責，實則反將一軍，謂玄燁所云臣工結黨、陰險殘忍之人弄權並無確證,純屬庸人自擾。玄燁當然也讀得懂群臣之意,只得悻悻"報聞"。然玄燁並不甘心,到熱河之後,即傳諭京城:三日不宰牲,虔誠祈雨,並令各廟誦經。三天之後,又傳諭禮部,十一日至十三日祈雨三日。"禮部大臣不虔誠,亦未可定。尚書貝和諾系懶惰懈弛之人,令戶部尚書穆和倫代伊祈禱。"隨即指責"大抵諸臣內,實心以國家爲念者,固自不少,而秉性奸惡,亦不可謂無人"。並以抱病回京相脅,直鬧到在京大臣連報得雨爲止[60]。究其原因,仍因皇太子一事在玄燁心中翻瀾,認定滿朝大臣皆附皇太子而結黨圖謀,故先發制人,以證其先見之明[62]。實則鬧得舉朝不寧、人心惶惶的,正是玄燁自己。

追五十一年十月再廢胤礽,于暢春園命奏事官傳諭諸王大臣,諸王大臣覆奏,玄燁再傳諭,云:"朕心甚寒!日後若再復此事,難覿人面。"[63]廢黜太子何等大事,滿洲君臣竟兩不覿面!隔膜若斯,孰令爲之?

回顧二十六年祈雨一事,于理解玄燁不無裨益。五月,玄燁以欲行祈雨令九卿會議,九卿議奏:"前因天旱,上諭欲親行祈禱。臣等原議得,近日時有微雨,雖未沾足,亦不至大旱,皇上可不必親禱。乃至今未得大雨,苦旱猶甚,皇上念切民生,宵旰罔逸,欲親行祈禱,臣等何敢勸止。但仰見聖躬勞瘁,臣子之心實有不安。今如聖意虔禱,自然天心感應。"群臣以愛護玄燁爲辭,然敷衍之意甚明,玄燁雖答以"然。朕惟有誠心親禱耳。"但怨氣難平,故隨即頒諭一泄其憤:

> 至於臣工,凡係齋戒求雨,徒事具文,誠敬者少,或偷安不齋戒者有之。今值此大旱,猶然忍心不思齋戒,雖齋戒而不誠心者,此等真非人類!朕雖查出,亦不足責。但朕如此祈雨,或反有幸災樂患,以不雨爲快者,或有祈雨時,因己不誠,反指某某爲不誠者,俱未可知。如此匪類與禽獸無異,更何足道![64]

此時正值玄燁爲皇太子出閣讀書一事,以及由治河引起的滿漢黨爭表面化而心緒不寧,故直斥臣工"真非人類!""與禽獸無異!"實爲內心憤怒鬱積待發之前兆。雖以"亦不足責","更何足道",勉強隱忍,然不出一月,即有湯斌案,隨之而來的則是明珠、徐乾學案。玄燁每于政事有憂,則欲懲誡臣下,而祈雨之類即爲導火索。玄燁情緒反應和應對方式，多年如一，足證其人格如此。玄燁雖屢稱"從不卸過于人"，而考其行事，則恰恰相反，豈非猜疑過甚，幻由心生。及至晚年，迺與日俱增，故其孤立無援，實咎由自取。

前述玄燁五十四年上諭，將"頌聖之語殊多"提到"世道人心"的高度，除不滿朝臣敷衍逢迎的顯義之外，還含有漢人與滿洲離心離德、暗中頡頏的意思。《起居註》所載當年兩段上諭，可作注脚：

> 看來近日或有人欲專權用事。此輩在朕前則不可。凡事俱宜滿漢合一，折衷辦理。自用可乎？朕聽政五十四年，雖未臻至善，亦經五十四年之守成。總之，率由舊章，即爲善耳。如趙申喬不遵成憲，任意而行，斷乎不可。

> 今看兩議之事，滿洲大臣一議，漢大臣一議，此處大有關係。世祖章皇帝時，爲此曾下嚴旨，至今聖訓昭然，可不恪遵耶！如果兩議，亦應滿漢相間，豈可截然兩議？當初未有如此，自趙申喬來（京任職）始然。⑧

皇太子一事引起統治集團內部矛盾，根源在滿洲，漢官附和而已。然玄燁所爭"大清得天下之正"，鵠的却在漢人。

玄燁矛頭直指趙申喬，即因其欲干預錢法。自康熙中期以來，私鑄小錢盛行，朝廷賦入受損。五十一年以朝廷所鑄大錢收購各省小錢，擬三年爲期。自來銅斤採買，由內務府、工部託付商人，從中牟利；各地錢法奏銷，戶部每年委派監督徵收，亦多滿人，弊端叢生。朝廷銅鉛不充，舊制小錢不能禁絕⑧。五十三年玄燁放棄初衷，且以"錢法流行莫如我朝，南至雲南、貴州，北至蒙古，皆用制錢，從古所未有"而自解⑨。年底，官商欲承領大錢收購小錢，玄燁命內務府與戶部會議，趙申喬以爲不可。議上，堂官竟不待趙申喬畫題即行具奏。趙申喬憤然疏請斥罷，玄燁責其偏激⑩，謂"趙申喬不遵成憲，任意而行"。趙申喬欲將"自康熙四十六年至今"戶部各差徹底追查。玄燁亦曾云，自來"戶部、工部、理藩院諸取錢糧之事，俱不奏聞，所以二三十萬銀兩，不過以一諮文取之，而事已畢"。⑩然則趙申喬直欲侵犯滿洲利藪，玄燁又大爲惱怒。戶部堂官等具折面奏時，趙申喬奏請："朝廷庫帑商人等侵蝕二百餘萬，現今銅斤不能繼續。作速停止商人採辦，仍交與各關差官員。"而玄燁則堅持商人"所缺銀兩，現在內務府追補，與戶部無涉"，並責趙申喬"固執己見，以圖更改"。滿洲戶部尚書穆和倫密奏趙申喬自"放部以來，總翻舊事，已定之規屢行更張。伊等漢官互相附和爭勝攻訐，奴才雖竭力開導，概不理睬。鑄錢之事係國家要務，非可妄加私自毀改變動。奴才親定繕稿留下，然奴才去後，趙申喬即私自妄加翻改，具奏亂行，不知其意何在"。趙申喬"甚爲奸宄"，"裝作厲害正直，然於伊等心中矜誇"。玄燁自難容忍，指責趙申喬妄生事端："已經料理完結之事，豈得再有紛更？""商人等所欠銀兩已經償完該部。至工部寶源局內所欠銅斤亦已償完，並無絲毫虧欠之處，彰彰明矣。"儘管玄燁後來承認關差弊端累累，但此刻事關滿漢之爭，則絕無退讓餘地。

玄燁擔心穆和倫爲趙申喬鋒芒所折，故令"滿洲尚書業已避去"，且小心告誡："趙申喬生來好專擅，爾何必與伊對之？（伊）惟年邁欲辭官耳。"命大學士松柱等責問趙申喬："戶部堂官一人被爾逐去，一人因爾忿恨而死，一人爲爾氣憤行動不得。今若用強有力大臣，爾又與之爭競，惟補授與爾意相合之人方好辦事。"並對滿官授以法門："如趙申喬者不必向伊多言，即以其言責之其身。伊至窮蹙難行時，自然悔改。"至于回擊趙申喬，還得由玄燁親自承擔。故當趙申喬冒然前往熱河請旨時，玄燁憤怒難忍：

> 朕昔年辦理機密軍務時，今之大臣等悉係微員，朕并無倚藉大臣理事之處。而此時大臣何以神奇至此？今若有人向朕奏，舊時所理之事不合當改，朕亦斷然不改也。

趙申喬急欲表現，玄燁反視爲對滿洲挑戰，蔑視朝廷成憲，即玄燁心中認定漢人否定滿洲統治的反應。後來，玄燁之終未寬恕趙申喬之子太原知府趙鳳詔，與其說是懲辦貪污和欺君，毋寧說是報復。祇有瞭解這層背景，我們纔能明白玄燁的反唇相譏："敗趙申喬、張鵬翮之名者，即趙申喬、張鵬翮之子。"

玄燁對大清命運的擔憂與滿洲內部矛盾的公開化，從而導致玄燁與漢官關係緊張，可以說是勢所必然。而趙申喬與玄燁的衝突，正好與興啟準部之役相前後。在玄燁看來，趙申喬在戶部專擅，必有漢人結黨支持。玄燁欲對外征伐，必視漢官爲潛在的阻力，是以懲罰示儆勢在必行，此即五十五年祈雨風波的根由。

当年夏初，玄燁得知直隸順天、永平兩府，米價騰貴，民多乏食⑩。災情起因，則在上年直隸大水。時任直隸巡撫者，即玄燁以家給人足、移風易俗相期勉之趙弘燮。準部之役方興，趙弘燮即以"直屬係京畿內地，發兵運糧，必由昌、延、宣化一帶出口，與外省遼遠者不同"。而"直屬歷來公務，俱賴俸工捐濟"，故首倡捐納馬騾八千匹，以閣省官員五十五年至五十八年俸工抵補還庫⑩。六七月間直隸各處大水，趙弘燮多所掩飾，云："直屬為畿輔內地，依光最近。近蒙我皇上深仁厚澤，上召天和，是以大有頻書，民游熙皋。今夏雨澤優渥，秋稼更為繁盛。""今歲夏秋之交雨水過多，其地勢最窪之處不無積水未消，但直屬地土，高阜平原十居八九，最窪者不過十之一二。現在百穀秀實非常，統計實為豐稔之年。"至云"值此大有之年"。至九月，災情已無可掩蓋，趙弘燮奏請緩徵被水二十四州縣未完錢糧，并擬明年麥收前動用倉糧賑濟。"至所賑倉糧，仍於直屬通省俸工銀內俟捐抵軍需、城工等項銀兩完日，即行捐發買補還。"⑰

五十五年春夏，據云北方各省皆獲豐收，然而京師壓力并未減輕，麥價居高不下。影響及于熱河，每石至銀一兩七錢⑩。旱情雖不嚴重，但當年二月玄燁因前綫供給不足，早早決定今年不行進剿，此時正為西北前綫輓輸煩惱。若直隸繼上年大水又逢旱災，必致米價騰貴，影響八旗生計⑩，致使京師人心恐慌。故玄燁於五月初前往熱河途中，即以"望雨心切"，"朕心不安"，接連傳諭京師大臣齋戒祈雨，嚴禁端午節互相會飲，并令"竭誠祈禱"⑩。然漢官無動于衷，玄燁深致不滿。

《起居註》五月初二日，召大學士松柱等，諭曰：

> 朕因祈雨，曾下兩次旨意。在京諸臣遲延日久，此時方行奏聞。因熱河得雨，有"臣等不勝欣幸"之語。但為此處得雨，有何欣幸之處？朕愈思之，愈加慨然。部院大臣但知營求財賄，在家安逸而已。求雨之處，亦未必去。朕曾兩次下旨，令松柱寫旨發去，爾并不直書申飭，又不嚴查題參，但務趨奉李光地、趙申喬，令伊於朕前稱汝之善而已。今漢大臣欺壓滿大臣，八旗皆受辱矣。朕幾次令科道條陳，爾令科道緘口不言，皆入李光地、趙申喬之黨。凡事祇徇情面，唯唯諾諾而已。……今滿洲大臣

內, 竟無能禦漢大臣者。

在京漢官祈雨消極, 在玄燁則視爲對滿洲統治的挑釁, 故起用在皇太子案被黜革的馬齊爲大學士以控制內閣, 以穆和倫爲戶部尚書制約趙申喬。又命松柱奉硃書上諭馳驛赴京, 追查在京群臣祈雨奏本內"不勝欣幸"爲誰之語? 何處會議? 何人不曾與會? "若仍徇情面, 不行題參, 朕一經察覺, 并汝誅之。"行前又叮囑松柱:

> 看部院衙門大臣, 并無以人君之事為重, 以民生之事關係甚大爲意, 無有不圖恩威己出, 多方詭計, 極力結黨者而已。今正當大旱之際, 朕心憂勞不安, 兩次下旨, 方見"臣等不勝欣幸"之語陳奏, 朕心已灰。由此觀之, 九卿大臣并未會集, 或但聽一人之言。爲臣如此, 欲免欺君之語, 能乎? 伊等黨類甚衆, 若非伊等手下之人, 科道言官何不參劾? 朕恐此風漸長, 故將原任大學士、尚書亟行擢用。

三日後, 松柱摺奏京師得雨。玄燁批旨:"宋儒有言,'求雨得雨, 旱豈無因。'此意甚深。今雖下雨, 但雨勢未必遠及, 有何可喜之處? 求雨斷不可止。必處處霑足, 方可停止也。"實則京畿各處雨水霑足, 玄燁已甚滿意, 甚至擔心雨水過多。然玄燁不肯就此罷休, 定要將災異與人事相聯, 并最終歸咎於漢人"黨類甚衆"。玄燁一面宣稱北方山、陝、魯、豫各省"二麥豐收", 一面命令京師繼續祈雨, 實則靜待松柱在京如何辦理。六月, 包括大學士蕭永藻、王掞以及各部院堂官如吏部尚書張鵬翮、戶部尚書趙申喬在內凡三十餘人皆被察參。其中王掞以病寬免, 松柱革職留任, 其餘降革有差[88]。此事一畢, 京師立降霖雨。

而可注意的是, 玄燁在閩浙總督滿保的請安摺中批道:"四月京城一帶旱, 朕甚焦慮。五月得雨霑足, 如今好了。爾地處遙遠, 恐有誤報謠傳, 故特此寄信。此諭亦給李光地看。"[89]五月間, 玄燁謂內務府總管觀寶:"去年直隸所屬地方水潦, 未得豐收, 目今京師又旱, 朕心深爲憂慮。自明日爲始, 朕于宮中每日止進膳一次。先人而憂, 後人而樂, 庶可感召天和也。"[90]于此可見, 上天降雨乃玄燁精誠所至, 當然亦是懲辦漢官之效。簡單一場祈雨, 居然又寓有與漢人較量的深意。

上年張伯行至京，玄燁問如何祈雨。張伯行奏曰："臣齋戒至廟，以皇上軫念民生之意禱祝，亦曾得雨，即醮神。"玄燁問："此等事出自何書？"對曰："《春秋繁露》曾載此災變之事。"玄燁曰："朱子云'凡事總不外乎一誠'。《春秋繁露》豈足信乎？"隨即諭群臣，"陰晴雨雪，地方時候各有不同"，並不厭其煩地賣弄起"格物"。[886]這是反映玄燁心理的好例。《春秋繁露》玄燁不熟，自覺有失面子，故先藉朱子之"誠"以抵消《繁露》之繁，繼之以無人能敵的格物加以補充發揮，於是就在心性和格物兩個層面都居于上風。此雖一時閑論，亦足見玄燁不放過任何機會降服漢人理學名臣。至五十五年祈雨，準部之役已有一年，玄燁更不容漢官暗中消極對抗。然如此衆多大臣，其中不乏滿人，謂皆入於李光地、趙申喬之黨，實不可思議！況且李光地當時請假回福建原籍，並不在京。京師無雨，乃至令玄燁擔心謠傳至東南，而李光地亦竟能與在京大臣遙相呼應，成爲漢人黨魁！

滿洲入關伊始，即將漢人官民逐出北京城外，寄居"南城"。[887]從此"北京是由兩個不同的城市組成的，一個叫做韃靼城，一個叫做漢城。"[888]不僅"京師內城之地"爲滿洲八旗天下，康熙三十四年，又"於城之外按各旗方位各造（屋）二千間"。玄燁爲此得意洋洋，曰："譬之國家建一大宮室耳！"[889]真廼絕妙之詞！依此而論，漢官實不過滿洲宮室外之僕隸，焉能反客爲主？然玄燁卻時時神經過敏。

康熙朝後期，漢官已甚服帖，無力掀起波瀾，以至玄燁公然謂漢官後繼無人[890]。玄燁指責漢官于會議時，"若不涉于彼之事，即默無一語"，形容爲"泥塑木雕之人"[891]。然漢官稍抒己見，輒遭嚴斥。張廷樞任刑部尚書，對一擬斬監候者另議發充，玄燁即以其"諸事偏執，素性好勝，有忝大臣之任，著革職。"吏部侍郎湯右曾，玄燁則惡其"曾在九卿會議處頗多言，所薦之人亦過多"，將其解任[892]。所謂漢官不肯實心任事，其咎在誰？玄燁巡行在外，對京師監視尤嚴，一有風吹草動，即浮想聯翩。五十五年祈雨一事，擔心留京滿洲大臣不能控制局面，朝廷爲漢人所動搖。實因準部之役方興，各地情景令人堪憂，玄燁惟恐漢人借此妄發議論。

玄燁因祈雨大做文章，適見其雖外事征伐，內心卻彷徨不安。而其心中所憂，並非戰爭前途難料，實懷疑漢人不能與之一心，以及滿人爲漢人所惑[893]，則又可斷言。正因玄燁所憂在內更甚於外，我們即可明瞭，玄燁何以不能讓西北清軍稍有閃失，同時也就不難理解，何以看似風馬牛不相及的漢人注書刻書，亦被玄燁視爲關乎"世道人心"。

戰事方殷，玄燁卻有閑暇編纂典籍，論學不輟。其原曾自詡"以治天下國家之道存之於心"，至此又斥趙申喬、張伯行輩"自謂得道統之傳者，彼此紛爭，與市井之人何異？凡人讀書，宜身體力行，空言無益也"。[295]兩相對讀，即知玄燁並非空談道問學尊德性，實則謂治統在我，道統亦在我。愈是有大舉措，玄燁便愈須把握"話語權"，絕不允許漢人坐而論道[296]。所以，玄燁纔敢公然教訓說："天下承平日久，漢官但能作無實之文，説現成話。至軍務大事，并不能盡識。""山、陝總督尚賴滿洲，如張伯行爲之，必至誤事。"不但眼下入仕清廷的漢官如此，即漢人傳統中的經世之學，在玄燁眼中亦一錢不值。"朕曾親統大軍，經歷軍務甚多。用兵無謀略學問，斷然不能。朕閱宋、明馬政、兵書，皆紙上空談，全無用處。"[296]玄燁譏諷漢人"平時讀書，至臨大事，竟歸無用，則所讀何書？所學何事耶？"而據上言，讀書與不讀書豈有異乎？漢人若自恃清正，玄燁則曰："不能辦事，雖正亦無用。"[297]漢人既簡陋如此，於朝廷政事全無置喙的餘地。一場準部之役，竟被賦予挑戰整個漢人士大夫及文化傳統的含義，玄燁無疑又背負著另一層心理負擔。

準部之役初起，玄燁曾以大學士松柱、蕭永藻、李光地、王掞四人"事事同心，不分爾我，朕心甚喜"。[298]似滿漢協和，君臣無間。松柱又曾被許爲與玄燁"總係一體"。然僅過一年，李光地即成漢人黨魁，松柱因依違於滿漢之間罷職，蕭永藻亦以此受懲，真是君心難測。玄燁心情平和時，未嘗不能寬容臣下，然一遇風波，即疑竇叢生。因廢黜皇太子而疑心滿洲，又因興啟準部之役而猜忌漢人。玄燁自恃聰敏，不容滿漢臣工稍有質疑，公然宣稱：

大約仰遵朕旨者，無有不得；不遵朕旨者，無有不失也！

於是朝臣紛紛頌揚：皇上聖明，凡事一覽即洞照。

諸凡大事，唯皇上能斷，諸臣無能斷者。凡事一經上慮，無不符合者。[299]

朝廷盛行腴頌之風，總以政事完善無缺，無可更改之處[300]。凡此，皆足以啟玄煒虛矯之心。

至此我們可以説，康熙朝後期沒有任何人能夠左右玄煒的政治決策。玄煒本人的形勢判斷和心理狀態支配著政局的走向，這是當時的政治權力結構所決定的。玄煒親自大倡清朝得天下之正，隨後莫測高深地耀兵西北絶域，即順理成章成爲"自古莫如"的盛世標誌，左右臣工唯有頂禮膜拜。而玄煒身肩爲大清爭正統的重荷，凡內外舉措總於一人之手，無人可以分憂，一旦有失，其何以堪！

（三）《面諭》頒發的時機與進一步解讀

《康熙起居註》五十五年三月二十五日，載有玄煒與大學士松柱一段對答。

> 玄煒曰："劉蔭樞所奏，謂朕必親自統兵征剿，此誤聽小報訛傳妄奏。澤旺阿喇蒲坦如此小醜，何用朕親征？頃因朕問西寧地方形勢，彼處以朕爲親往，修理道路，預備糧草。朕曾至寧夏，未到西寧，故爾問及，并未有欲往之心。"松柱奏曰："皇上問西寧地方，已甚有益。插漢丹津聞知此信甚懼，遂將忽必爾漢送來。"

此時清軍耀兵準噶爾邊境已近一年。玄煒僅問及西寧形勢，松柱即答以青海右翼察罕丹津必屈從清廷送交胡必爾罕。玄煒用兵準噶爾之意圖，實由松柱一口道出。次月，胡必爾汗果送至西寧。玄煒目的既已達到，清軍的任務實際也就此完成。此後兩路清軍滯留西北，只是等待時機，以取亂侮亡。於是我們即可理解，《起居註》所載五十六年十月玄煒確信準軍攻占西藏之前，何以能在熱河優游自適，從容不迫。這與此後形成鮮明對照。

康熙五十六年《面諭》是清前期最重要的歷史文獻，我曾就其宗旨及與立儲一事的關係作過申說，然於《面諭》何以選擇在五十六年十一月下旬頒發以及其中明顯的矛盾情緒，卻意猶未盡。今聯係準部之役與玄煒的心理變化，或能稍補缺憾。

五十六年玄煒在京及赴熱河之初，身體虛弱，情緒亦差。然至六月下旬，已經康健如常，心情轉好，開始圍獵[⑩]。檢閱《起居註》，七月初至十月二十日回京，玄燁以大量精力審閱《太宗實錄》，而與閣臣談論得最多的，則是明清嬗代。七月初六日，處理折本畢，玄燁君臣論及《太宗實錄》。馬齊奏曰："徐元夢等將滿文校對漢文，漢文校對滿文，已看兩番。臣又磨對一次。其錯誤遺漏之處，已皆加籤。"準備回京後再與內閣所藏《實錄》底稿對檢。玄燁曰："進宮之後，朕即無暇。《太宗皇帝實錄》此處即有，爾等取去磨對，即在此呈覽具奏。"一部《太宗實錄》滿漢文對校三遍已過，則始於七月之前有日，玄燁仍命馬齊、徐元夢等在熱河與所帶稿本加緊復校，何至于緊迫若是。《太宗實錄》、《太祖實錄》、《三朝國史》分別於康熙二十一年、二十五年、二十九年修成，約已過三十年。玄燁此時卻有心思重新修改校對《實錄》，并反復討論明末清初一段歷史。直至十月下旬回京之初，玄燁仍以隋、明兩朝亡於亂賊儆戒臣工。《面諭》開篇所論，重點即在太宗朝事以及歷代流賊爲真命天子作驅除，可見玄燁爲撰寫《面諭》進行過充分準備。而回京之後，玄燁必須面對滿漢臣工奏報各種庶務，恐無暇精心構建長篇。故可推斷，《面諭》的基本構思在熱河期間已大體完成。

玄燁在熱河期間心情頗好，並甚爲自詡。刑部題本訛寫一微員姓名，玄燁將本發回，馬齊對此五體投地，曰："所查之處，皆與上所記相同。摺子一到，學士等俱極驚異。此系三十四年前事，皆不忘記，誠爲神奇。"玄燁即補充曰："朕一身所賴者，惟在記性。縱有極冗長之本，朕俱能全記。"馬齊奏請《太宗實錄》致朝鮮國王書中關於女真源流記載可疑之處，請旨進京再奏，玄燁自云早已發現。玄燁要證明清軍入關爲天命所繫，並以明朝亡自萬曆作反證，故又需檢閱明朝史書，竟曰："朕遍覽明朝實錄，但將科抄寫入，並未錄實事。朕又覽《史記》、《漢書》，亦僅文詞之功，記事亦有不實處。"此類言談甚多，要之玄燁頗爲自得，迺至跡近荒誕。玄燁被左右奉爲神奇，其自視亦不少疑。徐元夢恭維道："觀皇上所行之事，即與太宗皇帝無異。於松山、杏山等處將洪承疇十三萬衆擊敗之時，太宗皇帝親率師旅，指授方略，一切預定成算，皆不出所料。"玄燁則歷數清廷定鼎的四大戰役，以其奠基即松錦之戰，並曰："朕曾至松山、杏山等處，於太宗皇帝用兵之地一一詳閱。"意謂已深得皇太極用兵精髓。馬齊奏曰："太宗皇帝甚是神奇，皇上亦如太宗皇帝。向者皇上駐蹕湯泉時，傳諭作速移出樹林，方移定，迅雷立至，衆人無不驚異。"玄燁當仁不讓，曰："我祖孫皆如此！"即以得自天授，故獲天祐。憶及"前往寧夏時，豫州無水，地方官預貯三百甕以待。朕見有涸河故道，因遣馬武、海青往看，伊等去猶未遠，即回奏云河水發矣"。又舉親征噶爾丹時亦神奇如此[402]。玄燁將自己神化，不僅爲有效控制滿洲大臣，亦爲建立自信。

至此，西北輓輸困難似已克服，戰事進程完全符合玄燁的預想。玄燁心中所憾，唯有皇儲未定。五十六年《面諭》云："十年以來，朕將所行之事，所存之心，俱書寫封固，仍未告竣。"故"此諭已備十年"[403]。則自四十七年以來，玄燁已持定主意，欲在時機成熟時，以一份總結性諭旨來徹底消除群臣在儲位一事上的疑慮。《面諭》以明清嬗代證明"自古得天下之正莫如我朝"，并以本朝成就和玄燁聖明證明天命仍眷祐大清，這一思想應定型於當年熱河之行。而其靈感所自，即前述七月二十日前綫"三路進剿大捷"傳至熱河，玄燁驟聞捷音，連呼"吉兆！"數年前廢黜皇太子的憂鬱以及上年清軍供給困難的煩惱，頓時蕩然無存。從這種樂觀的心理趨勢出發，玄燁必然會盡力搜尋歷史和現實中的一切正面證據，而拒絕各種反響的陰影。對于準軍入藏的奏報，玄燁之所以不予積極印證，而寧願盲目樂觀[404]，顯然受到這種心理支配。而一旦玄燁確知西藏真相，其心理衝擊也就可想而知。

十月二十日，玄燁自熱河返回暢春園。本文前篇的結論，以玄燁確信準軍攻入西藏是十月二十五日。而《面諭》頒發則在次月二十一日，已近一月之後。準軍占領西藏與玄燁的心緒變化以及《面諭》有何關係，必須予以考察。

《起居註》十月二十五未聽政，而《實錄》記載當日玄燁三次諭議政大臣，其中即包括羅卜藏丹津報告準軍進攻西藏的議覆。《起居註》記載次日玄燁於暢春園聽政，處理事務甚多，言談亦健，未見心緒不佳。然二十七至二十九日連續三天不接見臣工。至三十日聽政，玄燁心情大變。當日有太常寺致祭天壇應遣大臣恭代一疏，則此前已知玄燁不能親往。對此玄燁感慨叢生：

> 朕自即位以來，凡大祀皆躬親行禮。去年大臣等以朕年高，恐致勞瘁，請遣大臣恭代。朕雖年老，於大祀猶思躬親行禮。此時朕躬尚好，故下旨親往行禮。今大臣等又以遣官恭代具奏。今年入夏雨水稍不及時，慮傷稼穡，積悶之極，身體甚是不安。頃雖較前稍愈，猶覺無力，難以行禮。祀典關係重大，勉強而行，倘略有錯誤，反非誠敬之意。着馬爾塞恭

代。

冬至祭天壇爲朝廷大典，往年玄燁必躬自行禮。而五十六年冬至在次月二十日，玄燁竟早早決定放棄親祭。他何以能預知自己一定不能康復前往，而必由臣工恭代？

听政畢，又召群臣入，曰：

朕有數事，屢欲爲爾等言之，及見時，又相忘矣。

又曰：

朕身亦有一事，爲爾等言之，朕近日精神漸不如前，凡事易忘。向有怔忡之疾，每一舉發，愈覺迷暈。天下至大，一念不謹，即貽四海之憂，一日不謹，即貽數千百年之患。

這與在熱河時的志得意滿簡直判若兩人！玄燁的怔忡、頭暈、精神不佳，當皆因情緒極度低落所致，即心理刺激導致的生理反應。究其原因，只能是數日前確悉西藏即將落入準軍之手。

《起居註》十一月聽政更稀，初一日不聽政，初二、初三、初七聽政之後，又連續十六天不聽政，且記事絕少。《實錄》亦然。前綫形勢突變，玄燁本應積極采取對策，方屬正常，然而卻不見其有何舉動。我們可以推斷，《面諭》頒發之前一段時間，即自十月下旬以來，玄燁精神狀態極差，無心御門聽政，或以羞於面對朝臣。

直至十一月二十一日，玄燁纔召集滿漢臣工頒發《面諭》。二十四日玄燁重新聽政，召諭漢官準軍入藏之事。此時玄燁似乎精神一振，言談充滿誇誕。破天荒以前綫軍機疏奏示之於漢官，乃唯恐或有漢官留意前綫形勢，因而人心浮動。故玄燁竭力打消漢人疑慮，不必因策妄阿拉布坦進軍西藏一事張惶驚恐，戰爭前途仍在其睿算之中。玄燁貶低漢名將趙良棟於用兵之道不得要領，則意謂當年剿平雲南，全賴自己發蹤指示。貴爲天子，不顧君臣體統，公然與舊臣爭功，非情急不致如此。又以平定三藩、親征噶爾丹爲證，炫耀當年親率中路出兵，天寒馬瘦，渡越漠北而破噶爾丹。今策妄阿拉布坦既能兵至西藏，則滿兵亦必能翻越雪山入藏，且僅需數百餘人，即足以破之。與前數日《面諭》自詡"於用兵臨戎之事,皆所優爲","平定三藩,掃清漠北,皆出一心運籌",恰相吻合,意在使漢人信服大清社稷依然穩固。隨即召諭滿官,就前綫軍營中所暴露的問題論及清廉效忠,反復告誡叮嚀。二十六日聽政,又與閣臣高談闊論,泛及立儲,密摺,滿洲、蒙古、漢人風俗習性諸事。凡此,皆在表明依然胸有成竹,從容若定。這顯然是玄燁爲克服驚惶失措的一種應對。後來的情况證明,玄燁此時並没有走出心理陰影,正視現實,積極尋求務實之道,但卻説明其身體並無大礙。

《起居注》五十六年十一月三十日,記注官記載:"自皇太后違豫,皇上晝夜焦勞,以致聖體違和,頭暈足痛,艱於動履,猶勉强詣寧壽宮問安。"依此,似前一段時間玄燁聽政日少,乃玄燁憂慮太后,以致身體欠安。然而事實并不如此。

此前十一月初二日,玄燁諭左右曰:"朕自回京,腿膝疼痛。因皇太后聖體違和,故勉强支持。昨因往寧壽宫問安,稍受風寒,以致咳嗽聲啞。如再强忍數日,恐愈加增。今皇太后聖躬少愈,朕明日往湯泉調理數日。"十五日返回暢春園⑲。則玄燁十月二十日回京之後纔生病,且病在腿膝,至十一月初一日,玄燁從暢春園趕往宫內探視太后,因"稍受風寒"引起咳嗽。同時又可知太后病情無礙,否則,以玄燁之爲人,當日絕不可能撇開太后返回暢春園,并於初三前往湯泉。蘇州織造李煦十一月十五日奏摺亦可參考:"十一月十四日接閲京抄,云'皇上原擬二十四日進宫,因天雨腿疼不進宫'等語。"京師與蘇州之間驛遞單程需三、四日,則京抄當在十一月十日前後發出,其時玄燁亦僅祇"天雨腿疼"而已。李煦奏摺到京當在十一月十八、十九日,玄燁硃批不得早于此。其云:"京抄也不可全信。因皇太后春秋太高,偶得痰症。朕自夏天身體不好,(眼下?)亦不甚好,又兼憂愁,所以如此。"⑳《起居注》十一月十六日玄燁"聞皇太后違和",連夜自暢春園入宫。然兩三日之後玄燁對李煦的硃批,當時太后僅"偶得痰症",並無不祥之兆。玄燁本人身體不好起自夏初,但前文證明,六月玄燁身體已甚康健,圍獵如常。總之,玄燁十月三十日云腿疼、頭暈、無力、健忘,十一月初二云風寒咳嗽,以及十八九日云"不甚好",主要爲"憂愁"所致。但又可斷言,這憂愁並不在太后病情。退一步説,玄燁自十月下旬以來連日不御門聽政,即使確實存在上述症狀,原因也不在身體本身，而是由於精神和心理。

《起居註》五十七年正月初四日，內侍捧出玄燁手書諭旨交群臣遍閱，云："不幸身罹大憂，肢體不能動履，已寢臥五旬矣。"以此計之，則上年十一月中旬玄燁已臥病在牀。果如此，則勢不能於十一月下旬召集群臣頒發《面諭》，並於二十四、二十六日誇誇其談，故此手諭不盡可信。三月十四日，誠親王胤祉率滿漢大臣合辭諫止玄燁親送梓宫，歷述玄燁病情：去年春聞太后違豫，體甚不安。"幸秋間進哨，水土甚佳，日愈一日，甚覺康健，尚於查喀等處哨鹿行走。自熱河回時，聖容又復消瘦"云云。若五十六年十月以來，玄燁果重病在身，諸王大臣焉敢如此奏聞？

玄燁晚年體質良好，還可從以後的情況得到印證。五十七年十月因擔憂入藏清軍杳無消息，曾諭大學士等："朕近日以西邊軍務頗關念慮，前已降有諭旨。今冬至在邇，腿足漸覺不快，顏面亦殊消瘦。"至五十八年四月赴熱河之前，仍云"氣血漸衰，精神漸減，辦事殊覺疲憊，寫字手亦漸顫。"[407]實因擔心胤禎執意進兵所致。而一經議定胤禎"遵旨不出口外，駐紮西寧"[408]，玄燁隨後赴熱河，情緒即轉好，身體亦無礙。五月，玄燁於胤禎請安摺批道："朕體今年較往年甚好。此連續三年不能寫文，今照常能寫。"[409]八月，在熱河連日圍獵。諭近御侍衛："朕自幼至今，凡用鳥槍弓矢獲虎一百三十五、熊二十、豹二十五、猞猁猻十、麋鹿十四、狼九十六、野豬一百三十二，哨獲之鹿凡數百，其餘圍場内隨便射獲諸獸不勝記矣。朕曾於一日內射兔三百一十八，若庸常人；畢世亦不能及此一日之數也。"[410]玄燁對以往圍獵成就歷歷如數家珍，衹見其興奮之情，而毫無疲憊之狀。五十九年十月，織造李煦摺奏其子李鼎扈從玄燁口外圍獵，回蘇州談起圍獵情形："萬歲聖躬極其強健，精神極其充足。行圍哨鹿，如何騎馬，如何射箭，如何打槍，如何射鹿，細細形容，奴才為之狂喜。"[411]六十年，玄燁仍在熱河"照常圍獵"，"氣色大好，乘馬至日落。"[412]隨行的意大利傳教士兼内科醫生佛奧塔博士經過詳細診斷，也證實玄燁身體狀況甚好[413]。

要之，五十六年十月下旬以來玄燁出現身體失調和精神抑鬱，或因太后之喪加劇，卻非因太后而起，真正原因是前綫形勢變化出乎意外。

前述五十七年初，玄燁聞知拉藏汗身亡，失聲道：若西藏為策妄所得，西北清軍即使攻占準噶爾王庭伊犁，亦屬徒然，無意間承認自己用兵徹底失敗。然五十四年興兵之際，西藏鞭長莫及，玄燁本非志在必得，西藏易手，似無關乎清廷得失，且青海尚在清軍控制之下，玄燁何至悵然若失，懊悔如是？爲此，我們必須緊扣玄燁的用兵意圖：準部之役表面是威脅準噶爾，實則意在控制青海胡必爾罕，本文于此凡三致意焉。而玄燁之不惜爲區區一胡必爾罕大動干戈，乃因懷有更大目的，即希望有朝一日能藉此胡必爾罕進入西藏。玄燁滿以爲兩路清軍威逼準噶爾東境，故準軍絕無可能分兵他途。今西北清軍雖安然無損，但最爲玄燁內心所繫而又不便輕舉妄動的西藏，卻讓策妄阿喇布坦突然攫走，這不啻將玄燁的遠景藍圖撕得粉碎。他之所以頓覺出兵西北兩三年來純屬徒勞，原因在此。

不僅如此，玄燁既貴爲帝王，將自己塑造爲神化般的形象，孤獨聳立，作了那麼多吹噓，顯然自視奇高，又自覺肩負與漢族士夫及文化傳統一爭勝負的強烈使命感，在這種處境之下，玄燁即無可能真正達觀平和；加之心理上高自尊，極爲關注他人的反應，則時時勾起過去的言談情境：凡此皆令其難以理性的態度接受這次失敗，而必引爲奇恥大辱。須知直至玄燁確信準軍入藏之前不久，群臣仍在逢迎："自逆賊策旺喇布坦肇事以來，諸軍務聖主均預先詳加謀定。聖主運籌帷幄，料事如神。"[914] "皇上料理軍務，凡所籌劃，事後無有不驗者。"[915]因此即不難想知，此時玄燁的內心衝突當何等劇烈！此前所有的驕狂都將變成無情的諷刺和鞭撻，令他無法承受。而最爲難堪卻又無法逃避的，即如何面對被他視爲螻蟻的群臣！

拙文前篇判斷，玄燁確信準部佔領西藏的時間爲五十六年十月二十五日，理由即在於玄燁于此前後精神上的鮮明反差。我們甚至不妨進而推測，玄燁在接到羅卜藏丹津的情報伊始，雖如當頭一棒，但一時間仍不能置信，是以十月二十五日對議政大臣議覆批旨時仍強作鎮定，繼續幻想，次日也還能聽政。但以下接連三天不見群臣，隨後三十日聽政時便反復論說自己的病情和身體衰退。正是在這幾天，玄燁纔真正體會到前綫局勢的嚴重，隨即爲悔恨和恐懼所籠罩，抑鬱情緒愈來愈濃。若剛一得知準軍攻入西藏，便當即失聲痛哭，或暈蹶撲地，一病不起，反倒不像經歷過大風大浪的玄燁。但心理反應以及抑鬱情緒，卻不似其他偶遇風寒之類可以藥到病除，而將持續發生作用。同時，本能的心理防禦機制亦會啓動，以壓抑、轉移等方式來緩解焦慮和驚恐。玄燁的情緒和思維即爲這兩種心理趨向所支配。他之所以猶豫多日纔將醖釀已久的思想匆匆以《面諭》的形式抛出，或可于此找到答案。

在强烈的心理應激之下，玄燁對未來前途的種種擔憂和不祥之感，必然會同時湧入心中，令其無法保持從容與自信。對前途深感莫測，又害怕將來無暇顧及其餘，爲驅除内心恐懼，玄燁此時必須盡力將一切干擾他心緒的因素統統排除，先集中精力應付他不得不直面的朝臣。故特選擇在前綫真相尚未爲盡人皆知之際，將其精心構思，以論證大清得天下自古最正的長篇諭旨急忙草就，即以帶有遺詔性質的《面諭》頒示臣工。所以，《面諭》末尾纔會用"若有遺詔，無非此言，朕言不再"作結，隨後又以手諭再次强調："朕一生之事，繕寫十年，朕言不再之語，已盡之矣"[416]。雖然這在情理和文理上都説不通，但卻符合玄燁此時的心理和思維邏輯。

現存《面諭》文本之不易讀，即在其中情感因素過多，自豪與悲觀相參雜。今重審《面諭》全文，方知玄燁落筆之際，交織著兩種截然衝突的心理。就其本意而言，無疑是要證明大清得天下自古最正[417]，惟恐這場戰爭失利將動搖天下臣民對玄燁及大清國祚久長的信念。但前綫戰局突變，又使玄燁心理上產生一種前途莫測的恐懼，故其訴諸文字時，則不經意流露筆端。是以《面諭》論述有清代明而得天下，雖在歪曲歷史，卻寫得相當概括；論及本朝及玄燁本人的成就，帶有大量的誇誕之辭和無法掩飾自我滿足感。這些顯然是當年在熱河期間對明清嬗代的歷史已有充分考慮，是樂觀心態的延續。然而於立儲一事，玄燁卻并無準備，面對群臣的籲請，又必須有所交待。但《面諭》卻付諸闕如，根本不能稱之爲"遺詔"，焉得謂"若有遺詔，無非此言"？

再觀"自康熙四十七年大病"以下，旁出插敍，語義含混，曖昧不明。其中參雜對人生前途莫名其妙擔憂和恐懼，如：

> 朕已老矣，在位久矣，未卜後人之議論如何。而且以目前之事，不得不痛哭流涕、預先隨筆自記，而猶恐天下不知吾之苦衷也。

又如：

> 近日多病，心神恍惚，身體虛憊，動轉非人扶掖，步履難行。食少事

多，豈能久存？

雖心有餘而精神不逮，悔過無及，振作不起，呻吟床榻，死不瞑目，豈不痛恨於未死！[118]

凡此種種，全不似精神狀態正常的訴說，與大清得天下最正的宗旨迥然異調，絕無可能醞釀於熱河期間，而只能是回京後確知西藏爲準軍所得，倉皇之間所添加的。《面諭》宗旨與所傳達的情緒明晦夾雜，令人難以把握，原因也在這裏。

雖然五十六年十一月下旬玄燁強打精神頒布《面諭》，隨後于兩次接見大臣時高談闊論，但如前所述，並不表明其已恢復信心。玄燁真正的應激源在準軍占領西藏，故其心理的持續應激以及由此產生的防禦機制都不可能在短期內消失，而將繼續支配玄燁的思維，並妨礙他對客觀局勢作出合理應對。次年二月，玄燁令色楞、額倫特率數千滿兵倉猝入藏，毫無疑問是其一時衝動，急欲挽回面子。九月間，入藏清軍全軍覆沒，三千滿洲被玄燁一手送斷。追噩耗傳至京城，纔使玄燁逐漸清醒[119]。故玄燁雖公開揚言派大軍出征西藏，暗中卻允許策妄阿喇布坦使臣來京覲見，欲與準噶爾和談，商討如何區處被俘拉藏汗家屬以及安頓達賴、班禪、里塘胡必爾罕[120]。其致策妄阿喇布坦敕書以及爲前方統帥胤禎代擬致策零敦多卜書，皆云額倫特、色楞入藏，迺因聞知準軍攻入西藏，憤激所致，"並非因奉旨而往者。伊等擅率邊界地方二三千漢兵丁即進攻。"[121]如此辯解，不知玄燁下筆時是否想到如何安慰滿洲將士的亡靈？五十七、八年之交，玄燁考慮大舉入藏方略，擬以清軍暫駐西寧，並阻斷西藏對外交通，俟其困弊，再以青海蒙古作前驅，清軍坐收漁人之利[122]。據玄燁自云，爲此"盡心籌謀三月餘，思慮數日方繕寫一字"。迺一覽胤禎摺奏主張積極進取，頓時"心竟稍有混亂"，"爾所奏之二摺，如今朕內心不安，甚感憂愁。"[123]足見上年入藏清軍覆滅，玄燁心有餘悸，至此仍惶惑不知所爲。

在結束本篇之前，我想僅就玄燁在太后病危和死後大做文章一事，來說明其心理趨向和意圖。

餘論　太后之喪與玄燁的道德訴求

據《康熙起居註》，自五十六年十一月三十日起，玄燁又陷入太后臨終的悲痛之中。

五十六年十二月初一日，即太后逝世前五日，諸王大臣以太后脫有不虞，玄燁不宜憂勞過甚，合詞勸諫玄燁遵居喪之制：

> 皇上孝事兩宮，超越萬古。即如太皇太后賓天已經三十年，而皇上前日與廷臣言及，輒涕下如雨，哀不自勝。正孟子所謂"大孝終身慕父母"，虞舜而後，惟我皇上一人也。《禮記》論居喪之制："五十不致毀，六十不毀，七十飲酒食肉，處於內。"此先王定制。凡尋常無疾之人，尚宜如此，況皇上年近七旬，今又抱痾，斷宜遵循禮制。

所謂兩宮，即指孝莊太皇太后和孝惠皇太后。按：皇太極孝莊皇后為科爾沁貝勒宰桑之女、宰桑子烏克善（一作吳克善）之妹；而福臨廢后為烏克善之女，繼后孝惠、淑惠妃姊妹皆烏克善子綽爾濟之女。則福臨廢后為孝莊之侄女；而孝惠及淑惠皆孝莊侄孫女，與玄燁為同輩，較玄燁生母慈和太后則晚一輩。淑惠死於康熙五十二年，孝惠死於五十六年，享年七十七，諸妃中最高壽。孝惠長玄燁十三歲，因其身份為福臨繼后，故與玄燁處於母姊之間。孝惠甚得于孝莊，其侍孝莊亦尤謹，玄燁敬重孝惠或以此[124]。孝惠七十壽誕，玄燁親為滿洲"蟒式舞"以稱觴[125]。據玄燁自云，孝惠死前二日，玄燁探視執手云："母親，我在此。"[126]則玄燁視之如母，篤情可感。然較之孝莊、慈和，輩分、地位究竟有別，喪典禮儀自不宜等同。

諸王大臣所諫禮儀，即指割辮、服布二事。禮部滿洲尚書奏稱："查例，皇帝孝服向用紡絲。慈和皇太后之事，皇上亦服紡絲，載之檔案。又查得，慈和皇太后之事，皇上并未割辮。"玄燁仍堅持服布，且"必行割辮"。於是滿漢大臣遵旨會議："滿洲舊例，年老有疾者，皆以孝服為忌。今皇上年近七旬，聖體違和，又穿孝服，於孝道已極盡矣。"孝惠死日，玄燁"拊膺哀號，即行割辮，孝服用布，哭泣不止。"[127]其後十二月十七日送梓宮，又"慟哭不止"。次年正月初三日祭滿月,"甫至,即大慟。奠酒三爵畢,復慟哭不已。"左右"哭勸移時,方止哭。"太后去世之前,玄燁已是"足背浮腫,不能轉移",需"用手帕纏裹",軟輿而行[428]。居喪一月有餘,直到"肢體不能動履","容顏憔悴","僅存皮骨"[429]。凡此皆超出常情之外者。

然則論理,孝惠得年七十有七,可謂高壽。《面諭》云:"《尚書》五福,以考終命列於第五者,誠以其難得故也。"即以玄燁觀點視之,孝惠可以無憾。論親,則不當親于生母孝慈太后。孝慈之喪,玄燁尚不割辮服布;孝惠有知,大可瞑目於九泉。論恩、論情,則玄燁皇位為孝莊一手所賜,孝惠無與。即孝惠亦感恩于孝莊,與玄燁同調,然則玄燁侍奉孝莊在外,親子之喪與皇后染疾,皆不欲暫離孝莊而回京,則其克制力超乎常情可知[430],云于孝莊出自衷情可乎?玄燁之于皇后、親子如此,則于他人可知。于孝莊如此,則于孝惠不當過之。玄燁于孝惠生前禮儀雖周,敬重有加,然六十年熱河之行,卻將其熱河寢宮讓與西方傳教士作臥榻[431],豈得云衷心虔敬,一往情深?五十七年初,翰林院檢討滿人朱天保遵旨議立皇太子,疏諫復立胤礽,固不當玄燁之意,而玄燁的處置卻駭人聽聞,竟謂其父朱都納曰:"令爾看殺爾子後,始將爾凌遲。"[432]居喪期間,出言如此,則其心之忍可見。云玄燁為仁愛,可乎?且君子發乎情而止於禮,玄燁口誦義理,安得謂不知?滿漢皆有禮俗,玄燁何必定要置之於不顧?天子以日代月,玄燁則堅持百日不剃頭,此又何苦?《面諭》分明寫道:"人之有生必有死。如朱子之言'天地循環之理,如晝如夜',孔子云'居易以俟命',皆聖賢之大道,何足懼乎?"此何其豁達。而一旦有太后之喪,玄燁卻將自己折磨不休。舉凡侍奉太后及喪禮之事,玄燁必令諸王群臣議覆再三,終又不聽勸諫,仍按己意而行,而反責"諸臣視朕如駕車之馬,竟無一人憐恤"[433]。既然如此,則又何必責令群臣反復議覆?凡此皆不可以常理度之。

《面諭》云:"天下神器至重","孜孜汲汲,小心敬慎,夙夜不遑,未嘗少懈,數十年來,殫心竭力,有如一日。"隨後玄燁亦曾念及儲嗣:"此等大事,朕豈有遺忘之理?""天下之事,豈可分理乎?"[434]儲位與戰事并重,然在當時,前者可緩而後者不可緩,玄燁豈有不曉?而檢諸《實錄》,自五十六年十月二十五日乙巳議覆大軍進入西藏,直至次年正月初五日甲寅,方與議政大臣商討前方軍事。其間近七十天，除十二月二十日丁未議覆四川松潘兵變一事之外，對於西藏發生的大變局竟毫無積極應對的討論。《滿文硃批奏摺》關於前綫軍機，亦祇載十一月二十八日批復"松潘等處調軍及軍需"一摺。如此，則當時整個國家機構幾處於停頓。從表面視之，玄燁似陷入太后一事而不能自拔，但其間卻能對諭旨滿漢文互譯親自詳加檢核⑬，以及對臣工所擬孝惠諡號錙銖必較⑭，可信玄燁非但沒有思維混亂，而且心細如髮。然而其心理和思維導向卻值得注意。

《起居註》五十七年正月二十一日：

> 玄燁問衆大臣："昨所奏摺內，用武王夢文王錫以九齡，宋仁宗因仁德增壽一紀，典故係誰所作？"衆人答曰李光地。玄燁曰："此亦典故而已，不可全信。即如漢人居官在外，於家信中知父母有疾，伊即回信云：'從來積德，壽算必永，斷然無傷也。'此信未到之前，早已物故。伊聞訃，不過成服行禮而已。若滿洲于父母之喪甚是慎重，斷不如此。"

此分明對李光地反唇相譏。然而李光地不得回籍以盡孝道，又豈非無奈于玄燁天威⑮。玄燁于李光地不滿，以其摺內引用典故，乃刻意作文章，未能體會自己的"衷心至情"，如此，則李光地私心勢必不肯許自己爲"虞舜以後一人"。其下文以滿洲重禮勝於漢人，即爲此而發，其意至爲顯豁。

此中透露的另一層含義更值得我們注意。滿人慎重父母之喪既勝於漢人，而玄燁本人臨喪哀毀又大過於滿人，其自視道德若何，即可推知。玄燁之于諸王群臣合奏"超越萬古"，"虞舜之後，我皇上一人而已"，"於孝道已極盡矣"，"大孝至極，無以復加"云云⑯，又如何肯稍有謙避？他獨出心裁，固執己意，豈非正在超越"舊制所未能行，群工所莫能贊者"⑰？須知此時正玄燁痛悔戰局部署失誤之際，深感自己無往不勝的神化形象將隨之破滅，羞愧之情難當。何以解脫？惟有竭力體現爲道德純粹的偉人，方能彌補缺憾。而孝惠之喪，恰爲玄燁提供了機會。

試觀居喪之際玄燁所言所行，我們斷然否定他全受情緒與潛意識驅使，而是有意識所爲。若屬前者，我們尚可相信他情感單純，或是心理防禦機制在起作用。然而玄燁是深諳權術的帝王，即或有時存在某種潛意識導引，但絕大多數則是玄燁清醒地將其意識化，用於具有政治意義的道德訴求。無論哪種情況，其實都逃不出心理學上的常識。

我批判《面諭》時曾指出，玄燁論證大清得天下自古最正的依據之一，即自以爲超越歷代帝王，包括多壽和在位之久的滿足感。惟孝道一途，《面諭》尚未提及。於是"虞舜之後一人"，即以漢人所特重的孝道[440]，維持其滿漢共主的精神典範，又成爲玄燁的寄託之所在。從神壇走向道德聖殿，滿漢群臣永遠只能匍匐其下而對其仰視，則是玄燁的不懈追求。但此時的道德訴求，祇不過反映玄燁已信心失落，對前途深感無望。除此之外，豈有他哉！

附　識

本篇以較多的文字糾纏於玄燁的思想和心理，這固然是康熙朝政治史研究的需要，也是目前被冷落的領域，而且沒有謹慎細緻的分析，這些內容似也不易說清。但拙文無意對此全面論說，如玄燁思想上的理性成分、性格上的近乎偏執以及某些變態心理，都未予置論。本篇僅承前篇而來，旨在剖析玄燁興啓準噶爾之役的虛矯心態和僥幸心理。而所述五十六年十月之後玄燁的情緒及心理失常，也祇是一種襯托。然若忽視這些主觀因素，則準部之役的意圖和特徵即無法明瞭，充其量也祇能對戰爭過程作一些表象描述。

從長期觀點來看，清廷與準噶爾之間的戰爭似所難免，但這并不意味玄燁發起準部之役也是歷史的必然。玄燁一手興啓準部之役，似全憑其主觀意志，毌需贅言，這意志的背後，是當時社會政治的制約。而歷史事件之所以往往表現爲偶然，恰反映歷史進程的複雜性。而任何簡單的概括模式，儘管可以予人耳目一新之感，卻未必能經受持久的檢驗。清史史料繁蕪，且真僞夾雜，故其比勘鑒別格外費力。我以爲，中國傳統的史學方法遠未淪落到該棄之如敝屣的地步，仍可與種種"新說"相互借鑒和補充，并不會失掉其生命力。

清代政治史研究的責任，不是去重新描繪統治者爲自己裝飾的光環，而應揭示其本來面目；不是去重復頌揚他們的文治武功，而應追問社會和人民爲之付出的代價；更不能被一時的表面興盛所眩惑，而應發掘其中導致後來衰敗的伏因。惟其如此，我們纔能判別歷史累積所形成的社會潛力和統治者的個人作用。如果抹殺前者而將社會的發展全然歸結到後者身上，則歷史豈非變成盡由統治者表演的舞臺，史學研究也就難免墮落到爲其粉墨登場作鼓吹彈唱。

謹以此文紀念王鍾翰師與徐蘋芳先生。

注　釋

① 參見拙文《準噶爾之役與玄燁的興兵之由》，載 2010 年 11 月《燕京學報》新二十九期。
② 《清聖祖實錄》卷 294，康熙六十年九月丁巳，"招地御制碑文"。
③ 玄燁死於康熙六十一年十一月十三日甲午，清世宗胤禛當日即位。次日乙未，即令胤禎馳驛赴京。雍正元年正月丙午，傳諭策妄阿喇布坦使臣，其中有云："若爾台吉即遣親信之人誠懇陳辭，朕即寬宥，以寧爾土宇。"次月，量撤各路官兵。均見《平定準噶爾方略·前編》卷 11。雙方議疆界，見卷 15，雍正三年四月己卯"遣内閣學士衆佛寶、副都統扎什等往準噶爾救諭策妄阿喇布坦"條；清軍從吐魯番撤出，分見卷 15，雍正三年四月丙子"議徙吐魯番回人等於内地，五月己未"命撤巴里坤等處駐守官兵"；卷 16，雍正四年四月癸酉"撤巴里坤吐魯番官兵"諸條。
④ 參見 Peter C. Perdue *China Marches West*, The Belknap Press of Harvard University Press *Cambridge, Massachusetts London, England* 2005. Chapter 15 *State Building in Europe and Asia.* p. 518.
⑤ 祁韻士《西陲要略》卷 1《南北兩路疆域總敘》：自伊犁惠遠城東北行一千五百餘里至塔爾巴哈臺城，又東北七百餘里與科布多以額爾齊斯河爲界。自伊犁惠遠城東行一千餘里至庫爾喀喇烏蘇，又東行八百里至烏魯木齊，再東南行五百餘里，越博克達山通吐魯番。自烏魯木齊東行一千一百餘里至巴里坤。同卷《南北兩路軍臺總目》：伊犁起至嘉峪關各臺站六十站，共五千二百餘里。其中哈密至嘉峪關爲十八站，一千四百九十里。
⑥ 《清聖祖實錄》卷 263，康熙五十四年四月十四日己卯、十五日庚辰、二十四日己丑、三十日乙未；并參《平定準噶爾方略·前編》卷 1。
⑦ 《國朝耆獻類徵初編》卷首 89《厄魯特扎薩克多羅郡王阿喇布坦列傳》："初，巴圖爾琿台吉游牧阿爾台。子噶勒丹嗣，爲厄魯特長，諸部皆附之。"其族子"罕都、阿喇布坦與噶勒丹聚牧阿爾台之科布多，仍各領部衆。"康熙三十七年，"阿喇布坦率户七百餘、屯茂岱、察罕叟爾，遣洪科爾額爾齊木馳奏"歸降清廷。同書卷首 82《和碩超勇親王策棱列傳》：雍正十三年三月，噶爾丹策零請議和。諭曰："夫阿爾台之屬厄魯特，乃噶爾丹從前之事。爾準噶爾并未越此游牧，乃謂爲厄魯特牧地，可乎？且喀爾喀尚不令近阿爾台，原欲兩界稍遠，免啟事端，而可令爾居之乎？"乾隆二年四月，噶勒丹貽策棱書，欲仍游牧阿爾台。策棱遵旨報書曰："自滅噶勒丹以來，我等建城駐兵其地，衆所共知。其不令爾游牧者，原欲

以此爲閑地，兩不相及，以息爭端耳。"《平定準噶爾方略·前編》卷43，乾隆元年三月甲午，準噶爾使臣達什等入觀。諭達什等曰："爾等曾告額駙策淩乞我國卡倫稍向內移。卡倫之設，由來已久，於今豈得議移？"

⑧ 《平定準噶爾方略·前編》卷1，康熙五十四年四月十四日己卯，議政大臣等遵旨議覆："策妄阿喇布坦現侵哈密，未必不至喀爾喀地方。"應派大臣前往傳諭喀爾喀及厄魯特王公等令其預備。并見《清聖祖實錄》卷263。

⑨ 《清聖祖實錄》卷263，康熙五十四年四月十五日庚辰、二十二日丁亥、三十日乙未；卷264，六月二十二日丙戌。

⑩ 《清聖祖實錄》卷296，康熙六十一年二月壬申，祁里德請將阿勒泰之軍會合巴里坤一路并進。己卯日議覆："阿勒泰一路之兵亦進擊至烏魯木齊，其間沙漠共間隔二千七八百里，路途遙遠，往回或有遲滯之虞。"而未予允。

⑪ 《清聖祖實錄》卷263，康熙五十四年四月二十四日己丑。

⑫ 《清聖祖實錄》卷263，康熙五十四年四月十四日己卯、五月二十三日戊午。

⑬ 《清聖祖實錄》卷267，康熙五十五年三月二十五日丙辰，南路統帥席柱疏言，將庸懦不堪的西安滿洲兵、督標馬兵以及各提鎮兵共五千人撤回後方，"巴爾庫爾現在駐扎兵丁，除派出種地五百名外，尚有滿洲、綠旗兵丁七千五百名，盡可足用。"得旨："噶斯口撤回之滿洲兵丁一千名、綠旗兵一千名，現在肅州養馬，俱已肥壯，于青草盛時發往巴爾庫爾；再派綠旗兵三千名，預備之處，著行文富寧安令其速爲料理。"

⑭ 法國學者沙畹《中國的兩幅最古的地圖》一書認爲，古代中國於河西走廊設置一系列重鎮，"割斷了突厥各族與藏族的聯繫，使中國人得以同西方交往。"轉引自巴德利《俄國·蒙古·中國》，商務印書館1981年版譯本，第190頁。並參拙文《準噶爾之役與玄燁的興兵之由》。

⑮ 《清聖祖實錄》卷265，康熙五十四年九月二十九日辛酉。

⑯ 《清聖祖實錄》卷282，康熙五十七年十二月庚午。

⑰ 《清聖祖實錄》卷296，康熙六十一年二月壬申。

⑱ 《清聖祖實錄》卷297，康熙六十一年五月癸巳。

⑲ 見楊和璡著，向紅笳、陳慶英譯《松巴堪布青海史譯注》，載《國外藏學研究譯文集》第一輯，西藏人民出版社1985年版。

⑳ 《清聖祖實錄》卷263，康熙五十四年四月十四日己卯、三十日乙未；卷264，六月十二日丙子。

㉑ 《清聖祖實錄》卷265，康熙五十四年八月二十九日壬辰、十月初六日戊辰。

㉒ 五十五年，兵部題：董大成誤信嚮導，"不由阿南達所行之路，繞道迂行，以致兵丁勞苦，

馬匹損傷。"見《清聖祖實錄》卷268，康熙五十五年閏三月壬戌。此不過獲罪之辭，若噶斯路果真便於行走，清軍豈有不在此駐扎？玄燁何至於後來云"實難行走"？

㉓ 《康熙起居註》五十四年十一月二十二日。中華書局1984年排印本，以下或簡稱《起居註》。聯經出版社影印本臺灣故宫博物院藏《清代起居註冊·康熙朝》二十二冊另注。

㉔ 《清聖祖實錄》卷263，康熙五十四年五月二十三日戊午。

㉕ 《清聖祖實錄》卷267，康熙五十五年正月十八日己酉。

㉖ 《清聖祖實錄》卷268，康熙五十五年閏三月二十日庚辰。

㉗ 《清聖祖實錄》卷267，康熙五十五年三月十二日癸卯、二十二日癸丑；卷268，閏三月初二日壬戌。

㉘ 《清聖祖實錄》卷269，康熙五十五年七月十四日辛未。據《康熙朝滿文硃批奏摺全譯》第1238頁，台吉達賴應爲達彥，亦即達顏。噶斯口屬達顏駐牧地，見後引《達顏列傳》。

㉙ 《平定準噶爾方略·前編》卷24，雍正九年七月丙寅"命議伊遜察罕齊老圖防汛事宜"條。

㉚ 策妄軍偷襲馬匹之事見《清聖祖實錄》卷270，康熙五十五年十月二十日丙午；十二月十三日，青海蒙古貝勒察罕丹津即遣人來報青海無事，見《康熙朝滿文硃批奏摺全譯》第1167頁，五十六年正月二十一日《議政大臣巴渾岱等奏爲四川備兵折》。

㉛ 《康熙朝滿文硃批奏摺全譯》第1151頁，五十五年十月二十三日《議政大臣蘇努等奏撥兵以防策妄喇布坦侵擾折》。

㉜ 《清聖祖實錄》卷271，康熙五十六年正月十七日壬申；並參《平定準噶爾方略·前編》卷4，同日"增設噶斯路駐防官兵"條。

㉝ 《清聖祖實錄》卷277，康熙五十七年二月初九日戊子。

㉞ 《清聖祖實錄》卷278，康熙五十七年三月十四日癸亥；並見《方略·前編》卷5。

㉟ 《康熙朝滿文硃批奏摺全譯》第1128—1134頁，五十六年八月二十六日《議政大臣海金等奏報策妄喇布坦消息并請調駐軍折》，拉藏請求清廷與青海台吉出兵相援，清廷駐西寧大臣曰："爾等青海地方，既然無水草，不必將（四川、西寧）兵駐於邊外。"

㊱ 《康熙起居註》五十六年十一月二十四日甲戌。

㊲ 《國朝耆獻類徵初編》卷首93《青海厄魯特蒙古總傳》。

㊳ 《國朝耆獻類徵初編》卷首93《青海厄魯特蒙古總傳》；並見《清聖祖實錄》卷270，康熙五十五年十月二十一日丁未。

㊴ 《國朝耆獻類徵初編》卷首96《多羅貝勒達顏列傳》：康熙"五十四年，準噶爾侵哈密敗遁。議撤噶斯駐防兵，以達顏台吉等游牧柴達木，通噶斯之察罕齊老圖，遣侍衛駐其地，偵準噶爾蹤。五十五年三月，詔選所部兵百屯噶斯。"《盆蘇克汪扎爾列傳》："五十五年，詔選兵百屯噶斯路防準噶爾賊。六十一年，詔撤噶斯駐防軍，仍備兵游牧。"又，《平定準噶

爾方略・前編》卷11，康熙六十一年十二月己卯，時駐噶斯滿漢兵丁一千六百餘人，議留五百人駐守，餘兵并撤回所在。青海"貝勒塞布騰扎爾、朋蘇克汪扎爾、達顏之子達什策零等駐守所在，既與噶斯相近，如用兵時，令伊等與青海、西寧等處兵一同調遣"。皆可見噶斯口防禦依賴青海台吉。

㊵ 《清聖祖實錄》卷263，康熙五十四年五月十七日壬子。
㊶ 《清聖祖實錄》卷264，康熙五十四年六月二十二日丙戌，祁里德等遵旨議奏云："臣思策妄阿喇布坦縱有兵四萬，各處分守，兵亦無多。"
㊷ 《清聖祖實錄》卷263，康熙五十四年四月十九日甲申。
㊸ 《清聖祖實錄》卷263，康熙五十四年四月二十九日甲午。
㊹ 《清聖祖實錄》卷263，康熙五十四年五月十七日壬子。
㊺ 《清聖祖實錄》卷263，康熙五十四年五月十八日癸丑；並參《康熙朝滿文硃批奏摺全譯》第1012頁，五月十九日《康熙帝向厄魯特人詢問策妄喇布坦情形事》。
㊻ 《清聖祖實錄》卷263，康熙五十四年五月二十日乙卯。
㊼ 《平定準噶爾方略・前編》卷27，雍正九年十月丁巳，清軍截獲噶爾丹策零致喀爾喀親王扎卜一書，其云："我等原係同居一處，素相和好。因噶爾丹博碩克圖汗與爾等不睦，遂各散處。今爾等投順中國，當差納貢，深爲爾等憾之。爾等本清吉斯汗後裔，並非屬人。何不仍移游牧阿爾台，與我同居，以聯舊好？如有兵力，協力相拒。"十月丙寅，清世宗訓諭喀爾喀青海蒙古汗及王，所引噶爾丹策零書中有"我父（即策妄阿喇布坦）追念前好，曾屢奏皇帝，乞將喀爾喀、青海復舊安置。今皇帝欲將我如喀爾喀、青海入於旗下佐領之内，給與封號。以故，我等興兵至此。若能成事，則喀爾喀、青海照舊安置，即不能成事，亦不令統屬於人。"
㊽ 《清聖祖實錄》卷263，康熙五十四年五月二十三日戊午。
㊾ 兹拉特金《準噶爾汗國史》第322頁："1720年（康熙五十九年）6月，大臣圖理琛來色楞格斯克會見（俄方派往清廷使臣）伊兹麥洛夫。這位大臣按玄燁的囑託通知説，清軍將分兵五路進攻準噶爾汗國，'因爲他聽説，俄羅斯方面進攻渾台吉（策妄阿喇布坦）的軍隊已經開往亞梅舍沃。'……1720年11月初，伊兹麥洛夫這時正在距離色楞格斯克五十公里的一個蒙古地方，圖理琛通知他説，清軍在準噶爾大捷……還説，玄燁請俄國使者接見從準噶爾來的使臣，并向他説明策妄阿喇布坦的抵抗是無望的，清帝國將和俄國軍隊協同對付他。伊兹麥洛夫斷然拒絶參預這一預定的騙局。"
㊿ 《清聖祖實錄》卷264，康熙五十四年六月初十日甲戌。
㉛ 《清聖祖實錄》卷264，康熙五十四年六月二十二日丙戌。
㉜ 《清聖祖實錄》卷265，康熙五十四年九月二十九日辛酉。

㊳ 《清聖祖實錄》卷267，康熙五十五年三月初十日辛丑。

㊴ 《康熙朝滿文硃批奏摺全譯》第1090—1093頁，康熙五十五年三月十三日《議政大臣蘇努等議覆向策妄喇布坦遣使等情折》。

㊵ 《準噶爾汗國史》作者評論說："玄燁沒能說服這位準噶爾汗放棄獨立，去當清帝國的臣民。策妄阿喇布坦一面千方百計強調對中國皇帝深懷敬意，避免發生糾葛，同時力求解決一項主要任務——鞏固汗國和自己的統治。"見該書第257頁。

㊶ 《清聖祖實錄》卷267，康熙五十五年三月十四日乙巳。

㊷ 《康熙朝滿文硃批奏摺全譯》第1526頁，《敕諭策妄喇布坦交還拉藏汗妻子及被掠人財事》，原件無年月日，據內容當是五十七年；並參同頁《敕諭厄魯特台吉策妄喇布坦速來會盟事》，原件無年月日，當是五十九年。

㊸ 《康熙起居註》五十四年十一月二十二日甲寅。

㊹ 《康熙朝滿文硃批奏折全譯》第1151頁，五十五年十月二十三日《議政大臣蘇努等議奏撥兵以防策妄喇佈坦侵擾摺》。

㊺ 《康熙起居註》五十五年三月二十五日丙辰、十月二十五日辛亥。

㊻ 《清聖祖實錄》卷267，康熙五十五年三月二十七日戊午。

㊼ 《清聖祖實錄》卷263，康熙五十四年四月二十四日己丑。

㊽ 《康熙朝滿文硃批奏摺全譯》第1025頁，五十四年六月十四日《議政大臣蘇努等奏報備辦進勦軍需摺》。

㊾ 《清聖祖實錄》卷294，康熙六十年九月戊申，富寧安疏言："見在吐魯番屯扎官兵，應續運口糧，每糧一石，需運費幾及三十兩。"《平定準噶爾方略·前編》卷41，乾隆元年三月戊午，總理王大臣議奏："康熙六十一年以前遣官辦運，每石自一百餘兩至四十餘兩不等。"乃通計南北兩路言之。其北路運費，《碑傳集》卷42，汪由敦《范府君毓璘墓表》："康熙丙子、丁丑間，聖祖仁皇帝有事準噶爾，官軍餽餉，率以百二十金致一石，且或後期，苦不繼。辛丑（康熙六十年）西征，官運視前值爲準。"

㊿ 《清聖祖實錄》卷267，康熙五十五年正月三十日辛酉。

㉖ 《平定準噶爾方略·前編》卷3，康熙五十五年正月辛酉，"初用車運"條。

㉗ 《清史列傳》卷18《劉統勳傳》。

㉘ 《清聖祖實錄》卷265，康熙五十四年九月辛酉。

㉙ 《清聖祖實錄》卷265，康熙五十四年八月二十二日乙丑，議政大臣議覆四川陝西總督鄂海疏言。

㉚ 《清史列傳》卷11《孫思克傳》，康熙三十年疏言："甘肅地瘠民貧，一切佈種收穫，與腹地迥別。""本地富庶之家有限，并無蓋藏。本地兵馬糧料不敷供支，節年折價，已苦無處

㊆ "糴買。""本地無糧可買。"可作參考。
㊇ 《清聖祖實錄》卷271，康熙五十六年二月辛亥。
㊈ 《平定準噶爾方略·前編》卷7，康熙五十八年十月丙寅。
㊉ 《清聖祖實錄》卷263，康熙五十四年四月三十日乙未；卷264，六月十六日庚辰，議政大臣等議覆都統圖思海疏言："臣奉旨管理運米之事。計自湖灘河朔至推河地方，須設七十臺站。"
㊃ 《清聖祖實錄》卷264，康熙五十四年六月初八日壬申。
㊄ 《清聖祖實錄》卷264，康熙五十四年七月十四日丁未、十八日辛亥；卷265，八月初七日庚午；卷266，十二月二十二日甲申。
㊅ 《平定準噶爾方略·前編》卷4，康熙五十六年十月丙午；十一月甲戌，玄燁諭曰："今李先復係漢人，自阿爾台口外來。"故知其輓輸北路。並參《康熙起居註》五十六年十月二十六日。
㊆ 《碑傳集》卷42，汪由敦《范毓馪墓表》記范氏於雍正五年起輓輸北路，所經軍營，"儲胥充裕，軍得宿飽。前後十年，所運米凡百餘萬石。"可作參考。
㊇ 《清聖祖實錄》卷267，康熙五十五年二月壬戌。
㊈ 《平定準噶爾方略·前編》卷7，康熙五十八年十月丙寅。
⑧⓪ 參見《平定準噶爾方略·前編》卷2，康熙五十四年六月庚辰；卷10，六十一年正月庚子。
⑧① 《清聖祖實錄》卷264，康熙五十四年六月初八日壬申，諭議政大臣："現在右衛等處官兵所領之糧雖足一年之用。"
⑧② 《清聖祖實錄》卷137，康熙二十七年十月乙巳。
⑧③ 《清聖祖實錄》卷141，康熙二十八年八月丁丑。
⑧④ 分見《清聖祖實錄》卷154，康熙三十一年三月丙辰；卷155，三十一年六月甲申；卷158，三十二年二月庚辰；卷176，三十五年九月丙辰。
⑧⑤ 《清聖祖實錄》卷259，康熙五十三年六月丙子，玄燁云當年從寧夏回鑾，"由橫城坐船，計二十一日至湖灘河朔。"
⑧⑥ 分見《清聖祖實錄》卷154，康熙三十一年三月壬申、癸酉；卷155，三十一年五月庚戌。另，《康熙朝滿文硃批奏摺全譯》第50頁，三十二年七月二十一日，川陝總督佛倫摺："省城現有漕米及自湖灘河朔運至草甸之米，足夠自本年七月至年終支給。"
⑧⑦ 《清聖祖實錄》卷164，康熙三十三年七月壬申，諭領侍衛內大臣："若果噶爾丹來近土喇，擾害喀爾喀，我軍有可乘之機，將軍等相度而行。""寧夏兵即攜寧夏之米，歸化城與右衛兵即攜湖灘河朔之米。"
⑧⑧ 分見《清聖祖實錄》卷177，康熙三十五年十月丙午；卷180，三十六年二月癸未；卷182，

三十六年閏三月壬午、辛卯。

⑧⑨ 分見《清聖祖實錄》卷178，三十五年十一月戊寅、庚辰。

⑨⓪ 《清聖祖實錄》卷262，康熙五十四年三月壬子。

⑨① 《康熙起居註》五十六年十月二十六日，李先復與魏方泰自西路運米回，入奏。玄燁問："汝等進獨石口乎？"李先復奏曰："臣等分兩路行，臣進殺虎口，魏方泰進獨石口。"並云自大軍駐紮之處郭多里回至湖灘河（朔）尚有一千七八百里，可作參考。另據《方略·前編》卷14，雍正二年六月己卯，總管阿爾台路軍臺宗扎卜奏言："阿爾台路軍臺四十七處，除十二站不移如故，其自殺虎口扎克拜達里克城所設軍營三十五站，水草不佳，道里迂遠，請移設張家口外。"則通過經營準部之役，阿爾泰山前綫輓輸渠道已直抵長城。

⑨② 《清聖祖實錄》卷286，康熙五十八年十二月戊午，議政大臣等議覆山西巡撫蘇克濟疏言："兵部咨稱，來年仍將湖灘河朔之米運一萬石至軍前。臣查先年自湖灘河朔運米，將所用之駱駝并鞍屜、口袋等物，自大同雇覓夫車送赴湖灘河朔，每次用銀一萬餘兩。若就近即將大同府大有倉之米由得勝口轉運，則路途既近，且可節省雇覓夫車之費。"應如所請。從之。

⑨③ 參見《康熙朝滿文硃批奏摺全譯》第285頁，四十二年七月初七日《川陝總督華顯奏報甘肅各糧並蝗蚺情形摺》。

⑨④ 《清聖祖實錄》卷203，康熙四十年三月癸卯。而康熙三十四年十一月乙亥，玄燁尚云"見今大同附近諸處未經積貯草豆"，見卷169。

⑨⑤ 《清聖祖實錄》卷154，康熙三十一年三月壬申，諭大學士："寧夏米穀運至西安，路途遙遠，其于供應軍需、賑濟饑民，恐有遲誤。寧夏米穀由黃河運至歸化城甚易，地亦甚近。朕意自歸化城由保德州、府谷縣一路可至潼關，則爲益甚速。"隨命郎談、碩鼐視閱河道。卷161，三十二年十二月戊子，山西巡撫噶什圖疏言："輓運湖灘河朔米石應否停止？"得旨："今陝西米石充足，此米若仍輓運，必致勞民。朕問總督佛倫，亦云'輓運湖灘河朔米石百姓勞苦。'此所運之米令其停止。"

⑨⑥ 《康熙朝滿文硃批奏摺全譯》第26頁，三十一年三月初九日《兩江總督傅喇塔奏南贛總兵詹六奇癱瘓并報地方事宜折》。

⑨⑦ 《康熙朝滿文硃批奏摺全譯》第49頁，三十二年七月二十一日《川陝總督佛倫奏陳漕運情形折》。靳輔河運困難，見《文襄疏奏》卷8《治河題稿》內《運米未盡疏》、《恭報開運疏》、《恭報回空疏》諸篇；并參《清史列傳·靳輔傳》。

⑨⑧ 《清聖祖實錄》卷214，康熙四十二年十一月戊午。

⑨⑨ 《清聖祖實錄》卷214，康熙四十二年十二月辛卯。

⑩⓪ 並參《清聖祖實錄》卷216，康熙四十三年四月庚辰、戊子、丙申、丁酉；卷217，四十三年十月己丑。

⑩ 《康熙起居註》五十六年三月初九日，玄燁謂大學士等："朕昔日西巡至三門砥柱，見設立炮臺巡卒，詢之皆爲防禦私鹽船直下之故。朕思鹽船可以直下，糧船不可溯流而上乎？自後一二百石糧船從河南至渭河，竟可直達西安城下。"

⑩ 《清史列傳》卷11《博霽傳》。

⑩ 《清聖祖實錄》卷288，康熙五十九年七月乙亥。

⑩ 《清聖祖實錄》卷289，康熙五十九年九月辛卯、十月壬寅，施世綸考察河南孟津縣至陝西太陽渡三百餘里黃河水道，大小數十餘灘，艱險異常，建議車運。若運穀二十萬石，需車價銀四萬三千七百五十兩。自陝州至西安府黨家碼頭河水平穩，船隻通行，水運爲便，需運費銀二萬六千兩。再運至西安府倉，又需銀四千兩。而"以二穀易一米起運，則運價可省其半。"玄燁批旨："著於河南省來年運京漕糧內照數截留，補還運往陝西穀石。其餘漕糧亦停止運送京師，留河南收貯。"

⑩ 《清聖祖實錄》卷292，康熙六十年五月辛巳。

⑩ 並參《清聖祖實錄》卷159，康熙三十二年六月庚寅，九卿議覆河南巡撫顧汧疏言；卷259，五十三年七月丁卯，戶部等衙門議覆；《康熙朝漢文硃批奏摺彙編》第5冊第694頁，五十三年七月十六日河南巡撫鹿佑摺；第8冊第175頁，河南巡撫楊宗義摺。

⑩ 《康熙朝漢文硃批奏折彙編》第3冊第604頁，五十年六月十三日，蘇州織造李煦奏言：江南"地丁錢糧各府徵收，目下未足四分之數。至於南省漕船，業已全兌過淮。"第785頁，五十年九月，浙江巡撫王度昭摺奏："浙江賦役繁重，每年錢糧有地丁，有漕項，有漕、白，徵款名色，千頭萬緒。州縣官以漕糧緊急，催兌完畢，始徵地丁。"

⑩ 《康熙起居註》二十年十二月初八日，以平定三藩大赦天下，諭曰："漕糧、河道，關係國家根本，甚爲重大，事緣漕糧、河道情罪，俱在不赦。"

⑩ 《永憲錄》卷1，康熙六十一年四月庚午，"始令漕運總督親催糧艘赴通"條。

⑩ 《清聖祖實錄》卷153，康熙三十年十月壬午。

⑪ 《清聖祖實錄》卷215，康熙四十三年二月丙申，山東、河北饑民就食京師。"以京城米貴，命每月發通倉米三萬石至五城平糶。"然至三月庚戌，"已於五城給食，而施與未均，竟不遍及。著八旗各於本旗城外分三處煮粥飼之，八旗諸王亦于八門之外施粥，大爲利濟。今已派出諸人赴山東養民。此輩因京城地方大，俱來就食，若不如此設法賑濟，則皆立斃矣。"辛酉，諭大學士等："朕因山東及直隸等處饑民流至京城者甚多，特命八旗諸王貝勒大臣總管、內務府各官及漢大臣官員，於數十處立粥工廠，日煮粥賑濟，務使流移之人得所，酌量賑給數月。"

⑪ 《碑傳集》卷20，楊瑄《勞之辯墓誌銘》：（康熙四十七年春）江浙米價騰貴，貧民艱食。是秋，上以各省漕糧截留數多，慮太倉之粟不敷舊額，特諭大臣議以半米半銀給發八旗秋冬

二季官俸兵糧。令初下,而市價驟昂,民情惶擾。公疏言:"半米半銀之議,所以爲太倉積貯計也。但八旗禁旅,數口嗷嗷,罔不借倉糧贍養家口。多者可自給而無虞,少者可轉售而得價。且都門數百萬戶,家無擔石,全望八旗糶買餘米,以爲朝夕之需。"《清聖祖實錄》卷241,康熙四十九年正月庚寅,諭八旗大臣及內閣部院:"今見八旗忽于生計,習爲奢侈。去冬因米價騰貴,以二月應給之米於正月給發,米價隨即稍減。可見八旗官兵以所支之米不運至家,惟圖微利,一時即行變賣。及至此銀費去,米價又貴,勢必請將八月之米於六七月間給發,且求將來年之米於今年預支矣。"八旗官兵將國家支給口糧鬻賣,竟至迅速影響市價低昂,數量之大可以想見。據《碑傳集》卷42,沈炳震《內閣學士兼禮部侍郎沈涵行狀》,次年康熙五十年,玄燁以希世恩澤,"命八旗預支六年俸餉,按季扣之。"結果"貧軍隨手散去,不能自存。上特恩蠲之。"所謂"隨手散去"云者,變賣以圖一時之快也。凡此皆證明漕運供給八旗綽綽有餘。

⑬ 《清聖祖實錄》卷268,康熙五十五年五月壬申。
⑭ 分見《清聖祖實錄》卷121,康熙二十四年七月壬申;卷122,二十四年九月甲申;卷155,三十一年四月乙巳,六月乙未。據乾隆朝《大清會典則例》卷121《兵部·車駕清吏司》各條估算,京師至吉林烏喇2245里,而最遠者爲黑龍江城(璦琿),距京師4127里。
⑮ 《清聖祖實錄》卷263,康熙五十四年四月二十九日甲午、三十日乙未。
⑯ 《康熙起居註》五十四年十一月二十二日甲寅。
⑰ 《碑傳集》卷21《諸城縣志·王度昭傳》:康熙五十四年,疏論西域屯田,有云:"(皇上)念兵行糧從,先計積穀,屢發帑金購買駱駝,捐備馬騾,以運送米石。其鞍筐繩席等項,所費已不下數十百萬。究之運到之米,不敷支給。巴兒苦兒、阿爾太之地,車轍不通,水草不時,即使駝馬足以領運,而人夫數千越山度嶺,沙壅石阻,所運之米,恐亦未能旦夕到也。"王度昭建議皆書生之論,然其時任工部右侍郎,所云輓運之難,當不爲無據之言。
⑱ 《清聖祖實錄》卷267,康熙五十五年二月初一日壬戌。
⑲ 《清聖祖實錄》卷267,康熙五十五年正月三十日辛酉、二月初一日壬戌。
⑳ 《清聖祖實錄》卷267,康熙五十五年三月二十四日乙未。
㉑ 《清聖祖實錄》卷269,康熙五十五年五月初八日丁卯。
㉒ 《康熙朝滿文硃批奏摺全譯》第1130頁,康熙五十五年七月三十日《議政大臣蘇努等奏報席柱等貽誤軍務案情摺》;《清聖祖實錄》卷269,康熙五十五年九月十八日甲戌。
㉓ 《康熙起居註》五十五年九月三十日丙戌、十月初一日丁亥。
㉔ 《康熙朝滿文硃批奏摺全譯》第575頁,四十七年五月初一日《陝西巡撫鄂海奏請萬安摺》;第586頁,四十七年七月十五日《西安將軍席柱奏謝賞銀摺》。
㉕ 《康熙朝滿文硃批奏摺全譯》第1154頁,康熙五十五年十一月初一日《湖廣總督奏報整飭

⑫⑥ 分見《清聖祖實錄》卷269，康熙五十五年八月初五日壬辰；卷270，五十五年十月初一日丁亥，初七日癸巳，諭兵、戶二部。

⑫⑦ 《清聖祖實錄》卷270，康熙五十五年十一月初五日辛酉。

⑫⑧ 《清聖祖實錄》卷277，康熙五十七年正月二十九日戊寅。

⑫⑨ 分見《清聖祖實錄》卷263，康熙五十四年五月二十四日己未；卷267，康熙五十五年五月初二日庚午。

⑬⓪ 《清聖祖實錄》卷270，康熙五十五年十月二十日丙午。

⑬① 《康熙朝滿文硃批奏摺全譯》第1167頁，康熙五十六年一月二十一日《議政大臣巴渾岱等奏爲四川備兵摺》。

⑬② 《康熙朝滿文硃批奏摺全譯》第1104—1105頁，康熙五十五年四月二十五日《議政大臣蘇努等奏請派官兵駐特斯河摺》：本年三月，喀爾喀台吉策妄扎布派人向來喀爾喀的俄羅斯人探取消息。四月初十日，"據聞，駐楚庫、尼布楚兩城迤北諸城俄羅斯等有出兵之消息。據稱，策妄喇布坦地方沙土產金，故俄羅斯正在備兵。又聞得，土爾扈特阿育錫欲追回其於策妄喇布坦處之萬人。"

⑬③ 《清聖祖實錄》卷270，康熙五十五年十二月二十日丙午。

⑬④ 《康熙朝滿文硃批奏摺全譯》第1168頁，五十六年正月二十六日《吏部尚書富寧安奏報巴里坤等處軍營情形摺》。

⑬⑤ 《清聖祖實錄》卷270，康熙五十五年十二月二十日丙午。

⑬⑥ 《清聖祖實錄》卷271，康熙五十六年三月初九日甲子；二十三日戊寅，"阿勒泰一路，授公傅爾丹爲振武將軍，祁里德授爲協理將軍，令都統穆賽率阿勒泰兵三千出汛界。"

⑬⑦ 《康熙朝滿文硃批奏摺全譯》第1222—1223頁，五十六年八月十七日《議政大臣額倫岱等奏報征伐策旺喇布坦情形摺》。

⑬⑧ 《清聖祖實錄》卷274，五十六年九月二十一日壬申。

⑬⑨ 《康熙朝滿文硃批奏摺全譯》第1178—1179頁，五十六年三月二十三日《康熙帝上諭》。

⑭⓪ 《康熙朝滿文硃批奏摺全譯》第1239—1240頁，五十六年九月初六日，進剿之後，富寧安等奏報，據額倫特咨稱："我官兵（滿洲兵）鞍轡、兵器等項毀朽者甚多，且馬畜亦減。"又據甘肅提督師懿德等奏報，綠營兵情況無異。蓋借進剿之後減免債務，無意中暴露清軍普遍配給不足。

⑭① 後來玄燁聞知西藏爲準噶爾所得，致書對策妄阿喇布坦解釋，此次進剿并非己意，乃清軍駐邊之人"擅自領兵而進。朕聞後與哲卜尊丹巴呼圖克圖馳速遞書撤兵。"見《康熙朝滿文硃批奏摺全譯》第1526—1528頁，《敕諭厄魯特台吉策旺喇布坦速來會盟事》。

⑭²《清聖祖實錄》卷272，康熙五十六年六月十六日己亥。

⑭³《清聖祖實錄》卷273，康熙五十六年七月十九日辛未。

⑭⁴《平定準噶爾方略·前編》卷4，康熙五十六年七月辛未。

⑭⁵ 次年，前方統帥傅爾丹等再擬依前進剿，此時玄燁得知西藏已爲準軍所占，故猶豫再三，終未準行。分見《清聖祖實錄》卷277，康熙五十七年二月十三日壬辰；卷278，三月二十六日乙亥；卷279，六月初五日壬午。

⑭⁶《康熙起居註》五十六年七月二十日壬申。

⑭⁷《清聖祖實錄》卷273，康熙五十六年八月十三日丙申。

⑭⁸《康熙起居註》五十六年九月二十日辛未。

⑭⁹《康熙朝滿文硃批奏摺全譯》第1338—1339頁，五十七年十一月初四日《富寧安奏聞道士欲以神法訓練軍士摺》：道士李慶安十月二十八日至富寧安巴爾坤軍營。"伊言，地方甚好，氣候亦好，所扎之營并無庸議。來年進剿，可滅策旺拉布坦。我來時，皇上有旨：'爾前往同富寧安商議，可行則行，倘有不可，即悄悄停止返回。'將滿洲、綠營兵內酌選年輕者八百名，另外設營，我以六丁六甲神法進行操練。"第1340頁，五十七年十一月十五日《富寧安密奏道士以神法滅策旺拉布坦摺》：李慶安謂富寧安曰："將軍爾率大軍正面攻入，我率我所操練之兵，守隘口不進，施神法，斷山橫入，攻入伊內部。伊如何能敵？以此賊敗逃，可滅策旺拉布坦。"玄燁硃批："向朕所請諸物，俱命內府製作，固裝遣發，唯密則妥。"第1342頁，五十七年十一月二十二日《富寧安密奏道士祭神顯靈摺》云，李慶安兩次在軍中作法，搞得神乎其神，烏煙瘴氣。富寧安深信其"當屬特異之人。況且我皇上甚神聖英明，諸事無所不曉，果非特殊異常者，能派遣乎？"玄燁表面較富寧安穩重，然內心卻惟恐道士神法不成功，硃批："惟機密，事成後方可言矣。先言而不合宜，關係重大。"并參第1344、1345、1346頁富寧安各摺。

⑮⁰《康熙朝滿文硃批奏摺全譯》第1372頁，康熙五十八年二月三十日《富寧安奏報道士李慶安前往策旺拉布坦處摺》。

⑮¹《清聖祖實錄》卷277，康熙五十七年二月十三日壬辰。

⑮² Peter C. Perdue, *China Marches West*, pp. 229-230, p. 303.

⑮³《清聖祖實錄》卷291，康熙六十年三月乙丑，玄燁卻群臣聖誕慶賀，曰："見今西陲用兵，外則官兵披堅執銳，冒暑衝寒，勞苦已久；內則民人負重跋涉，輓運道遠，力亦疲困；兼之被災之處，民多受累。"卷292，六十年五月辛巳，戶部等衙門議覆奉差陝西賑濟漕運總督施世綸疏言："陝西四月無雨，秋成可慮。查先豫省運至米十萬石，督臣已具題借支駐防兵餉，所剩無幾。請速催豫省將後運米石運到平糶，再撥河南、湖廣米各十萬石運至陝西存貯備用。"得旨：依議速行。然當年北方五省同時受災。廷臣"茫無頭緒，推諉於朕。""今施

準噶爾之役與玄燁的盛世心態　　　　　　　　95

世綸亦束手無策。"並見當月甲申、乙酉。卷297，六十一年五月癸巳，議政大臣議覆靖逆將軍富寧安疏言："自去年三月運到軍糧缺少，因令道員王全臣將原貯之糧通融散給，又給與吐魯番官兵羊隻，繼而運到之糧愈少。……今支給吐魯番官兵糧米，自五月以來便不能接濟。"《永憲錄》卷1，康熙六十一年十月癸酉（《實錄》卷299作戊寅），玄燁承認："今西陲用兵，士卒暴露，轉運疲憊，民生乏食，物價昂貴。"

⑭　China Marches West，關于準部之役於清軍入藏的關係，見 p.227；關于玄燁的身體狀況，見p229.；作者堅信玄燁上諭，認爲興起準部之役的目標就是不惜任何代價根除策妄阿喇布坦，見 p234。

⑮　《清聖祖實錄》卷259，同日所記稍異，曰："今天下承平無事，凡屬老幼，無不歡欣鼓舞，以爲得生斯世，皆有福之人也。"是則玄燁亦視本朝爲盛世。

⑯　《清聖祖實錄》卷275，康熙五十六年十一月辛未。

⑰　《戴名世集》附錄《記桐城方戴兩家書案》：康熙五十年辛卯冬十月丁丑，九卿議戴名世一案："我朝定鼎燕京，剿除流寇，順天應人，得天下之正，千古之未有也。"中華書局1986年標點本，第479頁。

⑱　《清聖祖實錄》卷234，康熙四十七年九月辛卯，玄燁於告天祭文云："如大清歷數綿長，延臣壽命，臣當益加勤勉，謹保始終；如我國無福，即殃及臣躬，以全臣令名。"

⑲　《清聖祖實錄》卷253，康熙五十二年二月庚戌。

⑳　關於清廷屠滅明宗室，參見孟森《明烈皇殉國後紀》一文，載氏著《明清史論著集刊》，中華書局1959年版；并參何齡修《清初爭奪全國統治權的鬥爭過程和清廷獲勝的原因》一文，載氏著《五庫齋清史叢稿》，學苑出版社2004年版，第642—644頁。

㉑　玄燁南巡，五次親自跪祭明孝陵，俱明見《清聖祖實錄》；又宣稱"本朝待前朝之厚，可謂超出往古矣"，見《庭訓格言》。而屠殺"朱三太子"朱慈煥，絲毫不留情，恰證明玄燁心理之忍與爲人之偽，故其内心陰影格外濃厚。朱三太子案發期間，江寧織造曹寅摺奏洪武陵塌陷一窟，但離地宫尚有十五丈之遠，特地説明明係原先培土不堅，日久雨水衝塌。恐謠言流播，訛傳失實。玄燁卻偏偏不肯放過，硃批："此所奏聞的是。爾再打聽，還有甚麼閒話，寫摺來奏。"曹寅回奏，紛紜中"有説明朝氣數已盡，天陷者"，實已窺破玄燁心理需要。見《康熙朝漢文硃批奏摺彙編》第2冊第28頁，四十七年五月十五日曹寅密摺；第108頁，四十七年七月十五日曹寅回奏。

㉒　詳參拙文《評"自古得天下之正莫如我朝"》，載2009年11月《燕京學報》新二十六期；《再評"自古得天下之正莫如我朝"》，載2009年號《清史論叢》。

㉓　《康熙朝滿文硃批奏摺全譯》第20頁，三十年六月初十日《山東巡撫佛倫奏賀喀爾喀汗等歸來摺》："聖主成全太祖、太宗、世祖皇帝未竟之志矣。自古以來，既無如此盛事，亦無

· 249 ·

若皇上如此成行者。"陳廷敬《午亭文編》卷1《謹獻大駕三臨沙漠親平僭逆聖武雅表一首》:"普天下所有土宇,咸入版圖。"《南巡歌十二章并序》:"我國家功德誠遠侔三代之隆,斷非漢以來盛時所可比擬萬一。"玄燁於剿滅噶爾丹之後,亦得意洋洋說道:"塞外蒙古多與中國抗衡,自漢唐宋至明,歷代俱被其害。而宣威蒙古,并令歸心如我朝者,未之有也。"見《清聖祖實錄》卷180,康熙三十六年二月壬寅。

⑭ 《康熙起居註》五十四年二月初一日。

⑮ 分見蔣氏《東華錄》卷9,康熙六年五月丙午;《康熙起居註》二十八年一月二十五日;《清聖祖實錄》卷161,康熙三十二年十一月甲子。

⑯ 《清聖祖實錄》卷206,康熙四十年十月辛未,山西道御史靳讓條奏:"凡爲州縣者,須令百姓家給人足,野無荒畝,方爲良吏。"玄燁諭曰:"朕御極四十年,惟冀天下黎庶盡獲安全,邊疆無事。若如靳讓所言,必令海宇生民家給人足,不致一人饑餒,此非朕所可必者。"

⑰ 《康熙朝漢文硃批奏摺彙編》第4冊第853頁,五十二年閏五月初八日《直隸巡撫趙弘燮恭奏二麥收成摺》。

⑱ 《清聖祖實錄》卷258,康熙五十三年二月丙申。

⑲ 《仁皇帝御製文集第三集》卷44,康熙四十八年《告祈穀壇祭文》:"溯自順治二年以迄今日,垂七十載,承平日久,生齒既繁,野無曠土。縱當大獲之歲,倘遇旱潦,而窮鄉僻壤,豈能保無轉於溝壑之人?"同見《清聖祖實錄》卷236。《實錄》卷250,康熙五十一年四月乙亥,諭曰:"比來屢歲豐登,米價并未平減。皆生齒日繁,閒人衆多之故耳。"卷259,五十三年六月丙子,諭曰:"條奏官員每以墾田積穀爲言,伊等俱不識時務之人。今人民蕃庶,食衆田寡,山地盡行耕種,此外更有何應墾之田爲積穀計耶?"

⑳ 《清聖祖實錄》卷251,康熙五十一年十月癸丑。按,卷244,四十九年十月甲子,卷248,五十年十月戊午,卷251,五十一年十月癸丑,三次蠲免諭旨合計,所免各地地丁錢糧總數爲2785萬兩。

㉑ 《清聖祖實錄》卷249,康熙五十一年二月壬午。

㉒ 《康熙朝漢文硃批奏摺彙編》第4冊第292頁,五十一年六月二十八日禮部右侍郎胡作梅摺。

㉓ 分見《清聖祖實錄》卷203,康熙四十年正月乙卯;卷210,四十一年十一月乙卯;卷217,四十三年十月甲戌;卷223,四十四年十一月癸酉。

㉔ 《清聖祖實錄》卷231,康熙四十六年十月乙酉。

㉕ 《清聖祖實錄》卷235,康熙四十七年十月戊午。

㉖ 《康熙朝漢文硃批奏摺彙編》第2冊第692頁,四十八年十一月初八日《蘇州織造李煦摺》。

⑰ 分見《清聖祖實錄》卷211，康熙四十二年三月癸未；卷219，四十四年三月己亥、壬戌。

⑱ 《康熙朝滿文硃批奏摺全譯》第309頁，四十三年正月初八日託和齊摺內硃批："全國大概無不感激朕恩者。"正是玄燁上年南巡與西巡之後的心情反映。

⑲ 《清聖祖實錄》卷240，康熙四十八年十一月丙子、庚辰。

⑳ 《清聖祖實錄》卷244，康熙四十九年十月甲子。

㉑ 《清聖祖實錄》卷256，康熙五十二年十月庚寅。

㉒ 據《大明會典》卷17《户部四·田土》，明代田畝數，洪武二十六年850萬頃，弘治十五年620萬頃，萬曆六年701萬頃。黃仁宇綜合日本學者的研究，認爲明代前期納稅田土面積要少於4億畝，萬曆初則在5億畝上下。見氏著《16世紀明代中國之財政與稅收》，三聯書店2007年版，第76—77頁。但《明會典》記載的田畝數是徵收賦稅的依據，故對於賦稅研究而言，這些數字是可以認可的。孫承澤《天府廣記》卷13《户部》，據《會計冊》開載，崇禎年間田土783萬餘頃。明代人口，洪武二十六年普查結果爲6000萬，黃仁宇認爲這一數字最接近實際；而何炳棣估計爲6500萬，或者更多。見黃著第79頁；何著《明初以降人口及其相關問題》，三聯書店2000年版，第26頁。至於萬曆中期人口，國內學者最近結論"傾向在一億二千萬至一億五千萬之間。在此以後，人口便由高峰向低谷滑落。"見吳承明主編《中國經濟通史·清代經濟卷》第一編第二章，經濟日報出版社2000年版，第181頁。《清實錄》順治十七年田畝數519萬頃；人丁戶口1900萬，當指戶數而言。康熙六十年田畝735萬頃，戶數2500萬。而學者認爲："康熙二十年，全國人口只徘徊在一億稍出頭的數額。到康熙末年，已進至一億二千萬至一億四千萬的水平。"見上引吳著第182頁。又與明萬曆時期相當。明初賦稅實物貨幣并收，而以實物結算。《明會典》卷24、25，洪武二十六年，夏稅麥米470餘萬石，秋糧米2470餘萬石，合計2900餘萬石，與《明史·食貨志》、《黎貫傳》所記相合。以通行四石折銀一兩，明初賦稅爲700萬兩。雖少於《明實錄》的記載，但更爲可靠。《明會典》記弘治與萬曆初年所徵米麥數稍有減少，爲2600萬石，但加上各項折色，總數亦當在700萬兩。隆慶初，馬森所奏夏稅秋糧共2680萬石，見《明經世文編》卷298，馬森《明會計以豫遠圖疏·詳明會計》，可與《明會典》相參照。梁方仲據《明實錄》，萬曆三十年夏稅秋糧總計亦不過2840萬石，折銀700萬兩。應爲三餉加派之前的正賦。見氏著《中國歷代户口田地田賦統計》，中華書局2008年版，第270—271頁，《正編·甲表·明神宗朝户口田地及稅糧數》。以上皆指全國賦稅而言，需與史籍中户部太倉之"歲入"相區別。《清實錄》順治八年地丁銀2100萬兩，米麥豆560萬石。《清經世文編》卷29《户政四》，張玉書《紀順治年間錢糧數目》："方順治八、九年間，歲入額賦1486萬兩。至十三年以後，時額賦所入除存留項款外，僅1960萬兩。"據蔣良騏《東華錄》卷9，康熙七年七月，清初各直省存留原額約1000萬兩。可知順治後期全部地丁錢糧已高達3000

萬兩。此一數據，可從《清世祖實錄》卷84，順治十一年六月癸未戶部題奏中得到證明：
"今約計北直、山東、山西、河南、浙江、江南、陝西、湖廣、江西、福建、廣東十一省，原額地丁銀31, 645, 668兩有奇。"此時清廷統治尚未有全壁。康熙朝大體繼承順治賦稅總額。《清實錄》康熙五十年，田地山蕩畦地693萬餘頃，當年地丁錢糧，徵銀2990萬兩，米麥豆700萬石；康熙六十年，田畝735萬餘頃，地丁銀2800萬兩，米麥豆690萬石。合計皆超過3000萬兩。劉獻廷《廣陽雜記》卷2，"天下錢穀總數，每歲所進，通共34, 884, 975兩，遇閏加177, 282兩；內地丁銀29, 668, 062兩，遇閏加204, 600兩。"康熙朝後期與明萬曆前期皆爲所謂承平之世，天下田畝户口大體相當，勞動生産力不可能有多大提高，而兩朝賦稅總額竟相差如此之大。清初額賦承明末三餉加派而來，明見於《清聖祖實錄》卷121，康熙二十四年八月辛丑，宿遷縣士民陸爾諡等叩閽："縣有暫加三餉、缺額丁銀、缺額糧地及曠土虛糧四項包賠之苦。籲請豁免。"戶部以"載在《賦役全書》，徵收已久，應無庸議。"玄燁命再確議以聞，尋議："暫加三餉一款，與各州縣同，不便獨蠲。"玄燁從之。此清初《賦役全書》保留明末三餉加派之鐵證，今人著述不知爲何未加理會。清朝賦稅較明爲重，可參袁良義先生《清一條鞭法》，北京大學出版社1995年版，第113—116、124—127頁。

⑱ 分見《康熙起居注》二十八年正月十四日；《清聖祖實錄》卷192，康熙三十八年三月壬午、乙未。

⑱ 臺灣故宮博物院藏，聯經出版社影印本《清代起居注冊·康熙朝》第十八冊，四十二年十二月十九日。

⑱ 《清聖祖實錄》卷206，康熙四十年十月辛酉。

⑱ 《榕村續語錄》卷18《治道》，中華書局點校本，第832—833頁。

⑱ 《石渠餘紀》卷1《紀蠲免》。

⑱ 以江蘇、浙江爲例。康熙五十二年爲江蘇蠲免之年，《康熙朝漢文硃批奏摺彙編》第5冊第111頁，當年八月初六日，巡撫張伯行摺奏："今歲應徵地丁及各年舊欠錢糧復荷聖恩全免。"然次年開徵時，張伯行與安徽巡撫梁世勳即以五十年、五十一年積欠不能完納，請求蠲免。詳見《康熙起居注》五十四年十一月初五日。此後江蘇幾乎年年虧欠，自康熙五十一年至雍正六年，積欠錢糧已至千餘萬兩，見《清經世文編》卷27《户政二》彭維新《與馬虞樽少司空書》。五十年爲浙江蠲免之年。按清制，蠲免之年不準徵收舊欠。然因浙江上年"地丁通省所完未及七分"，故巡撫王度昭請於當年將積欠徵收："竊以蠲免之年停徵，此例可行於他省而不可行於浙江。何也？浙江賦役繁重，歲歲拖欠至數十百萬。部臣拘執定例，行令五十一年新舊并徵，是徒快姦民猾吏之意，依然逋舊欠新。"至五十二年底，王度昭又奏："本年正賦，（各府）從未有歲內通報全完者。"查自十一月以前，所完不到六分，

所欠部分"歲前並不能照數如期解報。"分見《康熙朝漢文硃批奏摺彙編》第3冊第256頁,五十年正月《浙江巡撫王度昭奏陳浙江地方情形摺》;第785頁,五十年九月王度昭摺;第5冊第291頁,五十二年十二月初六日王度昭摺。

⑱⑨ 《清聖祖實錄》卷167,康熙三十四年五月庚子。

⑲⓪ 《康熙起居註》四十五年五月十五日。

⑲① 《石渠餘記》卷1《紀節儉》。

⑲② 《清聖祖實錄》卷240,康熙四十八年十一月癸未。

⑲③ 《御製文集第三集》卷16,康熙四十九年十月初三日諭戶部。

⑲④ 《清聖祖實錄》卷255,康熙五十二年閏五月乙卯。

⑲⑤ 《康熙朝滿文硃批奏摺全譯》第1277頁,五十七年二月初六日《內務府奏爲查宮內各工程處所用工匠數目摺》。

⑲⑥ 《永憲錄》卷1,康熙六十一年十月丁巳。

⑲⑦ 明神宗即位初,"一年逋負至二百餘萬。"張居正執政十年,財政大有好轉,於是請通免全國積欠。分見《明神宗實錄》卷8,卷121。《明通鑑》卷67,萬曆十年二月丁酉"免天下積年逋賦"條綜述其事。張居正言:"百姓財力有限,即年歲豐收,一年所入僅足以供當年之數;不幸荒歉,則見年尚不能辦,豈復有力完累歲之積逋乎?……今戶部自隆慶元年至萬曆七年各省未完帶徵錢糧一百餘萬,而江南蘇、松兩府至七十餘萬。……祈諭戶部核萬曆七年以前積逋,悉行蠲免。"上從之,凡免一百餘萬有奇。而是時帑藏充盈,國最完富,故有是舉。另據《國榷》卷71,"於是戶部按江南蘇松逋71萬餘,淮揚等逋24萬餘,兵部嚴帶徵未完銀19萬餘,逋16萬餘,南京戶部按未完銀21萬餘(餘數均略),俱蠲免焉,視蠲租之詔過之矣。"按:十三年間積逋凡一百餘萬,主要在江南,其他地區基本上沒有積欠,通算全國平均每年八萬。此與康熙盛世恰成鮮明對比。明代大量逋欠出現在萬曆三大征以後,尤其爲崇禎朝,乃末世之徵。而入清,各地逋欠則爲"盛世"之常態。

⑲⑧ 《清聖祖實錄》卷254,康熙五十二年三月庚子。

⑲⑨ 《清聖祖實錄》卷259,康熙五十三年七月丁卯。

⑳⓪ 《清聖祖實錄》卷261,康熙五十三年十一月乙卯。

⑳① 《清聖祖實錄》卷255,康熙五十二年六月乙未。

⑳② 分見《清聖祖實錄》卷258,康熙五十三年三月乙巳;卷261,五十三年十一月庚戌。

⑳③ 《清聖祖實錄》卷264,康熙五十四年六月十六日庚辰。

⑳④ 《康熙朝漢文硃批奏摺彙編》第6冊第323頁,五十四年六月二十四日陝甘提督師懿德摺。

⑳⑤ 《康熙起居註》五十四年十二月初一日。

⑳⑥ 《康熙起居註》五十六年十月三十日,玄燁追論此事,云:"蠲免之事,恩出自上則可。前

趙申喬欲以己意行之,可乎?"

⑳ 分見《康熙朝滿文硃批奏摺全譯》第1149—1150頁,五十五年十月十六日《兩江總督赫壽奏請豁免江南舊欠錢糧摺》;《康熙起居註》五十六年三月初一日、十六日。

⑳ 《康熙起居註》五十六年十一月二十六日。

⑳ 《清聖祖實錄》卷283,康熙五十八年正月壬寅,諭大學士九卿等:"朕意欲將湖廣、江西等未過漕糧截留,存貯此等地方倉內。遇米價騰貴之年,將此存貯米石減價糶賣,或行散賑,則民人得霑實惠,大有裨益。"尋議:"應行令總漕將江西、湖廣見今起運米內,蘇州截留十萬石,鎮江截留三萬石,江寧截留十五萬石,淮安截留五萬石,安慶截留十萬石,俱交地方官加緊收貯。"從之。並見卷286,十二月庚申。

⑳ 《清聖祖實錄》卷292,康熙六十年五月甲申、乙酉。卷288,五十九年五月辛巳,玄燁已得到"總兵官金國正奏,陝西兩年欠收,百姓有流離之狀。"然同卷七月癸酉,總督鄂海卻回奏:"陝西西安等四府一州連年豐收,百姓並無流離。惟延安府屬沿邊堡所去年薄收,甘肅涼州等處五十七年欠收。"卷289,十月戊申,玄燁已確信陝西災情,諭大學士等:"陝西地方現有軍務,又年歲歉收。除陝西歷年錢糧屢經蠲免,並明歲錢糧另頒諭旨蠲免外,見令動支倉穀散賑。"

⑳ 《永憲錄》卷1,康熙六十一年四月辛巳。

⑳ 《康熙起居註》五十四年三月二十九日。

⑳ 《清聖祖實錄》卷245,康熙五十年三月庚寅。

⑳ 分見《清聖祖實錄》卷250,康熙五十一年四月甲寅;卷256,五十二年十月癸未。

⑳ 《清聖祖實錄》卷212,康熙四十二年四月己卯,殿試制策:"比歲以來,利興弊革,隨事剔釐,蒸蒸然有治平之象、康樂之風矣。"

⑳ 《清聖祖實錄》卷210,康熙四十一年十月丁未;卷215,四十三年二月乙酉。它如卷249,五十一年正月壬子,"今天下承平日久,人多重文輕武。殊不知天下雖太平,武備斷不可廢。"卷299,六十一年九月乙酉,"國家承平雖久,豈可遂忘武備?"

⑳ 《清聖祖實錄》卷183,康熙三十六年五月辛卯。

⑳ 《康熙起居註》四十五年十二月十五日、二十日。

⑳ 《清聖祖實錄》卷246,康熙五十年五月己酉。

⑳ 分見《康熙朝漢文硃批奏摺彙編》第1冊第675頁,四十六年六月《蘇州織造李煦摺》硃批;《康熙朝滿文硃批奏摺全譯》第540頁,四十六年八月二十八日《江南總督邵穆布摺》內引奉上諭。

⑳ 分見《康熙朝滿文硃批奏折全譯》第714頁,五十年三月二十四日《湖廣總督鄂海奏報縣民叩閽案摺》;第717頁,五十年四月二十九日《湖廣總督鄂海奏報將流民陳四等人拿獲

㉒　《清聖祖實錄》卷247，康熙五十年七月己酉；卷248，康熙五十年十月丙辰、辛未。

㉒㉒　《清聖祖實錄》卷250，康熙五十一年五月戊申。

㉒㉓　《清聖祖實錄》卷255，康熙五十二年六月乙未。

㉒㉔　平定三藩之後，御史拉色條奏陝西與近海地方火器應留，別省火器俱應一概禁止。玄燁曰："朕思治天下之道在政事得失，並不關於此。即今火器孰有多於吳三桂者乎？因其所行悖逆，以致滅亡。觀此，則火器之不足恃可知矣。"見《康熙起居註》二十一年八月初四日。直至四十五年，玄燁尚在批評滿洲工部侍郎穆和倫："一無知識，而又執拗。曩條奏山東地方多鳥槍火器，宜行禁止，並解入官，復欲遷山東饑民于他省。朕謂山東百姓撫養有素，倘或有變，朕即可傳檄而定。鳥槍等器收取何爲？"見《清聖祖實錄》卷225，康熙四十五年六月辛卯。然兩年之後，玄燁態度大變。卷232，四十七年閏三月甲午，諭兵部："鳥槍等火器只當用于蒐獵行陣之間，此外一應旗下民間不得擅用，著嚴行禁止。"卷233，四十七年六月丙辰，兵部議覆太原總兵官馬見伯疏言："火器鳥槍久奉明禁，近來商民尚有私用私造者，請敕該地方官將民間現存鳥槍限期繳官入庫，永行禁止。"並禁私賣硝磺云云。均應如所請，從之。可見一念和尚、朱三案實爲玄燁對國內形勢估計的轉折點。

㉒㉕　分見《康熙朝漢文硃批奏摺彙編》第5冊第221頁，五十二年十月初十日河南巡撫鹿佑摺；第7冊第817頁，五十六年四月初十日河南巡撫張聖佐摺；《康熙起居註》五十六年七月二十七日、十月十九日。

㉒㉖　《康熙起居註》五十四年十一月初八、初九日。

㉒㉗　分見《康熙起居註》五十五年十月二十五日；《清聖祖實錄》卷270，五十五年十月壬子；《康熙起居註》五十六年十一月二十六日。

㉒㉘　《清聖祖實錄》卷180，康熙三十六年二月丙戌。

㉒㉙　《康熙朝滿文硃批奏摺全譯》第147頁，三十六年三月初四日皇太子胤礽請安摺。

㉓㉚　《聖祖仁皇帝御製文集第二集》卷30。

㉓㉛　鄧之誠《清詩紀事初編》卷5，朱經《地震行》小序："康熙乙亥（三十四年）四月六日，平陽府臨汾、洪洞二縣地震。"詩云："昨聞平陽搖地軸，樑摧瓦裂餘環堵。自辰及酉無停時，道路號泣驚聾瞽。須臾烈火天上來，毒燄焦爛那可數。僵屍腐骨幾千人，不亞長平坑降伍。"卷1，楊昌言《紀異》："去年復遊燕，坤軸猶未正。疾如風霆馳，勢若兵車輠。聆音互奔竄，竚立仍眩暈。異變翻似常，一再未爲甚。地厚敢不踳，詩言亮足信。"詩作於康熙三十六年丁丑，則京師地震在三十五年。其云"京師首善地，胡爲地屢震？"以康熙十八年京師地震時，作者適親臨其事也。關于東南水災，《清聖祖實錄》卷167，康熙三十五年九月甲寅，議覆兩江總督范承勳疏言："黃淮秋漲，邳州等州縣衛軍民田地淹沒。"《康熙朝滿文硃批奏摺全譯》第129頁，當年十二月二十四日范承勳摺言之更詳。《清聖祖實錄》卷

179，三十六年正月己卯，諭戶部："去歲淮、揚、徐各處水災，小民困苦萬狀。"卷184，三十六年七月壬辰，策試天下貢士，制曰："黃、運兩河爲運道所係，比年以來水潦頻仍，時有衝決，修築尚未底績。"卷191，三十七年十一月乙未，諭戶部："淮安、揚州、鳳陽等處，比年水患頻仍。"卷192，三十八年正月辛卯，諭吏部戶部兵部工部："今水勢仍橫溢，侵漫城閭，沉沒壤畝，以致民多失業。"可知三十五年水災已成痼疾。然玄燁于三十五年九月辛酉，仍祇關心漕運所繫之中河北堤，云"歷年之水無有大于今歲者，此番無害，似可永固矣。"遲至三十七年十一月丁酉，方任命曾負責噶爾丹之役運送糧餉的于成龍爲河道總督。皆可見玄燁此前專注于北方，著實無心治理水災。

㉜ 《榕村續語錄》卷18《治道》。
㉝ 《清聖祖實錄》卷151，康熙三十年五月壬辰，玄燁於多倫會盟曰："昔秦興土石之功，修築長城。我朝施恩於喀爾喀，使之防備朔方，較長城更爲堅固。"卷170，三十五年正月甲戌，玄燁親征前對漢大臣疏諫批旨："方今宇內無事，惟厄魯特噶爾丹違背約誓，恣行狂逞，侵掠我臣服之喀爾喀，恐致邊民不得休息，故特遣各路大兵分道并進，務期剿蕩，爲塞外生民除患。"卷180，三十六年二月壬寅，諭曰："塞外蒙古多與中國抗衡，自漢唐宋至明，歷代俱被其害。而宣威蒙古，并令其歸心如我朝者，未之有也。"
㉞ 《御製文集第二集》卷30《論兵》。
㉟ 《清聖祖實錄》卷183，康熙三十六年四月甲寅。
㊱ 《清聖祖實錄》卷184，康熙三十六年七月丁酉。
㊲ 《康熙起居註》五十六年十一月二十四日諭漢官。
㊳ 《康熙起居註》五十六年十一月二十六日諭大學士。
㊴ 《永憲錄》卷1，康熙六十一年正月辛卯。
㊵ 《清聖祖實錄》卷240，康熙四十八年十一月丙子。
㊶ 《清聖祖實錄》卷24，康熙六年九月戊申。
㊷ 《清世祖實錄》卷127，順治十六年八月壬辰。
㊸ 《兼濟堂文集》卷2《因變陳言修省疏》。
㊹ 孫承澤《天府廣記》卷13《本計》，崇禎三年御史吳履中疏言。
㊺ 《清聖祖實錄》卷9，康熙二年五月丙戌，給事中吳國龍疏言。
㊻ 《乾隆大清會典則例》卷36《戶部‧田賦三‧存留動支條》："康熙元年題準，州縣錢糧先盡起運之數全完，方準存留。"
㊼ 《清史稿》卷268《米斯翰傳》；并見《清史列傳》卷6。《清聖祖實錄》卷58，康熙十四年十二月丙寅，叛亂已經兩年，當時京、通各倉共計新舊積貯不下七百萬石。可見米斯翰言不盡虛。

(248) 分見《清聖祖實錄》卷15，康熙四年四月丁丑，安徽巡撫張朝珍疏言；卷16，四年七月庚戌，户部議覆廣西道御史戈英疏言。

(249) 《清聖祖實錄》卷53，康熙十四年三月乙丑，大學士兼管户部事務圖海等疏言："近來供應大兵，恐有派累民間，雖屢奉上諭禁止，有司未能實心奉行。"玄燁當時也承認："邇年以來，大兵諸路征剿，軍需浩繁，一切供應，皆取給於民。""各省大兵往來，凡米豆草料及供應等物，聞皆派之民間，不給價值。及大兵經過之後，所餘剩之物，盡以入己，不肯發還。"分見《實錄》卷62，康熙十五年八月乙丑；《康熙起居註》十九年正月二十日。

(250) 《聖武記·附錄》卷11《武事餘記·兵制兵餉》。

(251) 《碑傳集》卷16，柯崇朴《陸隴其行狀》。

(252) 《清聖祖實錄》卷198，康熙三十九年三月丙申，九卿會議陝西散給籽粒案中，因公挪用之外，另有"無著銀一千五十七兩。（寧夏道）吳秉謙供稱修理文廟及倉廒、渠壩等處，但無用正項錢糧之例。"可與劉獻廷所言相印證。

(253) 《康熙朝漢文硃批奏摺彙編》第1冊第572頁，四十五年《工部尚書王鴻緒奏陳防止冒銷錢糧辦法并請盤查户庫摺》："臣查各省地丁稅課各項錢糧，在本省支銷兵餉、驛站、俸工、漕項等件，每年約共餉銀二千餘萬兩，皆係督撫具本奏銷，此定例也。""惟户部銀庫總收天下解京地丁稅課各項銀兩，每年約有一千餘萬。"

(254) 《張文貞集》卷2《請杜設法名色疏》。

(255) 《國朝耆獻類徵初編》卷7《宰輔七·陳廷敬·國史館本傳》。

(256) 《康熙起居註》五十四年十一月二十二日，諭曰："爲督撫者，明賞慎罰，以鼓勵兵丁，臨事用時方能致命效死。平日并無恩惠，彼何所感而捨身效力？向者不將火耗全除，亦爲此也。"

(257) 《清經世文編》卷27《户政二》，錢陳群《條陳耗羨疏》。時人議論甚多，不贅舉。

(258) 《廣陽雜記》卷2，"天下錢穀總數"條。另據《清聖祖實錄》卷240，四十八年十一月庚辰，户部尚書希福納奏曰："每年天下地丁錢糧及鹽課關稅雜項錢糧內，除照常存留各省應用及解往別省協濟之外，一年共起解一千三百萬兩有餘，京城俸餉等項一年需用九百萬兩有餘，每年所積不過一、二百萬兩。"與劉獻廷所記相差600餘萬兩。然《廣陽雜記》"在京需用"條內：滿洲王大臣官員俸銀爲112萬餘兩，漢官俸銀不及4萬兩，蒙古王俸銀約6萬兩，各部院雜項117萬兩，公費銀6萬兩。共約245萬兩。然則"在京每歲需用兵餉"條下，盛京俸餉銀85萬餘兩，八旗月糧414萬餘兩，拴馬銀16萬兩，前鋒、護軍餵馬銀18萬餘兩，外加牛種銀若干，共535萬兩。兩條合計凡近800萬兩。是知希福納所謂"在京俸餉等項"九百餘萬，包括京師及盛京八旗開支。

(259) 分見《清聖祖實錄》卷210，康熙四十一年十一月乙卯，諭大學士；卷240，四十八年十一月丙子，谕大学士。

⑳ 《康熙起居註》四十五年五月十五日，玄燁云戶部庫内現有銀四千萬兩有奇。五十三年六月初六日，玄燁曰："今我朝庫内銀有數千萬兩。"法式善《陶廬雜錄》卷1，"自康熙年間起，至乾隆三十九年止，戶部銀庫每年積存銀數，按年查明進呈。至康熙年間檔冊霉爛不全，未能按年開載。"其中康熙四十五年至五十八年，戶部實在銀皆在4000萬兩以上，五十八年爲4700萬兩。至五十九年跌至3900萬兩，六十年3200萬兩。雍正元年爲2300萬兩。而《清經世文編》卷26《戶政二》，乾隆四十六年阿桂《論增兵籌餉疏》："查康熙六十一年，戶部所存八百餘萬兩。"與上引史料相差懸殊。

㉑ 《清聖祖實錄》卷240，康熙四十八年十一月丙子、庚辰。

㉒ 《康熙起居註》五十六年六月初八日。

㉓ 《清聖祖實錄》卷214，康熙四十二年十二月丁丑，玄燁西巡回京道經河南，特諭巡撫徐潮："河南百姓質樸愚魯，輸賦從未稽遲。而今所欠迺至四十萬，顯係州縣官聞朕蠲除秦晉積欠錢糧，希圖恩免，從中漁利。見今民欠俱免催徵，著河南通省俸工銀兩補足所欠之數。如有不完，停其陞轉，俟完日開復。"

㉔ 《康熙朝漢文硃批奏摺彙編》第1冊第724頁，四十六年九月二十四日，工部尚書王鴻緒摺奏。公議捐馬時，滿洲大學士席哈納說："凡經紀之人，有貨物賣不出去，可以減價賣去。朝廷官爵如何説捐者無人？遂令減半捐納；且展限旨意下來不及一月，安見得便無人捐呢？"真乃傳神之語！同書第7冊第391頁，五十五年八月二十九日，直隸巡撫趙弘燮摺奏："山東、江南、浙江、福建、兩廣、甘肅等省，俱蒙皇仁，準開捐納以實倉廩。"又，《康熙起居註》五十六年十二月十八日，九卿議覆管理大同軍需錢糧監督吏部郎中俄爾德黑等請照五十一年戶部捐納條例："五十一年捐納條例甚多，照此例捐納，殊爲繁瑣。將湖灘河朔等例，看其可行者十五條，令其捐納。"至其捐納規模及收入，下則史料可見一斑。《漢文硃批》第6冊第273頁，五十四年六月二十四日，戶部滿漢堂官摺奏："臣等查得康熙五十一年在部捐納一案，先經九卿會議，以捐納人員甚衆，款項繁多，湖灘河朔之例雖無與陝西捐納等例相符者，俱準捐納。……自康熙五十一年三月初五日起，至六月初五日止，限内具呈捐納官生16,787人，共收銀4,396,597兩。"此準部之役以前事，其後捐納當如何！

㉕ 《康熙朝漢文硃批奏摺彙編》第6冊195頁，五十四年五月十一日，直隸巡撫趙弘燮摺。

㉖ 《康熙朝滿文硃批奏摺全譯》第1018頁，五十四年六月初六日，兩江總督赫壽摺。

㉗ 《康熙起居註》五十四年六月二十二日。

㉘ 浙江巡撫徐元夢率浙省司道府官員爲軍需"歡悦捐贈"八萬兩，見《康熙朝滿文硃批奏摺全譯》第1048頁，五十四年八月十四日徐元夢摺。直隸巡撫趙弘燮自不甘落後，認捐軍馬八千匹，若以每匹四十兩計，當合三十餘萬兩，見《康熙朝漢文硃批奏摺彙編》第6冊第

251頁，五十四年六月十四日、七月二十三日趙弘燮摺。其弟兩廣總督趙弘燦認捐駱駝四十只，見同冊第490頁，同年九月初四日趙弘燦摺。閩浙總督范時崇"在福建捐造鳥槍三千杆、藤牌五百面，挑刀五百把"。之後意欲不足，"更添造藤牌五百面、刀五百把"。見第6冊第412頁，五十四年八月初十日；第557頁，同年十月十六日范時崇折。廣西巡撫陳元龍個人捐四千兩，"少佐運腳之萬一"，見同冊416頁，五十四年八月初五日陳元龍折。江寧織造曹頫捐三千兩，"少供採買駱駝之用"，見同冊487，九月初一日曹頫折。次年初，河南巡撫李錫捐馬三千匹，山東巡撫蔣廷錫并有捐助，見《康熙起居註》五十五年閏三月十六日。此僅戰爭初起所見零散史料，後來捐需規模更大。《碑傳集》卷81，顧棟高《河南按察使張公孟求墓誌銘》："適西藏用師，廷議調撥直五省驛馬及採辦騾頭赴陝西軍前，而河南一省派一萬有奇。每騾馬三，需夫一名，各督運官弁夫役，計不下六七千名。河南幅員三千餘里，兵部克期兩月，遲則以乏軍興論。"此類史料甚多，他不備舉。

㉖⁹ 《康熙朝滿文硃批奏摺全譯》第1239頁，五十六年九月初六日《議政大臣海金等奏報借支俸餉以補置馬畜及軍械折》。

㉗⁰ 《康熙朝漢文硃批奏摺彙編》第7冊第638頁，五十六年正月二十六日直隸巡撫趙弘燮摺。

㉗¹ 《康熙起居註》五十六年三月初九日。

㉗² 《康熙起居註》五十五年二月十二日。

㉗³ 並見《康熙朝漢文硃批奏摺彙編》第8冊第273、334頁，五十七年八月初四日、十月初七日趙弘燮摺。

㉗⁴ 《康熙起居註》五十四年三月初四日，吏部以江西、福建二學道兩省督撫具題平常，應照僉事道用。玄燁曰："此等平常學道，原有發往河工效力之例。如平常，亦應發往河工效力。"五十四年十二月初九日，玄燁曰："旗員從關差回後，俱急公效力。今漢官內自學院、學道差回者，又總督巡撫革退者，皆得億萬金回家，徒資腹誹，并不效力。著九卿查奏，若居官果清者，著將情由申奏。"《碑傳集》卷42，沈炳震《沈涵行狀》：五十四年之後，"時城河諸大工，每以在籍之曾使督撫及視學者董其事。上意偶有懲之，久之遂爲例。當是時，部臣以例請，上亦以例遣。"康熙朝著名儒臣文士多遭辭厄，也就不足多怪。

㉗⁵ 《康熙朝漢文硃批奏摺彙編》第8冊第305頁，五十七年閏八月初二日李煦折。

㉗⁶ 蔣氏《東華錄》卷25，雍正元年五月。

㉗⁷ 《碑傳集》卷24《楊名時·附錄十三則》。

㉗⁸ 分見《清聖祖實錄》卷236，康熙四十八年正月壬寅；卷288，五十九年七月庚午；卷297，六十年四月丁未。

㉗⁹ 《康熙朝滿文硃批奏摺全譯》第279頁，四十二年三月初六日《川陝總督華顯奏報甘肅地方情形摺》。

㉘⓪ 《永憲錄》卷1，康熙六十一年三月戊申，"開軍前運米捐納例。"

㉘① 《康熙起居註》五十四年二月初一日，玄燁與臣工論地方督撫，云："劉蔭樞年逾八旬，強健異常，尚能騎射。"又云其"全無粗暴之氣，體恤下情，貴州文武屬員無不感悅。"又，劉蔭樞獲罪之後，同書五十五年二月初二日，玄燁所列居官清廉者，仍有劉蔭樞之名。

㉘② 《康熙朝漢文硃批奏摺彙編》第6冊第544頁，《貴州巡撫劉蔭樞折》。

㉘③ 參見《康熙起居註》五十五年九月三十日；《清聖祖實錄》卷270，五十五年十月癸巳，以輓輸軍需之苦，免山、陝二省歷年積欠并五十六年額徵銀八萬餘兩、米豆二萬餘石。

㉘④ 《清聖祖實錄》卷183，康熙三十六年五月丙申；卷187，三十七年正月壬寅。

㉘⑤ 《清聖祖實錄》214，康熙四十二年十一月戊午。

㉘⑥ 分見《清聖祖實錄》卷159，康熙三十二年六月庚子；卷160，三十二年八月甲午。

㉘⑦ 《康熙朝滿文硃批奏摺全譯》第279頁，四十二年三月初六日《川陝總督華顯奏報甘肅地方情形摺》。

㉘⑧ 分見《康熙朝滿文硃批奏摺全譯》第376頁，四十四年六月二十八日《川陝總督博霽奏請官生捐納完結未完米石摺》；第469頁，四十五年十月二十九日《陝西巡撫鄂海奏請補授布政使摺》。

㉘⑨ 《康熙朝滿文硃批奏摺全譯》第554頁，四十六年十二月初五日《川陝總督博霽奏請更改捐助三合米例折》。

㉙⓪ 分見《康熙朝滿文硃批奏摺全譯》第575頁，四十七年五月初一日；第586頁，四十七年七月十五日，陝西巡撫鄂海兩摺。

㉙① 《康熙朝漢文硃批奏摺彙編》第8冊第840頁，六十年八月初一日《川陝總督年羹堯折》。

㉙② 《康熙朝滿文硃批奏摺全譯》第1481頁，六十年七月初六日《陝西巡撫噶什圖奏報田禾長勢及錢糧虧空摺》："布政使庫之錢糧、諸府州縣之錢糧，奴才秘密詢訪，無不虧空者。"並參次頁噶什圖八月三十日摺。前注引年羹堯折亦云，西安、延安、鳳翔、漢中四府及興安一州，"共虧空正項銀九十餘萬，而原任布政使薩穆哈虧空司庫錢糧尚不在內。"

㉙③ 《清聖祖實錄》卷299，康熙六十一年九月戊午。

㉙④ 《康熙起居註》五十六年十月三十日。

㉙⑤ 並見《碑傳集》卷68。

㉙⑥ 《康熙朝滿文硃批奏摺全譯》第309頁，四十三年正月初八日，託和齊摺內硃批："凡爾密奏摺子及其底稿皆勿存留，必毀而棄之。"第311頁，四十三年二月二十二日，甘肅巡撫齊世武摺內硃批："總督巡撫所奏一切事宜，朕即親草批回，并不起稿，又無人知。朕於事細密不被泄露之意如此，斷不倦怠。"《康熙起居註》五十四年十月初四日，玄燁謂大學士松柱等曰："朕於各出奏摺內，朱筆諭旨皆出朕一手，并無代書之人。此番出巡，朕以右手病，

不能寫字，用左手執筆批旨。所以凡所奏事件，惟朕知之，奏者知之，此外無有知者。凡所批諭旨，朕處并無底稿，證據俱在奏事之人。倘或語泄，亦系原奏之人泄之。朕聽政年久，未嘗失信語人也。"

㉗ 見《康熙起居註》五十五年三月二十三日甲寅。

㉘ 分見《康熙起居註》五十五年三月二十三日甲寅、二十五日丙辰；《清聖祖實錄》卷267，同月二十七日戊午。

㉙ 《康熙起居註》五十六年七月二十日壬申。

㉚ 《碑傳集》卷68，趙元祚《秉燭子傳》，並見《方望溪全集·集外文》卷7《都察院副都御史巡撫貴州劉公墓表》。

㉛ 《清聖祖實錄》卷269，康熙五十五年九月二十二日戊寅。

㉜ 《清聖祖實錄》卷270，康熙五十五年十一月初五日辛酉。

㉝ 《清聖祖實錄》卷270，康熙五十五年十月十六日甲辰。

㉞ 《康熙起居註》五十六年十一月二十四日，爲師懿德不肯進兵一摺，召漢大學士等入，近御座前，諭曰："此摺所議亦是。但彼處督撫不奏，師懿德獨奏，亦是仿劉蔭樞之意。"

㉟ 《清聖祖實錄》卷271，康熙五十六年二月辛亥，諭九卿等："去年劉蔭樞所奏軍前之事，并無實見，徒飾虛語，搖惑人心，以至將軍晏布亦爲所惑，任事不如以前。"

㊱ 《碑傳集》卷68，陸奎勳《劉蔭樞墓志銘》；並見《方望溪全集·集外文》卷7《劉蔭樞墓表》。

㊲ 從此而言，康熙五十年十月九卿議奏戴名世案首次提出"我朝得天下之正，千古未有"，並非偶然。見《戴名世集》，中華書局1986年標點本，第479頁。《清聖祖實錄》卷245，康熙五十年三月庚寅，玄燁誕辰，諸王大臣爲玄燁御極五十年議上尊號，云："今綜考圖輿所載，東至朝鮮、琉毬、暹羅，南至于交趾，西至于青海、烏斯藏諸城，北至于喀爾喀、厄魯特、鄂羅斯諸部，哈密、藩彝之族，使鹿、使犬之區，皆歲時朝貢，輸誠恐後。聲教之遠，孰有妣隆於今日者！"卷252，五十一年十一月己亥，諸王群臣又爲次年玄燁六旬慶典擬上尊號，云："向被風化者，千百餘國。論功則超越三王，語德則包含二帝。"凡此，均不能簡單以純粹腴辭而漠然置之。

㊳ 玄燁此時心理，上引已詳，下例亦可見一斑。康熙五十二年，玄燁六旬，亟需祥瑞，五月二十四日傳旨直隸巡撫趙弘燮："近日收麥之時，許久不見巡撫趙弘燮奏摺來。"趙弘燮心領神會，速將收成奏報，並曰："今歲恭逢皇上聖壽六旬之年，當春月需雨之時，則甘霖及時滂沛；迨仲夏收成之候，又天氣到處晴和。自古有年，未有如此大稱民心。秋來萬寶告登，又可預卜。此皆我皇上愛民深切，聖德格天之所致也。"隨於七月奏摺有民獻三穗、五穗之穀，"所屬官民莫不嘖嘖稱奇，以爲自古未有之奇瑞，實我皇上萬壽無疆之預兆。"臣下逢

迎，不足多怪，而可怪者在玄燁竟與之爭奇鬥艷。次年，玄燁即頒賜"熱河所產六穗穀一根、三穗穀四根、雙穗穀六十根、七尺長單穗穀十根、瀑布天年穀五根……"令趙弘燮嘆服不已："今蒙皇上所賜熱河種種瑞穀，穗愈多而莖愈長，真廼御甸奇禎！"正因洞悉玄燁心理，故趙弘燮極口稱頌："惟我皇上聖逾堯舜，崇文右武，兩途并重。方今天下業已久安長治，自古無此升平。"分見《康熙朝漢文硃批奏摺彙編》第4冊第833頁，五十二年五月二十七日，第5冊第41頁，年七月初三日；第716頁，五十三年八月初三日；第928頁，五十三年十二月初九日趙弘燮各摺。前引五十四年二月玄燁之所以面諭趙弘燮致力"家給人足，移風易俗"，真可謂君臣相得無間，心有靈犀。五十九年八月初六日，河南巡撫楊宗義以明年玄燁御極六十年，千古罕有，密奏嵩山發現尺許長靈芝，"洒嵩山靈氣所鍾，以瘕聖壽無疆。然奴才不敢冒昧具題，又不敢隱，伏乞睿鑒施行。"硃批："不必具題，有便令人帶來，朕覽過即知真贋。還當密之！"見《康熙朝漢文硃批奏摺彙編》第8冊第723頁。今人云玄燁不喜祥瑞，是耶？非耶？

⑨ 《康熙朝滿文硃批奏摺全譯》第1313頁，五十七年八月初一日《大學士蕭永藻請卸任摺》。

⑩ 《清聖祖實錄》卷275，康熙五十六年十一月辛未；卷284，五十八年四月辛亥，諭曰："今天下大小事務，皆朕一身親理，無可旁貸。若將要務分任於人，則斷不可行。所以無論鉅細，朕必躬自斷制。"

⑪ 趙翼《軍機處述》，見《清經世文編》卷14《治體八》；并參《簷曝札記》卷1。

⑫ 程晉芳《章奏批答舉要序》云："我朝定鼎，取監夏殷，票擬雖由政府，天子綜攬庶務，一一披覽，無或敢以意進退高下其間，蓋宰相之權輕矣。"乃是準確的概括。見《清經世文編》卷14《治體八》。

⑬ 參拙著《清初政治史探微》有關各篇，遼寧民族出版社2009年版；并拙文《魏象樞獨對與玄燁的反思》，載《清史論叢》2008年號。

⑭ 《康熙起居註》二十二年二月十一日："上因章皇后忌辰，不理政事，各部院衙門章奏俱交內閣。辰時，上御乾清宮，大學士勒德洪、明珠，學士阿蘭泰捧折本面奏請旨。"當日雖御門而未聽政，且僅接見滿洲閣臣。

⑮ 分見《康熙起居註》二十三年七月十一日、十八年九月二十二日。

⑯ 參《欽定日下舊聞考》卷13，"乾清門"條下"御門聽政之禮"。《養吉齋叢錄》卷5："部院奏事畢，然後臺省官奏事，既畢，然後內閣大學士、學士至御前承旨。"二書皆以御門聽理部院各衙門奏章及隨後與閣臣處理摺本並述，統稱之爲御門聽政，並不準確。

⑰ 《碑傳集》卷19《八旗通誌‧郭世隆傳》："向例，章奏隨時批答，有稍涉疑似者，摺票簽存內閣，以次彙齊，滿學士一員抱牘隨大學士宣奏節略，請旨裁定，謂之啟奏摺本。"

⑱ 依中華書局《康熙起居註》書前"說明"，根據中國第一歷史檔案館所藏稿本整理，包括康

熙十年至二十八年,四十五年,五十三年至五十七年。臺灣《清代起居註冊·康熙朝》影印本二十二冊,包括二十九年至四十二年,五十年至五十二年。兩書合計仍闕四十三、四,四十六至四十九年凡六年。

⑲ 《康熙起居註》二十一年九月二十一日。

⑳ 《康熙起居註》二十六年五月二十三日。

㉑ 康熙二十五年,徐乾學撰《勤政殿説》云:"勤政殿在西苑,以歲之夏日聽政其中。臣昔起家侍從,待罪公卿之後,常因奏事殿中,得奉輕燕,瀏覽寓目。"見《清經世文編》卷9《治體三》。據《康熙起居註》二十四年三月初五日,徐乾學由詹事陞内閣學士。二十五年五月,玄燁聽政瀛臺勤政殿,與滿漢閣臣討論折本。其中初六日至二十三日,徐乾學以閣學參與捧本。《勤政殿説》即記此時之事。當月二十五日,徐乾學外補禮部侍郎,不再預閣臣之列。

㉒ 另以《康熙起居註》二十一年十月十九日至十一月初九日玄燁北巡爲例,是行扈從閣臣爲大學士勒德洪、學士阿蘭泰、金世鑑,見于十月二十三日;扈從記注官爲牛鈕、葛思泰,見十一月初九。其中金世鑑爲漢軍,見《起居註》當年七月初六日,其餘皆滿員。但十月十九日玄燁出宫之日,並未聽政,而記注官爲朱馬泰、曹禾,一滿一漢,即以當日玄燁曾在宫中之故。他如二十二年正月二十七日至三十日南苑之行,三十日明載記注官爲常書、葛思泰二滿員,而出宫之二十七日記注官則爲牛鈕、崔蔚林,一滿一漢。二月十二日至三月初六日幸五臺山,所見扈從閣臣、記注官皆滿員。然出行之前一日,玄燁未聽政,部院章奏俱交内閣,僅在乾清宫接見滿洲閣臣,出行之日亦然。而兩日記注官皆一滿一漢,即循此例。再如臺灣《康熙朝起居註册》第一册,二十九年二月十八日,玄燁離宫駐蹕暢春園,當日起居註官顧儀、顧藻。其中顧儀爲滿洲。而三月二十五日回宫,起居註官爲顧儀、蔡昇元,一滿一漢。而其間二月二十二、二十五、二十八,三月初三、初七、初十、二十、二十三日所見捧本閣臣皆滿洲漢軍,扈從起居註官則庫勒納、尹泰、顧儀三滿洲中每日以兩人侍直。亦見上説不誤。

㉓ 分見《康熙起居註》二十八年十一月二十三日至十二月十四日。

㉔ 分見《康熙起居註》十二年七月十一日、二十四日;十月十三日至二十二日亦同。

㉕ 《碑傳集》卷4,王熙《大學士李霨墓志銘》:"公久在相位,凡朝廷大典禮,如册立中宫,相視山陵,點神主,釋奠於先師,每以屬公,出則扈從,入則進講。"適以作滿洲朝廷之點綴爲榮。同書卷12,徐乾學《大學士宋德宜行狀》:康熙十一年,"遷内閣學士,兼禮部侍郎。駕幸口外,駐蹕赤城,公時扈從。上從容問及江南逋賦之田,因極言蘇、松賦稅獨重,民力弊劫,辭甚悉。會詔免蘇、松等四郡縣錢糧之半,高陽李文勤公謂公曰:'君一言之力也。'"據《起居註》,正月二十四日至三月二十九日,玄燁奉孝莊太后往赤城湯泉,命"内

閣間二日馳奏一次"。是行記注官爲滿人傅達禮、莽色，然是時不得記載玄燁與閣臣商討本章。故此事性質難以確認。

㉖ 因輔導皇太子讀書而召漢臣至暢春園，參見《康熙起居註》二十六年六月初七、初十日，七月初四、初六、初八、十五日。玄燁與滿洲閣臣於暢春園討論折本，見同書二十六年二月二十二由玉泉山移蹕暢春園至本月三十日，扈從閣臣爲大學士勒德洪、明珠，學士禪布、徐廷璽、吳喇代、額爾黑圖、吳興祖，記注官庫勒納。其中徐廷璽爲漢軍，見《八旗通志·內閣大臣年表》。吳興祖《八旗通志》不載，諸書無傳。據《起居註》二十一年七月二十七日，吏部題補內閣侍讀學士員缺，監察御史王國昌擬正，吳興祖擬陪。明珠奏曰："王國昌學問優通，前侍讀學士員缺，因係伊兄王國安之缺，未經選擇。"又奏："吳興祖學問亦優，前補金汝祥時，曾經擬陪。"王國昌、王國安、金汝祥皆漢軍，時無漢人補漢軍缺，吳興祖既曾擬補金汝祥之缺，似應爲漢軍。又如二十七年六月初三日至七月十二日玄燁在暢春園凡三十九天，扈從閣臣、記注官皆滿員，惟石文桂爲漢軍，見《內閣大臣年表》；二十八年五月二十六日至七月初七日在暢春園四十天，閣臣除郭世隆爲漢軍外，其餘皆滿員。

㉗ 臺灣《康熙朝起居註冊》第一冊，載暢春園唯召見滿洲閣臣，已見前注。同冊二十九年二月十八日至三月二十五日暢春園聽理摺本，仍止召見滿洲閣臣。而五月十七日至六月二十五日駐蹕暢春園，其中五月二十二日、二十九日，六月初三、初六、十五日聽理摺本，已有漢閣臣在場，暢春園滿漢閣臣共同捧本當始于此。

㉘ 玄燁最初赴湯泉行宮扈從皆滿員，下僅舉其時間較長者，《康熙起居註》十一年二月二十二日至三月二十九日，八月二十日至十月初八日，十七年十月初三日至十一月初四日，二十年三月二十日至五月初三日；其後至五十四年十二月十三日至二十二日，五十五年正月十二日至二月二十一日，五十六年正月十九日至二十六日，十一月初三日至十五日，五十七年正月初六日至二月二十八日，扈從閣臣及記注官仍皆滿員。然亦間或接見漢臣，如五十五年二月初八日，召見吏部尚書張鵬翮、戶部尚書趙申喬，侍郎湯右曾，禮部尚書陳詵，兵部尚書李先復；亦見滿漢閣臣捧本，五十七年二月二十三日，漢大學士有李光地、王掞，學士有張廷玉、蔣廷錫、勵廷儀。

㉙ 分見《康熙起居註》十一年二月初七日、二十六日，三月初六日、二十九日。

㉚ 《康熙起居註》二十年三月二十日至五月初三日，巡幸口外并奉太后赴湯泉，凡四十三天。扈從大學士勒德洪，學士噶爾圖、常書，記注官庫勒納、常書。二十二年古北口外避暑，至上都河，當即熱河。自六月十二日至七月二十五日，中含閏六月，凡七十二天。皇太子、皇長子、皇三子一同奉太后而行。是行閣臣唯帶學士，故所見皆"學士等捧折本面奏請旨"。六月二十一日，玄燁召學士薩海、佛倫、阿蘭泰、喇巴克，記注官侍讀學士常書、侍講學士朱馬泰，傳旨："內閣、翰林院職任機要，不與他比。爾等此行從朕而來，夙夜辦事，往來

㉛ 錢實甫《清代職官年表·內閣學士年表》以二人誤作漢人。金汝祥爲漢軍，見《康熙起居註》二十一年六月十一日。同書二十三年四月三十日，吏部題內閣學士王守才員缺，開列少詹事蔣弘道等。玄燁問："此係漢軍缺否？"大學士明珠奏曰："然。"亦見王守才爲漢軍。故知二十二年三月二十七日，吏部題刑部侍郎熊一瀟員缺，開列內閣學士王守才等職名，廼以漢軍補漢缺。二十一年七月初六日，吏部題補內閣學士員缺，開列詹事沈荃等。玄燁曰："此係漢軍員缺，著將金世鑑補用。"亦漢軍補漢缺一例。

㉜ 《康熙起居註》二十三年七月十一日。

㉝ 第十六冊載四十年熱河之行，扈從閣臣爲大學士馬齊，學士辛保、法良，起居註官爲法良、揆敘、阿金。第十七冊載四十一年熱河之行，扈從閣臣爲大學士馬齊，學士鐵圖、紀爾塔渾，記註官揆敘。以上成員俱見《八旗通誌初集·內閣大臣年表下》。唯《表》四十年不見辛保，而有舒輅，然二名讀音頗異，不知是否爲一人，待考。

㉞ 參臺灣《康熙朝起居註冊》第十八冊，四十二年五月二十五日至九月二十一日。趙世芳見《八旗通誌初集·內閣大臣年表下》。

㉟ 徐乾學《憺園全集》卷19《高侍講扈從東巡日記序》："侍講高君，以康熙十六年選直南書房，其扈蹕上陵以抵塞外，則自二十年始。……君以弱書生出入於期門、射生間，終日馳逐，不離乘輿左右。上數召入帳殿賜酒，夜深廼退。顧以其間述爲行記，凡上之上膳長信宮，祇謁陵寢，及駐蹕、賦詩、校射、頒賞、來朝諸部落，次第必書。"雖極被恩寵，然無與於折本事。至于獻替密詢，則另當別論。

㊱ 參袁森坡《清代口外行宮的由來與承德避暑山莊的發展過程》一文，載中華書局1980年《清史論叢》第二輯。

㊲ 《查慎行年譜》康熙四十二年五月并以下各年，中華書局1992年標點本。

㊳ 《張廷玉年譜》康熙四十三年四月，"奉旨侍直南書房。自後辰入戌出以爲常。"五十四年，諭大學士掌院學士曰："張廷玉學問素優，在內廷供奉年久，其勤勞數倍於外廷翰林，宜加遷擢，以示獎勵。"《康熙起居註》五十四年正月二十七日，玄燁曰："內廷行走及武英殿修書之翰林，亦比在外翰林迥乎不同，詩文皆大方，總因每日纂修校對之故。"是知內廷行走之翰林即侍直南書房翰林。

㊴ 此與下引張玉書《扈從賜遊記》並見《小方壺輿地叢鈔》第一帙第四冊。

㊵ 見《聖祖仁皇帝御製文集第三集》卷22。《詩選》由大學士陳廷敬、尚書王鴻緒校理，編錄者除正文所列七人外，尚有蔡升元、楊瑄、陳元龍、蔣廷錫，皆內翰林。後來張、蔣以內閣學士蒙恩游覽熱河或由此，見正文。

㊶ 《張廷玉年譜》康熙四十四年至六十一年有關各條，中華書局1992年標點本。

㉞ 臺灣《康熙朝起居註冊》第二十二冊，五十二年五月二十五日。

㉞ 《康熙朝漢文硃批奏摺彙編》第4冊第476頁，五十四年八月李光地謝恩摺。

㉞ 《康熙起居註》五十四年五月二十九日。

㉞ 《康熙朝滿文硃批奏摺全譯》第1058頁，五十四年九月二十一日《內務府奏報監察御史任弈彌被毆打案情摺》。

㉞ 《榕村續語錄》卷18《治道》，中華書局標點本第826、858、833頁。

㉞ 見鄧之誠《清詩紀事初編》卷5《甲編下》。

㉞ 《清聖祖實錄》卷284，康熙五十八年四月辛亥，諭曰："如詩文一事，皆出朕心裁。內書房、翰林院輩，不過令其校對謄寫耳。"何嘗有半點尊重。

㉞ 《康熙朝漢文硃批奏摺彙編》第6冊第715頁，五十四年十二月二十二日王掞摺。

㉚ 《康熙起居註》五十三年六月初六日。玄燁許爲"與朕總係一體"六人，當日捧本者爲大學士松柱、戶部尚書兼學士綽奇、學士查弼納、敦拜，與玄燁對話者尚有左都御史揆敘。另一人當爲學士關保，見七月二十日。

㉛ 據意大利神甫馬國賢目睹："當皇帝需要到外宮去上朝的時候，他通常是坐船去，總是和幾個妃子坐船一起來。到達這一地點後，有一扇秘密的門，他把妃子留給太監負責照看，自己就進到召見大臣的房間里。"平日，玄燁"總是在轎子里被擡著，由一群說說笑笑的妃子們簇擁著。有時他坐在像皇位一樣的高座上，大群的太監圍著他。""無論是在鄉間，還是在北京，他的周圍除了嬪妃、太監之外，別無他人。"見《清廷十三年——馬國賢在華回憶錄》，李天綱譯本，上海古籍出版社2004年版第100—102頁。其所記雖康熙六十年之事，但對玄燁在熱河的生活頗可參考。後來馬戛爾尼到避暑山莊，將弘曆壽誕儀式描寫爲全體官員朝著"看不見的尼佈甲尼撒下跪叩頭"。弘曆如此神秘，亦效仿乃祖耶！見法國·珮雷菲特《兩個帝國的衝撞》，王國卿等譯，三聯書店1993年版第282—283頁。

㉜ 《康熙起居註》五十四年十月初四日。

㉝ 《康熙朝漢文硃批奏摺彙編》第4冊第292頁，五十一年六月二十八日，禮部侍郎胡作梅摺："仰念我皇上虛己求言，特諭三品以上得具摺陳奏。"

㉞ 《清聖祖實錄》卷231，康熙四十六年十月辛卯。

㉟ 《康熙起居註》五十三年九月十八日。

㊱ 《清聖祖實錄》卷168，康熙三十四年八月辛卯，諭大學士阿蘭泰："朕出巡後，蒙古事情及諸章奏，爾皆開看，然後奏聞。"

㊲ 《康熙朝滿文硃批奏摺全譯》第499頁，四十六年四月初九日《甘肅巡撫齊世武奏報甘肅得雨雪情形摺》。

㊳ 《方望溪全集·集外文》卷2《論矯除積習興起人材劄子》。

(359) 《清聖祖實錄》卷234，康熙四十七年九月庚寅，玄燁初廢皇太子，聯想開國以來乃至康熙初年，滿洲内部互相殘殺，謂滿洲大臣云：“此等大案，間常有之，而宗室内互相傾陷者尤多。此皆結黨援所致也，爾等可不戒乎?”

(360) 參上揭拙文《評“自古得天下之正莫如我朝”》。

(361) 分見《清聖祖實錄》卷246，康熙五十年五月癸巳、乙未、丙申、丁酉、戊戌、辛丑、庚戌、壬子、癸丑。

(362) 《清聖祖實錄》卷248，康熙五十年十月壬午，諭滿洲諸王大臣：“今國家大臣有爲皇太子而援結朋黨者。諸大臣皆朕擢用之人，受恩五十年矣，其附皇太子者，意欲何爲?”“索爾圖之黨竟不斷絶。”并聲稱：“朕父子之間并無他故，皆伊等在其間生事耳。”卷249，五十一年正月壬子，諭滿洲内大臣以下副都御史以上：“雖有言官，類多瞻顧緘默。是以託和齊等輩小人常昂然張膽，構集黨羽，今已顯露。若漸使枝蔓，其弊不可勝言矣。”然而處死齊世武、託和齊、耿額等人之後，卻依然將胤礽再次廢黜。卷251，五十一年十月辛亥，謂“胤礽秉性兇殘，與惡劣小人結黨。胤礽因朕爲父，雖無異心，但小人輩懼日后被誅，倘於朕躬有不測之事，則關係朕一世聲名。”玄燁前後抵牾，無可究詰，大抵皆類此。

(363) 臺灣《康熙朝起居註冊》第二十一冊，五十一年十月初一日。

(364) 《康熙起居註》二十六年五月十六日。

(365) 分見《康熙起居註》五十四年五月二十九日、十月三十日。

(366) 分見《康熙朝漢文硃批奏摺彙編》第1冊第270頁，康熙四十四年《工部尚書王鴻緒奏陳寶泉局爐頭借帑情弊緣由等情摺》；第602頁，四十六年二月二十四日《直隸巡撫趙弘燮奏爲民間額賦似應銀錢并收摺》；《清聖祖實錄》卷225，康熙四十五年四月己亥；卷233，四十七年七月丙戌；卷250，五十一年七月辛卯；卷258，五十三年正月癸亥；卷260，五十三年八月丁亥；《碑傳集》卷68，儲大文《潘宗洛傳》。

(367) 《清聖祖實錄》卷259，康熙五十三年七月己未。

(368) 《清聖祖實錄》卷261，康熙五十三年十二月戊子；卷262，五十四年二月癸巳。

(369) 《康熙起居註》四十五年六月十九日。

(370) 分見《康熙起居註》五十四年二月二十六日；《清聖祖實錄》卷264，五十四年六月戊辰。

(371) 《康熙朝滿文硃批奏摺全譯》第1019頁，五十四年六月初九日《户部尚書穆和倫密奏趙申喬亂行情形摺》。

(372) 《清聖祖實錄》卷264，康熙五十四年七月壬寅；《康熙起居註》同日。

(373) 《康熙起居註》五十六年四月十六日，大學士馬齊等遵旨所查各關自四十四年以後歷年虧欠錢糧數目并監督職名，繕二摺呈覽覆請。玄燁曰：“各關監督等所欠錢糧甚多，歷年追索總不見完，甚屬不合。”

374 分見《康熙朝滿文硃批奏摺全譯》第1063頁，五十四年九月二十五日《户部尚書穆和倫奏覽所議銅斤事底子摺》；《康熙起居註》五十四年十二月初一日，五十六年七月初六日。

375 所謂趙鳳詔贓銀十七萬兩，實爲趙鳳詔歷年所得火耗羡餘，乃當時通例，學者已有辨析。但玄燁處理趙鳳詔一案過程頗可注意。史料表明，山西巡撫滿人蘇克濟參劾趙鳳詔，實奉旨行事；議罪時，趙鳳詔本不至死；以及玄燁再三催促趙申喬效法滿洲親自處死其子：凡此皆有待深究。

376 《康熙起居註》五十四年五月二十九日。

377 《清聖祖實錄》268卷，康熙五十五年閏三月壬午。

378 分見《康熙朝漢文硃批奏摺彙編》第6冊第195頁，五十四年五月十一日；第251頁，六月十四日；第380頁，七月二十三日趙弘燮各摺。

379 分見《康熙朝漢文硃批奏摺彙編》第6冊第377頁，五十四年七月二十二日；第388頁，七月二十三日；第465頁，八月二十二日；第499頁，九月十一日趙弘燮各摺。直隷大水，參見同冊第330—399趙弘燮有關各摺。

380 分見《清聖祖實錄》卷268，康熙五十五年四月乙巳，五月壬申。

381 《清聖祖實錄》卷268，康熙五十五年五月壬戌，諭曰："閱此次報內，米價又長。八旗官兵糧米，定例于八月內支放。今若候至八月，米價必愈加騰貴。著于五月初十日起即行支放。"乙丑，又諭："今年四月前甚旱，既雨之後，又恐多雨。都統、副都統、參領等於此等處未必能實心籌劃。倘雨水過多，道路泥濘，車輛難行，勢必至米糧潮濕抛棄，于軍民全無實惠。"

382 分見《清聖祖實錄》卷268，康熙五十五年四月戊申、己未，五月庚申。

383 《清聖祖實錄》卷268，康熙五十五年五月庚午、壬申、丁丑、甲子；卷269，六月己丑、辛丑。

384 《康熙朝滿文硃批奏摺全譯》第1100頁，五十五年四月初八日《閩浙總督滿保奏請萬安摺》。

385 《清聖祖實錄》卷268，康熙五十五年五月壬戌。

386 《康熙起居註》五十四年四月十一日。

387 李天根《爝火錄》卷3，甲申五月初九日丙申，攝政王多爾袞"令滿將駐兵中、東、西三城，督居民移家出城。"則清軍入北京第七日，即開始清城。並見《清世祖實錄》卷9，順治元年十月甲子日詔書；卷40，五年八月辛亥，諭户部等衙門；魏象樞《寒松堂全集》卷1《小民遷徙最艱疏》；《寒松老人年譜》順治五年七月條下。美國學者歐立德《滿洲之道》Mark C. Elliott, *The Manchu Way*, pp. 98-105, Stanford University Press Stanford, California 2001.

煜硃批卻曰："事雖未真,理應如此。再留心打聽,著速報聞。"同冊第346頁,十月二十四日年羹堯摺,玄燁硃批:"著速打聽西邊大兵信報聞。"可見至五十七年十月底,玄燁仍不知額倫特、色楞準信。《康熙朝滿文硃批奏摺全譯》第1355頁,載五十八年正月十四日《康熙帝爲平定準噶爾所發上諭一道》,仍云清軍于喀喇烏蘇大敗策零敦多卜,經班禪調停後,返回西寧。參第1359頁,四日後胤禎摺"青海衆人今聞我等前兵失誤,已至益加膽碎",玄燁或有意掩蓋清軍敗績。額倫特、色楞陣亡詳情,見第1392頁,五十八年五月十二日《胤禎密奏額倫特陣亡之戰役詳情摺》。

⑳ 《康熙朝滿文硃批奏摺全譯》第1528頁《敕諭策妄喇布坦派使人奏明殺害拉藏汗緣由摺》,原件不具年月日,似爲胤禎大軍出兵之前。玄燁向策妄解釋,辭甚卑,云其本意原不欲支持拉藏汗立伊喜加錯爲達賴喇嘛。"無奈難辭固始汗之孫及衆意",方"准予坐牀"。迨準軍入藏,"致事情惡化。一統法度事大,彼此備兵設防事小。故爾速派賢者前來陳明緣由,若有何意見亦一幷奏來。爲此大事,朕本應派專使往送敕書,但恐如若遣使,爾又以部臣推脫,藉口不信任而予阻攔,以致將誤大事。"故不得不通過策零與青海方面轉致。第1529頁,《敕諭厄魯特台吉策妄喇布坦速派人奏明緣由事》,亦不具年月日,應爲胤禎出師之後而進入西藏之前,玄燁仍無把握,故謂策妄云:"班禪是否在世,呼畢勒罕以孰者爲真達賴喇嘛,法度如何弘揚,黃教交付于誰等事,已遣人致書與策零敦多布,約一地會盟定議。"

㉑ 《康熙朝滿文硃批奏摺全譯》第1363頁,五十八年正月二十六日,《議政大臣海金等奏爲遣使等事摺》;第1364,五十八年正月二十六日《議政大臣巴渾德等奏請阿旺達希入京城摺》。

㉒ 《康熙朝滿文硃批奏摺全譯》第1350頁,五十八年正月初三日《和碩誠親王胤祉奏爲辦理軍務摺》:"康熙五十七年十二月二十七日奉硃諭:今不可急躁,務應詳慎盡心。朕意令我大軍自十一月撤至西寧等處養馬上膘,春季青草生,各自出關于水草豐美處牧肥。會同青海謹守哨堆,自諾木渾烏巴錫此方固守,暫禁西地所謂黃教,固守通往西地諸路,將茶、布、帕巾等物斷絕。不到來年冬季,即至混亂。俟其敗毀之時,惟用青海爲黃教效力,即能成功,我等惟在後坐視。"

㉓ 《康熙朝滿文硃批奏摺全譯》第1359頁,五十八年正月十九日《胤禎奏請入藏或取吐魯番事由摺》硃批;第1369頁,五十八年二月初十日,《胤禎奏謝皇父教誨事摺》。

㉔ 分見《清史稿》卷214《后妃傳》,卷518《藩部一》。

㉕ 《清聖祖實錄》卷241,康熙四十九年正月壬午。

㉖ 幷見《康熙起居註》、《清聖祖實錄》卷276,五十六年十二月初五日乙酉。

㉗ 幷見《康熙起居註》、《清聖祖實錄》卷276,五十六年十二月初四日甲申、初五日丙戌。

㉘ 《康熙起居註》五十六年十二月初四日、初五日。

㊽ 分見《康熙起居註》五十七年正月初四日、二月初六日。
㊾ 詳參拙文《康熙初年四輔臣芻議》,載《清史論叢》2007年號。
㊿ 康熙六十年,馬國賢隨從至熱河,有如下記載:"按照中國人嚴格執行的規矩,皇帝不能住在他父母曾經住過的房間裏。因爲皇帝的母親前幾年死了,於是就讓希普和我佔用了她的空房子。它包括一個客廳和幾個其他房間,建在一個小花園裏,花園則坐落於一個掌控著一片湖區的漂亮小山岬的頂端。"所云幾年前死去的"母親",必指孝惠,且描述居所的規格亦可信爲孝惠寢宮。見《清廷十三年》第101頁。
㊼ 《康熙起居註》五十七年正月二十一日。
㊽ 《康熙起居註》五十六年十二月二十五日。
㊾ 《康熙起居註》五十六年十二月二十六日。
㊿ 《康熙起居註》五十六年十二月二十一日,奏事官捧出大學士馬齊等將皇上漢字諭旨翻譯進呈摺子並皇上手書藍筆諭旨,交與大學士馬齊等,諭曰:"滿漢字句甚是相符。"
㊻ 參見《康熙起居註》五十六年十二月十九日、二十日、二十六日各條。
㊽ 徐乾學《憺園全集》卷10《乞歸第一疏》:"故事,京官在任五年者,許給假遷葬。臣自母喪服闋,趨赴闕廷,於今十年矣。"而李光地之輾轉乞憐回籍,分見《康熙朝漢文硃批奏摺彙編》第3冊第723頁,五十年八月《大學士李光地爲殘疾加劇並父母尚待合祔請準休致摺》云:"今年已七十,血氣益衰,三月間患苦瘡毒,不能入直辦事,老病侵尋,即欲請避賢路。……臣離家二十四年,自臣母以至兄弟子姪,死喪相繼。臣父死于閩亂之時,淺土窆封,与臣母猶未合祔。臣長子亦未埋葬。"玄燁硃批雖云"覽卿奏摺,朕心慘然",而對李光地之請,仍推諉俟其回宮再説。於是李光地不敢瀆請,只等在京接受玄燁"恩寵",賜藥坐湯,爲玄燁編書。直至四年之後,李光地多次懇請,方蒙給假。同書第6冊第327頁,五十四年六月二十六日《大學士李光地奏爲老病乞休摺》:"臣受恩深重,豢養多年,猥以年老殘病,家後妻子之喪曝露日久,籲乞休歸,荷蒙恩準。自叩送聖駕避暑後,以西邊事頗煩聖心,未敢具本溷奏。且承修之書亦未告竣,今約略七月半前,書可全進。"故特提前再請。同冊第407頁,次月,玄燁給假兩年。然僅過一年,玄燁便連連促其來京。《滿文硃批奏摺》第1128頁,五十五年七月二十五日《閩浙總督滿保請安摺》硃批:"著大學士李光地事畢速來,爾時常寄書催之。"尤可注意者,此時玄燁正因祈雨懷疑李光地爲漢人黨魁,令其來京,實欲就近控制又甚明。據《清史列傳》卷10《李光地傳》,五十六年四月李光地至京。五十七年正月,"內閣議上孝惠章皇后尊諡,疏中未書章皇后,部議降三級調用,得旨寬免。"恰可證明本篇正文所引玄燁上諭爲李光地而發。五月李光地卒於官,憂病而死也。
㊽ 《康熙起居註》五十六年十二月二十八日。
㊾ 《康熙起居註》五十六年卷末記注官贊云。

⑭ 王明珂《華夏邊緣——歷史記憶與族群認同》，社會科學文獻出版社，2006年版第39頁："孝道，可說是中國人的一項主觀文化特徵。"

姚念慈　湖北武漢人，歷史學博士。

The War that Qing Dynasty Against Zunghar and Kangxi Emperor' Mentality

Yao NianCi

Summary

Having studied the reason that Kangxi emperor launched the war in 1715, I had argued its real aim was not at Zunghar but Qinghai. This paper will discuss the emperor's mentality that led his reason. From 1707-1708 year and on, Manchu ruler's faith met with a series of challenges from Han people, therefore the emperor' attention centralized on the domestic situation, and could not actively prepare a war. By analyzing the political institutions, we may learn the emperor was an autocrat, his power hadn't any restriction. The entire body of Manchu and Han ministers had alienated from him. This war was launched by emperor oneself with his unfounded pride and desire for victory by luck. On that time, to win the legitimacy and glory of Qing dynasty that surpassing the achievements of Han dynasties in history was Kangxi emperor's urgent mission of all.

才女汪端（1793—1839）及其家人之生平考述*

盧志虹

引　言

在以寫作受到矚目的明清芸芸才女中，汪端（1793—1839）是極少數以學術成就而受到肯定的一員。當時文壇名宿石韞玉（1756—1837）、博學之士許宗彥（1768—1819）等對她的詩集《自然好學齋詩鈔》稱讚備至，呼籲不得以尋常"女郎詩"視之。她所編輯的《明三十家詩選》因其評選得當，奠定了她一代詩選家的身份。非同尋常的才華不僅爲她贏得了博學之名和人們的敬重，更使她得以廁身一衆清代著名學者行列，成爲《清代學者像傳》中收錄的唯一一位女性。身爲才女盛世中最具學識的標誌性女性之一，汪端無疑是了解嘉靖道光時期才女定位以及文人階層生活的絕好切入點。

隨着現存史料的多樣性開發及明清傳世書寫材料的開放和翻印，明清研究有了前所未有的便利。就對汪端的研究而言，二十年前鍾慧玲[①]、陳瑞芬[②]、劉幼嫻[③]等使用汪端的詩集及其中的序跋文字爲主要參考，以文學批評和文學史的角度討論她的詩作、詩選，輔以對其生平的簡略介紹。而最近台灣研究者廖卉婷參考了新的資料，對汪端後半生不受人重視的求道生活亦進行了闡釋。[④]

整體而言，這些研究對汪端生平的討論大多不夠深入，特別偏重才女姨母梁德繩給予她的支持[⑤]，脫略了許多她生命中重要卻名聲不彰的人物，因而無法生動地呈現汪端與家人的互動、汪端在家族近親中的身份和地位、生活情況、以及最爲重要的，她和家人與時代脈絡的聯接。這些對於理解汪端才學的成長、著述的勇氣和身處內闈中仍享有才學揮灑的空間的實況都至關重要。處於江南士人階層的她和家人存世的文字頗豐富。本文擬善用這一優勢，結合族譜、方志等多方面的材料，細緻地觀察這位才女與家人的生命歷程，在深入了解汪端本人及嘉道年間社會菁英家庭生活的同時，探討清代中期家庭倫理下"才女文化"的本質。

書香門風的薰陶

錢塘汪氏的文化積澱

冼玉清在編成《廣東女子藝文考》之時，以"名父"、"才士"和"令子"作爲明清才女成名主要原素。⑥此說確有一矢中的之處，即家族對催生或者扼殺女性才華（包括知性和技藝）都起着決定性的影響。一直以來，中國社會所重視的基本單位就是家族。女教的重點也在於女性於家族中的角色和行爲規範。⑦汪端之所以名揚一時，在家世背景方面有着絕對的優勢。

據汪氏祖譜記載，汪氏祖籍徽州，汪端的祖先汪元台（即文宇公，1759—1639）因經營鹽業而移居杭州，後人入籍錢塘，在此繁衍生息。⑧汪元台主要由經營鹽業致富，並將兩位兒子送入國學。⑨恰如明清許多士商合流的家庭，汪氏長子一支投入仕途⑩，汪端所屬爲次子一支，則將販鹽所賺投入典當業，以此爲主要經濟來源。⑪經營典當業相對鹽商雜事、應酬少，比購買土地的回報高、快且穩定。這一選擇被歷史證明是絕對正確的。清初以來杭、嘉、湖地區經濟發展迅速加上中國內部因物價、人口的雙重壓力使人民需要以借貸維持生活，典當業正能提供各種團體所需的貸款和流動資金。⑫在其後一百多年中，典當鋪成了汪家的主要收入來源，甚至到了"除開當外，別無一事可做"的地步。⑬穩定的收入來源爲汪家文化地位的上升提供了不可或缺的助力。⑭

汪端的祖父汪憲（1721—1771）是遷居杭州後的的第六代。汪家久居於杭，持家謹慎，而嗜好品味則日漸受江南風氣的浸染。汪憲爲汪氏次子一支的首名進士（乾隆乙丑科，1745）⑮，卻感到仕途不合本性，選擇歸杭侍奉父母。⑯他雅好研學，常添置書籍⑰，時時居家論學。他的座師錢陳群（1686—

1774）撰寫傳記時稱汪憲"耽蓄書，丹鉛多善本"。他從未過分看重藏書的私密性，不吝於與友人們共享他的收藏，也與數位藏書家結成聯盟，互相借閱、傳抄，因此而造成藏書的散失也不計較。[18]與汪憲往來的包括以詩文名滿江南的厲鶚（1692—1752）[19]以及同樣以藏書聞名的鮑廷博（1728—1814）等[20]。朱文藻（1735—1806）更曾於汪家任館師，與諸友共研小學。[21]藉著"振綺堂"藏書樓和和逐漸建立起來的文人雅士聚集論學的圈子，漸漸使汪氏在杭州轉變爲文化世家，對汪氏後人有着深遠的影響。

在人文薈萃的江南，不但富不過三代，私家藏書樓亦常常在一兩代後即消散無踪，主因不外乎後人並不重視，或因財政需要，或因不能自主的原因如戰亂等。振綺堂得以屹立，在於乾嘉時期杭州附近無重大天災人禍，內在則主要在於讀書著述的興趣和對文化聲望的重視在繼承者身上得到延續。汪憲的四子於分家時並未瓜分振綺堂藏書，對於保存振綺堂實力至爲重要。[22]幾代主人如次子汪璐（1746—1813）、孫汪諴（1772—1819）、曾孫汪遠孫（1789—1835）等都不熱衷於應舉和仕途，與汪憲一樣喜愛居家會友。[23]藏書之事，所需財富、人脈、經驗等缺一不可，所費自然不菲。幸好振綺堂的主人大多守成有法，亦能勤儉持家。在江南許多聲名顯赫的藏書樓紛紛逃不過没落的命運之時，汪憲的兒孫將汪憲奠下的基礎加以發展，藏書最多時稱有六萬餘卷，並編成書目[24]，使振綺堂在杭州的清望亦歷久不衰。[25]

時至汪憲曾孫汪遠孫時，振綺堂一脈不但享有清望，更是生活在花團錦簇之中。振綺堂在杭州扮演着地方文人（包括同好和館師）的資助者。與汪端年歲相仿的從姪汪遠孫更是以好客聞名。他在西湖邊營建水北樓，與同里耆彦吟詩結社（稱"東軒吟社"），傳爲一時佳話。[26]社中的吟咏編集在《清尊集》、《銷夏倡和詩存》兩部詩集中，其中對於詩社雅集地點的描述和名畫家費丹旭（1802—1850）的《東軒吟社圖》更烘托出汪氏產業之多和精美。[27]在汪遠孫的手上，振綺堂開始主持刻書。[28]在他去世後，弟弟汪适孫等又主持刊刻了數十本書籍。他們所刻的書種類不多，但以精美著稱。[29]汪家在地方上的聲望更上層樓。

藏書、會友、刻書三者聚焦，映照著汪氏振綺堂在清代乾嘉時期杭州的風華。連綿百年的富裕、文化資助上的投入加上政治上的低調成就了汪氏振綺堂一脈在杭州的成功。㉚它的影響力延續了近兩百年。㉛到20世紀初，後人汪康年仍不忘祖業。㉜江南文人對汪家當日的鼎盛之況緬懷不已。㉝時至20世紀中葉，振綺堂以往保存下來的舊藏精品仍爲胡適等學者的研究提供了幫助。㉞

成長路上父兄的愛助

汪端生於乾隆五十八年正月十八日（1793）。她是帶着文化世家之後的光環誕生的。父親汪瑜雖然沒有繼承振綺堂，分家時仍獲得了相當龐大的財富。他的生活方式和不求仕進的態度，顯然受到汪憲的影響。㉟無奈他既不善於理財治生、時常周濟親友，又所托非人，遭楊姓管家捲蝕鉅款而逃。儘管曾一度以國學生身份入貲爲布政司經歷，但自知性格不合而不願久留官場。因家境益貧，再遇上家中不慎失火，更使汪瑜黯然神傷，決定遷往蘇州，數載後方再搬回杭州。㊱爲了改善家計，長子汪初（1777—1808）不敢再蹉跎於科場，以未足三十之齡就忽忙入貲捐了一個品秩低微的布政司庫大使（八品），並前往偏遠的四川佐幕。㊲汪初的表現得到了方積（1764—1814）的讚揚，但不幸於嘉慶戊辰年（1808）因過勞卒於任上。㊳突然而來的死訊粉碎了汪瑜一家的希望。居室又再一次被火，多重打擊之下，汪瑜一病不起，最終在嘉慶十四年（1809）汪端十七歲時，未及見她出嫁就去世了。汪瑜身後，家境更是每況愈下。汪端次兄汪潭（1787—1816，字莦士）不能自立，遑論照顧家人。㊴汪初的後裔也一直未能重振家業，祖譜更失去了他們的記錄。㊵這是後話。汪端在出嫁之前，生活雖日益拮据，仍不至於衣食無繼。受到父兄的愛護、不必爲糊口煩惱或爲家事操心，汪端自然有更多學習詩文的時間和精力。

儘管汪瑜在資產上是個失敗的管理者，但他不失爲一個好學而親切的父親。他留給汪端的，是無形無價的知性薰陶。在汪端的記憶中，汪瑜是一個文質彬彬的儒雅君子。他過世八年後，汪端親撰事略並請家翁陳文述寫成〈汪天潛墓誌銘〉，其中特別記錄了兄妹晚間聆聽父親教誨的片刻：

> 端幼失恃，惟先府君鞠育教誨至成人。……君喜讀書，尤嗜博覽，於史傳百家，無所不窺。早喪偶，不再娶。暮則一燈尊酒，以書中嘉言懿行教其子女，環坐聽講若師弟。然尤善言詩，以溫厚高雅為主，於歸愚、隨

園，皆有箴砭。故諸子女皆恂恂有文。[41]

陳文述更附議道：「端之來余家也，重親以下稱其賢者無間言。又熟於史傳得失、詩派流別者，君之教也。」[42]

正是由於父親的引導，奠定了汪端一輩子和詩、史的不解之緣。父親隨性的生活態度和在她言傳身教，無疑對汪端有著深刻的影響。她喜歡讀詩，父親就時時爲她點定初學詩時的稚拙之作，間接傳授作詩之法。[43]後來知道女兒對詩有非凡的天賦，汪瑜更取來各朝詩人詩集給她閱讀，培養她自己的判斷，可見其教育的開放性。[44]自此之後，明初詩人高啟（1336—1374）就成爲了她最欣賞的詩人，詩、史成了她終身的愛好，成爲她日後編選《明三十家詩選》和撰寫《元明逸史》的一大推動力。

與此同時，汪瑜並沒有剝奪幼兒應享的童年之樂。稚齡的汪端亦有調皮"爇芸弄蟻以爲樂"的一面，而父親對此甚爲寬容。其後汪端在詩中回憶道："老父樂隱居，不屑名利場。一舸載全家，飄然下吳閶。杜門謝塵囂，詩禮傳青箱。爾時諸兄姊，才華相頡頏。佳日或出遊，攜榼登沙棠。劍池秋水冷，香徑遺蹤荒。興到輒留題，激賞互低昂。"[45]汪瑜在喪偶後不曾再娶，四個子女同出一母維持了家庭內部的和諧和子女之間的手足情。[46]汪端最年幼，兄姊也是汪端請益學習的對象。她早慧，七歲即能與兄姊共吟詠。[47]她的詩集《自然好學齋詩鈔》基本上是以時序排列。第一卷以及第二卷前半均是她未出嫁時所作，其中與兄姊多有唱和。[48]這兩卷中亦有多首出遊詠景之作，湖光山色、名人遺蹟，時常出現在筆端，足見她在待字閨中時並沒有被拘於內室之中。[49]這些都更真實地呈見了她幼年的生活，同時證明了汪瑜無心以嚴苛的教育態度將她塑造成唯德是重的淑女。[50]雖然失去了母親，父親的隨和指導，加上兄姊的愛護，既培養了汪端的好學，奠定了她的基礎，也讓她在翰墨、遊玩中度過快樂的童年。

事實上，汪瑜對汪端才學的培養和支持其來有自。由鹽商轉投文人行列的汪家家風好學而不古肅。前文述及的振綺堂的幾位主人，均順應自己的興趣選擇人生志向。對於家中女性的才華，他們也常常抱著欣賞、支持的態度。汪憲的女兒、汪端的姑母即是一位才女。[51]加上乾隆年間江南社會安定、文化發展迅速，才女風氣也再次盛行。汪氏家族中的才媛們更有了展露才華的機會。細觀各類詩集、徵略，處處都可見她們的身影。[52]其中就有汪琴雲[53]、陳瑛[54]、汪端、梁端[55]、湯漱玉[56]、汪曾憲之姊汪氏[57]、汪菊孫[58]、汪曾瑟[59]、汪清暎[60]諸人。汪瑜對女兒的教養，正反映着汪家內部及乾隆時期以來江南地區鼓吹的才女之風。

姨母與姨夫的培育

汪端出生時，祖父汪憲雖過世已久，但他立下"振綺堂"藏書樓和文化世家根基，卻無時無刻不影響著汪端的成長之路。汪氏家族名聲的提高迎來了與同郡梁詩正氏家族聯姻的機會。梁家在江南文人中的清望相比汪家是尤有過之。[61]梁詩正（1697—1763）於乾隆年間曾任戶部、兵部、吏部尚書，最後更獲授東閣大學士。[62]梁詩正兄長梁啟心（1695—1758）[63]、長子（汪端的伯外祖，後過繼予梁啟心）梁同書（1723—1816）、次子梁敦書（？—1786）都是進士。梁同書不求仕進，以書法聞名於世；梁敦書則官至工部右侍郎。[64]梁敦書子梁玉繩（1744—1819）、梁履繩（1748—1793）等都是飽學之士，長於考證、專於史學，著述甚豐。[65]梁氏一門堪稱爲詩禮之家，門第清華。汪端的母親梁瑤繩正是出自梁家，是梁敦書之女、梁詩正孫女。汪瑜、梁瑤繩的結合之後，汪梁兩家在短時間內至少尚有三次聯姻，均是梁氏女嫁往汪氏。[66]頻密的聯姻，清楚指向了這兩户錢塘人家在那段時間裏關係非常緊密。而汪端與振綺堂第五任主人汪遠孫都是汪、梁兩家結合的後裔，因此兩人有著多重的親屬關係。

梁氏亦非常重視女子的教育。汪端的母親與姨母梁德繩正是最好的例子。與汪氏之女較以詩才著稱相比，梁氏的女兒們比較強調德才兼備。[67]她們亦都樂於教育子女。汪端的啟蒙教育正是由母親開始。梁德繩所出的兩個女兒更是江南和北京才女交遊圈中的核心人物。[68]她本人更在兒子許延敬及兒媳突然過世後，親自教導孤孫許善長。[69]

在梁瑤繩早逝和汪瑜父子遭遇連串不幸後，梁氏長輩依然維持著與汪瑜家人的往來。他們對汪端同樣關懷備至，還帶上她同去梁氏親長以前居住的地方。[70]其中，姨母梁德繩、姨丈許宗彦和伯外祖梁同書幫助汪端走過了父母雙逝之痛，並讓她繼續在求知的道路上前行。汪端出嫁時梁德繩所作爲勸勉的長詩〈小輼甥女于歸吳門以其愛詩爲吟五百八十字送之即書明湖飲餞圖後〉（下文簡稱〈明湖〉詩）[71]和汪端於一年後，回杭探親時的和詩〈辛未春日返棹武林賦呈楚生姨母，即用賜題明湖飲餞圖原韻〉（下文簡稱〈辛未〉詩）[72]親情盡露。這兩首長詩更是了解汪端早年生活的重要資料。

汪端自小就和許氏夫婦親近。她啓蒙頗早，但七歲能作詩時母親已過世。指點汪端的，除了父親和手足外，還有疼愛她的姨母梁德繩。在姨母那裏，汪端在一定程度上重獲失去的母愛。再遭喪父之痛後，汪氏的親人似乎並未表示照顧汪端的意願。爲此，梁德繩頗憤憤不平，更在〈明湖〉詩中寫道："豈無強近親，相視等陌路。外家意獨眞，寒暑無殊遇。伯父學士公每念甥孤弱，命余調護"，毅然將汪端接來家中同住，直到于歸陳氏。姨母家中的一年，對於汪端的才學和學識方面的自信都有着積極的影響。

梁德繩的丈夫許宗彥來自杭州附近的德淸許氏，爲許孚遠（1535—1604）之後。許宗彥曾祖以來三代都身居官職，父親許祖京（1732—1805）更官至廣東布政使。是以許家也是杭州的著姓望族。許家雖不是鉅富之室，在許宗彥在世時卻也衣食無憂[73]，並能出資購置新書。他的鑑止水齋藏書量亦非常可觀，在杭州也薄有名氣。[74]

許宗彥本身學富五車，於經史、詩文及天文學都有研究，少年得志，卻不幸屢屢受挫於會試，中舉十三年後（嘉慶己未科，1799），年過三十方能博得一第。當他最終通過會試時，他的好友和鄉試同年阮元（1764—1819）已是會試同考官。[75]會試不利的打擊消磨掉不少許宗彥年少時的凌雲壯志，與官場風氣的格格不入最終令他在踏入仕途僅僅兩個月後就以病辭歸，終身不仕。[76]從他的詩文可見，他居家時的心情是憂悒的，身體亦多有不適。[77]當他回顧年幼時的志向，不禁有"總角聞道，白首無成"之感，他自知傾頹，卻又無力振作。[78]在因體弱、又無法循俗追逐仕途名利的情況下，被逼隱居，孤芳自賞。[79]儘管才無所用，明知徒勞的情況下，他卻因爲天性的熱愛而無法放下對學問的鑽研，至視力衰退、健康惡化時仍手不離卷，更加深了他內心的矛盾、抑鬱。[80]

許宗彥與妻子梁德繩的伯父梁同書頗投緣。梁同書，字元穎，號山舟先生。[81]他任職翰林院僅數年後，也因性格不合於官場掛冠而去，過起悠然自在的林下生活。他長於書法，爲人能擇善固執，兼一生生活樸素，不近女色，終享九十三歲高壽。[82]梁同書與同居杭州的許宗彥夫婦時常來往，常於有意無意間開導着憂鬱的許宗彥。[83]

梁同書與許宗彥兩位長輩，對汪端都十分愛護。梁同書對早慧的汪端亦十分親切，時時關心她的成長。在她失恃後即囑咐姪女梁德繩夫婦多加照顧。[84]汪端亦非常敬愛這位長輩，剛學詩時即作〈爲伯外祖梁山舟學士題畫山水〉一詩，描寫畫中的林泉高致，亦暗喻梁同書的超逸。[85]她婚後仍與伯外祖保持聯繫，還將自己和丈夫陳裴之的詩集送呈這位親切的長輩。梁同書甚喜，讀之不忍離手，以九十二歲的高齡爲兩人的詩集作序。在《自然好學齋詩鈔》序裏，行文中處處可見他對汪端的愛護和疼惜。不但認同汪端的詩格遠過於尋常閨秀，更盛讚陳裴之詩文超卓、學識過人，並對這對金童玉女才學般配的婚姻表示非常滿意。得到這樣一位德高望重藹藹長者的關懷和鼓勵，在汪端的成長和詩學追求上，絕對有着非常積極正面的作用。[86]

許宗彥對於汪端的影響更爲直接。因爲梁同書的吩咐，也是出於對汪端的喜愛，他不但不反對將成爲孤女的汪端接到家中同住，還樂於指教這個聰穎的孩子。不僅梁德繩〈明湖〉詩中有"夫子（指夫婿許宗彥）論詩苛，瑕垢好磨鑢；紛綸辨真偽，許汝（指汪端）得參預"之句，許宗彥亦在爲汪端詩作序時記曰："余偶見所作，或謂爲未佳。輒邑邑廢飲食，必改至稱善乃已。"可盡見許氏對汪端的指導，以及汪端對於學詩的認真和努力。同一篇序中，許宗彥追憶汪端來許家同住時"每終日坐一室，手唐人詩默誦，遇意得處，嗑然以笑，咸以書癡目之。"癡愛於詩、史的汪端，與執著於求知的許宗彥可謂志同道合。許氏對作詩之法自有看法，曾論當世之詩作語："孔子曰：'溫柔敦厚，詩之教也。'近人作詩，溫柔者多，敦厚者少。"[87]在他眼中，汪端的詩才是天賦異稟，稱她爲王維所謂的"宿世詞客"。[88]陳文述爲汪端撰寫〈孝慧汪宜人傳〉時，記有許、汪之間的一段趣事："蓋宜人深於史學，論事硜硜，不少假借。幼年在楚生夫人家，姨丈人許君周生，博雅君子也，論史恆爲所絀，呼之曰"'端老虎'，蓋以禪家西余師子方之。其論余文亦猶是也。"[89]是否真有"端老虎"這個稱呼，後人難以考證。但至少從以上各條資料可見，許宗彥既有閒暇，更不計較輩分尊卑，允許汪端與他討論詩、史。

在許宗彥自行選訂的詩文集《鑑止水齋集》中，唱和的女性除了妻子外，僅有汪端和另一才女孫碧梧。⑩他更在汪端出嫁時題〈送小韞于歸陳氏，時尊章雲伯明府方宦吳中〉一詩，還期望她和夫婿能寄來閨中唱和之作，讓自己可以"禿筆猶能韻一拈。"⑪後來汪端果然寄上近作，許宗彥老懷安慰，更驚於汪詩"風力遒宕，無梔蠟之色、枡圈之響"，讚嘆"女子詩能如是，不獨足以自娛，而亦可以傳世矣"，可見其對汪端的看重。許宗彥作爲飽學之士，對汪端的肯定必如梁同書的認同一樣有助其建立自信。更重要的是，許宗彥對汪瑜的教育和引導，有助汪端將對詩史的涉獵從自娛的情感抒發，提升到認真投入治學的狀態。許宗彥容許她跨越長幼、甚至男女之間距離一起討論，所涉及的深度很可能超越了一般才女和長輩之間的範圍，更可能到達了梁德繩所不能企及的深度。和汪瑜讓她自選喜歡的詩人一樣，無疑加強了汪端的信心和主見。

許宗彥對汪端的鼓勵卻引來了妻子的擔憂。梁德繩的〈明湖〉詩中原有"柔順汝性成，迂懦我所慮。行己苟不醇，發言亦可怖"句，正顯示了梁氏擔心汪端在求知和辯論時會出言不慎或過於堅持己見，因而冒犯長上。⑫事實證明了梁德繩並不是過慮。從陳文述所記汪端在詩文、處世方面給予他的建議來看，她在與陳文述討論時也的確是據理直陳，令這位以獎掖婦才聞名的家翁亦對兒媳與長輩討論時能"論事硜硜，不少假借"表示驚奇。汪端這一自信表現的背後正是許宗彥、汪瑜教導她時的寬容，以及梁同書對於她的鼓勵。對於自己學識的信心在不久的將來化更作《明三十家詩選》中她對詩壇前賢的挑戰。

耐人尋味的是，許宗彥對待自己的女兒卻與對待汪端不同。許宗彥有六子三女⑬，但在《鑑止水齋集》中，他題及子女的全部詩詞僅有四首。⑭其中〈夏日雜詩〉詩云："兩女十齡餘，秀慧頗解事。小戴七七篇，倍文畧能記。豈望爲女宗，聊使識大義。世間重吟咏，此事未足意。有美宜深藏，何乃自炫異。點墨宜自珍，寸箋勿輕試。"這裏所指的兩個女兒應該是梁德繩所出的許延礽（字云林，生卒年不詳）和許延錦（字云姜，生卒年不詳），亦即汪端的表妹。她們亦聰穎又善於詩文，是汪端未出嫁時的閨中良伴。⑮詩中所見，許宗彥並不是不喜愛女兒們⑯，但他待她們與汪端確有不同。作爲她們的父親，他並不期待將女兒們教育成一代宗師，而盼望她們能成爲明曉大義的賢婦，對自己的吟咏之才保持低調。筆者推想，汪端和許宗彥一般天資聰穎，許宗彥不入仕途、汪端則爲身不由己的女性，他們同樣陷於具有非凡才學卻無從發揮的處境中，同時汪端好學精神更易使許產生知音感。[97]他待她更像提攜後進，因而對她詩學上的持續提升有着的殷殷期許。

相形之下，姨母梁德繩對於汪端的指導，顯得較傾向梁氏淑女傳統中德、才的平衡。她對家庭、才德的觀念透過言傳身教滲入了汪端的思想和她日後的婚姻生活中。事實上，梁氏的態度還可細味。[98]梁氏向來都是循規蹈矩的名媛賢婦，生活的核心正是侍奉公婆、相夫教子。[99]清詩研究者嚴迪昌曾指："清代才女身上的'禮'之束縛，於女性詩人往往已成爲附體之疴而順之以爲自然，她們要能從'禮'中自我解縛出來並不容易"。[100]梁德繩對汪端強調"重德"，莫過於在〈明湖〉詩中叮囑即將出嫁的外甥女要以婦德先行而將"才名"放下，以"尚須勤婦職，才名非所據"作爲給甥女的箴言。雖然汪端將嫁往素有尊重婦才之名的陳文述爲兒媳，但他和他的家人對以媳婦過人才學和好學精神的接受程度仍是一個未知數。

同樣身爲才女的梁德繩初嫁往許家時，曾經歷了以德爲主要行爲依歸的時期。在她與許宗彥成婚的早期，梁德繩隨家翁宦遊廣東、照顧二老及祖母，而許氏則往返於江南和廣東，夫婦長期分居。[101]那時，夫婿的心思多半放在小妾吳氏身邊。[102]不但如此，留給梁德繩去獨立應付的是"性嚴厲"的祖姑蔡夫人。[103]其後吳氏也不幸早逝，許宗彥歸杭退隱，夫婦方才較爲親近。一如明清大部分的士人家庭，持家的是妻子梁德繩。許宗彥並不太插手家中事務或兒女的教育，居家時亦極少設法謀生。[104]許家主要依靠前人留下的資產生活，以至後來梁德繩對於維持着這一個包括許宗彥和他的多名側室及庶出子女在內的大家庭都感到越來越困難。[105]身爲名門閨秀，多年的教育和生活經歷使梁德繩在"禮"、婦德方面全然內化。對於這位在仕途、事業和家政上都無所作爲的丈夫，梁德繩並沒有留下任何責難或抱怨，只是默默地將期望轉向自己的兩個兒子。[106]對於梁氏的人生，忍耐和婦德才是她在許家生存最重要的條件。

作爲彈詞作品《再生緣》最後三回續作的作者，梁德繩將陳端生原作中不願雌服的孟麗君套以傳統夫爲妻綱的"圓滿"大結局，被現代文史研究者視爲思想極爲傳統保守之人。[107]雖貌似守舊，卻同時顯示了梁德繩思想中女性才與德的定位。她不反對女性彰揚自己的才華，但同時對於社會上男、女性的角色分工並無不滿。她通過自己的經驗覺得才和德是可以兼備的。正如廖卉婷所言，在梁德繩看來女性的歸宿無疑是家庭。她更相信對夫家的服從是女性維持家庭生活和諧的方式。她給予嫁往顯赫大家庭中的女兒許延錦（阮元之子阮福的妻子）的忠告也是類似的。只要不觸發家庭矛盾，女性施展才華自然是她所樂見的。這方能解釋她既告知汪端"才名非所據"，卻又在甥女完成意義重大、針對男性詩家的《明三十家詩選》時表現出毫無保留的興奮和支持。[108]

在外甥女出嫁的敏感時間上，身爲代母的梁德繩會較保守地擔心叮嚀汪端以德爲重，要小心敬侍夫家親長、履行婦職是必然的。正是因爲她了解汪端的不凡，方有此叮嚀，讓她在陌生的新家中一切小心。[109]類似的告誡也曾發生在同時代另一位才女沈善寶身上。沈氏撰寫的《名媛詩話》載道一位待她如後輩親人的富察太夫人在自己出嫁後訓示她"今作婦非在家時比，尤須孝賢勤儉，勿恃才華而生傲慢。"[110]沈善寶在出閣之前，名聲絕對盛於汪端未嫁時。沈善寶隨後記道："後聞寶處上下無閒言，太夫人見而嘉曰：'爾能孝慈無負吾心，甚慰。'"富察太夫人的叮嚀與梁德繩如出一轍，是以新婦能否順利融入新家爲目的，並非罪咎沈、汪兩人的才華。

從汪端的角度看來，她對梁德繩賦予的詩學教育感受更爲深刻。在〈辛未〉詩中，她寫道："七歲教爲詩，縹緗手親付。"可見從早年開始，汪端詩文教育中就有梁的功勞。而作爲自幼關心她的姨母，梁德繩深知汪端的喜好。將甥女迎來同住時，除了提到家裏有表姊妹和花草庭院能爲伴外，還強調許家"室有盈架書，腹汝飽竹素"。汪端在許家除了有兩位長輩的指導，還獲益於許宗彥的藏書。他的鑑止水齋藏書量有近三千種。[111]汪端在姨父的藏書間自然如魚得水。當她嫁到陳家時，她文史知識的淵博給家翁陳文述留下了非常深刻的印象。梁德繩的〈明湖〉詩也透露了一個很重要的信息："所惜女子身，講授乏師傅。"清楚顯示出汪端因身爲女性，在接受教育上的局限。[112]在《自然好學齋詩鈔》的版本中，這兩句改成了"疑義待剖析，以我爲師傅。"可見在汪端的心中，正是視梁德繩爲教授她詩法的導師。

寄養於許家的汪端，得到的不只是求知慾的滿足和詩學造詣上的滋潤，許宗彥、梁德繩更在一定程度上彌補了她失去的父母的關愛。在許家同住時,她備受姨父母的照顧,和兩位許氏表妹也相處融洽。稍後出嫁時,更是由許宗彥前去送親。汪端日後一直感念許氏夫婦多年的教誨,並對他們在家運蹙促之時伸出的援手感念終身。[113]汪端將許家視作自己失而復得的娘家,而不只是一時的避難所。她在出嫁後仍不時回杭州探望姨母。在她的兄嫂都相繼過世後,姨母那裏成了她唯一可以回歸童真之地。在她的詩作〈題雲影夢痕圖爲孫氏表甥女靜蘭作〉中描寫了在梁德繩處與其外孫女許靜蘭(許延礽之女)垂釣的快樂回憶,是汪端詩集中,特別是孀居後難得輕鬆的片刻。[114]廖卉婷稱汪端"將姨母教育内化爲自我檢視的價值觀",並反映在她一系列關於節母、貞女的詩作上。[115]汪端的文字確實標舉着那些女性模範,但她在婚姻中的處境畢竟不同於姨母。在爲人婦的日子裏,汪端仍是以"才"獲得了陳文述父子的傾心支持,反而在内闈中不盡如意。但梁德繩對她的教誨使她做到了儘量維持家内的和諧,在後嗣和婦職的考慮上不介意爲丈夫納妾以代替自己不能善盡的義務。

在出嫁爲人婦之前的十八年中,汪端是極其幸運的。誕生於繁華而且處於文化領先地位的江南文人家庭對於一位盛清時期的才女而言已屬幸事。汪端更享有汪、梁、許三家深厚的文化基礎,得到世家名聲和長輩的指點、愛護爲後盾,相比起那些需要向外界尋求認同的才女,確實可謂得天獨厚,更因此獲得良緣。

婚姻與著述

婚姻之始

嘉慶十五年(1810),十八歲的汪端帶着滿腹的才學嫁入陳家,開啟了生命的另一階段。在此,她渡過了近三十年的歲月。婚後次年即生長子陳孝如,沒能活過週歲。約兩年後(嘉慶十八年,1813)再生次子陳孝先,後改名葆庸。道光六年(1826),汪端三十四歲喪夫守寡。獨子陳葆庸悖於惡耗,患上無法治癒的"痰症"(心智行爲上受到影響)。此時,她的長姊汪筠、次兄汪潭、長嫂湯繡蜎早已過世。不久，汪端皈依全真龍門派，一心修道。最終在道光十八年十二月十八日（公曆爲1839年2月1日）患脾泄逝於蘇州，終年46歲。

對於諸多明清才女而言，出嫁之後家務雜事纏身，或被婦德、婦工所束縛，難以自由地支配時間進行寫作。因此，她們一方面懷緬未嫁時的美好時光，一方面也爲設法合理化自己用於寫作的時間。"繡餘"常常被用作託辭。[116] 汪端則不然。她的詩集《自然好學齋詩鈔》十卷中有八卷半的作品寫於婚後。而成名作《明三十家詩選》約完成於道光元年（1821）汪端29歲時。其後她還曾以"稗官體"寫成《元明佚史》，可惜後來自焚其稿。寡居時更爲亡夫及其友人邵飄、王嘉祿等編定遺集。可見在婚後二十多年的時間裏，汪端以鑽研詩史、書寫、編選詩集爲生活的重心，筆下對此更不見有絲毫掩飾。[117] 這不僅源於她所受教育和價值觀的偏重，與她的婚姻生活和在夫家中的地位也有必然的關係。[118]

汪端與丈夫陳裴之（陳文述長子）才情相當，被視爲金童玉女、天作之合。陳裴之也是一名早慧的天才，他十三歲時已著有《春藻堂詩集》，名聲早著；由汪、陳兩家的友人華秋槎居中牽線，作成良緣。[119] 傳統的婚配講究門當户對。可事實上，陳家的名望遠不及汪氏、梁氏和許氏三家。按陳文述爲父親陳時（1748—1823）撰寫行狀的行狀，其三代祖先均未能考獲舉人或以上功名，祖、父僅以遊幕爲生。[120] 陳時因老父在堂，不免遠離往他省佐幕，因而數度失去改善家中生活的機會。[121] 陳文述髮妻龔氏嫁入陳家時，陳家並無恒產，龔氏需親自操持部分家務以及乳哺兒女。[122] 陳文述亦在晚年自序其《頤道堂詩選》時自稱早年求學不易，家中無藏書，鄰里間又無師友可助。直到陳文述中舉時方略爲改善家中的生活。他的説法或過於自謙，仍可見事實上陳家雖然也是讀書人家，但與汪家的家境相差頗遠。[123] 不僅如此，陳文述行爲率性，並時時與一群落魄而狷介的文人以及青樓畫舫女子往來，交遊圈和汪、梁兩家頗不相類。[124] 筆者亦未曾從汪家、梁家其他家人的詩文集中見到他們與陳氏父祖有所交集。

陳家受汪端才華吸引，依華秋槎之言向汪家提配。汪瑜在應承前顯頗爲謹慎，親自由蘇州返杭評定陳裴之的人品才華。[125] 才女因詩才而牽來一段婚姻自明末以來就不乏其人。㉑但汪瑜的回訪就顯得不尋常，不但可見他的慎重，以才選婿通常都發生在女家身份地位較高的配對中，更顯得陳家在婚事的安排上處於較被動的姿態。

實際上，汪瑜的考慮可能遠不止如此。以他當時略爲拮据的經濟情況看來，他未必能爲汪端的婚事準備豐厚的嫁妝和盛大的排場。㉒常爲女兒點定詩作的汪瑜定知女兒儘管才華逼人，卻不重視婦功或中饋等婦職。而定親之時（約在嘉慶丙寅，1806），陳文述已考中舉人（嘉慶庚申科，1800），又受到阮元㉘等官員的賞識；陳裴之聰穎過人，前途似乎充滿光明。陳家整體呈現着欣欣向榮之態。此時汪瑜自己鬱居於家，長子汪初宦途起步太低、舉步維艱。眼前的形勢拉近了雙方家世上的距離。

在陳家而言，汪氏、梁氏均爲杭州名門，能與他們聯姻必不至於計較嫁妝多少。更重要的是，在此之前陳文述已有愛護才女之名，必較一般讀書、仕宦人家更能重視和愛護一個才華出衆的兒媳。㉙再加上許、梁夫婦與陳文述恩師阮元既是好友又是親家，陳文述對梁氏的外甥女豈敢等閒視之。事實證明，汪端嫁入陳家，除了因詩才見愛於家翁，她的身世也讓陳文述對她另眼相看。㉚他爲汪端撰寫〈孝慧汪宜人傳〉時更刻意羅列了與汪端有親緣的當世名才女名單，爲媳婦的名門出身添一份補注。㉛

翁婿陳氏父子的喜愛與支持

陳文述、陳裴之父子是汪端婚後的重要家人以及與外界接觸的主要渠道。他們對汪端的態度左右着她的生活和她在陳家的位置。相比許宗彥、梁同書及汪氏振綺堂中人居家治學的自在，陳氏父子的一生顯得頗爲勞碌。陳家的先人是主管錢穀、賑災的實幹型幕僚。㉜陳文述父子均能秉承家學，是善於理政的循吏，生前卻總無發揮的時機。

陳文述十八歲成爲生員，二十六歲時以"團扇詩"受知於浙江學政阮元。其後他雖能通過鄉試，但居京十年，三應會試都落第，迫於家計而加入試吏的行列。嘉慶丙寅年（1806）以知縣分發安徽試吏。同年，陳文述在運送軍糧時路過清江（現淮安市所在），獻策於受命處理洪澤湖水位過高而導致漕運問題的鐵保（1752—1824）、戴均元（1746—1840）等，受到賞識，被留下協助整治河務，竣工後更獲改任於江南。儘管他數次暫代江南各地的縣令時證明了自己在經世濟民方面的卓越才能，更奉有"儘先補用之明詔"，但仍苦候了十六年方才被正式授職。在此期間，他寫下他的得意之作〈海運議〉（寫於嘉慶庚午，1810）及一系列治理河務的文章，主張開海運可治河兼改革漕運的時弊。[133]無奈人微言輕，在人浮於事的嘉道時期陳文述的高調惹來了上司的不滿，很可能因此再次拖慢了得到實授官職的時間。[134]至道光元年（1821），陳文述方才正式被任命爲江都縣令。

江都縣是揚州府治所在，更是漕運、鹽務的樞紐，又聚居了一群財大氣粗兼有靠山的鹽商。江都縣令並不是一個易處的位置。自嘉慶十五年（1810）至道光元年（1820）陳文述出任縣令爲止的十年間，《續纂揚州府志》中記錄在案江都縣令就換了十二位，最長的一任也不到兩年；僅嘉慶二十三（1818）至二十五年（1820）就有四位。[135]家學傳統，加上陳文述父親的不時提點，令陳文述在任上處理公務、判案、治理地方河務、賑災等都顯得遊刃有餘。[136]方志中對他讚曰：

> 陳文述，字雲伯，浙江錢塘人，嘉慶十五年舉人，道光元年知江都縣事，工詩文，性明敏。履任，案無留牘，聽斷如神，民間錄其信讞名《陳公案》二卷。請開伊婁河、建彩虹橋、濬儀徵運河，皆便民。三年，江水爲災，拯卹甚力。尤樂表節義事，以維風化。建十二烈女祠於府學天后宮旁。[137]

道光三年（1823）八月，陳時（1748—1823）病逝。陳文述兄弟即需丁憂，離開初展身手的舞台。葬期剛滿不久，獨子陳裴之突然於道光七年（1827）猝死。陳文述再次爲糊口而往漢口遊幕。隨後又受母親去世的影響，拖延至道光二十年（1840）方能再受繁昌縣令一職。[138]當時他大部分的至親家眷都已離世，他以七十高齡，依然勤於政事。《重修安徽通志》也將他置於"名宦"下，更終在道光二十五年（1845）年逝於任上。[139]

陳文述確屬經史致用之才。[140]但長久以來，對陳文述的評論極少看到他的經世之道，而專注於褒揚才女的方面。對他的評論更呈現兩極化，不是訾議其行爲輕薄不端、"故作風流"[141]，就是對他的逸事、韻事推崇不已。近年對陳文述的研究也逐漸豐富，對他的批評漸趨緩和而全面。[142]

陳文述予人"故作風流"的印象則主要是基於幾個方面：他以仙才及護花使者自命：樂於招收女弟子、製造韻事（翻修才女墓、祠）、兼喜歡作香艷詩詞。[143]鍾慧玲的研究指出，他對這些女子的關心和對婦才的推崇是真切的。[144]身邊的師友也多有能欣賞女性文學才華之人。[145]結合陳文述的生平和女弟子活動的時間，不難發現女弟子們是在陳文述知道自己仕途前景暗淡，並由於父親辭世而丁憂家居時才以整體面貌出現。[146]此時的他漸漸放下對世事的執著，以"退菴"爲號，警誡自己抽身事外。[147]即是說他將期盼從官場中轉向對才女們的傾慕。這些交往不僅能滿足了他的仙才護花之念，而且因爲不是功利的，沒有進退得失的計算，對於那時的陳文述未嘗不是厭惡和退避世情的最佳之道。

陳文述和才女間的往來雖遭人垢病，卻也證明了才女文化在嘉道年間的興盛。在後袁枚、章學誠時期，儘管仍有才女不願意將自己的作品給外人傳閱，卻也再沒有聽到主流士人如章學誠（1738—1801）般企圖力挽狂瀾，高調地責難女性向外人展現她們的詩學才華。因此陳文述的碧城仙館女弟子群不像袁枚招收女弟子那樣具有開創性。陳文述門下女弟子不拘出身，雜有秦淮妓者、妾侍等。[148]他的《畫林新詠》"閨閣"一卷更容納了閨秀、側室、使女、妓者等等各種出身的女性，充見顯示他對女性唯才是論的包容性。[149]康正果的研究指出，顧太清對陳文述的譏誚和他的女弟子們對他的追隨這兩種截然相反的行爲本於在她們自身聲望的高下之分。[150]這樣看，與其説是陳文述去褒揚才女、推廣女性書寫，不如説予人清靈感覺的才女文化已經壯大到足以吸引厭於濁世的男性文人去擁抱或膜拜它，並成爲其中的中堅分子。

再者，陳文述極愛寫作詩文，僅最後刪定成集的就有《頤道堂詩選》三十卷、《詩外》八卷、《文鈔》十三卷附一卷。其後又編《頤道堂戒後存詩》以及擷取精華爲《碧城詩髓》。[151]陳文述的書寫癖主要可能是由早年經由詩詞獲得認同而引起的。[152]正如康正果所言，詞林是科舉以外的文人發揮和較量的場所。[153]陳文述早年即已寫下了大量詩詞。其後三次應會試始終未能博得一第，有才而遲遲不得實授官職，所作議論又不被採納等種種均令他對仕途和經世越來越心灰意冷[154]，轉而通過寫詩、建祠、爲才女修墓等事情將多餘的精力投入前人逸事的緬懷、地方名勝的題詠和對女弟子的支持上。他也特別喜愛對地方名勝、人物作各種系列題詩。㊾在筆者看來，他的詩文幾近於日記，將他的行跡、交往、見聞、以及各種思緒都一一寫下。沉溺書寫的陳文述下筆記錄自己的人生，確如康正果所言是嘗試以書寫把握世界。他晚年回顧時亦自覺所作詩文甚多，意識到"覆瓿或可卜"，只能"任其傳不傳"，卻也從反方面可見他此時心底的忐忑和對文字能傳世的渴望。㊿一個熱愛寫作、時時希望傳播自己文字的家翁，也就更能體諒汪端將精力時間投放在鑽研學問、專心寫作之上。

汪端並不欣賞袁枚嬉笑人生的作派，曾寫下"三生福慧倉山叟，葷孽誰迴大海瀾"之句，更自註"吾鄉文體、士習，隨園實始敗之。"㊿然則陳文述雖被視爲袁枚的劣質模仿者，汪端卻與之相處愉快。除了身份所拘，關鍵在於陳文述行爲中"輕佻"的相當部分其實是世道壓力之下的一種舒解。比起嘉道時期充塞官場的顢頇之徒，他是治理地方的能吏，受惠者甚眾。他對所應承擔的家庭責任，也盡力承擔。嘉道時盛世日益傾頹，宦途壅塞，競爭激烈，而官場陋規橫行，作風疲沓。爲生計、前途、世道所苦的文人在寫作中充滿着無奈悲愴之感。㊿陳文述那些追捧才女的行爲和對寫作的執迷，使他有悖世俗道德的眼光。可他本身也從不以道德完人自視，而自稱其"爲人也，不奇而亦不庸；涉世也，不介亦不通；其爲文也，不拙亦不工"，對自己"愛婦"、喜作詩等直認不諱，更顯得他的直率可敬。㊿他積極謀生，精於政務，從不放棄對家庭的責任和家人的愛護，也使他贏得性格端正的媳婦汪端對他的敬重。

陳文述與汪端的關係是極爲和諧的。依陳文述之言，汪端對他"依依若侍慈父"，而他就對汪端時而像寵愛嬌女，時而亦視其爲才智匹敵的文友，而不像是一個侍奉長上、操持家務的媳婦。㊿汪端在婚後亦不特別在婦職上用心。她的《自然好學齋詩鈔》十卷本上千首作品中僅有一處提到婦職：在〈題蘋香女史采藥圖〉中寫道："八載事舅姑，視余猶弱息。姑衰體多病，媿未嫻婦職。中饋拙餴饎，夜窗曠組織。"自稱嫁人八年，家姑體弱多病，而自己在婦職方面仍未能嫻熟而感到慚愧。㊿嫁後八年，當是在嘉慶二十二（1817）至二十三年（1818）年左右，正是汪端在傾注全部心力於重選明詩期間，可見才學和婦職孰重孰輕。

對於汪端未盡婦職，陳文述絲毫不以爲意。身爲一家之主的他在爲汪端豎立以才、德不相妨的模式時起了很重要的作用。在爲汪端《自然好學齋詩鈔》

道光六年初版（1826）作序時陳文述寫道：

> 子婦汪端，刻《自然好齋詩》成，請序於余。余謂經所載，婦事舅姑如事父母，則舅姑之於子婦亦當視之如子矣。而《內則》一篇酒漿中饋外，他不及焉。蓋禮爲家人之範，婦職通於古今。而比興之作，聖人存其教於詩，而缺其文於禮，不以日用行習與文字相紊也。……使（汪端詩境）遠過於余，則誨王謝於閨中，侍班曹於䦧下。文字之祥，翰墨之緣，亦家庭之福也。視逸少凡夫且將過之，敬禮定文，不必外求而有所託也。此則余心所甚願，而有待物之玉成也。書以示端，並以相勗。

可見陳文述樂見汪端繼續在學識、詩力上的發展，視之爲家庭之福。得到家翁的全力支持，等於掃除了汪端被婦職束縛的大部分壓力。

汪端出嫁之前，已熱衷於鑽研詩、史。入門之後隨即將與夫婿同作之詩呈上，請陳文述指正。在作詩方面，翁媳二人既有同好，一直交流不斷。對於汪端的詩學造詣，陳文述是非常認同的。汪端曾作〈頤道堂詩說〉十餘則，總論陳文述的詩學，被陳文述評爲"論余詩甚精當"。而陳文述也摘選汪端詩中佳句百餘聯作〈自然好學齋詩說〉，更不吝於承認汪端在詩學的修養上較自己深厚。汪端之於選詩獨具眼光，亦常爲陳文述編纂詩集時提供建言。陳文述對於有子婦汪端能承繼自己對詩學的熱愛感到非常欣悅，將汪端視作伏生能傳經學的孫女和能以女弟的身份完成父兄所著《漢書》的班昭。

陳文述和汪端的交流，有時並不僅限於詩學方面。汪端曾勸阻他刊行〈禁煙管見〉，亦建議他以不具名的方式擔任近人詩集的編輯者，以避免招惹不必要的紛爭。人事評論（例如對元末張士誠政權的評價）上，兩人的看法頗爲一致。在汪端生命的最後十年中，陳文述以及他的側室管筠俱是她求道的同路人。這些翁媳之間相處的細節大多因陳文述爲汪端撰寫的〈孝慧汪宜人傳〉中方爲外人所知，足見他平日對汪端的倚重和信賴。

對汪端而言，陳文述是對自己愛護有加的長輩和詩學上的良師益友，更是文字事業上可以託付的對象。《明三十家詩選》的初版正是在道光二年（1822），由在江都縣令任上的陳文述安排刊刻的。這本詩集在選成後次年就馬上被安排刊刻，一方面由於汪端健康情況令人擔憂，陳文述急速將它付梓以求寬慰作者；另一方面，也證明了陳文述認同這本詩選的水平，藉它的刊刻，希望此詩選能進入公開的詩學討論之中。此外，汪端敬愛的父親汪瑜、長兄汪初生前默默無聞，身後子孫凋零，因此，她請求陳文述爲父親汪瑜作〈汪天潛墓誌銘〉、爲長兄作〈汪問樵遺詩序〉，藉陳氏的文集讓他們的事蹟不被淹沒。[171]

簡而言之，陳文述與汪端的關係非常融洽。在寫作、編纂、刊刻上，兩人彼此信賴、互相支持。有論者認爲陳文述促進了汪端與其他才女的往來。碧城女弟子群中的確有數位與汪端有詩文往來，包括後成爲汪端好友的吳藻和張襄。實際上即便沒有陳文述之力，以梁德繩的網絡一樣能讓汪端與其她才女建立往來。但身爲家翁的陳文述爲汪端婚後的生活提供了無可替代的庇護。曼素恩指出，是詩文打破了陳文述和汪端間傳統中極爲敏感、禁忌的翁媳之間的距離。[172]類似的情況也同樣發生在善於書法的石韞玉和兒媳席怡珊之間。對於媳婦能承繼自己的才學，陳文述和石韞玉同樣都十分得意。因此，在打破禁忌上出現的，並不在於詩文或是書畫的技能，而是嘉道時期的文人們對於女性才華以及媳婦角色，或可稱女性在家庭中以及學識傳承上的角色的重新審視。

至於與汪端更爲親密的夫婿陳裴之，他在一生於仕途上卻比乃父更爲不幸。雖然在十六歲（約1810）就擠入了縣學的大門，背負着陳家興盛重望的他其後四應鄉試皆失意而回，只得於嘉慶二十五年（1820）以"武陟例"納資捐爲通判。[173]所幸務實的家風使他免受責難。[174]陳家剛於丁丑年（1817）末受疫症打擊，奪去了八名家人的性命，包括陳文述的幾個姪子。在此之前，陳文述次子陳荀之就已夭折。家中男丁單薄，但依賴陳文述爲生之人日益增多，使陳裴之準備應試的同時不得不轉尋其它謀生、出頭的機會。[175]陳文述頗注重指導裴之實際政務操作，並常攜他同去赴任，讓兒子在自己的任上得到更多歷練。[176]在父親任江都縣令並暫攝淮南監掣同知期間，陳裴之也在一旁輔助政務，以行事穩妥而得到曾燠、錢昌齡等人的賞識。道光二年（1822）更協助暫代淮南監掣同知之職的父親處理當年濬通儀徵河之事。且因疏濬河流時需築壩，鹽船不能泊港，而並建議移改捆場，令河務、鹽務兩不相妨。道光三年（1823）順利完成後，孫玉庭、黎世序等對陳裴之的幹練非常滿意，一同奏請以同知銜留任江蘇。[177]但吏部因陳前捐通判款項尚未繳足，以加同知銜與定例不符爲由駁回。此時陳文述弟弟的縣丞之職也突然無法落實，加上陳時去世，陳文述需依制丁憂離職，陳家謀生的重擔就壓到了陳裴之的身上。雖然同年稍後吏部允許陳裴之以通判職歸部先選，卻掣籤選得雲南府南關通判。路途遙遠，加上家中男丁單薄、家計困頓，陳裴之只得稱病辭任。他前往漢口以遊幕養親，負責管理巡緝私鹽之事，事務煩重且干犯眾忌。支持他的湖廣總督李鴻賓被調往兩廣後，眾人推薦陳裴之爲"鶴長引商"（繳稅後取得鶴峯、長樂縣地區專賣權的鹽商），間接想要逼使他放棄緝私的工作。壓力和繁重的工作令他不勝負荷，身死異鄉。[⑩]

陳裴之一生勞碌奔波，英年早逝。幸而年代不遠，他的《澄懷堂詩集》、《夢玉生詞》尚存，《澄懷堂文集》則不全。[⑩]雖以"澄懷"自許[⑩]，他苦心所書的〈論西北水利書〉並沒有贏來伯樂。反倒是他仿冒襄《影梅庵憶語》的憶語體作品《香畹樓憶語》，以自己與亡妾王氏自比冒襄、董白這對才子佳人，成功地在經典中借力推行，成爲他最著名的作品。[⑩]但即使在悼亡性質的《香》文中，營造着才子佳人間的情意綿綿以及精緻生活的氛圍的同時，他的忙碌和仕途的坎坷經歷也時時滲入其中。[⑩]他大部分的時間都在外地奔波謀食，只能偶爾回家探視。立世艱難、國事日非，陳裴之雖珍惜在溫柔鄉的時刻，卻更重視他的事業。

在仕途上的不遇，並不影響陳裴之對妻子才華的認同和敬佩。能得到汪瑜的期許和肯定進而娶到這名才女，陳裴之不無自得之情。從在新婚之際他留下的題詠中可見他們當時生活十分愉快。他雖然意識到自己在這椿婚姻中處於根柢較弱的一方，卻自信自己的家學和才華足以爲匹。[⑩]婚後次年（1811）夫婦一同往杭州省親之時，陳裴之就一一題詠汪端的親人，並將這些詩呈予題詠的對象，足見其希望能以詩才獲得他們的認同，能將他視作足以匹配汪端的良人。[⑩]

汪端和陳裴之這對"金童玉女"，是否一直都琴瑟靜好、和睦無間？李匯群認爲不然。在李氏看來，陳裴之在與汪端結褵的早期對這段婚姻投射了過多浪漫的期望。其後他漸漸意識到汪端不同於一般才女，不以丈夫爲僅有的天地，對夫婦情愛"表現出一種超脫的淡漠"，因而陳裴之逐漸將汪端視爲知己好友，而不再是"純爲女性的化身"，轉而將那種浪漫繾綣的心思轉而投注在王氏身上。[188]對此，筆者不能完全認同。汪端的詩確實少有女性纖柔的一面。蔣寅就曾指出，汪端視詩歌爲"性命"而不是一般閨秀的"消閑和寄托"，因此"傳統的閨閣題材和少女情懷幾乎沒有在她詩中留下痕跡。"[186]僅觀她在娩後調理不善的情況下、再爲重選明詩投入過多精力而導至患上重病即可知蔣寅所言不虛。事實上，或許正是因爲女性的腼腆，她完全沒有在自己的詩集中收錄結褵初時與陳裴之共同寫作的作品。[187]因此詩集中沒有對新婚的興奮，但這不代表她完全沒有柔情的一面。[188]正如她極少抱怨自己的健康，但實際上她常常抱病。她追求的詩品並不在於細緻的生活情趣或穠艷的風花雪月，但她與陳裴之在研學論詩上是絕對是相契互重的一對佳侶，更不用說她數操選政，背後都有陳裴之的支持。

陳裴之亦不是無知小兒。在成婚之初，他就已了解汪端那"不學鴛鴦學鳳皇"的自我期許。[189]在寫下那些柔情萬分詩作的同時，亦記下兩人相處的時間都用在討論詩文歷史上，並以此爲樂。[190]而新婚的激情在婚後兩三年漸漸轉爲敬愛之情並不足爲奇，未必就如李滙群推測是因爲汪端的才華過於集於學識之上而令"夫婦情愛生活的疏離"。[191]婚後他們互相閱讀評價對方的詩集，更時時共探詩、史的問題。[192]王氏入門後並不能與陳裴之進行同等深度交流。何況汪端嫁入陳家之時，陳裴之剛剛才入縣學，意氣風揚，尚未體驗人生的坎坷。其後納妾時，則是他失意於科場，艱難地奔波於揚州各地，爲補佐父親、也爲謀求他途入仕之際，閱歷、心境都不同於初婚之際。再者，傳統文人爲妻、妾兩種不同的對象書寫時，所寄託的情感即存有差異。再加上王氏出身於南京畫舫，身份上絕不同於汪端這種大家閨秀，詩詞中措辭有別亦當屬合理之事。若汪端果真不通世情、過於自我，則不會在王氏死後與丈夫共同寫出許多緬懷的作品，同悲於紫湘的早逝[193]，更爲常常在外奔波糊口的陳裴之送上安慰。[194]

對於江南地區的眾多才女們，陳裴之雖不是視而不見，但詩文集中所見的唱和、吟咏不多。[195]但對才華橫溢的妻子，他一直都鼎力支持。汪端得以完成《明三十家詩選》，陳裴之應記一功。前文中他和汪端關於詩史的討論，正是直接促使汪端下決心作是選的主要動力。陳裴之秉承家教，在詩學上亦早有主見。夫婦兩人的討論並不限於明代。開始時，他們的焦點放在了汪瑜點校的《漢魏六朝百三名家集》。轉而討論明詩，兩人見解有異：陳裴之的塾師蕭掄與沈德潛持論相同，推尊前後七子爲明代最優秀的詩人，而不是汪端所偏好的高啟。[196]陳裴之早期的吟詠也被認爲稍具明七子之風。[197]詩學品味上的差異很可能刺激了兩人對明詩的討論，並時有所發。陳裴之在生活的壓力下，無法將寶貴的光陰用於詩學研究和著述上。汪端則恰能填補此一空缺，將討論集結成書。這些分歧也不妨礙汪端欣賞夫婿的才學。她稱讚陳裴之的〈劉文成論〉和〈張吳七姬權厝志〉都能"甄綜史事、糾謬闡幽，深得知人論世之意。"並將這兩章論文以及陳裴之的〈書夏內史集後〉五古一篇，一併收入《明三十家詩選》中，豐富了詩選中人物、時代的判斷，爲其詩選增色不少。[198]兩人看法最終趨向一致。《明三十家詩選》刊刻完成之時，陳裴之爲之題詠七律四首，重申了和汪端相同的論點，並稱此作較錢謙益之《列朝詩選》以及沈德潛的《明詩別裁》更爲公允。[199]第四首的尾聯曰："卷中甲乙丹黃處，並憶寒宵剪燭紅"。由此觀之，再加上汪端〈夢玉生事略〉中的"嘗共君論明人詩"，則足見陳裴之在《明三十家詩選》的編選、校刊中居功甚偉。

在現實生活中，陳裴之婚後數年開始奔波，先輔佐父親陳文述往各地任職，再離家遊幕，幫補家計。如此一來，兩人之間相處時間銳減。而陳家的家政一向由婆母龔氏把持。再加上連生兩子後，汪端爲治癒陳文述的病症而祈禱，發願與夫婿異室而處。[200]她在內闈的時間被用作重選明詩，剛完成《明三十家詩選》的初稿，卻患上了"不寐之症"（症狀即類似於今日的神經衰弱）。爲了休養並爲廣嗣計，她提出了爲陳裴之納妾。之後，陳家因陳時之死而步入困境。陳裴之往京銓選、往漢口遊幕的時間內，汪端很可能將時間投放在另一部作品《元明逸史》的寫作上。即夫婦婚後不久起即沒有多少共處的時間。換一個角度看來，陳裴之在日常生活中的缺席也給予了汪端時間和空間去發揮她的學識，讓她在治學和寫作中找到了自己安身立命之所。在汪端的才華面前，陳裴之逐漸折服。在過世前不久，他曾以〈內子允莊〉爲題寫道："珪璋靜比德，琴瑟和成音。與君爲夫婦，比翼棲同林。君才十倍我，詩學尤淵深。他年定文託，鑒此千秋心。"[201]不但由衷地表示敬佩，更將身後選定詩文集的工作交給了妻子。

雖然聚少離多，汪端對陳裴之一樣抱有深厚的感情。她的詩詞伴隨着陳裴之走過種種艱辛。[202]《自然好學齋》詩集中，唱和最多對象即是陳裴之。獨處閨中的汪端不時懷念與夫婿挑燈論學的時光，期盼有朝一日能一同歸隱。[203]在陳裴之突然撒手人寰後，悲痛讓她封筆將近一年。而她的喪偶之痛瀰漫着此後書寫的多卷詩作。[204]其中一首〈小雲嘗與余合選簡齋心餘甌北三先生詩，手錄存行篋中，今冬檢理遺書，偶見此本，感題於後〉詩曰："鬥茶猶記同評泊，埽葉曾經佐校讐。紙墨叢殘遺跡在，淚霙斑竹楚天秋。"足見最觸動汪端的正是伉儷一起評詩論人、校讐詩集的時光。[205]這段婚姻為汪端留下至為寶貴的記憶。[206]她不負陳裴之的囑託，不僅扶病忍痛親自選定他的遺作，使刊刻本能盡快面世，還打破藩籬，親自為撰寫〈夢玉生事略〉[207]及《澄懷堂詩集·序》，亦代他完成對友人編選他們詩集的承諾。繼《明三十家詩選》之後，汪端再次越過了女性書寫傳統的領域。

由以上可見，陳氏父子為人處世積極而靈活，而汪端這位有著過人天賦的才女受到他們全心的喜愛。儘管常忙於官職或遊幕，陳氏父子大部分時間都不會遠離江南。他們與汪端空間上適當的距離，讓他們能時時關懷汪端的需要和在家中的處境，也為留守家中的她創造了專注於詩史的機會，創造研習、寫作最有利的條件。汪端既然立志挑戰前人，《明三十家詩選》就不會僅滿足於前人總集中收錄之作。[208]在力所能及的範圍內，她都盡量使用詩人專集代替選本。[209]汪氏"振綺堂"和許氏"鑑止水齋"的藏書極可能是來源之一；已嫁為人婦、居住於蘇州的汪端依賴的更多是陳文述父子為她收集、抄錄的詩集。[210]對於這部陳家最具學術性、最有系統的著述，陳氏父子不但一直不惜動用人脈、花費金錢全力支持，甚至請求陳文述座師阮元遠自千里之外將孫蕡、鄺露的詩集由廣東寄至蘇州。[211]《明三十家詩選》的完成，陳氏父子居功甚偉。汪端與他們，不僅是家翁兒媳、丈夫妻子，更是同道和知己。

內闈中的孤寂

陳文述父子雖一直是汪端的支持者，並陪伴汪端渡過了加入新家的最初數年，但真正與汪端朝夕相處的，是陳家內闈中的一眾女眷。特別是在她創作的黃金時間（約1810—約1831），正是陳氏父子忙於政務或遊幕之時。那些阻礙才女讀寫的"柴米油鹽"諸端煩擾，往往來自內闈。與汪端同居一處的女眷之中，有太婆母查氏（1748—1835）、婆母龔玉晨（1770—1838）、庶婆母管筠（1790—1839）等。其中，龔玉晨是長媳兼陳家中主中饋之人。[212]她出身士人家庭，也通翰墨。[213]這位髮妻陪伴陳文述一起熬過了早年的奮鬥期，卻在家中生活得到改善後不久，需接納夫婿的新妾管筠。同年龔氏生次子陳荀之（1806—1811）。嘉慶十六年（1811），荀之夭折。這個沉重打擊使龔氏臥床不起，羣醫束手。長子裴之代求神示，餘生不食五穀而專以阿膠、女兒紅酒爲食，方得以帶病延年。

龔氏與丈夫的性格截然不同。在〈先室龔宜人傳〉中，陳文述兩次稱龔玉晨"性嚴重"，即嚴肅穩重、不苟言笑，亦暗含嚴厲之意。晚年更因多病，有時飲酒過多，稍有不滿則"聲色所加"，使到家人對她都甚爲敬畏。儘管性情不好親近，陳文述另有寵姬，龔玉晨在陳家的地位大部份時間仍是穩固的。陳文述母親查氏所鍾愛的外孫、幼子去世，都是由龔氏告知婆母，並妥善照顧老人的情緒，連陳文述亦稱讚她"明智膽決"，是能當大事之人。陳文述雖有風流之名，對這位髮妻的尊重却終生不減。[214]

對於汪端這位兼擅詩史、才華揚溢的才女媳婦，龔玉晨流露的情感頗爲複雜。陳裴之八歲時，在私塾中初露頭角，龔氏甚爲得意，並寫信予在京備試的陳文述曰："此子將來非君自教，恐負此生質之美也。親戚中多有爲作蹇修者，愚意非絕世才女而賢如曹大家、謝道韞者，配之不可。不知世間尚有其人否。閣下在外，宜加畱意。不必以里籍門第拘也。"[215]其後果真如意，汪端的才學錢塘才女中既爲一時之選，又出身名門。但龔氏對她並不親密，其中很可能因爲陳文述與一眾姬妾的關係而有所遷怒。

陳文述與龔玉晨在成婚初年亦是情感融洽的一對佳侶。陳文述在成婚的前十年積下的詩中，充滿纏綿柔膩之感。夫婦之間更有西溪偕隱之約。[216]但自管氏入門之後的十多年中，分去了陳文述大部分的注意力。[217]兩人無論在詩學或後來向道修行方面都表現得較陳、龔伉儷更加契合。而身爲側室的管筠更能時時陪伴陳文述外出宦遊。[218]這些讓一同走過艱難歲月的龔氏感得不快亦是情理中事。管筠入門後頗有一段時間，龔氏的《璧月樓詩存》中都不見有她寫予夫婿的詩作。[219]陳文述作〈先室龔宜人傳〉中對龔氏早年與管筠的矛盾直認不諱。[220]他予妻子的詩作在此期間亦見減少，筆墨間顯得較冷靜自持。直到龔氏移居杭州、獨子陳裴之驟逝後，兩人之詩文間的情感方再次轉濃。

· 298 ·

龔玉晨的強硬在對待文湘玉一事上最爲明顯。以風流聞名的陳文述，除了管筠外還有另幾位侍姬、外室。其中文湘玉亦是善於作詩、鼓琴的才女。[21]陳文述對她的喜愛不下於管筠。[22]但龔氏一直不讓她入門。道光五年（1825）陳文述再次納妾時，入門的是僅僅粗通文墨的薛氏而不是更討陳文述歡心的文氏，很可能就是出於龔氏的意願。[23]

由以上可推斷出，汪端入門之時正是龔玉晨與管筠矛盾尖銳之時。小叔葤之又在次年夭折，使龔玉晨再受打擊，與之相處間更爲不易。汪端出嫁之前家庭和樂，於梁德繩處也備受呵護；她又一心鑽研學問，未必懂得在龔氏面前曲意承歡。再加上她與管筠年齡相仿，興趣相近，兩人相處極爲融洽，又都因爲詩才獲得陳文述的喜愛，使她更難討得婆母的歡心。

身爲主母的龔玉晨一直把持着陳家的內政。她受次子早殤的打擊而長期病弱、精力不足時，仍然沒有將管理家政的權責轉交給媳婦汪端。隨後的十數年間，陳家家政很可能是由陳文述和龔玉晨共同掌管。但在道光六年（1826）底陳裴之辭世，陳文述即起程前往漢口善後，家中即無人經理。道光八年（1828），陳文述將再次外出遊幕前，迫於婆母查氏的壓力以及家境瀕臨破產的事實，龔玉晨才將家事託予管筠。[24]此舉繞過了理應繼承此職的兒媳汪端。對此龔氏的解釋爲汪端"稽古之力有餘，濟變之才不足"，多年觀察之下覺得管氏賢慧，又能識大體，因此是比汪端更合適的人選。[25]陳文述的這番轉述可見龔玉晨對汪端持家能力徹底的不信任，甚至暗含對其"稽古之力"的嘲諷。而陳文述筆下則又帶有因體弱而不勝操勞之意。[26]實際上，汪端確實不算強壯，但她仍有無窮的精力用於寫作和禮懺，不見得不能學習管理家政。"多病"是汪端自己抬出以躲避家事或者龔氏的借口，還是陳文述爲龔氏不讓汪端插手而作的掩飾實不得而知。因爲同時期，龔氏的身體狀況可能更糟。汪端或許一時真的無法承受管理大家庭的浩繁工作，可是龔氏的安排甚至沒有留給汪端學習的機會。蔣寅形容汪端有着"水清無魚的精明，難免招人忌憚和敵視"。[27]若讓汪端接手管理大家庭，倒有可能會惹來不少糾紛。退一步想，交給副室管氏，龔玉晨仍可隨時過問；交給出身名門又聰穎的兒媳，龔氏則不便過多地插手。無論龔氏多年來不將家務管理交給兒媳的考量是出於對她的保護、忌憚或疏離，都使汪端身失去了身爲冢婦理應主持中饋的權力和義務。

汪端與這位性情嚴厲婆母的互動見諸筆墨者不多。她的詩集中僅有剛入門時的〈姑大人命題花海扁舟圖〉言及婆母。詩中頌揚圖中西溪邊梅花花海景色之美，詩末更嘗試以"應許同遊侍着書"示好。[28]據陳文述所言，汪端入門後，龔玉晨並無特別爲難這位"以多病不克任家事"的兒媳，更因爲她出身大家，嫁後遭遇不濟而哀憐她。在汪端奉道以後常常閉關修行，龔氏亦蠲除她作爲媳婦日常問安、侍膳的責任。[29]陳文述筆下龔、汪兩人常以食物表達關懷和敬愛之意，有如賓客一般。可這同時亦說明兩者之間的關係非常疏離。

伴着陳家從貧窮走向小康，中年卻因丈夫另有所愛、愛子夭亡而心情煩鬱的龔氏對於精於詩學，得到丈夫、兒子全力支持和愛護的媳婦抱着怎樣的情感，在《湘煙小錄》[29]中留下了蛛絲馬跡。龔玉晨對兒子側室王子蘭的懷念和追思，正可以用以對比她和汪端的關係。如果陳文述的《頤道堂集》或其他各種才媛詩集中均沒有龔玉晨的任何隻字片語是由於她不熱衷於自己文字的外傳，那她高調地爲兒子的側室撰傳，更足見在她心目中汪端和王子蘭地位的高下。《湘煙小錄》中她撰寫的〈紫姬小傳〉、陳裴之的《香畹樓憶語》與三年後汪端爲亡夫陳裴之所寫的〈夢玉生事略〉描述中的差異突出了龔、汪婆媳二人之間的分歧。

在〈紫姬小傳〉中，汪端不嫻於婦職而醉心於文史被表達得最爲直接，同文中王氏的德行則獲多番強調。[30]龔玉晨對於能克盡己職、精心照顧自己和汪端的王子蘭喜愛異常，對她稱讚備至，直視作她心中媳婦的標準，更不惜借汪端之口盛讚王氏的詩詞。[32]在〈紫姬小傳〉最後，龔氏盛讚曰：

> 知其美麗不知其淑慎也；既知其淑慎，不知其勤儉也；久之，知其勤儉不知其賢孝也。乃閱數年之久，而其賢孝之實蹟以自晦而愈明，覺無事不入人心脾，矧余沉疴委頓十餘年，需人娛侍，得此賢孝之媛，而復失之。一憶及，不知涕之何從也。[33]

相比之下，她對汪端不懂"娛侍"的不滿也就不言而喻。《湘煙小錄》成書於道光四年（1824）。當時汪端成名作《明三十家詩選》的刊刻（道光二年，1822開始）料已完成，汪端受到各方的讚譽。龔氏此舉有藉機將汪端一心鑽研文史而疏忽照料長上之過一吐爲快之嫌。

對於王氏的病逝，龔、汪兩者所載亦有微妙的差異。道光三年（1823）冬天，汪端身染重病，依賴王氏無微不至的照顧方得好轉。王氏隨後也感到不適，延醫治病後本已稍有改善，不料龔氏又病倒，王子蘭帶病照顧婆母而再受風寒，導致病重。對此，龔玉晨在〈紫姬小傳〉渲染著王氏不畏懼受汪端傳染，精心照料大婦長達數月，而後方才由龔氏請醫者診視她（王氏）自己的病況。^⑳但在汪端的〈夢玉生事略〉^㉕中，重複了陳裴之《香畹樓憶語》中"允莊忽染奇疾，淹篤積旬"的描述，只受王氏一個月的看顧，更是由她首先發現王氏亦抱病。^㉖至龔夫人病時，王氏已是"強起"方能前來照料。在兩者的記載中，王氏都是無保留地奉獻著自己，照顧兩位主婦。但相比之下，龔氏的文筆更強調、甚至可能誇大了王氏對汪端的付出，而不提汪端發現王氏抱病的關鍵，更淡化了自己生病之時，王氏身體的虛弱，從而暗暗將王氏病亡的責任更多地指向了汪端。這未必是她有意操縱的結果，而可能只是她看到、感受到的那部分事實和陳裴之、汪端的角度不同。

在一個害怕打雷的小細節上，龔氏的偏好更為明顯。陳裴之記道："余與允莊、紫姬，每逢夏夜風雨，輒急起整衣履，先後至太夫人房中，圍侍達旦。"^㉗但在龔氏的筆下，同一事件則變成："每頑雲屯空，驚電掣影，裴之夫婦輒在側。姬既至，裴之或以事他出、或在家。雖深夜，姬必先侍余側也。"可見王氏足以代替愛子裴之，而汪端則無足輕重。除了早亡的王子蘭之外，另外兩名時常服侍龔氏的女眷"姬人管筠、次女麗娵"不久後就成了陳家實際上的管理者。^㉘可想而知，汪端並不得龔氏歡心。在照顧婆母和管理家政兩件事上，都沒有汪端的位置。

汪端的兒子陳葆庸則是龔、汪關係中的另一個重點。汪端這個僅存獨苗被龔氏帶在身邊撫養。龔氏的〈紫〉文中曾指葆庸："自離乳哺，即隨余寢食。雖孩提，性方執，行坐有常所，不多言。言輒喜作模稜語。婢媼不能通其意。姬喜愛若所生，佐余撫視，余因得安息焉。"^㉙陳裴之突然去世後，十四歲的葆庸因驚悸而失常，心智不清，病發時更會不省人事。龔氏當他作孩子般照顧，直到自己離世。^㉚這也解釋了為何汪端的詩中極少課子的詩句。若以龔氏所言，王子蘭入門之時，年約八歲的葆庸仍是一個不容易照看的孩子。他不善於表達自己、更有著可能因為過分溺愛而養成固執的性格。更令人詫異的是，為何此時依然不是由作爲生母的汪端共同看護，而是由王氏幫忙，龔氏方得能放心休息。是汪端抗拒身爲母親的職責？不善於照看孩子？還是龔氏有意地分隔他們母子？龔氏出於怎樣的動機要親自看顧孫子，而這是否汪端所願則難以確知。但由此造成的事實是，由於獨子由婆母看護，使汪端再失去了母親的角色和責任。她將時間和精力投入在文史之遊中，在求知和寫作中擁抱自己的一方淨土。[241]

相比之下，汪端與管筠的相處顯得更爲輕鬆融洽。管氏更爲汪端的《自然好學齋詩鈔》作序，序中不但稱汪端追求學問的認真，盛讚她的詩學造詣，更爲她管理家事的能力辯護。[242]在主持中饋、當家理財方面，管筠頗有眼光。陳家上下包括汪端，得以安渡餘生，多是由於管氏之力。陳家的家境並不寬裕。在陳文述兄弟擔任公職之後，依附他們生存的親友就不斷增加。父子兩人也樂善好施，又更不時刊刻詩文集。沒有龐大的遺產可以依恃，陳家的收入都是陳氏父子等男丁遊幕、爲宦的報酬。管筠則在陳家道光初年鼎盛之時已感受到危機的進逼。隨着他們宦途觸礁，陳家的財政更變得岌岌可危。正是這個原因壓著陳裴之，讓他不敢稍稍停歇。在陳家的管理交到管筠手上時，陳文述只有"錢八十陌、西洋錢十枚，託以家事，僅敷數日糧耳"[243]，是名副其實的爛攤子。管氏其後對內整合、節省開支，對外利用江蘇巡府、布政使等官員對陳文述頗友善的有利條件，將陳文述任縣令時的大額積欠分期攤還。她不但將陳家從瀕臨破產的邊緣拉了回來，更讓陳文述向布政使求得"全清印冊"爲證。[244]

雖然管筠以側室的身份僭越了汪端在家中的地位和權威，對此汪端並未表示不快。正相反，管氏求得"全清印冊"，使虧空不至禍延子孫，更使汪端感激萬分，呼之爲"慈母"。陳文述以"相契重"形容她們兩人的關係；而汪端逝世時更因未能親睹管筠正式被扶正而充滿遺憾。[245]在汪端《自然好學齋詩鈔》後三卷詩中不時提及管筠，見證着她們在晚年由詩友而道友。[246]她們信奉的是全真教龍門派閔小艮金蓋山支派。這一教派融合儒、道、釋三家的學說，講求"清淨"而非"孤修"，開所謂的"龍門方便法門"，吸引許多俗居弟子。[247]汪端孤子陳葆庸的痰症，醫者不能治癒，因而管筠期望請來金蓋女弟子陳蘭雲，以道法的力量一試。[248]陳蘭雲來到後，與管筠投契異常，指點管氏修"命功"，禮誦靜坐，調理內息，以改善體質並進行修行。汪端原本視佛、道爲異端，與陳家的氛圍很有些格格不入。陳文述、龔玉晨的病痛或因神示而除、或能帶病延年，多少都會對親歷其事的汪端有所動搖，至少在道教醫療方法不再排斥。她爲獨子之症，必與長住家中三年的陳蘭雲有所接觸。對高啟的執念、金蓋山支派的教義、"命功"修行醫治之效等可能都吸引著汪端。她將早年學習詩、史的專注轉向修道，很快就全心投入在修行之中。在她生命的最後數年，閱讀的多是道流之書，常"閉關恆數月不出"，先是爲高啟求"超昇天界"，又爲親眷求平安、四境消罪。無需治理家政、自我隔離的汪端，禮誦之勤更是陳蘭雲女弟子之冠。以此亦反映出汪端對我自時間和精力的支配，以及她的專注程度和悟性都是其他閨秀所難及。與此同時，她並未放下摯愛的詩筆。修行影響了她詩作的題材，在修行體悟中她對世事的看法更達到了另一層境界。

另一方面，陳文述的妻妾們雖各有高下，但無一例外都通翰墨。對於追求"花月緣"兼"翰墨緣"才能"共流年"的陳文述，他的一眾姬妾更以"詩"作爲邀寵的工具。在《碧城仙館摘句圖》的編纂上即可見端倪。此書由管筠私下收藏陳文述詩句開始，由管筠、薛纖阿、文湘霞三人接力，自陳文述歷年所寫上萬首詩中精選數百聯，最終在道光癸卯（1843）年完成。

汪端身爲陳文述的兒媳，自然不必參與側室們的遊戲。但學識過人的她則是她們討教的對象。汪端在詩集中對於庶婆母們的這番舉動並沒有留下特別的回應。或許指點她們詩法、書法對於汪端來說，既不覺得特別的困擾，也不算是值得花費筆墨之事。三人之中，管筠入門最早，常參與陳文述和汪端的詩集、詩選校刊工作。《明三十家詩選》的編者還有陳裴之的側室王子蘭及陳文述的兩個女兒陳華嫩、陳麗嫩。文湘霞入門甚遲，她在《摘句圖》的序言中仍以向汪端學詩爲傲，並借汪端在詩界的盛名肯定自己對詩學的涉獵。這些舉措和《碧城仙館摘句圖》的編選，都展現了嘉慶至道光初年"詩"在陳家氛圍中作用。而汪端正是"一門風雅"的陳氏家庭女眷中詩學上的當然領袖。有一點值得再思。喜愛獎掖婦才的陳文述、在外廣收碧城女弟子、爲前代名才女修蘭因館、刊刻女弟子詩，家中女眷個個能詩，反而未見結成詩社、互相唱合，實令人詫異，或是礙於龔玉晨對此事和妾室們的態度。

陳家內闈中的還有三位身份尷尬的女眷：小姑陳麗娵和她的兩個女兒。與丈夫仳離，無論原因是什麼，在傳統士人家庭都是一件極不光彩的事。連凡事好渲染的陳文述都極少提及女兒離婚的細節。外嫁女若離異歸附母家，通常都毫無地位，只能寄人籬下。陳麗娵則不然。最遲在道光四年（1824），陳麗娵已長居娘家。母親龔玉晨是陳麗娵在娘家的主要依靠，也是她貼身侍奉的對象。而她的另一項工作，則很可能是協助料理家政。她在年幼未嫁之時，即樂於學習並輔佐其母治理家務。對此，陳文述亦頗有讚語。雖未明見於記載，筆者推斷在龔氏久病的情況下，陳家的內政可能有部分一直是由陳麗娵代爲料理。

道光八年（1828），管筠正式接掌家政、主持中饋。未知是否出於龔氏的授意或是管氏避嫌的請求，陳麗娵也在旁協助經理。她亦沒有鬆懈對母親的關懷，而是將照料母親的工作交給自己的女兒蘭、桂。龔氏很疼愛這個女兒，在去世時最擔心就是麗娵會失去依恃，因而常囑託陳文述要多加照顧。這個託付本身耐人尋味，陳家雖不富裕，但想必也不至於讓陳麗娵母女忍饑挨餓或流落街頭。讓龔玉晨放心不下的，與其説是溫飽，不如説是她身後女兒在陳家的地位。龔氏很有可能正是讓離婚的女兒插手娘家內政，而忽視兒媳汪端的授意者。

陳文述的〈孝慧汪宜人傳〉中對汪端與自己兩個女兒的關係有這樣一段文字：

> 宜人與余兩女萼仙（陳華娵）、茗仙（陳麗娵）交素洽。及病，兩人日往視，把臂深談，喟然曰：'吾向日疑人遠我，今乃知我故使人難近也。此貪嗔癡愛之病，今日始知之也。'尤愛茗仙曰：'調藥視膳，使人心怡如茗仙者，可謂人中之寶。先姑帶病延年二十年中，恒多樂境者，茗仙力也。'因悉以身後事相託附，身附棺，茗仙實終始之。凡所屬無不措置盡善焉。

《香畹樓憶語》中，汪端缺席的兩次女性活動（妝扮出遊及趕製衣履）中也印證了汪端和其她女眷在詩學接觸以外的疏離。前引陳文述之言，貌似對兩姐妹而發，實際上真正朝夕相處的只有小姑麗娵，心結較深的應該也是針對她而言。陳文述的〈孝女茗仙傳〉中進一步就汪端和麗娵的關係補充道：

> 汪宜人之疾也，自知不起。招女往，與深談曰：'吾性過急直，輕聽人言，往往於眷屬少可多否。今乃知人之遠我，非人之過，我故使人難近也。溫不增華、寒不改葉，是子之包容我也。幸晨夕伴我。'女許之，侍嫂疾如侍母。㉒

可見汪端對陳氏家中的女性，確實抱有一定程度的自傲和疏離。更有旁人挑撥著汪端對眷屬們，包括對小姑麗娵的觀感。但如果仔細觀察陳家內部的情況和各人的位置，汪端和麗娵多年來交情泛泛的原因則或許就不只是這些表面的原因。陳麗娵事實上取代了汪端在陳家的大部分位置，在婦職、母職上均遭到孤立的汪端與之疏離是可以理解的。㉓

汪端與陳麗娵終能深入傾談、進而改善關係的關鍵除了汪端病重得到陳麗娵的照顧和幫助外，還在於龔氏離世的時間。在此之前，陳麗娵雖與汪端長期同居一處，卻一直沒能相互釋出善意。㉔龔氏並不十分喜愛汪端，晚年脾氣也不好，在娘家照顧母親、佐理家政的麗娵既不便也無瑕和汪端有深入的交流。加上汪端本身的排斥和寡居、修道時自我隔離，兩人難有機會親近。汪端的病起於道光十八年（1838）春、夏，並日漸加重，拖至十二月十八日去世。而龔氏先於六月初五去世。因此汪端與陳氏兩姐妹坦誠相對時，恰是龔氏去世之前後。在汪端生命的晚期，在宗教引導下使她能放下一些過去的"貪嗔癡愛之病"，心中的鬱結就能豁然而解。因而，此時汪端回視陳麗娵照顧龔氏付出的努力，不再是視而不見，方能有此悉感悟："先姑帶病延年二十年中，恒多樂境者，茗仙力也。"自己疾中有其相伴，亦極感安慰。最終汪端將交付遺言的重任交付給麗娵，交待麗娵待她氣絕方才拿出上呈陳文述，請求為陳裴之另立一嗣，可見已視小姑為極親厚並可託付大事之人。㉕

可以說，在陳家內闈常年有著兩個並行的中心：一個是以龔氏為核心、主持中饋的中心，另一個則是以汪端為最高領袖的詩學中心。這兩個中心，或許應該稱為兩種價值取向並非涇渭分明的。汪端在家中不承擔一般清代女性，包括才女通常無法避免的責任：主持中饋、照料長上、教養後代。手工藝性質的工作，像針黹、縫紉、烹飪亦未見有她的參與。汪端在女性的職責上是完全落空的，恰恰爲她營造了一個無著落、無負擔的孤獨空間，將她推向了於知性領域的進一步探索。在陳氏父子對她的寬容以及他們苦心供給的安定生活中，成全了她對明詩和元明之際歷史的執念。

儘管不善於婦職，汪端並不是一個不通世事、不懂生活、忤逆長上、只懂研究學問的書痴型人物。若真是"書痴"，她何能在詩作和詩集中知人論世？若不是對家庭收入以及生活負擔有一定的認識，仍能體認到"全清印冊"的重要性，還就私人遺產作出安排？[⑳]若不是對家庭的未來抱有責任心，又怎會在放下詩、史諸端執念後，仍堅持處理立嗣的問題，費心安排以博取陳文述的首肯？

才識過人的汪端確有自己的傲骨，不刻意地去討好、迎合。在新婚後的兩、三年中，她陪同夫婿遨遊於書史詩文中，向學識方面邁進了一步，卻並沒有花太多的心思掌握媳婦的責任和義務以及與女眷們相處的技巧。她進行明詩編選得到了陳氏父子的支持，卻也令她和內眷特別是與婆母的之間拉開了更大的鴻溝。《明三十家詩選》的成功爲她贏得了外界的喝彩，更鞏固了她在陳家中最具學識者與詩學家的地位。但成功的代價是汪端的健康，以及處於陳家內閫中的她在詩文以外再難找到立足之處。隨著夫婿的死亡、家翁外出遊幕營生，汪端失去了論學的對象和與外界連接的重要橋梁。加上兒子病症難以治癒，她逐漸失落，無論是寫作《元明逸史》[㉑]，還是皈依道教，她都將自己困在小天地中。即使同時有多位女眷們（查氏、龔玉晨、管筠、薛纖阿、陳麗娵等）都展開修行，汪端仍時常獨自閉關不見他人，以孤獨地打發自己餘下的生命。[㉒]直到了油盡燈枯之際，方能敞開心靈，修補陳麗娵的關係，接受她的關懷。

結　語

本文呈現了以汪端爲核心的一小群清代士人才女的生活。嘉道時期的江南社會，眾人或受阻於科場、或卻步於宦途、或被困於生計、或煩惱着才與德的平衡、或努才以"才"爭取他人的注意。汪端能成爲詩選家，爲女性在文學史上產生突破，天賦、家庭、社會文化因素缺一不可。她的成就固然有她的主動性,亦本於現實生活中的推動力。過人的家世和一眾至親的支持,令她無需爲了精進詩藝、吸引世人的注意或推廣自己的名聲而去加入女弟子的行列。引用她遠親張雲璈(1747—1829)的詩序:"天之生一才人也不易,生一閨閣之才更不易。閨閣有才而又得全家之多才以張其才,則尤不易。"[279]家族盛名和汪端的才華相得益彰。[280]在她身後,不但陳文述爲其刊刻《自然好學齋詩鈔》第十卷,汪适孫兄弟也重編其詩集,並以"振綺堂"之名刊行《自然好學齋集》。[281]

家人的幫助也正顯示了汪端的成就對於家族的依賴。這位飽學且具知人論世眼光的才女除了堅持自己的詩學品味,在生活中一直都安於現況。她得以"享受"思考和寫作的空間,甚至偏離女性婦職、母職等行爲典範並不全是她主動的追求,而是和家人互動時的結果。才華的光芒下,她依然是恪守婦道的賢妻。陳文述私諡她爲"孝慧宜人"亦是對汪端婦德的肯定。她的成就更多是嘉道時期士人精英世界結構的調整,對女性才華觀念的包容和跨越性別的知性空間成長下的成果。[282]

正如曼素恩的觀察所指,清代才女文化的主角不再是名妓而是良家閨媛。在成千上萬閨媛之中,能以詩詞抒情者眾多,真能出類拔萃、有學識、能使男性文人以平等而不是抱着獵艷或憐憫心態去欣賞者極少。這一代才女們雖然開始意識到女性寫作的權利,卻極少對女性在社會、家庭中的角色產生疑問。她們爭取書寫權利,也常常打着詩才爲婦言的表現、才爲德之本作爲辯解。反而在文學傳統邊緣的戲曲或彈詞中,少數才女更大膽地流露出對生活牢籠的不滿。[283]但就"詩"這種主要寫作形式而言,量多質弱、缺乏新思維以及與既有價值的激烈矛盾正是這代才女的象徵,也是導致了清末之後,明清才女文化在時代劇變的衝擊下漸趨沉寂的原因之一。

注 釋

* 本文由作者碩士論文《閨中的學者:汪端(1793—1839)的生命歷程、詩歌編撰及歷史關懷》(香港:香港中文大學歷史系碩士論文,2010)部分篇章改寫而成。

① 見鍾慧玲:〈清代女詩人研究〉(臺北:政治大學中國文學研究所博士論文,1981)。此論文後經增訂,在2000年由臺北里仁書局出版。關於汪端的討論見第五章,頁459—491。

② 見陳瑞芬：〈汪端研究〉（臺北：臺灣大學國文研究所碩士論文，1986），載《臺灣師範大學國文研究所集刊》第三十一號（臺北：臺灣師範大學，1988），頁667—824。

③ 見劉幼嫻：〈汪端的詩學主張〉，載《第五屆清代學術研討會論文集》（高雄：中山大學中國文學系所，1997），頁289—306。

④ 見廖卉婷：《汪端從名媛才女到宗教導師的生命轉向》（臺北：暨南國際大學中國語文學系碩士論文，2009）。廖文中使用了藏於北京國家圖書館中《玉天仙梵》（清道光二十一年[1841]刻本）一書，補充了汪端中年皈依後，寫作、編著都轉向低調的生活。此書傳世稀少，是汪端家翁陳文述為續室管筠（1790—約1839）編印的詩文集，書前附有管氏生平資料。管氏生活於陳家多年，與汪端關係融洽，後文將再詳論。

⑤ 前述陳瑞芬《汪端研究》鋪寫汪端譜系以梁氏長輩為主。魏愛蓮（Ellen Widmer）的〈十九世紀中國女性的文學關係網絡〉及其著作 The Beauty and the Book: Women and Fiction in Nineteenth-Century China 一書的第4章 "Fiction in Three Prominent Women's Lives" 在提到汪端時多強調與梁德繩的連繫。

⑥ 見冼玉清《廣東女子藝文考》（長洲：商務印書館，1941），自序。

⑦ 羅威廉（William T. Rowe）在論文 "Women and the Family in Mid-Qing Social Thought: The Case of Chen Hongmou" 中指出，陳宏謀（1699—1771）所關注的與其說是個人，不如說是個人在家庭中的角色。此文收於 Late Imperial China, Vol. 13, No. 2, (Dec 1992), pp. 1-41。

⑧ 見汪詒年等纂修：《平陽汪氏遷杭支譜》（北京：北京燕山出版社，2006；《清代民國名人家譜選刊》影印民國二十一年[1932]刻本）。此譜內收有汪時英（1637—1709），〈文字公暨配葉孺人合葬誌〉（頁395），及陳世倌〈文字公傳略〉（頁412）。

⑨ 參見卜永堅：〈鹽商‧鹽官‧宗族—以黟縣弘村汪氏宗族為中心〉，載《徽學》第四卷，（合肥：安徽大學出版社，2006），頁113—122。

⑩ 見吳仁安：《明清江南著姓望族史》（上海：上海人民出版社，2009），頁685—686，"原籍徽州府黟縣的明清江南汪天生家族"部分。

⑪ 清末汪氏後人汪康年（1860—1911）在〈自傳〉中記載，汪元台的孫輩汪時英（1637—1709）"以鹽務習氣重，遂棄鹽而以當業資生。"見汪詒年編，《汪穰卿（康年）先生傳記，遺文》（臺北：文海出版社，1966），頁29。其弟汪詒年序例考證，汪康年的〈自傳〉應是寫光緒三十二年四月（1906）至宣統元年九月（1909）年之間。汪氏後人也有出仕者，如汪日章（1744—1810）次子汪賢登（1771—1824）就曾歷署泰州通州鹽運判。見《平陽汪氏遷杭支譜》頁111。

⑫ 清代的典當業的情況可參潘敏德：《中國近代典當業之研究》（臺北：臺灣師範大學歷史研究所，1985）。其中，關於清政府將資本交予典當舖生息的討論見頁46—65。在清代，不但

官員、紳士、富商均插足當舖，清政府自雍正朝也開始了"發商生息"制度，將資本借給典商、鹽商作爲生息之用，促進了典當行業的發展。

⑬ 見汪誠：〈十村公遺訓〉，轉載自徐雁平，〈花萼與芸香—錢塘汪氏振綺堂詩人群〉，載《漢學研究》，第27卷第4期（2009），頁261—293。

⑭ 洪業先生曾偶見汪适孫（字又村）之蠶豆花館《琔籍小錄》，內記有四間當舖"奕懋典、恒泰典、巨集興典、巨集豐典"，作〈跋汪又村藏書簿記鈔〉一文，載氏著：《洪業論學集》（北京：中華書局，1981；原文刊於《燕京大學圖書館報》第七十七期［1935年6月］，頁1—4），頁136—139。汪康年〈自傳〉中另有"文泰當"、"臨平當"。徐雁平在〈花萼與芸香〉一文中對於汪家的經濟狀況也採用了相同的材料。

⑮ 參見《平陽汪氏遷杭支譜》，頁414—416；及汪康年：〈自傳〉。

⑯ 見汪憲：〈秋日閒居和陶飲酒韻〉、〈高丈介紹示九日紀游之作率爾次韻呈政索湯吉甫世兄同和兼示兒輩〉，載氏著汪憲：《振綺堂詩存》，清光緒十五年（1889）年振綺堂刻本。汪詒年，《汪穰卿（康年）先生傳記，遺文》，頁93。

⑰ 見丁丙（1832—1899），《武林藏書錄》，載《藏書紀事詩等五種》（臺北：世界書局，1960），頁67。汪憲的著述亦以考據爲主。他生前著有《說文繫傳考異》、《易說存悔》、《苔譜》、《烈女傳》、《寒窗絮語》一卷等。見《四庫全書》（上海：上海古籍出版社，1987；影印文淵閣本《四庫全書》），經部小學類；第223册，頁791。

⑱ 見錢陳羣所撰的〈刑部員外郎魚亭汪君傳〉，載氏著《香樹齋文集續鈔》（上海：上海古籍出版社，1995；《續修四庫全書》影印清乾隆刻本）卷四，頁23上—25上；劉偉章，《文獻家通考》（北京：中華書局，1999），頁459。筆者於《中國藏書樓》見一條資料指："乾隆時期，嚴元照曾以約430兩白銀的價格從杭州汪氏振綺堂購得宋版《儀禮要義》一部"，但未有指明資料出處。如此事當真，則汪家在乾隆年全盛時期亦不介意割愛相讓。見任繼愈：《中國藏書樓》（瀋陽：遼寧出版社，2001），頁84。更有意思的是，振綺堂的其中一方藏書印上，刻着趙孟頫的護書箴言外，還寫上"聚書藏書、良匪易事，……後有得吾書者，並奉贈此法。"印文見於劉偉章《文獻家通考》頁286，但筆者未見實物或原印文樣式。又，周紹明（Joseph P. McDermott）近年出版的 *A Social History of the Chinese Book – Books and Literati Culture in Late Imperial China*（香港：香港大學出版社，2006）對於藏書的私密性、書籍以至知識流通的困難以及收藏家對於身後子孫不重視其藏書的擔憂等都進行了一些探討。可參看其書第三、四、五章。

⑲ 見厲鶚：《樊榭山房全集》，清光緒十年（1884）刻本，"軼事"頁10上。

⑳ 汪憲與居於杭州的多位藏書家往來密切。而近人研究藏書行爲時亦即引用朱朗齋（即朱文藻）語振綺堂："與同郡諸藏書家，若小山堂趙氏、飛鴻堂汪氏、知不足齋鮑氏、瓶花齋吳

氏、壽松堂孫氏、欣托山房汪氏皆相往來，彼此互易借抄借校"，以説明借書的地緣。任繼愈，《中國藏書樓》，頁146。尤其是與鮑廷博相知甚深。參見《藏書紀事詩等五種》（臺北：世界書局，1965），頁275。

㉑ 朱文藻，浙江仁和人，號朗齋，精於六書金石之學、亦通史學。後被延入京，佐校《四庫全書》；編《兩浙輶軒錄》；亦曾和阮元、孫星衍等合作《山左金石志》。見厲鶚《樊榭山房全集》，清光緒十年（1884）刻本，"軼事"頁9b。汪憲亦曾請朱文藻編寫《振綺堂書錄》，收入各書序跋、版本以及有關資料。參見汪康年，〈自傳〉，頁31。劉偉章《文獻家通考》，頁285 "汪憲" 一條中記，嚴可均也曾館於汪家。嚴可均，字景文，號鐵橋，嘉慶五年舉人，亦以考證校勘聞名。輯有《全上古三代秦漢三國六朝文》及諸經佚注與子書等。朱、嚴生平則參張撝主編：《中國歷代人名大辭典》（上海：上海古籍出版社，1999），頁557、817。

㉒ 汪憲長子汪汝瑮（1744—1805）繼承了 "振綺堂"，並在乾隆三十八年（1773）四庫館開詔求遺書時受到舉薦，進呈二百十九種，其後再選呈百種，並三百餘種。乾隆帝賜汪家內府初印《佩文韻府》一部，並發還帶有親筆題詞的《曲洧舊聞》和《書苑菁華》。詳情可參顧志興：《文瀾閣與四庫全書》（杭州，杭州出版社，2004），頁56—63。在掌管藏書樓一段時間後，汪汝瑮將其交予 "讀書且家居" 的大弟汪璐（1746—1813）而不是自己的六個兒子，正是希望藏書樓能更長久地得到珍視和保護。見汪康年，〈自傳〉，頁30。汪汝瑮數子多入仕途，對藏書似不太感興趣。長子汪阜就曾在詩中指出 "吾家積書三萬軸，深悔兒時未能讀。"，載汪遠孫等著：《清尊集》，道光十九年［1839］振綺堂刻本，卷一，頁5上—下。

㉓ 汪憲、汪璐和汪遠孫都不願進入官場。汪璐曾三次參加會試，不中，以健康問題歸家養疴。他對在刑部觀政的獨子汪誠憂心忡忡，不久即將誠召回，不欲他在官場久留。汪遠孫則在其父汪誠逝後即不再參加會試。見沈赤然（1746—1816）：〈太常寺博士春園汪君傳〉，載汪璐：《松聲池館詩存》。汪憲、汪璐等的傳記亦多強調他們的節儉。

㉔ 汪璐、汪誠父子分別將所藏珍秘之本上的題記文字編纂爲《藏書題識》五卷以及將所有藏書依類編成《振綺堂書目》等。汪璐部分，可參劉偉章《文獻家通考》中 "汪璐（1746—1813）" 條（頁458—459）。而汪誠的部分則可見汪曾唯《振綺堂書目》跋，載汪誠，《振綺堂書目》四卷（北京：商務印書館，2005；《中國著名藏書家書目匯刊·明清卷》翻印清中期刻本），第22冊，頁165。

㉕ 胡敬（1769—1845）爲汪遠孫作傳時曾讚道："若趙氏小山堂、吳氏瓶花齋，杭（世駿）厲（鶚）輩所借觀賞鑒者，今皆散佚不存。惟振綺堂所藏巋然具在。"見胡敬，〈內閣中書小米君傳〉載《崇雅堂文鈔》（上海：上海古籍出版社，1995；《續修四庫全書》影印道光二十六年［1846］刻本）卷二，頁1—2。汪遠孫逝於1835年，因此是篇傳記必是作於1835—

1845 年間。

㉖ 由徐雁平〈花萼與芸香——錢塘汪氏振綺堂詩人群〉一文中對"東軒吟社"的分析中可見，活躍於汪氏文化圈內的除了汪氏的族人（包括才女）外，還有姻親、館師、畫師等親友。著名畫家費丹旭（1801—1850）亦曾參與"東軒吟社"的聚會。他的著名人像群景〈東軒吟社圖〉就是描繪了汪遠孫以及友人聚會的情形。參見黃湧泉，《費丹旭》（上海：上海人民美術出版社，1962）。汪遠孫復將道光甲申（1824）至癸巳（1833）十年間雅集各人唱詠之作編爲《清尊集》，在其身後由其弟汪适孫（1804—1843）刊行。見汪遠孫等著，《清尊集》，道光十九年［1839］振綺堂刻本。徐雁平最近的一篇論文〈花萼與芸香——錢塘汪氏振綺堂詩人群〉正是通過文學活動的面貌呈現了汪氏由汪憲建振綺堂開始日漸加強的凝聚力和文化實力。見徐雁平〈花萼與芸香——錢塘汪氏振綺堂詩人群〉。

㉗ 見徐雁平：〈花萼與芸香——錢塘汪氏振綺堂詩人群〉，頁280—283。

㉘ 在汪遠孫生前就至少安排刊刻了二十六種書籍，以詩集和樸學的研究結果爲主，其中包括了由他主持重新校對的杭州第一部地方志—宋代潛説友的《咸淳臨安志》。此舉更助他入祀浙江鄉賢祠。參見〈崇祀鄉賢錄〉，收於《平陽汪氏遷杭支譜》卷五"志乘"頁32上—34下。錢泰吉（1791—1863）《曝書雜記》卷中記汪"以家藏舊本、汪士鐘所藏宋本、吳氏拜經樓殘宋本、盧氏抱經堂本、黃氏琴趣軒本，更發所藏舊籍三百與種，屬海昌吳子撰（春照）等參互讎，極精審。"（轉載自劉偉章：《文獻家通考》，頁765—766）。這不但證明了重刻咸淳《臨安志》的價值和校刊者的貢獻，更證明了汪遠孫與諸家藏書名宿的密切關係。

㉙ 葉樹聲、余敏輝合著的《明清江南私人刻書史略》（合肥：安徽大學出版社，2000），頁110。

㉚ 汪氏遷杭之後，各房子孫的情況各異，貧富亦不均。在此僅指汪憲等振綺堂的繼承者而言。

㉛ 儘管汪氏的子孫在汪遠孫身後亦逐漸失去了物質保障、振綺堂的藏書在杭州咸豐庚申（1860）、辛酉（1861）年兩度被太平軍佔領期間幾乎被奪掠一空，汪氏後人並未被擊倒。時局平靜之後，倖存者中有人又一次開始重新藏書、刻書。汪家有"振綺堂兵燹後收藏書"藏書印一方，印文圖樣見顧志興，《浙江藏書史》，頁328。藏書樓亦加強了對族人的凝聚力。杭州分支以振綺堂爲核心的族人修譜相當頻密。汪遠孫很可能就已經修過汪氏遷杭支譜。見前註〈崇祀鄉賢錄〉中關於汪遠孫賢行第四條。之後，依筆者所見就有《平陽汪氏九十一世支譜》二卷（汪曾立修，同治6年［1867］刻本）、《汪氏小宗譜》三卷（汪曾立修，光緒六年［1880］刻本）、《杭州汪氏振綺堂小宗譜》七卷（汪玉年，民國十四年［1925］增修刻印）、《汪氏振綺堂宗譜》四卷（汪大燮，民國十九年［1930］鉛印本）、《平陽汪氏遷杭支譜》六卷。這些族譜不斷強調着這個家族從商而士的蛻變，拉攏着日漸析離的族人。清末民初時的才俊汪守正（1829—1894）、汪大燮（1859—1929）、和汪康年等皆

出自此振綺堂汪氏。

㉜ 汪遠孫的姪孫汪康年即時務報的創辦者。在清末紛亂的時局中，汪康年關心時務的同時不忘抄書、刻書，安排了振綺堂叢書的刊行。儘管性質與汪遠孫兄弟的時代頗不相同，仍以"振綺堂"爲叢書冠名。見汪詒年：《汪穰卿（康年）先生傳記、遺文》（臺北：文海出版社，1966）及《振綺堂叢書初集》跋言，收於汪康年輯：《振綺堂叢書初集》（臺北：文海出版社，1970）。而當振綺堂的後人因經濟的原因無法再保存那些書版時，他們沒有將書版隨便棄置，而是珍而重之的將它們捐給了浙江圖書館保存。見〈捐存書版紀略〉，載《汪氏振綺堂宗譜》（民國十九年［1930］六月印），"振譜卷三‧志乘"，頁12下—15上。

㉝ 見譚獻，"序"，附於汪憲《振綺堂詩存》卷首；徐珂編：《清稗類鈔》（上海：商務印書館，1917），第十六冊，頁7，"杭州宦族"條。

㉞ 見胡適著、曹伯言整理：《胡適日記全集》（臺北：聯經出版事業股份有限公司，2004），第八冊，頁258—261。

㉟ 汪瑜自外於官場，也曾校讐過張溥（1602—1641）《漢魏六朝百三名家集》以及毛世洪（生卒年不詳）的《養生經驗合集》，可見對文史、醫學都有涉獵，但名聲不著。

㊱ 見陳文述，〈汪天潛墓誌銘〉，載氏著：《頤道堂文鈔》（上海：上海古籍出版社，1995；《續修四庫全書》影印嘉慶二十二年（1817）刻、道光年間增修本），卷三，頁14下—16下。此墓誌銘是以汪端所寫的汪瑜生平爲底稿，應較可靠。汪曾唯言及汪氏兄弟析產分居，主因是人口繁衍，振綺堂祖宅不能容納。汪瑜營新室於城頭巷，但不幸走火，因而遷往蘇州。事見汪曾唯，"題識"，載汪初：《滄江虹月詞》（清光緒十五年［1810］振綺堂重刊本）卷首。

㊲ 汪初的生平資料除了可參考《平陽汪氏遷杭支譜》"汪譜卷二"，頁13下—14上的小傳外，亦可參許宗彥撰的小傳，載汪初，《滄江虹月詞》卷首。汪初曾隨長於書法的外伯祖梁同書（1723—1816）學習鑑賞、隨博學的姨丈許宗彥（1768—1819）學習經史，亦被汪璐認爲頗具才華。見汪璐，〈聞樵初姪殁於川省，以詩哭之，得絕句七首〉，載氏著：《松聲池館詩存》（卷四，頁8下—9上）。但這些都未能助他在鄉試上有所突破，最終以捐貨爲庫大使方踏入仕途。汪初有詞集《滄江虹月詞》，集前有許宗彥另有序寫於嘉慶八年癸亥（1803）。

㊳ 《汪氏振綺堂宗譜》"振譜卷二中"，頁23下記汪初爲"清仁和縣附監生，四川候補布政司庫大使。汪初儘管生於書香世家，但入仕之前未見其有報效國家、經世濟民的抱負。他的姪孫汪曾唯直指"天潛公又築室城頭巷。甫落成恆產，不戒於火。乃徙姑蘇。家日衰落。公（指汪初）弱冠補諸生資，筆耕以養。方有堂先生積陳梟四川，延致幕府，相得甚。從戎佐勦獞夷。事平，遽卒。"見汪曾唯〈題識〉，載汪初，《滄江虹月詞》。汪曾唯題到的失火，並非陳文述〈天潛翁墓誌銘〉中的、汪瑜回到杭州過世前的那場。若兩條記載都不誤，汪瑜人生中不幸經歷了兩次失火。方積，字有寶，安徽寧遠人，曾官四川二十餘年。

㉞ 筆者並未見有任何汪潭爲亡父亡兄撰傳或求寫墓誌銘的線索,也未見其有任何詩文集傳世。汪瑜的墓誌銘要等到汪端入陳家門數年後,方向家翁陳文述求得。汪潭在父兄逝後似乎不能振作,亦不思進取。梁德繩的一首詩〈送汪靜淵之粵西〉曰:"渭陽攜汝赴炎州,瘴蠻煙侍遠遊,且向青山舒病眼,漫從紅袖費纏頭。養身先要除其害,作客還當善自謀。汝已無家休苦戀,不須王粲賦登樓。"由此可見汪潭很可能汪潭很可能生活糜爛,又不能自立。汪瑜過世後汪潭已無家,所以梁德繩著他要"去害"以及"謀自立"。詩見於梁德繩,《古春軒詩鈔》,卷上,頁 25 下—26 上。這首詩緊接著的前一首〈送接山四兄之粵西任〉(頁 25 下)中提到:"六旬初度明湖曲,準擬金卮互勸酬。"可見舅氏梁寶山(約 1759—?)宦遊廣西時攜汪潭同往,而梁氏兄妹希望能藉此令他重新振作。汪端的夫婿陳裴之亦有〈湖上春游贈倩士内兄即送之桂林〉,作爲嘉慶十六年辛未(1811)陪同汪端回杭探親之時。因此推斷汪潭往廣西應在同年。此詩載氏著,《澄懷堂詩集》(清道光九年[1829]漢上題襟館刻本),卷六,頁 10 上—下)但汪潭在嘉慶二十一年丙子(1816)於廣西病逝,只留下兩個女兒。

㊵ 汪端在爲長嫂湯繡蜎(1775—1824)寫下的輓詩〈哭湘綠〉中有:"頻年骨肉半凋殘,又聽哀音淚不乾",倍言娘家人的凋零;再寫"人天何處問蘭因,畫荻茹茶總苦辛。翰墨緣疏悲病久,參苓券積爲家貧",可見湯氏病弱家貧的淒清。詩載汪端:《自然好學齋詩鈔》,卷四,頁 11 上—下)。數年後(己丑,1829)汪端爲長嫂刊遺詩時再寫一詩,亦指"葛帔遺雛食硯田。"詩載汪端:《自然好學齋詩鈔》(清光緒十年[1884]《林下雅音集》重刻本),卷七,頁 18 上—下。筆者暫時未見有其他資料言及汪初兩個兒子後來的情況。而汪瑜後人在族譜的記錄中,皆無功名或官職。祖譜中只記載到他兩個曾孫(慶濂、慶宜)的姓名,生卒年尚不齊全,生平亦無記錄。

㊶ 當然,此類"傳記"中,必定是以隱惡揚善爲原則兼有一定程度的美化。不過,教育子女一段,乃汪端最切身的體會,亦無作假的必要,應可採信。

㊷ 參見陳文述:〈汪天潛墓誌銘〉。

㊸ 點定詩作之事可見汪端:《自然好學齋詩鈔》,卷一,頁 1 上序言部分。

㊹ 參見陳文述:〈孝慧汪宜人傳〉。

㊺ 見汪端:〈哭伯兄問樵〉,載氏著,《自然好學齋詩鈔》,卷二,頁 2 下—4 下。

㊻ 汪氏祖譜中,繼室、簉室所出的子女會以小字標明爲"某氏出"。元配所出則不註。汪瑜四名子女,在祖譜記載中均沒有特別標示,可見都是元配梁氏所出。筆者僅在陳文述編撰以讚頌杭州古今閨秀的《西泠閨詠》中,見到關於汪瑜簉室繆氏的記錄:〈可花軒詠繆秀芝〉下小註:"錢塘人汪天潛處士侍姬,閑靜豔逸,解文義善,鼓琴年二十卒。"這位年輕早逝的才女姬人並未對汪瑜的家庭生活造成太大的衝擊。見陳文述,《西泠閨詠》,卷十五,頁 2 上。繆氏名不經傳,能收錄於《西泠閨詠》,想必是因爲汪端向陳文述提及過她的生平和才

㊼ 許宗彥、蕭掄（？—1818）、管筠等爲汪端《自然好學齋詩集》作序時，都特別強調汪端的早慧。見《自然好學齋詩集》各篇詩序。陳文述的〈孝慧汪宜人傳〉中亦指汪端於七歲就賦〈春雪詩〉，因有謝道韞之風而呼之爲小韞，所指應就是〈家大人命同諸兄伯姊詠春雲〉一詩，載汪端，《自然好學齋詩鈔》，卷一，頁1下）。

㊽ 汪端詩集《自然好學齋詩鈔》中收錄的就有：〈家大人命同諸兄伯姊詠春雲〉（卷一，頁1下）、〈秋夕次伯兄問樵初韻〉（卷一，頁2下）、〈秋夜同伯姊紉青玩月各占一絕〉（卷一，頁2下）、〈上元夜雪元交輝，同問樵、蒨士二兄、紉青伯姊作〉（卷一，頁2下—3上）、〈秋夕次蒨士兄潭韻〉（卷一，頁3下）、〈秋日懷伯兄問樵都下〉（卷一，頁9下）、〈送伯兄問樵之官蜀中〉（卷一，頁10上—下）、〈征人怨寄問樵兄蜀中〉（卷一，頁11下）、〈重至西湖寄紉青姊〉（卷一，頁11上）、〈題湘綠小影〉（卷一，13下）、〈春妝曲同湘綠作〉（卷一，頁17上）、〈柳枝詞和伯兄問樵〉（卷一，卷19上）。

㊾ 見汪端，《自然好學齋詩鈔》中〈秋日泛湖〉（卷1，頁8上—下）、〈月夜過垂虹橋〉（卷1，頁8下）、〈過太湖〉（卷1，頁9上）、〈吳江道中歸舟〉（卷1，頁10下）、〈重至西湖寄紉青姊〉（卷1，頁11上）、〈靈隱寺晚歸經湖上作〉（卷1，頁15上—下）、〈方家峪鳳凰泉上弔南宋劉賢妃墓〉（卷1，頁15下—16上）、〈游金鼓洞〉（卷1，16上—下）、〈湖上書所見〉（卷1，頁20上）、〈梅莊園弔梁紅玉〉（卷1，頁20上）等等。

㊿ 見陳文述，〈孝慧汪宜人傳〉，頁2上。

㊑ 陳文述《西泠閨詠》中〈妙華菴詠汪晚春〉小傳中記載，汪晚春是汪憲之女，能通史，早年喪夫，孀居守節。見陳文述，《西泠閨詠》（臺北：新文豐出版有限公司，1989；《叢書集成續編》影印清道光七年丁亥〔1827〕漢皋青鸞閣原鎸，光緒十三年丁亥〔1887〕西泠翠螺閣重梓本），卷十五，頁1下—2上。

㊒ 丁丙（1832—1899）錄的《國朝杭郡詩三輯》中總結道："乾嘉以來，振綺汪氏風雅如雲，閨門著述亦傳遠邇。"見丁丙：《杭郡詩三輯》（一稱《國朝杭郡詩三輯》），轉載自《清代閨閣詩人徵略》卷10，頁9下，"汪清暎"條。

㊓ 汪琴雲，字逸珠（生卒年不詳）乃汪玉璋之妹，汪端的族姑，"能詩，工人物界畫，閨閣中之李伯時、仇十洲也。守貞不字，賣畫自給。"見《國朝杭郡詩三輯》卷95，頁21下。汪端曾作〈寄呈逸珠從姑母〉，其中有句曰："熏香靜展藏真帖，拂素春臨望遠圖。絕似當年曹比玉，瓊簫吹徹月明孤。"其中以藏真帖，望遠圖等暗指逸珠寄情書畫，而其才華和終身不嫁之志亦可比元末楊維楨（1296—1370）之友曹妙清。載汪端：《自然好學齋詩鈔》卷4，頁23上。

㊔ 陳瑛（1795—1861）是汪鋕之妻，事記於《清代閨閣詩人徵略》，卷九，頁24上。據《平陽

汪氏遷杭支譜》“汪譜卷首”世表，頁15下—22下，汪鉽與汪憲這一支的關係較疏。汪鉽小傳見於“汪譜卷一”，頁42下。

(55) 梁端（1790—1825）是汪遠孫的原配，著有《列女傳校注》。事記於《清代閨閣詩人徵略》，卷八，頁8下—9下。

(56) 湯漱玉（1801—1829）是汪遠孫的繼配，善書，能鑒賞。汪遠孫“爲搜羅軼事共得數百人，成《玉臺畫史》若干卷。事記於施淑儀：《清代閨閣詩人徵略》，卷八，頁9下。

(57) 汪氏，不知名、號，《國朝杭郡詩三輯》卷九十七，頁20下僅記其爲“錢塘人，曾憲姊，兩淮鹽經歷德清徐紹室”。汪曾憲爲汪賢登子、汪日章孫。可參《平陽汪氏遷杭支譜》“汪譜卷一”，頁23上—下，“賢登”小傳。

(58) 汪菊孫（生卒年不詳）收錄於見丁丙：《國朝杭郡詩三輯》卷九十六，頁17上。另外《閨秀詞鈔》，清宣統元年（1909）小檀欒室刻本，“閨十四”，頁11上指菊孫乃遠孫姊。據《平陽汪氏遷杭支譜》“諴”小傳（頁192），汪遠孫和汪菊孫爲同母兄妹或姊弟。汪遠孫之母卒於嘉慶八年癸亥（1803），汪菊孫的年歲應和汪端（生於1793）相仿。因此徐乃昌引《兩浙輶軒續錄》許溎祥曰：“魚亭比部（筆者按：即汪憲）績學能文，數世相繼，富於著述。閨秀汪端亦研究史學、兼及聲韻，是爲菊孫之從姑。菊孫自幼請業焉，故其詩亦取法青邱”似不太可能。

(59) 汪曾瑟（生卒不詳）爲汪端從姪孫女，事記於丁丙：《國朝杭郡詩三輯》卷九十六，頁36上。丁丙錯記爲“迪女孫”，應爲“（汪）迪孫女”。據《平陽汪氏遷杭支譜》，“汪譜卷二”，頁43下—44上“迪孫”小傳改正。

(60) 汪清（生卒不詳）爲汪端從姪女，事記於施淑儀：《清代閨閣詩人徵略》，卷十，頁9下。據《平陽汪氏遷杭支譜》“汪譜卷首”世表，頁10上及其父“秉健”小傳（“汪譜卷二”，頁37上—下”，清暎是汪汝瑮的曾孫女。

(61) 陳瑞芬在她的碩士論文《汪端研究》中，就曾仔細梳理過梁氏尊長中幾位要人的生平概要。本文在此僅略作補充。

(62) 梁詩正於乾隆年間官至吏部尚書兼東閣大學士，見趙爾巽等撰：《清史稿》（北京：中華書局，1977），卷三百三十，頁10490—10492，“梁詩正”條。據李春光纂《清代名人軼事輯覽》（北京：中國社會科學出版社，2004）頁885—886“梁詩正”條引《郎潛紀聞三筆》卷十一〈文莊作書，高宗曳袖〉事，梁氏曾在雍正年間入值上書房，侍乾隆兄弟講讀。依許宗彥撰〈學士梁公家傳〉言，“文莊（梁詩正謚號）未達時，家故貧，居鳳凰山麓。”而梁詩正子梁同書於乾隆十七年會試未第，卻奉乾隆帝命參與殿試，則乾隆對梁詩正的榮寵倚重可見一斑。許宗彥，〈學士梁公家傳〉，載氏著：《鑑止水齋文錄》（上海：上海古籍出版社，1995；《續修四庫全書》影印同治戊辰［1868］敖陽李氏刻本），卷一，頁21上—24下。

㊻ 梁啟心中進士後回鄉奉事老父而不出仕，乾隆帝亦稱讚他的孝行。參見龔嘉儁修：《杭州府志》（臺北：成文出版社，1970；《中國方志叢書》影印民國十一年［1922］鉛印本），卷一百四十五"文苑二"，頁32上。

㊽ 見趙爾巽等撰：《清史稿》卷一百八十四，表二十四"部院大臣年表四下"（乾隆元年丙辰—乾隆六十年乙卯），頁6663。

㊾ 梁玉書著有《史記志疑》、《漢書人表考》、《老子志疑》等。陳寅恪在《論再生緣》一書中亦稱他為他時代最出色的歷史學家之一。梁履繩則有《左通補釋》，受錢大昕的稱讚。事見龔嘉儁修，《杭州府志》卷一百二十八"儒林"，25下—26上。汪氏振綺堂曾出版兩人多部著作。

㊿ 從《平陽汪氏遷杭支譜》中可見的，除汪端的父親汪瑜（1755—1809）娶梁瑤繩之外，還有他的族人汪賢登（1771—1824 娶梁玉繩（1744—1819）女、姪子汪諴（1772—1819）亦娶梁履繩（1748—1793）女、汪諴之子汪遠孫（1789—1835）復娶梁玉繩孫女梁端（1790—1825）。見於是譜第111頁"賢登"（88世）、第192頁"諴"（90世）、第247頁"遠孫"（91世）。梁端為梁玉繩之孫女，梁耆之女，由梁德繩為梁端《列女傳校注》所寫的序"余伯兄曜北（梁玉繩字）置之案頭，以備觀覽，為諸姑姊妹講說。姪孫女端，伯兄之長孫女，汪遠孫孝廉之室也"中可證。梁德繩此序文收於氏著，《古春軒文鈔》，道光二十九年（1849）刻本，卷下，頁10上—下。從生卒年份看來，這些婚配都發生汪憲開始以藏書、交遊，轉化為名門世家之後的鼎盛時期內。另外，《平陽汪氏遷杭支譜》，"汪譜卷二"，頁32上—下"蓮孫（1791—1853）"娶"梁赤書女"。因未見梁氏族譜，亦無其他輔證，難以斷定梁赤書是否與梁同書等同族。但筆者並未從汪氏家譜中找到汪氏女子嫁入梁家的記錄。

㊼ 汪遠孫完成《列女傳校注》的元配夫人梁端可視為梁氏淑女的價值取向的例子。

㊽ 京城詩社成員中還有沈善寶和顧太清兩位著名清代名媛。見沈善寶，《名媛詩話》，清光緒鴻雪樓刻本，卷八，頁23上—下。

㊾ 見梁德繩，〈乙未紀事〉，載氏著，《古春軒文鈔》（清道光二十九年［1849］刻本），頁四上—下。許延敬、許善長生平可參吳仁安，《明清江南著姓望族史》，頁543—545"浙江杭州府仁和縣許善長家族"。

⑩ 汪端《自然好學齋詩鈔》第一卷就收有一首〈西湖葛林園作，園在葛嶺孤山之間，為曾外祖相國文莊公與兄菽林內翰少時讀書之地。春日偕外家諸尊長過此，話及先太夫人舊事，敬成一首，以志哀慕〉（卷1，頁5下）。以汪端的詩集來看，家庭不幸後，她與梁家人的往來的確是多於汪家。

⑪ 梁德繩：〈小韞甥女于歸吳門以其愛詩為吟五百八十字送之即書明湖飲餞圖後〉收於梁德繩

《古春軒詩鈔》，卷上，頁17上—18下）。

⑫ 見汪端：〈辛未春日返棹武林賦呈楚生姨母，即用賜題明湖飲餞圖原韻〉，載氏《自然好學齋詩鈔》，卷二，頁21上—22下。詩後附有梁德繩〈明湖〉詩，但詩句與原文有異。

⑬ 見汪端：〈重過鑑園弔許周生姨丈並呈楚生姨母〉，載氏著《自然好學齋詩鈔》，卷四，頁2下；阮元〈梁恭人傳〉，載梁德繩《古春軒詩鈔》卷首；許宗彥〈十齡嘗誦陶詩今四十三歲矣，燈下展誦，感于總角聞道白首無成，聊賦此章〉，載氏著《鑑止水齋集》，卷六，頁3下—4上。

⑭ 蔡之定於〈許君周生家傳〉記許"惟嘉購異書，不惜重價，藏弆滿樓。於書無所不讀。"此文附於許宗彥：《鑑止水齋集》（上海：上海古籍出版社，1995，影印清咸豐八年〔1858〕刻本）卷首。許氏鑑止水齋藏書的情況可見鄭偉章，《文獻家通考：清—現代》（北京：中華書局，1999），頁619—620"許宗彥"條。可惜其後人無力維持，藏書很快就流失殆盡。

⑮ 見阮元，〈浙儒許君積卿傳〉，載許宗彥：《鑑止水齋集》卷首。兩人於乾隆丙午（1786）通過鄉試。阮元很快通過會試。仕途上一帆風順。據此傳所記，王昶（1725—1806）、朱珪（1731—1806）等均對他讚賞有加，視作全才。由《鑑止水齋集》中可見許宗彥常來往的乾嘉學者還有孫星衍、段玉裁及許氏的表弟嚴元照。

⑯ 見許宗彥〈夏日雜詩〉。據詩前自序，這首詩應題於嘉慶十六年辛未（1811年）夏日。詩載氏著《鑑止水齋集》，卷六，頁9下—13下。集中〈秋懷〉（卷五，頁20上—22上）、〈十齡嘗誦陶詩今四十三歲矣，燈下展誦，感于總角聞道白首無成，聊賦此章〉（卷六，頁3下—4上）、〈臥病既久恐不復能自振枕上作挽詩二章聊以貽諸達者〉（卷六，頁8下—9上）、〈夏日雜詩〉（卷六，頁9下—13上）諸詩以及〈鑒止水齋記〉（卷十四，頁20上—21下）都感嘆這段經歷及隨後的生活。

⑰ 除了前述多首詠懷詩中言及自身病弱外，許宗彥《鑑止水齋集》中還作有〈病肺〉（卷五，頁22上）、〈元旦口占〉（卷六，頁14下）、〈眼花〉（卷七，頁11下）、〈眼病〉（卷八，頁7下）、〈冬夜讀書〉（卷八，頁15上）等詩抱怨自己的健康狀態，尤其是肺和眼。甚至在〈壽梁山舟學士九十〉（卷六，頁17下）、〈哭嚴九能〉（卷八，頁15下—19上）等詩中亦感嘆自己的衰弱。另一組詩〈夏日雜詩〉（卷六，頁9下—13上）中亦有幾首重複了他病弱的主題和無奈的心情。梁同書（即梁山舟）較他年長45歲，卻遠比他開朗健康，從〈奉陪梁學士於張簿公處食全羊，余以病不能噉〉（卷七，頁2上）一詩中盡見之。

⑱ 見許宗彥，〈十齡嘗誦陶詩今四十三歲矣，燈下展誦，感于總角聞道白首無成，聊賦此章〉兩首，《鑑止水齋集》，卷六，頁3下—4上。

⑲ 見許宗彥，〈鑒止水齋記〉，載氏著《鑑止水齋集》，卷十四，頁20下—21下。

⑳ 許宗彥在〈秋懷〉中詩中以徒勞無功的"銜薑鼠"自喻，更嘲笑自己"四十無聞空廢日，

不如溪上學樵漁。"〈夏日雜詩〉中亦指自己"本無棟樑用，庶免當門刪"、"終朝對書冊，學問亦何用"。但他對學問的熱愛出自天性，眼力衰退後，身體極差時還掙扎著看書，甚至被兒子笑"熟此定何如"。除了早已顯達的阮元，許的其他故友亦獲薦出仕，而許宗彥在面對他們的離去向時亦顯露出無奈和孤寂。見許宗彥，《鑑止水齋集》中〈夏日雜詩〉（卷六，頁9下—13上）、〈秋懷〉（卷六，頁20上—21上）、〈眼花〉（卷七，頁11下）、〈冬夜讀書〉（卷八，頁15上）諸詩。

⑧¹ 梁同書由梁詩正過繼予長兄梁啟心爲嗣。他乾隆壬申科（1752）會試雖落第，仍奉乾隆皇帝特旨參加殿試成爲進士。其後數年任翰林編修、會試同考官、翰林侍講等。嘉慶十二年（1807）參加鹿鳴宴後獲加翰林院侍講學士銜，因而江南文人多尊稱他爲梁學士。

⑧² 梁同書非常滿足於歸隱後自由自在的生活，年屆七秩自題壽詩時自道："一事比人差勝處，不曾強仕已歸田"，爲三十五年前能及早成爲"歸林鶴"而感到高興。見梁同書：〈壬子七十自壽〉，載氏著，《頻羅庵遺集》（上海：上海古籍出版社，1995；《續修四庫全書》影印清嘉慶二十二年［1817］陸貞一刻本），卷三，頁4b—5b。梁同書本無意讓詩文以文集方式傳世，因此沒有特意收集自己的詩文。此集乃其嗣子梁玉繩搜輯所得匯編而成。參許宗彥〈學士梁公家傳〉（《鑑止水齋集》，卷十七，頁11下）以及梁同書〈壬子七十自壽〉第四首（《頻羅庵遺集》，卷三，頁5上）。

⑧³ 除了和許宗彥共去訪友，梁同書還曾作〈許周生駕部以詩賀予九十生日，依韻答之〉（《頻羅庵遺集》，卷三，頁29下）、〈病中自述次周生韻〉（同書，卷三，頁29上—下）等詩予許宗彥。許氏的《鑑止水齋集》中不時提及梁同書，可見他們兩人相處時的輕鬆愉快。見許宗彥：〈奉陪梁學士於張簿公處食全羊，余以病不能啖〉（卷七，頁2上—下）、〈梁山舟侍講重宴鹿鳴，恩晉學士，誦德抒懷，敬呈長律七十韻〉（卷五，頁2上—4上）、〈梁學士狼巾詩卷魏春岑（景萬）屬題〉（卷7，頁1上）、〈學士梁公家傳〉（卷十七，頁6下—12上）等與梁同書有關的詩文。

⑧⁴ 見梁德繩〈明湖〉詩云："外家意獨真，寒暑無殊遇"，自註"伯父學士公每念甥孤弱，命余調護。"

⑧⁵ 此詩收於汪端：《自然好學齋詩鈔》，卷一，頁1下—2上。詩集卷一汪端就自序她曾在七歲至十歲之間寫下許多試筆之作。（此詩亦爲其中之一。）她十餘年後在故紙堆中尋得，挑選其中的十六首收於詩集的最開頭。此後尚有〈反游仙詩和山舟外伯祖〉（十四首）（同書，卷一，頁17下—18上）。在梁同書逝後多年，汪端與表嫂唱合作〈題方芷齋夫人書山舟外伯祖重賦鹿鳴詩後〉（有序、四首）（卷10，頁1上—下）仍緬懷著這位讓她如沐春風的和藹長者。

⑧⁶ 陳瑞芬在研究汪端時對梁同書著墨爲其母系諸親長之冠，唯對汪端的影響中稱："無論就道

德文章,梁同書對汪端的啟示甚大。特別對汪端詩作甚爲激賞且鼓勵有加。"所謂道德文章這方面對汪端的啟示,由於缺乏證據,筆者認爲不便論斷。目前的材料看來,主要對汪端授詩法的,是汪瑜、梁德繩,嫁後還有陳文述等人。而筆者更傾向於認爲梁同書對汪端的態度,是一個長輩對孫輩的疼愛,並推動了其他梁家人對汪端的關心和愛護。以他在江南的聲望,他的稱讚必然令汪端對自己的學識、詩力都更有自信。

⑧⑦ 見梁紹壬(1792—?):《兩般秋雨盦隨筆》(上海:掃葉山房,1884),卷三,頁4下"作詩取法"一編。梁紹壬爲梁德繩娘家姪子,汪端之表兄。

⑧⑧ 見許宗彥:《自然好學齋詩鈔》序,附於汪端:《自然好學齋詩鈔》卷首。

⑧⑨ 陳文述:〈孝慧汪宜人傳〉。

⑨⑩ 許宗彥:〈落葉和汪小韞姨甥女〉,載氏著:《鑑止水齋集》,卷五,頁17上—18上。同書卷五,頁18上—19下中還附有許宗彥之後同題再和許蔚宗(字質生)〈落葉再和家質生〉以及梁德繩、許蔚宗的原詩。而梁德繩《古春軒詩鈔》中有〈落葉〉(卷上,頁16上—下)以及〈落葉和汪小韞甥女韻〉(卷上,頁16上—17下)二詩。其中〈落葉〉與《鑑》中梁德繩原作相比,僅有少數字眼不同。筆者推測這是一個小型家中聚會的場合中的題詩,亦顯得汪端能融入許家的生活之中。另有一序題才女孫碧梧的詩集。評語也多的褒揚,亦只將其視爲一般的閨媛之作,並無像他序汪端的詩集時言"女子爲詩如此,可以傳矣"那樣有力的肯定。見許宗彥:〈孫碧梧女史詩序〉,載《鑑止水齋集》卷二十,頁5下—7上。

⑨① 此詩收於許宗彥:《鑑止水齋集》,卷六,頁4下。詩後半曰:"快壻況爲名父子,深閨不厭考詩嚴。異時唱和緘雙鯉,禿筆猶能韻一拈。"

⑨② 這幾句引文在後來汪端的《自然好學齋詩鈔》詩集〈辛未〉詩後所收錄的版本中遭到刪除。

⑨③ 見《德清許氏族譜》,"六支",頁7下—8下。

⑨④ 這三首詩分別是〈去歲十二月初七日生女延釐秀慧殊絕,今年自都中還,越十日而女殤,八月廿六日也以詩哭之〉(《鑑止水齋集》,卷三,頁14下—15下)、〈夏日雜詩〉(《鑑止水齋集》,卷六,頁12上)、〈示延敬〉(《鑑止水齋集》,卷七,頁6上—6下),以及一首詞〈碧牡丹 - 憶三女作〉(《鑑止水齋集》,卷九,頁26下)。

⑨⑤ 梁德繩在〈明湖〉詩中以"團欒小姊妹,提挈共朝暮"來形容汪端來後與她女兒們相處的融洽。汪端曾在〈辛未〉詩中稱"若昭與令嫻,婉娩耽竹素。勝境共留連,詞華各豐婷",將她們比作前代才女宋若昭、劉令嫻,讚賞她們的才華。

⑨⑥ 在許宗彥的詞作〈碧牡丹—憶三女作〉裏,他懷念著女兒未嫁之前圍繞膝下的快樂,顯得他是與女兒相處融洽的慈父。

⑨⑦ 孫康宜在討論明清男性文人在編選才女詩選時,曾指這些文人自身對八股文的厭倦、科場上失敗和邊緣化的位置是點亮他們對女性詩作的喜愛並編輯整理女性文本重要原因。見孫康

⑨⑧ 廖卉婷在她的碩士論文中曾略提到,梁德繩心中女性應以德為主,因此對汪端"為才名忽略婦職"感到擔憂。反到是許宗彥、梁同書等男性親友們更支持汪端對才名的追求。見廖卉婷,《汪端從名媛才女到宗教導師的生命轉向》,頁55—56。

⑨⑨ 梁德繩的生平可參阮元撰,〈梁恭人傳〉,收錄於梁,《古春軒詩鈔》前。

⑩⑩ 嚴迪昌在記敘以守"禮"而拒見袁枚的才女王瓊之事時有此感。見嚴迪昌:《清詩史》(臺北:五南圖書出版有限公司,1998),頁773。

⑩① 這段時間中梁德繩寫下了真摯纏綿的〈寄外〉詩,但丈夫只回了一首簡潔淡漠的〈寄內〉。梁、許的兩首詩見許宗彥,《鑑止水齋集》,卷二,頁18下—20下。

⑩② 許宗彥年長的三子許延恩(後改名兆奎)、許延寀、許延澤都是側室吳氏所出,正室梁德繩的生育反而較晚。見《德清許氏族譜》(民國石印本,上海圖書館家譜室,索取號JP—94)六支"許宗彥"條,頁7下—8下。吳氏死於嘉慶二年丁巳(1797)五月,在許宗彥考上進士前(嘉慶四年己未科,即1799)。在許宗彥詩集中,有一首〈悼亡姬〉(卷三,頁12上—13上),內有"瑣瑣諸男成立否"之句,這位"亡姬"指的應該就是吳氏。另外還有一首詞〈摸魚子·夢亡姬〉(卷九,頁8下),與前詩的情感格調絕似,似乎指的也是吳氏。詩詞中可盡見許宗彥對於這位姬人的憐愛之情,與寫給梁德繩的〈寄外〉的泠漠不可同日語。許在考中進士、辭官後方才回杭長住。梁德繩的第一個兒子許延敬生於嘉慶十年乙丑(1805)。之前應該尚育有一個女兒許延釐,大約生在許中進士前一年(即1798),但未足歲而夭。見許宗彥,〈去歲十二月初七日生女延釐秀殊絕,今年自都中還,越十日而女殤,八月廿六日也,以詩哭之〉,內更有"汝娘十載乃字汝"句,應指梁德繩婚後十年方才第一次生育。詩見《鑑止水齋集》,卷三,頁14下—15下。

⑩③ 見阮元:〈梁恭人傳〉。

⑩④ 張仲禮早年即已對明清士紳階層的收入作過一番透徹的分析。士紳的收入是多樣的,如許宗彥般的有學識、功名之士可以擔任官宦的幕僚、修纂地方志等工作。見 Zhang Zhongli (Chang Chung-li); *The Chinese gentry; studies on their role in nineteenth-century Chinese society* (Seattle: University of Washington Press, 1955)。但所有關於許的傳略中都沒有他謀生的紀錄。

⑩⑤ 見阮元:〈梁恭人傳〉。

⑩⑥ 梁德繩詩集《古春軒詩集》中有多首詩都顯示她將希望寄託在兒子身上,包括〈偶至小園有感〉(卷下,頁4上)、〈戊寅冬,先夫子病革時前一月,即厭煙火食,唯日餐果品。有食臘蒲桃核,遺於寢室庭前,沒後抽蔓一枝,日漸成陰,青蔥可愛。未亡人視之尤增感悼。曾默祝云:"幼子中倘有成立者,此枝結子。"今十四年矣,居然結子三枝,其後或有成立者,

以應此兆預爲相報，少慰吾心耶。因成斷句一章以誌悲懷，兼勗兒輩：忽見垂垂幾蓓紅，柔枝弱質可禁風。幸成秋實酬私願，聊慰栽培十載功〉一詩（卷下，頁 28 下—29 上）、〈早起促四兒入塾〉（卷上，頁 18 下）、〈示四兒〉（卷下，頁 3 上）、〈家書後示四兒〉（卷下，頁 9 下）。

⑩⑦ 梁德繩的這一續作遭到了陳寅恪（1890—1969）的嘲笑。見陳氏著：《論再生緣》（香港：友聯出版社，1959），頁 88—97。按陳寅恪、郭沫若（1892—1978）兩位先生的研究，梁德繩續完此書不過是年老守寡、盼望抱孫心情下的遊戲之作。兩位先生對她續作的大結局極不滿意。但在陳、郭兩先生的年代，中國的女性剛剛進入了追求個性、要求"解脫"的時刻。先不論文學表達技巧，梁德繩續書情節的保守當然令兩位先生大爲不滿。

⑩⑧ 見梁德繩，《明三十家詩選・序》。

⑩⑨ 梁德繩的〈明湖〉詩中，警誡汪端要作好媳婦的本分，不該輕忽婦職："……尚須勤婦職，才名非所據。結帨示成人，著代行降阼。寒溫春席衽，甘滑調匕箸。紃縫夜鐙遲，盥櫛晨雞曙。使令宜敬承，意旨戒輕忤。所貴睦上下，但莫惑婢嫗。佩汝白玉珩，願汝節行步。衣汝紅羅襦，願汝思織作……"汪端的和詩〈辛未〉詩答以"一讀一潛然，感如對良傅"表示誠心受教。

⑩⑩ 見沈善寶，《名媛詩話》（上海：上海古籍出版社，1995；《續修四庫全書》影印清光緒年間鴻雪樓刻本），卷七，頁 17 上—下。

⑩⑪ 鑑止水齋的藏書，有一部分（特別是釋典部分）來自杭州另一名藏書樓"瓶花齋"。見汪士驤，《鑑止水齋藏書目・跋》（民國國立北平圖書館傳抄南陵徐氏藏抄本，《中國著名藏書家書目滙刊・明清卷》（北京：商務印書館，2005），第二十六冊重印，頁 353。筆者以此書目做粗略推算，經部約有 500 種、史部約 440 種、子部約 1100 種、集部約 700 種，總數超過 2700 種。許家鑑止水齋藏書樓因無後人維持而僅在杭州曇花一現。

⑩⑫ 汪端幼年時雖曾一度與戚黨中的男孩一同受業於遠親高樹程（號邁菴，生卒年不詳），所學的可能只是基本的經典、書畫，很可能並不包括詩學。高樹程字蘄至，號邁庵，生卒年不詳，乾隆四十二年（1777）副貢生。他是汪端表伯外祖張雲璈（1747—1829）的表弟，以山水、花卉畫聞名。張雲璈在《自然好學齋詩鈔・序》中稱汪端"嘗受業余表弟高邁菴明經之門。邁菴雖以詩名，亦未取四始六義、蜂腰鶴膝之類日爲之提命也。而小韞輒機自抒、瀋發靈府，服笥既富，風格自遒。"可見汪端在高樹程處並未受系統的詩學教育。汪端的〈題表外祖張仲雅雲璈簡松堂集後即答賜題拙選明三十家詩之作，末章兼寄裘叔表舅氏襲廣陵〉末章尾聯亦指"回首師門同問字，講堂人去暮雲深。謂高邁菴先生"。此詩收入其《自然好學齋詩鈔》，卷四，頁 10 下。

⑩⑬ 見汪端：〈重過鑑園引許周生姨丈，竝呈楚生姨母〉，其中有"十年絳帳聽論文，薤露歌傳

⑬ 不忍聞"句，詩載於氏著《自然好學齋詩鈔》，卷四，頁2下。

⑭ 見汪端〈題曇影夢痕圖爲孫氏表甥女靜蘭作〉，載氏著《自然好學齋詩鈔》，卷八，頁3下。

⑮ 見廖卉婷：《汪端從名媛才女到宗教導師的生命轉向》，頁53。

⑯ 見曼素恩著，楊雅婷譯：《蘭閨寶錄——晚明至盛清時的中國婦女，第三章〈生命歷程·柴米油鹽〉，頁153。但方秀潔在論文 "Female Hands: Embroidery as a Knowledge Field in Women's Everyday Life in Late Imperial and Early Republican China", *Late Imperial China* Vol. 25, No. 1（Jun 2004）: pp. 1-58 中點出，刺繡活動是一種很細膩的、女性之間共享的精緻文化和活動。這種活動和才女的文學活動一樣是讓閨秀們投入的，而並不一定是如曼素恩的看法那樣有對立的性質。方氏以胡文楷的《歷代婦女著作考》中的女性詩文集作爲調查對象，發現其中以"繡"字啟首的詩集比用其他的字都要多，其中佔最多的正是"繡餘"二字。"繡"以外，還有可觀的題名用字是與紡績、縫紝有關。無論刺繡和詩文創作是不是存在對立性，兩者共同形成了閨秀生活中最重要的部分。相對而言，詩才畢竟受到更多的爭議。因此，筆者相信儘管才女們未必排斥刺繡等女紅，在詩集上先舉"繡"字，一方面可以拉近與其她女性的距離，另一方面也確實可避免落人口實。

⑰ 梁德繩的《古春軒詩集》亦少有題及婦識。梁德繩的詩集中，詠物、詠景、叮嚀兒女的詩作不少，給予讀者女性化的印象，並切合她婦人身份。而汪端的詩集則更多一些詠史、讀書後有感之作。感覺較爲中性。

⑱ 研究過汪端的學者大多肯定了陳家，特別是陳文述對於婦才的態度在求知以至求名路上是汪端絕大的助力。廖卉婷在她的論文《汪端從名媛才女到宗教導師的生命轉向》中也直指：汪端較一般出閣婦女擁有更大的空間、時間從事翰墨之事，獲得夫家的支持，正是明清女詩人得以成就才名的最大因素。"（頁57）

⑲ 華秋槎名瑞璜、或寫作瑞潢，清江蘇無錫人，曾官至同知，僑居西湖二十多年。見張撝之等主編：《中國歷代人名大辭典》，頁598。他與汪端的伯外祖梁同書很可能是舊識。梁的詩集中有〈題華秋槎北山旅館卷子〉一首，見梁同書，《頻羅庵遺集》，卷三，頁2下—3上。

⑳ 見陳文述，〈皇清貤封修職郎敕封文林郎晉封奉政大夫先考汾府君行狀〉，《頤道堂文鈔》，卷五，頁10上—32上。

㉑ 見陳文述，〈皇清貤封修職郎敕封文林郎晉封奉政大夫先考汾川君行狀〉，《頤道堂文鈔》，卷五，頁13上。

㉒ 見陳文述，〈先室龔宜人傳〉，附於《頤道堂文鈔》。龔氏也是杭州人（仁和籍），也是讀書人家之後。據《仁和龔氏家譜》（清代刻本，現藏於上海圖書館，索書號 JP46）所見，龔玉晨與龔自珍爲同族疏堂姐弟。

㉓ 陳文述與官至太僕寺卿的陳兆崙（1701—1771）同族。由於筆者至今未能找到收錄有陳文述

父子的陳氏家譜，因此不知他與陳兆崙譜系上關係親疏。但陳兆崙家亦不富裕，且久居京城。

⑭ 陳氏父子有深厚情誼的友人中包括如王曇、邵夢餘等。以王曇（1760—1817）爲例，他因不幸卷入和珅倒台的餘波，雖具過人才華，也只能在狂狷和自我放逐中渡完一生。事見龔自珍〈王仲瞿墓誌銘〉，《龔自珍文選》（蘇州：蘇州大學出版社，2001），頁63—69。他的另一位好友郭麐（1761—1831）也是受挫於科場，喜交友、好飲，率性狂狷之人。曾畫小照，並作好題詞請袁枚、姚引。

⑮ 現代學者蔣寅也曾在〈汪端詩歌創作與批評論初論〉（頁306）中指出汪瑜爲汪端的未來幸福作了妥善的安排。但蔣的研究是以文學的角度切入，對汪瑜此時的家庭境況的探究不多。（頁306）

⑯ 在清代的婚姻市場上，女性的才華作爲家學的表現，逐漸地佔有一定的分量，並能提高她在夫家的價值。詩才在婚事的考量上能佔有分量，除了家學和婦德外，就是文化身份的象徵。見曼素恩，《蘭閨寶錄—晚明至盛清時的中國婦女》中的討論。

⑰ 汪瑜晚年的家境可見陳文述〈天潛翁事略〉以及許宗彥，〈汪絳人傳〉。清代中人以上之家嫁女，往往重排場和嫁妝。娶媳也常常會以此來決定媳婦入門後在夫家的地位。可參毛立平：《清代嫁妝研究》（北京：中國人民大學出版社，2007），第五章〈嫁妝對清代婚姻的影響及其引發的社會問題〉。

⑱ 陳文述在仍是諸生時以一首〈團扇詩〉受知於當時的浙江學政阮元，其後在阮元幕中數年。詳見鍾慧玲，〈陳文述年譜初篇〉，載《東海中文學報》，第16期（2004年7月），頁171—227。此年譜梳理了陳文述迄至三十五歲，包括科場上的表現和詩文活動等的人生經歷。

⑲ 陳文述爲嘉慶五年庚申科（1800）舉人。中舉同年即有吳興閨秀寄詩請求指正。隨後數年陳文述在京城暫居，至嘉慶十一年丙寅（1806）年方歸杭州。其間曾從京口訪袁枚女弟子駱綺蘭，並同才女李佩金、楊蕊淵常有往來，並爲這兩位後輩才女任傭書之役。可參陳文述，《頤道堂詩選》自序。他的這些逸事，招來了一些的反感，因而傳播甚廣。其早年詩集《碧城仙館詩鈔》刻於嘉慶十年（1803）年左右，在婚事訂定之前。陳文述回江南必攜之同歸。詩集中即可見其對才女憐惜、褒揚之意。再加上他追隨阮元有年，本身在江南亦小有名氣。汪瑜對他不可能一無所知。陳文述的經歷參見鍾慧玲：〈陳文述年譜初篇〉，頁203—204，208—211，220—223。

⑳ 陳文述常以"崔盧門第"形容汪端的出身。見陳文述《頤道堂詩鈔》〈再成一首示芹兒竝示新婦汪端小輯〉（卷十，頁8上）、〈題汪天潛處士瑜五湖卜居圖〉（卷十五，頁13上）、〈天潛居士子婦汪端之尊人也。芥瓶丈室天女散花遺照有蒙泉外史題字，存顧君西梅茸紫庵二十餘年矣。余至杭，西梅以歸之。余展卷晤對，儼然如生，爲題四紀包卷首，付端供奉之，並

誌西梅收藏之德〉(卷二十,頁 25 下);及陳文述〈先室龔宜人傳〉,《頤道堂文鈔》附錄,頁 15 下。章學誠曾譏誚過閨秀們互相吹捧時"家稱王謝、户盡崔盧",以示一門風雅。但以陳、汪、梁家庭的實際情況,陳文述確實視汪、梁爲名門。章學誠之言轉載自黄儀冠《晚明至盛清女性題畫詩研究——以閱讀社群及其自我呈現爲主》(臺北縣永和市:花木蘭文化出版社,2009),頁 105—6。

⑬ 陳文述:〈孝慧汪宜人傳〉,頁 7 上載曰:"海內閨閣之才,於今爲盛。宜人門第清華,早慧知名,及見前輩。從楚生夫人居,閨中龍門也。若王蘭上、華雲芝、黃蕉卿、鮑玉士、梁無非、湯德媛,皆中表也。許雲林仲絢則表妹也,汪逸珠杜芳則從姑母也。"

⑬ 艾爾曼(Benjamin Elman)在早年研究中就已指出清代中期以來學者的職業化,並指官府以及一些主要官員的資助促使了學者能以研究支持自己和家人的生活。見艾氏著,趙剛譯《從理學到樸學——中華帝國晚期思想與社會變化面面觀》(南京:江蘇人民出版社,1997),第三章〈江南學者的職業爲〉。艾氏此文中亦指汪端的舅父梁玉繩就曾任在畢沅門下,與盧文弨等一同校勘《呂氏春秋》。見同書,頁 77。

⑬ 陳文述:〈海運議〉,載氏著《頤道堂文鈔》卷一,頁 1 上—14 下;〈皇清貤封修職郎敕封文林郎晉封奉政大夫先考汾川君行狀〉,《頤道堂文鈔》,卷五,頁 14 上—23 下。

⑬ 見陳文述,〈海運感事詩有序〉,《頤道堂詩選》,卷二十一,頁 25 下。對於陳早年樂於出風頭,所作議論干犯眾忌之事,他當時的側室管筠表示過不滿,直道:"河渠當議,食人之食,忠其事也。海運鹽筴不當議,肉食者謀之,越俎也。"河渠之議,應是陳文述助鐵保的一段舊事。可見陳的自負之作成了他仕途上的一大阻礙。見管筠〈敍〉,收於陳文述,《西泠仙詠》(臺北:新文豐出版有限公司,1989;《叢書集成續編》影印清光緒壬午(1882)丁氏翠螺仙館刻本),卷三首。他的議論不被上司所喜,仍獲得不少官員和文人的讚賞。賀長齡(1785—1848)就將他的三篇河務之論:〈論黃河不宜改道書〉、〈高堰另建五壩説〉以及〈河口築隄設牖説〉收入《皇朝經世文編》中。見賀長齡編:《皇朝經世文編》(臺北:文海出版社,1972),卷九十七"河防二"頁 3436—3437、卷一百"河防五"3570—3573。

⑬ 見英傑修:《續纂揚州府志》(臺北:成文出版社,1970;《中國方志叢書》影印清同治十三年[1874[刊本),卷六,頁 6 上。汪端〈夢玉生事略〉中指"刊爲九省水陸要衝,襟帶淮海,户口殷繁,南臨大江,多梟徒出沒,冠蓋往來更無虛日。前令日以迎送爲事,終歲不理案牘,積卷盈萬。"也可見江都縣地理和人文的特殊性。陳文述上任就先要清理前任留下的爛攤子。此文附於陳裴之:《澄懷堂詩鈔》卷首。

⑬ 參見錢仲聯,《清詩紀事》(南京:江蘇古籍出版社,1989)引陸以湉(1836 年進士)《泠廬雜識》:"錢塘陳雲伯大令文述,少負才名,後以乙科出宰,由皖之吳,所至有惠政。補官江都縣,前令以迎送爲事,集案盈萬。陳初至,署廳事曰:'勤補拙,儉養廉,更無暇愧

問送迎，來往賓朋須諒我，讓化爭，誠去僞，敬以告父兄耆老，教誨子弟各成人。'乃排日訊斷，不逾年而積牘以清。"轉載自康正果，〈泛文和泛情〉，頁756，注4。

⑬⑦ 見英傑修，《續纂揚州府志》，卷八〈宦績〉，頁6上一下。陳文述將自己在揚州的一些政績撰文收入其《頤道堂文鈔》卷六，包括〈重修揚州府學江都甘泉縣學記〉（頁2上—4下）、〈儀徵濬河記〉（頁5上—9上）、〈瓜洲開河記〉（頁10上—12下）。另外，他在〈答人問作令第三書〉中回應了身爲要衝之地縣令應該如何應付"酬應奔走"的煩事。此文載氏著《頤道堂文鈔》卷七，頁46上一下。至於陳文述是否果眞能言行合一，則有待更深入的研究。

⑬⑧ 陳文述之母查氏大約在道光十五年（1835）左右去世。

⑬⑨ 見沈葆貞等修：《重修安徽通志》（光緒三年（1877）重修本，卷一百四十五"職官志・名宦"，頁14上"陳文述"條，褒揚陳文述在繁昌縣能勤政愛民。文中稱繁昌"地瘠，多水患，經畫至癈寢食。海疆軍興，難民來繁昌者安輯靡遺，疏河築城，民以安堵。"

⑭⑩ 陳文述曾作〈答人問作令〉三書，分論擔任一方守令時教化、判案、迎送的工作，又以後兩者爲詳。再有〈答問幕友〉、〈答問家人〉、〈答問書吏〉、〈答問差役〉四文，討論守令如何對待、管理不同下屬，意見實在。以上文約收於陳文述，《頤道堂文鈔》卷七，頁43上—48下。

⑭① 見陳寅恪：《論再生緣》，頁9—10。郭沫若在〈《再生緣》前十七卷和它的作者陳端生〉文中，更直斥"陳文述這個人是沒有品格的，他慣愛摹仿袁子才，亂認人爲女弟子，賣弄風騷，有些行爲很足令人齒泠。"此文載氏著《郭沫若古典文學論文集》（上海：上海古籍出版社，1985），引文見頁862。

⑭② 近期有關陳文述的論文，可參見鍾慧玲：〈陳文述與碧城仙館女弟子的文學活動〉，收於氏著，《清代女作家專題—吳藻及其相關文學活動研究》（臺北：樂文書局，2001），頁161—224；及劉靖淵：〈論陳文述〉，《山東師範大學學報（人文社會科學版）》第188期（2003年第48卷，第3期），頁62—68；劉靖淵，〈壯士無可托，聊爲吳會吟—陳文述的詩心與詩歌論〉，《山東師範大學學報（人文社會科學版）》第196期（2004年第49卷，第5期），頁46—50。

⑭③ 跟據鍾慧玲整理的〈陳文述年譜初篇〉，陳文述在早年即表現對女性才華的傾慕和愛護。見鍾慧玲，〈陳文述年譜初篇〉，頁203—204，208。

⑭④ 見鍾慧玲，〈陳文述與碧成仙館女弟子的文學活動〉（2001），頁182—190。實際上陳文述和這些女弟子們並沒有多少共處的時間，他亦很少能真正去指點她們的寫作。但他對女弟子們總是關切而溫情的。

⑭⑤ 陳文述的好友郭麐（1767—1831）就和隨園女弟子們時有來往，並曾爲多名才女的詩集作序

文。他的《靈芬館詩話》也多采錄、稱讚閨秀之作。見鍾慧玲,《清代女詩人研究》,頁76—79。陳文述和王芑孫(1755—1817)以及他的書法家妻子曹貞秀也不時有詩文來往。他的恩師阮元對女性才華也抱持肯定、支持的態度。

⑭ 碧城女弟子在陳文述出任江都縣令後(道光元年,1821)左右才開始湧現。而他修三女士墓之事,許多江南文人才女都有題詠,集結成《蘭因集》。跟據鍾慧玲的研究,此書約在道光五年(1825)出版,而這也是碧城仙館女弟子首次以團體面目出現。參見鍾慧玲〈陳文述與碧城仙館女弟子的文學活動〉,頁162—163。

⑭ 陳文述的心情在道光七年(1827)為亡子作〈裴之事略〉時慨嘆其子露才太過而犯"眾忌"即可知。他在文中憶述當陳裴之被推舉為"鶴長引商"時回江南募款,他馬上察覺那些推舉之人不懷好心,因此語重心長地要兒子盡快脫身,並告誡他:"勿聞甘言而輕信,勿預聞外事輕為人排難解紛。吾涉世四十年,閱事較汝多,稍知情偽,故號退菴以自箴也。人情叵測,吾不能不惴惴焉。"這些對兒子的勸誡,正是他行世多年以來自己的結論以及道光五、六年時他的心情。見陳文述,〈裴之事略〉,《頤道堂文鈔》,卷十三,頁23上—下。之後他依然沒有完全放棄對世情的關懷,曾針對鴉片問題作"禁煙管見"一文。從他為汪端所作〈孝慧汪宜人傳〉中可見他的眷屬擔心他這些議論"事權不屬",擔心他因"位卑言高"而再像先前〈海運議〉般惹禍上身,因而勸他不要刊行此文。見〈孝慧汪宜人傳〉,頁9上—下。這次他掙扎後,聽從了家人的勸說,以免惹禍上身,真是做到以"退"保身。陳文述此文不傳。

⑭ 陳文述女弟子身份的考證,可參鍾慧玲,〈陳文述與碧城仙館女弟子的文學活動〉(2001),頁161—71。

⑭ 見陳文述撰,碧螺山人編:《畫林新詠》,卷三"閨閣"。他不介意才女們出身,唯才是論的態度,或許和自己懷才不遇,在宦場上往往只能處於邊緣位置有關。

⑮ 康正果以陳文述作為觀察嘉道時期文人書寫特徵的窗口,對文人題詠才女、逸事的熱誠作出了"泛文"以及"泛情"的解釋。他認為嘉道文人世界中的"才"特指詩文之才,並指出詞林為科舉以外文人另一展現智力、互相較力的場作;並以詩文作為把握趣味和世界的工具;而"情"為"明清文人的口頭禪,一個把惟才和尚趣提高為價值的慣用語",是"吟咏的催化劑"。見康正果:〈泛文和泛情〉,載《明清文學與性別研究》(南京:江蘇古籍出版社,2000),頁734。

⑮ 筆者尚未見《頤道堂戒後存詩》和《碧城詩髓》。書名見於康正果,〈泛文和泛情〉,《明清文學與性別研究》,頁734。

⑮ 陳文述因詩獲阮元另眼相待,與從兄陳曼生在阮元幕中並稱二陳。之後居京師十年,與楊芳燦齊名,被稱做"楊陳"。郭沫若先生在〈關於陳雲貞《寄外書》的一項新資料〉中,從

《碧城仙館詩鈔》詩的次序（第一首即是陳文述一舉成名的〈團扇詩〉）推斷陳文述是因爲二十五歲時以詩見賞於阮元，"受到鼓勵，故開始銳意于詩。"見《郭沫若古典文學論文集》，頁923。

⑮ 康正果，〈泛文和泛情〉，頁730。

⑭ 陳文述收入其《頤道堂文鈔》的晚年詩作中，像〈留別吳門〉（卷22，頁26下）、〈自箴詩〉（卷26，頁1上）、〈自嘲二首〉（卷26，頁18下），多有此感。其中〈自箴詩〉更自嘲："……亦嘗爲文章，中多論經濟。經濟誰所爲，空畱此文字。……"

⑮ 除上述詩集外、《秣陵集》、《西泠詩》五種、《岱遊集》、《畫林新詠》均是系列作品等等也可見一斑。陳文述還曾將眾人爲他重修小青、菊香、楊雲友墓的題詩編爲《蘭因集》；再爲女弟子們編《碧城女弟子詩》。楊雲友爲明末名妓，小青、菊香是晚明以來崇情文化中的人物，是否真有其人則仍存疑。此外，他還曾著《玉天仙梵》，自記前生在仙界之事。（見於廖卉婷，《汪端從名媛才女到宗教導師的生命轉向》，頁94）。事實上，清初朱彝尊也以兩部系列詩作《鴛鴦湖櫂歌一百首》、《風懷二百韻》留名清詩史。《鴛》詩記錄南湖風土人情、《風》詩則爲一女性對象的韻事記憶。但陳文述的系列詩作太多太濫，水平不高，雖有捧場客，但評論遠不如朱詩。關於朱彝尊的兩詩可參嚴迪昌，《清詩史》，頁505—506。

⑯ 見陳文述，〈自箴詩〉，《頤道堂詩選》，卷二十六，頁1上。

⑰ 見汪端：〈論詩示蘇孫姪〉，載氏著，《自然好學齋詩鈔》，卷十，頁28下—29上。

⑱ 陳文述的好友舒位、王曇、郭麐等均都身陷其中，而他們的行爲和寫作都多少帶着狂態。見嚴迪昌，〈昏沉時世中的悲愴詩群〉，《清詩史》（臺北：五南圖書出版有限公司，1998），頁965—994。郭麐的詩較少鬱怒的情感，他對詩文自有一套看法，其行爲也有自己的性格。據袁枚《隨園詩話》，郭曾爲自己的小照預作好題詩，再將詩稿和畫交予袁枚和姚鼐，請他們照錄於畫上。見郭沫若，〈讀《隨園詩話》札記〉第六十六條，收入其《郭沫若古典文學論文集》，頁803—804。

⑲ 見陳文述：〈碧城外史自讚〉，載氏著，《頤道堂文鈔》卷四，頁17上—下。

⑳ 陳文述，〈孝慧汪宜人傳〉，詩集傳1下—2上。

㉑ 此詩收於《自然好學齋詩鈔》第3卷，頁12上—12下。雖語似自謙，但對比汪端在選明詩時流露的張揚和自信，筆者推測汪端在婦職方面的投入遠比不上在詩、史方面的熱誠。

㉒ 陳文述此序僅見於上海圖書館藏《自然好學齋詩鈔》一個道光年間刻本，索書號爲：線普550381—550382，推測其爲陳氏刊刻的原增訂本。

㉓ 見汪端：〈辛未春日返棹武林賦呈楚生姨母即用賜題明湖飲餞圖原韻〉。

㉔ 見陳文述：《自然好學齋詩鈔·序》，寫於道光六年（1826），同註180所指。

㉕ 在道光八年左右，陳文述再次前往漢口時留別家人的詩中，爲汪端題曰："文堪翼世天應知，

⑯ 包括建議陳文述將早年作品去蕪存菁、《畫林新詠》及《西泠閨詠》的編纂安排。
⑰ 見陳文述:《自然好學齋詩鈔・序》,寫於道光六年(1826),同註180所指。
⑱ 見陳文述:〈孝慧汪宜人傳〉,頁8上—9上。
⑲ 陳文述作輓詩〈哭子婦汪宜人〉中甚至以引魯哀公"麒麟"之典,稱"若宜人者,亦余家之麟也。雖欲不絕筆而不可得也。"在〈孝慧汪宜人傳〉中復言"余於宜人方深敬禮。……裴之沒,賴有宜人,今宜人又沒喪,予之悲不止支公之悼法虔矣。",並以鍾子期、愈伯牙喻之,足見其倚重敬佩之心。此詩附於汪端,《自然好學齋詩鈔》卷首。
⑳ 陳文述:〈孝慧汪宜人傳〉,頁2上。
㉑ 陳文述《頤道堂詩鈔》中還有多首關於汪瑜、汪初兩人的吟咏。汪端還曾請陳文述將自己祖先汪華補入陳氏的《西泠仙詠》之中。見陳文述〈孝慧汪宜人傳〉,頁5下—6上。可見汪端對於先人故事頗在意,並希望借助陳文述之筆將之保存下去。
㉒ 見曼素恩(Susan Mann),"The Education of Daughters in the Mid-Ch'ing Period",其中在婦女教育的頂端,她提到了那些富有詩才的女性,並以汪端爲十八世紀最頂尖的女性學者。但曼素恩是以 Eminent Chinese of the Ch'ing Period(1644—1912)中對汪端的簡介爲依據,並未真正接觸相關的一手材料。
㉓ 陳裴之的傳記資料中,並未明記其捐職年份。但依"武陟例"可查爲嘉慶二十四年事。而依朱環甫《澄懷堂詩集序》推測,陳裴之因在開例後第二年入捐。清代財政收入中,各種捐納之款是重要的財政來源,特別是用來應付軍需、河工、振災、營田等非常務性開支。許大齡曾對這一方面進行過非常仔細的疏理和分析,寫成《清代捐納制度》一書。見許大齡,《清代捐納制度》(香港:龍門書店,1968),頁53、75以及"歷屆捐例貢監生捐納官職銀數表(二)外官"。汪端〈夢玉生事略〉。捐官之事亦見於陳文述,〈裴之事略〉。又,關於陳裴之應鄉試的次數,〈夢玉生事略〉稱"四應省試不利",但陳裴之自作〈袁浦舟中賦呈張雲巢廉訪師〉則稱"槐花五度落西風,初心何肯謀溫飽。",詩載氏著,《澄懷堂詩集》卷十一,頁19—20)推在入貲捐官之後,他還曾再應一試,但終歸無法在科場上有所突破。
㉔ 見陳文述〈汾川府君行狀〉,載氏著《頤道堂文鈔》第五卷,頁19下。
㉕ 陳裴之在《香畹樓憶語》中自道:"大人乞祿養親,懷冰服政十年之久,未得真除。相依爲命者千餘指,待以舉文者數十家。重親在堂,年逾七秩,恒有世途荊棘,宦海波瀾之感。余四躓槐花,輒成康了,方思投筆,以替仔肩。"此文載於氏編,《湘煙小錄》(石家莊市:河北教育出版社,1996;《歷代筆記小説集成》影印民國九年(1910)香豔叢書刊本)。
㉖ 陳文述暫攝常熟時,陳裴之佐其治漕務;陳文述任江都時,陳裴之也多方協助其政務。此外

陳文述更讓陳裴之參予議海運、河渠。陳裴之在此段時間更寫下〈論西北水利〉一文。見陳文述，〈裴之事略〉，《頤道堂文鈔》頁118下。汪端《夢玉生事略》，頁26上，28下—29上。

⑰ 孫玉庭（1753—1833）於嘉慶二十一年（1816）至道光四年（1824）任兩江總督。黎世序（1773—1824）於嘉慶十七年（1812）至道光四年（1824）為河道東總督，最後卒於任上，諡"襄勤"。韓文綺於道光二年至四年間為江蘇巡撫。見《清史稿》，卷一百九十九，"疆臣年表三·各省總督、河督漕督附"，頁7315—7332及卷二百三，"疆臣年表七·各省巡撫"，頁7783—7786。陳裴之曾在道光三年助韓文綺清理徐州駱馬湖官民灘地分別蓄草收租案。

⑱ 見陳文述：〈裴之事略〉，頁19上—23下。

⑲ 筆者至今僅見陳裴之澄懷堂文鈔一冊，內不分卷，有〈答查伯葵丈揆問西北水利書〉附〈附錄嘉慶庚寄家侍御五兄鴻諫垣之作〉數行。若依汪端所作〈夢玉生事略〉記，陳裴之身後應有文集應有四卷，或已失傳。

⑳ 清朝前期的名臣張廷玉（1672—1755）也以"澄懷主人"自稱，以"澄懷園"命名詩文語錄。陳裴之選用"澄懷"二字，似乎亦暗含對於這位宰輔的景仰和自許。

㉑ 冒襄在其愛妾董小宛死後撰寫《影梅庵憶語》，其中記錄了他們相處的往事點滴。這一才子佳人的韻事在成書後一直在清代文人中風行不衰，亦不時仿作出現。沈復的《浮生六記》寫於乾隆時期。陳裴之的《香畹樓憶語》更直言是仿《影》文而作，一眾親友在閱後亦將此兩事相題並論。稍後另有蔣坦的同類作品《秋燈瑣憶》。

㉒ 見陳裴之，《香畹樓憶言》，收入陳裴之輯，《湘煙小錄》，頁400，404—406。

㉓ 陳裴之的《澄懷堂詩集》是汪端在他身後以編年之法重為編選。其中詩集第五卷為新婚之後所作。其中〈墨會樓詩〉有"弄玉彩鸞仙眷屬"、"何幸蘭香降張碩，深勞徐淑答秦嘉"等句（頁1上—下）；還有〈內子充莊以詩稿索題，為書四絕〉中有"親研銅雀試香螺，我比文簫福慧多"以及"自有碧城家學在，莫教天壤比王郎"句（頁1下—2上）。李滙群對"莫教天壤比王郎"的討論見著《閨閣於畫舫：清代嘉慶道光年間的江南文人和女性研究》（北京：中國傳媒大學出版社，2009），頁218。

㉔ 陳裴之與汪端嘉慶十六年（1811）往杭州省親時所作的題詠收於《澄懷堂詩集》卷六。

㉕ 參見李滙群：〈陳裴之的真情與幻情〉，收錄於氏著，《閨閣與畫舫—清代嘉慶道光年間的江南文人和女性研究》，頁196—231。

㉖ 見蔣寅：〈開闢班曹新藝苑，掃除何李舊詩壇〉，頁804—805。

㉗ 通過陳裴之的《澄懷堂詩集》能確知兩人新婚期間曾寫下不少作品。

㉘ 汪端題有〈題瘞琴銘後〉一詩，並作逾三百多字的詩序，錄入琴上銘文，即唐代墓主之夫以琴殉愛妻之事，詩亦纏綿感人，可見汪端並非對男女之情全然泠漠之人。此詩載於汪端，

《自然好學齋詩鈔》，卷三，頁 3 上—4 下。

⑱ 見陳裴之：〈內子允莊以詩稿索題爲書四絕〉，《澄懷堂詩集》，卷五，頁 1 下—2 上。

⑲ 見陳裴之：《澄懷堂詩集》卷五之〈新婚匝月，定省之暇，日夕與新婦譚蔬爲樂。奩具中有外舅天潛先生手批張天如所刊《漢魏六朝百三名家集》，甲乙丹黃，至爲精審。展讀一過，各以五言八句題之，閨房本事，亦呂東萊春秋博議例也〉（頁 2 上）以及隨後的〈前詩既成，允莊曰：'文字之道，輔翼六經。若左邱明之傳、莊周列禦寇之子、屈原之騷、宋玉之賦、呂覽淮南賓客之書、司馬遷之史，皆有合於古之作者。……又女子中，班婕妤、曹大家、衛茂漪、左貴嬪、蘇若蘭，此五人文字雖多寡不同，實宮閫之圭臬、閨房之河嶽也。天如未經蒐錄、亦爲無識。宜並詠之。異日編輯藉資考證。'余悅其博覽而服其論古之有識也，因成十五首以補之〉（頁 16 下—17 上）

⑳ 見李滙群：《閨閣於畫舫：清代嘉慶道光年間的江南文人和女性研究》，頁 215。又，李滙群所舉卷六諸詩，包括〈偕允莊歸武林舟中作〉和〈鴛鴦湖咏鴛鴦示允莊〉等，確實爲其後少有的深情筆調。但同卷〈花神廟題壁〉同樣是偕汪端同遊，陳裴之的遣辭就冷靜犀利得多，其中有"秦女但乘靈鳳至，書生休共彩鸞來"句，以最後一首爲甚："綠女紅男着意裝，可知小説半荒唐。倘容賈誼虛前席，何事彭宣到後堂。珠玉千行響環佩，雲霞萬疊畫衣裳。別開生面劉鑾塑，更作繁華夢一場"。同時也應考慮陳、汪兩人在日後是否仍有此等閒情逸致出遊或省親。

⑫ 婚後一個月，汪端和陳裴之就取汪瑜所批點的《漢魏六朝百三名家集》共同展讀吟咏。見陳裴之：《澄懷堂詩集》卷五，頁 2 上—19 下。嘉慶二十一年（1816），即兩人婚後六年，汪端作〈丙子孟陬上旨與小雲夜坐，以《澄懷堂集》、《自然好學齋詩》互相商榷，偶成二律〉中有，既形容兩人共展卷夜談的愉快時刻，又以"流俗何須矜月旦，與君得失寸心知"表達了汪端對陳裴之強烈的知己之感。汪詩載《自然好學齋詩鈔》，卷三，頁 6 下—7 上。蔣寅在〈汪端詩歌創作與批評初論〉文中也以這首詩證明陳氏伉儷情感甚篤。蔣文載於氏著，《清代文學論稿》（南京：鳳凰出版社，2009），頁 304—338。

⑬ 道光六年（1826），陳裴之在漢口於過世前不久所作唱和汪端之作〈漢皋歲暮書寄允莊即用見寄原韻〉以及所附汪端原詩可見一斑。其中可見陳裴之的疲憊和對肩上重擔和無奈，以及汪端寄望他們能早日偕隱。兩人亦都懷緬了側室王氏。詩載陳裴之：《澄懷堂詩集》卷十三，頁 27 下。

⑭ 見汪端：《自然好學齋詩鈔》，卷五，頁 3 上〈答小雲北上見寄之作，即用原韻〉、同卷頁 6 上〈翠雨軒即事有作寄小雲〉；同卷頁 10 上〈寄小雲湘中〉；同卷頁 13 下—14 上〈小雲暫歸吳門省親甫旬餘，即赴楚中，賦此送別〉。汪端並未爲自己留下詞集，但在陳裴之《夢玉詞》詞集中可找到數首她唱和之作。似乎在王氏去世後，汪端、陳文述互相扶持，感情更爲

⑱ 陳裴之與幾位前輩閨媛有文字往來：曹貞秀，字墨琴，是陳裴之友人王嘉祿，字井叔的母親。歸懋儀，字珮珊，為袁枚女弟子，晚年在江南以閨塾師爲生，與陳文述亦有往來。對他對父親的碧城仙館女弟子群題詠極少。筆者見有〈題張雲裳女士［襄］鄧尉探梅長卷〉和〈碧城仙館女弟子〉兩首。前者收於《澄懷堂詩集》卷十三，頁 3 上。汪端亦有同題之作，見《自然好學齋詩》卷五，頁 11 上一下。後者與同卷諸詩為同一系列。依陳裴之序言所記，是道光六年年尾再往漢口之行時，吟詠所識之親友的一百六十餘首之一。見陳裴之，《澄懷堂詩集》，卷十四，頁 26 下。

⑲ 汪端曾讓陳裴之去探問蕭掄關於明詩中高啟、李夢陽高下的看法，得到了和當時沈德潛的主流論調一致的尊李的回覆，從而更堅定了她想要重選明詩的想法。陳文述將這段逸事寫入〈孝慧汪宜人傳〉（頁 2 上一下），作為汪端重選明詩的近因。

⑳ 見阮元：《澄懷堂詩集序》。出版於嘉慶二十五年（1819）年的《澄懷堂詩外》中已有此序，因此阮此之序應作嘉慶二十五年或之前，序文附於陳裴之：《澄懷堂詩集》卷首。陳裴之曾在《澄懷堂詩集》卷八第一組詩題中論及明代前七子："吳門諸子各以所業詩文就正家大人，適得七人，家大人目為吳門七子，因各為一詩贈之，語皆徵實，無取溢美，以視建安七子，未知何如。較前明何李標榜之習，庶幾免焉。" 足見他對七子標榜之習並不為然，並刻意劃清界線。對何景明、李夢陽等人人品的不滿，不知是否受汪端的影響，亦難見對其詩品的評價。

㉑ 見汪端：〈夢玉生事略〉，頁 28 上一下。

㉒ 此詩收於陳裴之：《澄懷堂詩集》卷十，頁 5 下。

㉓ 婆母龔玉晨稱汪端生完次子後失調，再因選明詩而心勞神疲。龔玉晨，〈紫湘小傳〉，陳裴之輯，《湘煙小錄》，頁 387。

㉔ 此詩亦寫於道光六年（1826）往漢口的船程上，與〈碧城女弟子〉為同一系列。陳裴之在船程中將自己重視的的親友、提攜過他的地方官員題詠一遍，見氏著《澄懷堂詩集》，卷十四，頁 27 上。

㉕ 見汪端：《自然好學齋詩鈔》卷四及卷五。

㉖ 汪端的〈題琴川席道華夫人隱湖偕隱圖〉大概作於陳裴之協助陳文述在江都縣令一職時。詩中對席氏夫婦能共同隱居於良辰美景之中顯得非常羨慕。詩見《自然好學齋詩鈔》，卷四，頁 1 上。而同樣的訊息在同集第五卷〈寄小雲湘中〉（頁 10 上）中又再出現，期盼著"何日一竿花海隱，板輿長奉勝封侯。"

㉗ 觀察所得汪端的《自然好學齋詩鈔》也以時序編詩。一方面因共不時一次寫就，另一方面則是汪端習慣使然。〈丁亥季冬十有六日為小雲小祥之辰以淚和墨書此誌哀敬步翁大人原

韻〉（卷五，頁17下—18上）是第一首記錄陳裴之死亡的詩作，寫於陳亡故後一年左右。悲痛孤寂的情緒不時在其後的詩篇中出現，至卷八〈題空房對月圖〉（頁8下）後，這種情緒方見緩解。亦大約在此時開始，汪端更徹底地投入宗教的修行之中，可參〈己丑仲夏，余敬繪宋潛溪高青邱兩先生像，袝祀頤道堂佛龕西室，晨夕申瓣香之敬三載於茲矣，今秋菊泉致奠，侑之以詩〉（卷八，頁20上）。陳文述亦稱汪端喪偶後："所作者皆單鳧寡鵠之音"。見陳文述，〈孝慧汪宜人傳〉。

⑤ 此詩載於汪端：《自然好學齋詩鈔》，卷七，頁4上。

⑥ 這份情感延續到了陳裴之去世後，汪端哀痛之下封筆一年，又作〈折雨中牡丹供小雲靈几感賦〉詩，載氏著《自然好學齋詩鈔》，卷六，頁9上。她作〈許烈婦詩〉更有"愧我草生傷獨活，遺書手定泣斜暉"句。見同書，卷七，頁17下。汪端詩集中更有數首惋惜婚姻錯配、委曲了才女之詩：〈菊因于歸，詩以示之〉（卷六，頁20上），〈清湘樓詩弔衡陽凌烈婦〉（卷六，頁7下—八下）；〈邯鄲才人嫁爲廝養卒婦，聞家翁言揚州近事，有感而作〉（卷九，頁21下—22上）。特別是後兩首作於喪夫之痛已沉澱之後，或會因她人的不幸而感到自己在婚姻中的幸福。

⑦ 在汪端所撰的〈夢玉生事略〉中，她回憶道："于歸之後，承頤道先生指授，並與君昕夕相討論，其學益進。尤熟於唐宋以來詩派源流。嘗共君論明人詩。……每夕偕君坐環花閣，蕑鐙瀹茗，鱗攤書卷於几，相與考核論列，恒至晨雞初唱猶未就枕。"（頁28上—下）這正回應著陳裴之在初婚時"一床斑管兩書生"的形容。見陳裴之：〈墨會樓詩〉，《澄懷堂詩集》卷五，頁1下。此外，陳裴之在〈偕允莊歸武林詩中作〉詩中，再以"兩書生"形容二人相處的時刻。見氏著：《澄懷堂詩集》卷六，頁3上。

⑧ 蔣寅由《明三十家詩選》采錄的評中推測汪端的選目"大多本自李時澧、陳子龍、錢謙益、朱彝尊、梁崇一、沈德潛、朱琰諸家"。見蔣寅：〈開闢班曹新藝苑，掃除何李舊詩壇〉，頁804-5。但這不能表示汪端僅看前人的選本而不讀專集，仍待後人將各選集一一比對。

⑨ 若專集不可得而要自他人選集中探集，汪端自會說明。如《明三十家詩選》二集，卷一上，"甘瑾"："汪端論曰：……遺集罕傳，茲於諸選本中采之，吉光片羽，彌足珍重。"（頁18下）

⑩ 陳文述：〈孝慧汪宜人傳〉中稱爲助汪端選詩，他"廣爲購求假貸，並錄文瀾閣藏本以益之。"

⑪ 陳裴之：〈內子允莊選明詩初二集刊刻告成爲題四律〉之四："萬里封題勞驛使（自注：孫仲衍、鄺湛若諸集，阮雲臺制府粵中購得，專弁寄吳門），十年清俸捐家翁（自注：各家全集多於文瀾閣借鈔）。"見陳裴之，《澄懷堂詩卷》卷十，頁6下。

⑫ 陳文述兄弟五人，活到成年的三人中以陳文述居長。兩個弟弟一人早逝、另一人陳鴻慶後來

謀得縣丞之職攜眷離去上任。

㉓ 龔氏的祖父龔導江是乾隆丙辰科進士，曾任山西壽陽縣令；父親龔樨爲太學生。見陳文述，〈先室龔宜人傳〉，附氏著，《頤道堂文鈔》後。

㉔ 在道光九年己丑（1829）龔玉晨六十歲時，陳文述作了一篇逾三千家的長詩〈己丑七月十六日爲內子周甲初度……〉，回顧他們共同渡過的數十年。詩見於《頤道堂詩選》，卷二十五，頁30上—35上。及其於道光十八年（1838）六月辭世，陳文述更作〈先室龔宜人傳〉，將之刊刻附於自己《頤道光文鈔》後，讓此文以及龔氏的言行生平得以傳世。

㉕ 見龔玉晨，〈寄夫子京師第一書〉，載氏著《璧月樓文鈔》，附於陳文述：《花海琴音》（清道光辛丑［1841］年刻本）後，頁1上—2下。

㉖ 陳文述的《花海琴音》專收詩人歷年來爲龔玉晨所作之詩。此集是龔氏身後，陳文述繼室管筠編輯而成。他的《頤道堂詩集》中未見收有任何龔氏的詩作。見陳文述：《花海琴音》。

㉗ 據筆者的粗略統計，陳文述刪定的《頤道堂詩選》中，收錄予龔玉晨的詩僅有五首，而寫予管筠的則有三十五首。這部詩集將嘉慶二十一年（1816）年之前所作去蕪存菁，只保留較有水準的三成左右。但《花海琴音》中所收錄的詩作亦不多。

㉘ 見陳文述：〈中秋夜同湘蘭兩姬海上玩月書寄吳門〉，《頤道堂詩選》，卷十五，頁6上。

㉙ 見龔玉晨，《璧月樓詩存》，附於陳文述：《花海琴音》，清道光辛丑（1841）年刻本後。

㉚ 見陳文述：〈先室龔宜人傳〉，頁15下—16上。

㉛ 《頤道堂詩選》中有多首寫予文氏的詩作，包括〈小停雲館本事詩爲湘霞作〉（卷二十一，頁5上）、〈羅浮花鳳歌爲湘霞作〉（卷二十一，6上—下）〈飛卿畫紅牡丹爲湘霞小影因題四首〉（卷二十一，6下—7上）、〈題姬人湘霞小停雲館詩鈔用題管姬湘玉小鷗波館詩鈔韻〉（卷二十四，頁15上）、〈擬古艷歌行寄湘霞〉（卷二十四，頁15下）等等。

㉜ 陳文述作爲〈留別諸姬〉（大約作於1826）四首，第一首予管筠，第二首即是予文氏，之後才是已入門的薛氏，可見陳文述早將文湘霞視同於側室。見氏著，《頤道堂詩選》，卷二十二，頁26下。陳的女弟子辛絲亦早視文氏爲陳文述的如夫人。見辛絲：〈紫鳳歌〉，附於陳文述，〈紫鳳歌和女弟子辛瑟嬋……〉，《頤道堂詩選》，卷二十七，頁36下—37上。

㉝ 陳文述亦自言文氏侍他十四年，至到龔氏病逝前數日（道光十八年，即1828）方才命接入門。陳文述的〈小停雲館本事詩爲湘霞作〉是《頤道堂詩鈔》中第一首詠及文氏的詩歌，同卷稍前有一首哀悼王井叔（逝於於道光甲申年，1824）的〈哭王井叔〉（頁3上）。推測〈小〉詩大致作於同年稍後。由道光甲申至龔氏去世的道光十八年，正好十四年。由此可見，道光六年（1826）年薛氏入門時，文湘霞已是陳文述的侍姬或外室。見陳文述：〈先室龔宜人傳〉，頁6上。文湘霞在《西泠閨詠》（大約出版於1826）中已名列第三卷編者，位置僅次於第一卷的龔玉晨和第二卷的管筠。陳文述作序道光十五年乙末（1835）五月的

㉓ 《西泠仙詠・自敍》中，在卷尾將文湘霞列爲家人中學道修行者。薛氏才華遠不及管氏、文氏，也不曾生育，終日侍奉龔玉晨，無分寒暑，在陳文述諸妾中最受到龔氏的喜愛。見陳文述：〈先室龔宜人傳〉，頁6上。

㉔ 陳文述在〈先室龔宜人傳〉記道，龔玉晨將家事轉交予管筠時説過："太宜人（按：指查氏）嘗余謂，二十年來寒素本色無復存者，家事將不支。"（頁4下）陳文述在〈七月六日管姬靜初四十初度，既見於寄内字詩中，生平淑行，頗有可紀，因爲古詩百二十韻以寄之〉更清楚列明管筠開始持家時，他所能留下的金額僅足夠支付家人數日的口糧。詩載氏著：《頤道堂詩選》，卷二十五，頁35上。

㉕ 見陳文述：〈先室龔宜人傳〉，頁4上—6上。

㉖ 汪端的健康狀況一直欠佳。在嘉慶庚午年（1810）年，她打算回杭探親時，就"驟病癈餐軀"，病了超過十天才好。（見《自然好學齋詩鈔》卷二，頁20下）在大約三年内兩生二子，對她的健康也有影響，龔玉晨更在〈紫姬小傳〉中指她"娩後失調"因而體虚多病。汪端並沒有在詩文中陳述或暗示過相同的意思。但她承認選明史對她的精神消耗過大，而請爲陳裴之納妾以俾她靜養。王子蘭入門後，她也曾突然感不適，經調養一月才好轉。因此，儘管汪端極少以不適爲吟，詩中亦常常充滿英氣，但其實她並不强壯。陳文述亦曾記汪端"以不寐之疾，勉任家政不得。"見陳文述：〈摩鉢事略〉，頁11上。

㉗ 見蔣寅：〈汪端詩歌創作與批評初論〉，頁310。

㉘ 詩載汪端：《自然好學齋詩鈔》卷二，頁13下—14上。此詩緊接〈庚午暮春余自武林至吳門怡珊將之越見過話別賦此送之〉詩後（同卷，同頁），在〈題靡蕪香影圖後〉（卷二，頁15下—16上，記庚午春日之事）之前，因而推斷作於嘉慶十五年庚午（1810）汪端剛入門之時。龔氏與陳文述有偕隱西溪之約。因此陳文述在龔氏五十歲（嘉慶二十四年己卯，1819）高樹程的"花海扁舟畫卷"爲她祝壽。不知與汪端所題是否有同一圖。事見〈先室龔宜人傳〉，附於《頤道堂文鈔》，頁2下。

㉙ 見陳文述：〈先室龔宜人傳〉，頁5下。

㉚ 《湘煙小録》是一册以陳裴之爲悼念亡妾王子蘭而作的《香畹樓憶語》爲主體，加上家人的誄詞、哀詞、親友的贈詩集結而成之作。

㉛ 龔玉晨引述汪端的話曰："自問幼耽墳藉，疎曠鍼鬵，十饋五漿，尤非所識。雖重親高堂，矜其不逮，夙夜循省，心何以安。且堂上膝下僅止公子一人……宜求淑儷以主中饋，俾端得安心優遊文史，以延孱弱之體。"見龔玉晨：〈紫姬小傳〉，頁387。無論是汪端的〈夢玉生事略〉還是陳裴之的《香畹樓憶語》都不曾明言汪端請爲陳納妾是爲自己"優遊文史"找尋藉口。再者，管筠爲汪端的詩集作〈序〉稱："（汪端）以病軀不任中饋操作，請於重親堂上，爲小雲納秣陵王婦紫湘。靜攝數載、疾少瘳，因得衷，輯所作詩。"可見那時汪端選

完明詩身體虛弱，何來精力馬上再作"文史之游"。管筠〈序〉寫於道光六年（1826），附於汪端《自然好學齋詩鈔》卷首。

㉜ 龔氏在文中稱汪端曾見王氏的詩詞，認爲"尤非尋常金粉可比"，因而促使陳裴之向長輩提出納娶的要求。見〈紫姬小傳〉，頁387。在陳裴之《香畹樓憶語》中，並無此言。正相反，陳裴之記汪端"昨聞堂上，云紫姬深明大義，非尋常金粉可比"，而促請媒人往訂親。（頁396）汪端在〈夢玉生事略中〉亦指是陳文述在南京見王氏"美而賢"，因此請陳裴之納其爲妾。（頁29下）後兩者均無汪端關於王氏詩詞的評價。在汪端看來，王氏"嫺靜艷逸，略涉詞翰"，也就是詩文僅在起步的水平而已。而在王氏死後汪端所寫的〈紫湘詞〉，語多褒揚，也僅將王氏與典故和逸事中能通詩書的姬妾相比。令人懷疑龔玉晨的目的在於藉汪端之名烘托王子蘭，爲她的詩作水平甚至人品背書。見汪端：《自然好學齋詩鈔》，卷四，頁20上。

㉝ 見龔玉晨：〈紫姬小傳〉，頁391。

㉞ 見龔玉晨，〈紫姬小傳〉，頁388。

㉟ 見汪端，〈夢玉生事略〉，頁32上—下。她在王子蘭死後還寫有〈紫湘詞〉，序言中也有記此事經過，也指王氏"竟月靚妝"。見汪端，《自然好學齋詩鈔》卷四，頁19上—下。

㊱ 見陳裴之：《香畹樓憶語》，頁406。

㊲ 見陳裴之：《香畹樓憶語》，頁412。

㊳ 見龔玉晨：〈紫姬小傳〉，頁389。

㊴ 見龔玉晨：〈紫姬小傳〉，頁388。

㊵ 見陳文述：〈先室龔宜人傳〉，頁8下。

㊶ 汪端開始重選明詩，大約在次子出生後兩年左右開始的。

㊷ 管筠此序作於道光甲申年（1824）九月，即詩集第一次刊刻之時。見於汪端，《自然好學齋詩鈔》。這段文字，輔之以陳裴之的《香畹樓憶語》，亦可證明陳裴之常常事務煩忙在外，而汪端則在書史中打發時光。

㊸ 見陳文述：〈七月六日管姬靜初四十初度，既見於寄內字詩中，生平淑行，頗有可紀，因爲古詩百二十韻以寄之〉，載氏著：《頤道堂詩選》，卷二十五，頁36下。

㊹ 管筠或曾向娘家借款之事，可見陳文述〈七月六日管姬靜初四十初度，既見於寄內字詩中，生平淑行，頗有可紀，因爲古詩百二十韻以寄之〉詩，《頤道堂詩選》，卷二十五，頁37上。前詩中有"油壁許相迎"句暗含名妓蘇小小的典故。因此管筠應是出身妓行，所謂的母親應該是妓院中的假母、老鴇，應是以貸款方式借取款項。陳文述需要供養的人中，除了母親、自己妻妾、媳婦、孫子、次女及兩個外孫女外，應讓尚要資助早卒的大弟陳文湛（字壽蘇）的媳婦和孤孫、二弟陳鴻慶的家人等等族人以及下人。親族以外，尚有一些自己和陳

㉝ 裴之生活困頓的友人或是他們遺族需要照顧。積欠的部分,陳文述稱有萬三千餘金。管筠設法付清之後,得到官府出予"全清印冊",使禍害不至子孫。因此汪端對於管筠十分感激。事見陳文述:〈孝慧汪宜人傳〉頁12上。事實上,汪端到過世時仍在振綺堂名下保有一些私產。可見在管氏的管理下,陳家數年間即從劣境中恢復過來,並沒有到真正山窮水盡、需要汪端動用全部私產的地步。

㉞ 見陳文述:〈孝慧汪宜人傳〉頁12上—下。

㉟ 《自然好學齋詩鈔》中提及管筠的詩有:〈秋日寄呈翁大人漢皋〉(卷八,頁19上—下)、〈山陰陳蘭雲夫人羲見訪碧城仙館元談永日披豁塵衷賦呈二詩〉(卷八,頁21上—下)、〈題又村姪新鐫元趙仲穆待制手書遺稿後〉(卷九,頁5下)、〈寒花呈靜初夫人〉(卷九,頁11下)。而〈論古偶存五首〉中第三首關於關於唐玄宗天寶之亂的題詠,更附有管筠的合作(卷十,頁16下)。

㊱ 見吳亞魁:《江南全真道教》(香港:中華書局,2006),頁291—293。

㊲ 見陳文述:〈摩缽事略〉,頁5上;及氏著,《玉天仙梵》卷二,頁1上。

㊳ 見陳文述:〈摩缽事略〉,頁5下。陳文述稱陳蘭雲自認性功不及管筠,而管氏體弱,陳教予導引之法,以修命學。據吳亞魁的研究,閔小艮所屬之全真南宗講求先"命"後"性":"命"爲生命,鍛煉精氣爲"命功","性"則指心,鍛煉心神爲"性功"。見吳亞魁:《江南全真道教》,頁58。

㊴ 陳文述早年曾爲汪端排斥道法的思想表示過擔憂,卻亦沒有勉強她改變心意。見陳文述:〈孝慧宜人傳〉,頁4上。

㊵ 見陳文述:〈孝女苕仙傳〉,頁4上。此文爲清刻本,當是由陳文述於陳麗娵於道光二十三年(1843)逝後所刻,確切年份仍備考證。

㊶ 見陳文述:〈孝慧宜人傳〉,頁4上及參廖卉婷:《汪端從名媛才女到宗教導師的生命轉向》,第五章,頁121—150。

㊷ 見陳文述:《西泠仙詠·自敍》,頁10上。陳家"受籙並嗣法派"的三人爲汪端、陳文述和管筠。"受籙",廖卉婷引《道教文化新典》中的定義,指爲入道的憑信與行法依據。見氏著,《汪端從名媛才女到宗教導師的生命轉向》,頁143。而"嗣法派",很明顯是對修行者達到一定程度,能夠承嗣所屬派別的認可。

㊸ 汪端奉道、禮崇之誠,可見陳文述:〈孝慧宜人傳〉,頁4上,及頁10上—12上。

㊹ 廖卉婷從明清流行的善書中,擷取"惜字"觀,並指汪端的詩作"漸漸轉爲闡揚龍門教義爲主,以詩闡道正符合文字使用的神聖性,又將之用於宗教則符合文字的神秘性,這是汪端懺罪文字之後,使用文字的態度。"見氏著,《汪端從名媛才女到宗教導師的生命轉向》,頁124。汪端這段時期卻並非只有與宗教相關的詩作,仍就歷史方面有所吟詠。本文第五章對

汪端的歷史關懷部分將略論之。

㉖ 見陳文述：〈小除夕祭詩，是日姬人二十初度詩以紀之〉，《頤道堂詩選》，卷二十二，頁 43 上。

㉗ 見管筠、薛纖阿、文湘霞編：《碧城仙館摘句圖》（道光甲辰年（1844）刻本，現藏南京圖書館）其中五言一卷分爲高渾、曠逸、雄秀、澹遠、巧合、自然等十八類，七言兩卷分曠逸品、清華品、泠雋品等三十六品。

㉘ 管筠曾與汪端一同討論詩學，僅初通翰墨的薛氏不僅向汪端學習作詩，還隨她習字。見管筠、薛纖阿、文湘霞編：《碧城仙館摘句圖》，管序、薛序，以及陳文述：〈留別諸姬〉，載氏著：《頤道堂詩選》，卷二十六，頁 26 上。文湘霞在入門後也馬上以詩向汪端討教。汪、文兩人和詩見《自然好學齋詩鈔》，卷十，頁 31 上—下。但此時汪端修行已久，漸漸放下了詩學的追求，而勉勵文同修道。

㉙ 管筠爲《明三十家詩選・二集》卷一上的校者；以及《西泠閨詠》第二卷的編者。

㉚ 王子蘭爲《明三十家詩選・二集》卷八的校者。從汪端的詩詞以及〈夢玉生事略〉中所見，她對王子蘭奪佔去了長輩的喜愛和丈夫的關注並無流露不滿。是所有題贈或感念王子蘭的詩文都寫於在王氏悉心照顧她道光三年（1823）冬的那場大病之後。其後王氏染病過世。是梁德繩早年言傳身教發揮着作用，還是王氏的悉心照料使汪端感念非常，則不得而知。陳氏姐妹則是《明三十家詩選・二集》卷三的校者。她們與汪端的關係更複雜，見下文之討論。

㉛ 見《碧城仙館摘句圖》卷首附文湘霞序言："道光戊戌夏來歸，主人營賓霞室館余。主人媳孝慧宜人尚在，海內閨秀中詩家宗匠也。因得晨夕奉教詩法。"事實上，那年春天起，汪端就疾病纏身，又專心奉道。連她答文氏的詩句都勸她一起皈依修行，筆者懷疑她是否曾指點過文氏作詩之法。

㉜ 即使到了民國時代，張愛玲《傾城之戀》筆下離婚回娘家住的白流蘇，依然是家人眼中的多餘之人，在兄嫂那裏受盡了閒氣並被淘空了財產。對離婚一事更保守的嘉道年間也可想而知。才女中仳離的例子不多，以袁枚之妹袁機最出名。她受盡了丈夫的虐待，離婚不久鬱鬱而終。

㉝ 在陳文述留下的大量文字之中，筆者僅見其〈孝女苕仙傳〉中明確記載此事，稱次女麗娵之婿"年幼，爲匪人所惑，不知節省。已育兩女矣，女慮揮霍過甚，不可持久，恒以正言相規，再三之瀆，遂至睽離"。（頁 1 下）後女婿有悔意，近二十年後方才和好。此文作於道光癸卯年（1843）年陳麗娵過世後。此前談及此事時，陳文述都避談細節，如作於道光己丑（1829）之〈己丑七月十六日爲內子周甲初度…〉，載氏者：《頤道堂詩選》，頁 34 上；寫於道光乙未（1835）的《西泠仙詠》〈自敍〉（頁 11 上）；及作於道光十八年（1838）年的〈先室龔宜人傳〉（頁 7 下）。

㉔ 陳麗娳是何時離異、何時回到陳家並沒有明確記載。但至少寫於道光四年（1824）的〈紫姬小傳〉和《香畹樓憶語》即已常出現她在娘家活動的身影。她的女兒"桂"被安排作汪端的"寄女"，王子蘭在世時由她照顧。見陳裴之：《香畹樓憶語》，頁410；陳文述：〈孝慧汪宜人傳〉，頁16下。

㉕ 龔玉晨作〈紫姬小傳〉中記道，除了王子蘭外，還有"姬人管筠、次女麗娳侍余。"（頁389）失婚回娘家的女兒往往是依靠母親的保護，常以"侍母"作爲她在娘家的立足點。袁枚的妹妹袁機也是如此。見沈善寶：《名媛詩話》，卷三，頁25下。

㉖ 見陳文述：〈孝女苕仙傳〉，頁1上。

㉗ 陳文述回憶當他再往漢口時，管筠來信報告家中的情況。其中有："云得我女力，深感君母慈。（自注：次女苕仙悉佐之，君母華夫人恒以千金相假。）"見陳文述：〈小除夕祭詩，是日姬人二十初度詩以紀之〉，載氏著：《頤道堂詩選》，卷二十二，頁43上。〈孝女苕仙傳〉中亦指兩人"同甘同苦，黽勉支持"，共同擔當起多位家人的葬事安排。見陳文述：〈孝女苕仙傳〉，頁2上。

㉗ 汪、文兩人和詩載汪端：《自然好學齋詩鈔》，卷十，頁。

㉘ 管筠、陳麗娳在龔玉晨的〈紫姬小傳〉中是常常服侍龔玉晨的人。而在陳文述：〈先室龔宜人傳〉中，則變成了"次姬雲姬年最幼，與苕仙兩女蘭、桂終日侍宜人側。"（頁7下）

㉙ 見陳文述：〈先室龔宜人傳〉，頁7下。

㉚ 見陳文述：〈孝慧汪宜人傳〉，頁12下。

㉛ 見陳裴之：《香畹樓憶語》中記王氏入門一年後與女眷們同去揚州紅橋春遊，"蕚姊、苕妹輩，爭爲開奩助妝。"（頁417）主導爲她妝點工作的是陳裴之的姐妹。在《香》一文中，陳裴之往往用"允莊"來稱呼汪端，從他的措辭習慣以及汪端和陳華娳、陳麗娳的身份看來，筆者相信他所指的"蕚姊、苕妹輩"並不包括汪端。其後，在爲病重的王氏趕製湖綿衣履沖喜時，陳裴之點名參與者除了正在生病的龔玉晨之外，幾乎包括了陳家所有的女眷："世母譙國太君、庶母靜初夫人、蕚姊、苕妹輩"，卻又沒有汪端。（頁410）汪端並不是不希望王子蘭早日康復，但她的缺席一方面證明了她對縫紉不拿手，同時再次印證了她至少在一些陳氏女眷共聚的時間和活動上和她們的疏離。

㉜ 見陳文述：〈孝女苕仙傳〉，頁1下。

㉝ 在汪端寫給小姑的四個詩題中，有兩題是題畫和描繪夜景之作；第三題〈妙香天室借心貞心恆禮懺〉則是宗教儀式後的感受。三首都沒有確實談及小姑本人。前兩詩寫於嘉慶庚午（1810）至嘉慶丙子（1816）之間，入門僅數年，更像是禮節上的往來，或是雙方企圖拉近關係之舉。見汪端：《自然好學齋詩鈔》卷三，頁2上及5下。第三題見同書，卷九，頁12下。最後一首〈病中留別本師陳蘭雲、慈母管靜初兩夫人，並小姑苕仙女弟〉寫於過世之

前，感受則大有不同，感慨："一生惟有脩行好，萬事無如懺悔難。""懺悔"所指，除了修行和"文字孽"很可能還包括了和陳麗娵等眷屬的關係。詩載氏著，《自然好學齋詩鈔》卷十，頁37下。而陳麗娵的僅存的六首詩中則未就她與汪端的關係有所表示。見陳麗娵：《眉硯齋詩》，附於陳文述《花海琴音》後。

㉗㊃ 汪端在她生命後期雖然不時閉關修行，但畢竟在同居一處。她和麗娵還一同皈依、參加宗教儀式，若要釋出善意機會應該很多，實在無需等到汪端生病。見汪端：〈妙香天室借心貞心恆禮懺〉，《自然好學齋詩鈔》，卷九，頁12下。另一方面，陳文述長女，陳華娵是在母親病重後才時常到訪娘家，順便探視汪端，此前雙方詳談的機會的確不多。見陳文述：〈先室龔宜人傳〉，頁7下。

㉗㊄ 見陳文述：〈孝慧汪宜人傳〉，頁10下。

㉗㊅ 汪端的遺言包括將她名的資產繼續存在汪氏振綺堂名下，以應付兒子的湯藥費以及嗣子讀書的費用。見陳文述：〈孝慧汪宜人傳〉，頁12下—13下。

㉗㊆ 筆者懷疑她將心血《元明逸史》焚燬部分的原因正是絕望地意識到更多的名聲無助於改善她人生中的處境、以及她對"文字孽"的顧忌。詳情容在第五章中再行討論。

㉗㊇ 見陳文述：〈先室龔宜人傳〉，頁15下。

㉗㊈ 張雲璈之母爲梁詩正的妹妹，因此他是梁同書的表弟。他與表兄梁同書以及表姪梁玉繩等都熟稔。他同時也汪端的大力支持者之一。他的妻子是無錫文淵閣大學士嵇璜之女，或許亦是能通翰墨的才女。張雲璈的生平可參考其曾孫撰寫之〈敕授文林郎晉奉直大夫湖南湘潭縣知縣曾大父仲雅府君行狀〉，收錄於張雲傲《簡松草堂詩集》，《續修四庫全書》第1471冊，據道光年間刻三影閣業書本。他也善詩，據陳瑞芬所考，袁枚（1716—1798）、蔣士銓（1725—1785）等詩人都與他有往來。見陳瑞芬，《汪端研究》，頁10。因此，他不但生活於才女文化最盛放之時，親眷中多才女，連友人也多是推動女性詩詞文化之人。他讀過《明三十家詩選》，再爲汪端的《自然好學齋詩鈔》作序，附於《自然好學齋詩鈔》卷首。

㉘⓪ 汪端的從曾姪孫汪康年（1860—1911）在自傳載："江蘇書局所刻，《自然好學齋詩集》及《明三十家詩選》初二集，爲女史端所撰，夙爲詩家稱述，即天潛公女也。"汪康年：〈自傳〉，頁1下，載汪詒年編，《汪穰卿（康年）先生傳記，遺文》（臺北：文海出版社，1966）。此書第一卷爲汪康年〈自傳〉。

㉘① 此版《自然好學齋集》刻印精美，但並沒有盡收十卷本《自然好學齋詩鈔》的內容，詩作的時間序也被打破。

㉘② 見孫康宜：〈明清文人的經典論和女性觀〉（南昌：百花洲文藝出版社，2002），頁83—98。

㉘③ 如王筠（1749?—1819?）的《繁華夢》、吳藻（1799?—1862?）的《喬影》中均對女子不得展才而有所抒發。在女作所作彈詞中女主角易服外出"冒險"的例子更多，幾乎成了幾

部主流作品包括《金閨傑》、《再生緣》、《筆生花》等的相同母題。在感到女性被屈才的同時，到底這些女作家期望的是變成男性、還是對女性的生活和地位構成足夠的反思仍具議論。相關的討論可參華瑋：《明清婦女之戲曲創作與批評》，第二章〈"擬男"的藝術傳統〉，頁97—153；胡曉真：《才女徹夜未眠：近代中國女性敘事文學的興起》及王力堅：《清代才媛文學之文化考察》。

作者：盧志虹，香港中文大學歷史系碩士，主要研究明清婦女史。

Scholar in the Chamber: A Study of Wang Duan (1793—1839) and Her Family

Lu Zhihong (Lo Chi-hong, Ina)

Summary

Wang Duan（汪端）, one of the most erudite women in traditional China, received appreciation and recognition because of her exceptional scholarly achievement among talented women during the Ming-Qing period. This article studies her biography in detail and in depth from a chronological framework, with emphasis given to her interaction with key members of the families of her parents and her husband. The life experiences of Wang Duan and these relatives are brought to reveal the social and cultural atmosphere of the mid-Qing period.

In the early 19th century, when social order and discipline in China showed signs of gradual disintegration, frustrated literati struggled for self-esteem and looked for alternative ladder of success to make a living. They also seemed to be open-minded and flexible when dealing with female talents. In the meantime, writing by female authors became abundant in the Jiangnan region, and the circles of appreciation also expanded.

Wang Duan was born into a prestigious family in Hangzhou. The history of her family distinguishes itself in its reputed private library. Despite the family's low-profile in the political sphere, it was able to form marriage alliance with a native Grand

Secretary's family. Wang Duan was the descendant of this alliance and she benefited from the cultural status of both families in the region. Her won family's misfortune, on the other hand, warmed the relationship of father and children as well as that of siblings. The misfortune also invited special concerns to Wang Duan from senior relatives who were notables even holding no government offices. They nurtured her in her intellectual judgment and courage. This family background, and Wang Duan's education and experience in her youth, could be seen from the family's genealogies and her collected work of poems and prose, which the present study make full use of.

Marriage was always seen as a major obstacle to the intellectual pursuit of talented women. But this is obviously not applicable to Wang Duan, who started and completed her major writings after she married. Thanks to her father-in-law Chen Wenshu's（陳文述）keen interest in printing family writings, rich information about Wang Duan's marriage life for nearly 30 years in the Chen family was preserved. Previous studies have shown that Chen Wenshu was a major "patron" of Wang Duan's poetry writing and anthologizing. The present study shows that the personality and career struggles of his son, Wang Duan's husband Chen Peizhi（陳裴之）, also rendered important support to Wang Duan. The fame of Wang's natal family further provided her with a safety net in her marriage.

Wang Duan's life in the inner chamber, especially her obscure relations with female members closely in contact with her, is also studied. Wang was excluded, or freed, from being the family bursar and from the duty to look after her mother-in-law and her own son. Her isolation thus allowed her devotion to writing and spiritual practice. These are "advantages" that favored Wang Duan's intellectual exploration, which were not available to most other talented women of her time.

"中西"與"新舊"

——讀丁偉志《中國近代文化思潮》

雷 頤

  不同思想體系的碰撞,必然使既有思想體系發生重要變化。如果二者不是"平等"地互相影響,"被動者"往往受對方影響更深,因此變化更大更深刻。自鴉片戰爭以後,中國的"思想體系"受到西方或曰新思想、現代思想體系的強烈衝擊,開始發生根本性變化。從此,中國思想界各種學說、體系的建立、彼此的爭論,便只能在這種框架下展開。如何看待、理解這一段思想的歷程,對未來"思想"的建構、發展與走向,無疑有重要意義。丁偉志先生的《中國近代文化思潮》(上、下卷,社會科學文獻出版社2011年1月版),對晚清、民國的文化思潮作了深入細緻的爬梳整理和鞭辟入裏的研究分析,爲人們重新審視百年思想史提供了意義殊深的思考。

  這上下兩卷涉及百年間波瀾壯闊之文化思潮的多種面相,本文無法一一述評,筆者僅對書中揭示出的從"中西"到"新舊"這一脈絡略作評述。

一

  正如作者所說,拉開這場各種思想大潮激盪百年不已的一個新時代序幕的,卻只是鴉片戰爭後林、魏提出的"師夷長技以制夷"這簡單幾個字。如果化繁爲簡,近代有關"中西體用"的各種使人目眩的觀點派別都可說是圍遶着"師夷長技"這四個字展開的。起初是"是否師夷",隨後是"如何師夷",而對於"制夷"這一目的的爭論則基本不大。所以這種種流派不論彼此攻訐如何激烈甚至於你死我活,無論是堅守"夷夏之防"還是主張"徹底夷化",目的卻都是爲了"救國",因此本質上都可歸於廣義上的民族主義或"愛國主義"。但不無遺憾的是,很長時間,人們往往只將嚴守"華夷之辨"、反對"師夷長技"者視爲民族主義或愛國主義。對"師夷長技以制夷",則抹去其"制夷"的目的然後便扣以"變夷""媚外""崇洋""賣國""殖民"等大帽,使其居於道德/政治的絕對否定性境地和劣勢地位因而最多只有招架之功進而自己再倚道德/政治的優勢地位對其作義正辭嚴的攻擊或批評。

儘管"師夷長技"的主張遭到強烈反對,但統治者面對着接踵而來、一次比一次嚴重的内憂外患,爲生存計還是不得不實踐這一主張。這就爲向西方學習打開了一個難得的缺口,首先從軍事利器的引進仿製逐漸推廣深入到全面學習西方機器大工業所需的科學技術的學理的層次和階段。"師長"之説,本是作爲一種振興國家的方略提出,但對中國近代文化的發展而言,它確實揭示出一個新的價值標準、行爲準則,仍至新的文化觀念。所以,作者認爲"'師夷長技'之説的提出,在中國近代文化形成史上是劃時代的第一槍,是具有行爲標準意義的開放的文化觀念的初創,是中國傳統文化向近代化過渡的首次思想大解放,是中國近代文化思想的最早形態。"①

承繼"師長"之説的"洋務運動"每前進一步,都遇到了巨大的阻力,產生了今人難以想象的激烈的爭論。然而也正是在這種爭論的刺激中,使本想一意"務實"厭惡"務虛"的洋務派不得不面對頑固派的挑戰,無法迴避必須解決的基本理論問題。馮桂芬在洋務運動發軔之時提出的"以中國倫常名教爲原本,輔以諸國富强之術"的著名論斷,成爲日後洋務派處理中西文化問題的藍本。在這一基礎上,以曾、左、李和張之洞等爲代表的洋務大員和以馮桂芬、薛福成、王韜、鄭觀應爲代表的洋務知識分子爲提倡西學而不遺餘力。他們提出"窮則變,變則通""勿狃於祖宗之成法"的"變通自强"論;提出"開利源以求富"和"辦學局以育才"等新的經濟理論和教育理論,終於結晶成"中學爲體,西學爲用"這一高度概括的理論模式。這一模式像柄雙刃劍,但却明顯是防禦性的,或是抵擋頑固派的進攻,或是反擊維新派的挑戰。不過在起初相當長的一段時間內,它的主旨却是針對頑固派的詰難、爲引進西學辯護、尋找合法性基礎的。其作用與意義,均不能低估。但正如作者所説,"他們並不懂得引進西學會使得他們一向維護的君國社稷、聖賢之道一步步土崩瓦解。不過,不明白文化變革後果的這種懵懂狀態,恰好使得洋務派有了敢於提倡西學的勇氣,敢於主張實行一些初步的文化開放政策。也正是由於看不清中學西學間衝突的本質，他們才設想用西學爲輔助的實用手段，補中學之不及，致中國於富強，使清朝得中興。"②

如果說洋務派對"文化變革"的後果是"懵懂無知"的話，那麼頑固派對這種後果則表現出一種病態的敏感。他們認爲學習聲光電化等與"洋"有涉的任何事物都是"奉夷爲師"，結果是"潰夷夏之防，爲亂階之倡"，終將導致"以夷變夏"。他們對培養成爲官吏的正途科甲人員學習科學技術尤爲反感驚恐，認爲這些人員的職責是"讀孔孟之書，學堯舜之道，明體達用，規模宏遠"，"何必令其習爲機巧專用製造輪船洋槍之理乎?"因爲"立國之道，尚禮義不尚權謀；根本之圖，在人心不在技藝"，而他們認爲"技藝"將擾亂"人心"，所以對革新自强勢必造成的"官員隊伍"技術化憂心忡忡，"操用人之柄者，苟舍德而專尚才，從古亂臣賊子何一非當世能臣哉?"一再强調他們應是以"正人心"爲專業的職業意識形態專家，而不應是一心務實，即專注於所謂"器""末"的技術化官員。

在反對洋務派的鬥爭中，頑固派或屢屢上疏，或藉助輿論，十分巧妙地揚長避短以長擊短。首先，他們儘量不在"用"這"形而下"的層面上和洋務派理論糾纏，而在超越實踐的抽象的"道"這"形而上"領域發難。舉凡修路架綫建船造砲、是海防重要還是塞防重要等純技術純戰略問題都被他們高度政治化、道德化、意識形態化，提升到"道"的高度，然後再加以反對。因爲在"道"的層面便可以逃過實際的"用"的檢驗，便可用傳統邏輯嚴密的"道器一體"論咄咄逼人地反駁洋務派顯得支離的"體用分離"論。抽掉具體內容，這種批判還很能顯示出一種雄辯的道德的正義性與合理性。例如，在抽象的意義上誰能說"立國之道當以禮義人心爲本"是錯誤的呢?而洋務派主張的"富强"則被漫畫化爲以逐利爲本，在道德上自然就矮了一截。其次，他們緊緊抓住當時的政治不修（不少並非洋務之過）及"洋務"的種種弊端和失誤大作文章，打動人心。强調"此時當務之急，不在天文，而在人事；不在算學機巧，而在政治修明"，上書羅列民生凋敝、官吏不廉等實例，還以天災來附會洋務的"時政之失"。他們煞費苦心把正是他們所要維護的舊體制所造成的種種弊病與洋務弊端和失誤混爲一談，以達反對任何變革、完全復舊的目的。第三，"他們把西方有無中國可學之長，和西方列强侵略中國的行徑，完全混爲一談；把提倡學習西學，從道義上譴責爲與'認賊作父'同類的'認敵爲師'"③"夫洋人之與中國，敵國也，世仇也"，所以學西學便是"揚其波而張其焰"。他們把不知天文制械等列爲"小恥"，把學西學列爲"大恥"。據此，向西人學習天文曆算"乃今日不恥不共戴天之仇，而羞不知星宿之士，何忘大恥而務於小恥也"。在中國备受西方欺凌，處於國恥頻仍的民族危機中，這無疑是個敏感的問題。"可以想見，在舉國上下對於外國侵略者的強盜行徑正處在群情激憤的氣氛中，守舊派抓住對待外國的態度問題作文章，顯然比在'本末'那樣抽象的道理上做文章，更易於煽起情緒，動員輿論，以反對學西學之議。"④

　　作者精當地指出，頑固派所説的中國文化"並不是中國悠久而豐富的傳統文化，而只是着眼於倫理内容，而在倫理内容中又僅僅取其'尊君親上'的聖道祖訓、綱常名教，作爲排拒西學的立國立民的'大本大原'。事實上，中華文化所包含的科學的、哲學的、文學的、藝術的，以及社會倫理的精深博大的内容，是被他們排除於中學的範圍之外的。"而洋務派亦莫能外，也是以"西學爲用"是有益而不是有害於綱常名教作爲自己立論的基礎的。這種現象的思想背景是唐宋以來逐漸形成的道統、綱常觀念佔據正統地位，以致被當成中國文化的核心、靈魂、精神實質和唯一的思想内容。這就"恰好表明鴉片戰爭以來舉凡以文化排外言論裝點起來的'中學'，無非就是維護宗法社會中的統治權力和統治秩序的綱常倫理觀念而已，實在説不上是什麽對中華文化的維護與發揚。"作者的分析進一步説明："守舊派藉華夏正統的旗幟，假'中學'的名義，排斥'洋學'，不但不能言之成理，而且他們對中西文化的理解完全是混亂不堪的。"但："有意思的是，中國近代文化觀念的發展，正是拌雜着這種文化觀念的混亂而以中西文化衝突的形態，在一浪高過一浪的論戰中實現的。"⑤

二

　　社會思想的變遷往往是由社會巨變造成的，甲午戰爭的慘敗使維新思潮登上中國社會的歷史舞臺。儘管維新派與洋務派曾有短暫的結盟，但思想内容却完全不同，或勿寧説與"頑固派"倒有某種程度的類似，即也持"體用不二"的觀點。當然，二者的指向完全相反。

丁著詳細分析論証了"爲維新變法立論的康梁'新學'之興起"的歷史過程，筆者兹不細述。筆者只想强調：從文化思想史角度出發，從維新開始，雖然人們仍常用"西學"一詞，但"西學"更多的人開始用"新學"一詞，其意義非凡。從"西學"到"新學"，這一詞之變反映了深刻的觀念變化。所謂"西學"，即認爲那些知識只是一種"地方性"知識，不具有普適性，而"新學"則認爲這些知識並非一種"地方性"知識，而是一種具有"普適性"知識。換句話説，"西學"是空間性的，"新學"是時間性的。用"新學"代替"西學"這種"身份之變"，表明近代中國思想界相當一部分人士對來自西方知識體系的承認，承認是一種普適性知識。"中西之争"，更多地成爲"新舊之争"，或者説，"中西之争"與"新舊之争"常常糾結一起。

正如作者所言，戊戌變法被鎮壓後，"新學"一度是被輿論譏諷和抨擊的對象，但到了推行"新政"時期，輿論一變，"新學"名聲陡昇，成了衆人競相標榜的對象。而民國初年"新舊相冲，錯綜百出"的局面，則是晚清中西/新舊激烈争論的繼續和發展。"歷來改朝換代都是要大肆鼓吹一番如何除舊布新，但是這次南京臨時政府所除之舊和所布之新，却全然不同既往。其區别點，從政治上看，在於建立了民主共和的體制；從文化上看，即在於有了這個以自由、平等、博愛爲内容的'人權精神'。符合這種'人權精神'的，就是當布之新；不符合的，就是當除之舊。"⑥

民國時期文化思潮的相争相衝、錯綜百出當然涉及方方面面的内容，但最重要、最根本的却是如何對待"這個以自由、平等、博愛爲内容的'人權精神'"。

對袁世凱從就任大總統到復辟帝制與文化思潮的關係，丁著分析入木三分。民國創建後，"共和不合國情論"成爲反對民主、自由的第一道思想衝擊波。"國情特殊"、"國性特殊"是反對民主、自由、平等、共和的重要理論根據。在政治上與孫中山對立的梁啓超，也曾以"國性"不能驟改、不能中斷反對共和。

正是這種中國"國情特殊"不適應共和，引發了關於"中國國情"與政治制度關係的第一次文化論戰。黃遠庸、章士釗、李大釗、藍公武等都是這種"國情特殊論"的反對者，甚至一度主張"國情特殊論"的梁啓超在袁世凱準備稱帝時也反對"國情特殊論"。他們認爲：國情的差異不是絕對的，而是相對的，因此不能以國情作爲抗拒革新的藉口；國情是歷史的，而不是一成不變的，是與時俱遷的，以"國情特殊"作爲拒絕民主共和的依據是根本説不通的。但是，對各種"國情特殊論"，丁著並未簡單否定，在詳其政治、學理的荒謬處後，又指出其在文化上包含的合理因素，特别對康有爲的言論，丁著在以數千字作分析後又指出："在康有爲那些反對文化改革的無理糾纏中，的確包含着這樣一個十分鄭重的'合理内核'，即在民主革命的高潮中如何解決兩種文明的關係這個大問題。"⑦

"中國國情論"的主張者大都尊崇孔子、儒學，袁世凱及其後的北洋軍閥無不公開尊孔，因此，在政治權力的支持下，民國初年文化、思想界興起了強勁的尊孔熱潮，並組織了"孔教會"。從袁世凱奪得大權的1912年起，短短的十幾年中各路軍閥互相廝殺爭戰，你方唱罷我登場，掌權者像走馬燈一樣換來換去。但無論誰掌權，"孔教會"却都能得到賞識。這並非因爲這些軍閥寬宏大量不計前嫌不管此會曾爲自己不共戴天的讎敵服務，而是他們都明白"孔道一昌，邪詖斯息"有利於自己統治的道理，需要"孔教"來爲自己的專制獨裁服務。孔教會領導也明白，自己在亂世中謀權謀利的不敗法寶就是"孔教"，誰掌大權"孔教"就爲誰服務，"孔教"成爲權力的婢女甚至幫兇，再不濟，也能成爲分杯冷羹的"幫閒"。正是這段歷史，使魯迅在《在現代中國的孔夫子》中得出了引起時人強烈共鳴的孔子只是"敲門磚"的結論。丁偉志先生寫道："這也向人們提供了一個認識歷史的綫索，使得後人得以理解民國初年興起的新文化運動，爲什麽會從批判孔教、抨擊舊禮教發難。新文化運動興起，原來是先有一場舊文化運動在作祟。這就證明瞭新文化運動絶非是什麽過激分子人爲製造出來的，絶非一些狂熱分子平白無故地硬行要把中國文化導入歧途。"⑧

三

　　作者對民國時期的整理國故運動、新儒家思潮、關於中國本位文化論戰……乃至新民主主義文化，都作了深入研究。這些論爭，或明或暗都與近代以來"東漸"入華的西方文化是空間性的"中西之爭"還是時代性的"新舊之爭"有關。甚至對馬克思主義，也一直有反對者的"不合中國國情"與贊同者"普遍真理"間的激烈爭論。

　　本書對這些文化思潮的研究新意迭出，但作者意猶未盡，最後還是寫了一個長長的"餘論：再論傳統文化的性質與作用"，旨在當下"傳統文化熱"、"國學熱"、"尊孔熱"等等。作者指出："我們有些學術界文化界的人士，往往把傳統的中華文化有意無意地看做一個具有固定不變性質的文明成果。這完全是一種誤解。包括中華文化在內的一切傳統文化，始終都是處在動態中。傳統文化不是靜態的事物，而是一個動態的過程。也就是說，處於連綿延續狀態中的傳統文化，始終又處在不停止的變化發展狀態中。"⑨

　　因此，作者認爲任何人都不能不對前人留下來的文化遺存進行價值重估，即使是最忠誠的以繼承傳統爲己任的文化巨匠也不例外。以"祖述堯舜，憲章文武"爲畢生使命的孔子在"祖述"、"憲章"的用語中已表明他對前人文化遺產的承繼是有選擇的。作者強調，老傳統是傳統，新傳統也是傳統，認識到"傳統文化"這種本性，才不會陷入或寵新知而蔑舊學、或守陳規而拒創見的偏頗之兩極。例如，中國文化之尚德是有史以來的文化傳承形成的，其間儒學的倡導居功至偉。但同時應看到："以維護宗法社會尊卑上下的統治秩序爲最高宗旨的儒家道德觀，以及據此編制的全部禮教，都是排斥人權平等觀念的；所極力推崇的道德信條，自然是滲透着充滿着絕對馴服於長上的奴性觀念。"但是，"某些後世儒家信徒，用添字解經的手法，強作解人，硬想把古代儒學經典中確立的某些鄙陋的道德訓條和孔教規矩，一律粉飾成圓滿無疵、可以永遠垂範後世的至理名言，實在是心勞日拙之舉。"⑩當然，更不應否認其他文明也有道德。現在，一些學者強調"和"是中國哲學的精華，甚至認爲其他文明就是"鬥"而沒有"和"。對此，作者極表不同，提醒人們："不要誤以爲熱愛和平只是中華文化的獨家秘方，不要誤認爲世上其他文明體系就不如我們熱愛和平，更不能誤認爲人家的文化精神是不愛和平。不要忘記，和平鴿口含橄欖枝的形象，並不是創自中國人之手。遺憾的是，我們有些提倡'和'的傳統的學者發表議論時，常常陷入忘掉這些常識的衝動中。"⑪同樣，作者認爲"中華文化救世論"更是粗陋牽強。

總之，鴉片戰争以來的史實說明："近百年來，西方近代文化大規模輸入，更造成了中華多元的新特色。如今西方文化相當多的内容，已經融入中華文化當中，而且人們也沒有可能再把它從今天的中華文化中剔除出去。""這就是說，時至今日，再來談中華文化，就必得有勇氣承認它已經汲取並包納了衆多西方（以及東方）的外來文化内容。"⑫

注　釋

① 丁偉志《中國近代文化思潮》上卷，第25頁。
② 同上書，第76頁。
③ 同上書，第75頁。
④ 同上書，第73頁。
⑤ 同上書，第94—95頁。
⑥ 丁韋志《中國近代文化思潮》下卷，第25頁。
⑦ 同上書，第42頁。
⑧ 同上書，第47頁。
⑨ 同上書，第512頁。
⑩ 同上書，第523頁。
⑪ 同上書，第526頁。
⑫ 同上書，第519頁。

雷頤，1956年生，中國社會科學院近代史研究所研究員。

"Chinese or Western" and "New or Old"

Lei Yi

Summary

This article is a review of the *"The Cultural Trends of Modern China"*, a new work by the well-known Chinese scholar Ding Wei-Zhi.

In this article, the author points out that the argument over the roles of Chinese culture and Western Culture in modern China is in fact an argument over the roles of the New Learning and the Old Learning, namely an argument between the progressive and the conservative. This argument, in the final days of the Ching Dynasty, turned into an argument around the topic of whether and how to learn from the advanced skills and techniques of foreign countries.

The disastrous defeat of the Sino-Japanese War (1894—1895) by the up-coming Japan fueled up the open-minded in China to focus their eyes on the "New Learning" and concentrate on the study of the advanced new civilization of the West.

In the initial stage of the Republic of China, they wanted, politically, to set up a political system in the framework of democratic republic and culturally, to promote the spirit of human rights under the banner of Liberty, Equality and Fraternity.

Unfortunately, the backward and conservative forces headed by Yuan Shi-Kai and other Northern Warlords were strongly opposed to the absorption of the advanced Western civilization. They advocated the worship of Confucius and the studies of Confucian classics under the pretext of keeping in conformity with China's "specific conditions". This means, as stated in *"The Culture Trends of Modern China"*, that they denied the Western Learning as the "Great Resources" for the founding of a nation by stubbornly following the ancestral teaching of "Reverence for the Sovereign and Intimacy to the Superiors" inherited from the Confucian virtues and decrees.

It must be acknowledged that this kind of argument has been carried on and on even up to today. The endeavours aiming at whitewashing "the servility of subjugation to the superiors" as an everlasting motto are none other than fruitless efforts and are doomed to be forsaken.

The author of this article also supports the views put forward in "*The Cultural Trends of Modern China*": "Over the past hundred years, the massive infiltration of the Western culture has constituted a special feature of the diversified Chinese Culture." "If we want to put the item of Chinese culture on the agenda now, we must have the courage to admit that this culture has absorbed and integrated abundance of the cream of cultures imported from the West as well as the East."

The author of this article finally calls for a more tolerant and generous stand based on profound and scientific studies.

喜慶侯仁之先生百歲壽辰

夏自強

今年是仁之先生百年壽辰。

我們敬重他,向他祝福;我們敬愛他,向他學習。

燕京校友中,不乏高齡人,可越過百歲的畢竟是鳳毛麟角,仁之先生能進入這一行例,真是可喜可賀。侯先生的百年生涯,雖也經歷坎坷,可卻是光輝的百年,碩果壘壘的百年。他有着熱熾的愛國情結、刻苦努力、開拓學術,在北京史、北京歷史地理、沙漠地理、城市地理,進而構建歷史地理學等諸多方面,都有突出貢獻。他的學術研究密切結合實際,對有中國特色的社會主義建設有着重要貢獻。他是一位著名的國際學者,在國際學術界享有很高聲譽。他着力提攜後進,培養人才,形成了一支強大的學術團隊。他熱愛燕京,積極推動燕大校友會的工作,由他發起、組織出版新《燕京學報》,並擔任主編,使學報工作取得很大成績。

熱熾的愛國情結

侯先生祖籍山東恩縣,1911 年 12 月出生於河北棗強縣。當年正是辛亥革命爆發之年,推翻帝制、建立民國,是中國近現代歷史的重要轉折時期。仁之先生自幼就很關心國是,經常與同學友人特別是他的弟弟侯碩之先生議論時事,發表意見,充滿愛國之心、救國之情。他的第一篇作品發表在濟南齊魯大學出版的刊物《魯鐸》上,那是 1929 年他 18 歲時在中學時代的習作。[①]

1932 年,他畢業於通縣潞河中學,經保送報攷燕京大學歷史系,獲獎學金入學。入學不久,在校園中漫步,有一座墓碑進入他的眼簾,使他受到很大震撼。這就是爲 1926 年 "3·18" 事件中,犧牲的校友魏士毅烈士所立的墓碑。這個墓碑並不大，位置也很偏僻，但卻深深地吸引了仁之先生的注意，特別是其上的碑文。

  國有巨蠹政不綱　　城孤社鼠爭跳梁
  公門喋血殲我良　　犧牲小己終取償
  北斗無酒南箕揚　　民心向背關興亡
  願後死者長毋忘

"細讀這篇銘文，我不禁聯想到，如此強烈地譴責當時的軍閥以及反動政府的石刻，既是燕京大學青年學生愛國主義的重要標志，又是燕京大學領導保護和發揚青年學生愛國主義思想的無可爭辯的說明。如今回想，這應該是我在燕京大學所接受的愛國主義教育的第一課。"[②]他在多篇的回憶文章中，都一再提到這個墓碑，認爲是一座豐碑，在全國高校中獨一無二的爲"3·18"事件所建立的豐碑。

  那時正值1931年"9·18"事件之後，日本侵略者入侵東三省，又進一步向華北的萬里長城推進。燕京大學師生的抗日活動也在不斷活躍。在教師中流傳着一個宣傳抗日的內部刊物，封面上印着"火把"兩個大字。歷史系顧頡剛教授組織大家利用業餘時間，編寫抗日救國的宣傳材料，用"通俗讀物編刊社"名義發行。學生們不斷發起支援長城沿線抗日將士活動。由於南京中央政府的"不抵抗政策"，終於激發了1935年12月9日這一天開始的愛國學生運動，逐漸擴展到其他城市。這些活動都深深激勵着仁之先生的愛國熱情。

  愛國主義精神的薰陶不僅在課外，而且也在課內、在教學中；不僅是感性的激勵，而且也有理性的認知。當時燕大歷史系在洪煨蓮、顧頡剛、鄧之誠等先生的教導下，效法明末清初顧炎武等學者的"經世致用"的思想，以"天下興亡，匹夫有責"爲己任，帶領學生，以歷史教學和研究，爲救國之路。他們深感顧炎武之所言："感四國之多難，恥經生之乏術"，痛貶讀書人的虛浮學風，提倡"經世致用"，學習顧炎武大聲疾呼："今日者，拯斯人於塗炭，爲萬世開太平"。"我用了三年時間，在北平淪陷後國難深重的時刻，完成了《天下郡國利病書》山東一省的續編。煨蓮（洪業）師又及時推薦，把這篇碩士論文，作爲《燕京學報》專號之十九付印出版，在敵僞統治下這本書包含着拯救祖國、重建家園的思想，如果不是在燕京大學和洪煨蓮教授的指導下，是不可能問世的。"③

　　1940年，仁之先生完成碩士學業後留校任教。這時司徒雷登校長忽然約他談話，要求他在教課之外兼管學生工作。因為當時學校處於淪陷區，學生中所遇到的問題很多，有的學生因戰爭影響，經濟來源困難，有的學生在敵偽統治下不能安心學習，要求到國統區或解放區去（也稱大後方和邊區）等等。這些都需要給予關心和幫助。由於仁之老師在校已有8年做學生（4年本科、4年碩士生）的經歷，對學生比較瞭解，經過三次商談，決定成立一個學生輔導委員會（Student Welfare Committee）主管有關學生事宜。由深受學生敬佩的夏仁德（Sailer）教授做主席，他做副主席，便於和學生聯繫。④夏仁德教授主要負責為經濟上急需的學生安排各種各樣的"自助工作"（self help work），因工種的不同，計時付酬。

　　仁之先生所負責的主要工作，則是學生中所遇到的另一方面的問題，即隨着抗日戰爭的日益發展，日本侵略者的"大掃蕩"也日益瘋狂，這時有少數學生寧願放棄個人學習的機會，要投身到抗日救國的鬥爭中去。其中有他所熟悉的學生直接找到他，也有學生徑直去找司徒校長提出他們的設想。司徒就要他具體負責這件事，但是司徒確定了一個原則，只要是停學去參加"抗日統一戰線"的工作，無論是自願到大後方（即國民黨統治區），或是到解放區（即共產黨八路軍的抗戰區），都應一律對待，給予支持，包括聯繫路線和給予路費補助。至於要求轉學和就業的，不在此例。就是根據這一原則，他開始幫助學生離校工作，只是不能公開進行，只能在嚴格保守秘密的情況下，予以幫助⑤。當時燕大地下黨的負責人陳絜同志，和司徒校長進行了聯繫。每批護送人員都由陳絜告之侯先生，由仁之老師通知學生，告之路線，接頭暗號。有時，仁之先生還親自護送，遠遠跟在後面，走到現今海淀西苑掛甲屯附近，看到有"老鄉"來接應，才離去。也有時因臨時變故，一要改變行期，又要做一系列工作。這是件危險的工作，可仁之先生義無反顧，認真去做，沒有發生差錯。

　　時隔不久，1941年12月8日，爆發了太平洋戰爭。這一天一早，日本憲兵立即包圍了燕京大學，繼而侵入校園。全體學生與教職員被驅逐出校。美籍教職員被關押到集中營，部分教職員與學生被逮捕，關押在北平日本憲兵隊本部，司徒雷登也被拘留。被捕的教職員共 11 人，仁之先生也在其中，他是在天津被捕的，是最年輕的一個。洪煨蓮和鄧之誠，以及陸志韋等教授也同遭逮捕，這完全是有預謀的。

侯先生所以被捕，是"南下大後方的學生有人走漏了消息，因此我遭到日本憲兵逮捕"。⑥而他在被捕期間，表現得很堅強，保守秘密，日寇也奈何不得。應該說，被捕師生二十多人都表現得很堅強，以致和日本憲兵對罵對抗。侯仁之先生先由日本憲兵隊關押在北大紅樓地下室，後又轉至北平監獄。在關押一年半之後，1942 年 6 月，被日寇軍事法庭審訊，以"以心傳心，抗日反日"的"罪名"判處徒刑一年，緩刑三年，取得開釋，無遷居旅行自由⑦。在非人的拘押期間，仁之先生充滿樂觀精神，和他同拘一室的是燕大學生孫以亮，"以亮同學也就是現在的著名電影藝術家孫道臨。那時他是燕大話劇團的主要成員，因為上演話劇有抗日色彩而被捕。他的長兄孫以寬在燕京大學化學系畢業後，在共產黨地下組織的領導下，經我出面聯繫，前往太行山中去支援設在林縣的北方抗日大學。因此我和以亮被捕之初，各自都很擔心。直到分別被審之後，才開始放下心來。因為通過審訊可以斷定日寇對燕大有學生前往解放區參加抗日的事，全無所聞。這時我們整日困守牢房，白天在嚴密監視下不準交談，各自蹲踞一隅，默默無語。可是一到夜幕來臨，兩人平臥在地板上，便可交頭接耳，暢所欲言了。當時究竟談些什麼，我已難回憶。"⑧而在 1986 年孫道臨曾寫回信給侯先生："曾記得當時窗外朔風怒吼，我們各自薄毯一方，睡硬地板。然而夜間談話，帶來多少溫暖、希望！嘗記得您談起夜讀習慣，濃茶一杯，竟夜不倦。且特愛 Ludwig 之書，並擬照 Ludwig 之法，寫《黃河傳》，雄心壯志使我產生不盡的幻想，遐想，幾乎忘卻囹圄之苦，"⑨信中所提到的 Ludwig，就是出生在德國又入了瑞士籍的著名傳記作家路德維希（Emil Ludwig 1881—1948）。他生後出版過《拿破侖傳》、《俾士麥傳》、《歌德傳》和《林肯傳》等，引起侯先生感興趣的是他 1937 年所寫的《尼羅河傳》。由於任務很多也很重，侯先生後來也就忘卻了《黃河傳》的編寫，經孫道臨學長的提醒，他立即組織力量，編寫出版了《黃河文化》，作為一部綜述發生和發展在黃河流域這一地區的祖國傳統文化的書。

1945 年 8 月，仁之老師的緩刑期剛滿，日本侵略軍戰敗投降。大家奔走相告，欣喜若狂。司徒雷登校長獲釋後，立即召集成立復校委員會，該委員會共7人，"我雖年輕，也被邀參加"。⑩大家齊心努力，打理滿目瘡痍的校園，立即准備招生，以最短的時期，於當年10月正式開學上課。

　　1946年8月，仁之先生負笈遠行，乘船前往英國利物浦大學，攻讀歷史地理學博士學位。這本擬7年前就應前往，只因第二次世界大戰，交通阻隔，難以成行。在英國緊張的學習和研究的同時，他仍積極參與地下黨所組織的留英學生活動。此時正值解放戰爭節節勝利，在燕大校友、地下黨員曹天欽等人的組織推動下，他們開展多種活動，關注形勢，團結學友，以積極恣態迎接新中國的誕生。仁之先生在取得博士學位後，立即做好准備，於1949年9月27日回到北平，興奮地參加了開國大典。這也是我和仁之先生相識的開始。

　　建國以後，仁之先生積極投身於新中國的建設之中，特別是北京市的規劃建設，以自己的學識貢獻給祖國。他同時在燕大和清華西校開課，在燕大開設《北京史》，在清華開設《市鎮地理基礎》。並應邀參加了梁思成先生所主持的"北京都市計劃委員會"，作爲委員之一⑪。由此也更加推動他的北京歷史地理的研究。局面不斷開拓，研究也逐步深入。在"文化大革命"中，仁之先生遭受殘酷鬥爭，莫須有的批判，使他受到沉重打擊。然而，粉碎"四人帮"之後，他又煥發青春，以熱熾的愛國情結、奮發工作，迎接科學的春天。1980年，獲選中國科學院院士；"80年代，真是我學術生涯的大好時期，歷史地理專業開始發展成長，後學漸長，又多次赴國外交流講學，同時開始對比研究中外城市的歷史地理，主編的《北京歷史地圖集》一集、二集相繼出版，快慰之情，溢於言表……。"⑫

北京歷史地理的權威

　　在燕京大學歷史系"經世致用"的史學思想指導下，仁之先生打下了雄厚的史學基礎，受到嚴格的史學訓練。他在燕大本科和研究生共8年時間，是勤奮學習，刻苦鑽研的8年。在洪煨蓮、顧頡剛、鄧之誠等教授的指導下，不斷在學術上取得進展嶄露頭角，他的學術興趣逐漸由歷史學轉向歷史地理，另辟蹊逕，得到老師們的支持、鼓勵和肯定，並爲他創造條件，加以指導。同時，所受的史學訓練，涵積的史學知識也爲他從事歷史地理打下基礎，發揮作用。

洪煨蓮教授開設的《史學方法》一課，分初級和高級兩檔，他都認真選讀了。"初級史學方法"的主要內容是科學論文寫作訓練。洪先生要求十分具體，例如必須掌握第一手資料，必須在寫作中注出資料的來源，必須有新的發現或新的說明。然後按照一定格式，寫成論文。課程講授只用了半個學期，然後分配給每一位學生一個問題，要求學生到圖書館去查閱資料，分門別類寫成卡片，進行整理研究，寫成學期論文，作爲學期成績。開始階段洪先生總是出一些較爲簡單的題目，例如要求學生寫出自己的家世、故里，再寫一些棘手複雜的問題，如有爭議的歷史人物，如歷史上最愛藏書的是誰？等等。仁之先生按照這些要求，認真去做。經過一番努力，他從三位學者的比較中，寫出歷史上最愛藏書的是明代的胡應麟，得到好評。"我得到煨蓮師兩個字的墨筆評語：'佳甚'。"[13]

"高級史學方法"則是洪先生進一步引導學生進行史學研究的訓練。洪先生和北平書商多有聯繫，那時書商經常挾着一個藍布包袱，走進校園，送書上門。洪先生也常去琉璃廠一帶逛書攤。他把收集到的殘書碎葉，分門別類，裝入一個一個大牛皮紙口袋，放在圖書館樓頂角落處，讓學生各自找一袋，獨自查找印證材料。這就開始訓練學生做畢業論文。這種把課程和畢業論文寫作聯繫起來的做法也是頗有創意的。仁之老師那時已經注意研究黃河治理，他就收集材料，不斷探尋，寫了清代的靳輔治河《靳輔治河始末》一文。而在研究中，他發現了實際主持治河的是一個叫陳潢的人，爲這個被誣陷入獄，迫害致死的"無名英雄"翻了案，同樣得到好評[14]。記得，在解放初期，在侯先生家裏，他向我們講述在洪煨蓮教授指導下這一段研究歷程，十分興奮，同時也告訴我們要認真學習，實事求是對待歷史問題。

在碩士生階段，侯先生用了三年時間，寫了如前所述的《天下郡國利病書》的山東一省的續編，獲得很大成功。他就是這樣一步一個腳印地走來，在學術研究上不斷攀登。

1936年，仁之先生在燕京大學本科畢業，留校作顧頡剛教授兼歷史系主任的助教。"從1936年9月到1937年6月，顧頡剛教授別出心裁地開設了一門課，叫做"古迹古物調查實習"，每兩個星期的星期六下午，要帶學生到他所事先選定的古建築或重要古遺跡所在地，或在北京城內，或在城外近郊，進行實地攷察。事先他要我先根據他所提供的參攷資料和我自己檢閱所得，寫成書面材料，他發給同學作參攷。這對我是個極爲難得的訓練，也進一步啓發了我對研究北京歷史地理的興趣。"⑮仁之先生也就一步一步地進入北京歷史地理的研究領域。這些野外實習也吸引了比他高級的卻比他年齡小的歷史系同學張瑋瑛女士的參加，圖書館是他們經常碰面的場所，刻苦學習所展現的才華使他們相互愛慕。野外實習的收穫和樂趣也滋潤着他們的情感。

1937年"七·七"事變，顧頡剛爲避免日寇的逮捕，倉促離開北平南下。其後，仁之先生得到哈佛燕京學社的獎學金，在洪煨蓮教授指導下，作碩士研究生。"煨蓮師對我的教導，還不僅限於課業指導，他還有意在課外爲我創造條件，使我得到更爲廣泛的業務訓練。"有一次，學校醫學預科主任博愛理教授（Professor Alice Boring）約他用英文为PAUW（Peking Association of University Women）北平高校女教師協會，作一次題爲Geographical Peking 北京地理的講演。他"從來還沒有用英語作過講演，心裏有些膽怯，極力推辭。"而博愛理教授就直截了當地告訴侯先生，她原來是要請洪煨蓮教授去講 Historical Peking，北京歷史，而洪教授卻一定要推薦他去講 Geographical Peking。仁之先生再去找洪教授，洪先生十分鄭重地指點他説："這正是你練習的好機會嘛！"要侯先生以寫好的稿子先面對他試講，然後再到會上去作報告⑯。這不僅鍛煉了侯先生英語演講的水平，也進一步深入北京歷史地理的研究。

1939年8月，仁之先生和瑋瑛老師在燕京大學臨湖軒東廂結婚。"國難當頭，婚事不張揚，儀式從簡，只備便宴。司徒雷登校長是證婚人，我們的老師洪業教授、李榮芳教授及他們的夫人在座。從此，仁之和我相隨相伴，從二十歲時的同窗，到現在九十多歲的老伴，走過了漫長的人生路程。"⑰

1942年6月，侯先生取保開釋，但無遷居旅行自由只得寓居在天津岳父母家。趁此寫作因被捕入獄而中斷的專題論文《北平金水河攷》，並對天津聚落的起源做進一步研究。⑱。

1946年8月，按照七年前洪業教授爲他制訂的計劃，侯先生負笈遠行，乘船前往英國利物浦大學，就教於當代歷史地理學的奠基人之一達比（Henry

Clifford Darby）。在英期間，傾注三年心血，對數年來積累的有如"磚頭瓦片"般的資料和思攷重新加以審視，提昇，從現代歷史地理學的角度構建寫成了論文《北平的歷史地理》，1949年夏，獲得博士學位。[19]於新中國成立前回到北平。

新中國成立之後，侯先生投入到教學之中，又在清華兼課。同時，積極參與到新北京的早期規劃建設。由梁思成教授推薦，1951年4月，政務院任命他爲北京市人民政府都市計劃委員會委員。他就立即開展首都都市計劃中西北郊制定文化教育區的地理條件和發展過程的實地攷察。我記得有一次，他帶着我還有賴樸吾（Ralph tapwood 1909—1984）教授一起騎車在黑山扈、望兒山一帶攷察，了解水源情況，隨即提交了回國後的第一篇論文，《北京海淀附近的地形、水道與聚落》。此時，他萌發了編纂《北京歷史地圖集》的設想，並得到梁思成的鼓勵和支持。1951年5月，梁思成教授親自給中國科學院寫信，申請爲侯先生配置一名專職繪畫員，以協助工作。[20]《北京歷史地圖集》的編纂延續了四五十年，其中固然有受到"文化大革命"的衝擊的影響，同時更反映了仁之先生的探索研究過程，使之對北京歷史地理的認識不斷深化。在1995年，他在爲《北京歷史地圖集》二集所寫的前言中説："《北京歷史地圖集》第一集的正式出版，忽已七年。好在這部續集的圖稿清繪即將完成，問世可期。"他進一步寫道："第一集圖集的編繪，實際上還只是以北京市的政區沿革和北京城自金朝建都以至民國時期的城區演變爲主，所涉及的歷史地理研究內容和深度，還是有限的。現在這部續集的編繪，立意不同。"立意不同在哪裏："目的在於上溯到有文字直接記載以前、北京地區原始農業的萌芽和最初居民點在平原上出現的時期。"在續集中"首先編繪了現代北京政區以及有關地貌、水系、土壤、植被和氣候諸圖幅，以便參攷。然後是從舊石器時代過渡到新石器時代的幾種必要的連續圖幅。至於全集中的核心部分，則是新石器時代最重要的遺址和遺存的分布圖。"又再指出："北京地區處於不同淵源的南北兩大文化系統之間，從歷史地理學的研究來看，這里特別值得重視的。本圖集爲進一步深入探討這一問題，提供了必要的條件。"

他又寫道："隨着新石器晚期氣候條件逐漸寒冷與乾燥，河水流量逐漸減少，北京平原腹地的湖泊沼澤，也處於逐漸萎縮以至消失的過程中。這時人類的活動從最初的山前台地和二級階地上，逐漸轉向平原腹地。正是在這一過程中，依傍古代永定河衝積上的薊丘和附近的平地泉流而出現的原始聚落，以其南北交通上的有利條件而開始發展起來，終於成爲商周之際的一個地方政治中心，也就是現在北京城最初起源的地方，此後人類活動的本身又加速了湖泊沼澤的進一步消失。追蹤這一發展過程，在北京歷史地理的研究中，是有着十分重要的意義的，不過這已超出本圖集的時限範圍，只有留待正在設計中的《北京歷史地圖集》第三集來進行反映了。"[21]

從文獻上搜索，與上述情況相印證的是，侯先生從《禮記·樂記》上看到北京城的最早的歷史記載。原文如下：

"孔子授徒曰：'武王克殷反商，未及下車，而封黃帝之後於薊。'"

薊就是最早的北京城，據歷史學家攷訂，這一年應是公元前1045年，這也就是北京城的建城紀念年。薊究竟在哪裏？北魏《水經注》的作者酈道元，寫到了薊的地理位置和特點。《水經注·㶟水篇》，㶟水就是現在的北京西郊的永定河。

"昔周武王封堯后於薊，今城西北隅有薊丘，因丘以名邑也，猶魯之曲阜，齊之營丘矣。"

仁之先生還引用《水經注》裏另一段話，薊城有個湖，叫西湖。

"湖有二源，水俱出縣西北，平地導源，流注西湖。湖東西二里，南北三里，蓋燕之舊池也。綠水澄澹，川亭望遠，亦爲游矚之勝地也。"[22]

一個丘，一個湖，作爲古代北京城的標志可以確定下來，仁之先生還參照早於唐代的《郡國志》，也講到薊城的位置，與《水經注》相結合，共同復原。如今薊丘，由於"文革"後期的破壞，已不復存在，而斷定爲在今白雲觀西側。而西湖正是今北京西客站附近的蓮花池。仁之先生爲保留這一北京最早的水源，而建議將西客站東移。他還解釋了薊本應在永定河渡口上建造，如同國際上許多城市都建在渡口邊一樣。是因爲永定河水漲跌不一，在夏天暴雨大漲，泛濫成災。於是選擇了離渡口較近而又宜於建城的地方，這就是薊丘與西湖的所在地了。這也可以說是中國人的智慧，可這也引起了一些國際學者的爭議。由於永定河的"不馴"，所以後來將原名"無定河"改爲"永定河"，期盼上蒼的保佑，如今隨着科學技術的進步，這些問題也就易於解決了。

到了10世紀，北方少數民族相繼南下，無論是西北下來，東北下來，都必須先到達薊。頭一個下來的是遼，在原來薊這個地區，建立陪都，改名南京。這就使北平地區由一個地方政治中心逐漸成爲全國的政治中心，北京的大規模建設也隨之而興。

相繼而來的是金，真正建都在這裏。把遼的南京城向西、向東、向南三面擴大。把西湖下游的一段水道包入城市，開闢太液池。又在東北郊一帶天然湖泊上建立一個離宮，就是大寧宮，也叫太寧宮。這在北京城建史上都是重要的設置。更重要的是，在永定河渡口上建了一個大橋，就是盧溝橋。至今是862年。㉓

金之後繼之而起的是元朝。元大都的建設是爲今天的北京城奠定了基礎。在元大都的興建過程中，仁之先生特別強調了兩個問題：一是增加北京的水源，二是城市的平面規劃。這是由劉秉忠和郭守敬師徒兩位完成的，是兩位重要的人物。由於金朝無法利用永定河水，元大都則把都城建立在金代離宮的相應位置上，向北推移。水利專家郭守敬，通過勘探，找到今天昌平東南的白浮泉，經過巧妙測量計算，將地下水引入瓮山泊（今頤和園昆明湖），再進入大都城內的積水潭。大都的規劃設計主要由劉秉忠負責，劉秉忠兼長儒道，他根據《周禮·攷工記》的思想，"面朝後市，左祖右社形成'面南而王'。"大都是一個長方形的城市，在湖泊的東岸，根據大運河的起點，就是北面湖泊最向東凸出的那一點，這是全城中軸線的起點。從這個橋樑向北不遠，正好在一片湖泊的東岸上，設計了全城的幾何中心。㉔由此，北京城市建設最突出也是最引以驕傲的是北京的中軸線形成了。進而展開全城的布局，逐步擴充完善。這一點也就是今天什刹海火神廟旁的"後門橋"。所以，仁之先生對蓮花池和後門橋都是傾注心血，十分關注。他發起並主編《十刹海叢書》，也是爲了更好闡述這一地區的豐厚的人文環境。校友徐蘋芳教授曾根據資料繪制了元大都的平面圖，仁之先生曾加以借鑒。解放初期，仁之先生曾帶領燕京和清華歷史系的學生參觀過元代遺物，面對瓊華島（今北海公園白塔山），1265年工匠們爲忽必烈雕製的大酒缸，"瀆山大玉海"，他如數家珍的講解，如今我們記憶猶新。

明初，大將徐達爲防禦北方民族，將元大都的北城向南壓縮，後又開拓了外城，以至逐步定型明清時代的北京城。又開挖了南海，以所挖之土和护城河土填成一座"萬歲山"㉕，即今日的景山，以拱衛皇城。

圍繞着古代北京的地理環境、北京城的起源和城北選擇、歷代水源的開闢、城址的變遷沿革、古都北京的城市格局與規劃設計等方面，仁之先生熱情飽滿地寫了大量文章。1955年發表在《北京大學學報》第1期上的《北京都市發展過程中的水源問題》，就是其中重要的一篇。昆明湖的拓展，十三陵水庫及官廳水庫的建設，以及因人民大會堂的修建，從而發現了一些地下暗河，都使他興奮不已，我記得他曾向我述説這些事情。他不但屢到現場，還寫了多篇短文歡呼水源的開闢，謳歌戰鬥在工地上的英雄們。㉖

應當提到的是，仁之先生在對北京歷史地理的研究不斷深入的時候，他始終關注着燕園的追尋和研究。他沿着許地山、洪煨蓮教授等的步子，不斷搜集新材料，找尋地下新遺跡。先於1962年寫成《校園史話》，又於1988年增訂爲《燕園史話》出版。後來於1993年在北大中國傳統文化研究中心主持的《國學研究》第一期上，發表了：《記米萬鍾〈勺園修禊圖〉》，將洪業先生找到的《勺園修禊圖》以現代方法繪製成圖發表。又在2001年5月《燕京學報》新10期上，發表了《未名湖溯源》一文。進一步追溯了未名湖的淵源，並且發表了乾隆年間英國馬戛爾尼使團的隨行畫家W. Alexander（W. 亞历山大）在淑春園中所留下的一幅畫舫寫生畫。至爲珍貴。

張瑋瑛先生寫道："北京是仁之心中的'聖城'。仁之説，他對北京知之愈深，愛之彌堅。他寫了多篇學術專題論文和科普讀物介紹古都北京，闡述北京作爲帝王之都的規劃設計有其鮮明的帝王至上的主題思想，在進行舊城的改造和城市規劃建設中，應以新的主題思想'人民至上'取代，既要繼承歷史文化傳統，又要有所創新，體現人民首都的新面貌、新格局。"㉗

創建中國的歷史地理學

沙漠地理學、城市地理學

仁之先生在1950年7月，當回到祖國不到一年的時間，就發表了回國後的第一篇文章，《"中國沿革地理"課程商榷》，提出了對中國沿革地理課程改革的設想。他將師從達比教授所學到的關於歷史地理學的一些新概念、新方法，運用到中國，力圖進行一些介紹和改革。經過多年的醖釀、思攷、在"文革"之後的1978年，在北京大學慶祝建校80週年的"五四科學討論會"地理分會上，侯先生提交了論文，《歷史地理學的理論與實踐》，正式開啓了歷史地理學的學科建設和人才培養。[23]

在1988年，爲慶祝北大建校90周年所編輯的《精神的魅力》一書中，仁之先生飽含激情地寫了一篇《在燕園裏成長》的文章。"我個人深感興奮的，就是我又親眼看到了歷史地理學的後起之秀，正在可愛的燕園裏茁壯成長！"

在文中，他寫道："最近，在我应约爲《中國大百科全書》的地理卷撰寫《歷史地理學》這一條目時，爲闡明這門學科的發展過程，我才第一次追溯到它的前身，也就是在我國有悠久傳統的關於政區演替和疆域變遷的研究。這項研究早在五四運動前夕，即蔡元培校長最初到校之後，首先就是在北京大學以"中國地理沿革史"的名稱，第一次被列入教學科目中，主講的是張相文先生。到了上世紀30年代前期，顧頡剛教授又在北京大學和燕京大學同時講授了"中國疆域沿革史"。但是，"地理沿革史"或"疆域沿革史"雖然也曾命名爲"沿革地理"，卻仍然屬於歷史學的範疇，並一直在歷史系講授。隨着現代科學的發展和分化，在沿革地理的領域裏，又派生出一門新興的具有獨立理論體系的分支科學，這就是現代地理學領域中的"歷史地理學"，而這門新興的學科又是在解放初期院系調整後的新北京大學地質地理系首先得到了發展。"三十多年來，這門新興學科在密切聯繫實際的前提下，已經爲祖國的建設事業作出了應有的貢獻。"

歷史地理學是一門交叉學科。是歷史學和地理學的交叉，也是社會科學和自然科學的交叉。歷史地理學是一門綜合性的學科，涉及或包涵着衆多學科，除了歷史學、地理學，還涉及攷古學、氣象學、生物學以及天文學等等。仁之先生曾對我感歎：自己的自然科學基礎還不夠，所培養的學生要具有更充實廣博的基礎。歷史地理要研究史前環境，更重要的是，在人類的發展過程中，特別是社會組織形成以後，人類在自然環境和社會環境的衝擊、碰撞又和諧、共生之中不斷向前發展。我們不是環境因素決定論，而在生産力水平較低的情況下，自然環境，包括河流、山川、氣候、風雨等等的對人類影響還是相當重要的。要探尋這些自然環境的變化對今天的影響是十分重要的，進一步總結其中的規律尤爲可貴。所以，歷史地理學是緊密爲現實服務的。

從事歷史地理學的工作，不能只停止在書本上，必須進行大量的野外工作。仁之先生十分重視調查工作，他長年奔波在外，風餐露宿，找尋古迹，尋訪遺址。他又善於把文獻資料和野外調查結合起來。他所寫的幾乎所有的論文或通俗讀物，都很好地融合文獻資料和室外攷察，這顯示出他的功力，也使人感到有根有據，真實可信。

他從事歷史地理學研究，一直以北京地區作爲基地，這就把北京歷史地理和歷史地理學的研究融合起來。這既發揮了他的特長，又不斷開拓更廣的研究領域。北京是一個典型地區，不只有國內，而且在國際也都具典型性。以北京作爲基地，就使歷史地理學的研究不致空泛，而開展歷史地理學的研究，又推進了北京歷史地理研究的進展。他特別強調要結合生產實際，力求解決實際問題。例如從歷史時期北京附近河湖水系的變化入手，探討區域環境變化，這對社會主義新北京的建設做出了重要貢獻。

1958 年 10 月，國務院在內蒙古呼和浩特市召開"西北六省區治理沙漠規劃會議"，侯先生代表北京大學地質地理系出席，會後組織多學科力量投入沙漠攷察。由此，他又開闢了一個新領域，沙漠地理的攷察研究。從 1960 年到 1964 年，他年年暑假都帶領學生和年輕教師進沙漠。1960 年夏赴寧夏河東沙區，1961 年夏赴內蒙古烏蘭布和沙漠，1962 年夏赴內蒙古及陝西榆林地區毛烏素沙漠。1962 年底，由國務院農林辦公室領導的治沙科學研究小組，攷慮用十年時間（1962—1972）完成從由內蒙古西部到新疆南部的沙漠攷察設想。仁之先生根據這個計劃，1963 年再赴內蒙古烏蘭布和沙漠，1964 年又赴陝西榆林地區及毛烏素沙漠。那幾年正是"三年困難時期"，進入西北沙漠條件更是艱苦。仁之先生憑着自己身體底子好和堅韌不拔的精神，始終鬥志不減。一次他乘坐的吉普車出事故翻進溝裏，插在胸前口袋裏的兩支鋼筆都折斷了，他萬幸沒有受傷。白天冒着酷暑出沒沙丘，晚上與當地老鄉交談。在旅途中隨手寫下的《沙行小記》及《沙行續記》是那一段經歷的生動記錄，充滿了樂觀與豪情。[20]

1972年，他從江西鯉魚洲回校後半年，曾寫了一份意見書，希望繼續進行西北沙漠歷史地理攷察，然而卻無人理會。直到六年後的1978年全國科學大會召開，仁之先生才得以重整行裝，奔赴近二十年來一直不能忘懷的大西北沙區。6月4日火車奔駛在包蘭線上，他在隨筆《塞上行》中興奮地寫道："科學的春天終於來到了。浩蕩的車風把我送上再次前往大西北沙區的征途。"[30]這次他參加科學院沙漠綜合攷察隊，對從內蒙古西部到河西走廊古陽關一帶沙區的成因和治理做了綜合攷察。從研究曾是水草豐盛人口稠密的地區逐步轉變爲沙漠幹涸人煙稀少的地帶，他進一步感到歷史地理學科的重要，尤其是毛烏素沙漠的治理，所帶來的巨大變化，使他欣喜不已，不時向我們訴說着這些成果。在沙漠攷察治理的實踐中使他更加堅定："歷史地理工作者必須勇敢地打破舊傳統，堅決走出小書房，跳出舊書堆，在當前生產任務的要求下，努力開展野外的攷察研究工作。"[31]

1993年，仁之先生再次講授全校選修課《北京歷史地理》，作爲一生教學的"結業式"。隨後，在暑假帶領學生去內蒙古赤峰市攷察。不料大雨衝垮了路基，火車只到京郊懷柔就返回了。最後一次野外攷察就這樣結束了，那一年，他八十二歲。[32]

1974年，河北邯鄲在戰備"深挖洞"時發現了地下城牆夯土和戰國時期文物。北大地理系的師生要前往"開門辦學"，仁之先生趁此隨隊出走，擺脫了"四人幫"的糾纏，江青曾讓他"侍從"去小靳莊。那兩年，他大部分時間在河北和山東，先後對邯鄲、承德、淄博三座城市進行實地攷察，"文革"後從大西北沙區回到學校，招收了研究生，立即帶領他們去安徽蕪湖進行歷史地理與城市規劃的專題研究。由此，又開展了城市地理的攷察研究。北京歷史地理、沙漠地理、城市地理的攷察研究都豐富和加深了中國歷史地理學的研究；同時，歷史地理學的理論和實踐也推動了這些學科的深入發展。[33]

開展國際交流　贏得學術贊譽

改革開放之後，自1980年起，侯先生利用出國開會講學訪問的機會，做學術研究，進行文化教育交流，向國外宣傳介紹中國、介紹北京、介紹歷史地理學在中國的現狀和發展趨勢。結識了許多學者專家。同時拜謁了在哈佛的洪煨蓮老師和英國的達比導師，興奮之情，難以忘懷。由於卓越的學術成就，也引起了國外的廣泛關注，贏得了巨大的學術聲譽。

1980年，侯先生接受加拿大麥基爾大學的邀請，首次出國講學，以後多次出國。主要是圍繞北京進行的。使他十分激動的是，由於得到資助，得以對北京和華盛頓兩個偉大首都進行對比研究。正巧華盛頓也是以中軸線爲主進行規劃建設的城市，所不同的是，華盛頓的中軸線是東西貫穿，國會山正處於中軸線的最高點，而北京卻是南北向的，體現了中國的傳統特色。

由於對北京研究的深入，他也找到了一批國外學者知音，他們也都贊美北京、熱愛北京。有一個中文名字叫喜仁龍的瑞典人，曾拜周谷城爲師學習中國文化，不止一次來到北京。據瞭解，喜仁龍大概是唯一的一個人沿着北京城牆一步步走下來，逐段加以描述，寫成一本書：《北京的城牆與城門》。原著是1924年寫的。中譯本1985年才印出來[34]。丹麥建築學家Steen Eiler Rasmusseen在1949年出版專著《Towns and Buildings》（《城市和建築》），在序中，他寫道："整個北京城，乃是世界的奇觀之一。它的平面布局，勻稱而明朗，是一個卓越的紀念物，一個偉大文明的頂峯。"又寫道："可曾有過完整的城市規劃的先例，比它更輝煌又莊嚴的嗎？""這座城市，一座殿堂。"[35]美國貝肯（Edmumd N. Bacon）教授，在1949—1970年，20年間擔任美國故都費城規劃設計的總負責人，曾寫了一本《Design of Cities》（《城市規劃》），曾多次來到北京，在書中將紫禁城城門用整幅圖幅展示出來。他寫道："在地球表面上，人類最偉大的個體工程，可能就是北京城。這個中國城市，乃是作爲封建帝王的住所設計而成的，集中表示這裏是宇宙的中心……它的平面設計是如此之傑出，這就爲今天的城市建設提供了豐富的思想源泉。"[36]自然，也有另外一些聲音，如曾任美國地理學會主席的澳大利亞人Griffth Toylor（泰勒）博士，曾寫了一本《城市地理學》，在就任美國地理學會主席的即席講演中，他說："必須承認，北京城址的選擇，並不是由任何明顯的地理因素……或許可以認爲在遼闊的華北大平原上，同一的自然地理範圍之內，北京城的成長正好說明了關於自然環境偶然論的事實。"[37]他所宣揚的不可知論是和北京歷史地理發展不相符的。

在國外期間，仁之先生從美國同行那裏獲悉聯合國教科文組織《世界文化和自然遺產保護公約》的情況。世界文化和自然遺產委員會於1976年正式成立，而我國還沒有參加這個公約。回國後，他立即爲此事多方奔走。1985年4月，在第六屆全國政協第三次會議上，由仁之先生發起，徵得陽含熙、鄭孝燮、羅哲文三位委員的同意，聯合簽名向大會提交了"建議我政府儘早參加《世界文化和自然遺產保護公約》"的提案。提案送交全國人大常務委員會，後獲得批准，中國成爲了公約的締約國，從1987年起開始進行世界遺產的申報工作[38]。我國已有三十多處成爲世界自然和文化遺產，從而使這些地方更好地得到開發和保護。

　　仁之先生積極參與海峽兩岸的學術交流活動。他本擬應約親赴臺灣，後因身體狀況，未能成行；而在北京他多次接待臺灣友人。特別是2000年11月9—10日，爲臺灣沈祖海建築文教基金來京的學者，連續兩天作了兩場學術報告，分別講解了"歷史上的北京城"和"試論現在北京城市規劃建設"。同時，還接收了一位來自臺灣的研究生，"抓獲"了一個小徒弟。[39]

　　由於傑出的工作，卓越的成就，仁之先生也獲得很多國際學術榮譽。1984年，獲利物浦大學榮譽科學博士學位。1999年10月，獲得了"何梁何利基金科學與技術成就獎"，這是由香港五位著名大亨所捐助的基金，用於獎勵大陸著名學者，是很高的榮譽。又於同年11月，獲美國地理學會"喬治·大衛森勛章"[40]。也是很高的榮耀。

追思往昔　熱愛燕京

　　1984年，燕京大學北京校友會正式成立。

　　改革開放以後，燕大校友的聯繫大大加強，校友之間的活動也日益頻繁。在多年隔絕之後，校友們紛紛聚合在一起，遠在海外的校友，也紛紛回到燕園，暢述友情，痛訴別離。仁之先生和瑋瑛先生積極參加校友會的活動。由於經常出國，也更多地接觸和聯繫海外校友。增進了海內外校友的溝通。他們夫婦倆分別是1931年、1932年入學的，又一直學習、生活和工作在燕園，直到今天，加以侯先生又對燕園十分熟悉。所以，他倆成了在燕園生活時間最長的校友，已經有80年了。所以，仁之先生也抓緊時間，寫了許多回憶文章，以他的豐富經歷，讓人看了愛不釋手。他所寫的師生情，學友情，所寫的燕京大學的重大事變，所總結的辦學經驗，都充分體現了燕京精神。

燕京大學北京校友會與北京大學分校攜手合作，籌建燕京研究院，經北京市高等教育局批准，於1993年初正式成立[41]。仁之先生以82歲高齡榮任院長。燕京研究院辦學宗旨，首先在繼承燕京大學優良學風，培養有關學科專門研究人才。仁之先生積極指導燕京研究的工作，推動研究院發展。在1996年親自赴美，參加在南加州克萊蒙‧麥肯納大學舉行的"燕京大學的經驗與中國的高等教育學術研究會"，發表了"我從燕京大學來"的論文，受到與會者的關注和贊賞。

仁之先生一直積極主張將創刊於1927年，在1951年出版第40期後停刊的《燕京學報》復刊。《燕京學報》曾蜚聲中外。在新形勢下爲了進一步弘揚祖國文化，理應繼續編輯出版《燕京學報》。經過一段時間的籌備，在1944年燕京大學建校七十五週年之時，新《燕京學報》得以出版，仁之先生和周一良先生擔任主編。他寫了新《燕京學報》發刊辭。[42]他一直關心新燕京學報的發展，並撰寫文章。

張瑋瑛先生寫道："算起來，從1936年大學畢業留校任教到1966年，是仁之工作生涯中的第一個三十年。'文革'開始，全部工作戛然而止，他抱憾不已。而經歷了這場劫難之後，仁之又走過了生命中的第二個三十年，他對此無比珍惜。""這第二個三十年中，他幾乎是全速奔跑，孜孜不倦，以勤補拙，不敢稍自懈怠，完全忘記了自己的年齡。他的旺盛精力一直延續到近九十歲。"[43]進入九十以後，由於走路困難加上視力衰退，不能出遠門，他的目光回歸到了早年學術道路的出發地，堅持努力，圍繞海淀和燕園，完成了《未名湖溯源》、《海淀鎮與北京城——歷史發展過程中的地理關係和文化淵源》等論文，出版了《晚晴集》，（此前，曾出版《步芳集》和《奮蹄集》等）。仁之先生是熱愛祖國、熱愛北京、熱愛燕京的。他的心永遠和燕京聯繫在一起，平時不大唱歌的他，現在卻常唱着燕大的校歌。瑋瑛先生說："一個已有秋意的黎明，仁之和我在天光雲彩中，攜手漫步在未名湖邊。對於身旁的他，我想到了四個字：勤奮堅毅。"[44]勤奮堅毅也正是仁之先生一生的寫照。他倆的形象正好被拍攝下來，令人羨慕、向往。

正值仁之先生百歲華誕之際，我們再一次衷心祝福他。

2010年3月1日

注　釋

① 侯仁之著，《北京城的生命印記》，張瑋瑛序，第8頁，三聯書店，2009年3月，北京第1版。

② 《燕京大學人物志》第一輯，第4頁，北京大學出版社，2004年4月，第1版。

③ 同上書，第5頁。

④ 同上書，第5頁。

⑤ 同上書，第6頁。

⑥ 同上書，第6頁。

⑦ 同上書，第6頁。

⑧ 《黃河文化》序，《晚晴集》，新世界出版社，第175頁，2001年9月，第1版。

⑨ 同上書，第176頁。

⑩ 《燕京大學人物志》第一輯，第6頁，北京大學出版社，2004年，第1版。

⑪ 《喜在華蔭下，情結日益深》，《晚晴集》，新世界出版社，第54頁，2001年9月，第1版。

⑫ 《晚晴集》自序，新世界出版社，第3頁，2001年9月，第1版。

⑬ 《燕京大學人物志》，第1輯，第2頁，北京大學出版社，2004年4月，第1版。

⑭ 《北京城的生命印記》序，三聯書店出版，2009年3月北京第1版，第1頁。

⑮ 《燕京大學人物志》，第1輯，第4頁，北京大學出版社，2004年4月，第1版。

⑯ 同上書，第2頁。

⑰ 《北京城的生命印記》序，三聯書店出版，2009年3月北京第1版，第2頁。

⑱ 同上書，第3頁。

⑲ 同上書，第4頁。

⑳ 同上書，第4頁。

㉑ 《北京歷史地理集》二集前言，《晚晴集》，新世界出版社，2001年9月第1版，第172—174頁。

㉒ 《海峽兩岸學術文化交流》，《晚晴集》，新世界出版社，2001年9月第1版，第146、147頁。

㉓ 同上書，第150頁。

㉔ 同上書，第153頁。

㉕ 同上書，第156頁。

㉖ 《北京城的生命印記》序，三聯書店出版，2009年3月北京第1版。第5頁。

㉗ 同上書，第7頁。

㉘ 同上書，第7頁。
㉙ 同上書，第6頁。
㉚ 同上書，第7頁。
㉛ 同上書，第7頁。
㉜ 同上書，第8頁。
㉝ 《晚晴集》序，新世界出版社，2001年9月第1版，第3頁。
㉞ 同上書，第158頁。
㉟ 同上書，第156頁。
㊱ 同上書，第157頁。
㊲ 同上書，第149頁。
㊳ 《北京城的生命印記》序，三聯書店出版，2009年3月北京第1版，第7頁。
㊴ 《晚晴集》，第5頁，新世界出版社，2001年9月，第1版，第3頁。
㊵ 同上書，第4頁。
㊶ 《燕京大學人物誌》第1輯，第1頁。北京大學出版社，2004年1月出版。
㊷ 新《燕京學報》發刊詞，北京大學出版社，1995年8月第1版。
㊸ 《北京城的生命印記》序，三聯書店出版，2009年3月北京第1版，第9頁。
㊹ 同上書，第9頁。

紀念傑出的歷史地理學家譚其驤

葛劍雄

今年 2 月 25 日，是燕京大學校友、傑出的歷史地理學家譚其驤一百週年誕辰。

譚其驤（1911—1992），字季龍，歷史學家、歷史地理學家。籍貫浙江嘉興，1911 年 2 月 25 日生於遼寧瀋陽。1926 年進上海大學社會系，1927 年轉入上海暨南大學中文系，次年轉入外文系，旋轉歷史系，1930 年畢業；同年進北平燕京大學研究院，師從顧頡剛先生，1932 年畢業，獲碩士學位。同年春任北平圖書館館員、輔仁大學兼任講師，後又兼燕京大學、北京大學講師。1935 年在廣州學海書院任導師，次年回北平，先後在燕京、清華大學任教。1940 年初至貴州浙江大學史地系任副教授、教授，1950 年起任復旦大學教授、歷史系主任、中國歷史地理研究所所長。1980 年當選爲中國科學院地學部委員。1992 年 8 月 28 日因病在上海逝世。

一、譚其驤與中國歷史地理學

譚其驤畢生從事中國歷史地理和中國史研究，他主編的《中國歷史地圖集》先後獲上海市社會科學優秀成果特等獎、國家教委社會科學優秀成果一等獎、中國社會科學院特別獎等。

歷史地理學的研究在中國有悠久的傳統，主要表現在沿革地理方面。這門學問關注的重點是在行政區劃的設置和演變，在此基礎上，也研究疆域的盈縮、地名的考證和一些主要水道的變遷。但歷史地理不是沿革地理的延續，而是在沿革地理基礎上的發展，這不僅表現在研究範圍上的擴展，更體現在研究性質的變化。

譚其驤對中國歷史地理的研究是從沿革地理入手的，早在1935年，顧頡剛與他所主編的《禹貢半月刊》就開始以 Historical Geography（歷史地理）作爲該刊的英譯名稱。從1942年起，他就在浙江大學開設了"中國歷史地理"這門課。數十年孜孜不倦的求索，使他從沿革地理走向歷史地理學，爲中國歷史地理學奠定了堅實的基礎。他的成就豐富了中國歷史地理學，也使更多的人看到了這門新興的學科的深厚潛力和輝煌前途。

疆域政區是沿革地理最主要的研究領域，早在上世紀三四十年代，譚其驤就對歷代疆域政區作過較全面的研究，發表過《秦郡新考》、《秦郡界址考》、《新莽職方考》等重要論文。但對中國歷史疆域的理論探索和綜合研究，還是從50年代開始的。從1955年主持重編改繪楊守敬《歷代輿地圖》起，如何理解和確定歷史上的中國及其疆域範圍就成了譚其驤和同事們一個無法迴避的難題。他一直在思考這個問題，並提出過一些自己的想法。經過長期、反覆的討論和實踐，譚其驤及同事們最終確定的原則是："十八世紀五十年代清朝完成統一之後、十九世紀四十年代帝國主義入侵以前的中國版圖，是幾千年來歷史發展所形成的中國的範圍。歷史時期所有在這個範圍之內活動的民族，都是中國史上的民族，他們所建立的政權，都是歷史上中國的一部分。"同時確定："有些政權的轄境可能在有些時期一部分在這個範圍以內，一部分在這個範圍以外，那就以它的政治中心爲轉移，中心在範圍內則作中國政權處理，在範圍外則作鄰國處理。"（見《中國歷史地圖集》總編例，《中國歷史地圖集》第一册，中國地圖出版社，1982年）對中原王朝超出這一範圍的疆域，也保持其完整性。

在《中國歷史地圖集》的編繪工作基本完成以後，譚其驤就在多次學術會議上對這一原則作了理論上的闡述。他指出：某一歷史時期的中國邊界不等於這一時期中原王朝的邊界，這是兩個不同的概念，不要混爲一談。中國的邊界決不能僅僅指中原王朝的邊界，而應該包括邊疆其他少數民族建立的政權的邊界，其他少數民族所建立的政權，也是中國的一部分。中國是一個由多民族結合而成的擁有廣大人口的國家，是中華民族的各族所共同締造的。不僅現在的中華人民共和國是由中華民族的各族共同建設的，就是歷史時期的中國，也是由各民族共同締造的。正因爲如此，我們應該把中華民族各族人民的祖先都看成是中國史上的成員，各民族的歷史都是中國史的一部分，各民族所建立的政權都是中國的政權。1981年5月27日，他在中國民族關係史研究學術座談會上作了長篇講話，根據講話整理的記錄稿以《歷史上的中國和中國歷代疆域》爲題發表於1991年第1期《中國邊疆史地研究》上。

譚其驤的這一理論爲《中國歷史地圖集》的編繪確定了重要的原則，也爲中國歷史地理的研究確定了空間範圍。

《中國歷史地圖集》的初稿完成於1974年，後陸續內部發行。1980年起修訂，1982年起公開出版，至1988年出齊。這是我國歷史地理學最重大的一項成果，也是譚其驤最傑出的貢獻。這部空前巨著共8冊、20個圖組、304幅地圖，收錄了清代以前全部可考的縣級和縣級以上的行政單位、主要居民點、部族名以及河流、湖泊、山脈、山峰、運河、長城、關隘、海洋、島嶼等約七萬餘地名。除歷代中原王朝外，還包括在歷史中國範圍內各民族所建立的政權和活動區域。《圖集》以歷史文獻資料爲主要依據，吸取了已發表的考古學、地理學、民族學等相關學科的成果，以其內容之完備、考訂之精審、繪製之準確贏得了國內外學術界的高度評價，被公認爲同類地圖集中最優秀的一種。

從1982年至逝世，他又主持了《中華人民共和國國家歷史地圖集》的編繪，這將是一部包括歷史人文和自然兩方面十多個專題圖組上千幅地圖的巨型地圖集，將在近年出版。

長期的深入研究，使譚其驤對中國歷史政區演變的內在規律有了深刻的認識，他歸納出的三個主要方面是：1. 同一種政區，通例都是越劃越多，越劃越小；到一定程度，它的級別就會降低；其原因主要是經濟開發的結果，但也有政治、經濟、軍事諸方面的因素。2. 漢武帝後二級制就已不適應需要，多級制又不利於政令民情的上下傳達，所以二千年來最常用的是三級制，但有時采用虛三級制，有時用實三級制，民國以來的三個階段則分別採用了不同的虛三級制。3. 歷代最高一級行政區往往由吏治監察區或軍務管理區轉變而來，最高地方行政長官往往由派遣在外的中央官轉變而來。他認爲政區的這些演變規律，一方面正好說明了中國自秦漢以來長期在中央集權制統治之下，所以中央的使者能以監督的名義侵奪地方官的權力，終於使中央使者成爲最高地方長官，原來的地方長官降而成爲他的下級或僚屬。但另一方面，因爲由這種方式形成的一級政區轄境權力過大，所以一到亂世，這種政區的首長很容易成爲破壞統一的割據者，猶如東漢末年的州牧刺史，唐安史亂後的節度使和民國的督軍、省主席。

從總結歷史經驗出發，譚其驤一直關注着我國現行行政區劃的改革。他認爲，現行的行政區劃制度是二千多年來中央集權制度下長期演變發展的產物，有其合理的一面，也有其不合理或不適應時代需要的一面，必要的改革是不可避免的。與其花費很大的人力物力做劃定省、區界綫的工作，不如下決心調整省、區的設置，理順省、縣兩級政區的關係，從根本上解決問題。所以他在擔任全國人大代表期間曾多次向政府提出建議，並提出過具體的改革方案。1989年12月，他在中國行政區劃學術討論會上作了《我國行政區劃改革沒想》的報告。他的建議主要包括：調整現行政區的名稱，避免不同等級的政區使用同一名稱，如市、區等。劃小省區界，將省級政區調整增加至50個，每個平均轄47個市縣；在此基礎上取消虛三級制（省、地或市、縣），實行二級制（省、縣）。

還在涉足歷史地理之初，譚其驤就注意到了歷史自然地理研究的重要性。例如，黃河下游水道在不同歷史時期的變遷，不僅是政區沿革的重要原因，也是整個歷史地理研究中不可或缺的因素。而要進行歷史自然地理研究，特別是要研究各種自然因素演變的規律，只依靠文獻資料和歷史學手段的傳統方法就顯得力不從心。

1955年，在爲一次有關黃河與運河的學術報告的準備過程中，譚其驤把黃河有史以來的變遷分成唐以前和五代以後二期，指出黃河在前期決徙的次數並不很多，基本上利多害少，後期却決徙頻仍，害多於利。發生這種變化的原因，是整個流域内森林、草原的逐漸被破壞，溝渠、支津、湖泊的逐漸被淤塞。但同時他也發現，黃河的災害不是一貫直綫發展的，而是在中間有過一個曲折；前期的災害雖然比後期少，但在前期本身範圍内，災害也不是一個愈演愈烈的過程。過去研究黃河史的學者，習慣於把各個時期黃河災害輕重的原因，歸之於時世的治亂和防治工程的成敗，這也與史實不符。亂世未必多災，治世却常常有決溢泛濫。歸之於治理工程的成敗更不可思議，難道數千年來工程技術是在退步嗎？元明清時的賈魯、潘季馴、靳輔等人主持的治河工程難道反而不如東漢的王景和傳說中的大禹嗎？對於這些矛盾，當時他還没有找到有說服力的答案。

1957年，在編繪西漢河北地區的地圖時，譚其驤發現楊守敬《歷代輿地圖》中西漢河北水道的畫法不符合《漢書·地理志》的記載，而《漢書·地理志》的記載又可以證明《説文》、《水經》中有關部分存在錯誤。將這些史料綜合分析，可見西漢時河北平原上的主要河流是分流入海的，還没有像以後那樣合流於今天津，形成海河水系。直到公元3世紀初曹操開白溝和平虜渠以後，才逐漸使各條河的下流淤塞，合流入海。在當年復旦大學校慶學術報告會上，他將這一探索成果在歷史系作了一次題爲《海河水系的形成與發展》的報告。當時來不及寫成論文，只有報告提綱，附上幾篇用文言文寫的考證幾條水道變遷的筆記，印發給聽衆，事後還寄發了幾十份給有關的科研單位和歷史地理學界的同行。由於各方面索取者甚多，以後又加印了兩次。此後他一直没有時間將提綱寫成論文，直到1984年才寫成《海河水系的形成與發展》（載《歷史地理》第四輯，上海人民出版社，1986年）。但這一研究成果已得到廣泛運用，治理海河的基本思路，就是通過人工開鑿的水道將海河水系衆水合流入海變爲分流入海。

譚其驤對黄河變遷史的探索終於在上世紀60年代初找到了新的答案。他從導致黄河決溢改道的地理環境着手，肯定泥沙淤積是關鍵因素，而黄河泥沙的主要來源是中游涇、渭、北洛河水系流域的黄土高原。在同樣的降水條件下，植被保存的好壞會使水土流失量相關懸殊，因此當地人民土地利用的方式是影響水土流失以至黄河災情的主要因素。從歷史事實看，秦漢以前，山陜峽谷流域和涇渭北洛河地區人民還是以畜牧、狩獵爲主要生産手段，原始植被未受破壞，水土流失輕微。秦始皇、漢武帝大規模向西北邊郡移民的結果，導致該地區不合理的開發，牧地、荒地闢爲農田，引起水土嚴重流失。東漢以後，以牧爲主的少數民族逐漸遷入該地區，經營農業的漢人日益減少以至基本退出。此後幾個世紀中，該地區重新成爲牧區或半農半牧區，天然植被得到恢復，水土流失得到控制。顯然，這才是東漢以後黄河長期安流的根本原因。發表於1962年第3期《學術月刊》的論文《何以黄河在東漢以後會出現長期安流的局面——從歷史上論証黄河中游的土地合理利用是消弭下游水害的決定性因素》這是這一研究成果。

1973年起，譚其驤承擔了《中國自然地理·歷史自然地理》的主要編撰任務。除了擬出黃河、長江演變的大綱外，他還在長江中游、黃河中下游進行了廣泛的調查考察。這使他對長江、黃河的變遷增加了大量感性認識，特別是對黃河下游河道變遷及其造成的影響所作的實地調查使他對黃河變遷規律的認識產生了昇華，最終搆成了關於黃河下游河道變遷的名作，這是譚其驤的歷史自然地理研究進入成熟期的標誌。

西漢以前的文獻記載極少，古今學者講西漢前的黃河故道，都只知道見於《尚書·禹貢》記載的那一條，都沒有注意到在《山海經》中還隱藏着相當豐富的有關黃河下游河道的具體資料。1975年，譚其驤在研究先秦時代黃河下游河道的位置時，發現在《山經·北次山經》中記錄了數十條黃河下游的支流。與《漢書·地理志》、《水經》及《水經注》中所載的河北水道作比較，這些支流的終點，即它們流入黃河的地點不同於後世，所以只要將這些支流的終點連接起來，就可以鉤稽出一條逕流確鑿，遠比《禹貢》河水詳確的古河道，這就證明了西漢以前的黃河水道絕不止《禹貢》這一條。1978年，他將這一考訂過程撰為《〈山經〉河水下游及其支流考》，發表於復刊後的《中華文史論叢》。

譚其驤進而考慮另一個重大課題：西漢以前的黃河河道是不是只有已知的幾條，也就是說，在西漢以前黃河究竟改道過了多少次？前人只有兩種看法：一種是認為漢以前只發生過一次改道，那就是《漢書·溝洫志》所載王莽時大司空掾王橫所引《周譜》中"定王五年河徙"這一次。從東漢的班固、北魏的酈道元、南宋的程大昌，到清代的閻若璩、胡渭都是如此。另一種是認為《周譜》的記載不可信，漢以前黃河根本沒有改過道，首先提出這一觀點的是清代學者焦循所著《〈禹貢〉鄭注釋》中，史念海《論〈禹貢〉的導河和春秋戰國時期的黃河》一文更進一步提出，見於《漢書·武帝紀》元光三年的"河水徙從頓丘，東南流入渤海"，才是歷史上的第一次改道。

譚其驤認為，從黃河下游的地形特徵分析，黃河在漢以前不可能不改道，《周譜》中的記載只是很多次改道中偶然被保留下來的一次，以上兩種看法都不正確。他把目光轉向考古發現，果然找到了新的論據。因為迄今為止的考古發掘，從新石器時代直到春秋時期，河北平原中部始終存在着一片極爲寬廣的空白，其間既沒有發現過有關的文化遺址，也沒有任何城邑聚落的可靠記載。這片空白直到戰國時期才逐漸消失。譚其驤指出：由於這片空白正是河北平原相對低平的地區，在戰國中期黃河築堤之前水道經常在這一帶擺動。因爲沒有河堤的約束，每遇汛期，黃河不免漫溢泛濫，河床漸漸淤高，每隔一段時間就會改道，所以人們不會在這裏定居。而在築堤以後，經常性的泛濫和頻繁的改道得到控制，兩岸的土地才逐漸開發，大小居民點才會形成。因此他在《西漢以前的黃河下游河道》一文得出了一系列重要結論：漢以前至少可以上推到新石器時代，黃河下游一直是取道河北平原注入渤海的。黃河下游在戰國築堤以前，決溢改道屢見不鮮，只是因爲當時人烟稀少，黃河改道對人民生活的影響很小，因而爲一般古代文獻記載所不及。《漢書・地理志》所載河道始見於公元前7世紀中葉，并且是春秋戰國時代長期存在的河道，《禹貢》、《山經》二河形成較晚，目前無法決定二者的先後。春秋戰國時黃河下游可能有東（《漢書・地理志》河）、西（《禹貢》、《山經》河）二股長期並存，迭爲幹流，而以東股爲常。戰國築堤以前，黃河下游曾多次改道，但黃河經流每條河道的確切年代已不可考。約公元前4世紀40年代，齊與趙、魏各自在河的東西兩岸築堤，從此《禹貢》、《山經》河斷流，專走《漢書・地理志》河，延襲至漢代。

爲了正確顯示歷史時期長江流域的地貌和水系的變遷，譚其驤曾與張修桂等一起搜集、整理、研究了大量文獻、考古和水文調查資料，對古代的雲夢、洞庭湖、鄱陽湖的演變過程得出了與傳統說法迥然不同的結論。關於洞庭湖和鄱陽湖的演變由張修桂寫成論文，他自己撰寫了《雲夢與雲夢澤》一文。他作出的結論是：古籍中的雲夢乃是泛指一個楚王遊獵區，包括山、水、湖、平原等多種地貌，範圍也極爲廣闊。雲夢澤只是其中一部分，位於大江北岸，主要在江漢之間，與雲夢遊獵區不可等量齊觀。先秦的雲夢澤有三部分，但從戰國至南朝已先後淤爲平原，或被分割爲更小的湖泊和陂澤。令人驚喜的是，湖北省的地質工作者通過大量鑽探和實地調查得出的結論，與譚其驤不謀而合，即歷史上不存在跨大江南北的雲夢大澤。

譚其驤對歷史時期水系演變和歷史地貌的研究成果，不僅開拓了中國歷史自然地理的研究領域，而且爲中國歷史自然的研究提供了可貴的範例，具有重大的理論和方法論的意義。

譚其驤一直認爲，歷史人文地理應該是中國歷史地理研究的一個主要領域，他自己早年的研究就是從政區沿革、人口遷移和民族分佈等方面入手的。但從上世紀50年代開始，由於衆所周知的原因，人文地理在中國大陸實際被列爲禁區，歷史人文地理自然也難逃厄運。

進入1980年代，儘管他依然忙於國家項目，但只要有可能，都要大力倡導、推動歷史人文地理研究的開展。從中國的實際出發，他特別重視研究文化的空間和時間差異，在1986年發表的《中國文化的時代差異與地區差異》（《復旦學報》第2期）一文中他強調：中國自古以來就是一個多民族的國家，各民族在未完全融合爲一體之前，各有本族獨特的文化，所以中國文化理應包括歷史時期中國各民族的文化。姑以中國文化專指漢族文化，也各有其具體的時代性，同時各個時期也都存在好幾個不同的文化區，各區文化不僅有差別，甚至完全不同。在簡要列舉了中國文化在六個歷史時期的不同特點後，他着重論述了西漢中期至明代中原王朝範圍內顯著的地區性差異。他的結論是：二千年來既沒有一種縱貫各時代的同一文化，更沒有一種廣被各地區的同一文化。雖然儒家學說一直是二千來中國文化的一個重要組成部分，却從沒有建立起它的一統天下。他指出，歷史文化地理的重點是要研究歷史時期文化區的界定和演變過程，這幾年來歷史區域文化的研究方興未艾，與數年前已不可同日而語，無疑與他的大力倡導有關。

自1983年後，由他指導完成的8篇博士論文都是以歷史人文地理爲主題的，其中6篇已出版專著，2篇已包括於葛劍雄主編的6卷本《中國移民史》（福建人民出版社，1997年）。已出版的幾種專著引起了國內外學術界的高度重視，被視爲具有開拓和示範作用的成果。其中盧雲的《漢晉文化地理》是我國第一部歷史文化地理著作，既吸收了西方的研究理論和方法，又充分發揮了傳統文獻考證的長處，填補了這方面的空白。

1990年11月，在復旦大學中國歷史地理研究所召開的國際學術討論會上，譚其驤作了題爲《積極開展歷史人文地理研究》的主題報告。在闡述了積極開展歷史人文地理研究的迫切性與必要性後，譚其驤說："儘管現在可能還爲時過早，但我還是要大膽地預言：歷史人文地理將是中國歷史地理研究領域中最有希望、最繁榮的分支。在中國實現現代化的過程中，歷史人文地理研究必將作出自己的貢獻，這是其他學科所無法替代的。"

他覺得不能光提出問題，還應該以自己的積累，對歷史人文地理研究提出一些具體的內容，因而決定寫一篇《歷史人文地理研究發凡與舉例》，將此文作爲上篇，另外撰寫人口、政區、文化各一部分作爲下篇。但在人口部分寫完後，疾病便奪去了他的工作能力，這篇未完成的文章終成廣陵絕響。

譚其驤認爲，我們不僅應該注意中國歷史文獻這個歷史人文地理研究的寶庫，還要留意發掘古代學者的人文地理研究成就和人文地理學家。他早就發現了明代學者王士性對人文地理學上的貢獻，認爲他是一位傑出的人文地理學家，地位不在徐霞客之下。1985 年 12 月，廣西桂林召開紀念徐霞客學術討論會，譚其驤利用這個機會，介紹了這位"與徐霞客差相同時的傑出的地理學家——王士性"，着重評價了王士性的代表作《廣志繹》的價值。他的觀點已引起學術界的重視，對王士性的介紹和研究已產生不少成果。

譚其驤對中國的古地圖和古代地理名著的研究也取得了顯著成就。

1973 年，長沙馬王堆三號漢墓出土了三幅漢文帝時代的帛製地圖，其中最重要的一幅是長沙國西南部當時的深平防區和相鄰地區的地形圖。此圖發現之前，中國地圖史學者對西漢地圖的評價只能依照西晉地圖學家裴秀的說法，"各不設分率，義不考正準望，亦不備載名山大川，雖有粗形，皆不精審，不可依據"。但在仔細研究了這幅古地圖後，譚其驤認爲裴秀的說法是完全不可信的。他發現這幅圖的主區部分和採用現代測繪技術以前的舊圖相比，絕不比任何圖差，"它不僅是一幅截至今天爲止我們所能看到的最古的地圖，同時又是一幅足以顯示我國製圖學早在二千多年前業已達到高度科學水平的地圖"。他的研究確立了這幅 2100 多年前的古地圖的科學價值和歷史地理學意義，國際權威的地圖學史著作已經採用了他的結論，重新評價了中國早期的製圖學成就。

在我國最早的有關地理的著作中，人們對《山海經》一直評價不一。譚其驤認爲對《山海經》各部分應該加於區別，其中的《山經》從內容到形式都以叙述山川物産爲主，是很有價值的地理書。但《山經》同樣摻雜着詭譎荒誕的幻想和臆測，前人注釋中的問題也不少，必須去偽存真，才能恢復其本來面目。任何解釋都不能離開經文本身，重要的是要具體弄清《山經》中每座山所指，相互間的實際方位和里距，因爲《山經》中的二十六經，每經在首山後的第二山開始就記載了方向和里距，如能最大限度地復原出其中一部分，其地域範圍就可以大致明白了。在最終完成的《論〈五藏山經〉的地域範圍》一文中，他在分析了其中7篇所錄140座可考定確址的山的基礎上，推斷《山經》所述的範圍大致西起新疆東南，東抵山東半島東端，北至內蒙古陰山以北，南達廣東南海。他還斷定《山經》成書於秦始皇統一六國（公元前221年）之後、完全征服南越（公元前214年）之前。

在譚其驤和其他學者的共同努力下，從上世紀30年代起，沿革地理逐漸向中國歷史地理學發展，至80年代已形成了比較完整的學科理論和分支體系，取得了以《中國歷史地圖集》、《中國自然地理·歷史自然地理》等爲代表的重要成果，這些都離不開他的貢獻。譚其驤被公認爲中國歷史地理學科的主要開創者和奠基人。

二、譚其驤與燕京大學

1928年9月，在上海暨南大學求學的譚其驤轉入新成立的歷史社會系，當時的系主任是黃凌霜，幾個月後由程憬代理，以後又換了許德珩（楚生）。程憬一直教中國古代史，傳播的是當時風靡一時的以顧頡剛爲代表的疑古學派觀點，使譚其驤感到很新鮮，對顧頡剛十分嚮往。陳憬還經常邀譚其驤去他家，談疑古學派，談做學問的方法。在他的鼓勵下，譚其驤開始翻綫裝書，他到福州路買書時也逐漸轉而選購史學書籍了。

1930年夏，譚其驤已修滿學分，完成畢業論文，提前畢業。他已經選定了治學的目標，決定到故都北平攻讀史學。程憬將他推薦給燕京大學研究院。燕京研究院錄取研究生不通過考試，只審查大學成績單和推薦書，譚其驤很快收到了錄取通知。

1931年9月，顧頡剛新開"《尚書》研究"，聽課學生有馮家昇、葉國慶、鄧嗣禹、翁獨健等22人；譚其驤因學分已滿，是三位旁聽生之一。顧頡剛當時正準備作《王制考》，所以準備將《尚書》一篇篇地教讀，編了《尚書研究講義》兩册，但只是他計劃寫的講義的三分之一。講義的第二册包括四個問題，第一個就是"《堯典》著作之時代"。顧頡剛認爲《尚書·堯典》寫作時代應在西漢武帝以後，一條主要的證據就是《堯典》中說虞舜時"肇十有二州"。而先秦著作稱述上古州制的只有九分制（分爲九州），却没有十二分制（分爲十二州），到漢武帝時置十三刺史部，其中十二部都是以某州爲名，自此才有十二州之名，所以《堯典》中所載十二州應是漢武帝時的制度。

譚其驤在讀了這段講義後，又把《漢書·地理志》仔細翻閱了一遍，覺得顧頡剛在講義中所列舉的十三部並不是西漢時的制度，而是東漢的制度。一天下課，他就向顧頡剛提出了自己的看法。聽到學生的不同意見後，顧頡剛非常高興，鼓勵他寫成書面。原來譚其驤只是想口頭説一下，由於老師要他寫成書面意見，促使他又查了《漢書》、《後漢書》、《晋書》等有關篇章，結果更加堅定了自己的看法，在10月2日將三點意見寫成一封信。

在信的一開始，譚其驤就直截了當地指出："先生《尚書研究講義》中所列之十三部，非西漢之十三部（不但非武帝時之制，亦且非平帝時之制），兹已證實。"並列舉了三條理由。他建議，"先生所謂'《堯典》之十二州係襲諸漢武之制'一義應有所改正"。不過他認爲，"推翻此點，殊無傷於全文之大旨；不但無傷，且益可證實之"。因爲西漢雖撫有朔方、交阯而不設州，與《堯典》中所載堯撫有朔方、南交之地而不設州是一致的。至於西漢實際只有十一州，《堯典》却要湊成十二州，是因爲作者有意要湊成"天之大數"的緣故。

在收到譚其驤來信的當天，顧頡剛就復了一封五千多字的長信，首先肯定了他的努力：

"西漢的十三州久已成爲一個謎，現在經你這樣一整理，覺得大有弄清楚的可能了。"接着又詳細討論了與意見有關的史料，在學術問題上，師生之間没有什麽客氣。

在作了詳細論證後，顧頡剛的結論是，贊成他的三點意見，即：（1）元封五年之十三部内無司隸校尉一部；（2）元封五年之十三部内有朔方刺史部，不屬并州；（3）元封五年之十三部内有交阯刺史部，不稱交州。不贊成他另外三點：(1) 朔方刺史部與并州刺史部同時存在；(2) 朔方郡屬并州，朔方刺史部分自雍州，兩不相關；(3) 交州之名始於東漢建安八年。認爲取得了三點收穫，另有二點只能存疑。根據這些意見，顧頡剛重新排列出漢武帝所立之十三州、王莽所更定之十三州和光武帝所列之十三州，"不知尊見以爲如何，敬待商榷"。最後他又鼓勵譚其驤繼續努力鑽研："但我們不要怕，只要肯找，總有新材料可以發現！"

這封回信進一步激發了譚其驤鑽研的興趣和辯論的勇氣，六天以後果然找到了新材料，於是他又寫了一封信，對被顧頡剛反對的三點提出異議，認爲顧先生的三點收穫應有所改正，但仍有兩點不明白。

在認真研究後，顧頡剛於10月24日再次復信，表示對譚其驤的來信"佩甚"。"你既尋出了朱博在成帝綏和元年前曾爲并州刺史，又尋出了翟方進在成帝世曾爲朔方刺史，那麼，并州自是先於王莽的更定州名而存在，且確是與朔方刺史部同時存在。"接着顧頡剛主動爲譚其驤提供了一條證據，即根據揚雄《益州箴》的內容，"益州確是梁州所擴大的而不是與梁州並峙的"，益州不與梁州同時存在，"證明我上次猜測的失敗"。"并州既與朔方刺史部同時存在，益州又不與梁州同時存在，則武帝所設的十三部刺史的事實可定，且足證明《漢書·地理志》叙論中的話是不錯的。"隨後他考定了十三部的具體名稱和來源。但顧頡剛不贊成譚其驤對交阯改交州時間的結論，也不同意朔方與并州合併是在光武帝時而不是王莽時代。

儘管還有不同意見，顧頡剛認爲主要問題已經得到解決。更加難能可貴的是，顧頡剛不僅如此虛心地接受了學生的意見，還將往返討論的這四封信加上附說，作爲講義的一部分印發給全班。

這場討論決定了譚其驤此後62年的學術方向，也給他留下了終生難忘的印象。50年後，譚其驤還在發表這些信件的《後記》中深情地憶及往事：

> 我兩次去信，他兩次回信，都肯定了我一部分意見，又否定了我另一部分意見。同意時就直率地承認自己原來的看法錯了，不同意時就詳盡地陳述自己的論據，指出我的錯誤。信中的措辭是那麼謙虛誠懇，絶不以權威自居，完全把我當作一個平等的討論對手看待。這是何等真摯動人的氣度！他不僅對我這個討論對手承認自己有一部分看法是錯誤的，并且還要

在通信結束之後把來往信件全部印發給全班同學，公諸於衆，這又是何等寬宏博大的胸襟！正是在顧先生這種胸襟氣度的感召之下，才促使我對這個問題努力深入鑽研下去，勇於獨立思考，提出了一些合理的見解，對這個問題的解決作出了一定的貢獻。而顧先生後來之所以會寫出《兩漢州制考》這篇名著，我的這兩封信當然是起了推動作用的。

……當年這場討論，不僅像顧先生在附記裏所說的那樣把一個二千年來多少學者沒搞清楚的問題基本上搞清楚了，還有一點顧先生沒有提到而同樣很重要的，那就是：通過這場討論，使我這個青年對歷史地理發生了濃厚的興趣，又提高了我做研究工作的能力。這對於我後來能夠在大學裏當一名還算稱職的教師，在學術上多少能夠取得一些成就，是起了很大的作用的。

當時燕京的風氣相當開放，教師中既有歐美學者、西裝革履的海歸，也有本國大學的畢業生，還是長衫布鞋的舊式文人。譚其驤另一位關係密切的老師鄧之誠（文如），博聞強識，文史兼通，諳熟歷代典章制度和明清掌故，常常以明朝人自居，對同輩的新派、洋派人物很不以爲然，常常加以批評甚至譏諷。鄧之誠對譚其驤的才識極爲贊賞，所以儘管對顧頡剛的學風和觀點也不時有所批評，對深受顧頡剛影響的譚其驤却關懷備至，還說："我搞的是明朝人的學問，你可以搞你清朝人的考據。"鄧之誠喜歡談話，一談就是幾個鐘頭。他嫌一個人寂寞，就邀譚其驤住在家裏，食宿都由他供給。與鄧之誠共同生活，耳濡目染，使譚其驤對魏晉南北朝、隋唐五代史有了更深的見解，對典章制度和掌故也饒有興趣。以後他的友人謝興堯（捪唐）辦《逸經》雜誌，他曾寫過《張宸與董鄂妃》，偶爾還寫些小考證，只是由於專業研究太忙，沒有能花更多的功夫。鄧之誠與譚其驤的師生情誼極深，以後譚其驤能以研究生的身份登上大學講臺，也是出於鄧的大力舉薦。

在研究生期間，譚其驤還選修過張星烺（亮塵）的課，旁聽過陳垣（援庵）的課，寫過中西交通史方面的學期論文。燕京大學的研究生期限一般是2年，也可以延長到3年或4年，但規定的學分是18個，修滿學分就能寫畢業論文。譚其驤第一年就讀完了18個學分，第二年開始寫畢業論文。

雖然在與顧頡剛討論兩漢州制後，譚其驤已經立志以沿革地理爲研究方向，又受到鄧之誠治學方法的影響，但他的畢業論文依然是暨南大學潘光旦指導下的題目——中國移民史。原來在他寫完6萬多字的《中國移民史要》後，潘光旦認爲很有價值，希望他稍作增補，準備介紹到商務印書館去出版。讀研究生後，譚其驤覺得在未作深入研究之前不可能寫好綜述性的"史要"，一個一個地區或一個一個時代逐步進行，搞清楚當前各地人民的來歷才是研究移民史的首要課題。於是他決定主要根據地方誌中的材料，按今省區逐個開展，先從材料較易收集的湖南省着手。至1931年底，譚其驤完成了畢業論文《中國內地移民史‧湖南篇》，學期結束時通過答辯，結束了研究院的學業。論文的指導教師是顧頡剛，但實際上從確定題目到搜集資料，顧頡剛都沒有過問。半年後的1932年6月，此文刊載於燕京大學歷史系主辦的《史學年報》上，這是譚其驤第一篇公開發表的學術論文，當時他還沒有正式畢業。1933年，南京中央大學所辦《方誌月刊》要求轉載，此時譚其驤已放棄了一省一省寫下去的打算，便將題目改爲《湖南人由來考》。

在撰寫畢業論文搜集材料的過程中，譚其驤已發現了近代湖南的"漢人"中有相當多一部分出於少數民族血統，因而在1933年又寫了一篇《近代湖南人中之蠻族血統》，也發表於《史學年報》。

1934年6月，譚其驤《晉永嘉喪亂後之民族遷徙》一文在《燕京學報》第15期上發表。永嘉之亂後的南遷是中國歷史上一件大事，也是中華民族發展史上的一件大事，"蓋南方長江流域之日漸開發，北方黃河流域之日就衰落，比較純粹之華夏血統之南徙，胥由於此也。"但由於正史中本來就沒有具體記載，年代久遠後更無史料可覓，對這次大規模的移民運動的研究無由開展。譚其驤却在有限的史料中找到了一把"鑰匙"——僑州、郡、縣的記載。這是因爲當時南遷的人口，大多依照他們原來的籍貫，在南方的定居地按原來的名稱設置了僑州、郡、縣，而這類僑州、郡、縣在沈約的《宋書‧州郡志》、蕭子顯的《南齊書‧州郡志》和唐人所修的《晉書‧地理志》中都有較詳細的記錄，所以只要將這些資料整理排比，就不難考證出這些單位的設置年代、地點和變遷，從而瞭解移民的遷出地、遷移時間、遷入地點，具體過程和結局得出了具體的結論。

同期所刊《新莽職方考》是譚其驤研究沿革地理的第一篇力作，却與討論兩漢州制一樣，涉及一個近二千年前政區地理的重要領域。兩漢之際王莽改制的若干真相，歷來無人問津。譚其驤以散見於《漢書》、《後漢書》和《水經注》中的史料爲主，"旁及漢魏雜著，博稽先儒考證，參以私見，寫爲是篇"，填補了這一時期政區地理的空白。此文不僅比較完整地復原了新莽政權的政區建置，還通過三篇附考，總結出王莽設置政區和命名地名的規律。王伯祥讀後，盛贊此文"例嚴體精，深造自得"；"附考三則，尤徵覃思"；立即補入了由他主編的《廿五史補編》。

一位剛畢業的研究生能在同一期《燕京學報》上發表兩篇重要論文，這是譚其驤開的先例。譚其驤在燕京大學研究院期間取得的成績，使顧頡剛作出了他在畢業生中"應列第一"的評價。

1930年研究院招收的歷史系研究生只有兩名，另一位是葉國慶，來自廈門大學，畢業後又回廈門大學工作。但前後一二班和國學研究所的同學不少，與譚其驤關係密切或長期交往的有俞大綱、姚家積、鄧嗣禹（持宇）、翁獨健、朱士嘉（蓉江）、馮家昇（伯平）、齊思和（致中）、聶崇岐（筱珊）、牟潤孫等，以後都成爲著名學者。譚其驤在燕京結識的另一位至交是周一良（太初），當時周就讀於燕京大學國文專修科。周一良以後與鄧嗣禹同住一室，三人來往更加密切。

燕京研究院的學制是二年，譚其驤完成答辯時離畢業還有一個學期，按規定雖不能提前畢業，却可以離校工作。他的從伯父譚新嘉（志賢）是國立北平圖書館的元老，時任中文編目組組長。經譚新嘉向館長袁同禮（守和）推薦，譚其驤於1932年初被錄用爲館員。

就在譚其驤到北平圖書館報到上班後一星期，一個偶然的機會使他登上了大學講臺。當時在輔仁大學教中國地理沿革史的柯昌泗（燕舲）突然不辭而別，代校長沈兼士十分焦急，四處找人代課，鄧之誠極力舉薦譚其驤應聘。沈兼士對初出茅廬的譚其驤自然一無所知，但一則賣鄧之誠的面子，二則臨時實在找不到代課教師，只能同意一試。一學期後，學生對譚其驤的課相當滿意，輔仁大學就續聘下去，結果連續上了三個班。

1933年，鄧之誠又向燕京大學推薦，讓譚其驤兼同樣的課。在燕京聽課的學生中有侯仁之、張家駒。1935年初譚其驤辭去了北平圖書館館員之職，同時在燕京、輔仁、北大兼課。當年9月，譚其驤應學海書院之聘，往廣州任教。但一年後，陳濟棠反蔣介石失敗下臺，學海書院被封。顧頡剛在爲歷史系向校長司徒雷登爭取到五千元追加款後，增聘譚其驤爲兼任講師。由於選修課至少得有5位選修者方能開課，顧頡剛還動員楊向奎等選譚其驤的課。

七‧七事變後譚其驤携家人暫避天津，9月間燕京大學照常開學，來信邀他回校任教，仍教中國沿革地理。由於清華教中國地理的教師離開北平，無人開課，他又兼了清華的中國地理課。當時在燕京歷史系有他的老師鄧之誠，顧頡剛則已離開北平，系主任由洪業擔任，教師中有他的同學韓儒林、聶崇岐、齊思和，侯仁之也已畢業留校。外系比較熟悉的有中文系教授郭紹虞和經濟係教授鄭林莊。在學生中，與譚其驤最親近的是王鍾翰和陳絜。

儘管由於燕京大學爲美國教會所辦，在日本佔領下的華北儼然如世外桃源，但敵僞活動日益猖獗，漸漸難得安寧。如敵僞所辦"新民學院"就曾多次派人來拉譚其驤去該院任教，並開出每節課一百元的高價。眼看戰事不是一二年可以結束，北平非久留之地，譚其驤萌發了投奔大後方的念頭。另一方面，他在燕京大學始終是兼任講師，既未轉爲專任，更難提升爲副教授。鄧之誠爲此深爲不平，讓王鍾翰向洪業說項。洪業直截了當告訴王鍾翰，像譚其驤這樣沒有哈佛或美國大學背景的人在燕京沒有什麼前途，不如到其他學校發展。到1939年夏，譚其驤去意已決。8月10日，已在成都齊魯大學任教的顧頡剛致函譚其驤，力促他去西南。譚其驤獲悉王庸剛自浙江大學回到上海，即去信請他設法。王庸與浙大史地系主任張其昀（曉峰）是東南高師的同學，即向張介紹，張決定以副教授相聘，致電邀請。11月9日，已在廣西宜山浙大任教的燕京同學劉節來信，促譚其驤南行。1940年初，譚其驤離北平去浙大就職。

在燕京大學，譚其驤登上大學講臺，也開始了他的學術生涯——發表了第一篇論文，確定了主要的研究方向，第一次參與創辦和主編學術刊物、創辦學術團體並擔任理事，也度過了他一生中最美好的時光。直到晚年，他還不時提及燕京往事，沉浸在深情的回憶之中。

譚其驤主要論著：

《長水集》上、下冊（1981年前主要論文集），人民出版社，1997年

《長水集續編》（1981年後主要論文集），人民出版社，1994年

《中國歷史地圖集》1—8冊（主編），中國地圖出版社，1982—1987年

《中國歷史地圖集簡編》（主編，圖說撰寫），中國地圖出版社，1992年

《中國歷史大辭典·歷史地理分冊》（主編），上海辭書出版社，1996年

本文資源來源：葛劍雄《悠悠長水——譚其驤前傳》，華東師範大學出版社，1997年

作者簡介

復旦大學圖書館館長、中國歷史地理研究所教授。1978—1983年師從譚其驤，先後獲碩士、博士學位，1980年起任譚其驤助手。曾協助譚其驤整理出版《長水集》、《長水集續編》，選編《長水集粹》、《譚其驤日記》，著有《悠悠長水——譚其驤前傳》《悠悠長水——譚其驤後傳》（華東師大出版社，1997年、2000年）。

沉痛悼念雷潔瓊老師

夏自强

雷老駕鶴西去了，驚聞之餘，我們不禁愕然。回憶往事，點點滴滴，雷老一生和燕京大學有着十分密切的聯繫。我們燕京校友深切懷念她，敬重她。

雷老是著名的社會學家、法學家、教育家、傑出的社會活動家。作爲世紀老人，雷老是世紀的見證人。她幾乎經歷了20世紀以來所有重大的歷史事件，豐富絢麗的人生印記是她經歷了許多風雨和變故。她從事過多種職業，可她始終以爲自己是一名教師，而教師也是她最引以自豪，最樂於從事的職業。作爲一名教師，她曾在很多學校任職，都給她留下美好的回憶，而她情係最深，聯繫最多的則是燕京大學了。

雷老雖不是燕大的學生（她的大學本科和研究生階段教育是在美國渡過的），而她踏入社會的第一步，就跨進了燕大，任教於社會系。雖然雷老在燕大工作的時間不如有些人那麽長，但燕大卻在她一生中留下了深重的脚印，她也爲燕大作出了重要貢獻。1931年秋，她跨入了燕大的校門，那時燕大剛遷入西郊新址不久，一切初具規模，欣欣向榮，躊躇滿志，正待發展。26歲的雷老，在闊別祖國7年之後，懷着報國之志來到心儀已久的北平。她早年在廣州參加了轟轟烈烈的五四運動後，本擬北上，由於父親的勸阻，結果和哥哥一起到美國上學，未能追隨她的高班同學許廣平奔赴北平。來到燕京之後，她的心情十分激動，久久難以平静。

然而，正當此時，她面臨的環境却是日本帝國主義的步步緊逼，侵略中國的野心日益暴露。她來到燕園不到2周，就爆發了震驚中外的"九·一八"事件。面對祖國民族的危亡，是奮起投身於捍衛祖國的革命洪流之中，還是綣縮於美麗的燕園之内；另外，在學術領域，是積極開拓社會學的新興領域，開展社會工作，還是按部就班，照本宣科地進行教學。雷老都迅速做出了明確的抉擇，並成爲她始終堅持的奮鬥目標，又開啓了她絢麗燦爛的人生。

永遠站在第一綫

"九·一八"事件後，按照日本田中奏摺的基本方針，日本帝國主義的侵略魔爪一步步伸向了華北，通過"華北自治"、"何梅協定"等一系列活動達到侵佔中國的目的，中國人民救亡圖存的呼聲也日益高漲，這些進一步激發了雷老的愛國主義熱情。她說："在我心中，愛國主義是至高無上的。"於是，剛回國不久的雷老就積極投入到抗日救亡的洪流。由於雷老出身於開明的家庭，自幼就受到反抗強暴，公道正直的教育。她祖父曾到美國當勞工，受盡屈辱。所以，她7歲時就由父親帶領，到廣州的"豬仔"船上，向勞工宣講，讓他們不要上當受騙，要瞭解真相，受到勞工的稱贊。1919年爆發五四運動，14歲的她擔任就讀的廣東省私立女師的學生聯合會的宣傳部長，追隨許廣平等成爲運動的積極分子。雷老認爲，"五四精神是照亮我的人生道路的一盞明燈。"在美國南加州大學求學期間，雷老參加了"反帝大同盟"和"國際學生協會"。在這裏，她認識了中共早期黨員施滉和羅素忤。當時，她並不知道他們是共產黨員，只是聽到他們關於拯救中國的議論，覺得很受啓發，也很符合自己的願望。施回國不久便犧牲了，施滉的獻身精神使雷老深爲感動。而回國後的雷老活動範圍就擴大了，接觸到更多的進步人士和共產黨員。雷老和鄭振鐸、顧頡剛等教授發起組織了"燕大中國教職員抗日救國會"，爲抗日將士募捐。1934年，她還應燕大同事謝冰心女士之邀，深入到平綏鐵路沿綫的包頭、大同調查，尋求抗日興國之路。1935年12月9日，中共北平黨組織決定在這一天發動抗日救亡學生示威遊行，反對"華北自治"。燕大進步學生將這一消息告訴了進步教師嚴景耀，嚴又把這一消息告訴了雷老。出於樸實的愛國熱情，她決定參加燕大學生組織的遊行隊伍。冒着凜冽寒風與學生一起並肩遊行，當時燕大教職員參加遊行的僅她一人。12月16日，是僞冀察政務委員會粉墨登場的日子，北平大中學校愛國學生發動了第二次聲勢浩大的示威遊行。在"一二·九"運動中，雷老親眼看到國民黨頑固派對愛國學生抗日救亡運動的壓制，更激發了她的愛國熱情，使她更堅定地站到"一二·一六"學生運動一邊，她感到和愛國青年的心更貼近了。

更爲重要的是，雷老認爲，"我是從1935年北平爆發'一二·九'學生運動時，同愛國的進步學生接觸中，逐漸認識共產黨的。"她結識了不少雖未暴露身份而內心明白他們是共產黨員的學生和朋友，進一步瞭解了黨的方針和政策，和共產黨的關係逐步密切，由此，成爲與共產黨合作多年的戰友和同志。她當時看到了中共中央發出的《爲抗日救國告全體同胞書》（即"八一宣言"），使她認識到是中國共產黨承擔起拯救國家和民族危亡的重任，感到抗日救國有了領導力量。

1936年，抗日救亡活動在文化教育界更加深入。就在這個10月，雷老與104名文化教育界人士聯合簽名發表了《平津文化界對時局宣言》，宣傳抗日，反對華北淪爲"第二個滿洲國"。這個宣言在社會上產生了深遠影響。這一年冬，傅作義將軍在綏遠抗擊日本侵略者，收復百靈廟等地。燕京大學組團赴綏遠慰問，成員大部分是地下黨員和民先隊員，由雷老任團長，她們深入到戰士中，走進蒙古包，熱情慰問抗日將士，共慶百靈廟大捷。

1937年"七七"事變，日本侵華全面開戰。這時雷老因假期返省探親，不在北平。而她隨即做出了重要決定。燕大規定，教師在工作6年後，有一年學術休假，可以赴美深造。雷老本該可以有一年學術休假機會，她不僅放棄了這個機會，而且毅然放棄燕園舒適安靜的生活與教學環境，奔赴抗日前綫，在江西省開展婦女工作。用雷老的話說："在愛國主義的驅使下，走出象牙之塔。"在江西工作是十分艱苦的，不僅表現在物質方面，還表現在長期生活在封閉古老而又狹小的鄉村天地的女人，"不知有國家也不知有世界"，真可謂"洋博士"遇到了"土表嫂"。而雷老能夠不怕困難熱情地努力地工作着，她從贛東贛西跑到贛南贛北，走了二十多個縣，這對她深入中國農村瞭解國情，有着莫大的幫助。她曾到過蘇區舊地，看着蘇區標語，聽着蘇區歌曲，老表對紅軍的留戀，老區人民不屈的精神，深深感染了她。她更有幸在廬山，會見了鄧穎超大姐，聽她講述"陝甘寧邊區的婦女運動"。更難得的是，在吉安會見了周恩來同志，聽他講述毛澤東《論持久戰》的觀點，釋去了疑團，鼓舞了信心，看到了前景。她撰寫文章，舉辦講座，創辦刊物，獎勵群衆，培訓婦女，爲抗日救亡運動作出了積極貢獻。

1941年，雷老和嚴景耀教授在上海結婚。她的生活又進入了一個重要階段。嚴先生1924—1928年在燕大讀書，畢業後留校，也是我們敬愛的老師。共同的理想，共同的追求，使他們結合在一起。他們倆都是民主促進會的創始人。在前進的道路上，携手並進。在燕大，雷、嚴成爲進步教授的代表。

抗戰後期，他們在孤島上海，團結進步力量，評論時局。勝利以後，他們積極投入到"反對內戰，爭取和平"的偉大鬥爭之中。1946年年底中國民主促進會的宣告成立，1946年的"六・二三"下關慘案，雷老成爲反抗國民黨反動統治的傑出代表。1946年6月，上海人民團體聯合會組織上海各界人士赴南京和平請願團，她是請願團中最年輕的代表。在南京下關車站，請願團遭到國民黨特務暴徒毒打，她身負重傷。血淋淋的現實，使她在光明與黑暗的決戰時刻，更加清醒認識到應該選擇的道路。《血濺金陵憶當年》，雷老爲新中國的誕生付出了血的代價。

1946年秋，雷老回到了闊別十年的燕園。這時，民主進步力量已經有了很大的發展。這年冬，爆發了"沈崇事件"，雷老再一次和學生們一起在凜冽的寒風中走上街頭，嚴正抗議美軍駐華和暴行。1948年年底，北平西郊解放，燕園也解放了。1949年年初，雷、嚴作爲民進的代表，應中共中央的邀請，出席在西柏坡召開的民主黨派會議，共商國是，爲新中國的建立做準備。雷老第一次見到了毛澤東主席以及其他中央領導同志。毛主席曾與他們徹夜長談。在這次會見中，雷老也代表燕大校長和師生問候中央領導，並詢問了燕大的前景。

接着，雷老參加了第一屆新政協和開國大典，登上了天安門。如今，參加第一屆政協和開國大典的人，已經屈指可數了。由此，雷老一步一步地參加了新政權的建設，始終站在第一綫。她先後擔任過衆多的重要職務：政務院文教委員會委員，專家局副局長，北京政法學院副教務長，北京大學教授，北京市副市長，民進中央主席、名譽主席，全國婦聯副主席，國際交流協會副會長，中國婚姻家庭研究會會長，第一、二、三、六、七、八屆全國人大代表，全國人大法律委員會副主任委員，第六屆人大常委，第六屆全國政協副主席，第七、八屆人大常委會副委員長。成爲國家領導人，但雷老說："我還是教授"，"我還是一名教師"。

令雷老特別興奮的是，她作爲香港特別行政區基本法起草委員會的委員，從頭到尾參加了基本法的起草工作，並多次到香港聽取意見。雷老從孩提時代起就到過香港，以後又多次去過。1986年，已81歲的她親自到香港聽取各界對基本法（草案）徵求意見稿的意見，短短20天時間參加各種座談會達110次之多。她對香港十分熟悉，而且有着深厚感情。她同時還是澳門特別行政區基本法起草委員會副主任委員。雷老在1997年7月1日，以91歲高齡作爲中央政府代表團的成員，親自參與了香港的回歸活動。撫今追昔，她心潮澎湃，感慨萬千。爲在港澳順利實現"一國兩制"、促進祖國和平統一作出了重要貢獻。

積極開拓社會學新學科的建設

　　雷老從青少年時代就懷着強烈的歷史責任感和使命感，立志熱愛祖國，服務社會，同時，她也和許多青年一樣，有着"科學救國"，"教育救國"的理想。1924年19歲的她來到美國，在加州大學選修了化工。可是一年之後，她感到化工與自己興趣不合。於是，轉學社會學。這一學科深深地吸引了她，成爲她終身從事的學科領域。而她偏重於應用社會學，不斷開拓社會工作這一新興專業，爲社會學新學科的建設付出辛勤勞動。

　　社會學，顧名思義，是觀察社會現象研究社會問題的，它的最終目的當然是解決社會矛盾，促進社會進步的。可是，出生於舊中國，成長於舊社會的雷老，親身經歷了舊時代，由於列強入侵，軍閥混戰，使得民不聊生，餓殍遍野，祖國大地，滿目瘡痍。雷老深知，中國又貧又弱，社會弊病太多，熱切希望研究好社會學，找到醫治社會的良方。可是，這個探索是漫長的。雷老隨着時代的進步，不斷推動學科發展。她深知學科發展離不開客觀環境的變化；而在時代的發展中，她孜孜不倦地推動着學科前進。

　　最早，以社會學角度研究社會問題而取得成果的是雷老在南加州大學撰寫的碩士論文《對生長於美國的華人的一項研究》。雷老說："這是我在南加州大學社會學系學習時根據對出生和成長於美國的洛杉磯華人所做的訪談取得的資料寫成的。""我在幾個美國老師的幫助下，克服了種種困難，花了將近一年的時間進行訪談並整理這些資料，最後終於完成了這一本東西"。"促使我下決心去研究在洛杉磯新一代華人（即在美國出生和長大的華人）以及他們與他們父輩及非華裔的美國人的關係的一個主要原因，是我在這一人群與這種關係中看到的兩種文化的差異，碰撞及這種差異和碰撞對這個人群的影響。"也就是說，這些在美國出生和成長的華人既沒有被美國主流社會所接納，處於一種邊緣人的地位；又與他們的父母產生了代溝。因而，出現了很強的失落感。這一研究對於八九十年後的今天，仍有現實意義。

1931年，雷老受聘於燕大，來到社會學系。當時社會學系主任是吳文藻先生，吳先生極力主張"社會學中國化"，是這一研究領域的創始人。他組織人力，有計劃有步驟地開展這方面的調查和研究。吳先生歡迎雷老的到來，而且十分賞識她。一天，吳文藻對妻子冰心說："我們系新聘來一位年輕的女教師，不但教學認真，還帶學生下鄉訪貧問苦，真是個熱誠人。"雷老在燕京大學先後開設了"社會學入門"、"社會服務概論"、"貧困與救濟"、"家庭問題"、"兒童福利問題"等課程。她所講的社會學並不是一般枯燥、虛幻或純粹美國式的社會學，而是站在正確的觀點上從實際出發的對社會認識的活知識。她以淵博的知識和火樣的熱情，一點一滴地培養着青年學生。她帶領學生下清河，上定縣，訪貧民窟，進育嬰堂，力圖瞭解社會底層人的生活。她也曾到過門頭溝，京郊山區的貧困狀況給她留下難忘印象。她還和吳文藻夫婦一起到平綏鐵路沿綫的包頭、大同調查，寫了不少文章。從這些調查和研究中，希望能找到革弊圖新的藥劑良方。其結果正如她和嚴景耀先生討論的那樣："中國的農民問題和土地問題是社會制度問題。燕大社會系搞的鄉村建設試驗僅僅是一種改良做法，不可能從根本上解決問題。"

抗日戰爭爆發了。雷老毅然走出燕園，來到廣大農村婦女之中，從事組織、訓練和教育工作。她把課堂從高等學府移到了社會基層。這使社會學教授的雷老對社會的認識更清楚更深刻了。望着衣衫襤褸的婦女們，她感到心痛。她不知疲倦地往來於方圓百里的窮鄉僻壤，幫他們識字、唱歌，給他們講國家、民族、前方的戰事……她把講義上那些複雜的事情、抽象的理論化成淺顯的故事、通俗的比喻，還配上圖畫，用"活的講話方式"爲她們上課。從而轉爲組織婦女，動員婦女的重要力量。由此改變了一群婦女，而這群婦女同時也在改變着家庭，改變着社會。這使雷老深深體會到婦女解放的意義，而這種解放是同民族的解放分不開的，也是和教育分不開的。

解放以後，由於"左"的思潮的影響，從批判社會學進而將社會學系撤銷，這種情況延續了二十多年。直到粉碎"四人幫"，迎來了科學的春天。社會學才重新恢復，走上重建之路。雷老和費孝通先生以及社會學界的老人，爲此付出了艱辛的努力。他們首先在北京大學恢復了社會學系。然後，大力培訓人才，開講座，辦培訓班，招收研究生，努力彌補人才的斷檔和空缺。隨後，在全國許多所大學先後成立了社會學系，人們逐步認識到社會學的重要和社會學人才的緊迫，社會學呈現出一派繁榮景象。

爲了促進社會學的繁榮，一方面要加強對外交流，一方面則要加強科學研究。雷老雖年事已高，仍積極從事科研工作，她的研究課題集中於婚姻家庭問題，并且進行過幾次大規模的社會調查。被列入國家哲學和社會科學"六五"與"七五"規劃重點課題的就有《五城市家庭研究》、《改革以來農村婚姻家庭的變化》以及90年代初的《七城市家庭研究》。她指導課題組對北京、上海、天津、南京、成都五大城市的家庭生活進行了新中國成立後首次大規模的問卷調查，揭示了社會變遷過程中家庭作爲社會細胞所發生的深刻變化，分析了家庭結構小型化趨勢對經濟社會各方面可能產生的影響。由此，雷老還曾獲獎。後來，《現代中國城鄉家庭研究》課題組又完成了《世紀之交的城鄉家庭》。這些成果，都是在雷老的關心和指導下進行的。雷老認爲，將近二十年的努力，"從而對中國轉型期的城鄉家庭的變遷取得比過去更深刻的認識，爲中國家庭社會學的繁榮和發展做出自己更大的貢獻。"

雷老多次說過，她是中國第一代專業社會工作者。她也爲社會工作專業學科的建設進行着不懈的努力。如今，社會工作專業逐步受到大家的重視，特別是和社區建設結合起來，需要大量的社會工作者，這對於形成和諧社會起着非常重要的作用。相信社會工作學科會更加興旺！

她十分關注婦女問題和教育事業，早在上世紀三四十年代就發表了中國家庭問題和農村婦女問題的重要論文。新中國成立後，她又多次發表論文專著，在許多場合積極呼吁保護婦女權利。她一生鍾情於教育，她經常說："振興中華，教育爲本。"認爲"尊重知識，尊重人才"是發展教育的根本支撐點，多次呼吁提高教師待遇，保障教育經費，關注失學青少年。耄耋之年，仍參與教育法規的制定和執法檢查，爲新中國教育事業發展和法制完善忘我地奔波。

親密無間的師生情誼

雷老熱情秉直，善與人處。所以她有很多老老少少的朋友，而其中與燕京師生的情誼是最爲濃厚的。

雷老與吳文藻、冰心夫婦有着六十多年的友情。自從雷老來到燕園不久，吳文藻先生就熱情邀請她到家作客，而且告訴冰心"你一定會喜歡她。"後來，雷老邀請他們倆加入民進，關係就更進一步。雷老以"冰心是我最敬愛的朋友，也是我的驕傲"爲榮，冰心也說："雷潔瓊是我一生最敬愛的朋友。"

雷老在《憶楊剛》一文中說："我和楊剛同志早在1931年就認識。""我們同歲，住在同一個宿舍，很接近，可以說是鄰居。"楊剛是燕大英文系的高才生。1949年，雷老和楊剛一起參加中國人民政治協商會議，1954年，又都當選爲第一屆全國人民代表大會的代表。雷老寫道："後來在社會活動中，接待外賓中，多次見面叙談，從她的著作和活動中，大家都公認她是國際問題專家和婦女界難得的人才。"

雷老是在革命鬥爭中，在工作中結識這許多朋友的。在燕大校友中，她和許多人都有着親密的關係，如龔普生大姐、侯仁之、張緯瑛夫婦、黃華校友、吳階平校友、張友漁校友等等。龔大姐和侯先生都是高齡老人，身體也不好。可是他們都惦記着雷老，不時去看望雷老，以表達思念之情，雷老也關心着他們。龔大姐已然去世，而侯先生已滿百歲。雷老和燕大的外籍教師和校友，也保持着聯繫。在紀念夏仁德先生誕辰105週年的時候，雷老說："夏先生是中國人民忠誠的朋友。他在燕京執教二十多年，精心授業，熱愛同學，他和他夫人對燕京學生給予各方面的關心和幫助，他對中國的進步事業和美中人民的友誼都有突出的貢獻。""夏仁德先生的優秀品格和感人事迹，將永遠留在我們心底！"韓素音女士是中國人民的老朋友，也是燕大的校友，是雷老近六十年的朋友。在1966年對外友協授予她"人民友好使者"的儀式上，雷老說："她熱愛中國，時刻關心着中國的社會主義建設，她與陸文星先生爲促進中國人民與世界各國人民的友誼與瞭解作出了突出的貢獻。"

雷老被燕大同學們稱爲導師，這種師生之誼是在革命中建立的。在偉大的"一二•九"運動中，雷老毫不畏懼毫不退縮，是一個真心追求真理的學者，出現在偉大的行列之中。當學生抬着棺材遊行，棺材裏躺着請願時被軍警屠殺的愛國者的屍體，雷老與學生們同在！當燕大學生因請願被捕下獄，在陸軍監獄裏嘗受着愛國有罪的苦痛的時候，雷老受校方之托來慰問他們，鼓勵他們！當學生們開展下鄉運動，去喚醒胼手胝足的"泥腿子"、"鄉下佬"起來抗日救國的時候，在北國天寒地凍，北風呼嘯的日子，有雷老和其他兩位燕大教師陪伴着他們，奔波於冰天雪地之中。雷老是何等堅持正義，熱愛青年，不論環境如何險惡，如何困難，她永遠站在青年學生的行列之中，鼓勵他們並和他們一起前進！

當 1948 年夏秋，國民黨節節敗退的時候，國民黨大肆逮捕青年學生，"八•一九"軍警包圍了燕京大學，在這危機的時刻，雷老和陸志韋、翁獨健、夏仁德、嚴景耀以及其他進步教師一起掩護了上黑名單的學生，又將地下黨員交給她的一箱進步書刊放在自己家裏。這時，雖然國民黨派出要員，多次勸說動員北平各大學教授離校南下，而雷老和嚴先生却積極參加燕京大學師生員工的護校運動，歡欣鼓舞地迎接北平解放，迎接新中國的誕生！

領導燕大北京校友會

1952 年，燕京大學合併於北京大學，從此，燕大不復存在。可是，廣大的燕京校友們仍然懷念着母校，懷念着燕園。1984 年燕京大學北京校友會成立，把校友們重新團聚起來。大家一致推舉雷老出任會長，校友們歡聚在雷老的周圍。燕大歷屆校友會，雷老都連任會長。大家追思往昔，話說現在，展望未來，相互感應，相互交流。而雷老對燕京，對燕大校友也有着無限的深情厚意。

燕大校友都已進入古稀之年，絕大多數都從崗位上下來。大家有更多的時間，追憶過去，總結經驗，寫出一批批文字或拍出一段段影像。在雷老的倡議或支持下，校友會成立了"文史資料編輯委員會"，曾由冰心老人和蕭乾學長擔任主編，陸續出版了 10 期燕大文史資料，積累了大量的資料和圖片。後來又成立了"燕京大學史稿編輯委員會"，雷老擔任名譽顧問，2000 年出版發行時，雷老出席了首發式。2001 年和 2002 年，相繼出版了以侯仁之學長爲主編的《燕京大學人物誌》第一輯和第二輯。有的系或班級還出版了自己的紀念文集，在此基礎上，一些專著和論文也陸續發表，對進一步研究燕京以及有關人物事件，釐清事實，正確評價，都有着重要作用。

在雷老的領導下，校友會出版了《燕京大學校友通訊》，目前已經出到 60 期。這個刊物每年出兩三期，受到廣大校友的歡迎。它是廣大海內外校友聯繫的紐帶和橋樑，報導了海內外各地校友的信息，發表了他們一些新近作品，有的是專論，有的是遊記，有的是緬懷，有的是追憶，形式多樣，生動活潑，內容充實，令人愛不釋手。篇幅一再擴充，有時不得不另發增刊。雷老也很喜歡這個刊物，看到刊物如同看到校友們一樣。

在雷老的積極推動下，北京校友會和有關方面聯合成立了燕京研究院。燕京研究院 1993 年成立，雷老出任董事長。這爲培養人才，開展研究，促進中外學術交流，起了很好的作用。燕京研究院出版的《燕京學報》（新版），由侯仁之學長任主編，徐蘋芳、丁磐石學長任副主編，已經出版到 30 期，發表了許多重要的學術文章，受到好評。

在雷老的支持下，校友會還與國際專業服務機構合作在四川、雲南、重慶民族地區開展扶貧活動，很有成效，成爲典型。

開展的活動還有很多，影響比較大的則是一年一度的返校節了，雷老雖然年事已高，只要有可能，她總是親自參加，和來自各地的校友們團聚，歡聲笑語，十分高興。近年由於行動不便，不能出行，而她總是惦記着大家，和大家的心繫在一起。每年正月初三，新春伊始，或是九月十二，雷老生日，校友會總代表廣大校友前往看望，向雷老問候祝福，雷老總是熱情接待，大家圍坐在她的身邊，洋溢着歡樂、融洽的氣氛，彷彿又回到了半個世紀前在燕園，雷老家裏那樣歡聚的情景。

雷老走過了 106 歲的歷程，燕京大學是她人生歷程中最重要的階段。雷老的一生是光輝的一生，追求真理的一生。她顧全大局，堅持原則，胸懷坦蕩，平易近人，具有崇高的道德風範和人格魅力，贏得廣大人民和燕京師生的尊敬和愛戴。她高尚的品格、無私奉獻的精神永遠值得我們學習。

夏自強：
1929年生，1951年畢業於燕京大學歷史系，教育部離休幹部、研究員。

徐蘋芳與新《燕京學報》

丁磐石

徐蘋芳校友是我國著名的考古學家,他的卓著學術業績也應包含他編輯新《燕京學報》所做出的貢獻在內。2011年5月22日,他猝然撒手人寰,駕歸道山,新《燕京學報》頓失棟樑,我們這些《學報》同仁和許多燕大校友都十分悲痛,悼念不釋。

《燕京學報》復刊

《燕京學報》創刊於1927年6月,它是半年刊。具有宏博精深的內容。先後擔任該刊主編的是古文字學家容庚、史學巨擘顧頡剛和燕大第一個榮獲美國哈佛大學博士、學貫中西的齊思和教授。這個學報的編委和重要撰稿人也都是學術大師、學術名家,如吳雷川、陸志韋、陳垣、洪業(煨蓮)、張東蓀、馮友蘭、鄧之誠、許地山、郭紹虞和冰心等。爲這學報撰文的還有大學者王國維、陳寅恪、錢穆、夏承燾、顧廷龍、顧隨、向達,湯用彤、裴文中、徐中舒和學術名家楊明照、譚其驤、翁獨健、侯仁之、聶崇岐,周一良等等,因此這學報與《北京大學國學季刊》、《清華學報》和《歷史語言學集刊》同被譽爲我國四大國學刊物而蜚聲海內外。

1952年,在我國院系調整中,燕京大學併入北京大學,出版已四十期的《燕京學報》也因此停刊。但這《學報》已刊諸本仍在國內外供不應求,於是上海古籍出版社又將這四十期的《燕京學報》再全部影印出版。

1993年,在我國改革開放的新形勢下,"燕京研究院"得批准在京成立。後經過海內外燕京校友的一再強烈呼籲,這《學報》也準備復刊了。它定名爲《燕京學報》新X期,或新《燕京學報》。燕大北京校友會一致推選侯仁之院士和著名歷史學家周一良這兩位老學長爲主編，又選出亦爲燕大老校友的知名學者、或資深的高級編輯，如林耀華、林庚、張芝聯、趙蘿蕤、王鍾翰、吳小如、徐蘋芳、林燾、趙靖、經君健、張瑋英、盧念高、程毅中、蘇志中和我爲編委。另外，曾主管北大文科教學、後任教育部高教司司長的夏自強和"燕京研究院"的主要負責人之一劉文蘭兩校友亦當選爲編委；而我燕大美國和加拿大校友會的會長謝國振和林孟熹亦被選入編委會。

　　1995年初，新《燕京學報》出版了。侯仁之主編在撰寫的《發刊詞》中特別強調新《燕京學報》要"繼承燕京大學的優良學風，進一步弘揚祖國傳統文化"，"承先啓後，繼往開來"。這新《燕京學報》第一期的內容也十分豐富充實，所載的文章多爲老校友中的名學者撰寫，都具有高度的學術價値。如周汝昌的《曹雪芹〈紅樓夢〉之文化價値》，林庚的《〈紅樓夢〉與三生石》，趙靖的《中國古代的"經濟學"與"富國學"》，徐蘋芳的《考古學上所見的中國境內的絲綢之路》，林燾的《日母音値考》，楊敏如的《百代詞曲之祖》——李白詞《〈菩薩蠻〉、〈憶秦娥〉》。這新一期《學報》，還載有北大和中國社會科學院名學者所寫的高質量的論文，如張岱年的《〈易傳〉的生生學說》和丁偉志寫的《中國文化的近世境遇》等。

　　新《燕京學報》的辦刊經費開初都是由海外校友如林孟熹等籌措資助的。但侯仁之和周一良兩主編則認爲這經費仍應按歷史老例由美國的"哈佛燕京學社"提供。爲此，1996年秋，年事已高的侯仁之主編由編委劉文蘭陪護，不辭辛勞，遠涉重洋去美國波士頓康橋訪問"哈佛燕京學社"，並談我們新《學報》的經費問題。美國"哈佛燕京學社"的負責人都允諾承擔這學報的辦刊經費，表示今後會定期匯給。他們還認爲新《燕京學報》亦可爲每年出兩期的半年刊。這學社的社長、著名的美籍華人學者杜維明先生還提出一個重要建議，說侯、周兩位主編已年過八旬，新《燕京學報》理應選出兩位副主編幫助主編工作。根據侯仁之主編的詳細介紹新《學報》編委的情況，杜維明先生認爲，徐蘋芳編委是現今中國的第一流考古學家，丁磐石是編過幾大名刊的資深老編輯。他們兩人年紀都未到古稀，比較年青，似都可擔任副主編的工作。侯仁之主編和劉文蘭編委回到北京，將杜維明的這一建議報告燕大（北京）校友會理事會，大家都很贊同。

新《學報》的帶頭的"主力"

　　新《燕京學報》創刊伊始，以侯、周兩主編爲首的編委會就認識到有一個應該好好解決的問題是，燕大早已並入北大，它已不再存在，後繼已無人。現在校友中已成爲從事人文和社會科學研究卓有成就的知名學者亦多年邁體衰，看來已難爲我們新《學報》長久撰稿；而學術界其他老一輩的大師、學術名家亦紛紛仙逝。面對這些情况，我們新《學報》爲了保持有高度的學術質量，有一大任務是必須進一步擴大稿源，廣約中外名學者撰寫很有學術水平的稿件，而要做到這樣則有賴於編委會的共同努力。

　　應該說，徐蘋芳副主編在這方面獨具有許多優越的條件。蘋芳從燕大、北大歷史系畢業後不久就到中國科學院考古所做研究工作，其學識因此日益精進而有豐碩的科研成果，到"文革"後他已成爲享譽中外的考古學家。1988—1993年他即任中國社會科學院考古研究所所長，又爲我國全國政協第七、八届委員。他退休後，1999年至2008年還任中國考古學會理事長。他直至不幸辭世前，還擔任北京大學考古文博學院兼職教授、博士生導師，全國哲學社會科學考古學規劃小組組長，國家文物局考古專家組成員。他還曾任美國普林斯敦大學訪問教授和臺灣大學歷史系客座教授。他先後擔任的職務是那麽多，聯繫的範圍是那樣廣，這樣他不僅能在中國社會科學院及北大等高校，而且能在港、臺，以及美國、日本等處約得學術論文。他在我們新《學報》廣開稿源中，起帶頭"主力軍"的重大作用，就是很自然的事情，而事實也一再表明，他是爲此竭盡心力的。

　　時光如駛，歲月不饒人。到上世紀末，侯仁之、周一良兩主編均因年邁，體衰多病，既難爲我們新《學報》撰稿，也無力審稿。尤其是周一良主編更於2001年病故，享年88歲。這樣，從本世紀初起，我們新《學報》的全部工作則由徐蘋芳第一副主編主持而我則樂爲其助手。承先啓後，就是在徐蘋芳副主編的繼續有力的帶動下，我們新《學報》迄今已共出版30期，先後刊載的有高度學術價值的各種專題論文共236篇。如加上所載的傳記、書評、調查報告和學術動態等，爲數更有378篇。這已超過老《燕京學報》所載的文章316

篇的總數了。

"百花盛開"的刊物

我們新《燕京學報》的內容也是豐富多彩的。它對人文科學和社會科學的學術領域的各學科關於中國國學、傳統文化的研究都有涉及。其中有對中國哲學和中國宗教哲學的探索，有對中國歷史的闡釋和考古學新進展的評估，還有對中國古代文明和文化史問題的研討；有介紹我國對歷史地理學、民族史和語言文字學、音韵學研究的新情況；更多有文學藝術領域内問題的討論，如詩詞、小說、戲劇、歌舞、音樂等方面。還有文章談了我國在科技以及醫藥學等方面學術研究的建樹；此外還有談宋代以後我國的婚姻家庭和婦女問題的學術論文。

這裏應着重說明的是，我們新《學報》能發表這樣大量的有學術價值的文章，首先應歸功於徐蘋芳副主編的巨大努力。第一，他找來了好些大學者的很有學術質量的遺著在我們新《學報》上刊出。如顧頡剛的《祝融族諸國的興亡——周公東征史事考證四之六》，沈從文的《清初瓷器加工和其他工藝的相互關係》，出自嚴復家族的名學者嚴群寫的《說〈老〉之道——老子思想的分析與批評》和著名的考古學家陳夢家的《西周銅器斷代》等。在香港方面，蘋芳副主編則與在那裏執教的國學大師饒宗頤多有聯繫，而這位學術巨擘也很樂意在我們新《學報》上一再發表文章談我國國學問題，如《釋、道並行與老子神化成爲教主的年代》、《殷周金文卜辭所見夷方地理考——子氏婦好在西北西南活動之史迹》等；在臺灣方面，蘋芳則約請"中研院"院士許倬雲爲我們新《學報》撰文，從考古學談我國古代文明的起源和形成問題。也由於徐蘋芳的約請，該院老學者管東貴也一再撰文談我國在秦漢成爲皇權專制的大帝國以後仍未擺脫先秦的宗法社會血緣關係思想影響的問題。在美國方面，蘋芳副主編爲我們新《學報》約得的重要文章有：美國科學院院士、著名的華人學者張光直撰寫的《中國古代王的興起與城邦的形成》（見新三期），和亦爲美國科學院士、芝加哥大學教授、畢業於燕大研究生院的美籍華人名學者何炳棣寫的《司馬談、遷與老子年代》。蘋芳在北大等校爲我們新《學報》則約有大學者季羨林的《龜茲研究三題》和該校名教授田餘慶寫的《文獻所見代北東部若干拓跋史迹的探討》和樓宇烈的《禪宗"自性清凉"學之意趣》以及宿白的《武威天梯山早期石窟參觀記》等等好論文。在中國社會科院，蘋芳同志則親自邀請歷史研究所老研究員、宋史專家王曾瑜撰寫了有現實教育意義的學術論文，如《秦檜獨相期間"柔佞易制"的執政群——兼論時勢造小醜，小醜造時勢的歷史哲學》等。另外，該院爲我們新《學報》撰寫論文的還有蔡美彪、曹道衡、陸峻嶺、陳高華、何高濟等著名研究員，也都是蘋芳出面約請的。至於中國社會科學院徐蘋芳所在的考古研究所，他更約得了許多很有學術質量的論文。如給我有最深刻影響的有著名的女學者邵望平寫的《禮制在黃淮流域文明形成中的作用——兼論文明形成的機制》（新十九期）和盧兆蔭的《論儒家與中國玉文化》等。

凡此種種，再加上我們編委會是其他成員都在盡力約稿，我們的新《燕京學報》的内容因此如百花盛開，萬紫千紅，也呈現出生動活潑的好景象。這對中外學術界瞭解、研究中國文化很有積極作用的。

對中國古代文明的探索

在徐蘋芳同志的遺體告別會上，中國社會科學院考古研究所發有其生平介紹之文件。它告訴我們，蘋芳同志與中國現代考古學結緣近60年，他對此學術事業的貢獻是很優異的。在中國古代城市考古、漢代簡牘和宋元都城的考古研究方面他多有創見和論著出版。生平介紹還說，"自從20世紀七八十年代開始，以若干重要的考古發現爲契機，在學術界形成了探索中國文明起源的熱潮"，而作爲考古研究所所長和《考古》雜誌主編的徐蘋芳同志於1989年至1991年，適時地組織了中國"文明起源課題組"的集體研究。他晚年帶頭進行的這項研究的碩果也很自然地體現在我們新《燕京學報》上。其最主要的是他和張光直合寫的《中國文明的形成及其在世界文明史上的地位》發表在《燕京學報》新六期上的長篇學術論文。

文章指出，"中國文明的形成是自身發展的，是土生土長的原生文明。"它又經歷了一百多萬年的舊石器時代到一萬多年前的新石器時代至夏商周三代，即完成從氏族社會到文明社會的轉變，其後中國歷史又經歷了秦始皇統一中國的大業，而這統一的大業是漢武帝最後完成的。這樣我們中國就實現了民族大融合，文化的大發展。但另一方面，這文章又着重指明，中國這自身發展的、土生土長的原生文明的經濟基礎是農業與農業有關的科學技術的發展，中國從氏族社會進入文明社會時，並未削弱氏族社會的血緣關係，却以血緣關係爲紐帶，與政治相結合，構成了西周的宗法分封制，實行血緣統治。這是商周以來中國宗教的主要形態，而且一直影響到後世。其顯著的表現就是秦始皇統一中國後，即改分封諸侯之制爲郡縣制，郡縣官吏均由朝廷直接委派。但朝廷的最高統治者，即皇帝仍然是世襲的，而這樣的仍未擺脫血緣關係的"家天下"，遂使中國成爲長達兩千多年的皇帝集權的專制大帝國。

文章又說，近一二十年來，根據大量的新發現的資料，我國學術界在這方面的研究又有新的進展，更認識到，中國古代文明社會的形成，即是說，有城市，有國家，有文字，有偉大藝術的新社會的產生，不是生產技術的革命所致，也不是貿易商業起飛的結果，而是逐漸通過政治秩序造成的財富極度集中所形成的。更具體地說，這種政治秩序的成分包括有宗法制所造成的政治等級、宗族與武力的結合，以戰爭武力爲掠奪征服的工具，獨佔巫師用以溝通天地的法器的藝術品等。

據此，文章又再進一步指出，由於中國古代從野蠻社會邁入文明社會的過程是經過采用政治手段，而不是經過技術革命和資源貿易發展程序，因此文明的產生在中國並沒有造成人與自然界的根本變化。"就意識形態來說，中國古代文明是文明產生以前同一個框架之內繼續發展下來的，其發展過程並沒有破壞原來意識形態的框架。"

何謂"意識形態"？這是西文 ideology 的意譯。用中文來簡述，就是一整套關於經濟、社會、政治、文化的教條、理論。有些海外華人學者則把此詞音譯爲"意底牢結"或"義諦牢結"。我們燕大已逝世的老學長、著名學者李慎之就說過，這樣的音譯倒能傳神達意。應該承認，中國長久盛行的皇權專制主義的思想就是一種強烈的"意識形態"。兩千多年以來，這種專制主義文化傳統真是牢牢地固結在那裏，不用極大的力量，不經過長期的衝擊，不經過內部自身的腐爛，確實是攻不破的。

評介新文化啓蒙運動

　　也因爲如此，我們衆多的"五四"新文化啓蒙運動中涌現出來的、勇於吸取西方先進文明因素的先哲就多對這長久盛行的專制主義、"意識形態"進行了猛烈的衝擊、批判。2006年秋，我們中國社會科學院前副院長、著名的歷史學家丁偉志在我們學報的新一期上發表了《中國文化的近世境遇》一文之後又把他的新作《對"倫理革命"的再認識》的論文給我，讓我看看是否能在新《燕京學報》上刊載。我拜讀後，十分贊賞，立刻送給第一副主編徐蘋芳同志。蘋芳看後也表示完全同意，並決定在即將出版的《燕京學報》新二十一期上登載。

　　丁偉志同志的《對"倫理革命"的再認識》一文首先指出，"五四"新文化啓蒙運動一興起，便緊緊扣住倫理這個題目，大發議論。新文化啓蒙運動的大旗手陳獨秀談到中國文化思想時即把倫理問題看作是重中之重的問題，認爲倫理覺悟是最後覺悟之覺悟，指出倫理問題不解決，其他學術文化問題都是枝葉問題，不好解決。丁偉志同志此文還指出，倫理問題是至關最緊要政治問題，梁啓超早在所著的《先秦政治思想史》中也將孔子的政治主張定性爲"倫理政治"，認定在倫理問題上沒有新的覺悟，政治革命也難成功。

　　偉志同志更明確指出，陳獨秀最反對的是儒家的"三綱"之說，認爲這是中國幾千年來的舊"倫理政治"之"大源"，必須加以根除。因爲這種仍強調血緣關係的"明尊卑，別貴賤"的"倫理政治"，也是一種應該唾棄的意識形態，專制主義的一大特徵。

　　我們也知道，"三綱"之說的重要來源是漢代儒學經典《白虎通》。這學說亦爲信奉儒學的文天祥所推崇。文天祥在其所著的《正氣歌》名篇中就說過："地維賴以立，天柱賴以尊，三綱實繫命，道義爲之根。"這也就是說這"三綱"之說，是不能動搖、違反的"天經地義"、"意識形態，也就是中國的皇權專制主義。也如李慎之所揭露的它把倫理、道德政治化，即是把中國的專制主義人情化了，它從家人父子的血緣親情出發，宣揚中國禮教所提倡的"忠孝"，說這應該是"邇之事父，遠之事君"，必須恪守不渝的"三綱"的倫理道德準則。儒家經典《禮記》的《儀禮》也諄諄告誡説:"君雖不仁,臣不可以不忠,父雖不慈,子不可以不孝,夫雖不賢,妻不可以不順。"而這"王道之三綱,可求之於天",是出於"天命",而"天不變,道亦不變,"這已構成爲人間的天羅地網,如不信從,則無從逃脱於天地之間。孟子甚至斥責不遵從"三綱"爲"無父無君,是禽獸",簡直不是人。

基於這些情況,丁偉志同志遂更鮮明地指出,陳獨秀等"五四"先賢更進一步認定,"三綱"之説,亟力主張"明尊卑,別貴賤"就是在實行一種階級制度,它維護專制主義的統治,使之成爲系統的"禮教"倫理學説,因而與現代的民主法治絶不相容,所以必須大力批判。

接着丁偉志同志就在他的這篇文章中評介了"五四"先賢對"三綱"等舊倫理道德的批判情況。比如四川名學者吴虞當時就在陳獨秀所辦的雜誌《新青年》上一再發表反對"孝道"的倫理革命言論。其文章指出,要想破除君主專制制度,關鍵就在於必須拆除它賴以支撐的"孝道"這根柱石。他説:"夫孝之義不立,則忠之説無所附。家庭之專制既解,君主之壓力亦散。如造穹窿,去其柱石,則主體墜地。"由此也可見,我國歷代的專制王朝總是竭力揚言應"以孝治天下",這絶非偶然的事。

也是在這個問題上徐蘋芳副主編和我很贊賞偉志同志在他的《對倫理革命的再認識》的文章中更發有精闢的新穎的創見。偉志同志指出:"君權神授"的託詞誆語,畢竟是人爲的强行設置;而父子關係,却是無從逃避的血緣。故而歷來怒斥"昏君"、"暴君"的錚錚之言,史不絶書,常常備受讚頌;可是從未見過把咒罵"昏父"、"暴父"的言論加以曝光(所謂"大義滅親",不過是特例),因此該文指出,這樣,把父子間的血緣關係異化成爲統治與被統治的尊卑從屬關係,再把"君王""君父化","移孝作忠",使君臣君民關係異化爲無法逃脱的不能改變的父子般的血緣關係,於是確立了對專制禮教的維護,使它具有立論的'充分合理性'。揭開這種垂兩千年統御人心的禮教倫理謎底,陳獨秀、吴虞功莫大焉。

亦如丁偉志同志在此文中所説,當年參加這個新文化啓蒙運動的先進人士還有錢玄同,高一涵等多人,而影響最大的還應該是魯迅。他在《新青年》上發表了很有名的《狂人日記》,揭露舊禮教是吃人的,戕害人性的,呐喊應

"救救孩子",大力鼓勵青年應從舊倫理、舊道德的摧殘人性的束縛中解脫出來。還有胡適與羅家倫合譯出了易卜生的有名話劇《玩偶家庭》,也藉此呼籲青年應走出舊家庭,爭取獲得個人的獨立、自由。另外,李大釗當時也是參加反對專制主義的新文化啓蒙運動的一位先驅。

行文至此,我還必須說明的是,在本世紀開端的這段時期,丁偉志同志為我們新《燕京學報》還寫有另三篇有關新文化啓蒙運動的論文,也得到蘋芳同志和我的重視,先後發表在在我們的新《學報》上。一篇題為《對"文學革命"的再認識》,載於《燕京學報》新二十期。該文的大意是説,胡適和陳獨秀在新文化啓蒙運動中努力提倡的"文學革命",概要説來,它包含了三個主要層次:就是關於"文學"語言的改革,關於"文學"體裁的改革,和關於"文學"內容的改革。同時這場改革還涉及文字標點、音讀、書寫形式等衆多方面。總之,舉凡有關書面的語言文字表述的問題,在這場"革命"中都被提了出來。今天大家都看得很清楚,由於進行了這場革命,白話文得到了普及,我國廣大民衆的文化、知識水平也因此得到了很大的提高,而我國的現代文化也因此有了很大的進展。偉志同志還撰有《論〈學衡〉》一文則發表在《燕京學報》新二十五期上。該文説《學衡》派的學者,如其主將吳宓等與文化守舊派迥不相同,他們也是留學歐美,通曉西學的學者。他們認為在"文學革命"中有些人把中國精深的古典文學都定性為"貴族的"、"陳舊的"而主張把它一概"推倒"是不妥的。偉志同志在這篇文章中指出,無論西方還是東方,社會高層次的高深的精英文化歷來是文明發展水平所達到的高度的一個主要標誌。它仍有不可磨滅的普世價值。《學衡》派充分給予肯定,正是他們對中國現代新文化建設做出的重要理論貢獻。再次,丁偉志同志還撰寫了《"科玄之爭"新解》一文,載於《燕京學報》新二十九期。此文是敍述1923年旅歐歸來的學者張君勱與亦為名學者的丁文江等的文化論戰。時值第一次世界大戰剛剛結束,歐洲知識界有些人把戰爭造成的災難歸罪於科學的發達,渲染"科學破產"。張君勱遂據此貶低否定科學的價值,説科學不能解決人生觀問題。偉志同志在此文中指出,對這次文化論戰,"五四"新文化運動的主將胡適、陳獨秀等的評價都不高,但論戰更使我們認識到,應當給予科學的功能以合理定位。科學雖不是萬能的,但我們決不能否定科學的價值,自然更加不能由此否定新文化運動推崇"科學與民主"爲綱領的意義。何況"五四"新文化運動所提倡的倫理革命也大有助於解決有關人生觀的問題。

一大質疑

中國社會科學院考古研究所在所寫的徐蘋芳的生平介紹中還告訴我們，徐蘋芳作爲一位著名考古學家，"一生都堅守考古學的學術規範，維護考古學這門學科的純潔性。"他"博學多識"，"光明磊落，耿直剛介"。對這些情操，我也多有切身的感受。我迄今還記得很清楚的一件事是，2004年春的一天，蘋芳同志見到我就問：看到近來報紙所大力宣傳的"夏商周斷代工程"已經取得成功的消息沒有？他說，這"工程"所持的根據是很不可靠的，自己對其結論是懷疑的、否定的。我說："你應該在我們新《學報》上寫文章表明自己的看法。"他說："我正在考慮。"過了些天，他又告訴我，美國科學院院士、芝加哥大學教授何炳棣和故宫博物院研究員、著名的古文字學家劉雨已合寫了《"夏商周斷代工程"基本思路質疑》的長篇論文，他準備將此文發表在我們新《燕京學報》上。他讓我看看這篇論文。這篇文章很鮮明地指出："根據某些古代文獻記錄的天象，用現代天文學知識，逆推'（周）武王克商年'的研究思路，有兩個難以解決的困難：一是文獻中所謂古代天象不一定可靠；二是對古代曆法的實際情況我們無法完全掌握；因此工程儘管在局部問題上取得不少成果，但從總體研究方向上却出現了重大的失誤，導致一批關鍵性結論的失敗，因而其擬定的《三代年表》整個框架不能成立。"我看了這篇文章後，即向蘋芳同志表示非常贊成他的打算，該文乃在《燕京學報》新十六期上刊登出來了。

時爲中國社會科學院院長，思想開明的李鐵映同志一向很注意聽取著名的老專家、學者的正確意見。他看了蘋芳的意見書和何炳棣等之文後遂與中國科學院的領導同志共同決定取消兩院原擬聯合舉行"斷代"工程取得"成功"的慶祝活動。

也由於我們新《學報》常有學術論文發表發人之未發的灼見，因此，北大和我們中國社會科學院的一些老知名學者都異口同聲地稱贊我們新《燕京學報》這樣堅持高質量地辦刊，在我國學術界日益滋長不正之風的情勢下，可以説是起了"中流砥柱"的很好的作用。我院和許多學術界年青的學人也因此把新《學報》看作是必須研讀、參考的讀物。

（2010年7月伏暑之日）

再談徐蘋芳與新《燕京學報》

丁磐石

　　古之學者必有師。師者，所以傳道授業解惑也。人非生而知之者，孰能無惑，惑而不從師，其為惑也，終不解矣。

　自從1995年徐蘋芳同志與我都參加編輯新《燕京學報》的工作以來，我與他遂多有往來，交談。他不止一次強調說，作為大學這樣的高等學府，應該重視"師承"問題。這也就是說，應當廣聘名師來校任教。清華大學前校長、著名教育家梅貽琦就說過："大學者，有大師之謂也。"這也如哲學大師馮友蘭在其自勉詩所說的，應當"智山慧海傳真火"，精心育人。這些名師都十分敬業，言傳身教，能將自己淵博的學識，高尚的品德情操傳授給自己的學生，"名師出高徒"，他們就為國家、人民培育出很多有大貢獻的棟樑之才。另一方面，過去許多學子，為了自己有大成就，也能好好聽取名師的教誨。這樣的"薪火傳承"的範例，古今中外都很多。

　2001年春，蘋芳同志很興奮地告訴我，他最近得到一篇很好的講話稿，這是我國大科學家吳大猷於逝世前不久在臺灣大學的講演，題目為《論中國的科學和教育》。由於與楊振寧在一起榮獲1957年諾貝爾物理學獎的李政道博士等有關學者的支持，他們都同意在即將出版的《燕京學報》新十期上發表這講稿。我讀了此講稿後，也很讚賞。這講話稿很快就與讀者見面了。

發表大科學家的講話

　該講話在付印時，蘋芳特在這講話稿的前面寫了一則較長的《編者按》。

它首先介紹説，講話人吳大猷是世界著名的大物理學家和教育家，廣東番禺人。1929 年畢業於南開大學物理系，1933 年獲美國密歇根（Michigan）大學哲學博士，1934 年回國，先後任北京大學、西南聯合大學物理學教授。1946 年春，受政府派遣赴美考察戰後科學狀況，先後任密歇根大學、哥倫比亞大學客座教授。1949 年秋，應加拿大國家研究院邀請，任該院理論物理組主任達 14 年之久（1949—1963）。其間，又曾分別短期任教於臺灣大學和臺灣新竹清華大學；又爲普林斯頓高等學術研究院研究員，瑞士洛桑（Lausanne）大學客座教授，1963 年到美國任紐約布魯克林理工學院物理系教授、紐約州立大學布法羅分校物理學與天文學系主任、教授。1956 年以後他還經常回臺灣講課，曾任"中研院"物理研究所所長。從 1967 年起，他每年寒暑假回臺灣，擔負策劃和推動科學發展的重任。1968 年起，任臺灣國科會主任。1984 年起任臺灣"中研院"院長。

這《編者按》又告訴我們，吳大猷專長於理論科學，在物理學原子物理、分子物理和量子力學問題上的研究及其學説和論著，"不僅得到國際同行的贊賞，許多結論還得到實驗的證實。"他所撰三本物理學專著也享譽國際物理學界，多次再版發行。

這《編者按》更着重指出，吳大猷培養了好幾代物理學人才。最早受教於他的有馬仕俊和有大功於我們原子彈的製造的曾留學於美國的郭永懷，還有半導體專家黃昆，他們後來都成爲世界知名的科學家。尤其是他的學生楊振寧與李政道後來榮獲諾貝爾物理學獎。從吳大猷的導師饒毓泰到吳大猷，再到楊振寧、李政道這三代人的師生關係，已成爲中國科學代有薪火傳承的值得大爲傳揚的學術佳話。吳大猷在加拿大國家研究院 14 年間，因受他的教誨而後來成爲國際知名的科學家還有多人。這真是桃李芬芳，垂範後世。

更值得稱道的是，這《編者按》還介紹説，吳大猷一生剛直不阿，坦誠待人。在他主持臺灣國科會期間，臺灣政界有些人欲造原子彈而徵詢他的意見時，他嚴厲地質問道，"造了原子彈，要往哪裏投？"他一生總念着北京，多次言及自己的"心身都是在那個地方成長的"。1992 年，他回到北京與周培源等舊友相聚，受到有關方面的隆重接待。

蘋芳同志在撰寫的《編者按》中還着重指出，最可貴的是吳大猷在這講話中詳述的物理學從西方先進文明國家輸入我國後的建立和發展情況，其中含有發人深省的歷史經驗教訓，我們應該好好吸取。

中國科學落後的原因

　　吳大猷在這講話中還説，我們中國雖有輝煌燦爛的古代文明，但是有一大缺點就是不像西方國家那樣注意傳承古希臘很重視對自然界的探索。"學而則仕"，中國歷代專制王朝的讀書人、"士"的"神聖""光榮"的職責就是輔佐帝王，幫助皇帝、君主治理國家。到了隋唐時代，中國實行科舉取士，也把讀書人的唸書範圍規定為"經史子集"，"集"也包括了"詩"這學科。古代中國歷來就不重視自然科學的研究及其發展，這影響存在有兩千年之久。吳大猷特向美國科學院士（著名的美籍華人）何炳棣教授就這有關問題請教，結果他與何教授有一共識是：古代中國沒有不注重發展自然界的研究，自然科學沒有得到發展，還有一大原因是講究"人本"，即只重視人與人之間的重大倫理關係的"人本主義"。為此，何炳棣先生特寫了一篇文章《華夏人本主義文化、淵源、特徵和意義》，登在香港中文大學《21世紀》雙月刊33、34期上，而吳大猷先生也寫了一篇題為《近數百年我國科學落後西方的原因》的論文，他送給何炳棣教授看後，得到何教授的贊同，發表在香港中文大學《21世紀》雙月刊的36期上。

　　鑒於這類原因，吳大猷在這講話中也指出，在中國建立物理學這類嶄新的學科真是起步維艱。1920年以前，留學歐美學物理學的人，而又回到中國的，是寥寥可數的。從1920年起，我們全中國，在以後十年內，到國外留學得博士學位的只有20人。他們有些人回國到大學講授物理學，却無中國教材。因為西方國家雖多有教材，但很缺好的翻譯好的中文本。這些學者向學生講授物理學也只能用英文講，因為外國通用的科學名詞，一時還難於準確地翻譯成為中文。所以吳大猷先生在這講話中說："講中國物理學的發展，説是在20世紀，而事實上集中起來說，就是抗戰前20至30年的時間。"

中國物理學研究的幾大中心

吳大猷在這講話中還介紹了上述時期中國物理學幾大物理學研究中心的情況，這首先是北京大學。

他說：北京大學是頭一個接受西方教育系統的大學，它由清末的"京師大學堂"於1912年民國政府成立後，改名爲北京大學。這所大學設有理科，理科有天文、地質、數學、化學、物理、動植物六個科。當時因爲教師和學生都很少而這些學科都没有分別成爲"系"。大家也知道。北京大學是"五四"新文化運動的發祥地，她在文、史、哲等人文科學方面是處於領先的泰斗地位，而在自然科學方面上世紀三十年代以後才開始得到發展，而物理學的發達則應歸功於吳大猷的業師饒毓泰。饒先生生於1891年，1922年留學美國普林斯頓大學，師事美國第一代著名的物理學家K. T. 康普頓，而康普頓則是美國從英國請來的物理學大師O. W. 理查森培養出來的。饒先生回國後先在天津南開大學執教，後又去德國作研究工作。1933年他回到了北京大學執教。從這時起直到抗戰前，饒先生擔任北大理學院院長。由於亦深有學術修養的蔣夢麟校長的有力支持，饒先生把北大理學院的物理系、數學系、化學系、生物系、地質系這五個系都換了新的系主任，聘請了好些很有造詣的新的教授，這樣，北大的理學院就面貌一新，培養出許多優異的科學人才。吳大猷先生說，1934年，他在密歇根大學得到博士回國，也是由於時爲北大理學院院長饒毓泰的敦請而到北大物理系執教的。很令人惋嘆的是饒先生竟於"文革"中因大受折磨而自縊身死。

吳大猷先生在這講話中介紹解放前另一個科學研究中心即是清華大學。其中貢獻大的首先是葉企孫先生。1923年，葉企孫先生在美國哈佛大學得了學位以後，回國後不久就到了北平清華大學任職。他直接從事物理學的研究並不多，而是把自己的大量精力用在發展清華自然科學的研究工作，尤其是物理學系的學科建設上。他在這方面培植下一代有極大的作用。經他聘請的物理學名教授有：於1926年在美國得博士學位的吳有訓。吳有訓先生留學美國時是美國科學家A. H. 康普頓的研究生。康普頓發現"康普頓科學效應"，吳有訓就參加過這項研究工作。葉企孫聘請的第二位科學家是薩本棟。薩先生在清華執教時編寫了頭一部現代的大學物理教科書，該書被我國許多大學採用長達二三十年（我在上世紀四十年中期上高中時，物理老師也將該書列爲我們應該看看的參考書）。葉先生還爲清華大學物理系聘請了周培源這位著名的科學家。周先生也曾留學美國，他長於"理論物理"的研究，是一位真正攻讀過愛因斯坦的"相對論"的人。我們新中國的科學界的重要領導人于光遠同志就曾親自對我談過，他在上世紀三十年代初入學清華大學物理系後，就曾師事名師周培源，深研"相對論"，而自己寫的畢業論文也是有關"相對論"的問題。而與他同系同級的摯友錢三強也曾是周培源教授的得意門生。錢三強大學畢業後，就留學法國，師事大科學家居理夫人的女兒女婿從事原子等科學研究。新中國誕生後，錢三強即成爲直接領導我國科學研究的很重要的著名科學家，我國在1964年獨立地製造出第一顆原子彈，這中間就有錢三強的大功勞。也由於葉企孫的巨大努力，清華大學在解放前聘請到物理系任教的還有趙忠堯、任之恭等曾留學歐美等科學家。

吳大猷在這講話中介紹的在物理學研究上也有一定影響的第三個物理學研究中心是他的母校天津南開大學，但講述較爲簡略。而他更多的是談在昆明的西南聯合大學。這所名校是抗戰開始後，由內遷到抗戰大後方的北京大學、清華大學和南開大學合併而成。因此，群賢雲集，人文薈萃，該校無論是在人文學科和社會科學或自然科學，包括工科在內，都有很多名聞中外的富有識學的教授在任教，於是師資得到空前的加強，所以無論在哪一個學科領域，它都培育出衆多很出色的才俊，他們對國家建設都有很大的貢獻，而上面所說的諾貝爾物理學獎的獲得者楊振寧、李政道和他們的兩代恩師饒毓泰、吳大猷則就是很突出的代表。

吳大猷在他的這一講話中所介紹的第四個研究中心即是我的母校燕京大學。燕大是美國教會在中國辦的一所大學。它規模不大，學生還不到一千人，但也造就出很多各種各樣的傑出人才。燕大物理系主持人是1926年從美國芝加哥大學畢業的博士、科學家謝玉銘。他畢業後回國不久，就去燕大物理系任教，成爲該系主持人之一（另還有一位外國教授也是主持人）。這個學校的物理系規模雖不大，但是也培養出好多科學人才，最著名的有張文裕和褚聖麟，還有張文裕先生的夫人、女物理學家王承書。張文裕畢業於燕大後，即去英國劍橋大學學核物理，回國後去昆明西南聯大任教。抗戰結束後，他又去美國作研究，所以後來他對原子彈的製作也大有貢獻。另外還有袁世凱之孫袁家騮。他和他的夫人吳健雄都是留學美國、有重大成就的科學家。袁家騮原來是研究電子學的，後來也開始作物理學的有關研究。

談到物理學的發展的時候，吳大猷先生強調的是第一是人的因素，因為科學的發展是要靠人，人才，但人的才能要能得到施展，能盡其才，還得有合適的環境。他舉出比喻說，比如蘋果，你總不能不斷地買外國的蘋果，而需要自己種出蘋果。這樣就需要自己能有種出蘋果的好環境。對於自己能培養科學、學術文化的人才來說，除需要一個物質環境外，還需要有一個傳統，即精神環境，良好的學術風氣。吳先生指出，美國就是這樣的國家。美國大學早年很發達的學科原先都側重於有實用性質的，如外交、政治、法律、工商企業管理等。後來他們認識到開展科學理論的重要性，便採用"走出去，請進來"的辦法，派了不少人去歐洲英、法、德等科學很發達的國家留學，學習各門科學理論，另一方面就是改善學習研究的環境，特別講求民主自由，因此它吸引了很多外國學術人才來美國工作，甚至長期在美定居。比如第二次世界大戰期間，愛因斯坦等許多猶太大科學家就去了美國，我們中國也有不少大科學家、大學者，也在第二次世界大戰後去了美國，從此滯留未歸，也是因為美國的物質和精神環境都好，可以使他們能在科學、學術文化的研究上能專心治學，得到長足的發展。據此，吳大猷在他的這篇講話中得到一重大論斷是，美國自然科學，特別是物理學因此得到很大很好的發展是第二次世界大戰以後的事。

還歷史的本來面目

吳大猷先生在他的這篇講話中談到當年我國物理學研究中心時，曾指出我們燕大也是其中之一。在此，對我們燕大我再作補敘。

大約在這新世紀初有兩本書關於燕大的書出版。《無奈的結局——司徒雷登》是原北大副校長後任教育部副部長的郝平先生撰寫的。他畢業於北京大學歷史系後，曾留學美國夏威夷大學獲碩士學位，其後又獲北大國際政治系博士學位。他從孫中山、蔡元培的研究中，逐漸對燕京大學，尤其是對司徒雷登個人產生了濃厚的興趣。於是他從北大圖書館、檔案館、司徒雷登的自述之作，中國老學者及外國的有關的著述很廣泛地搜集資料，對司徒雷登對中國教育事業，特別是創辦了燕京大學這中國第一流的高等學府，培養出大量的拔尖人才，作了很深刻的論述和評價。該書定稿後，我們新《燕京學報》的主編、中國科學院院士侯仁之特爲作序，給該書以高度評價並代表我燕大校友會深表謝忱。另一部書《司徒雷登與中國政局》，作者是我燕大加拿大校友會的會長林孟熹老校友。他也很有學識，解放前是燕大政治系的高才生，"文革"後移居加拿大，曾執教於加拿大紐克大學，他寫此書時很注意搜集第一手資料。他查閱了美國國會圖書館收藏的大量有關檔案資料，並一再訪問了當年曾爲司徒雷登的私人秘書的傅涇波。司徒雷登不再任駐華大使，因主張與新中國政府建立友好外交關係，乃受到美國杜魯門政府的冷遇、歧視。不許他再接受記者的訪問和與外界的接觸。司徒雷登早喪愛妻，又因十分廉潔，樂於助人，毫無儲蓄。他只有一子在美國當牧師，經濟收入不豐，無力供養其父。形單影支的司徒雷登回到美國時，傅涇波也舉家遷居美國馬里蘭州。不久，司徒雷登因憂憤而中風，從此臥床不起而全靠傅涇波家的奉養，直到十餘年後病殁。孟熹兄因爲與傅涇波老人來往密切，遂與傅老結成爲能傾心相待的忘年交，而得知傅老與司徒雷登朝夕相處的大量親身經歷，故其書更據有極爲珍貴的第一手資料，孟熹據此寫成的《司徒雷登與中國政局》一書在北京出版後，便受到我們各界有識之士的熱烈歡迎，好多報紙給予好評。

更應當指出的是，我們新《學報》的常務編委夏自强兄由於蘋芳的鼓勵、支持，對這兩本佳著寫了一篇很好的書評，題爲《還歷史以本來面目》，發表在2003年夏出版的《燕京學報》新十五期上。文章首先説司徒雷登親自爲燕大制定的校訓是"因真理得自由以服務"，就表明燕大的辦學宗旨是追求科學的真理，崇尚民主自由，以服務於國家人民。這就與"五四"新文化運動所高舉的民主與科學兩大旗幟如出一轍，也是要燕大有很寬鬆、很活躍的求學問、探索真理的很好的環境。

夏自强在這文章中還告訴我們，司徒雷登當年出長燕大，就再三强調燕大決不能像某些外國教會人士所盼望的那樣，是要訓練出大批中國神職人員，在中國傳揚基督教。他在制定的燕大校歌中更明確地說：「燕京、燕京，事業浩瀚，規模更恢宏。人才輩出，服務同群，爲國效盡忠。」即是要不斷造就能爲中國人民造福、爲中國盡忠的很出色的各種人才。

爲此，司徒雷登還決心要燕大首先實現"中國化"。這表現爲，按南京國民政府教育部規定大學校長必須由中國人擔任。於是司徒雷登的職務改爲校務長，而擔任校長之職的先是前清翰林、著名學者吳雷川，後爲留學美國獲得博士學位、著名的心理學家、語言學家、詩人陸志韋。燕大的掌握基金，校產管理的董事會這時也進行了改組，由21位中國人和13位外國人組成，中國成員占了三分之二，其中有胡適、顏惠慶、陶行知等知名人士。司徒雷登也重視中國師資，在燕大，中國教員由創辦時只占三分之一，而到1927年時已占到三分之二以上。對入學燕大的學生，司徒雷登從未要求必須信仰基督教，也不要求作"禮拜"。更重要的是他強調燕大學生必須"中國化"，即要學生必須學好中國文史課程，在規定的60個必修的學分中，必須有12個學分是中國文學，4個學分是中國歷史的課程。他這樣重視中國文化的學習，與他本人也很欣賞中國傳統文化大有關係。他本來就酷愛中國的書法、繪畫、戲曲和建築，也讀了不少中國的古書，如《論語》等。

夏自強在其書評中還指出，司徒雷登主持燕大，在強調學校教育在"中國化"的同時，也重視燕大的"國際化"。這就是說，到燕大執教的，既應有中國鴻儒大師，也應廣聘外國名師來校教學。這樣會有助中國學生的視野更爲開闊，思想知識水平更有提高。爲此，來燕大教學、講學的有美、英、法、德、日、瑞士等很多國家的名學者，比如來自英國劍橋大學的著名學者賴樸吾教授（Ralph Lapwood）則爲其一。他擔任過成都燕大理學院院長；也曾把燕大數學系、物理系的"尖子"學生，如後來成爲我國大科學家黃昆和後任中國科學院數學所所長關肇直院士等組成了一個六人課外研究組，帶領他們學習世界科學前沿科目，如代表當時物理學發展頂峰的相對論、量子力學等等。

從夏自強這篇書評中我們還可得知，燕大司徒雷登倡導"國際化"，還表現爲不僅與美、英、法、德、意等國進行留學生交換，燕大不斷有從英美等國來燕大留學的學生，而燕大畢業生出國留學人數經常名列國內各大學之首。並且燕大還與外國，尤其是與美國名校合作辦學。如燕大與美國密蘇里新聞學院合辦新聞系，與普林斯頓大學合辦社會系。特別是由於得到美國鋁業資本家赫爾的部分遺產基金的資助，燕大和美國哈佛大學聯合創辦了"哈佛燕京學社"，研究有關中國哲學、文學、歷史、考古、宗教、民族史、語言和藝術等悠久歷史的中國傳統文化，並出版了《燕京學報》；燕大研究生院的學生也多能到美國哈佛等大學深造，成爲學貫中西的博士，故其學術成果十分豐碩。我國的學術大師王國維曾正確指出："學不能分中西、新舊，只在於分優劣、是非，所以爲學必得中西兼容"，"異日發明光大我國之學術者，必在兼通世界學術之人，而不在一孔之陋儒。""居今日之世，講今日之學，未有西學不興，而中學能興者，亦未有中學不興，而西學能興者。"燕大在創辦以後，則很注重延聘畢業於燕大，在國外留學有成就的、學通中西的中國學者回母校任教。這些學者、名教授也如馮友蘭哲學名師在其自勉詩中所說的"願隨前薪作後薪"，也培養出許多學兼中西的後起之秀。

《群星燦爛》出版前後

也基於這些情況，我們新《燕京學報》在 1996 年復刊以後，侯仁之和周一良兩主編便決定這新《學報》要增設專欄大力介紹曾在我燕大執教的名師、在人文和社會科學方面有高度造詣的大學者、鴻儒的卓著學術業績，高尚的道德情操及其名著，與此同時也評介燕大培育出來的學術名家。徐蘋芳同志繼往開來，他始終帶領我們學報編委會成員爲編好這一大專欄而不懈努力。

2009 年春，爲紀念我燕大建校 90 週年，我燕大北京校友會特要求我們學報編委會將這一大專欄所登的文章結集成書出版，書名爲《群星燦爛》。蘋芳同志對校友會的這一決定也表示贊同、支持，特讓我和我們新《學報》的編委兼編輯部主任郭務本同志負專責編好此書。《群星燦爛》介紹了蕭公權、陸志韋、顧頡剛、錢穆、鄭振鐸、顧隨、趙蘿蕤、冰心、齊思和、翁獨健、吳世昌、聶崇岐、周一良、林庚、王世襄等三十二位學術大師、學術名家的學術貢獻，還對學術大師吳宓、鄧之誠及其他名學者的出色的學術著作了評介。該書於 2009 年 4 月出版後，即分贈給廣大的燕京校友，受到了熱烈的歡迎，而許多北京大學的師生看了此書後，也說他們很爲得益，希望能再出此書的續集。

三談徐蘋芳與新《燕京學報》

丁磐石

我出生於 1927 年，蘋芳同志則生於 1930 年，我比他大 3 歲。我於 1945 年春季考入已内遷到抗戰大後方成都的燕京大學，而蘋芳同志則是在新中國已經誕生，1950 年秋季才入學燕大的。我的出生、我的學歷都早於蘋芳同志。但是，"譬如積薪，後來居上"，他無論在學識上或品德上都遠遠高出於我。近十幾二十年來，我與蘋芳同志一起負責編輯我們的新《燕京學報》時，我又常常想起韓愈在其名篇《師説》中所講的一段話：

> 生乎吾前，其聞道也，固先乎吾，吾從而師之；生乎吾後，其聞道也，亦先乎吾，吾從而師之。吾師道也，夫庸知其年之先後生於吾乎。是故無貴無賤，無長無少，道之所存，師之所存也。

孔子也説過："三人行，必有我師焉。"見賢思齊，這確實是我們應該遵循的優良傳統道德規範。我與蘋芳同志同事，我"從而師之"，真是從他那裏學得很多的好思想品德。

認真踏實的編輯作風

蘋芳同志在主編輯新《燕京學報》中也有許多嚴肅認真的表現。第一，我們新《燕京學報》從復刊伊始，以侯仁之和周一良兩師為首的編委會就決定這《學報》仍須用繁體的漢字排印出版。這是因為我們新《燕京學報》也如老《燕京學報》那樣，在港、臺、東南亞及美國、日本都有不少的讀者，尤其多為華人及華裔，他們都習慣識繁體漢字，而對我新中國後來所通用的許多簡化的漢字却很陌生；我們大陸的許多年紀較大的讀者却還能認識原來的繁體漢字。對這決定，蘋芳是很擁護，並大力貫徹執行的。對我們新《學報》每篇文章是否能排印好繁體漢字，蘋芳看校樣時都要仔細作檢查，他很怕像有些年青的打字員那樣出笑話，如把"孔子云"這樣的字句，在打印成繁體字時本來不必更改，却錯打成爲"孔子雲"。

第二，爲了使外國學術界人士更易於瞭解我們新《燕京學報》的大致内容，我們新《學報》復刊後還決定對每期目錄都須有英文介紹；每篇文章都有英文的簡明提要。這項把中文譯爲英文的工作，先是由我們編委常委盧念高老校友主管其事，編委趙蘿蕤教授和張瑋英研究員予以協助。但趙蘿蕤編委却於1998年病逝；到2004年念高老校友也永遠離開了我們，張瑋英編委亦因年邁體弱多病，不能再幫助看譯稿，無人能把中文翻譯好英文，怎麽辦？這時蘋芳就説今後全由他親自抓這項工作。從此，他不怕煩瑣，每期都得從考古所、社科院其他研究所找長於中文譯英文的老學者幫助翻譯好我們新《學報》的每期目錄和每篇文章的提要。

第三，我們學報是學術刊物，所載的學術論文，都多有豐富翔實的資料而旁徵博引。但有的作者文章的引證難免有遺漏不準確之處，蘋芳同志不僅多次叮囑我們編委會成員在發稿時要注意查對引證，而且常在這方面以身作則。我們學報主要内容是研究有關中國傳統文化問題，這樣，我們學報的文章的引証就常帶有甲骨文、鐘鼎文、小篆、漢隸，帛書的等古文字，蘋芳同志對這些文稿的闡釋也細作審定，還有些來稿引語常雜有兄弟民族的古文字，如契丹文、西夏文等。遇到這種情況，蘋芳既要求我們校對員要仔細校對外，還不厭其煩地請我院有關老專家作最後的審定。

第四，蘋芳同志在這編學報的工作中，對文風問題也有嚴格的要求。大學者錢鍾書有一名聯："以抉文心窮道窾，期回末俗去陳言。"我國學通中西的語言學泰斗吕叔湘也寫有一好詩："文章寫就供人讀，何事經營八陣圖，洗盡鉛華呈本色，梳妝莫問入時無。"這都是在督促我們要學習寫好文章，重視文風問題。蘋芳同志曾多次對我長嘆現今學風、文風日益不正，我們學報收到有些投稿也往往是洋腔洋調，或奇奇怪怪的"新名詞"堆砌而缺少足够、可靠的資料，論證也很淺薄、多陳詞濫調，論斷遂多有謬誤，這樣文章在行文上則多是淺入深出，使人難懂，看不下去。蘋芳説："這類投稿者多是年紀較輕的學人，甚至是博士，博士生導師，但我仍棄置不用。"我説："我也常遇到這樣的情況。"在這個問題上，蘋芳同志與我的共同意見是：我們學報講求有高度的學術質量，所刊用的學術文章也應遵上述學術先賢的教導，力求有很優良的文風。具體地説就是，應有十分豐富、翔實可靠的資料，深刻而又很有邏輯性、顛撲不破、堅實的論証和能發人深省的新穎的創見。

不避勞累，勇挑重擔

我與蘋芳同志共事，更感受到他總是不避勞累，勇挑重擔。從前兩篇我寫的悼念他的文章中已可得知，他在退休以後，仍多兼職，工作還是很忙。我要同他談我們新《學報》的問題時，常常要在休息日，尤其是那兩天的晚上，才能找到他，平素白天他常常有事外出。我還記得，在上世紀 90 年代後期，他曾出國到西班牙參加有關考古的學術會議，更不止一次到臺灣大學講授有關中國考古學的問題；還去過香港和外省的大學講學。他在辭世前，一直任我國考古學會的理事長，他是我國考古學的一大權威，有些縣市有考古新發現，也要請他去作最後的鑒定。他的社會工作雖很繁多，但他還是在盡心盡力編好我們的新《學報》。

更使我銘感的是他對我的關心、照顧。2002 年 11 月，年已經過古稀的我突然大發冠心病，心絞痛不已。經過我老伴叫救護車，夜裏送到距我家最近的朝陽醫院進行了搶救，我的心絞痛才稍有緩解。後經醫院細作檢查，診斷出我的心血管已嚴重堵塞，已不能安支架而必須開胸作心臟搭橋手術。爲我開胸作手術雖然比較順利，但傷口却久不癒合而開始化膿；醫生懷疑我"排異"問題，即"搭橋"時在我胸腔骨之間嵌有起固定作用的鋼絲，而我却不適應，乃決定再作開胸手術，取出鋼絲。但作第二次手術後，我的傷口不但沒有癒合，且發展成爲"骨髓炎"，右胸骨很疼痛，常夜不能眠，還須護士給我打嗎啡針止痛，情況瀕危，我對我的老伴和從河南來醫院打工，護理我的李清梅説："看來我該留遺囑了。"我的老伴和小李都哭了。但主治醫生顧松説，他以前也遇見過這樣的病人，後來採用中西醫合治的辦法，竟治癒了。他建議我們也去找這方面高明的中醫。不幾天，我的小兒子從電腦網上發現北京昌平有治療骨髓炎的名醫。這中醫被請來面診我病後，就明確表示他能治好，就是一邊讓我服中醫湯藥，一邊也用中藥膏貼傷口，同時也用西藥。結果，我的右胸的骨髓炎消除不再腫痛，而三處傷口也不再化膿而逐漸癒合。到2003年8月末，我病愈出院回家了。出院時，該院心内外科主任和主治醫生顧大夫都來相送。他們都說："丁老，現在我們可以說了，與你同樣病重的幾個患者都走了，你却活了下來，就是因爲你能配合治療，想得開。"

"天下知交老更親。"我這次久病住院，來醫院慰問我的老同窗，老同事絡繹不絕。蘋芳同志不但到醫院看過我，而且在我住院期間，他獨挑重擔，把那兩期出版的《學報》編得更有出色之處。這也是對我的很好慰藉。

我這兩次作開胸手術，流血多，飯量亦大減，因此我的體重由原先的110多斤銳減至不到90斤。我骨瘦如柴，須繼續好好休養。但我仍要求他協助蘋芳看學報最後的清樣。哪知看了一兩期後，我又有疝氣問題須再住醫院動手術。2006年春我雙眼的白内障也日益嚴重，不能多看稿和校樣，又須作手術。在這種情況下，蘋芳就對我說："看來你還得好好休養；你不要多看來稿和清樣了。以後有爭議的稿件，我才請你看。"到2007年，爲慶祝我們社會科學院建院三十週年，我院"老專家協會"議定要編寫《學問人生》一書，介紹我院衆多的學術大師、著名學者的學術業績和高尚品德，以促進、糾正不斷滋長的不良學風。這次我院"老專家協會"特推選我院前副院長丁偉志、前秘書長郭永才和我爲主編。後該書分爲兩大册出版。審稿、改稿，任務繁重。蘋芳同志瞭解這些情況後，更要我把主要精力用在編好這部大書上。2009年初，爲紀念我燕大建校90週年，我燕大北京校友會也決定要出版《群星燦爛》一書，評介我燕大的名師，其中多有由燕大培養出來的文、史、哲和社會科學的傑出學者。蘋芳也要我和我們學報的常務編委兼編輯部主任郭務本同志用主要精力編好此書。這樣，我們學報的重擔更壓在蘋芳的身上了，而他仍毫無怨言。

虛懷若谷，尊重同事

蘋芳同志是學識淵博的著名學者，但他很謙遜。確如他的出身名門，也是北京大學的高才生的夫人徐保善同志所言：蘋芳談到自己的學術成就時始終是低調。他從不矜誇，炫耀自己。我還有一個深刻的印象是，2009年，我們在編輯《學問人生》這一大部頭書，既介紹了近百位的我院前身，即中國科學院哲學社會科學部老一輩學術大師、學術名家，也評介了四五十位我院的有突出學術成就的年紀較青的後起之秀。我們想介紹蘋芳，或由他自行撰文談談自己的治學體驗，他都婉言謝絕。《學問人生》這部書分兩大册，由高等教育出版社出版後，受到了好多讀者的歡迎，在高等學校該書銷售即達3萬多部。由於我院和"學部"還有不少學術大師、傑出的名學者，我們還未及時請人撰文作介紹，因此我們老專家協會於2009年又決定再編寫《學問人生》的續集作補充。這次，我又找蘋芳撰文。但後來他只交來了《夏鼐與中國現代考古學》一文和《中國現代考古學的引進及其傳統——紀念中國現代考古學的奠基者》，這是他在北京大學、哈佛燕京學社聯合召開的關於東方文明的演講稿。這都是在介紹叙述我國現代考古學的歷史和考古學大師夏鼐等在學術上的巨大貢獻。這兩稿都具有很高的學術質量，但蘋芳仍未有只字談自己。

下面我還要談的是，我們母校燕大有一大優良傳統是，"燕大一家"，師生關係素來親密融洽。許多教授雖已成爲學術大師、泰斗、名家，但他們對學生仍很尊重，從不直呼其名，而都是以"某先生"相稱。蘋芳也繼承了這一傳統，見到燕大校友，他也稱"某先生"。他與我談工作，談問題時，也總是稱我爲"丁先生"，而且用的也都是商量的口吻，如"這稿件你覺得能用嗎？"這事情是不是這樣辦？"

我們學報的最老的編委王鍾翰，是上世紀燕大歷史系的高才生。後來他既到哈佛大學留過學，又通曉滿文，更成爲多著作的清史專家。我1943年在成都上燕大一年級時，他就是我們中國通史課的教員。他講課認真仔細，要求我們精讀商務印書館所出版的著名大學教科書鄧之誠著的《中華兩千年史》和錢穆的《國史大綱》，遂使我對中國歷史有更深入的瞭解。蘋芳同志也是鍾翰師的學生。鍾翰師在解放後一直久任中央民族大學教授，他被延請爲我們新《燕京學報》的編委時更年已耄耋，但我們開編委會時，他從不缺席。蘋芳同志很敬重他，多次叮嚀我說："凡是有關中國歷史的稿件，我們一定要送給王鍾翰師審閱，聽取他的意見。"2007年底，鍾翰師年逾九旬而病逝。這以後，蘋芳對有的來稿是否可以利用缺少絕對把握時，他也要請我院有關老專家審定。

我們新《學報》的編委多爲有學術造詣的專家、學者，蘋芳同志對他們也很敬重，常常向他們請教。他們如撰寫有高度學術質量的論文，蘋芳同志必争取他們同意在我們學報上刊載。

我們新學報的編務也是很繁雜的。近十多年，這工作則請北大畢業生、原北大出版社副社長、後來退休的王春茂同志擔任。蘋芳同志也很敬重他，每期學報如何編目，如何查證，打印，校對，蘋芳同志都要同他仔細商定；而春茂同志也非常認真負責，從未出現過差錯。

還有江麗同志，原爲我們燕京研究院的重要職員，後任我們學報的編輯。她負責經管日常事務。每期學報已經截稿要送到北大出版社排印了，則由她負專責。學報出版了，給衆多作者寄送刊物和稿費，也靠她經管。我們要開編委會了，要把時間、地點、通知各編委，並把學報、審稿費、稿費分發給有關編委，也由她負責。她的工作也很耐心細緻，從來未出現過疏忽。

如此種種，都可說明，我們學報編輯部在候仁之、周一良兩主編和蘋芳副主編的先後領導下，很快就形成爲一個和衷共濟，互敬互助的好集體，這也是優良的"燕京精神"的又一個體現。

也由於我們能編好學報，美國"哈佛燕京學社"的前社長杜維明和繼任者均多次來燕園面談，檢查我們的工作後都很滿意而一直按時滙款資助我們學報。

鞠躬盡瘁，死而後已

我在《徐蘋芳與新〈燕京學報〉》的第一篇悼蘋芳之文已經說過，我們新《燕京學報》與老《學報》一樣，仍是半年刊，每年出兩期。因此，我們編委會也是在氣候温和的春秋時節召開，地點都是在海淀燕園。前幾年，蘋芳同志每次回燕園，主持我們學報編委會，總是神采奕奕，舉止從容，我們都爲他尚未見衰老，在學術界兼職雖多，而仍能挑好主編我們學報的重擔而感到高興。

我和蘋芳同志的家相距只有五六里。他家住北京東四九條胡同，我則住在東城外的團結湖小區,在我 2002 年冬患冠心病住醫院,兩次大動手術以前,我們多是騎自行車來往,面商工作,但以後都因年邁體衰,則改爲用電話交談。而從去年起,我在電話中同他商量召開我們學報的具體時日時,他却多猶豫,但我却未想到他已患病了。

今年 4 月 22 日,召開我們學報編委會了。我見到好幾個月沒有見面的蘋芳同志,我和其他到會的編委,都很驚訝他竟大變樣了。他身體消瘦,彎腰曲背,面容憔悴,神情疲憊。大家都問他是否病了,他的回答却支支吾吾,避而不談。會後,蘋芳又邀我和陪護我來開會的老伴同乘考古所來接他進城回家的小臥車。同以前幾次一樣,他總讓車先把我和我的老伴送到我家樓前,他才再乘車進城回家。我和我的老伴都未想到,此次告別,我們和他竟成永訣,我們不能再見到他了。

今年 5 月 22 日,蘋芳同志病逝的噩耗傳來了。我很悲痛。我後來才得知他在去年就得了鼻癌,作手術後,身體變得日益虛弱,但他還堅持工作。在 4 月 22 日,我們開編委會後不久,他即生病發燒,住進了醫院,不久就因心力衰竭而與世長辭。蘋芳同志病危,他的老伴徐保善擔心年衰體弱的我經受不住,而沒有告訴我,只用電話告知了我們學報的編委郭務本、夏自強同志,他們與我們燕大北京校友會的蔣彦振同志都立即去醫院看望蘋芳,但蘋芳已昏迷不醒。

郭務本同志又告訴我說,蘋芳剛住進醫院時,還打電話問學報第三十期的稿件排印出來沒有,他還要看看這期的校樣。聽到這樣的情況,我和郭務本好幾位編委都更不禁下淚,哀嘆蘋芳同志年甫過八旬,就過早病故,真是過於勞累而死。確可謂爲鞠躬盡瘁,死而後已。

我們燕大培養出蘋芳同志這樣的好學生、著名的考古學家,富有學識而又十分儒雅、正直的學者,這又是我們"燕京人"的一大驕傲,他的高大形象將永遠活在我們燕京人的心中,他將垂範後世!

蘋芳同志,您好好安息吧!

(2010 年 9 月 16 日稿)

敬告作者、讀者

　　《燕京學報》歷史悠久光榮，它在上世紀二十年代創刊後，即與《北京大學學報》、《清華大學學報》、台北的《歷史語言學集刊》同被譽爲我國四大國學刊物而蜚聲海內外。1952 年院系調整，燕大併入北大，這出版已有四十期的著名學報從而停刊。

　　1995 年，在改革開放的新形勢下，由於國內外廣大燕大校友的强烈呼籲，積極努力，這學報乃得復刊。仍爲半年刊，每期出版都加有新×期字樣。任這新《燕京學報》主編的是侯仁之院士和名教授周一良兩位老學長，後又增選著名考古學家徐蘋芳和資深的高級編輯丁磐石這兩校友爲副主編。編委亦多爲畢業於燕大的海內外的著名學者、高級編輯和很有影響的社會名流。這新《燕京學報》的辦刊經費由熱心支持的美國"哈佛燕京學社"提供。

　　新《燕京學報》很注重繼承發揚老《燕京學報》的優良光榮傳統，刊登海內外學者在諸學術領域探索中國傳統文化、具有高度學術價值的論著。遂多得好評，衆多名學者紛紛踴躍投稿，他們還異口同聲地讚揚説："新《燕京學報》辦刊這樣堅持有高度的學術質量，可説是起了中流砥柱的積極作用。"

　　但是"歲月催人老"，到二十一新世紀，主編侯仁之院士年已年逾百歲，實難工作；同爲主編的周一良老學長則於 2001 年 10 月仙逝，享年 88 歲。還有許多熱心老編委和大批燕京老學者也陸續駕歸道山，我們很懷念周一良主編和林耀華、林庚、王鍾翰、趙蘿蕤、張芝聯、盧念高、林孟熹、謝國振、林燾、趙靖諸已辭世的編委。最近我們新《燕京學報》的一大柱石、近十多年來實際主持《燕京學報》編輯工作的徐蘋芳校友又猝然撒手人寰。在痛悼這位學術業績卓著的學者之際都深感我們這些僅存的、爲數寥寥、亦都年逾八十、體衰多病的編委已無法繼續挑起辦好具有高度學術質量新《燕京學報》

這一重擔。現在《燕京學報》新三十期即將問世，我們編委會商量再三，決定《燕京學報》就此停刊，不再編輯出版。此決定已得到主辦單位燕京研究院的同意，現特刊佈此通告。在此，我們要向給我刊惠稿的海內外的衆多學者深表謝意，向熱情支持《燕京學報》的廣大讀者表示感謝，我們更衷心感謝美國哈佛燕京學社對《燕京學報》的大力支持、資助。

新《燕京學報》編委會敬啓

2010 年 7 月

《燕京學報》新一期至新三十期總目錄

《燕京學報》新一期

新《燕京學報》發刊辭 ………………………………………… 侯仁之（1）
曹雪芹《紅樓夢》之文化位置
　　——紀念曹雪芹誕生270週年、逝世230週年、
　　《甲戌本·石頭記》成書240週年 …………………………… 周汝昌（5）
中國文化的近世境遇 …………………………………………… 丁偉志（39）
易傳的生生學說 ………………………………………………… 張岱年（57）
論從元大都到明北京的演變和發展
　　——兼析有關記載的失實 ………………………… 王劍英　王　紅（61）
李光地生平研究的幾個問題 …………………………………… 王鍾翰（111）
中國古代的"經濟學"和"富國學" …………………………… 趙　靖（129）
清代前期民商木竹的採伐和運輸 ……………………………… 經君健（145）
對十八世紀初葉西藏幾個歷史文件的考釋 …………………… 王輔仁（191）
近代清政府治邊政策的幾個問題 ……………………………… 徐緒典（207）
《清代匠作則例彙編》芻議 …………………………………… 王世襄（227）
西周銅器斷代 …………………………………………………… 陳夢家（235）
考古學上所見中國境內的絲綢之路 …………………………… 徐蘋芳（291）
雲南彝族幕連土司史蹟補正 …………………………………… 張傳璽（345）
機遇與挑戰
　　——面向21世紀的中國民族學 …………………………… 林耀華（395）
日母音值考 ……………………………………………………… 林　燾（403）
百代詞曲之祖
　　——李白詞《菩薩蠻》、《憶秦娥》 …………………… 楊敏如（421）
《紅樓夢》與三生石 …………………………………………… 林　庚（427）
蕭公權先生學術次第 …………………………………………… 汪榮祖（431）

梅維恒《唐代變文》中譯本序	周一良（455）
《宋詩臆説》淺評	吳小如（459）
《燕京學報》前四十期述評	史復洋（465）

《燕京學報》新二期

《説〈老〉之道》	
——老子思想之分析與批評	嚴　羣（1）
《尚書文字合編》前言	顧廷龍（79）
讀杜預《春秋經傳集解序》"五情"説小識	單周堯（91）
危素與《宋史》的纂修	孔繁敏（105）
甲午戰前三十年間晚清政局概觀	石　泉（119）
達盨蓋銘	
——1983～1986年灃西發掘材料之三	張長壽（163）
雲夢秦墓出土《法律答問》簡策考述	陳公柔（171）
從"三曹"到雪芹	
——中國"氏族文采"説之初議	周汝昌（213）
論《金瓶梅詞話》的敍述結構	梅挺秀（245）
詩人張南山（維屏）之生平、著述及其文學創作	陳禮頌（261）
清代後期世情小説之人文藴涵與美學風貌	林　薇（281）
《素問》七篇大論的文獻學研究	李學勤（295）
《行歷抄》校注	李鼎霞　白化文（305）
容庚先生的生平和學術成就	馬國權（387）
《洪業傳》讀後題記	侯仁之（411）
喬治忠著《清朝官方史學研究》評介	王鍾翰（427）
評近人著李商隱傳記五種	袁良駿（435）
讀尾崎康《以正史爲中心的宋元版本研究》	劉衛林（453）

《燕京學報》新三期

中國古代王的興起與城邦的形成	張光直（1）
中國古代"脇生"的傳説	饒宗頤（15）
評"禪讓傳説起於墨家"説	阮芝生（29）
西周金文中的"周禮"	劉　雨（55）

雲夢秦墓出土《封診式》簡冊研究 ………………………………… 陳公柔（113）
說隋末的驍果
　　——兼論我國中古兵制的變革 ………………………………… 黃永年（153）
史可法揚州督師期間的幕府人物（上） …………………………… 何齡修（171）
明清時期山東商業城鎮的發展 ……………………………………… 許　檀（209）
樓蘭鄯善王朝最後的所在地 ………………………………………… 林梅村（257）
江左文學傳統在初盛唐的沿革 ……………………………………… 葛曉音（273）
從清代檔案看乾隆朝查飭戲曲曲本事 ……………………………… 丁汝芹（293）
《孽海花》的三重意蘊及其藝術審美情趣 ………………………… 林　薇（307）
記半通主人藏半部《史通》 ………………………………………… 王鍾翰（321）
陸志韋先生對中國語言學的貢獻 …………………………………… 林　燾（327）
《中國民族史》淺評 ………………………………………………… 李德龍（347）
《東北史探討》讀後 ………………………………………………… 李光霽（359）
中西文化交流史研究的力作
　　——讀《中西體用之間》 ……………………………………… 丁磐石（367）
《古代荊楚地理新探》讀後 ……………………… 劉家和　魯西奇（381）
吳宓和他的《文學與人生》 ………………………………………… 王岷源（391）

《燕京學報》新四期

叔尸鐘鎛考 …………………………………………………………… 陳夢家（ 1 ）
哈剌和林考 …………………………………………………………… 陸峻嶺（ 25 ）
"暹國王敢木丁人覲元君"的辨偽 …………………………………… 陳禮頌（ 45 ）
史可法揚州督師期間的幕府人物（下） …………………………… 何齡修（ 61 ）
中國商品在印度洋上
　　——據十六世紀歐洲人的記述 ………………………………… 何高濟（103）
清初瓷器加工和其他工藝的相互關係 ……………………………… 沈從文（127）
英國圖書館藏《諭示抄存》的年代和價值 ………………………… 王慶成（143）
夏炘與《夏仲子集》 ………………………………………………… 龔書鐸（161）
從《文選》和《玉臺新詠》看蕭統和蕭綱的文學思想 …………… 曹道衡（173）
對傳統詞學中之困惑的理論反思 …………………………………… 葉嘉瑩（193）
清宮演戲史事 ………………………………………………………… 丁汝芹（209）
禪宗"自性清靜"說之意趣 …………………………………………… 樓宇烈（233）

相反與相因
　　——方以智《東西均·反因篇》註釋 ································· 龐　樸（261）
鄧嗣禹先生學述 ··· 王伊同（271）
評介《尚書文字合編》 ·· 陳公柔（279）
讀《唐人筆記小説考索》 ··· 程毅中（307）
縱貫橫通論晚清
　　——石泉《甲午戰前三十年間晚清政局概觀》書後 ············ 唐振常（315）
黄金十年與新政革命
　　——評介《中國，1898～1912：新政革命與日本》 ············ 桑　兵（321）
近年來中國考古學的重要發現及其研究 ······························· 許　宏（335）

《燕京學報》新五期

秦漢封建與郡縣由消長到統合過程中的血緣情結 ·················· 管東貴（1）
秦末漢初的王國及其王者 ·· 李開源（31）
《且渠安周碑》與高昌大涼政權 ··· 榮新江（65）
《梁書·西北諸戎傳》與《梁職貢圖》 ···································· 餘太山（93）
元代科差制度研究 ··· 陳高華（125）
元史同名異譯考辨 ··· 陸峻嶺（153）
宋元小説家話本考辨 ·· 程毅中（169）
關於古樂譜解讀的若干問題 ··················· 葛曉音　户倉英美（189）
《吕氏春秋》天人關係觀淺析 ·· 劉元彦（209）
燕園名師顧隨先生 ··· 周汝昌（231）
評馮友蘭《中國哲學史新編》 ·· 牟鍾鑒（241）
劉咸炘及其《推十書》 ··· 丁磐石（253）
讀書短評三篇 ··· 吴小如（269）

《燕京學報》新六期

中國文明的形成及其在世界文明史上的地位 ············ 徐蘋芳　張光直（1）
魏晉南北朝時期的護軍制 ·· 周偉洲（19）
《北史·恩倖傳》記齊宦者倉頭胡人樂工事雜説 ······················· 黄永年（37）
明代道制考論 ··· 何朝暉（51）
明後期蒙古察哈爾部的南遷及其分佈 ··································· 達力扎布（83）

漢文"西藏"一詞的來歷簡説 ……………………………………… 陳慶英（129）
關於中國資本主義產生問題的兩則筆記 …………………………… 汪敬虞（141）
關於安陽小南海石窟的幾個問題 ……………………………………… 李裕群（161）
徐邈反切系統裏的重紐字 ……………………………………………… 蔣希文（183）
歲陰歲陽名義考 …………………………………………… 聶鴻音 黃振華（189）
《三俠五義》版本源流考略 …………………………………………… 林　薇（201）
"本天"與"本心"
　　——儒釋在哲學本體論上的區別及陸王心本論的特點 ……… 李存山（221）
在史學思想上獨闢蹊徑的齊思和先生 ………………………………… 蕭良瓊（243）
《中國考古學與歷史學之整合研究》評介 …………………………… 高廣仁（257）
1996～1998年中國考古學新發現述要 ………………………………… 許　宏（277）

《燕京學報》新七期

論歷史闡釋之循環 ……………………………………………………… 汪榮祖（1）
中國傳統人口思想探微 ………………………………………………… 趙　靖（13）
鄭韓故城溯源 …………………………………………………………… 史念海（33）
馬王堆《陰陽五行》之天一圖
　　——漢初天一家遺説考 ……………………………………… 饒宗頤（65）
唐代俗人的塔葬 ………………………………………………………… 劉淑芬（79）
洪承疇長沙幕府與西南戰局（上）…………………………………… 楊海英（107）
郢燕書説
　　——郭店楚簡及中山三器心旁文字試説 …………………… 龐　樸（145）
武則天與初唐文學 ……………………………………………………… 傅璇琮（155）
記南開大學圖書館藏《迦陵詞》手稿 ………………………………… 葉嘉瑩（175）
趙蘿蕤先生的學術成就 ………………………………………………… 梅紹武（189）
鈍翁孫楷第先生學述 …………………………………………………… 周紹昌（203）
《學人游幕的興盛與清代學術的發達》序 …………………………… 周一良（209）
《職方外紀校釋》補釋 ………………………………………………… 何高濟（217）
為中國文學史"寫心"
　　——讀林庚先生著《中國文學簡史》（新版）……………… 張　鳴（229）

《燕京學報》新八期

祝融族諸國的興亡
——周公東征史事考證四之六 ……………………………… 顧頡剛（1）
秦漢帝國的民間社區和民間組織 …………………………… 林甘泉（59）
契丹舍利橫帳考釋 …………………………………………… 陳　述（87）
明代嘉靖年間的增城沙堤鄉約 ……………………………… 朱鴻林（107）
洪承疇長沙幕府與西南戰局（下） ………………………… 楊海英（161）
陳夢雷與《古今圖書集成》及助編者 ……………………… 王鍾翰（187）
清代學政官制之變化 ………………………………………… 王慶成（203）
武威天梯山早期石窟參觀記 ………………………………… 宿　白（215）
李義山《錦瑟》詩試解 ……………………………………… 楊憲益（227）
康乾年間的万壽慶典與三慶徽班進京 ……………………… 丁汝芹（231）
近代小說變革的徵兆 ………………………………………… 林　薇（245）
高名凱先生和他的語言理論研究 …………………………… 徐通鏘（275）
《莫高窟行》評介 …………………………………………… 顏娟英（299）
《元刊雜劇三十種新校》題記 ……………………………… 吳小如（305）

《燕京學報》新九期

司馬談、遷與老子年代 ……………………………………… 何炳棣（1）
三王與文辭
——《史記・三王世家》析論 ……………………………… 呂世浩（21）
居延出土漢律散簡釋義 ……………………………………… 陳公柔（65）
試論我國古代吏胥制度的發展階段及其形成的原因 ……… 祝總斌（87）
明清之際望遠鏡在中國的傳播及製造 ……………………… 戴念祖（123）
清冊琉球使齊鯤與費錫章有關琉球著作考 ………………… 徐玉虎（151）
王國維與哲學 ………………………………………………… 葉秀山（175）
陸雲《與兄平原書》臆次補說 ……………………………… 朱曉海（193）
納西族哥巴文字源流考 ……………………………………… 黃振華（237）
關於中國古代人種和族屬的考古學研究 …………………… 潘其風（277）
燕園女文學大師冰心 ………………………………………… 卓　如（295）
許政揚與《許政揚文存》 …………………………………… 周紹昌（307）
讀全唐五代小說札記 ………………………………………… 程毅中（321）

《燕京學報》新十期

論中國的科學和教育	吳大猷	(1)
龜茲研究三題	季羨林	(57)
考古學上所見西周王朝對海岱地區的經略	邵望平	(71)
公元三至六世紀的南海諸國及其與中國南方諸政權之關係	周偉洲	(109)
遼朝亡國之後的契丹移民	劉浦江	(135)
元至正前期進士輯錄	蕭啓慶	(173)
乾隆八旗旗務總抄規例校注	王鍾翰	(211)
未名湖溯源	侯仁之	(227)
唐德宗朝翰林學士考論	傅璇琮 施純德	(243)
楊家將故事溯源	程毅中	(257)
歐洲圖書館藏漢文《文選》的兩種滿譯本	嵇穆 江橋	(269)
吳世昌教授的學術貢獻	吳令華 田耕	(297)
評孫玉蓉編著《俞平伯年譜》	吳小如	(327)

《燕京學報》新十一期

中國古代玉器和傳統文化	費孝通	(1)
論儒家與中國玉文化	盧兆蔭	(11)
漢代祿秩之從屬於職位補論	閻步克	(21)
秦檜獨相期間"柔佞易制"的執政群 ——兼論時勢造小丑，小丑造時勢的歷史哲學	王曾瑜	(43)
清初巡按御史	王慶成	(91)
葉適的易學與天人觀	李存山	(141)
《辯學遺牘》札記	郭熹微	(157)
寶卷的形成及其演唱形態	車錫倫	(185)
最近二十年來的契丹文字研究概況	劉鳳翥	(205)
鄭振鐸和他的文學成就	鄭爾康	(247)
《嘉定錢大昕全集》元史著述部分點校勘誤	陳得芝	(265)
《楊家將故事》溯源補正	程毅中	(283)

《燕京學報》新十二期

釋、道並行與老子神化成爲教主的年代	饒宗頤	(1)

平準與世變
　　——《史記·平準書》析論 ………………………………… 呂世浩（7）
宋代官場禮品饋贈制度初探 ………………………………………… 朱瑞熙（61）
金朝路制再探討兼論其在元朝的演變 ……………………………… 張　帆（99）
從修史諸儒看《元史》之撰修 ……………………………………… 劉元珠（123）
清代北京旗人與香會
　　——根據碑刻史料的考察 ………………………………… 劉小萌（139）
《度世靈苗真經》考辨 ……………………………………………… 喻松青（177）
讀《哀江南賦》三問 ………………………………………………… 朱曉海（191）
考古發現與任脈學說的再認識 ……………………………………… 李建民（251）
顧頡剛先生對中國歷史地理學的貢獻 ……………………………… 顧　潮（271）
《東華錄》點校本中的點校問題 …………………………………… 王慶成（283）

《燕京學報》新十三期

關於中國古代"三分法"的研討
　　——四聖二諦與三分 ……………………………………… 龐　樸（1）
從古代天下觀看秦漢長城的象徵意義 ……………………………… 邢義田（15）
文獻所見代北東部若干拓跋史迹的探討 …………………………… 田餘慶（65）
魏晉南朝軍號散階化的若干問題 …………………………………… 陳奕玲（81）
再論複書與別紙 ……………………………………………………… 吳麗娛（107）
宋本《切韻指掌圖》檢例與《四聲等子》 ………………………… 黃耀堃（125）
試論北朝河朔地區的學術和文藝 …………………………………… 曹道衡（159）
儒生思想　書生本質　史家學術
　　——周一良教授的學術生涯 ……………………………… 趙和平（179）
周一良先生周年祭 …………………………………………………… 田餘慶（205）
鄧之誠"詩證史"的理論與實踐
　　——《清詩紀事初編》書後 ……………………………… 卞孝萱（211）

《燕京學報》新十四期

從秦皇到漢武歷史急劇震盪的深層含義
　　——論中國皇帝制的生態 ………………………………… 管東貴（1）
唐代的陪門財 ………………………………………………………… 張彬村（19）

宋代牙人與商業糾紛	梁庚堯（41）
遼"蕭興言墓誌"和"永寧郡公主墓誌"考釋	劉鳳翥 唐彩蘭（71）
中國北方長城地帶遊牧文化帶的形成過程	林 澐（95）
東周時期中國北方文化帶形成初探	楊建華（147）
月陰月陽名義考	聶鴻音 黃振華（193）
至當爲歸的聶崇岐先生	夏自強（203）
《湯顯祖全集》箋校補正	吳書蔭（219）
二十世紀中國經濟思想史研究的鴻篇巨製	
——評《中國經濟思想通史》修訂本	葉 坦（239）

《燕京學報》新十五期

張家山漢簡《二年律令》讀記	邢義田（1）
唐代婚儀的再檢討	吳麗娛（47）
說唐玄宗防微杜漸的兩項新措施	黃永年（69）
大功德主苻重修安陽修定寺塔事輯	宿 白（81）
元代全真道士的史觀與宗教認同	
——以《玄鳳慶會圖》為例	康 豹（95）
元至正中後期進士輯錄	蕭啓慶（109）
潘岳論	朱曉海（141）
《新刻金瓶梅詞話》後出考	梅挺秀（197）
日本奈良法隆寺參觀記	宿 白（227）
讀《增訂文心雕龍校注》	曹道衡（241）
還歷史以本來面目	
——讀《無奈的結局——司徒雷登與中國》	
與《司徒雷登與中國政局》兩書後	夏自強（249）

《燕京學報》新十六期

西羌在華夏民族形成過程中的地位	管東貴（1）
"夏商周斷代工程"基本思路質疑	
——古本《竹書紀年》史料價值的再認識	何炳棣 劉 雨（21）
《尚書·酒誥》今釋	
——兼論周初禁酒之政治意義	陳公柔（59）

唐大明宮內侍省及內使諸司的位置與宦官專權	王　静	(89)
"客至則設茶，欲去則設湯"		
——唐、宋時期社會生活中的茶與湯藥	劉淑芬	(117)
《明儒學案·白沙學案》的文本問題	朱鴻林	(157)
"史書"考	徐　剛	(191)
克孜爾谷西的石窟寺院	魏正中	(197)
玄言詩初探	顧　農	(215)
唐翰林學士記事辨誤	傅璇琮	(247)
王世襄先生的學術貢獻	傅熹年	(261)

《燕京學報》新十七期

試論淮系史前文化及裴李崗文化的主源性	高廣仁　邵望平	(1)
唐宋驛傳制度變跡探略	曹家齊	(37)
契丹大字耶律昌允墓誌銘之研究	劉鳳翥　王雲龍	(61)
評清世祖遺詔（上）	姚念慈	(101)
乾隆時期滿文阿禮嘎禮字研究		
——從《同文韻鏡》、《大藏全咒》到滿文《大藏經》	羅文華	(157)
隱士嵇康的信仰悲劇	顧　農	(183)
暹國坤藍摩堪亨大帝之文治武功	陳禮頌	(201)
評《劍橋中國史》		
評《劍橋秦漢史》	彭　衛	(211)
評《劍橋隋唐史》	孟彥弘	(223)
西方蒙元史研究的新收穫		
——評《劍橋中國遼西夏金元史》	黨寶海	(235)
彼時彼地與此時此地		
——評《劍橋中國史》第7~8卷（明史）	趙世瑜	(249)
"觀其所藏，知其所養"		
——談《田家英與小莽蒼蒼齋》	丁磐石	(263)

《燕京學報》新十八期

《尚書·金縢篇》考述	陳公柔	(1)
宋代家庭文化教育的發展與官神家族婦女	鄭必俊	(29)

記南明刻本《西曹秋思》
　　——并發黃道周彈劾楊嗣昌事件之覆 ……………………… 辛德勇（69）
清代庶吉士制度考述 ……………………………………………… 邸永君（111）
評清世祖遺詔（下）………………………………………………… 姚念慈（141）
貞觀詩歌聲年考 …………………………………………………… 彭慶生（199）
21世紀初中國考古學的新發現及其學術意義 …………………… 許　宏（245）

《燕京學報》新十九期

禮制在黃、淮流域文明形成中的作用
　　——兼論文明形成的機制 ………………………………… 邵望平（1）
新制入禮：《大唐開元禮》的最後修訂 …………………………… 吳麗娛（45）
唐、宋寺院中的茶與湯藥 ………………………………………… 劉淑芬（67）
鄭和下西洋於諸蕃國勒石立碑新考 ……………………………… 徐玉虎（99）
鄭和下西洋600年祭 ……………………………………………… 張俊彥（135）
唐《教坊記》之歌舞戲疏証 ……………………………………… 劉曉明（175）
20世紀中國古代玉器考古研究的發展與成果 …………………… 鄧淑蘋（203）
栖霞山千佛岩區南朝石窟的分期研究 …………………………… 林　蔚（275）
創新與求實
　　——石泉先生的學術貢獻和治學方法 ……………………… 魯西奇（309）

《燕京學報》新二十期

對"文學革命"的再認識 …………………………………………… 丁偉志（1）
元延祐進士再探 …………………………………………………… 沈仁國（25）
明清婦女著作中的責任意識與"不朽"觀 ………………………… 李國彤（55）
明代"安樂州住坐三萬衛帶俸達官"考 …………………………… 奇文瑛（79）
試論漢代小學對漢賦的影響 ……………………………………… 徐　剛（97）
阮籍《詠懷》詩謎解 ……………………………………………… 朱曉海（109）
《海上花列傳》——人的文學之豐碑 …………………………… 林　薇（187）
《六祖壇經》自説悟法傳衣部分讀記 …………………………… 梅挺秀（211）
玄應《衆經音義》引《方言》考 ………………………………… 徐時儀（233）
契丹小字《耶律慈特·兀裏本墓誌銘》
　　考釋 ………………………… 劉鳳翥　叢艷雙　于志新　娜仁高娃（255）

元易州龍興觀懿旨碑譯釋 ································· 蔡美彪（279）
老而彌堅　銳意求索
　　——懷念費孝通老學長 ······················· 夏自强（297）
《燕京學報》新一期至新二十期目錄 ····················（307）

《燕京學報》新二十一期

對"倫理革命"的再認識 ································· 丁偉志（ 1 ）
《太平經》裏的九等人和凡民奴婢的地位 ················ 邢義田（ 23 ）
敦煌書儀中的奉慰表啓與唐宋朝廷的凶禮慰哀 ·········· 吳麗娛（ 35 ）
黄佐與王陽明之會 ····································· 朱鴻林（ 69 ）
資料不足對《明儒學案》編撰的限制
　　——以《粤閩王門學案》爲例 ··················· 鄧國亮（ 85 ）
從胡居仁與《易像鈔》看《四庫提要》之纂修 ············· 劉　勇（107）
西晉三作家論 ··· 顧　農（139）
山谷詩集三家注述評 ··································· 吳　晟（157）
西行求法與闕賓道 ····································· 李崇峰（175）
從飛來峰看10世紀以後中國佛教信仰與藝術的轉型 ······ 常　青（189）
追尋那一切的開始之開始
　　——林庚先生學術業績淺述 ······················ 彭慶生（227）
錢穆與民國學風 ······································· 王汎森（253）
傑出的愛國學者和教育家
　　——對陸志韋先生的再認識 ······················ 夏自强（289）

新二十二期

殷周金文卜辭所見夷方西北地理考
　　——子氏婦好在西北西南活動之史迹 ·············· 饒宗頤（ 1 ）
先秦兩漢六朝用扇考 ··································· 朱曉海（ 29 ）
從門第到有無出身 ····································· 王曾瑜（ 73 ）
南宋商人的旅行風險 ··································· 梁庚堯（ 99 ）
《呻吟語》的版本與吕坤的思想變化 ····················· 解　揚（133）
徐光啓、利瑪竇及17世紀中西文化會通與衝突 ·········· 陳樂民（173）
息息向前的趙紫宸 ····································· 楊聯濤（207）

評介《中國文明的形成》································ 朱乃誠（241）

《燕京學報》新二十三期

宋元時期的地方城鎮
　　——以中原北方、川東和江南地區爲例············· 杭　侃（ 1 ）
重論明代的銅活字印書與金屬活字印本問題············· 辛德勇（ 99 ）
明工部侍郎蒯祥生平發覆························· 王毓蘭（155）
關於《金瓶梅》作者的問與答····················· 梅挺秀（187）
《聊齋志異》對前代小説的借鑒和創新················· 程毅中（199）
林燾先生在語言學上的貢獻······················· 王理嘉（245）
百歲誕辰　風範長存
　　——懷念翁獨健先生······················· 丁磐石（257）

《燕京學報》新二十四期

周人"血緣組織"和"政治組織"間的互動與互變············ 管東貴（ 1 ）
《元典章·户部·田宅》校釋··············· 陳高華　張帆　劉曉（ 27 ）
海外所藏太平天國文獻敘錄······················ 王慶成（115）
唐中宗朝歌系年考··························· 彭慶生（155）
論歐亞草原的卷曲動物紋························ 林　澐（221）
香港沿海沙堤與煮鹽爐遺存的發現和研究················ 李浪林（239）
不懈求索治學路　創新自成一家言
　　——深切緬懷趙靖先生··················· 石世奇　鄭學益（283）
送別新《燕京學報》的三位老編委···················· 夏自強（299）
遼契丹雙國號制的發現
　　——評劉鳳翥關於契丹語雙國號制的新研究············ 陳智超（309）

《燕京學報》新二十五期

論《學衡》······························· 丁偉志（ 1 ）
《水經注》所見南陽地區的城邑聚落及其形態·············· 魯西奇（ 43 ）
唐朝的《喪葬令》與喪葬禮······················ 吳麗娛（ 89 ）
契丹小字《梁國王墓誌銘》考釋·············· 萬雄飛　韓世明　劉鳳翥（123）
略論漢語記音詞的形音義演變····················· 徐時儀（161）

杭州飛來峰楊璉真伽像龕及其在元明時期的命運	常　青（179）
吳世昌先生的詞學研究	曾大興（211）
王鍾翰先生的學術成就及其在史學領域中的地位	仲棣梓（235）
《燕京學報》新一期至新二十五期目錄	（271）

《燕京學報》新二十六期

從多元出現核心	許倬雲（1）
從居延到黑城（亦集乃）	
——中國西部開發中的歷史經驗一瞥	徐蘋芳（15）
從亦黑迷失身份看馬可波羅	
——《一百大寺看經記》碑背景解讀	陳得芝（39）
耶律楚材傳世詩卷《贈劉滿詩》讀後	劉　曉（59）
評"自古得天下之正莫如我朝"	
——《面諭》與皇太子的立廢及玄燁的內心世界	姚念慈（81）
略論杜甫與天寶十五年之"制置"事件	許德楠（167）
20世紀中國古代簡帛、銘刻、文書的考古發現與研究	趙　超（191）
悼念張芝聯教授	夏自強（281）
學貫中西的鴻儒洪業先生	丁磐石（291）
勤奮、創新、愛國	
——紀念先父齊思和先生百年誕辰	齊文穎（313）

《燕京學報》新二十七期

先秦族群融合與社會演變	邵望平（1）
隋大興城坊考稿	辛德勇（25）
試論唐代官員的自身贈官問題	吳麗娛（73）
唐蕃長慶會盟地與立碑考	周偉洲（115）
元代多族士人的詩文唱酬	蕭啓慶（125）
雜劇《㑳梅旦》逸曲校注並序	蔡美彪（157）
明儒薛應旂的生平及其學術思想的演進	吳兆豐（169）

《燕京學報》新二十八期

説阜昌石刻《禹跡圖》與《華夷圖》	辛德勇（1）

清初"渾托和"考釋 ………………………………… 定宜莊 邱源媛（73）
"五行"與"五常"的配法 ……………………………………… 李存山（125）
周禮與《小雅》部分詩篇的創作 ……………………………… 祝秀權（147）
古今中西之間
　　——陳垣與20世紀中國史學 ……………………………… 陳智超（177）
塵世幾人還識我？
　　——記政治學家、詩人吳其玉先生 …………………………… 吳學昭（203）

《燕京學報》新二十九期

"科玄之爭"新解 ……………………………………………… 丁偉志（1）
先秦儒家典籍所見禮制之原則研究
　　——禮制研究的一種思路 ………………………………… 徐　剛（35）
唐"五行帳"考 ………………………………………………… 李錦繡（63）
司馬光與熙寧變法
　　——為司馬光辯誣 ………………………………………… 李存山（89）
三學生、京學生與宋朝政治 …………………………………… 王曾瑜（111）
準噶爾之役與玄燁的興兵之由 ………………………………… 姚念慈（127）
題天一閣舊藏明刻本《天臺集》 ……………………………… 辛德勇（221）
顧隨先生和他的"高致"說 …………………………………… 曾大興（249）

《燕京學報》新三十期

北齊樂陵王及王妃斛律氏墓誌與百年太子命案本末 …………… 辛德勇（1）
六朝"博學"風氣探源 ………………………………………… 郭永吉（43）
元代多族士人的同僚關係
　　——以翰林院與奎章閣為中心 …………………………… 蕭啓慶（115）
臺灣早期海貿地位的興起與路徑依賴（path dependence）……… 張彬村（135）
準噶爾之役與玄燁的盛世心態 ………………………………… 姚念慈（153）
才女汪端（1793—1839）及其家人之生平考述 ……………… 盧志虹（273）
"中西"與"新舊"
　　——讀丁偉志《中國近代思潮》 ………………………… 雷　頤（341）
喜慶侯仁之先生百歲壽辰 ……………………………………… 夏自強（349）
紀念傑出的歷史地理學家譚其驤 ……………………………… 葛劍雄（369）

沉痛悼念雷潔瓊老師 ………………………………………… 夏自强（387）
徐蘋芳與新《燕京學報》 …………………………………… 丁磐石（399）
再談徐蘋芳與新《燕京學報》 ……………………………… 丁磐石（411）
三談徐蘋芳與新《燕京學報》 ……………………………… 丁磐石（421）
敬告讀者 …………………………………………… 新燕京學報編委會（429）
《燕京學報》新一期至新三十期總目錄 …………………………………（431）

《燕京學報》新三十期勘誤表

頁	行	誤	正	頁	行	誤	正
1	倒2	德胃	德胄	38	倒2	328	228
2	6	係	繫	39	5	上党王	上黨王
	8	叠出	迭出		15	自是史家一病"	自是史家一病",
8	倒10	准皇帝	準皇帝		16	疊見	迭見
	倒5	庫	厙	40	倒2	頁98	頁103
9	9	幹朝政	干朝政		倒1	隱真	真隱
10	6	仆射……征	僕射……徵	41	2	隱真	真隱
	倒4	其在是乎	其在斯乎	43	7	動盪	動蕩
12	14	相處	遊處		8	型態	形態
13	倒12	復仇	復讎	44	4	累積	纍積
14	1	妻兒	妻子		8	使然	然也
18	倒1	中當中	當中	46	14	誅	誅
21	7	徐子才	徐之才		倒4	星宮	星官
		八年通《論語》	八歲略通義旨	47	倒5	異瑞	異端
22	15	散騎常侍	散騎侍郎	53	倒5	崔劫	崔劼
	16	受籙	受錄	54	1	欲館、谷	欲館穀
23	倒13	台郎	臺郎	55	11	此上	今此上
	倒4	遺使者	遣使者		13	卿錄梁主	見卿錄梁主
	倒3	皆殺之⑫	皆殺之⑫。	56	倒6	屍	尸
24	3	懸	縣	57	2	荀勗尺	荀勗所造尺
	9	上党王	上黨王		4	象闕	象魏
	12	征	徵	59	3	其啟而不奏	却其啟而不奏
25	4	涼風台	涼風臺	60	倒3	機辨	機辯
27	倒4	上党王	上黨王	62	8	譴	遣
28	9	高演	高湛		倒9	此制	此製
	10	高演	高湛		倒8	漢武之德:	漢武之德;
30	倒1	書瓦	畫瓦	63	倒12	群書	衆書
31	1	書瓦	畫瓦	65	13~14	李係	李系
36	7	後妃	后妃	66	倒6、4	衆議	群議

續　表

頁	行	誤	正	頁	行	誤	正
67	倒8	時九州	……時九州	102	倒8	遺猛……两韃	遣猛……两韃
69	倒11	本走何地	本是何地	104	倒8	秽	移
72	3	品藻士庶：	品藻士庶；	111	2	戴達	戴逵
	8、13	征發	徵發		9	各種	各個
73	3	厘清……征發	釐清……徵發	112	3	〈書中〉	〈書〉中
	11	征發	徵發	118	12	期間先後	期間
	倒5	走	是	121	9	唱和極密：㊱	唱和極密㊱。
79	倒5	入袤	八袤		倒8	四人	四任
	倒2	未知何名：	未知何名；	123	11	舍棄	捨棄
	倒1	八袤	八袤		16	懞漢	蒙漢
83	6	秸酒	秸酒		倒7	列事九朝	歷事凡九朝
	13	周舍	周捨			將之以忠義	而將之以忠義
85	倒1	竟	竞			飭之以文學	飾之以文學
86	倒13、8	采伐	採伐	125	3	康裏子	康里子
	倒1	制文	製文		10	伯牙吾氏	伯牙吾台氏
87	1	涂説	塗説		倒3	監賞	鑑賞
	7	看的懂	看得懂	126	11	品監	品鑑
	倒1	制述	製述		12	采芝圖	採芝圖
89	3	詞採	詞采		倒12	請餘	請余
	倒10	辭採	辭采	128	13	文宗記	文宗紀
	倒3	制文	製文		16	品監	品鑑
91	1	之……"	之……	129	3	也裏可温	也里可温
	倒2	〈書中〉	〈書〉中	130	7	色日	色目
93	倒12	采獲	採獲		倒10	90	2190
	倒9	欲就其業"㉞	欲就其業"㉞，	133	倒11	康裏	康里
	倒5	采撼	採撼		倒2	御史序	御史詩序
96	16	制作	製作	135	11	1985）	1985
	倒12	郅惲	郅惲		倒9	康裏	康里
97	8	任宮	任官		倒5	45	145
	9	不斐	不菲	139	2	批準	批准
99	7	采掇	採掇	140	2	課征	課徵

續 表

頁	行	誤	正	頁	行	誤	正
140	5	制定	製定	228	倒12	采取	採取
	7	不準	不准	237	倒10	毌需	毋需
	14	嚮	向	249	倒9	説明明	説明
142	15	制定	製定	252	倒5	不準	不准
	17、18	不準	不准	256	倒5	題準	題准
	19	采集	採集		倒4	方準	方准
143	12	采取	採取	257	倒10	錢穀	錢穀
147	13	分另	分別	258	倒14	準開捐納	准開捐納
148	9	不準	不准		倒8	俱準捐納	俱准捐納
149	4	制定	製定	259	2	四十只	四十隻
156	5	導嚮	導向	261	2	亦系原奏	亦係原奏
159	7	系	係	262	1～3	穀	穀
162	9	有贏無輸	有贏無輸		9	癥	徵
164	7	系	係	270	倒4	準其進城	准其進城
165	倒11	非系	非係	272	倒17	準休	准休
	倒4	系部文	係部文		倒10	恩準	恩准
175	倒1	皆系	皆係	276	10	一直以來	長期以來
182	倒3	贏得民心	贏得民心	277	6	和和	和
185	倒3	未準	未准	279	5	在她言傳身教	對她的言傳身教
188	5	俱系	俱係	283	7	汪瑜	汪端
	11	皆系	皆係		倒11	化更作	更化作
200	5	批準	批准	284	4	有着的	有着
204	4	驅嚮	驅向	286	倒2	惡耗	噩耗
208	8	逆嚮	逆向	287	倒12	撰寫行狀的	撰寫的
213	倒11	勞之辯	勞之辨	289	倒4	二十五年(1845)年	二十五(1845)年
217	倒5	幹天和	干天和	290	倒13	充見	充分
218	4	系	係	291	倒7	采藥圖	採藥圖
224	倒1	腴頌	諛頌		倒2	竪立	樹立
225	倒4	聯係	聯繫	295	9	是絕對是	絕對是
226	倒13	此系	此係	298	1	主中饋	主饋
227	14	反嚮	反向		14	揚溢	洋溢

· 3 ·

续表

頁	行	誤	正	頁	行	誤	正
298	倒5	感得	感到	326	4	左右才開始	才開始
299	倒1	身失去……冢婦	失去……家婦		倒13	71	171
303	3	在道教	對道教		倒8	場作	場所
	倒8	校刊	校勘	328	倒7	20）	20。
304	1	內闈中的	內闈中	329	12	文集應有四卷	文集四卷
	13	擔心	擔心的	330	倒12	中有，……心知"	中有……心知"，
305	倒9	此悉	此番		倒1	陳文述	陳裴之
306	13	婆母的之間	婆母之間	331	3	對他對	他對
308	13	連繫	聯繫		12	二十五年(1819)	二十五(1819)
309	12	光緒十五年(1889)	光緒十五(1889)		倒2	因共不時	因其不是
310	倒12	憂心仲仲	憂心忡忡	332	倒12	采錄	採錄
311	16	三百與種	三百餘種		倒10	5	805
	倒9	倖存	幸存		倒9	探集	搜集
313	5	很可能汪潭很可能	很可能		倒8	采之	採之
	10	作爲	作於	333	4	三千家	三千字
	14	倍言……凋零	備言……凋零		13	二十一年(1816)	二十一(1816)
315	5	善書	善畫		倒11	作爲	作
	10	收錄於見	收錄於		倒9	如夫人	夫人
	倒13	汪清	汪清暎		倒5	逝於於	逝於
316	6	梁玉書	梁玉繩		倒3	道光六年(1826)	道光六(1826)
317	倒1	在〈秋懷〉中詩中	在〈秋懷〉詩中	334	10	庚午年(1810)	庚午(1810)
318	4	離去向時	離去時		13	明史	明詩
320	17	〈寄外〉	〈寄內〉		倒12~11	己卯,1819)	己卯〈1819〉)時在
322	倒13	汪端	"汪端		倒11	是否有	是否爲
	倒8	汾府君	汾川府君	336	10	關於關於	關於
	倒6	敕封……汾川君	敕封……汾川府君	337	倒4	癸卯年(1843)	癸卯(1843)
323	倒8	嘉慶十年(1803)	嘉慶十(1803)		倒3	載氏者	載氏著
	倒2	居土	居士		倒2	道光十八年(1838)	道光十八(1838)
324	14	敕封	敕封	338	14	㊾汪、文……頁。	删除这一行
326	1	采錄	採錄	339	11	她名的	她名下的
	4	女弟子在	女弟子大概在		17	同時也汪端	同时也是汪端

· 4 ·

續 表

頁	行	誤	正	頁	行	誤	正
343	倒8	激盪	激蕩	364	19	"歷史地理學"	'歷史地理學'
345	倒2	火誤	失誤		倒9	"三十多年來	三十多年來
346	2	'認敵为师'"③	'認敵为师'"③,		倒1	決定論	決定論者
	3	制械	製械	365	1	等等的對人類	等等對人類的
348	倒3	證明瞭	證明了		11	不只有	不只在
	倒2	平百	平白	366	5	車風	東風
349	倒7	编制	编製		8	幹涸	乾涸
353	7	碩果壘壘	碩果累累	367	11	一本書:《北京的城牆與城門》	一本書《北京的城牆与城門》的人
	倒2	眼簾	眼帘
354	1	吸引了	引起了	369	9	1944	1994
356	倒13	不準	不准		倒1	2010	2011
357	2	瘡夷	瘡痍	376	10	沒想	設想
	3	准備……時期	準備……時間	278	1	這是	就是
	9	准備	準備		2	白然	自然
359	倒3	研究⑱。	研究⑱。		6	搆成	構成
360	8	制定	製定	381	12	差相	差不多
	倒9	在哪裏:	在哪裏?		倒14	帛制	帛製
	倒4	這里……重視的	這裏……重視		倒11	義不	又不
361	13	灅水	灢水	386	倒9	無由	無從
	15	封堯后於薊……	封堯後於薊……		倒2	得出了	得出
		今城西北	今城内西北	387	倒5	賣	買
	倒11	勝地	勝所	388	9	經濟係	經濟系
362	倒9	引以驕傲	引以爲驕傲	389	7	資源	資料
	倒3	雕制	雕製	391	8	引以自豪	引以爲自豪
363	3	城北	城址		9	情係	情繫
	14	發表了:	發表了		倒3	捲縮	捲縮
	15	繪制	繪製	393	9	這個	這年
364	14	"中國地理沿革史"	'中國地理沿革史'	407	3	社會科院	社會科學院
	16	"中國疆域沿革史"	'中國疆域沿革史'		12	是其他成員都	的其他成員也都
		"地理沿革史"	'地理沿革史'	410	倒5	'充分合理性'	"充分合理性"
		"疆域沿革史"	'疆域沿革史'	411	7	發表在在	發表在

· 5 ·

續　表

頁	行	誤	正	頁	行	誤	正
413	4	2010	2011	428	11	要求他協助	要求協助
417	10	科學院士	科學院院士	429	5	年紀較青	年紀較輕
	11	沒有不注重	沒有注重		14	只字	隻字
422	7	燕大的掌握基金，	燕大掌握基金的		倒11	能用嗎？	能用嗎？"
	10	中國教員由	中國教員		倒2	我說；	我說：
	倒13	教育在	教育要	431	倒1	2010	2011
	倒7	大科學家	大科學家的	433	倒9	辦刊	辦得
	倒6	所長關肇直	所長的關肇直		倒8	年已年逾	年紀已逾
423	倒3	著作了評介	著作作了評介	434	7	2010	2011
426	倒12	帛書的等古文字	帛書等的古文字	446	倒9	新二十二期	《燕京學報》新二十二期
	倒2	這樣文章	這樣的文章	450	5	敬告讀者	敬告作者、讀者